THE GRID

일러두기

- 본문의 각주는 모두 옮긴이가 쓴 것이고,
  별도의 표기가 없다면 미주는 모두 저자가 쓴 것입니다.

THE GRID

THE GRID

기후 위기 시대, 제2의 전기 인프라 혁명이 온다

그리드

그레천 바크 지음 | 김선교·전현우·최준영 옮김

동아시아

『그리드』 주요 지명

퀘벡
인터커넥션

메인

오 대 호

온타리오

버몬트

토론토

뉴햄프셔

미네소타

위스콘신

버논

매사추세츠

세인트클라우드

애플턴

미시간

뉴욕

보스턴

미시건호

디트로이트

이 리 호

나이아가라폴스

코네티컷

로드아일랜드

아이오와

시카고

클리블랜드

펜실베이니아

뉴욕

롱아일랜드

일리노이

인디애나

털리도

애크런

뉴저지

콜럼버스

스리마일섬

오하이오

워싱턴 D.C.

미주리

웨스트버지니아

메릴랜드

버지니아

캔터키

노스캐롤라이나

테네시

아칸소

사우스캐롤라이나

미시시피

앨라배마

조지아

선

벨

트

루이지애나

모빌

스턴

플로리다

오늘날 에너지는 뜨거운 이슈다. 미국 북서부 오리건주의 깊은 산속에 있는 대리석 동굴부터 거대한 자연재해를 겪었던 미국 남부 루이지애나주의 해안선까지, 미국이 앞으로 녹색, 청정, 지속 가능한 에너지를 향한 전환에 전력을 기울여야 한다고 외치는 목소리가 울려 퍼지고 있다. 그렇게 할 때 실업자들이 다시 일터로 돌아갈 수 있고, 세계 무대에서 미국이 다시 승리를 구가할 수 있으며, 결과적으로 지구도 구할 수 있다는 것이 이들의 주장이다. 이러한 주장에 과장이 조금 섞여 있더라도, 에너지원을 바꾸면 (아무런 경고도 아무런 자비도 없이 파괴적인 결과를 몰고 오는) 석유 유출, 폭발 사고, 인공 지진, 광산 붕괴 사고를 줄일 수 있다는 것은 사실이다. 초강력 폭풍과 강력한 눈보라의 위험을 줄이고, 높아지는 조수와 녹아내리는 만년설을 통제하기 위해서라도 우리는 전기 공급 체계를 보다 지속 가능한 형태로 바꿔야 한다. 오늘날, 에너지가 만들어지고 사용되는 방식을 바꾸는 일은 그 어느 때보다 중요하다.

지속 가능한 에너지 체계로 전환하는 일은 담대하고도 장기적인 도전이다. 그러나 이 전환에 대한 사람들의 그림 속에는 미국이 가스, 석유, 석탄이 아니라 언젠가는 풍력, 태양, 조력을 사용할 것이라는 선언만 담겨 있을 뿐, 정작 아주 중요한 사실은 누락되어 있다. 미국은 전기를 사용한다는 점 말이다. 정보화 시대란, 소통, 사회 활동, 심지어 학습조차 전기에 기반해 다시 구성되는 시대다. 많은 사람들은 이런 변화를 컴퓨터화로 생각하는 것 같지만, 컴퓨터는 단지 도구일 뿐이다. 이 기계를 작동시키는 것은 전기다. 컴퓨터는 인간의 삶, 움직임, 일상생활에서 점점 더 중요한 도구가 되어가고 있으며, 가전제품들도 가정과 직장을 더 근사하고 효율적인 공간으로 만들어왔다. 공장, 항구, 경찰, 군대뿐만 아니라, 우리의 건강과 병원도 전기 사용에 크게 의존하고 있다. 심지어 요즘에는 돈조차도 전기적으로 형성되고 저장된 데이터이며, 지폐나 동전과 같은 현금은 아주 가끔씩만 활용될 따름이다. 흡연자 가운데 일부는 전자담배를 피우기도 한다. 그리고 머지않은 미래에는 분명 자율주행 전기차가 등장할 것이다. 전기가 이처럼 필수적이라는 데 비춰보면, 정전을 '블랙아웃'이라고 부르는 것은 부적절한 면이 있다. 블랙아웃이 지시하는 사태, 즉 조명이 꺼지는 상황은 전력 시스템이 붕괴할 때 겪을 수 있는 문제 가운데 비교적 작은 부분일 뿐이다. 그런데 이 정전 사태도 날이 갈수록 더 자주 일어나고 있다.

에너지원은 우리 모두에게 수많은 걱정거리를 가져다주는 주요 원인이다. 석탄과 이산화탄소 배출, 천연가스와 가스정이나 파이프라인에서 새어 나오는 메탄, 그리고 그 추출 방법에 대한 우려, 원자력발전소에서 나오는 독성 핵폐기물, 석유와 병사들의 값비싼 희생, 등등. 그러나 이런 문제가 미국의 전력 산업을 표현하는 모든 것이라고 할 수 없다. 이 책이 다루고자 하는 이야기는, 이 연료들이 불길 속에서 타오르는 바로 그 순간에서 시작한다. 우리는 이것들을 가공해 쓴다.

물론 석유 대부분은 차량의 동력에 들어가지만,[001] 나머지 연료는 거의 모두가 그리드grid*에 전력을 공급하는 데 사용된다. 하지만 이 복잡하고 거대한 전기 공급 시스템에 신경 쓰는 사람은 거의 없다.

그리드는 현대 생활의 중심에 위치하고 있지만, 대다수 미국인은 그 사실을 머릿속에 떠올리지 못한다. 2년 전, 한 친구가 저녁노을을 찍은 사진을 나에게 보내줬다. 그 사진 속에는 붉은 기운이 도는 어둑어둑한 저녁 하늘이 송전선으로 쪼개져 있었고, 프레임 한가운데에 송전탑 한 쌍이 놓여 있었다. 친구는 사진 속의 그리드는 무시하고 나에게 "어때? 정말 아름다운 노을 아니니?" 하고 물어봤다. 카메라 앞에 그리드가 서 있었고, 전망을 방해하는 다른 것은 없었다. 그리드는 20세기 가장 위대한 공학적 성취이자 세계에서 가장 큰 기계이지만,[002] 우리는 그 사실을 전혀 모르고 있다. 송전탑과 전선을 눈앞에 두고도 못 보는 사진가와 마찬가지로, 사람들은 발전소와 원유 정제소를 구별하지 못한다. 변전소 역시 그리드에 필수적인 시설이지만, 대다수는 시멘트 벽 뒤에 잘 숨겨져 있거나 시가지 바깥의 외딴곳에 위치해 있기 때문에 그 존재를 알고 있는 사람은 그리 많지 않다. 한때 세상을 변화시킨 기술이었던 변압기 역시 전봇대 꼭대기에 코코넛 열매처럼 매달린 회색의 둥근 통 속에 감춰져 있어서 사실상 눈에 띄지 않는다. 우리의 스마트폰은 충전기에서 분리할 수 있고 주머니에 담아 어디든 들고 갈 수 있지만, 이 역시 그리드의 일부분이라고 볼 수 있다. 스마트폰도 전력 인프라 없이는 사용할 수 없는 물건이기 때문이다. 스마

• 그리드는 네트워크와 함께 전기를 공급하기 위해 설치된 선로 및 관련 시스템 전반을 의미하는데, 이 의미 전체를 한꺼번에, 도드라지게 표현하기 위해 '그리드'로 표기했다.

트폰을 열어보면, 정교하고도 세밀한 구조로 이뤄진 회로 기판 둘레에 배터리가 자리 잡고 있다. 전원은 이 기기의 심장과 같으며, 그리드로부터 전원을 지속적으로 받아야만 그 생명력이 유지된다.

그리드를 구성하는 부분들의 이질성은 프랑켄슈타인에 비견할 수 있고,* 지리적 규모는 아이젠하워Dwight Eisenhower 시대의 주간 고속도로를 뛰어넘으며,** 과학적 복잡성은 우주 탐사 프로그램을 왜소해 보이게 만든다. 또 그리드가 겪은 역사적 궤적은 미국이라는 나라가 지닌 특수한 배경을 정밀한 그림으로 드러낸다. 그리드는 미국이 만든 단순한 기계가 아니라, 미국과 함께 성장한 동반자다. 이 기계는 미국의 가치관에 따라 변화해 왔고, 미국이 하나의 국가로 발전하는 과정에서 지금의 모습이 되었다. 그리드는 기계이자 인프라이고, 문화적 성취이자 산업 활동이다. 그리고 이 모든 것이 얽힌 하나의 생태계다. 이 기계는 우리의 모든 것과 맞닿아 있다.

문자 그대로, 우리의 그리드는 스마트폰 배터리, 입출력포트, 충전기, 플러그, 콘센트, 벽에 숨겨져 길거리까지 뻗어 있는 전선, 변압기, 많은 사람에게 익숙한 도시의 전봇대 숲, 여러 전봇대 위를 따라 흐르는 저전압 배전선, 전선이 연결된 변전소, 변전소에 설치된 대형 변압기, 몇 개의 싱크로페이저synchrophasor, 계전기, 스위치와 퓨즈, 변전소에서 출발해 사람이 살지 않는 미국의 거대한 영토 위에 솟아 오른 철

---

* 1818년 출간된 소설 『프랑켄슈타인Frankenstein』에서, 주인공 프랑켄슈타인 박사가 창조한 괴물은 여러 시체에서 가져온 부위를 짜 맞춰서 만들어졌다.

** 주간 고속도로는 미국 전역을 연결하는 자동차 전용 도로로, 아이젠하워 대통령 시절인 1956년부터 건설되기 시작해 1980년에 완공되었다. 완공 당시 총 길이는 6만 8,880킬로미터로 경부고속도로 총 길이의 약 160배에 달한다.

탑과 그 위를 가로지르는 고압 송전선, 끝으로 발전소에 이르는 수많은 요소들로 이뤄져 있다.[003] 그리고 이 발전소들은 증기, 공기, 물의 흐름, 가스 연소에 의해 빠르게 회전하는 터빈과 연결된 전자기 발전기들로 구성되어 있다. 그리드는 어디에나 퍼져 있는 인프라인 만큼, 모든 삶에 영향을 미치고, 모든 벽을 관통하며, 모든 풍경을 두 갈래로 갈라놓고, 모든 배터리를 충전한다.

우리는 미국 전역에 퍼져 있는 이 망을 '그리드'라고 부르며, 이들이 하나로 이뤄져 있는 것처럼 말하고는 한다. 하지만 실제로 미국에 있는 그리드는 3개다. 서부 그리드는 멕시코 일부와 캐나다 서부의 많은 지역을 포함한다. 또 다른 그리드는 동부 지역을 담당하며, 더 작은 하나는 텍사스주를 포괄한다. 멕시코 지역의 대부분은 자체적인 그리드를 가지고 있지만, 캐나다는 그렇지 않다(단, 퀘벡은 텍사스처럼 자체 인프라가 있어 관리 당국의 결정에 의해 망 분리가 가능하다).[004] •

미끈하게 뻗은 전력선과 높이 솟은 송전탑을 보면, 그리드를 초고속 전기 교통을 위한 고속도로로 착각할 수도 있다. 그러나 그리드를 잘 알고 있는 사람들은 오히려 완전히 상반된 이미지, 즉 낡고 오래된 데다 울퉁불퉁하며 좁은 비포장도로를 떠올릴 것이다. 그리드는 여기저기 닳아 땜질투성이이며, 모두가 원하는 개선은 값비싼 투자 비용에 가로막혀 관료주의라는 진창에 처박혀 있다.

그리드를 이루는 송전선과 변압기 중에서 사용한 지 25년 넘은 것

• 캐나다와 미국의 그리드는 긴밀히 연결되어 있으며, 국경을 잇는 주요 송전선이 35개 이상으로 국가 간 전력 거래가 가능하다.

이 70% 이상이다. 여기에 9년을 더하면 미국 발전소의 평균 연식이 된다.[005] 전력 산업 전문가 피터 애스머스Peter Asmus에 따르면, 우리는 실제로 필요한 것보다 2배나 많은 발전소에 의존하고 있는데, 이는 "이 시스템에 내재해 있는 엄청난 비효율성" 때문이다. 이처럼 노후화된 설비가 늘어나면서, 중대 정전 사태는 2001년 15건 발생하던 것이 2007년 78건, 2011년 307건으로 매년 늘고 있다.[006] 미국의 연간 평균 정전 시간은 약 6시간을 기록한 적이 있을 정도로 선진국 가운데 가장 길다. 2003년에서 2012년 사이, 극도로 변덕스러운 날씨나 다른 천재지변으로 인한 정전을 제외하더라도 정전 사고의 수는 679건에 달했다.[007]

이 값을 다른 국가들의 정전 시간(한국 16분, 이탈리아 51분, 독일 15분, 일본 11분)과 비교해 보자.[008] 미국은 다른 산업 국가들보다 훨씬 긴 정전 시간을 기록 중이며, 그 시간은 점점 더 길어지고 있다. 미국의 평균 정전은 120분 이상인 데다 더 길어지고 있으나, 산업화된 나머지 다른 국가들은 10분 미만을 향해 그 값이 줄어들고 있다.[009] 전력 시스템 엔지니어인 마수드 아민Massoud Amin에 따르면, "미국에서는, 어느 날을 고르더라도 약 50만 명의 사람들이 2시간 이상 전력을 공급받지 못하는 셈"이다.[010]

블랙아웃이 벌어지면 돈은 매 순간 사라지며, 국가 안보는 위험에 처한다. 전선의 전압이 낮아지면(브라운아웃brownout•) 우리의 경제는 문자 그대로 축 늘어지고, 실제로 전력이 끊어지면 경제 활동 역시

• 정전은 크게 두 가지로 구분된다. 브라운아웃은 일부 지역에 전압 부족 현상이 발생해 일부는 전력이 공급되고 일부는 공급되지 않는 상황을 뜻한다. 블랙아웃은 광범위한 서비스 공급 지역에 전력 공급이 완전히 차단되는 가장 심각한 정전 형태를 의미한다.

끊어진다. 이러한 관점에서 볼 때, 대규모 정전은 가장 극적인 사건이다. 다만 이러한 대규모 정전이 꼭 비용이 가장 많이 드는 것은 아니다. 2003년 미국 북동부 대정전East Coast Blackout은 컴퓨터 버그와 웃자란 나뭇가지 때문에 발생했는데, 이틀에 걸쳐 8개 주, 5,000만 명의 사람들을 암흑에 갇히게 만들었다. 매우 심각하고 광대한 정전 사고였기 때문에, 이 연쇄 정전 사고는 그해 GDP에 상당한 타격을 입혔다. 총 60억 달러의 손실이 발생했는데, 이는 약 24만 제곱킬로미터에 걸친 지역에서 피해가 발생해 이 지역 사업체별로 시간당 6만 달러의 손실이 생겼다는 뜻이다.

여기서 짚고 넘어가야 할 것은, 5분보다 짧은 시간 동안 이어진 정전은 지속 시간이 짧아도 그 빈도가 훨씬 높기 때문에 미국 경제에 더 큰 비용으로 작용할 수 있다는 사실이다. 많은 기계장치는 전기 공급이 15초 중단되든, 15분 중단되든, 15시간 중단되든 정확히 같은 종류의 손상을 일으키고 원래대로 복구하는 데 거의 같은 시간이 걸린다. 1965년의 북동부 대정전은 계전기 설정 오류가 원인이었는데, 정전 발생 이후 발전기들은 가동 상태로 되돌아가지 못했다. 전기를 만들기 위해서는 전기가 필요하다는 사실이 드러났다. 디젤발전기들이 먼저 가동되어 석탄화력발전소와 원자력발전소를 '블랙스타트blackstart•'시켜야만 그리드를 다시 살릴 수 있었다.

1977년에는 허드슨강에 위치한 변전소에 번개가 치면서 뉴욕 일대에 또다시 대규모 정전 사고가 발생했다. 이 사건은 판도라의 상자

• 블랙스타트는 전체 정전 또는 부분 정전 상태의 발전소와 그리드를 외부 송전망에 의존하지 않고, 자체적인 발전원으로 작동 가능한 상태로 복원하는 과정을 의미한다.

를 열었고, 다른 곳에서는 일어나지 않았던 문제를 일으켰다. 대규모 약탈이 발생한 것이다. 이 블랙아웃 사고는 도시의 거리를 오랫동안 분노로 들끓게 만들었다. 이 도시의 공동 주택들은 말 그대로 초토화되었다. 거리에는 유리창 깨지는 소리가 퍼져나갔고, 매캐한 그을음 냄새가 연기를 타고 진동했다. 전기가 사라지고 찾아온 어둠은 다양한 방법으로 공동체의 평화를 파괴할 수 있다. 1987년 오자크 지역에 불어닥친 폭풍우가 일으킨 블랙아웃처럼 추위와 기근을 가져올 수도 있다. 여름에 블랙아웃이 찾아오면, 더위를 피할 방법은 사라진다. 어둠 속에서 기회를 노리는 불량배들이 나타날지 모른다.

너무 심각한 이야기만 하면 곤란하니, 심각성이 조금 덜한 이야기로 초점을 옮겨보자. 1987년과 1994년, 경제적으로 봤을 때는 다른 사건들만큼이나 파괴적인 사건이 일어났다. 이 해에는 나스닥에 정전 사태가 발생했는데, 다람쥐가 증권거래소를 외부 망과 연결하는 전력선power line을 갉아 먹어 전력 공급을 중단시켰기 때문이었다.[011] 모든 블랙아웃이 대규모 폭풍에 의해서만 발생하는 것은 아니다. 정전 사고의 원인 가운데 적지 않은 수는 야생동물, 예컨대 다람쥐가 일으키며, 이들보다 더 흔한 정전 원인은 나무다. 다시 말해, 웃자란 나뭇잎이나 나뭇가지는 21세기 미국에서 발생한 전력 공급 중단의 가장 큰 원인이다. 그리드의 유일한 문제가 이 망이 오래되어 낡은 데다 쥐이나 게릴라(실제로 산탄총을 들고 그리드를 파괴하려 드는 사람들이 있다)와 같은 외부 요인에 취약하다는 데만 있다면, 우리는 그리드를 좀 더 강화하는 한편 주변 상황을 좀 더 신경 쓰면서 우리가 걸어왔던 길을 따라 나아가면 된다. 그러나 전력 산업 앞에 실제로 놓여 있는 과제는 그보다 복잡하다. 가지치기 작업의 빈도를 더 높이는 한편, 폭풍 피해를 최소화하고, 장비 운전에 필요한 공급망을 유지하며, 전선에서 다람쥐를 쫓아내는 것과 같이 아주 많은 일상적인 과제가 전력 회사 앞에 산적해 있다. 게다가 이들은 '그리드 현대화'의 틈새를 파고들 수 있는 테러리스트 해커가 가하는 위험에도 대응해야만 한다. 그리드 현대화란 컴퓨터 계산 능력을 확충해 우리의 전기 배송 시스템을 '스마트하게' 만드는 과정으로, 바로 2010년대 들어 진행 중인 획기적인 인프라 업그레이드를 뜻한다.

이뿐만이 아니다. 미국의 그리드 재구조화는 또 다른 중요한 요인 때문에 더욱더 긴급한 과업으로 떠오르고 있다. 화석연료에 사실상 완전히 의존하는 오늘날 미국의 전력을 보다 지속 가능한 전력으로 전환하기 위해서는 그리드를 전면적으로 재구성해야만 하기 때문이다. 그러나 '녹색' 에너지에 더 많이 투자할수록, 그리드는 더욱 취약해진다.

석탄화력발전소는 지하에서 석탄을 채굴하기 위해 목숨을 거는 광부들에게, 그리고 석탄 채굴을 위해 파괴된 웨스트버지니아주의 산맥에 해로울 뿐 아니라, 환경 전반에도 해롭다. 그러나 그리드에 석탄은 매우 적합한 자원이다. 석탄만이 아니다. 그리드의 관점에서 전기를 만들 때는 '저량 자원stock resources'을 활용하는 것이 가장 좋다. 저량 자원이란, 사용하면서 점점 소모되어 언젠가는 고갈되는 연료를 뜻한다. 우리는 땅에서 채굴하거나 여러 과정을 통해 원재료에서 가공한 플루토늄, 천연가스, 석유, 석탄 등의 자원을 태워 없애고 있다.[012] 20세기의 그리드는 이것들을 태워 만들어낸 꺼지지 않는 불꽃에 맞춰 건설되었다. 이 시기 동안 전기를 만들고 전송하는 사업은 명령과 통제에 의한 하향식 체계에 따라 만들어진, '자연스러운' 독점

기업들(유틸리티^{utility}*)이 운영하는 강력한 중앙 집중식 구조를 통해 이뤄졌다. 재생에너지, 그중에서도 특히 인기 있는 태양광과 풍력은 1970년대부터 미국의 에너지 믹스^{energy mix}에 서서히 포함되었다. 그런데 이러한 종류의 자원들은 전혀 길들일 수 없는 성격을 가지고 있다. 유틸리티는 발전소에 명령을 내릴 수는 있지만, 이 명령이 이행되리라는 보장은 어디에도 없다. 유틸리티는 변동성 높은 재생에너지를 어떻게든 통제하고자 노력을 기울일 수 있으나, 이런 시도는 전 지구를 무대로 벌어지는 기상 현상의 변덕 앞에서 비틀거릴 수밖에 없다.

자연은 늘 변덕스럽다. 공장에서 석탄 태우는 과정을 안정적으로 조작하는 것은 어렵지 않지만, 바람은 결코 그처럼 안정적으로 불지 않는다. 태양광 역시 구름 때문에 우리가 그 에너지를 모으기 위해 만들어놓은 태양광 패널에 도달하지 못하는 경우가 너무 잦다. 태양광 패널에 그늘이 드리우면, 얼마나 오래 그늘이 드리우는지와 무관하게 전기 생산량은 곤두박질친다. 풍속의 변화는 매 순간 전류 생산량을 오르내리게 만들고, 이 때문에 전류의 전압이나 주파수는 예측할 수 없이 요동치고 만다. 전력 공급을 위해 만들어진 기계인 그리드는, 잘 조율되어 그 변화를 예측할 수 있는 전류를 분배하는 기계로 설계되었으며, 그렇지 못한 전류가 망에 더 많이 진입하면 할수록 그 운영 과정이 복잡해지고 예기치 못한 문제가 늘어날 수 있다. 지난 한 세기

---

* 본래 공공사업 영역이었던 전기, 수도, 가스 등을 공급하는 서비스를 제공하는 사업자를 의미한다. 여기서는 그리드를 관리, 운영하고 전기를 판매하는 회사를 설명할 때 사용한다. 엄밀하게는 '송배전 공공사업자' 정도로 볼 수 있다. 전기를 생산하는 발전 사업자^{generation company}와 역할과 의미 면에서 차이가 있으나 이를 포괄적으로 지시하기 위해 전력 회사라는 명칭을 활용하기도 한다. 이 책에서는 의미가 혼용되어 사용되기에, '유틸리티', '전력 회사'를 함께 사용했다.

가 넘도록, 발전소는 안정적이고 예측 가능한 전류의 원천이었다. 하지만 지속 가능한 에너지원, 즉 재생에너지 발전소는 불안정한 데다 변덕스럽기까지 한 전류를 그리드로 흘려보낸다. 미국의 그리드는 이러한 이질적인 전기 공급에 적응할 준비가 되어 있지 않다. 그럼에도 화석연료가 아니라 재생에너지가 에너지의 미래라는 사실은 점점 명확해지고 있다.

그리드를 환경친화적인 기계로 만드는 것만이 태양광이나 풍력 같은 가변적인 발전원으로 전환하는 데 문제가 된다면, 새롭고 향상된 전력 저장 장치의 개발에 막대한 종잣돈을 투입하고 세심하게 계획된 몇 가지 정책만 더하면 불만과 늑장 대응을 줄일 수 있을지도 모른다(8장을 확인하라). 그러나 재생에너지 전원은 전력 생산방식뿐만 아니라, 그 장소 또한 중요한 전원이다. 풍력 농장wind farm은 바람이 부는 곳에 들어서야 한다. 와이오밍주, 아이오와주, 서부 텍사스주 같은 지역에는 끊임없이 강한 바람이 불어온다. 그러나 이런 지역에는 전기를 이용할 사람도, 수요처로 전기를 이동시키는 데 쓸 수 있는 장거리 전력선(송전선)도 없다. 그리드가 이런 황무지 한가운데 건설되어 견고하게 유지되었던 적은 없다. 그러나 이렇게 텅 비어 있고 사람도 거의 살지 않는 곳이 바람과 태양이 가장 효과적으로 활용될 수 있는 곳이기도 하다.[013]

나는 이 글을 햇볕이 아주 잘 드는 곳에서 집필했다(일부는 잘 들지 않지만). 최근 이러한 곳에 설치된 가정용 태양광 패널이 경이로운 수준으로 증가하고 있다는 사실 역시 그리드에게는 문제가 된다. 이들은 본질적으로 작은 재생에너지 발전소다. 전력 사용자들은 천연가스 연소 터빈이나 수력발전 댐이 만든 전기를 사용하는 것과 정확히 똑

같은 방식으로 태양광 패널 소유자가 만든 전기를 사용한다. 집에서 전기를 만든 생산자들 역시, 우리가 내는 전기 요금으로부터 전체 전력 공급량에 기여한 비율만큼 그 대가를 가져간다.

이론적으로는 이러한 변화는 아주 좋은 것이다. 미국에서는 오랫동안 중앙 집중화된 대규모 발전소에서 전기를 생산해 왔다는 사실을 제외한다면 말이다. 현재의 그리드는 이런 대형 발전소를 중심으로 건설되었다. 가장 단순한 몇 개의 전선부터 가장 큰 변전소에 이르기까지, 그리드는 몇몇 거대 생산자가 광범위하게 흩어진 사용자들에게 전력을 효과적으로 전달하도록 고안되었다. 누구나 어디서나 전기를 사용했지만, 전기를 직접 만들어본 사람은 드물었다. 그런데 가정용 태양광 설치는 그리드를 재구성하지 않고도 이런 상황을 완전히 뒤바꾼 것이다. 이제는 일부 지점이 아니라 모든 장소에서 전기를 만들어 다른 모든 곳으로 공급할 수 있게 되었다.

풍선처럼 부풀어 있는 녹색 에너지 낙관론을 터뜨려 버릴 수 있는 회의적인 시선이 존재한다. 21세기의 요구에 맞게 그리드를 변화시키는 과제는, 단지 새로운 기술과 오래된 기술을 통합한다고 완수되지 않는다. 그리드는 이번 세기와 지난 세기의 다양한 부분을 결합해 만든 기계 이상의 무언가다(게다가 그리드 속에는 19세기 당시 건축된 구조물이나 당시 확립된 작업 방식까지도 상당 부분 섞여 있다). 그리드는 거대한 문화 시스템이기도 하다. 전력 회사, 투자회사, 발전소 소유주, 광업회사 그리고 '망하기에는 너무 거대한' 다국적 기업과 같은 이해 당사자들이 별다른 저항도 없이 미래의 전기 시스템으로 옮겨 가지는 않을 것이다. 무탄소carbon-free 에너지를 풍부하게 공급해야 한다는 생각은 아주 이상적이지만, 화석연료 회사들이 우리 그리드에 전력 대

부분(2014년 기준 66.5%)을 공급하고 있기도 하다.[014, 015]

석탄화력은 퇴출 중인지도 모른다. 미국 에너지정보관리국Energy Information Administration, EIA은 2012년과 2020년 사이에 전체 석탄화력 발전소 가운데 약 5분의 1이 현역에서 물러날 것이라고 예측했다. 심지어 미국석탄협회American Coal Council 회장조차 이 시설들을 대체할 어떤 계획도 없음을 인정한 바 있다.[016, 017]

그런데 최근의 천연가스 붐은 천연가스가 이번 세기 초반, 에너지 전환이 일어나고 있고 계속해서 일어날 이 시기에 완벽하게 적합한 연료라는 업계의 주장을 정당화하는 것처럼 보인다. 2010년대 중반에 미국에서 천연가스의 가격은 석탄만큼이나 저렴해졌다. 미국 내 매장량도 풍부하며, 이를 채굴할 기술도 충분하다. 게다가 천연가스로 운영되는 발전소는 연소된 가스에 의해 1번 회전하고, 그다음에는 증기를 활용해 다시 회전하므로 같은 돈(1번의 연료 주입)을 들여 2배의 전기를 생산한다는 점에서 매우 효율적이다. 그리고 한눈에 보기에도 천연가스는 석탄보다 깨끗하다. 이는 배출되는 온실가스나 폐수뿐만 아니라 미세먼지 측면에서도 분명 사실이다. 그러나 가스정과 파이프라인에서 발생할 수 있는 메탄 누출은 석탄과 비교할 때 얻는 탄소 배출량 면에서의 이점을 일부 상쇄한다. 2012년, 한 연구에서는 생산된 가스의 3.2% 이상이 누출될 경우 천연가스는 석탄보다 기후에 더 큰 악영향을 끼칠 수 있다고 추정했다.[018] 대부분의 천연가스 생산 장소에서 발생하는 누출은 그리 심각하지 않지만, 일부 시설에서는 이미 상당한 수준에 도달한 듯하다.

많은 면에서 다양한 수준의 문제를 안고 있는 원자력조차 '녹색'이 무공해보다는 무탄소를 의미하게 되자 새로운 동력을 얻었다. 그러나 원자력발전소에서는 여전히 노심용융-melt down°이 일어날 수 있고, 원자력발전소가 생산하는 방사성 폐기물을 저장하는 일 역시 아직 적절한 해결책을 찾지 못했다. 하지만 중국과 같은 나라들이 원자력발전소를 크게 늘리지 않을 경우 석탄 의존에서 벗어날 수 있는 방도를 찾기는 어려울 것이다.[019] 원자력발전소의 높은 건설비는 시장경제가 자리 잡은 모든 곳에서 원자력발전소 건설을 거의 중단시켰지만, 원자로 기술은 지속적으로 개선되고 있다. 원자로의 규모를 축소하는 한편, 원자로를 이동하기 편리하고 대량 생산할 수 있도록 만들기 위한 노력이 전 세계에서 진행 중이다. 이러한 노력이 성공한다면, 미래의 어느 날 우리는 원자력이 다시 번창하게 되는 놀라운 광경을 목격하게 될 것이다.

그리드에 전력을 공급하는 여러 방법은, 발전 연료로 무엇을 선택할 것인가 하는 문제보다 훨씬 더 많은 것을 포함하는 복잡한 과업이다. 그리드는 사업적 이해관계와 지정학적 이해 당사자, 그리고 신중하게 조율된 법률 체계로 구성된 거대한 네트워크이기 때문이다. 이것들이 구축되는 데는 수십 년, 경우에 따라서는 한 세기 이상이 걸렸고, 그 속에는 미국에 전력을 공급하기 위한 생산수단과 방법을 재구성하는 과정에서 변화되어야 하는, 어떤 경우에는 극복되어야 하는 특유의 관성도 포함되어 있다.

그리드는 강철로 만들어진 것만큼이나 법률에 의해서도 만들어졌고, 석탄과 마찬가지로 수많은 투자 전략에 따라 운영되며, 그 속을

• 노심용융은 원자력발전소에서 사용되는 원자로의 노심에 있는 핵연료 내부의 열이 냉각되지 못하고 급격히 상승해, 핵연료 다발 또는 노심 구조물이 녹아내리거나 파손되는 현상을 뜻한다.

흐르는 자유전자free electron 의 수만큼이나 많은 이익을 낸다. 심지어 공정하다고 정평이 나 있는 정치인조차 전력 산업에 관해서는 법률로 이뤄진 복잡한 미로에서 길을 찾다가 잘못된 결정을 내리기도 한다. 영리 목적의 전력 회사, 막대한 보조금이 투입되는 석유와 천연가스를 둘러싼 이해관계, 광업과 철도 산업 등, 미국이 화석연료에 의존하게 만드는 기득권 세력이 존재한다. 이들은 거대하고 길들이기도 어려운 기업 기계들이다. 기업들도 시간에 따라 변하기는 하지만, 저항력이 막강한 데다 외부 자극에 둔감하기까지 해서 그 변화는 마치 빙하가 흐르는 것처럼 보일 것이다. 자신들의 사업을 더 이상 영위할 수 없게 만들지 모르는 변혁을, 오래된 '비히모스'•들이 순순히 받아들이지 않을 것이라는 점이 놀랍지는 않을 것이다. 어떤 기업도 의도적으로 스스로를 망하게 두지 않는다는 점에서 (비록 규모가 주는 안정성 덕분에 소규모의 혁신을 많이 시도하는 것이 더 쉽기는 해도) 이들도 여느 기업과 다르지 않다. 시장 점유율을 확보하기 위한 시도는 에너지 전환의 주요 동력이며, 점유율은 끊임없이 변하는 불안정한 값이다. 전력 산업을 이끄는 사업자들은 한 걸음 앞으로 나아간 다음 다시 두 걸음 뒤로 물러나며, 미래를 향해 순항하기보다는 휘청거리며 나아간다. 그리드의 변화는 결코 하룻밤에 일어나지 않지만, 이들은 분명 이미 돌이킬 수 없을 만큼 먼 지점에 와 있다.

• • •

• 구약성서 욥기에 등장하는 괴물의 이름. 토머스 홉스Thomas Hobbes의 책 제목으로 사용되어 널리 알려져 있다.

21세기의 처음 10년 동안, 재생에너지 발전 사업은 전력 산업 현장에서 그저 듣기 좋은 아이디어이자 업계의 비주류일 뿐이었지만, 이 시기가 끝날 때쯤에는 업계의 주류로 등극했다. 단지 가능성에 불과했던 이런 변화가 현실로 실현되는 속도와 규모는 매우 이례적이다. 2050년까지 "미국의 거의 모든 발전소는 새로운 발전소로 대체되어야 할 것"으로 추정된다.[020] 그런데 2008년에 비해 2015년 풍력은 3배, 태양광은 무려 20배나 성장했다.[021] 얼마 가지 않아 기존 발전기들이 물러나기 시작하면, 크고 작은 재생에너지 발전소들이 활약할 공간은 더욱더 넓어질 것이다. 예를 들어, 2015년 기준 하와이주에는 12% 이상의 가정이 태양광 패널을 설치했다.[022] 그 결과 맑은 날에는 주에서 필요한 전력 수요보다 더 많은 전기가 생산된다. 2015년 여름, 하와이의 전력 회사는 가정용 태양광 소유자들의 그리드 연계를 거부하기 시작했다. 이는 이들이 인색해서가 아니라 생산된 전기를 모두 사용할 수 없어서 취한 조치였다. 과도한 전력이 그리드에 흐르면, 그리드는 망의 일부로 가는 전력을 차단해 스스로 보호한다. 다시 말해, 그리드는 일부 사용자를 차단해 인프라에 여유를 준다. 똑같은 상황이 버몬트주에서도 일어나고 있다. 하와이의 기후가 태양광에 매우 적합한 반면 버몬트는 구름이 많고 위도도 상대적으로 높은 주라는 점에 주목해 보라. 그럼에도 2015년 대부분의 기간에, 버몬트에서 가장 큰 2개의 전력 회사는 가정용 태양광 시스템의 그리드 연계 중단을 요청했다. 가정용 태양광 시스템이 태양광 시스템이 없는 고객의 청구서에 찍힌 요금을 가파르게 상승시켰기 때문이다. 맑은 날 낮 시간 동안 가정에서 생산한 전기를 그리드로 보내기 위해서는, 추가적인 인프라가 필요하거나 재정적인 지원이 필요한 가정들이 있기 때문이다. 하와이주, 버몬트주 모두 공개적으로 또 명시적으로 친환경적인 발전 방법을 선호한다고 공표했지만, 이 2개의 주조차도 일정 수준의 화석연료 발전량을 유지하려는 것이 현실이다.

이러한 상황은 그리드가 매우 거대하면서도 한편으로는 여전히 아주 지역적이기 때문에 일어나는 일이다. 예를 들어, 현재 가변성 전원에서 나오는 전력은 미국 전체 생산량 가운데 약 7% 수준이다.[023, 024] 그러나 몇몇 지역에서는 이 숫자가 훨씬 더 높다. 텍사스는 풍력 발전량만으로도 전력 생산의 9%를 차지하며, 오리건주에서 이 수치는 거의 13%에 달하고, 아이오와주에서는 무려 30% 수준에 도달해 있다.[025] 바람이 강하게 부는 일부 지역에서는, 특히 강풍이 불어닥칠 때, 지역 수급 유지 당국(그리드에 유입되는 전기와 유출되는 전기를 거의 같도록 유지하는 책임이 있는 기관)은 풍력발전소 일부의 가동을 멈추기 위해 돈을 지불해야 하며, 더불어 대형 산업체에도 실제 필요한 전력량보다 더 많은 전기를 사용하도록 돈을 지불해야만 한다. 2015년, 텍사스 지역에 강풍이 몰아치던 9월의 어느 날, 메가와트당 전기 요금이 마이너스 64센트까지 떨어졌다.[026] 전력 회사가 전력을 사용하는 고객에게 돈을 지불하고 있었다는 말이다. 모든 것이 조금은 뒤죽박죽이 되었다.

미국 에너지부Department of Energy, DOE는 2025년까지 재생에너지가 미국 전력 수요 가운데 25%를 공급하게 되기를 원한다. 몽상처럼 들릴지도 모르겠지만, 2009년에서 2014년까지 그리드를 통과하는 재생에너지 생산 전력량은 실제로 2배 이상 증가했다.[027] 오히려 연방 정부의 목표 수치는 열성적인 일부 주에 비해 오히려 작다. 메인주는 2017년까지 40%를 목표로 정했다.[028] 캘리포니아주는 2030년까지 50%를 목표로 삼고 있다(심지어 이 숫자에는 가정에서 설치한 지붕형 태양광이 포함되어 있지도 않다).[029] 규모가 작더라도 낙관주의적인 버몬트주 정부는 2032년까지 75%를 목표로 정했고, 하와이주는 심지어 100%를 목표로 하고 있다.[030] 이 값들이 불가능하지는 않으나, 이를 실현하기 위해서는 그리드에 대해 완전히 다시 상상해야 한다.

아주 중요한 문제는, 그리드가 이처럼 거대한 재생에너지 확장 계획의 시야에서 벗어나 있다는 데 있다. 많은 사람은 그리드가 마치 존재하지도 않는 것처럼 취급한다. 다시 말해, 당신과 나, 주 의원, 연방 의원, 기업가, 스타트업 대표, 기후변화 전문가 모두가 희망찬 꿈을 꾸고 커피 머신을 돌리고 멋진 일몰 사진을 찍으며 미래를 구상하고 있으나, 우리가 마음속에 그리는 모든 것을 구현하기 위해서는 그리드라는 기술적인 기념비를 그에 맞춰 변형하는 중대한 과제를 완수해야만 한다는 사실을 무시한 채 미래의 과장된 목표를 설정하고 있다. 지금까지 그랬듯, 그리드는 미래에도 존재할 것이다. 명백하지만 모두가 잠시 망각했던 바로 이 사실에 주목해야 할 때다. 이 기계가 가진 놀라울 정도의 복잡성을 파악해 이를 변화시키지 못하는 한, 우리는 낮과 밤을 더 밝게 밝힐 수도, 기상이변을 줄이고 지구 가열을 어느 선 이하로 억제하는 데 성공한 미래로 나아갈 수도 없다.

• • •

우리는 일반적으로 그리드의 작동 방식을 수도관이나 가스관을 작동시키는 물리학에 빗대어 이해한다. 수도관은 물을 모으고 이동시켜 사람들에게 공급한다. 가스관은 메탄을 모아 가스레인지와 온열 난방기에 공급한다. 그러나 이런 비유는 전기가 실제로 작동하는 방식과 대체로 부합하지 않는다. 전기를 공급하는 전선은 그 속이 비어 있지 않으며, 오히려 견고한 금속으로 가득 차 있다. 전기는 한데 뭉쳐서 흐르지도, 방울이 되어 차례대로 흐르지도 않는다. 전기는 유체역학 법칙을 따르는 액체나 기체가 아니다. 전기는 일종의 힘force이다. 발전소에서는 원자에서 전자를 분리한 다음(이 과정은 19세기 초에 그 원리가 알려졌는데도 여전히 경탄을 일으킨다), 이렇게 분리된 자유전자를 근접한 원자에 부딪히게 해서 또 다른 전자를 분리하는 연쇄 과정을 일으킨다. 일부 금속 원자는 전자를 분리해 내는 이런 과정을 촉진하는 성질이 있다. 그리고 인류는 바로 이러한 성질을 가진 금속들을 활용해 전도체(전력선)를 만들었다. 이 전선들은 거의 빛의 속도로 움직이는 원자 규모의 도미노 효과를 가능하게 만드는 매개체다. 그러나 원자 규모의 드리프트는 빨라도 초당 0.13센티미터 정도의 속도에 불과하다. 비유하자면, 이는 차가운 꿀이 밀려가는 속도와 비슷한 수준이다. 그래서 인간 눈에는 원자 수준에서의 모든 움직임이 정적이고 차가운 금속처럼 보인다. 그러나 이것은 완전히 잘못된 관점이다. 발전 사업자가 생산하는, 그리고 모두가 늘 사용하는 전기는 그리드의 전선과 떼려야 뗄 수 없다. 그러나 전기를 만들기 위해(그리고 돈을 벌기 위해) 활용되고 있는 현 제도는 전기와 인프라가 다른 모든 상품과 전적으로 다른 종류의 상품임을 무시하고 있다. 1990년대 초반 에너지 정책법의 입법 이래, 시장의 관점에서 볼 때 전자는 예컨대 바나나와 다를 것 없는 물품으로 취급되고 있는 것이 현실이다. 전기가 바나나와 서로 상이한 규모의 물리적 세계에서 생겨났으며, 공통점이 거의 없다는 점은 전혀 중요하게 고려되고 있지 않다. 우리는 전기와 바나나를 거의 같은 방식으로 취급하고 교환한다.

우리는 바나나를 만질 수 있고, 박스에 담을 수 있으며, 심지어 가격이 너무 떨어졌다면 이를 팔아버리지 않고 잠시 보관해 둘 수 있다. 상인들은 농부들이 바나나를 재배하도록 유인할 수 있고, 반대로 구매를 중단해 재배 면적을 줄이게 만들 수도 있다. 상인들은 바나나 가격을 일정 수준으로 결정해 소비자들이 구매 전에 확인할 수 있게 하고, 소비자들은 바나나의 브랜드, 종류, 색깔 등을 확인하고 마음에 들지 않으면 다른 바나나를 구매할 수 있다. 소비자의 선호는 바나나의 공급과 수요를 궁극적으로 결정하며, 다른 몇 가지 선택지 사이에서 바나나를 고르는 가능성은 이 제품의 생산방식이나 경제 시스템 안에서 가지는 의미를 결정짓는 중요한 요인이다.

그런데 전기는 바나나와는 전혀 다르다. 전기는 상자에 넣어둘 수도, 저장할 수도, 수출할 수도 없다. 이 제품은 사용자가 공급원에서 1,000킬로미터 떨어져 있더라도 언제나 만들어지는 순간 사용되며, 만들어지는 즉시 배송된다. 그리고 이 모든 과정은 1,000분의 1초도 걸리지 않는다.

소비자들은 바나나가 무엇이며 그 대가로 지불해야 할 달러란 또 무엇인지, 그리고 이들의 관계가 무엇인지도 아주 잘 알고 있다. 그러나 전기에 대해서는 그렇지 않다. 킬로와트시^{kWh}가 무엇인지, 전기를 생산하는 데 비용은 얼마나 드는지, 자신들이 얼마나 많이 사용하고 있는지, 그 사용량에 대체 얼마를 지불해야 적절한지, 이것들 가운데 소비자들이 제대로 알고 있으리라고 믿을 만한 것은 전혀 없다. 게다가 전력 회사는 본래 국가가 그 권리를 보장하는 독점기업이다. 전기사업은 특정 지역의 모든 사람들이 무조건 구매해야 하는 상점과 다를 바 없다는 뜻이다. 이 상점에서 판매하는 개별 품목에는 가격도 표시되어 있지 않으며(이처럼 표시되지 않은 가격조차 예고 없이 변경될 수 있다), 월말에 구매자들 앞으로 한 달 동안 소비한 전기에 대해 단 한 장의 청구서만 남을 뿐이다.[031] 한 연구에 따르면, "명확한 정보가 없을 때, 전기 소비자는 그들의 행동에 따른 비용과 편익을 추정하는 데 어려움을 겪는다".[032] 이것이 사람들이 전기에 전혀 신경 쓰지 않는 이유 중 하나다. 결국 전기는 일상생활의 범위를 넘어서는 많은 것을 이해해야 그 정체를 파악할 수 있는 대상이다. 그런데 전기의 정체를 파악하려면, 결국 그리드를 이해해야만 한다.

우리가 이렇게 크게 의존하고 있는 전기는 그것을 배분하는 인프라와 결코 분리될 수 없다. 그리고 바로 그 때문에, 그리드를 바꾸지 않고서는 우리의 에너지 시스템을 개혁할 수 없다. 그리드를 구성하는 수많은 기계장치와 길디긴 전선이 없다면, 전기도 없다. 이것들 없이는 전기를 만들 수도, 이를 안전하게 공급할 수도, 거대한 미국의 영토를 가로질러 전기를 전구, 토스터, 에어컨으로 전달할 수도 없다. 물론 이 시스템을 유지하고 싶다면, 이를 유지하는 비용을 지불해야 할 것이다. 그런데 재생에너지가 기존과는 완전히 새로운 방식으로 생산자와 소비자를 섞어놓으면서 비용 문제가 복잡해졌다. 그리고 그리드는 미국의 품속에 있는 기계이기에, 이 기계는 누군가에게 이윤을 남기는 수단이 되어야만 한다. 대다수 대형 전력 회사는 투자자의 소유이며, 이는 전력 회사가 배당금을 남겨줘야 하는 주주가 존재한다는 뜻이다. 이들은 현금 흐름이 지속되도록 경상 비용을 절감하는 한편, 그리드의 용량에는 거의 관심조차 기울이지 않으면서 수익을 낼 수 있는 방향으로 의사 결정을 내린다. 우리는 그리드가 무엇보다도 전기를 만들고 이동시키는 장치라고 생각하지만, 이를 유지하기 위해서는 처음부터 막대한 돈을 들이고 전달해야만 했다. 많은 사람들은 여전히 이런 식으로 그리드가 작동하는 데 만족한다.

· · ·

오늘날의 그리드는 전기 기술과 산업의 역사를 빼놓고는 이해할 수 없는 것이다. 산업 초기의 혼동 속에서, 초기 미국의 그리드는 말 그대로 마구잡이로 성장했다. 이 네트워크는 가상의 중심점에서 방사형으로 뻗어나가지 않고, 마치 종기처럼 이익이 보장될 만큼 인구 밀도가 높은 지점에만 나타났다. 이것이 처음 반세기 동안 전기가 도시적인 현상이었던 이유다. 이런 경향은 대공황 시기에 바뀌었다. 자본주의가 당연하다는 듯이 무시해 왔던 시골 지역에도 정부의 개입으로 그리드가 설치되어 전기가 들어온 것이다.[033]

　종합적인 계획 없이, 일부 주와 연방 정부가 간헐적으로만 개입했음에도, 그리드의 규모와 복잡성은 빠르게 증가했다. 그리고 기술 발전에 따른 업그레이드는 비록 주기적으로 이뤄졌으나 혁신적인 변화보다는 점진적인 변화에 가까웠다. 모든 개선은 현행 시스템과 매끄럽게 맞물려 이뤄져야만 했다. 한 곳에서 약점을 완전히 보완하지 못하면, 어떤 진보도 이뤄지지 못했다. 과거에 그리드는 조금씩 추가 시설이 건설되고, 개선되며, 오늘날의 그리드로 발전했다. 이 그리드는 임시방편으로 건설되어 오늘날의 모습을 가지게 되었기에, 어떤 곳에서는 대단히 창의적이고, 일부분은 시대에 완전히 뒤떨어지며, 다른 일부는 지나치게 복잡하거나 실용적이지 않다. 믿기 어려운 이야기처럼 들릴지는 몰라도, 오늘날을 살아가는 우리 삶 전체를 지탱하는 기계장치는 "현실에서는 분명 작동하고 있으나 이론적으로는 그렇지 않다".[034] 그 누구도 그리드 전체를 총체적으로 볼 수도, 포착할 수도, 계획할 수도 없다.

이런 특성 때문에, 전력 회사는 독점적인 지위를 장악하는 한편, 전력 산업을 경쟁 없는 상태로 만들고 이를 장기적으로 고착화시켰다. 부분적으로는 규제를 통해 독점적 지위를 보장받은 덕분에, 그리드는 1930년대 후반부터 1960년대 말까지 미국의 거의 모든 가정에 전기를 보급하며 전기화electrification* 과정의 핵심으로 훌륭하게 작동했다. 그러나 지속적으로 수요를 증가시켜 전력 회사에 이익을 보장하는 체계는 이 시기 이후 서서히 무너져 갔고, 그에 따라 '성장과 건설'이라는 이들의 기본 전략이 무력화되면서 그리드는 점차 망가져 갔다. 전력 회사들은 매우 오랫동안 미국에서 창의성과는 거리가 가장 멀었던 데다 유연하지도 않았고 주어진 것을 그저 가동할 줄만 알았기 때문에, 이런 조건에서 무엇을 해야 할지 알지 못했다.[035] 심지어 전력 산업의 내부자들조차 앞으로 전력 산업이 나아가야 할 방향에 대해 관심이 그리 많지 않았다. 20세기 말에 접어들며 디지털 경제가 점차 보편화되었으나, 이런 상황에서 전기사업을 보다 수익성 높게 만들려는 법안들은 그리드를 더욱 균형 잡히지 않은 기술로 만들었다. 돈을 벌 수 있는 부분만 큰 관심을 받고, 그리드의 나머지 부분은

---

* 전기화란, 냉난방을 포함한 기계 및 시스템 동력의 최종 에너지 소비를 석탄, 석유, 천연가스 등의 화석연료가 아닌 전기로 대체하는 것을 의미한다. 과거에는 전기를 사용하지 못하는 지역에서 발전기, 송배전선로, 변전소 등 관련 인프라를 설치하는 과정을 의미했으나, 최근에는 포괄적으로 최종 에너지 사용을 전기로 활용하는 것을 일컫는다.

주목받지 못한 채 소리 없이 쇠퇴한 것이다.

앞에서 언급한 여러 정전 사태가 본격화되기 이전에는, 에머리 로빈스Amory Lovins, 헌터 로빈스Hunter Lovins와 같은 환경 운동가나 극소수의 엔지니어를 제외하고는 이러한 오래된 부주의가 가져올 결과에 별다른 관심을 기울이지 않았다. 1979년, 제2차 오일쇼크 이후, 로빈스 부부는 미국 내 에너지 인프라에 대해 보고서를 작성해 펜타곤에 제출했다. 그들의 결론은 놀라웠다. 미래에 발생할 수 있는 석유 수입 중단보다도, 미국의 전력 그리드의 '취약함'이 국가 안보에 더 큰 위협이 될 수 있다는 것이었다. 그러나 대통령 지위를 잃어버린 지미 카터Jimmy Carter 말고는, 그들의 예언에 귀를 기울이는 경청하는 사람은 없었다. 그리고 그런 상태로 수십 년의 세월이 흘렀다. 로빈스 부부가 취약하고 불안정하다고 평가했던 그리드는, 더욱더 취약해져 부서지기 쉬운 상태가 되었다.

2000년대 초, 그리드는 마침내 붕괴하기 시작했다. 그리드의 비즈니스 모델은, 그리드를 물리적으로 구성하고 있는 구리와 시멘트가 열화된 것처럼 금이 갔다. 캘리포니아는 극심한 블랙아웃을 겪었으며, 주지사는 이로 인해 비상사태를 선포했다. 주요 유틸리티 중 하나는 파산 신청을 했다(대공황 이후 유틸리티 파산의 첫 사례).[036] 그다음은 버몬트의 원자력발전소가 무너졌다. 이 발전소의 구조물 일부가 말 그대로 쓰러진 것이다. 해당 구조물을 지지하던 재료들은 속까지 모두 썩어 있었다. 이 사고는 발전소에서 정기적인 유지 보수나 점검을 하지 않아서 일어난 일이 아니라, 이상을 감지하기 위해 설치된 모든 카메라가 문제가 발생한 지점과는 다른 곳을 향해 있었던 데다 유지 보수 점검표에 무너진 냉각탑을 지지하는 기둥이 포함되어 있지 않았기에 벌어진 일이었다. 태평양 북서부의 경계선 끝자락에서는 겨울이 지나고 강력한 폭풍이 매월 두세 차례 그리드를 강타했다. 국지적인 폭풍은 완전히 새로운 종류의 타격을 그리드에 가했다. 한편 텍사스주는 그리드가 기능을 상실하는 상황을 여러 차례 그저 속수무책으로 지켜봤다. 부시 대통령 George W. Bush 시절, 심지어 백악관조차 두 차례나 정전 사고를 피하지 못했다(그가 퇴임한 다음에도, 2015년까지 정전 사고가 2번이나 더 일어났다).

2013년, 미 행정부는 "기후변화로 악천후의 빈도와 강도가 증가하고 있으며, 그리드의 탄력성이 점점 더 중요해지고 있다"라는 점을 받아들였다. 동시에 "더 심각한 허리케인, 겨울 폭풍, 폭염, 홍수 및 인위적인 온실가스 배출로 발생하는 기타 극심한 기후변화 사태"도 미국이 염두에 둬야 한다고 밝혔다.[037]

대규모 폭풍이나 이상기후는 아이러니하게도 진행 중인 그리드 개혁의 주요 원인 중 하나이지만, 이런 개혁은 가장 효율적인 방향으로 나아가지 못하고 있다. 우리는 천연가스를 포함한 화석연료를 이용해 전기를 만든다. 그런데 이로 인해 생겨나는 해로운 화합물들은 지구를 가열하는 데 더 크게 기여한다. 이렇게 발생한 지구 가열 현상은 폭풍을 더 강력하게 만들고, 이 폭풍은 다시 그리드를 덮쳐 이를 구성하는 장비를 파괴한다. 그리드를 더욱 튼튼하게 만들어 파괴되기 어렵게 만들 수도 있다. 때때로 사람들은 이런 생각으로 몇몇 조치를 취하기도 하고, 인프라의 일부 요소들을 바꾸기도 한다. 만일 우리가 미국에 장기적으로 도움이 되도록 전력 인프라를 재구성하는 작업을 촉진하고자 한다면, 이 부조리한 순환 고리는 분명 아주 비효율적이고 유해하다. 그런데 지금 미국이 바로 이런 경로를 따르고 있다.

미국의 그리드, 그 형태 그리고 현대 생활과 그리드의 관계, 이 모든 것은 우리가 에너지산업에서 추구해야 하는 미래로부터 우리를 점점 더 멀어지게 하고 있다. 지속 가능한 발전원을 도입할 뿐만 아니라 에너지와 관련이 깊은 다양한 가치를 보존하는 한편, 가장 중요하고 소중한 가치인 에너지 독립을 유지한다는 목표로부터도 우리는 점점 더 멀어지고 있다. 이 책에서 나는, 우리가 중동 지역에서 나오는 석유의 예상할 수 없는 변동으로부터, 또는 영국의 시추 회사나 미국의 석유 재벌로부터 벗어나고자 한다는 점 이상을 이야기하고자 한다. 개인, 가정, 이웃, 마을이 자신의 에너지 결정을 내리는 새로운 종류의 에너지 독립을 지향해야 한다고 말하고 싶다. 인프라의 규모는 변화하고 있으며, 이 과정에서 관료 조직과 무관한 보통 사람들이 더욱 중요해지고 있다. 세분화될 수 있는 거의 모든 것이 더욱더 작은 조각으로 나눠지고 있다. 개인, 소기업, 마을, 카운티는 빠르게 움직여, 그들의 이익을 위해 투표하고 사람들의 의견을 들을 수 있는 수단을 개발하고 있다. 이런 움직임은 이미 수십 년 전부터 있었고, 내일이 되면 더욱 명확하게 드러날 것이다.

미군은 매우 작은 전압 변동(이는 컴퓨터가 마치 악마의 소유물처럼 작동하게 만들지만, 미국의 그리드에서 흔하게 일어나는 일이다)도, 안전이 확보되지 않은 공공 인프라에 대한 물리적 공격 위협도 용납할 수 없는 조직이다. 그 결과, 미군은 국내 기지가 사용하는 전력망을 모두 마이크로그리드microgrid로 전환하고 있다. 구글Google 역시 본사와 데이터 센터를 마이크로그리드로 만들고 있으며, 코네티컷주 정부와 뉴욕주 정부 역시 마찬가지다. 뉴욕에서만 무려 83개에 달하는 마이크로그리드 구축 사업이 진행 중이다.038 시티뱅크CitiBank, 비즈니스위크Businessweek, 에디슨일렉트릭인스티튜트Edison Electric Institute 등 여러 기관에서 우리가 알고 있는 유틸리티가 얼마 가지 않아 멸종할 것이라고 예측한다. 아마도 유틸리티들은 전력선 관리자로 존속할지도 모르지만, 더 이상 전력을 생산하지도(이미 다수는 그렇다) 이를 팔아 돈을 벌지도 않게 될 것이다.

오늘날의 그리드 시스템을 이루는, 무수한 '의도하지 않은 결과'와 '창의적인 반응'을 이해하기 위해서는 다음을 명심해야 한다. 개별적으로 활동하는 발명가와 기업은 모두, 최소한의 행동만으로, 함께 모여 공동의 노력을 기울이면 무엇을 성취할 수 있는지를 늘 염두에 두고 있는 행위자들이다. 그런데 전기가 최초로 수용가에 공급되었던 1880년대 이래 처음으로, 그리드의 구조에 대한 강조점이 바뀌고 있다. '소규모'에 대한 강조가 점점 누적될수록, 대규모 전투에 익숙한 거대 기업은 통제권을 빼앗기게 될 것이다. 미국의 전력 인프라 업계에서는 '작은, 유연한, 빠른, 적응력 높은, 지역적인'이라는 새로운 논리가 득세하고 있으며, 이는 과거의 논리가 완전히 뒤집히고 있다는 뜻이다. 이러한 종류의 논리와 이에 기반한 여러 활동들은 기존의 권력자들을 혼란스럽게 만들 것이다. 대체 이것이 무슨 말인지 이해하고 싶다면, 여러 게릴라 전쟁에서 미군이 겪었던 경험을 생각해 보자. 제대 규모가 작고, 기동력이 뛰어나며, 지역에 밀착해 있으면서, 상황을 유연하게 활용해 전술을 구사하며, 변화에 대한 적응력이 높고, 매우 창의적인 무장 세력에 포위되었을 때, 미군 전투원들은 크게 당황할 수밖에 없었다. 오늘날 새롭게 시작되는 전기 게임에서 유틸리티, 규제 기관, 정부 당국이 이와 유사한 기분을 느끼게 될 것이다. 19세기 말 이후부터 미국에서 전력을 관리한 방식은 천천히, 그러나 확실하게 역사의 뒤안길로 밀려나고 있다. 이런 공격을 실행하는 사람들은 실리콘밸리의 천재 개발자일 수도 있고, 늙은 히피의 모습을 하고 있거나, 때로는 다국적 기업의 얼굴을, 이들보다 훨씬 더 흔하게는 계절마다 그에 맞춰 니트를 바꿔 입는 은퇴한 학교 선생님의 모습을 하고 있을 수 있다.

이들은 모두 상대 진지를 향해 함께 진격하고 있는 보병이다. 이들이 기동하는 이유는 그리드 전체를 장악하기 위한 것이 아니라, 관습적이고 점점 더 비효율적으로 변하고 있으며 지루하기 짝이 없는 방식으로 흘러가는 전기 게임의 방식을 바꾸기 위한 것이다. 게다가 이들의 다양성과 열정에 따라, 새로운 논리가 점점 더 많이 출현하고 있다. 큰 시스템을 따르는 방법보다는 작은 시스템에 기초한 해법이 점점 늘고 있으며, 유연하게 일을 처리하는 것이 과거의 경직된 방식보다 더 선호되고 있다. 이동성이나 휴대성은 정적이고 고정된 것보다 더 매력적이며, 무선 연결은 언제 어디서나 환대받는다. 전력 산업에 관심을 가지는 수많은 참여자가 오랫동안 독점적인 인프라였던 전기사업의 일부를 차지하게 된 이상, 이들이 벌이는 소동은 처음에는 혼란스러워 보일 것이고, 실제로도 혼란스러울 것이다. 그러나 이러한 혼란 속에서, 언어로 옮기기 힘든 어떤 문화적 태도가 확산될 것이고, 이로부터 이번 세기 중·후반을 지배할 전력 시장의 새로운 패턴이 창발할 것이다.

결국 이 책은 그리드의 총체적인 모습에 초점을 맞추고 있다. 다시 말해, 비할 데 없는 복잡함 속에서 벌어지는 수많은 문제들과 그 옆에서 새롭게 싹트는 희망, 갖가지 부조리로 점철되어 있지만 동시에 경탄할 만한 탁월함으로 가득한 역사, 이를 현실에 구현한 사람들과 이들 배후에 있는 법과 논리까지, 그 모든 것에 초점을 맞추고 있다. 역사적 흐름 속에서, 기술적 진보에 따라 가능한 한 빠르게 해결해야 하는 긴박한 문제들이 그리드 앞에 밀려드는 지금 이 순간, 그리드 사용자들, 즉 우리 모두는 지금 우리가 내리는 선택이 우리에게 무슨 이익을 가져다줄 것인지, 어떤 함축을 가지고 있는지, 그리고 현재 그리드가 지닌 결점 가운데 무엇을 개선할 수 있는지 이해하고 있어야만 한다. 그리드는 안정적으로 보일 수 있고, 지금 모습으로 앞으로도 변함없이 유지될 것처럼 보일 수 있다. 당신은 그 어느 때보다도 전력 시스템이 신뢰할 만하다고 느낄지도 모른다. 하지만 이 인상을 믿어서는 안 된다. 이러한 인상은 우리에게 온기와 빛 그리고 윤택한 삶을 가져다준 오늘날의 그리드가, 그 구조에서부터 급격하게 변화하고 있고 얼마 가지 않아 근본적인 변혁을 겪을 것이라는 사실을 은폐하기 때문이다.

1장

바람이 불어오는
길목 앞에서

첫째 날. 맑은 하늘에 눈이 부신 어느 가을날 아침의 워싱턴 D.C. 대부분 정장을 차려입은 4,000여 명의 사람들과 함께, 사람들을 멈춰 세우고 이상 여부를 체크하고 마지막에는 금속 탐지기까지 동원해 몸 수색을 벌일 정도로 삼엄한 경비가 이뤄지고 있는 4중 보안 검색대를 통과해 나는 지하로 내려갔다. 그 끝에는 로널드레이건빌딩과 국제무역센터의 놀랍도록 잘 정비된 지하 콘퍼런스 센터가 있었다. 은은한 조명이 감싸고 있는 이 회의장 내부는, 기품 있는 베이지 색조로 통일감을 주며 잘 정돈되어 있었다. 앞으로 5일 동안, 이 회의장은 미국 가정과 기업에 전력을 공급하고 규제하며 전송하는 데 젊음을 바친 (주로 남성으로 이뤄진) 인물들의 무대가 된다. 그리드 위크Grid Week가 개막한 것이다.

　회의 참석자들은 그리드의 구성 요소 가운데 인적 요인을 대표한다. 다시 말해, 이들은 전선, 전주, 변전소, 발전소와 같은 장비 측면의 요인이 아니라 전력 산업에 종사하는 인원들을 대표하는 기업 임원, 전기 엔지니어, 전력 회사 이사들이다. 이 가운데 일부는 그리드를 스마트화하는 신사업에 종사하며, 일부는 소규모 창업자들이다. 이들은 모두 그리드가 작동하는 데 중요한 역할을 한다. 우리는 초가을의 어느 아침에 콘퍼런스의 첫 번째 기조연설을 듣고자 여기에 모여 있다.

기조연설자는 노벨물리학상 수상자이자 미국 에너지부 장관인 스티븐 추Steven Chu다. 사람들이 자리에 앉고 추 박사가 연단에 마련된 그의 자리로 올라가자, 행사장은 이내 고요해졌다. 추는 온화한 인품으로 유명한 인물인데, 약간 벗겨진 머리 때문에 관료보다는 수도사처럼 보이는 사람이었다. 이상하게 들릴지 모르겠지만, 그는 관료이면서 동시에 수도사라고 말할 수 있는 인물일 것이다. 추의 기조연설은 설교이자 정책 연설이 될 것이다.

추 박사는 여기 모인 청중들에게, 즉 그리드를 운영하고 유지하는 사람들에게 더 많은 풍력발전소, 더 많은 태양광발전소, 더 많은 조력발전소, 더 많은 지열 발전소 그리고 가능한 다른 모든 재생에너지 발전소들(연료를 장전하지 않아도 스스로 에너지를 만들어내고, 동력을 인위적으로 가하지 않아도 가동되는 발전소들)이 그리드에 더 많이 연계되어야 한다는 내용의 발표를 진행하려고 했다. 그러나 그는 이러한 내용에 앞서 몇 가지 공포스러운 이야기를 먼저 꺼낼 생각이었다.

정말 그랬다. (에너지산업의 미래에 대한 아주 거시적인 전망을 다루는 슬라이드, 미국이 또다시 전례 없는 국제적 성공으로 도약할 방법에 대해 다루는 슬라이드를 지나) 다섯 번째 슬라이드부터 정말로 좋지 않은 상황들이 보이기 시작했다.

레이저 포인터로 연단 옆의 거대한 파워포인트 화면을 가리키며 추 장관은 이렇게 말했다. "2008년 9월 4일 오후 5시가 조금 안 된 시각이었습니다. 콜로라도주 알라모사카운티에서, 아주 두꺼운 먹구름이 하늘을 뒤덮었습니다." 그는 잠시 말을 멈추고 청중을 둘러보았다.

기침하는 사람도, 의자를 흔들어 삐걱거리거나 윙윙거리는 소음을 만들어내는 사람도 없었다. 청중 모두는 추의 움직임에만 집중하고 있었다.

당시 회의장의 분위기 때문에, 나는 아주 잘 다려진 바지를 입은 수천 명의 산업계 중년 남성 무리 속에 들어와 있다는 느낌보다는 어느 늦여름에 다 떨어진 운동화를 신은 채 캠프파이어 옆에 옹기종기 모여 귀신 이야기를 듣는 10살쯤 먹은 소년들의 무리 속에 들어와 있는 느낌을 받았다. 물론 차이가 있었다. 캠프파이어 가장자리에서 그림자놀이를 하는 대신, 데이터와 이를 시각화한 선 그래프를 둘러싸고 앉아 있었다는 점 말이다. 지금 추가 지시하고 있는 부분에서, 이 그래프는 y축을 기준으로 아래쪽으로 급강하고 있었다.

추는 다시 설명을 이어갔다. "전력 공급량의 등락이 이어지고 5분이 지나자, 태양광 농장solar farm에서 카운티로 공급되던 전력의 생산량이 무려 81%나 떨어졌습니다."

81%. 오후 5시. 아래로 곤두박질치는 선.

모든 참석자는, 무슨 일이 일어났는지 아주 잘 알고 있었다. 도대체 어떻게 대처해야 하는지 알지 못할 뿐이었다. 모든 사람이 퇴근하고 집에 돌아와 에어컨을 켜고 TV와 컴퓨터의 전원 스위치를 누르는 저녁 5시에 발전량이 순식간에 81%나 줄어들었다는 사실은, 전기 엔지니어들의 가슴을 졸이게 만들기에 충분하다. 세계에서 가장 거대한 기계, 그리드는 전기 소비와 생산이 매 순간 균형을 유지해야 한다. 발전 '연료'의 믹스가 어떻게 되든, 더 많은 태양광발전소가 이 계통에 연계될수록 갑작스러운 구름의 등장에 대응하기는 어려워진다. 특히 오후 5시처럼 수요가 하루 중에서도 극에 달하는 시간에는 더욱더 그렇다. 문제의 그래프에서, '발전'이라고 표시된 검은색 선은 급격히 아래로 향했던 반면, '소비'로 표기된 빨간색 선은 양의 기울기로 하늘을 향해 치솟았다. 태양광에서 전기를 얻는다는 말은, 햇빛이 지상에 도달하지 않는다면 전력도 없다는 뜻이다. 이런 현상은, 바로 이 회의장에 모인 사람들이 일터에서 자주 겪는 비상 상황이다. 비상 상황에서 이들은 긴급히 투입되어 블랙아웃을 피하기 위해 할 수 있는 모든 일을 해야 한다.

추 장관은 슬라이드를 다음 페이지로 넘기며 쾌활한 목소리로 이야기를 이어갔다. "4개월 뒤, 2009년 1월 5일에 있었던 일입니다. 컬럼비아강 협곡 지역에서는 바람이 갑자기 멈췄고, 그 후 3주 동안이나 바람이 불지 않았습니다." 그는 여기서 다시 말을 멈췄다. 그는 이처럼 광범위한 지역에 그처럼 긴 시간 동안 풍력발전이 중단될 때 발생하는 여러 문제들에 대해 청중들이 깊이 생각해 보기를 원하는 듯했다. 3주, 무려 21일. 청중들은 침묵했고, 아마도 머리핀 하나가 떨어져도 그 소리를 들을 수 있을 만큼 조용했다.

"이 협곡의 풍력 농장 25개 모두가 이 기간 내내 운전하지 못하고 멈춰 있었습니다." 바람이 없다면 발전량도 0일 것이고, 발전량이 0이라는 말은 곧 전력도 없다는 말이다. 하지만 농장으로부터 전력을 공급받는 많은 사람들이 3주 동안 아무 전기도 공급받지 못한 채 편하게 앉아만 있었던 것은 결코 아니다. 이 사람들 중 상당수가 전력 공급망에 풍력이나 태양광 같은 재생에너지를 연계해야만 한다고 아주 강하게 믿는 미 북서부의 좌파 성향 집단에 속했음에도 그랬다. 아무리 친환경적 소비자들이라도, 이메일을 확인하거나 토스트를 굽기 위해 바람이 불 때까지 기다리고 있지는 않았을 것이다. 이들이 사용하는 전기 가운데 일부가 풍력에서 나오더라도, 어딘가에서는 이처럼 바람이 불지 않아 부족해진 전력을 생산해야만 한다. 그리고 이 전기의 원천은, 아마도 재생에너지가 아닌, 거대 발전기가 돌아가고 있는 재래식 발전소일 것이다. 물론 이러한 보조 발전원의 확보가 불가능한 것은 아니지만, 그 과정은 사실상 투쟁에 가깝다. 안정적인 공급을 확보하기도 어렵고, 상황에 기민하게 대처할 수 있는 예비력을 확보하기는 더욱 어려우며, 환경오염과 무관한 발전원으로 이런 작업을 해내는 것은 거의 불가능하다. 미국의 예비 전원은 전체 가용 발전소 가운데 가장 오래된 데다 오염에도 치명적이다. 이들은 분명 수십 년 전에 가동을 중단하고 폐기되어야 했다. 우리는 그렇게 하지 않는 대신, 전력 공급이 부족할 때 이들을 최후의 보루로 사용하고 있다. 그런데 이것들을 자주 사용한다.

재생에너지를 수용하려면, 발전소는 재생에너지의 가변성variability에 대응하는 것 이상의 과업을 수행해야만 한다. 전력 생산과정의 조건인 문화 역시 변해야만 한다. 재생에너지의 발전량이 떨어질 때, 그 공백을 메우기 위해 가동되는 발전소들의 연식은 이 기기를 가동하는 사람들의 나이에 맞먹는다. 앞서 다른 발표에서 나온 지적을 여기에 옮기면, 전력 시스템을 운영하는 사람들 중 60%는 정년을 채 5년도 남겨두지 않았다. 나는 이 말을 듣고 객석을 한번 둘러보았는데, 이 말에 동의하지 않을 수 없었다. 이 회의장에 모인 사람들은 대체로 그 경력의 정점에 있는 사람들이었다. 이들은 자신들의 기관 전반과 더불어 아주 긴 시간 동안 한 가지 방식만으로 일해왔지만, 이제 새롭게 변화하는 산업에 발맞추어 바쁘게 움직이고 있다. 그리드 전체 규모에 해당하는 풍력과 태양광 발전소가 계통에 연계되기 전에는, 느리고 꾸준한 방법이 언제나 경주에서 이겼다. 전력 시장에 경쟁이라고는 없었으며, 각 전력 회사들은 법률에 따라 보호받으며 자신들이 점유한 영역에서 지역적으로 영업을 독점하고 있었다. 이 회사들은 전력을 생산했고, 이것을 얼마나 많이 생산할 것인지, 어디에서 어디로 전송할 것인지, 어디에서 사용될 것인지를 늘 파악하고 있었다. 유틸리티 사람들은 영업 계획을 계절마다 수립했는데, 회의실에 모여 겨울은 어떻게 나고, 봄에는 어떤 활동을 할 것인지, 그리고 여름에는 어떤 대책을 세울 것인지를 논의했다. 이들은 예측 수요에 대응하는 만큼 전력을 충분히 공급할 수 있는 발전소가 마련되어 있는지 확인했다. 아주 가끔, 너무 덥거나 추운 날(이때는 전기 수요가 급증한다)을 제외하면, 그 계획은 꽤 잘 들어맞았다.

그러나 이들이 성장한 시스템은 이제 존재하지 않는다. 그리고 이제 유틸리티를 운영하기 위해서는, 시시각각 그 상태가 변할 뿐만 아니라 이들이 소유하지도, 통제할 수도, 운용 계획을 세울 수도 없는 발전소를 활용해야만 한다. 개인이나 기업이 변동성 있는 발전기를 소유하게 된 이 새로운 세계는, 발전기가 넓게 흩어지고 가벼워진 전력이 여기저기 편리하게 이동할 것을 요구한다. 하지만 유틸리티, 이 사업자의 직원들, 그리고 2,500메가와트의 석탄화력발전소는 그렇게 극적으로 움직이지 않는다. 이들은 천천히 꾸준하게 움직이며, 바로 그런 방식을 좋아하는 산업이다.

발레에 비견할 수 있을 만큼 우아한 이들의 운영 능력에도 불구하고, 유틸리티는 앞으로 갈 수도(변동성 발전소), 뒤로 갈 수도(지속적으로 전력을 공급하는 것) 없이 자신들이 점점 좁아지는 입지에 갇히고 있다는 사실을 깨닫고 있다. 2009년, 추 장관이 발표할 때 컬럼비아강 협곡에 풍력 농장은 총 25개가 있었다. 2015년에 그 수는 대략 4배 증가했다. 이것들은 각각 수백 개의 터빈으로 구성되어 있고, 이 터빈들 각각은 1,000킬로와트 이상의 전력을 생산할 수 있다. 미국 전역에서 가장 거대한 풍력발전 사업이 바로 이 지역에 있다. 여기에서 생산되는 전력은 최대 6,000메가와트(이는 약 450만 가구에 공급되기에 충분한 에너지다)로 추산되며,[039] 이들은 모두 바람, 그러니까 이 협곡의 명물인 바로 그 바람에 의존하고 있다.

변덕스러운 이 지역의 바람이 완전히 멈추면, 이 거대한 장치로 공기 중에서 수확한 전자들은 사라져 버린다. 그 이유는 아주 간단하다. 그리드는 균형을 이뤄야 하기 때문이다. 소비는 언제나 생산과 일치해야 한다. 전기를 나중에 사용하려고 저장할 수 있는 실질적인 수단은 없다. 만일 전력이 지금 당장, 어디서든, 어떤 방법으로든 만들어지지 않는다면, 우리는 결코 이를 사용할 수 없다.

전력 산업의 문외한들조차 알고 있듯, 그리드의 규모에서 의미 있는 대규모 전력 저장소는 거의 없다. 산악 지역 주에 자리 잡고 있으며, 상부의 인공 저수지에 물을 채워 위기 순간에 가동하는 양수 발전소가 있기는 하지만, 이것이 지닌 한계는 명확하다. 현재는 어떤 가정에도 나중에 사용하기 위해 와트를 비축해 두는 쿠키 상자는 존재하지 않는다. 어떤 나라도 전략물자로 전력을 비축하고 있지도 않다. 결국 우리가 매일매일 사용하는 전력은 항상 새로 만든 것이다. 모든 전력은 새로 만든 것이기에, 당신이 풍력 농장 주변에 살고 있다면 당신이 사용하는 전력은 1분 전에는 아마도 돌풍 속에 담긴 에너지였을 것이다. 그리고 석탄이 많이 나는 지역에 살고 있다면, 당신이 사용하는 전기는 '불 상자(아주 거대하며 산업적 용도로 활용되고 그 내부에서 연소가 진행되는 노)'에 투입되기 위해 분쇄된 석탄가루의 에너지였을 것이다. 당신이 수력발전소가 있는 지역에 살고 있다면, 전력은 막대한 양의 콘크리트로 만들어진 댐에 갇혀 낙하되기를 기다리고 있던 물의 위치에너지였을 것이다. 이렇게 생각하면 된다. 당신이 지금 사용하고 있는 전력은, 몇 초 전에는 물 한 방울에 담긴 에너지였다.

하지만 이것은 이제 더 이상 물이 아니다. 전기를 전선으로 내보낼 때 이들이 어디로 갈 것인지 예측할 수 있기라도 한 것처럼, 우리는 전기가 출발 지점에서 도착 지점으로 '흐른다'고 말하기를 좋아한다. 하지만 우리는 그렇게 말해서는 안 된다. 전기는 내리막을 따라 흐르지 않으며, 최단 경로로 움직이지도, 다른 경로를 배제한 채 하나의 경로만 따라 움직이지도 않는다. 전류를 생산지에서 소비지로 수송하기 위해 우리가 활용하는 전선은, 유체를 수송하는 파이프나 교통로를 구성하는 본선(전선을 이에 빗대어 말하는 경우는 아주 많다)과는 상당히 다르다. 또한 전기가 실제로 전선을 '흐른다'고 말하기도 어렵다. 전선은 도체, 즉 대부분 금속으로 이뤄졌으며, 말하자면 전기적인 현상이 그 내부에 존재하고, 그 내부에서 벌어지는 현상만큼이나 외부에서도 전기적인 현상이 발생한다. 토스터의 레버를 누르는 것과 같은 간단한 동작으로 지정되는 방향을 따라, 전력선은 내부 회로 또는 전자기장을 통과한다. 순간적으로 회로가 개통되어, 바로 직전까지만 해도 존재하지 않았던 통로가 생겨나고, 이를 따라 전기가 통과한다. 이 전기는 토스터 안으로 들어가 이를 관류하며, 이 기계 내부에서 그 흐름은 저항을 받는다. 이렇게 전자 기기가 만드는 저항으로 인해 전자는 열을 방출하고, 바로 이 열 덕분에 토스터는 빵을 노릇노릇하게 구울 수 있다. 수십 초가 지나면 레버는 다시 닫히고, 토스터는 빵을 내뱉으며 토스터의 채널도 닫힌다. 전기는 이제 다른 길을 찾아야 한다.

전력 소비는 계획이 필요하지도, 가능하지도 않은 시스템이다. 어느 누구도, 이 전자는 로스앤젤레스에서 도넛을, 이 전자는 월라월라에서 토스트를 만들기 위해 이동해야 한다고 판단하지 않는다. 각각의 전자는 어디로든 움직일 수 있다. (토스터가 빵을 구울 때 발생하는 것과 같은 종류의) '싱크'•가 존재하는 한, 그리드에 걸린 모든 전기는 무슨 수를 쓰든 바로 이 싱크를 향해 움직일 수 있다. 그럼에도 당신의 토스터가 레버를 올릴 때마다 폭발하지 않는 이유는, 다른 전자기기가 각각 만들어내는 수백만 개의 싱크들이 같은 그리드에 연결되어 있어서, 그리드를 통해 자신들에게 이동해 올 수 있는 모든 전기에게 "이봐, 저항이 걸려 있지 않은 곳이 바로 여기야"라고 요청을 보내고 있기 때문이다. 그리드에는 토스터 이외에도 수백만 개의 작은 기기들이 그리고 몇몇 대형 기기들이 연계되어 있으며, 이들이 사용하는 전압은 표준화되어 있다. 전압이란 전력을 기기에 밀어 넣는 힘을 의미한다. 그리고 보통의 주거용 콘센트로 공급되는 전기는 토스터에 적합할 만큼 낮은 힘으로 공급된다. 분명, 당신은 불에 탄 빵을 버터 나이프로 꺼내다가 전기 충격을 받고 싶지는 않을 것이다.•• 그러나 이렇게 낮은 전압의 전력이라 해도, 주택용 전선도 만지는 것만으로 죽을 수 있다. 물론, 현재 우리의 전기 시스템은 주택 내부 전력망에 흐르는 보통의 전압이 일으킬 수 있는 잠재적 위험으로부터 토스터뿐 아니라 우리 역시 보호하도록 설계되어 있다.

- 전기회로에서 전류를 빨아들이는 지점을 말한다.
- •• 토스터가 사용하는 전기의 전압은 댐과 같은 발전소에서 가장 가까운 변전소까지 고전압 송전선로를 따라 이동할 때 적용되는 전압보다 매우 낮다.

토스터는 폭발하지 않고, 전선은 잘 작동하며, 전등은 그와 연동된 스위치를 딸깍하고 켜면 불이 잘 들어온다. 이 모든 것은 그리드가 균형을 유지하기에 가능한 것이다. 그리드에는 우리가 가진 전자기기들을 작동시키기에 충분한 전기가 흐르고 있지만, 이것들을 파괴할 만큼 그 양이 넘쳐흐르는 것은 아니다.

그리드가 어떻게 가동되는지 아주 간단하게 정리해 보자. 그리드는 생산된 전력을 거의 실시간으로 배송하며, 망이 연결된 모든 지점으로 표준화된 전류를 쉽게 이송하는, 아주 복잡하게 얽힌 시스템이다. 그리드의 기본 구조는 사용자들이 보기에는 발전소에서 시작해 토스터에 도달하는 것처럼 보이지만, 실제로는 발전소에서 시작해 발전소에서 끝나는 거대한 고리 모양의 구조를 이룬다. 발전소에서 원자의 궤도로부터 전자를 뜯어내면, 이것은 이 고리를 따라 그리드라는 전체 시스템 속으로 옮겨 가며, 시스템에 연계된 다른 모든 것이 상황을 알아차리기도 전에 원자 궤도로 전자들은 되돌아온다. 발전소는 이런 전자 분리 작업을, 바람, 천연가스, 석탄, 육불화 우라늄을 산화해 만든 연료 팰릿, 마른 소똥 같은 연료를 태워 수행한다. 사실 연료는 무엇이든 상관없다.[040] 순환 고리 위에 놓여 있는 것은 공장, 사무실, 농장 그리고 토스터로, 이것들은 모두 발전소에서 풀려나온 전자가 이를 관통할 때 전력을 활용하는 곳들이다. 소비자가 얼마나 전력을 요구하든, 각각의 순간에 그리드에 연계된 전력 소비 장치가 무엇이든, 이들의 소비 전력은 바로 그 시점에 그리드에 연계된 발전소에서 생산되고 있는 전력의 양과 물량 면에서 거의 완벽하게 균형을 이뤄야 한다. 현관등을 켜든, 새로운 서버 농장*의 가동을 시작했든, 전력 소비가 어떤 식으로 이뤄지든 마찬가지다. 이는 첨두부하(소비자들이 갑자기 5분 전보다 더 많은 전력을 사용하는 상황)가 왜 유틸리티가 기민하게 대처해야만 하는 중대 문제인지를 보여준다. 이는 전력 소비에 대한 계획이 왜 우리가 언제 소비하는지를 기준으로 이뤄지기보다는 언제 생산할 수 있을지에 따라 이뤄지는지(뭔가 뒤집힌 것 같지만, 근본적으로는 현명한 아이디어다) 설명하는 이유이기도 하다.

풍력, 태양, 파도처럼 예측할 수 없는 연료원에서 전기를 만드는 발전소, 즉 가변 발전소가 문제다. 시스템의 어떤 부분이 결국 통제에서 벗어나 있다는 것이 이 문제의 핵심은 아니다. 갑작스럽게 부하가 공급 역량에 비해 지나치게 높아지는 경우도 가능하고(가령 일과를 마치고 집에 돌아와 에어컨을 켜는 순간, 풍력 농장에서는 바람의 세기가 약해지는 경우), 구름이 태양전지판을 덮어 최외각에 있던 전자를 벗겨내는 전지판 능력이 격감하는 것도 가능하다. 그럼에도 유틸리티나, 전력망의 균형을 유지하기 위해 설치된 그 밖의 기관들은 상황을 바로잡기 위해 매우 기민하게 행동한다. 그렇지 않으면, 얼마 지나지 않아 전력이 부족해져 불을 켜놓을 수조차 없게 된다. 정전은 거의 이런 식으로 시작된다.

하지만 수력발전 댐을 제외하면, 기존의 모든 발전기에서 나오는, 유틸리티에 익숙한 전기 출력을 조절하는 데는 상당한 시간이 걸린다. 바람은 갑자기 멈출 수 있다. 구름도 태양을 순식간에 가릴 수 있다.[041] 소비 차원에서도, 1만 명에 가까운 사람들이 에어컨을 일순간에 켤 수 있다. 이런 일이 일어나면, 전력 시스템 제어실에 설치된 평

• '서버 팜server farm'으로도 불리며, 일련의 컴퓨터 서버와 운영 시설을 한데 모아놓은 곳이다.

면 스크린 모니터 벽 앞에 앉아 있는 오퍼레이터들의 눈에는 다음과 같은 모습이 보일 것이다. 발전기 출력이 81%나 격감하거나 수요가 81%나 격증할 때 스크린에 나타나는, 기울기가 급한 곡선. 여러 장비가 제대로 작동하지 않는 상황이 이어지면서 빨간 경고 등이 깜박이고, 버저가 사람들을 격앙시키는 대역의 소음으로 진동하며, 전화벨은 신경을 긁으며 계속 울린다. 그리드의 다른 쪽에서는 수리가 필요하고, 오퍼레이터들은 비상 상황에 대응해 즉각적인 조치를 취한다.

오리건주의 컬럼비아강 협곡부터, 애리조나의 사막, 뉴욕주 북부에 이르는 광범위한 지역에 흩어진 54개의 풍력 농장을 운영하는 회사가 있는데, 그 회사의 통제실을 방문한 적이 있다. 이곳에서 나는 통제실이 돌아가는 방식을 눈으로 확인할 수 있었다. 상황에 대한 반응 시간은 사람과 기계의 처리 속도에 의해 제약되지만, 풍속과 낙뢰는 인간도, 기계도 통제할 수 없는 요소다. 다만 통제실에서는 예측 모델을 활용한다. 수많은 화면 앞에 자리한 남자는 번개 발생 위치가 기기를 정비하고 있는 현장 직원들에게 점점 더 가까워지는 것을 지도로 확인하고는 수화기를 들어 통화한다. "거기서 나와요. 작업 중단, 중단해야 합니다." 바람의 경우에도 비슷한 활동이 진행된다. 모델은 언제 풍속이 높고 낮을지 예측한다. 또 다른 기기는 풍력 터빈의 회전을 면밀하게 감시하며, 전기의 가격은 예상 생산량에 따라 책정된다.

하지만 주 장관이 지적한 것처럼, 바람은 가끔 완전히 멈춘다. 언제 이런 일이 일어날지 예상하기도 어렵다. 이런 순간에는 통제실에서 할 수 있는 일은 아무것도 없다. 풍력발전소 운영자에게, 그리드에 연계된 다른 발전기의 출력을 마음대로 바꿀 수 있는 다이얼 장치 따위는 없다. 게다가 그런 다이얼이 있다고 해도, 상대 발전소 측의 장비는 출력이 그렇게 빠르게 올라가지 않는다. 그 대신 통제관은 다이얼을 전화하기 위해 돌릴 것이다. 그리고 자신이 할 수 있는 무엇이든 할 것이다. 하지만 석탄, 천연가스, 우라늄 등의 인공적인 자원과 저량 자원 발전기의 물리학은 그에게 불리하게 작용할 것이다. 발전기에 시동이 걸리는 시간이 점점 짧아지고 있기는 하다. 그러나 발전기의 출력을 상승시키는 작업은 전혀 쉽지 않다. 석탄화력발전소의 발전기는 5분 안에 출력을 50%까지 상승시킬 수 있어서, 가장 빠르게 반응하는 발전기라고 할 수 있다. 천연가스 발전기의 경우, 냉간 기동cold start*으로 최대 출력에 도달하는 데 10분 정도가 걸린다. 원전의 발전기는 단 몇 초 안에 가동을 멈출 수 있으나, 이를 다시 가동하려면 꼬박 24시간이 걸린다.[042]

보통 사람들이 보기에, 5분은 짧은 시간처럼 보인다. 게다가 석탄화력발전소가 매 5분마다 125톤에 달하는 석탄을 분쇄하고 연소하는, 거대하고 복잡한 기계적 시스템이라는 사실까지 알고 나면 더욱더 그럴 것이다.

하지만 전기의 관점에서, 즉 그리드의 안정성 차원에서 보기에, 5분은 무한히 긴 시간이다. 인디애나주 먼시 외곽의 발전기가 생산한 전기는 전선만 있으면 5분 동안 화성까지도 갈 수 있다.[043] 지상의 삶이 늘 그렇듯, 전력 송전망이 처한 조건은 늘 불완전하다. 그럼에도 컬럼비아강 협곡의 풍력발전소에서 생산된 전기는, 이 협곡과 인접해

• 냉간 기동이란, 발전기가 정지한 후 일정 시간이 경과해 상온으로 냉각된 상태에서 기동하는 것을 의미한다.

있지만 인구가 상대적으로 적어 전력 소비량도 적은 오리건, 워싱턴, 아이다호 너머, 예컨대 로스앤젤레스카운티의 적지 않은 사람들에게 장거리 직류 송전선로로 쉽게 전송된다. 그리고 이것이 에어컨에서 소모되는 데 걸리는 시간은 60초보다 훨씬 짧다.[044] 말하자면, 눈 깜짝할 사이다. 이런 속도야말로 그리드가 그처럼 거대한 이유다. 그리드가 넓은 면적을 포괄한다는 사실은, 인구가 희박한 곳에 발전소를 건설해도 인구가 대규모로 밀집한 지역으로 전기를 공급할 수 있다는 뜻이다. 그 범위는 샌디에이고에서 시애틀로 전력을 전달할 수 있을 정도로 광활하다.

하지만 그리드가 이처럼 광활한 범위를 포괄해도, 협곡에서 생산된 전력을 모두 흡수하기에는 충분하지 않을 때가 있다. 추 장관의 말대로, 콜로라도강의 협곡에는 경이로운 규모의 풍력 농장은 물론, 대공황에서 벗어나려는 정부의 막대한 투자를 바탕으로 건설된 대규모 수력발전 시설도 있다. 이 뉴딜 댐들(대표적으로 그랜드쿨리댐, 보너빌댐)과 그보다는 규모가 작은, 최근에 건설된 여러 형제 댐들은 최초의 상업용 풍력발전이 건설되기 전에 태평양 북서부의 전기 수요 중 98%를 공급하고 있었다. 오늘날 이런 수력발전소는 모두 풍력발전소와 같은 장소에 있다.

워싱턴, 오리건, 아이다호는 바람이 없다고 하더라도, 전기 조명과 난방기로 빛과 온기가 가득한 생활을 누릴 수 있다. 이 지역은 강우량, 적설량이 충분한 데다 해빙수meltwater 역시 충분하다.[045] 사실 협곡에서 생산된 전기는, 그 원천이 무엇이든 약 15%만 현지에서 쓰인다. 나머지 85%는 송전선을 따라 구매자에게 전송된다. 3주간 바람이 멈추면 큰 문제가 되는 것은 이 때문이다. 전기가 사라지면, 미국의 서해안 지역에 흩어져 있는 좌파 농장주들뿐만 아니라 미국 서부 전역의 도시와 마을에 사는 주민들, 그리고 캐나다의 일부 지역 사람들까지도 곤경에 빠지고 만다.

전력을 저장하는 수단이 아직 마땅치 않다는 점은, 전력이 부족한 상황에 대처할 수 있는 예비 전력이 거의 없다는 문제에 그치지 않는다. 이는 과잉 생산되어 남은 잉여 전력을 처분하기도 어렵다는 뜻이다. 우리는 석유에 상당히 의존하고 있기에, 석유 공급에 문제가 생겼을 때 무엇을 해야 하는지 어느 정도 준비가 되어 있다. 하지만 그 어느 누구도, 주유소에서 기름을 넣을 때 기름이 세심하게 계량되어 투입되지 않고 오히려 엄청난 규모의 기름이 쏟아져 나와 그와 그의 차량을 삼켜버리는 상황을 경험하지 못할 것이다. 그러나 태양광발전이나 풍력발전은 항상 그리드가 종잡을 수 없을 만큼 변동하는 양의 전력을 제공한다. 풍력 터빈의 비중이 올라갈수록 또는 태양전지판의 비중이 올라갈수록, 평소 소비하는 전력에 비해 더 많은 전력이 생산되는 위험도 올라간다. 이것은 추 장관이 이야기하지 않은, 재생에너지가 주인공인 공포물의 한 장면이다.

인간이 바람을 멈출 수는 없다. 바람이 강하게 불면 터빈은 회전하고, 그 출력은 높이 치솟는다. 내가 제어실에서 만난 젊은 오퍼레이터는 넓게 흩어진 풍력발전소들에 거센 바람이 불어오는 날씨를 지켜보며 놀라움이 담긴 목소리로 말했다. "로키산맥 꼭대기에서 시작된 바람이 해안 방향으로 하강해 터빈들과 차례로 부딪치는 광경을 실제 화면으로 볼 수 있게 되었습니다." 풍력 농장으로부터 전기가 그리드로 투입되자, 전력 공급량 그래프는 창끝처럼 (쾅, 쾅, 쾅) 치솟았다. 이런 전력 요동은 그리드로 넘쳐 들어온다. 폭풍우가 몰아치는 날 방파제에 부서지는 파도처럼, 바람은 풍력 농장 시설들에 거세게 부딪친다. 심지어 로스앤젤레스의 거대한 수요조차 태평양 연안, 미 북서부 지역에 바람이 거세게 불 때 생성된 전기를 모두 감당하지 못한다. 이른바 웨스턴 도넛Western Doughnut조차, 즉 컬럼비아강 협곡에서 남부 캘리포니아까지 연결되어 3,100메가와트(로스앤젤레스 지역의 피크 부하의 절반가량)에 달하는 전력을 한순간에 보낼 수 있는 고전압 직류 송전선으로 역시 이를 다 전송하지 못한다.

전선에 너무 많은 전력이 걸릴 경우, 전선에 과부하가 걸리거나 이를 보호하기 위해 회로가 차단된다. 회로를 개통하기보다는 초과 용량의 전력이 택할 수 있는 가용 경로를 차단하는 것이다. '토스터가 폭발한다'는 말은 이런 상황을 설명하기 위해 과장한 것일 뿐이다. 부엌 조리대 위에서 토스터가 불꽃을 뿜는 폭탄으로 변하기 한참 전에, 시스템은 스스로 보호하며 전력을 차단한다. 블랙아웃은 골치를 썩게 만드는 부담스러운 사고이지만, 더 큰 사고를 막는 세련된 방법이기도 하다.

추 장관의 발표가 바람이 완전히 정지하는 상황을 예측할 수 없다는 말로 끝나지 않고, 바람은 흔히 맹렬하게 불어댄다는 말로 이어졌다고 해보자. 그리고 해결책을 논의하지 않은 채, 예상치 못한 구름이 태양광발전소의 발전 실적에 어떤 의미인지, 바람이 오랫동안 중단되는 것이 풍력발전 사업자에게 무슨 의미인지, 즉 이들 사업자에게 악몽과도 같은 상황에 대한 논의가 계속되었다고 해보자. 이 악몽과 궤를 같이하는 것은, 재생에너지와 그리드의 관계에 대한 이야기가 될 것이다. 그리고 추 장관은 실제로 이러한 상황에 대해 덧붙였다.

"컬럼비아강 협곡에는 1,000개가 넘는 풍력 터빈이 있습니다.

2010년 5월 19일 오후, 이것들은 미풍에 천천히 회전하고 있었죠. 그런데 갑작스레 동쪽에서 폭풍이 몰아치며, 모두 전속력으로 돌기 시작했습니다." 추 장관은 말을 잠시 멈추고 바람의 변화가 터빈에 어떤 영향을 미칠지, 그 결과로 무슨 일이 생길지 청중들이 짐작하도록 했다. "이로 인해, 풍력 농장의 전기 생산량은 이전에 기록되지 않았던 최고치를 갑작스레 경신하게 되었고, 원전 2기의 발전 용량과 맞먹는 전력이 흘러넘치게 되었습니다."[046]

걷잡을 수도, 관리할 수도, 저장할 수도, 어딘가에 버릴 수도 없는 막대한 양의 과잉 전기가 발생했다. 송전선로 역시 통제되지 않았다. 5월이라는 시기 때문에 상황은 더 악화되었다.

5월의 오리건주는 우기다. 이 비는 11월에 시작해 6월까지 계속되거나 5월 말쯤 끝날 것이다. 겨울에 오리건주를 동서로 나누는 캐스케이드산맥에 내리는 비는 모두 눈으로 바뀐다. 그리고 5월이 되면, 이 눈이 녹아 맑고 차가운 해빙수로 바뀐다. 산맥에서 발원한 강줄기는 모두 그 수위가 올라가고, 높은 곳에서 흘러내려 컬럼비아강 유역 곳곳에 있는 여러 인공 호수를 가득 채운다. 5월, 이 인공 호수들은 모두 만수위에 도달해, 단 한 방울의 물도 더 담아둘 수 없게 된다. 그래서 이 시기에 모든 댐의 발전 터빈은 엄청난 속도로 가동된다. 그렇게 하지 않으면, 부적절한 두 가지 선택지만 남기 때문이다. 물을 더욱 많이 채워 저수지 부근에 있는 여러 가옥, 도로, 마을을 침수시키거나, 수문을 열고 물을 대량으로 쏟아 보내거나.[047]

두 번째 선택지는 그리 나쁜 것 같지 않지만, 유틸리티들의 입장에서는 안타깝게도 불법행위로 금지되어 있다. 5월은, 2, 3년 후에는 아름답고 통통하게 살이 오른 바다 연어로 자라날 연약한 치어들이 댐 하류에서 성장하는 시기이기 때문이다. 댐이 배수로로 물을 대량으로 퍼부으면, 이 치어들은 휩쓸려 내려가 모두 폐사하고 말 것이다. 그러면 개체군을 이루는 연어의 수는 해마다 감소할 것이고, 연어 산업은 붕괴하며 연어 종 자체는 멸종 위기에 처하게 되고, 풍성한 저녁거리가 아닌 할머니가 차려주던 추억 속의 음식이 될 것이다.[048]

그래서 적어도 5월에는 수문을 열고 물을 흘려보낼 수 없다.

유일한 방안은, 댐에 설치된 발전소를 최대 용량으로 운전하는 것이다. 그리고 수력발전소를 최대로 운전하려면, 오리건주로부터 전력을 판매할 수 있는 지역으로 전기를 전송할 송전선로가 필요하다. 전력은 저장할 수 없고, 생산 즉시 전송해 바로 사용해야 한다. 그러지 않으면, 홍수가 일어나거나 그리드가 붕괴한다. 이것이 5월의 상황이다. 불어나는 강물, 회유를 준비하는 물고기 개체군, 물고기와 어업을 보호하려는 법령, 전기 전송 용량이 유한한 송전선로, 공급되는 전력을 다 소비하기에는 그 규모가 작은 전력 수요, 이 모든 것이 얽혀 있는 지금과 같은 상황을 해결할 방법은 없어 보인다.

전력 생산은 산업이라기보다 복잡한 생태계다. 한편 재생에너지는 지구의 미래를 위한 선택일 뿐만 아니라, 미래의 수익을 노리는 기업들의 요구에 기반한 산업이다. 미국에서 전력을 만드는 일은 다수의 기술적, 생물학적, 문화적 시스템 사이의 균형 지점을 찾아내, 전등을 켤 수 있게 만들고, 지하실이나 도로가 물에 잠기지 않도록 하고, 신선한 생선을 식탁에 올릴 수 있게 만드는 일이다. 그리고 이런 전력 생산 시스템은 여러 충격, 고장, 오류에 민감하다. 이 책은 주로 인프라가 지닌 민감성에 집중했지만, 독자들은 그리드가 지닌 기술의 취약성이 생물학적 시스템의 취약성(예컨대 연어 떼의 이동), 법적, 관료적 시스템의 제어 불가능성(예컨대 멸종 위기종 보호법의 입법), 기상 시스템의 예측 불가능성(예컨대 폭풍의 발생과 진행)과도 밀접하게 관련 있다는 점을 염두에 두어야만 한다.

가변성 전원의 폭넓은 통합 작업이 이러한 복잡성을 초래했다고 말하기는 어렵다. 그리드는 언제나 문화, 법령 그리고 자연 시스템과 얽혀 있었다. 다만 재생에너지가 더 이상 이런 얽힘을 무시할 수 없게 만들었을 뿐이다. 재생에너지는 지난 한 세기 동안 유지되었던 절묘한 균형이 깨질 만큼 강력한 충격을 그리드에 가한다. 다양한 요소들이 그리드에 연동되고 얽히면, 고장에 빠르게 대응할 여지가 없어진다. 정치적, 상업적 목적을 가진 사람들이 이러한 고장이나 사고에 크게 피해를 입으면, 그리드의 현재 균형에서 결코 벗어날 수 없는 것처럼 보일 것이다.

다시 2010년 5월 중순으로 돌아가 보자. 원자력발전기 2기의 발전량만큼 전력이 그리드로 갑자기 쏟아져 나왔다는 것까지는 앞서 이야기했다. 모든 제약을 고려하면, 이 사태의 유일한 대응 방안은 풍력 터빈을 꺼버리는 것이었다. 다시 말해, 엄청난 속도로 회전하는 이 발전기를 끄고, 회전을 멈추는 것이다. 그리고 전선으로 전력을 전송하는 것도 멈추고, 폭풍이 물러날 때까지 기다리면서 바람에 실린 에너지로 전자를 수확하는 작업을 멈추는 것이다.[049]

하지만 포틀랜드에 지사를 두고 협곡 지대에서 재생에너지 발전을 벌이는 기업인 이베르드롤라Iberdrola에, 그리드를 위해 발전량을 통제해야 할 동기가 있기는 할까?[050] 이베르드롤라는 발전 회사이지, 전기를 시장으로 전송하는 회사가 아니다. 송전은 유틸리티가 해결해야 할 문제이고, 수급 균형은 수급 관리 기관의 문제이며, 연계 지역들의 협력은 시스템 운영자의 문제다. 세계에서 두 번째로 큰 풍력발전 회사인 이베르드롤라가 해결해야 하는 문제는 수익을 내는 발전량을 유지하는 것뿐이다. 풍력발전소의 생산성이 최대화되는 순간, 회사는 과연 터빈을 끌까? 물론 이것은 합리적인 행동이 아니다. 게다가 이베르드롤라가 약 3,000기에 달하는 터빈을 미국에 건설하고 유지하도록 돕는 연방 보조금은, 풍력 터빈이 회전해 가동이 이뤄지는 경우에만 지급된다.[051] 이베르드롤라는 블레이드들이 끊임없이 회전할 때 돈을 벌고, 이 터빈들이 멈출 때 연방 보조금을 다시 토해내야 한다. 심지어 추 장관이 재직한 미국의 에너지부조차도 풍력 터빈을 꺼버리는 것이 가끔은 최선의 대책이라는 권고를 제시하지 못했다. 때때로, 특히 미국에서, 너무 지나치면 도리어 안 좋은 일이 일어나는 법이다. 결국 꺼버린 풍력 터빈 하나 때문에, 발전 사업자들의 수익성은 마이너스가 될 수 있다. 이베르드롤라 같은 발전 사업자가 보기에, 생산한 전력을 시장으로 전달하는 임무를 그리드가 수행하지 못하면 그리드가 개선되어야지 자신들의 발전이 멈춰서는 안 된다.

이 경우에는 이베르드롤라가 맞을 것이다. 그리드 위크에 참여한 모든 사람이 이 사실을 알고 있다. 그리고 바로 이것이 이 사람들이 회의장에 모인 이유다.

미국의 그리드는 재생에너지 발전소에서 생산된 전력을 다룰 만큼 충분히 튼튼하지 못한 데다 관리 상태도 부실하다. 그리고 바로 이 때문에 재생에너지 발전에 대한 투자는 계속해서 실패하거나 줄어들고 있다.[052] 이는 컬럼비아강 협곡에만 국한되는 문제는 아니다.

2008년, 서부 텍사스에서는 미국 땅에 계획된 가장 큰 풍력 농장조차 방기되었다. 이는 유틸리티가 이 농장과 그리드를 연계하는 고

전압 송전선로를 건설하는 것을 거부했기 때문이다.[053] 개발업자이자 지역 석유업자인 T. 분 피켄스T. Boone Pickens는, 해당 송전선로가 농장과 함께 건설되리라고 기대하고 이뤄진 투자가 얼마나 많았는지를 생각할 때 이것이 어리석은 짓이라고 생각했다. 그는 전체 계획 가운데 극히 일부인 약 1,000개의 터빈을 설치한 후 프로젝트의 보류를 결정했다.

이것 말고도 상황을 악화시킨 요인이 하나 더 있었다. 당시 미국의 다른 풍력 개발업자와 마찬가지로, 피켄스는 국제 표준 규격에서 지정된 소형 터빈 규격을 사용해야 했다. 이 규격은 그리드의 취약성 때문에 선택된 것이다. 폭풍우가 '작은' 풍력 터빈들의 발전량을 몇 분 안에 원자력발전소의 출력과 동등하게 만드는 만큼, 같은 들판에 설치된 대형 풍력 터빈의 경우에는 어떨지 쉽게 상상할 수 있다. 독일의 에너르콘Enercon은 세계 최대의 해상 터빈인 8메가와트 모델보다 약간 작은 7.5메가와트 모델을 만들었지만, 미국에서는 제너럴일렉트릭GE의 1.5메가와트 모델과 가메사Gamesa의 2메가와트 모델이 일반적으로 활용되고 있다.[054] 이러한 차이는 북독일 평원에 비해 미 중부의 평원에 바람이 약하게 불기 때문이 아니라, 풍력 터빈과 그리드의 연계 때문에 생긴다. 발전소와 전력 소비처를 연결하는 이 시스템이 발전 산업의 생산성을 제약한다. 그리드는 미국 전력 산업 가운데 가장 약한 고리다. 그리드는 결코 재생에너지가 점점 늘어나는 오늘날의 전력 산업을 위해 만들어진 시스템이 아니다.

5월 어느 날 바람이 불어서 계통으로 진입하는 전력량에 갑작스러운 서지surge가 발생하는 일이 컬럼비아강 협곡에서 예외적인 현상일지도 모르지만, 미국 서부와 중부 평원 지역에서는 예측 불가능한 전기가 아주 일상적인 문제다.

2011년 봄에 나는 엘리엇 메인저Elliot Mainzer와 인터뷰할 수 있었는데, 그는 2011년에는 유틸리티 BPA의 전략 기획 국장이었고, 2016년부터는 기획 집행 국장을 역임했다. 당시 수급 유지 기관은 다시 한번 컬럼비아강 협곡에 있는 풍력발전소의 가동을 중단하기 위해 돈을 지불했다. 이번에는 폭풍 때문이 아니라, 협곡 지역의 유량이 예측 값을 초과해 문제가 생겼다. 댐에서 생산된 전력을 전송하는 송전선로에 여유 용량이 필요했기에, 풍력발전소의 가동을 잠시 중단해야 했다. (매우 희귀한 조합의 성향인) 현실주의자이자 낙관론자인 메인저는 "현재 추세라면, 풍력발전기 전체 용량이 대략 6,000메가와트에 도달하는 2013년쯤 이 지역의 댐과 전선은 안정적인 운영이 어려워지는 문제에 봉착할 것"이라고 예측했다.

다시 말해, 우리는 이미 돌이킬 수 없는 지점을 지났다. 2010년과 2011년에 유효했던 규칙에 따라, 수급 유지 기관이 2016년 기준으로 6,000메가와트 전력을 생산하는 풍력발전소의 가동을 멈춘다고 해보자. 메인저는 그리드가 "중대한 구조적 변화 없이는 이를 견디기 어려울 것"이라고 예측한다. 그리고 잠깐 멈춘 다음, "아마 이러한 구조적 변화는 제대로만 수행된다면 엄청난 기회일 것"이라고 말했다.[055]

바로 이 구조적 변화가, 그리드 위크의 참석자들이 온몸으로 느낀 공포의 실체였다. 9월의 어느 아름다운 날에 미 에너지부의 전직 장관이 재생에너지와 현행 그리드를 통합하는 문제에 대해 강연했던 이유도, 정장 입은 전력 산업 임원들이 워싱턴 D.C.의 대형 강당에 모여 강연에 집중했던 이유도, 바로 이 구조적 변화가 어떤 결과를 부를지 가늠하기 어려웠기 때문이다. 이들은 이러한 변화가 자신들에게도

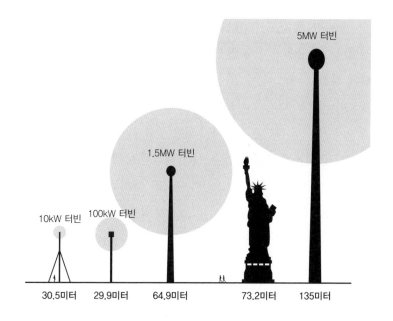

<table>
<tr><td>10kW 터빈</td><td>100kW 터빈</td><td>1.5MW 터빈</td><td></td><td>5MW 터빈</td></tr>
<tr><td>30.5미터</td><td>29.9미터</td><td>64.9미터</td><td>73.2미터</td><td>135미터</td></tr>
</table>

그림 1 통상적인 풍력 터빈의 높이, 회전 면적, 정격 전력

이득일 수 있지만, 그리드 기술의 신뢰성을 높이지 않는다면 21세기 중·후반에도 재생에너지를 석탄, 석유 가스, 원자력, 수력과 동시에 그리드에 연계할 수 없다는 것을 알고 있다. 차분히 살펴도 쉽게 알기 어렵고, 독점기업과 무시무시한 경제문제가 도사리며, 여러 가지 물리적 시스템들이 배배 꼬여 있는 이런 영역들 모두를 관통하는 복잡성은 전력 산업의 나머지 영역까지도 예측할 수 없게 만든다. 이는 사회, 기술, 금융, 기상, 정치 분야의 여건과 무관하게 계속해서 전깃불을 밝혀야 하는 전력 산업의 입장에서는 끔찍한 두통을 안겨준다. 추장관은 여기까지 말하고는 미소를 지었다. 그러고 나서 연단에서 참석자들을 내려다보며 모두가 예상한 '폭탄'을 떨어뜨렸다.

"오바마 행정부는 2012년까지는 10%, 2025년까지는 25%의 재생에너지 비율을 달성하겠다는 목표를 설정했습니다." 추 장관은 이렇게 말하고 나서, 객석 앞자리에서 손 뻗으면 닿을 수 있을 정도로 플로어 쪽으로 다가가 차분한 목소리로 물었다. "그래요, 하지만 대체 어떻게?" 추 장관은 침착하게 남은 발표 자료를 훑으며, 그리드의 갖가지 문제들에 대해 제안된 여러 해결책을 짚어갔다. 스마트그리드smart grid 기술을 활용하기, 전력 수요를 억제하기, 대규모 전력 저장 장치를 개발하기, 전국 범위의 초고압 직류/교류 송전선로망을 보강하기, 선로 혼잡을 완화하기, 지역별로 사업자들의 협조를 장려하기, 상호 운용성 표준을 개발하기, 정부의 투자를 증액하기, 새 세대의 그리드 운영자를 훈련시키기, 대규모 전기자동차를 망에 통합적으로 수용하기. 이것은 세부적인 해결책들이 담긴 목록이며, 이 목록에 에너지 효율을 높여야 한다는 목표도 함께 넣는다면 그야말로 철두철미한 목록이 될 것이다. 그리고 이 목록에 담긴 거의 모든 내용은 유틸리티 규제 기관의 임무이기도 하다. 유틸리티와 규제 기관은 어떤 경우에는 친구처럼 지내고, 때로는 적이 되기도 하지만, 인프라의 통합성을 유지하는 한에서 언제나 투자금과 이익금의 수지를 맞춘다. 유틸리티가 파산하거나 고유 임무를 수행하는 데 실패할 경우, 상황에 개입해 문제를 해결할 수 있는 곳이 전혀 없기 때문이다. 그리드를 백업할 시스템은 없다. 그리드가 제대로 작동하지 않는다면, 그 누구도 유틸리티의 역할을 대신할 수 없다. 아주 간단한 원리다.

오바마 행정부가 지난 2009년 수립한 재생에너지 계획의 목표는 실제로 달성된 것에 비해 아주 높다. 관련 지표들은 언뜻 보기에는 놀라울 정도로 양호하다. 1970년대부터 활동한, 재생에너지 분야의

NASA라고 할 만한 미국 국립재생에너지연구소National Renewable Energy Laboratory, NREL에 따르면, 미국 내 재생에너지 발전소에서 2012년에 생산된 전력량은 미국 전체 전기 생산량 가운데 12.4%에 달했다.[056, 057] 하지만 이 비율을 상세히 뜯어보면, 이 가운데 절반 이상인 55%의 전력이 여전히 수력발전소에서 나온다는 점이 명확하게 드러난다.

가뭄이 심한 해를 제쳐놓고 계산하면, 댐의 발전량은 비슷한 수준으로 꾸준히 유지되는 편이다. 2000년에 수력발전소의 최대 발전량은 약 78기가와트였는데, 2012년에도 최대 발전량이 약 78기가와트였다. 물론 이 값은 오래된 댐의 터빈 부분이 곧 '전면 개수'를 받으면 더 커질 것이다. 전면 개수 작업으로 새로운 기술이 더해지면 에너지 효율이 상승할 것이기 때문이다. 하지만 행정부나 기타 조직들이 수립한 "재생에너지" 목표는 대부분 "비수력" 재생에너지의 양에 초점을 맞춰 설정한 값들이다. 미국의 경우, 2014년에 기록된 수치는 6.76%였다.[058] 그러나 이러한 발전소는 대체로 지역적인 사업이어서, 예컨대 컬럼비아강 협곡, 캘리포니아 앨터몬트 고개, 애리조나의 사막 지대, 하와이제도, 다코타주, 서부 텍사스와 같이 지형 조건이 맞는 몇몇 구역에 집중되어 있다.[059]

재생에너지에서 생산된 전기량이 그리드 전체에 공급된 전기의 6.76%라는 수치는, 화석연료가 주류인 미국의 전기 경제 생태계에서 (그 절대량을 따졌을 때) 태양과 바람을 무시해도 되는 것처럼 보이게 한다. 그러나 그 수치를 면밀히 살피면, 그리드 엔지니어들에게 이미 널리 알려진 한 가지 사실이 명확해진다. 바로 2010년대부터 태양과 바람, 이 두 영역에서 폭발적인 성장이 일어났다는 것이다. 2012년, 미국에서 새로 설치된 발전기의 용량 중 43%가 풍력이었다.[060] 태양광의 경우에 미국의 전체 전력 생산량 가운데 0.3%라는 미미한 수치를 차지했을 뿐이지만, 그 양은 2011년에 비해 83%나 늘어난 값이다 (2011년에도 2010년과 비교해 86% 성장했다). 30메가와트 규모의 태양광 발전소가 그리드에 연계된 2012년이 태양에너지의 '첫 번째 해'라면, 900메가와트의 태양광발전소 설치가 계획된 2013년은 '혜성같이 눈부신 해'다. 1년 사이, 설치 용량이 무려 3,000%나 증가한 셈이기 때문이다.[061]

2015년, 오바마 행정부는 2030년의 탄소 배출량을 2005년의 탄소 배출량에 비해 30% 줄여야 한다는 입법을 통해, 적어도 15년 동안은 이러한 재생에너지 확장 추세가 이어질 것이라고 약속했다. 미국에서 이산화탄소를 가장 많이 배출하는 곳은 전기를 생산하는 석탄화력발전소이며, 탄소 배출량 목표치를 달성할 수 있는 유일한 방법은 이 발전소들을 더 이상 사용하지 않는 데 있다. "오바마 행정부의 야심 찬 목표에는, 석탄화력발전소 수백 개를 폐쇄하는 동시에 천연가스, 풍력, 태양에너지 사용을 가능한 한 빠른 속도로 확대함으로써 이 나라의 전력 시스템을 다시 건설하겠다는 희망이 담겨 있습니다." 이런 이야기에, 미 중서부의 전력 회사인 아메리칸일렉트릭파워American Electric Power의 닉 에이킨스Nick Akins는 아주 간략하게 답했다. "이 목표가 실현되면, 블랙아웃은 피할 수 없습니다."[062]

이러한 '전국적 경향'에 대한 수치 계산에는 가정용 태양광 패널이 포함되지 않았지만, 이들도 지금까지의 인프라 관리 체계를 점점 더 위기로 몰고 있다. 전력 과잉 및 부족 문제는 '순 미터링net-metering(태양광 패널을 설치한 주택 소유자가 공통 시스템으로 되돌려 보내는 전기에 대해, 전력 회사가 비용을 지불하는 전력량 계산 방식)'과 얽혀 있을 뿐만 아니라, 전류를 일정량 판매해 수익을 거둬왔던 전력 회사의 수익 모형 자체가 위기에 빠졌다는 데에서도 나타난다. 하와이, 남부 캘리포니아처럼 전력 가격이 비싼 시장들이나, 애리조나, 뉴멕시코와 같이 햇빛이 늘 내리쬐는 지역에서는 가정용 태양광의 비용이 그리드로 전송되는 전기의 비용와 거의 같거나 심지어 그보다 더 낮다. 그렇다면 스스로 전력을 만들 수 있는데, 우리는 왜 전력 회사에 비용을 지불해야 하는가? 사실 그래야 하는 설득력 있는 이유는 없다. 다만 모든 사람이 여전히 그리드를 이용하는데도, 적지 않은 유틸리티가 그리드의 유지, 보수에 필요한 비용조차 벌어들이지 못하고 있다는 점만은 분명하다. 태양광 패널 소유자들은 낮에는 그리드로 전기를 공급하지만, 저녁과 밤에는 모든 전기를 그리드에서 공급받는다. 이는 태양광을 설치하지 않은 사람들이, 지붕형 태양광 발전이 많은 지역의 기본 인프라 비용을 충당하기 위해 실제로 자신들이 분담해야 하는 것보다 더 비싼 요금으로 그리드가 생산한 전기를 구매해야 한다는 뜻이다. 물론 이러한 시장 구조는 사람들이 태양광을 설치하도록 유도한다. 그러나 그리드의 상황은 점점 악화되고 있다. 2015년, 하와이주의 유틸리티는 순 미터링 프로그램을 더 이상 확대하지 않기로 결정하고 추가 등록을 받지 않았다. 하와이 사람들은 여전히 차고 지붕에 태양광을 올려놓을 수 있지만, 주의 전력 회사는 이런 설비와 그리드를 연계하지도, 이 설비가 생산한 전기에 대가를 지불하지도 않으며, 해가 지고 나서 소비되는 전기에 대해서는 어떠한 거래도 하지 않겠다고 결정했다. 가정용 태양광의 증가에서 그리드의 위기로 이어지는 이러한 흐름은, (전력 회사들이 처하게 될 위기를 추 장관이 지적했던 2009년 당시에는) 아직 임계치를 넘지 않은 수준이었다. 그러나 지금은, 몇몇 지역에서 그 임계치를 넘고 있다.

지금 우리는 가변성 발전과 분산성 발전의 혁명 그 시작점에 와 있다. 전기는 이제 어디서나 만들어지고 있으며, 점점 더 많은 양이 그 유형과 규모도 다양해 통제하기도 예측하기도 어려운 발전기에서 생산되고 있다. 그리고 1992년 발효되어 전력 산업 규제 완화의 토대를 마련한 에너지정책법의 불충분한 조항들은 유틸리티로부터 전기 생산의 주체와 시점 그리고 방법과 장소에 대한 통제권을 빼앗았고, 그들이 더 이상 발전소를 소유하지 못하도록 만들었다.

에너지정책법은 발전을 송전과 배전에서 분리했다(1996년 연방에너지규제위원회는 명령 888호를 통해 이러한 분리를 못 박았다). 그에 따라 민간 기업들은 햇빛이 가장 뜨거운 곳에 태양광발전소를 밀집시켜 건설할 수 있었고, 개인들도 단단하게 고정할 수 있는 곳이라면 어디든 태양광 패널을 설치할 수 있었다. 다국적 기업이나 농부도 바람이 사납게 부는 곳이라면 어디에나 풍력 농장을 설치할 수 있었다. 이런 곳들이 발전 사업을 벌이는 데 가장 효율적이기 때문이다.

이것이 바로 에너지정책법과 함께 등장한 전력 시장의 새로운 풍경이다. (보통 외딴곳에 설치된) 발전기의 발전량이 많든 적든, 이제 발전 사업 투자자들은 자신이 생산하는 전력을 그리드에 진입시키는 방식에 대해 그다지 많이 생각할 필요가 없게 되었다. 또한 전력이 지나치게 많이 공급되다가 갑자기 전력이 부족해질 때, 사람들이 전기를 계속 쓰려면 유틸리티가 어떤 작업을 해야 하는지에 대해서도 더 이상 관심 가질 필요가 없어졌다. 유틸리티가 어느 정도 안정적인 전원을 확보한 지역이라도, 이들은 지붕형 태양광 설비의 증가, 대형 발전소의 폐로, 실시간 전력 시장의 성립, 규제 기관의 요금 규제와 같은 여러 문제들로 인해 자신들의 수익원을 더 이상 제어하지 못하고 있다. 아마도 머지않은 미래에 '유틸리티'라고 불리는 기업들은 결국 전선 관리자 이상이 되기는 어려울 것이다. 그러나 전선도 '캐시카우'인 발전소로부터 수백만 명의 고객에게 전기를 전송하는 기능을 할 뿐이며, 이 과정에서 약간의 수수료를 얻는 것을 제외하면 수입을 전혀 올릴 수 없는 시스템의 일부일 따름이다.

'웨스턴인터커넥트Western Interconnection'로 불리는 그리드의 서쪽 부분과 독립적으로 주 안에 그리드를 가진 텍사스에서 현재 이런 문제가 주로 발생하고 있다. 그러나 웨스턴인터커넥트의 관리자가 고민하는 이런 문제를 사소하게 만드는 거대한 문제가 곧 전력 산업 전체를 덮칠 기세다. 이리호 수면과 동부 해안 지역의 앞바다인 대서양에도 여러 대규모 해상 풍력 단지가 계획된 것이다.

재생에너지나 그것의 위치 분산성으로 인해 2010년대에 미국의 전기 시스템 관리가 근본적으로 어려워졌다고 말하기는 어렵다. 재생에너지는 다만, 20세기 후반 이후로 줄곧 그리드의 특징으로 여겨진 문제에 조명을 비췄을 뿐이다. 즉, 그리드는 통제 및 명령 체계에 따라 설계되고 가동되었다. 공급 측은 거대 전기 루프(발전소, 송전망, 배전망을 모두 포함한다) 전체를 독점적으로 통제했으며, 소비 측은 전기 소비량이 지속적으로 증가할 것이라고 예측했다. 전기는 공급 측에서 소비 측으로 이동했고, 공급량에 맞게 현금은 반대 방향으로 이동했다.

일부 지역에서는 이런 시스템이 이상에 가까운 것이었으나, 대부분의 지역에서는 오랫동안 잘 작동했다. 이스턴인터커넥트Eastern Interconnection의 전력 공급을 상당 부분 중단시킨 1960년대 초반의 초창기 대규모 블랙아웃은, 전체 그리드가 지닌 논리적 결함보다는 시스템의 복잡성에 더 큰 원인이 있었다. 오늘날의 경우에는 완전히 다른 배경이 자리 잡고 있다.

미국은 늘 변한다. 그리고 인프라는 그 변화 속에서 다소 뒤처진다. 거대 인프라와 이를 지원하는 제도들은 우리의 생활양식보다 훨씬 더 오랫동안 지속한다. 1950년대는 1970년대와 크게 달랐다. 거주지, 구매 제품의 유형과 물량, 전기 사용 시간과 양, 집의 넓이, 선호되는 직업, 자녀 양육에 우선시되는 가치, 이 모든 것이 달랐다. 그러나 1950년대의 그리드는 1970년대의 그리드와 거의 동일했다. 1970년대의 그리드 역시 거의 모든 부분에서 1990년대의 그리드와 같았다. 2010년대의 그리드 역시 그다지 변하지 않았다.

미국의 그리드가 만들어진 지 수십 년, 아니 반세기가 넘었다. 그리드의 구조를 떠받치는 그것의 전체 규모, 기계장치, 그리고 이를 가동하기 위해 훈련된 사람들 모두 세월을 거스를 수 없었다. 문제가 생기면 미봉책으로 수선되었다. 그리드의 구성 요소가 전면적으로 교체되는 일은 거의 없었다. 그런데 에너지정책법이 발효되고, 고성능 풍력 터빈이 등장해 널리 보급되고, 태양광 패널의 가격이 절반 이하로 떨어지자, 과거의 균형이 무너지고 시스템 전체도 흔들리게 되었다. 그리드, 그리드의 가치 그리고 기반 기술들은 수십 년 동안 의심받지 않았다. 그러나 이제 재생에너지 발전소와 지리적으로 흩어진 발전소들은 회복 가능한 균형 바깥으로 그리드를 밀어내고 있다.

이제 그리드를 향한 새로운 관점, 전체 시스템의 재발명이 필요한 시점이다. 그리드의 일부는 다시 건설되어야만 한다. 풍력과 태양광이 대규모로 도입되지 않더라도, 결국 일어날 일이다. 재생에너지는 그리드가 변화해야 한다는 사실을 더 빨리 깨닫게 만든 계기가 되었을 뿐이다. 《로스앤젤레스타임스Los Angeles Times》에 실린 기사의 문장을 빌리자면, "문제는 재생에너지가 지난 세기에 설계한 그리드에 전례 없는 수준의 부담을 더한다는 데 있다".[063]

그렇다면 지난 세기의 그리드는 무엇이며, 어떤 과정을 거쳐 지금과 같이 되었는지, 왜 사람들은 아주 오랫동안 그리드의 가장 기본적인 전제와 구성 요소를 바꾸지 않았는지 세밀하게 검토하는 것이 필요하다.

그리드는 오래전부터 유연하지 않고, 부서지기 쉬우며, 독점적으로 관리되는 거대한 단일 조직이었을지 모르지만, 적어도 그 시작은 그렇지 않았다. 당시 전기 공급은 지금에 비해 상당히 작은 지역 단위에서 이뤄졌다. 실제로 그 시기에 전력망은 전국적인 망이 아니라, 건물을 가로지르는 전선이 없는 집 한 채 크기의 발전 시스템에 가까웠다. 몇 년이 지나자, 사용자들의 작은 '커뮤니티'를 연결하는 전선과 발전기 1, 2개로 이뤄진 수많은 '마이크로그리드'가 여럿 생겨났다. 이러한 마이크로그리드는 오늘날에도 대학교 캠퍼스, 교도소, 군기지에서 가동되지만, 지금과 달리 초창기 전기 시대의 망들은 저마다 다른 전압의 전기를 전송했다. 그것들은 지리적으로 서로 겹치기도 했는데, 전차, 전등 그리고 산업 시설들은 각 시설의 전용 전선에 의해 가동되었기 때문이다. 전선들은 아주 많았다. 새까만 스파게티면처럼 엉킨 전선들이 하늘을 가득 메웠다. 19세기가 끝날 무렵, 전기 인프라는 이 전선의 모습만큼이나 뒤죽박죽이었다.

시작은 전혀 정돈되어 있지 않았지만, 이제 우리는 소비지로부터 아주 멀리 떨어진 곳에 위치한 발전소, 소비자와 발전소를 잇는 기다란 송전망, 그리고 개별 가구 및 해당 지역 내부 소비자들에게 전력을 배분하는 배전망, 이 모든 것을 포함하는 전국망 그리드를 가지고 있다. 이 망의 구조와 작동 방식은 물리학에 따른 결과가 아니다. 미국이나 산업화된 다른 국가에서 전기가 작동하는 방식은 문화적 가치, 역사적 요구, 정부의 성향, 금융업자의 자본 투자가 만든 것이다.

왜 그리드를 지금과 같은 이런 형태로 유지하고 있는지를 이해하기 위해서, 우리는 이제 초기 전기화 시대로 되돌아갈 필요가 있다. 그리드가 대체 어떻게 발명되었는지, 상상하기 힘들 정도로 복잡하고, 부서지기 쉽고, 유연하지 않으면서도 놀라울 만큼 평등한 기계로 만들어졌는지 살펴봐야 한다. 그리드는 가난한 자와 부유한 자 모두에게 손쉽게 전기를 공급하면서도, 빈곤층은 물론 특권층에게도 공평하게 블랙아웃을 가져다주기 때문이다.

2장

그리드가 전선을
얻었을 때

전기는 그 어떤 것도 닮지 않았다. 전기는 고체도, 액체도, 기체도 아니다. 빛이나 열과도 아주 다르다. 바람이나 파도처럼 움직이지도 않는다. 우리가 아는 것 중에서 전기와 닮은 것을 굳이 꼽자면, 중력 정도일 것이다. 말하자면, 전기는 일종의 힘이다.

그러나 중력과 달리, 전기는 순식간에 사람을 죽일 수 있다. 전기 때문에 사람이 죽는 경우는 대부분 야생의 전기, 즉 번개 때문에 발생한다. 하지만 전기는 철저하게 길들여진 상태에서도 위험하다. 그래서 우리는 전선에 손대지 않고, 집에 있는 전기기기에 이상이 생기더라도 스스로 수리하지 않으며, 아이들이 머리핀을 콘센트에 꽂지 못하게 한다. 그리드가 처음 설치되었을 때, 사람들은 감전사가 두려워 전구조차 스스로 교체하지 않았다. 이 일을 대신한 것은 훈련된 전구 교체원들이었다. 이들은 자전거를 타고 집을 방문해, 등에 멘 거대한 자루에서 입으로 불어 만든 진공 앰풀을 꺼내, 지난 몇 주 동안 불을 밝히다 수명이 다 된 전구를 모두 교체했다.[064]

오늘날 우리는 전기가 힘이라는 것을 알고, 그 작동 방식도 조금은 이해하고 있다(작동 방식에 대해서는 이 장에서 살펴볼 것이다). 이번 장에서 나는 오늘날의 모습과 많이 다른 그리드의 초기 모습을 이야기할 것이다. 에디슨Thomas Edison의 첫 번째 그리드가 만들어지고 파괴된 시기가 지나고 나서도, 전기가 정확히 무엇인지 한동안 아무도 알지 못했다.[065] 전기가 어떤 효과를 일으키는지 정확히 알려지지 않은 상태에서, 서커스 쇼의 코끼리와 사람들 그리고 수많은 개가 전기 실험으로 죽어갔다. 동력 장치에서 확보되어 가정과 작업장으로 (전선을 통해) 전송되고 등불을 밝히며 초창기 전기 장치를 가동시키는 동안에도, 생명 없는 것에 "생명을 전달하고", 다른 한편으로 살아 있는 것의 생명을 앗아 가는 능력을 지닌 전기는 자신의 비밀을 (우리에게 익숙한 언어에서 점점 더 멀어지는) 물리학 속에 감추고 있었다.[066]

전기가 무엇인지 그 실체를 제대로 아는 사람은 드물었지만, 전기를 생산하고 전송하는 기술이 정교해지면서 다른 동력과 달리 이 동력은 멀리 떨어진 지점에 전력 생산과 동시에 사용될 수 있다는 사실이 명백해졌다. 전력을 '여기에서' 만들어 사실상 같은 시간에 '저기에서' 사용하는 것이 가능해진 것이다.[067] 전기 덕분에 시간은 공간의 속박에서 벗어났고, 19세기의 여러 발명에도 전기의 이러한 능력이 활용되었다. 1830년대 등장한 전신은 마을 전체에, 나중에는 전 세계에 '메시지'를 순식간에 보낼 수 있었다. 전화(1876년)는 음성을 전달할 수 있었다. 라디오(1896년)는 음악과 노래를 무선으로 전달할 수 있었다. 축음기(1877년)는 음악을 취입해 복제할 수 있었다. 처음에 축음기 디스크는 제작하는 데 상당한 시간과 물자가 필요한 밀랍 재료로 만들어졌지만, 셸락 디스크shellac discs가 등장하자 한 장소에서 녹음한 음악을 지구상 어느 곳에나 보낼 수 있게 되었다.[068]

이런 기술들은 대중의 상상을 자극했으며, 시장의 특정 영역을 장악해 가며 효율이 낮은 기술들을 대체했다.[069] 전신은 우편의 속도가 고통스러울 만큼 느리게 느껴지도록 만들었지만, 전신도 얼마 지나지 않아 (장거리 통신에 지장 있는 경우만 빼면) 전화에 의해 대체되었다. 전기는 증기기관을 대체했다. 여기서 만들어내는 동시에 저기서 사용할 수 있다는 전기 특유의 능력 덕분에, 우리 삶에 필요한 동력을 공급하기 위해 아주 시끄러운 소음과 막대한 양의 시커먼 먼지를 뿜어내는(이는 지금도 마찬가지다) 비히모스를 우리의 거주지와 일터로부터 멀리 떨어뜨려 놓을 수 있었다. 우리는 아주 오래전부터 동력을 만들고 이를 사용해 왔지만, 전기 덕분에 우리는 동력을 생산하는 장소와 소비하는 장소가 일치해야 한다는 한계에서 조금씩 자유로워졌다. 여기에는 동력원을 발전소와 분리한다는 의미가 있을 뿐만 아니라, 정미소를 물레방아로부터, 전차를 말로부터, 빛을 불로부터 분리한다는 의미도 있었다.

한 지점에서 다른 지점으로 동력을 전송하는 전기의 이러한 능력이 전기의 특성으로 크게 주목받는 데는 17년 정도의 시간이 필요했다. 17년이라는 시간은 최초의 그리드가 샌프란시스코에 건설된 1879년과 나이아가라폴스Niagara Falls 발전소가 22마일 떨어진 버팔로시로 고전압 선로를 통해 전류를 보내기 시작한 1896년 사이의 시간을 말한다. 17년은 느리지만 꾸준한 기술 발전의 역사다. 1880년대와 1890년대에, 양질의 빛을 만드는 전기의 놀라운 능력은 전력을 활용해 여러 경이로운 일을 해낼 수 있다는 희망을 보여줬다. 이 시기를 거치며, 미국은 멀리 떨어진 곳에서 생산된 동력으로 움직이는 실용적인 기계들(그리고 약간은 괴상하고 기묘한 장치들)의 본토이자 멀리서 에너지가 공급되는 전기 조명의 본향이 되어갔다.[070] 그러나 이 과정은 아주 험난했다. 선형적이지도 않았고, 수학적 모형의 도움도 없어서 수많은 추측과 실험에 기반한 시행착오를 겪었다.

그리드가 오늘날처럼 되기 위해서는 수많은 장애물을 넘어야만 했다. 그래서 패러데이Michael Faraday가 전기를 길들이는 데 성공한 1830년대부터, 대규모 그리드 투자가 진행된 1880년대와 1890년대, 그리고 미국의 모든 사람이 전기에 깊이 의존하게 된 오늘날까지, 미국이 어떻게 오늘날과 같이 전기를 사용하게 되었는지 그 역사를 이야기할 때 미국이 가지 않았던 길은 그다지 주목받지 못했다. 그러나 제대로 분석되지 않은 대안적인 방향을 무시해서는, 그리드 형성의 역사를 이해했다고 말할 수 없다.[071]

가지 않은 길을 점검해야 하는 이유는, 초기 발명가들이 수행한 사업을 이해하기 위해서는 이들이 어떤 경쟁 환경 아래에서 일했는지를 파악해야 하기 때문이다. 이미 1870년대에, 사람들은 시장을 분화시켰던 여러 격차와 그로 인한 문제를 해소하기 위해 다양한 제품들을 내놓으려고 노력했다. 예를 들어, 도시의 가로등으로 적합한 전등은 사무실 내부 조명으로 사용하기에는 너무 밝았다. 작은 네트워크에서 잘 작동하는 회로는 큰 회로에 사용하기에는 너무나 부실했다. 짧은 거리에서 완벽하게 작동했던 전류는 먼 곳으로 전송될수록 점차 그 힘이 약해졌다. 전구 100개를 켤 수 있는 전압이라 해도 전차를 움직이게 하는 데는 역부족이었다. 전력 시장의 초창기에, 시장성 있는 전기 시스템에서 일어난 모든 실패는 더 나은 경로와 해결책을 위해 밑거름이 되었다. 창의성이 집약된 19세기 말의 이러한 흐름은, 역사학자의 관심 대상 이상의 의미를 가지고 있다. 초기 개발 과정에서 기인한 여러 문제들이 전력 인프라(우리가 더 이상 그대로 사용할 수 없다고 생각하는 바로 그것)를 다시 만들어야 하는 우리들에게 예상치 못한 비용을 떠안기기 때문이다.

그리드가 어떻게 지금과 같아졌는지 살펴보는 것이 충분히 가치 있는 이유가 바로 이 때문이다. 그리드는 나이아가라에서 시작되었으나 이후 다른 설비들보다 거대해져, 소유권은 투자자에게, 운영권은 전력 회사에게, 규제 권한은 정부에게 있는 연방 댐(보너빌댐(1937), 그랜드쿨리댐(1942), 테네시강 유역 개발 공사 프로젝트(1933))과 석탄화력, 유류 화력, 원자력 발전소들을 포괄할 정도로 성장했다. 하지만 나는 한때 그리드에 연계되어 있었으나 여러 가지 이유로 더 이상 연계되지 않은 전력 시스템도 깊이 검토하려고 한다. 여기에는 (초창기 전기 조명으로 고통스러울 정도로 밝았던) 아크등처럼 새롭고 더 나은 기술에 의해 대체되어 역사 속으로 차차 소멸한 것들도 포함된다. 아크등은 병렬회로로 이루어진, 더 아늑하고 "부드러우면서도 감미롭고, 눈에 편안한" 빛을 내는 백열전구에 의해 점진적으로 대체되었다.[072] 아크등과 같이 상당한 성공을 누리던 기술 역시, 발명의 힘에 의해 역사의 뒤안길로 사라진 것이다.

그리드 역사의 다른 순간들, 그리고 빛과 전기를 생산하는 방법들은 모두 사람들이 예상했던 것보다 훨씬 더 오래 사용되었다. 특히 가정, 건물, 공장에서 사용되었던 개별적인 전력 시스템을 없애는 일은 상당히 어려웠고, 이들은 1920년대까지 계속해서 살아남았다. 더 나은 기술, 강력한 전력 회사 그리고 규제 당국의 조치에도 불구하고 그랬다. 이 '사설 발전소'들은 적지 않은 사람들이 선호했기 때문에 에너지 공급 수단으로 건재할 수 있었고, 1970년대 후반, 최초의 중대한 그리드 개혁 조치가 진행되자마자, 이들은 무려 50여 년간 가동을 멈췄음에도 다시금 출현해 전력 산업 현장에서 존재감을 새롭게 드러냈다.

더 근래 들어서는, 태양광발전소의 혜성 같은 등장과 더불어, 1880년대에는 선호되었으나 이후 130년 동안 교류라는 경쟁자에게 압도당했던 직류 역시 아주 흥미로운 방식으로 그리드로 돌아왔다. 물론 1880년대의 세계와 오늘날의 세계는 완전히 다르지만, 사적 소유, 즉 한정된 영역에 대한 개인의 통제권은 여전히 호소력이 있다. 그리고 흥미롭게도, 개인 소유의 소규모 전력 시스템이야말로 이러한 통제권 또는 사적 소유와 가장 부합하는 기술이다.

그리드 형성에 대한 이야기는, 말하자면 아주 급격한 기술적 변화에 대한 역사다. 그리드를 발명하는 동안, 과학자들은 새롭게 길들인 전기력으로 무엇을 할 수 있는지, 크고 작은 여러 기기들이 전기의 놀라운 힘을 광범위한 응용 영역에서 어떻게 실현할 수 있을지를 배워 나갔다.

나는 이 이야기에서 승자 또는 패자를 규정하려고 하지 않을 것이다. 오히려 아주 빠른 기술적 변화 속에서 일어난 일들을 조명하며, 그래서 가장 창의적인 사람들조차 그리드라는 게임에 발을 디딘 이상 짧막한 승리의 순간을 누린 다음에는 자신이 성취한 지위를 곧바로 새로운 비전과 능력을 갖춘 경쟁자에게 넘겨주고 몰락했다는 점에 주목해야 한다고 이야기할 것이다.

• • •

1830년대에 마이클 패러데이가 실험을 수행한 이후로, 우리는 전자기력을 이용해 전기를 만들 수 있게 되었다. 또한 1800년 알레산드로 볼타Alessandro Volta가 화학전지를 발명한 이후, 산화환원반응이 일어나는 배터리를 만들어 전기를 만들 수 있게 되었다. 전기에 대한 관심은 뜨거웠고 이를 만들기 위해 고안한 기계도 제작되었으나, 1860년대에 접어들 때까지 전기를 어디에 쓰면 좋을지 알고 있는 사람은 아무도 없었다. 1870년, 인류는 전기를 생산하고 통제할 수 있었지만 우리의 일상은 전기와 무관했다. 1세대 전기 제품 개발자(모두 발명가로, 판매 가능하며 생산성 있는 기술을 추구했다) 가운데 상당수는 그 답이 조명일 것이라고 생각했다. 당시에 쓰인 조명은 불꽃이 뿜는 먼지로 눈이 따가웠고 주변에 검댕이 휘날렸다. 게다가 야간 조명은 워낙 비싸서 잠도 일찍 자야 했다. 거의 모든 사람의 생업과 일상생활에서 그 시대를 지배한 촛불과 가스램프보다 더 나은 조명이 그 무엇보다도 더 절실했다.

1871년, 샌프란시스코 성이냐시오대학Saint Ignatius College 의 교수인 조셉 네리Joseph Neri 신부가 자신의 창문에 배터리로 작동하는 작은 전등을 설치한 일은 당시 큰 화제가 되었다. 그로부터 10년이 채 지나지 않은 1879년, 샌프란시스코는 최초의 중앙 아크등 시스템을 설치했다. 이 시스템은 석탄 화력 증기 엔진으로 구동하는 발전기(초기의 발전기 형태) 2개로 구성되어, 4번가와 마켓 스트리트에 놓였다. 이는 충격적일 만큼 밝은 등 20개를 밝히는 작은 규모였지만, 그럼에도 분명 그리드였다.[073]

그보다 덜 알려져 있지만, 시에라네바다의 금광에서도 불을 밝히기 위해 수력발전소에서 전기를 끌어와 전기 조명을 사용했다. 광산에 불을 밝히는 최초의 전기 그리드는 1879년에 처음 가동했다. 찰스 브러시Charles Brush 가 고안한 수력 시스템을 활용해, 광산주들은 밝기가 개당 3,000촉광에 달하는 아크등을 밝혔다.[074] 이 조명들은 광부들이 밤을 새워 일할 수 있게 해줬으며, 그에 따라 산속에서 금을 찾는 시간도 2배로 늘어나 결국에는 광업 회사의 이익을 증대시키는 가장 중요한 도구가 되었다. 이 회사들은 점차 전기 펌프와 승강기에도 전기를 공급하고, 수차에서 멀리 떨어진 곳까지 전류를 수송하기 위해 점점 더 긴 전선도 함께 부설하기 시작했다.[075] 전기가 산업의 동력으로 널리 사용되면서, 산업에서 수행하는 전기의 필수적인 역할들을 더 강력하게 지원하고 여러 상황에도 더 잘 대응하기 위해 그리드는 점점 더 성장하며 여기저기로 뻗어나갔다.

언론도 전기 조명에 환호했다. 사무원, 기자, 재봉사(모두 생계를 위해 눈을 사용해야 하는 사람들이다)보다 전기 조명을 더 절실하게 필요로 했던 사람들도 없을 것이다. 물론, 화이트칼라 사무직원들이나 기자들이 근무하는 대규모 오피스 빌딩에 전기 조명이 흔해진 다음에도, 여성 재봉사들은 깜빡이는 가스등 아래에서 재봉을 해야 했다. 1879년, 전기가 도입된 시에라네바다에 전기 조명 시스템이 도입되었다는 사실이 지역 언론인 《샌프란시스코 크로니클San Francisco Chronicle》에 보도되었다. 당시 도입된 전기 조명 시스템은 5개 정도 되는 전등이 직렬회로로 묶인 구조였는데, 3년 뒤인 1882년에 《뉴욕타임스New York Times》는 사무실에 처음으로 전기 조명을 설치했는데, 이 시스템은 백열등 52개가 병렬회로로 연결된 구조였다.[076]

회로 구조가 직렬에서 병렬로 변했다는 이 미묘한 사실은, 그리드에서 일어난 첫 번째 혁명이다. 우리는 전구 발명의 공로를 토머스 에디슨에게 귀속시키는 경향이 있지만(이는 사실이 아니다), 그의 가장 뛰어난 발명은 병렬회로, 즉 현대 세계를 이루는 기술적 구조물 가운데 그의 공로를 가장 두드러지게 하는 회로 구조를 고안한 데 있다. 아크등보다 은은한 조명을 만들기 위해서는, 먼저 병렬회로가 발명되어야만 했다.

에디슨이 살던 시대의 엔지니어, 물리학자, 수선공, 발명가는 모두 전류를 물리적으로 '분할'하는 작업이 기술적으로 불가능하다고 보았다. 다시 말해, 모든 방에 소켓을 설치하고 이 소켓에 전구를 꽂는 것은 비용이 너무 많이 들 뿐만 아니라, 자연법칙에도 어긋난다고 믿었다(에디슨이 그 방법을 찾아내기 전까지는 말이다). 이들이 실현 가능하다고 생각했던 것은 모든 조명 시스템을 위한 하나의 발전소, 각각의 전원에 연결된 하나의 전구 또는 극히 제한적인 수의 어마어마하게 밝은 전구들뿐이었다. 방금 언급한 아크등이 바로 이런 방식으로 작동했다(각각의 네트워크는 짧막한 전선들로 이뤄졌는데, 이는 발전기 하나로만 구동되는 엄청나게 밝은 조명들에 연결되었다). 아주 많은 수의 전구들과 갖가지 기기들이 하나의 전원에 연결되어 작동하는 모습은, 오늘날 우리에게는 아주 자연스러운 것처럼 보인다. 하지만 1870년대 이후에 진행된 대규모 전기화의 방향과 형태는 명백하지도, 불가피하지도 않았다.

에디슨은 고등교육을 받지는 않았으나, 아주 근면한 인물이었다. 문제를 해결하려고 할 때, 그는 물리법칙은 고려하지 않은 채 기술적인 해법을 찾으려고 시도하고는 했다. 이런 시도는 대부분 실패했지만, 가끔은 커다란 성공을 거뒀다. 그와 아주 상반된 성격의 발명가인 니콜라 테슬라Nikola Tesla는 그를 이렇게 평가했다. "에디슨이 건초 더미에서 바늘을 찾고 있다고 해보자. 그는 일벌의 근면함으로, 자신이 찾는 물건이 나올 때까지 지푸라기를 하나하나 검사할 것이다. … 이론도, 계산도 없다는 약점은 90% 그의 노력에 의해 돌파되었다."

에디슨의 노력은 일단 접어두자. 당대 물리학자들의 말은 분명 옳았다. 아크등은 저항이 매우 작았기 때문에 여럿으로 나눌 수 없었다. 1.5마력짜리 동력을 가진 직류발전기로 찰스 브러시의 아크등 가운데 가장 작은 것 하나를 켤 수 있다면, 램프 18개를 직렬로 연결한 시스템의 경우 힘의 세기가 13마력으로 가장 큰 괴물 발전기의 모든 힘을 빛으로 만드는 데 써버린다. 아크등은 전기를 아주 많이 사용했고, 동시에 막대한 양의 빛을 뿜어냈다. 실제로 이 등은 실내용 가스등이나 4.87미터짜리 양초의 빛(25와트 전구와 같은 수준)보다 너무 밝았다. 게다가 아크등의 불빛은 섬뜩한 색이었기에 모든 사람에게 "소름 끼치는" 느낌을 주었고, 불빛과 함께 기분 나쁜 잡음도 발생했다. 아크등의 전력 주파수는 초기 형광등처럼 가청 범위 안에 있었다.[077] 이러한 모든 단점에도, 우리는 아크등으로 꽤나 잘 볼 수 있게 되었다. 아크등과 경쟁했던 가스, 양초, 액화 석탄liquid coal, 고래기름 램프의 깜박이는 불꽃에 비해 아크등이 눈부시게 향상된 조명이라는 점을 의심하기는 어려웠다.

설치 가능한 개수가 너무 적은 데다, 너무 밝고, 소름 끼치는 색의 빛을 내놓으며, 빛과 함께 윙윙거리는 소리가 발생하는 문제를 해결하기 위해, 에디슨은 전류를 세세하게 쪼개는 일에 자신이 개발한 병렬회로를 적용했다.[078] 병렬회로는 소리 전송에 대한 그의 연구에서 유래한 아주 기초적인 버전이었다. 문제는 물과 달리 전류는 한 지점에서 다른 지점으로 향하는 가장 쉽거나 가장 짧은 루트를 찾아 움직이지 않는다는 점이었다. 전류는 모든 경로를 동등하게 취급한다.[079] 이는 전류가 흐를 수 있는 2개의 경로가 있는데 두 번째 경로가 첫 번째보다 20배 정도 길다고 하더라도 전류는 두 경로를 동시에, 무차별

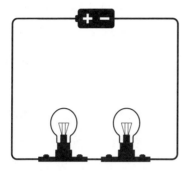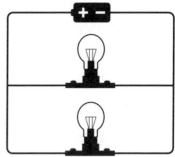

그림 2 직렬회로(왼쪽)는 단 하나의 전구라도 망가지거나 꺼지면 회로상의 경로를 따라 전류가 흐르지 않는다. 이 경우, 회로에 연결된 다른 모든 것들도 필연적으로 꺼진다. 반면 병렬회로(오른쪽)에서는 전구가 하나 망가지거나 다른 요소 때문에 회로가 차단되어도 회로 전체로 보면 전류가 흐른다는 사실에는 차이가 없다. 다른 장치들은 얼마든지 마음대로 켜고 끌 수 있다. (로익 운터라이너Loïc Untereiner)

적으로 흐른다는 뜻이다. 경로가 40개로 늘어난다고 해도, 이 모든 경로로 전기가 흐른다는 점은 바뀌지 않는다. 이러한 사실에 근거해, 병렬과 직렬이라는 두 가지 회로의 차이를 간단히 설명할 수 있다. 병렬회로에서는 각각의 가능한 경로를 택해 움직이는 전류의 패턴이 모두 그리고 동시에 허용되지만, 직렬회로에서 전류는 단 하나의 경로만을 따라 이동한다.

크리스마스트리에 쓰이는 낡은 조명 전선은, 이렇게 단일한 경로의 구조로 되어 있다. 당신이 전선에서 수명이 다한 전구를 찾은 경험이 있다면, 직렬회로의 단점이 회로 가운데 한 부분이라도 전류가 통하지 않으면 회로 전체를 가동시킬 수 없다는 데 있다는 것을 쉽게 알아챘을 것이다. 단 한 부분만 고장 나더라도, 단 하나의 전구만 수명이 다하더라도, 전체 회로는 먹통이 되어버린다. 만일 집 안의 회로가 직렬회로라면, TV를 끄자마자 모든 전등과 냉장고도 꺼져버릴 것이다.[080] 직렬회로에서, 연결된 모든 것은 반드시 동시에 켜져 있거나 꺼져 있다.

이와 달리, 병렬회로는 전기가 시스템 안에서 여러 경로로 흐른다. 예를 들어, 모든 경로에 15와트 전구가 연결되어 동일한 강도의 저항이 걸린다면, 이 계에 진입한 전기는 사용 가능한 모든 경로를 동시에, 어느 한쪽으로도 치우치지 않고 취할 것이다. 또 전구 중 하나가 타버린다 해도 나머지는 이전처럼 계속 작동할 것이다. 물론 문제가 생긴 경로는 차단되지만, 다른 모든 경로는 계속해서 개통되어 있을 것이다.[081]

직렬회로에 아크등이 최대 18개까지 연결된다고 해보자. 각각의 전등은 2,000와트 전구와 같은 밝기로 타오르며, 모두 동시에 켜지거나 꺼진다. 하지만 에디슨의 그리드, 즉 병렬회로로 개별 전구가 발전소와 접속된 그리드는 현재 우리의 그리드와 유사한 형태다. 에디슨은 병렬회로가 구현될 수 있다는 자신의 이론을 실행에 옮기기 위해 로어맨해튼의 펄 스트리트에서 그의 첫 번째 그리드를 만들었는데, 이는 동시에 기존 시스템과 경쟁하기 위한 시도였다. 당시 찰스 브러시의 아크 조명 시스템은 뉴욕시 곳곳에 거의 3년 동안 존재했다. 에디슨이 (1882년에) 펄 스트리트에서 증명하고자 했던 것은 전기가 빛을 만들기에 좋다는 것이 아니라, 전기 조명의 휘도를 편안한 수준까지 낮출 수 있고 전기 시스템을 지리적으로 크게 확장하는 형태로 구성할 수 있다는 점이었다.

1882년, 에디슨의 첫 번째 공공 그리드가 깜빡거리며 등불을 밝했을 때, 그 포괄 범위는 0.43제곱킬로미터에 불과했다.[082] 1884년, 이 그리드의 범위는 2.56제곱킬로미터로 확장되었고 총 8,000개의 전구를 포함했는데, 여기에 연결된 전구는 오늘날의 15와트 전구와 같은 휘도를 가진 어스름한 작은 황금빛 구였다.[083] 이 8,000개의 전구들은 병렬로 배치되어, 총 길이가 300킬로미터도 넘는 전선으로 연결되었다. 이 전선은 뉴욕의 자갈 포장도로 밑에 매설된 전선관을 통해 연계되었다. 전체 네트워크는 에디슨이 발명했고, 이는 그의 팀이 "미끈하게 뻗어" 있다고 말한 직류발전기 '점보 메리 앤Jumbo Mary-Ann' 6기에 의해 구동되었다. 이 발전기는 총 중량 27톤, 출력 100킬로와트에 달하는 거대한 규모였다. 이것이 병렬회로로 백열전구를 연계한 미국 최초의 공공 조명 시스템이었다. 이 시스템은 직류로 가동되었으며, 석탄을 연료로 썼다(로어맨해튼처럼 인구가 밀집한 지역에서 사용하기에는 오염이 심한 연료였지만, 마땅히 다른 방법이 없었다).[084] 이 발전소 주변으로 석탄을 실은 화물열차가 도로를 막아서며 끊임없이 진입했고, 이 석탄은 수많은 말들이 동원되어 새까만 석탄 먼지가 휘날리는 저탄장으로 옮겨졌다. 당시 뉴욕의 거리는 엉망진창이었고, 교통 상황도 마찬가지였다. 석탄을 수송하는 말들이 늘어나자, 펄 스트리트 주변의 거주환경이나 이동성은 더욱더 악화되었다.[085]

발전소 하나만 하더라도 이미 상당한 흥분을 자아내는 성과였지만, 에디슨은 그의 그리드 계획을 펄 스트리트 너머로 넓히고자 했다. 그러나 그의 그리드는 직류를 사용했기 때문에, 추가로 발전소를 건설하지 않고서는 물리적으로 1.6킬로미터보다 먼 지역에 전력을 공급할 수 없었다. 그는 밀도가 높은 도시를 2.56제곱킬로미터 규모의 블록으로 쪼개서 각 블록마다 발전소를 하나씩 건설하겠다는 계획을 가지고 있었다. 하지만 이는 석탄 마차로 혼잡을 일으키고, 세차게 뿜어져 나오는 시커먼 연기로 도시의 하늘을 가득 채우며, 냉각수를 수송하는 관로로 도시의 땅속을 가득 메우려는 계획이나 마찬가지였다.

에디슨이 《타임Time》의 직원들과 월 스트리트의 다른 회사원들을 위해 전등 시스템을 설치하기 이전에도, 미국 곳곳에서는 가로등 시스템이나 제조 공장, 광산에서 쓰이는 수천 개의 시스템이 아크등을 밝히고 있었다. 그럼에도 미국인들은 펄스트리트발전소야말로 전기시대가 열린 장소라고 생각한다. 이는 단지 에디슨이 처음으로 만들어낸 그리드가 오늘날의 그리드와 유사하거나 그처럼 작동하기 때문은 아니다. 그보다는 그가 병렬회로로 조명의 밝기를 낮추는 한편, 전구의 수를 크게 늘리는 성과를 보여줬기 때문이다. 조명을 보더라도 눈이 편안할 정도로 강도를 조절할 수 있다는 점과 방마다, 더 나아가 방 곳곳마다 조명이 설치되어 있다는 점은 지금 우리에게는 아주 당연한 일이지만, 그 이전에는 실현된 적이 없었다.

오늘날 우리는 찰스 브러시(아크등을 만들고, 에디슨의 모델과 경쟁한 직류발전기를 제작한 인물)보다는 에디슨의 이름을 기억하지만, 1880년대 초반에 브러시의 아크등은 아주 빠른 속도로 미국인들이 선호하는 조명 장치의 지위를 차지했었다. 1881년 《사이언티픽 아메리칸Scientific American》의 특집호에 따르면, 양모, 면화, 리넨, 실크 등 섬유를 제작하는 공장에 1,240개, 압연 공장, 철강 공장 등 기계공장에 800개, 대형 상점, 호텔, 교회에 425개, 공원, 부두, 여름 휴양지에는 250개, 철도 기지창에는 275개, 광산 및 제련소에는 130개(시에라네바다의 금광이 한 사례다), 공장과 "각종 시설"에 380개, 도시의 가로등으로 1,500개, 영국과 다른 나라에도 1,200개의 아크등이 설치되었다.[086] 게다가 (병렬회로에 휘도가 제한적인 수많은 조명이 설치된) 에디슨식 그리드의 보급 속도가 느렸던 영국에서는 1920년대까지 아크등이 선호되는 전기 조명이었다.[087] 그렇지만 오늘날에는, 눈이 불편할 정도로 밝은 아크등은 오직 아이맥스 필름 프로젝터의 광원으로만 쓰인다.

에디슨의 그리드는 아크등뿐만 아니라 가스등과도 경쟁해야 했다. 에디슨의 직류발전기보다 먼저 발명된 발전기의 유형만 해도 문자 그대로 수백 종류에 달했다.[088] 에디슨의 병렬회로가 아무리 혁명적이었다고 해도, 또 그가 제공하는 전구가 사람들에게 심미적인 만족감을 주었다 해도, 그것이 기업이나 지방정부가 에디슨의 그리드, 에디슨의 발전기, 에디슨식 배선과 결선 방법을 선택해야만 했던 필연적인 이유라고 말하기는 어렵다.

에디슨은 시장에서 우세를 점하기 위해, 오늘날의 마케팅 전문가들에게 전혀 낯설지 않은 방법을 택했다. 에디슨은 에디슨식 그리드를 제작하려면 그리드의 구성 요소가 에디슨식 그리드를 구성하는 다른 요소들과 결합해야만 운용이 가능하도록 각 요소를 설계했다. 에디슨식 전구나 에디슨식 회로를 원한다면, 에디슨식 발전기, 스위치, 전선을 깔아야 했다. 문제가 발생하면, 문제가 발생한 부분을 고치기 위해 에디슨이 고용한 사람들을 불러야만 했다. 에디슨의 그리드는 말하자면 일종의 키트, 그리드 구성 키트였다. 다시 말해, 공공 또는 개인 조명 시스템을 설치하기 위해 모든 것을 미리 준비해 놓은 키트였다. 이 시스템의 구매자들 다수는 공장과 대규모 공공건물이었고, 일부는 지방정부였으며, 아주 드물게는 대부호들이 개인 용도로 이를 사들였다.

도시에 설치된 에디슨 병렬회로 시스템은 개별 시스템에 비해 훨씬 더 컸고, 그리드 네트워크의 중심에 발전소가 있었기 때문에 "중앙" 그리드라고 불렸다. 그보다 작은 개인 소유 그리드는 일반적으로 단일한 소유자가 단일한 용도를 위해 보유하고 있었기 때문에, "개인 발전소"로 알려져 있었다. 그중에서 전기화 저택 소유자는 조명을 밝히는 데 자신의 그리드를 활용했고, 전차 회사의 운영자는 동력 교통수단을 원하는 도시 주민들을 전차로 실어 나르기 위해 발전소를 사용했다.

1882년, 펄 스트리트에서 맨해튼 최초의 백열등용 그리드가 가동한 지 얼마 지나지 않아, 위스콘신주 애플턴의 한 부유한 사업가가 직류 전기로 구성된 에디슨 그리드에 투자하기로 결정했다. 발전기, 설치 전문 인력들, 그리고 그 밖의 필요한 모든 구성 요소가 열차 편으로 애플턴에 도착했다. 에디슨 그리드 키트에는 발전기 2개, 면으로 절연된 구리 선, 탄화된 대나무 필라멘트로 만들어진 백열전구가 포함되었다.[089] 애플턴에 배송된 키트는 1882년에 운송된 수많은 에디슨 키트 중 하나일 뿐이지만, 애플턴의 그리드는 미국 최초의 진정한 도시 그리드이자 대중에게 전기를 공급한 최초의 그리드였다. 이는 에디슨의 중앙 발전소 그리드를 초기에 받아들였으면서도 산업, 사무실, 공공장소에 조명을 설치하는 데만 사용한 뉴올리언스, 세인트폴, 필라델피아, 브루클린과 달랐기에 주목할 만하다. 게다가 애플턴의 그리드는 석탄이 아니라 수차의 변덕스러운 회전으로 가동되었다.

펄 스트리트의 발전소처럼, 애플턴의 그리드도 100볼트 전압의 직류 전기를 생산하고 배전했으며, (에디슨의 키트에 포함된) 백열전구에 전원을 공급하는 용도로 사용되었다. 그러나 애플턴 주민들과 19

세기 말의 초기 전력 회사 직원들은 그리드를 가동한 지 얼마 지나지 않아, 수력으로 가동되는 발전기보다 맨해튼에서 사용된 것과 같은 석탄화력발전기가 전압을 일정한 값으로 더 쉽게 유지한다는 점을 깨달았다.

미국 중서부와 동부 해안 지역은 하천의 수량이 계절에 따라 변해 골머리를 앓는 지역이다. 봄철에 폭우가 억수같이 쏟아지고 나면 하천에 모인 물이 난폭하게 흐른다. 그러나 가뭄이 찾아오는 늦여름에는 비가 오더라도 조금씩 뚝뚝 떨어지며 하천은 건천에 가깝게 말라버린다. 서부는 문제가 덜하다. 산맥의 봉우리를 뒤덮은 만년설은 초가을에 내리는 비에 녹고, 이렇게 녹은 물은 산악 하천이 되어 일정한 유량을 유지하며 천천히(그러나 엄청난 양의 물을 품고) 산맥 너머까지 흘러간다.[090] 시에라네바다산맥은 이처럼 천혜의 조건을 갖추고 있어, 미국 중서부의 공업 도시 지역보다 강과 하천에 수차를 설치해 운영하는 초기 수력발전소에 더 어울리는 장소였다. 유속이 바뀔 때마다 수차의 회전 속도가 바뀌었고, 수력발전소가 생산하는 전력의 세기 역시 변화했기 때문이다. 결과적으로, 애플턴 그리드에 설치된 전구들의 밝기는 사실상 예측할 수 없었다. 이들 전구는 지나치게 희미했다가 너무 밝아지기를 반복했다. 자연의 변덕은 인공적인 불빛을 통제하기 어렵게 만들었다.

그래서 애플턴에서는 모든 사람들이 오렌지색 전구의 필라멘트가 빛을 잃어버릴 때를 대비해 양초와 등유 램프를 늘 준비해 두고 있어야 했다. 과도한 전압이 걸리면, 이러한 전구는 '지나치게 밝아지는'데다 필라멘트가 열을 받아 끊어지는 경우도 잦았다. 이럴 경우 전체 그리드가 무용지물이 되어버리기에, 전력 회사들은 끊임없이 새로운 전구를 공급하기 위해 자금을 퍼부었다. 교체용 전구는 1달러나 되었고, 이는 위스콘신주 애플턴이라는 작은 도시의 전력 회사에게는 크게 부담되는 비용이었다.[091]

. . .

애플턴의 전력 회사가 수차 때문에 겪어야 했던 문제, 더 넓게는 1880년대 중반까지 미국 전역의 그리드가 지녔던 문제를 이해하기 위해서는, 당시의 전기 생산방법과 그것에 의해 결정되는 전압에 관한 기술적인 쟁점을 깊이 살펴봐야 한다. 전압에 대해 서술하는 많은 방법이 있지만, 그중 어느 것도 이해하기 쉽지 않다. 그럼에도, 물리적으로 전기 생산과 공급을 가능하게 하는 최소 단위까지 뜯어본다면, 우리가 알고 또 관리하는 전기가 실제 전기와 얼마나 크게 차이나는지 분명하게 깨달을 수 있을 것이다.

전기에 대해 '생각'하는 것은 아주 어려운 일이다. 전기를 묘사하기 위해 은유를 쓰더라도 우리는 이미 잘 확립되어 있는, 그러나 사실 전기와 크게 관련 없는 틀을 선택하기 마련이다. 아주 이상해 보이지만, 전압을 설명하는 데 가장 적확한 방법은 '욕망'이라는 극도로 의인화된 개념이다. 전자기 발전기는 원자에서 전자를 인위적으로 분리하고, 이렇게 분리된 전자는 다시 원자에 결합해 온전한 원자를 다시 이루게 되기를 '희망'한다. 이러한 은유적인 설명은 그리드의 전기 흐름을 물리학의 문제보다는 술집에서 싱글들이 보이는 행동처럼 보이게 만들지만, '결합으로써 자신을 완성시키길 원한다'는 개념은 원자에서 분리된 자유전자가 최외각 궤도가 비어 있는 원자를 향해 이동하는 매우 격렬한 움직임을 잘 표현한다.

자, 그리드가 하는 일을 이렇게 설명해 보자. 우선 전기적으로 중성인 원자로부터, 이 원자에 붙어 있어서 행복한 전자를 강제로 떼어내어 원자가 양전하를 띠게 만든다(발전). 그리고 전자가 떨어져 나가 양전하를 띠게 된 원자와 음전하를 띤 전자가 다시 재결합할 수 있는 경로(전선)를 제공하는데, 이것이 바로 그리드의 역할이다. 전자는 전선을 따라 이동하며, 우리가 그 길을 따라 설치한 (백열전구를 포함한) 모든 것을 통과한다. 그리고 전자들은 이 경로들을 지나면서 저항에 부딪힌다. 전구의 필라멘트는 장치 안팎으로 이어져 있는 도선보다 전도성이 낮다. 따라서 전위차(전자가 재결합하도록 작용하는 힘 또는 전압) 일부는 이 저항성 물질을 거치며 소모된다.

백열전구의 경우, 소모된 전위차는 열(전자기파)로 바뀌며, 그중 대략 5%(에디슨 전구 기준)는 가시광선으로 방출된다. 냉장고, 세탁기 등에 설치된 전기모터는 이 전기 흐름을 자기장 안에서 회전을 만드는 데 투입해 기계적인 힘을 생성한다. 모터 블록 속에서 전기에너지를 기계 에너지로 변환해 내는 이 방법은 코털 제거기부터 전기자동차까지 현대사회를 굴러가게 하는 수많은 기기를 가동하는 데 쓰인다.

'전자들이 바로 그곳으로 이동하는 것을 욕망하도록' 압력을 가해 전기 흐름을 만드는 이유가 열을 얻기 위해서든, 빛을 얻기 위해서든, 동력을 얻기 위해서든(이 모든 것을 물리학자들은 한데 뭉뚱그려 '일work'이라는 전문용어로 부른다), 이 흐름에서 중요한 것은 두 가지다. 먼저, 전자는 기기에서 멈추지 않고 이를 통과한다. 또한 전자가 가진 욕망(또는 일을 하기 위한 잠재력)은 결코 이런 과정만으로 꺾이지 않는다. 이러한 움직임 또는 퍼텐셜에너지의 이름이 바로 '전압'이고, 전압 측

정 단위의 이름이 '볼트'다.[092]

전압은 전위차계를 사용해 측정한다. 전압 값으로 우리는, 전자가 전자기기의 회로를 관통해 들어가 구성 요소들을 통과할 때 얼마나 일할 수 있는지 짐작한다(이 문장은 처음부터 끝까지 형편없는 성적 농담처럼 들릴지도 모르겠다).

110볼트는 전구 하나를 켤 수 있다. 220볼트는 전기면도기 1개를, 500볼트는 노면전차를 구동하는 데 쓸 수 있으며, 5만 볼트는 고압 송전선을 흐르는 전압이고, 10만 볼트는 전기 충격기('스턴 건stun gun') 에서 방출되는 전기의 전압이다. 대류권에서 출현하는 길들여지지 않은 전기력인 번개는 보통 수억 볼트에 달하기 때문에 피하는 게 상책이다.

이 모든 말이 추상적으로 들릴지도 모르겠다. 그러나 그리드의 전압을 일정 범위 안에서 유지하는 작업은 단지 이론적인 문제가 아니다. 그리고 원리적으로 재정적인 문제라고 보기도 어렵다(애플턴의 초기 전력 회사가 겪은 심각한 예산 문제는 제쳐둔다면). 근본적으로 이는 전력 산업이 그리드를 원활하게 운영하기 위해 해결해야 하는 문제들이다. 그리드가 우리를 위해 작동하기를 원하는 이상, 전기 흐름의 상대적인 강도를 일정 수준으로 통제하지 않으면 안 된다. 세간에서는 현대사회가 전기에 의존한다고 이야기한다. 하지만 더 정확하게 말하자면, 현대사회는 전력 회사의 관리하에 제공되는 일정한 전압에 의존한다. 전자 제품들은 전압의 변화를 견디지 못한다.

이 사실을 다른 관점에서 짚어볼 수 있다. 전기 그리드를 사용해야 하는 가장 중요한 이유는, 결국 표준화된 전력을 만들고 안정적으로 전송하는 그 능력 때문이다. 물론 이는 우리에게 직접적으로 도움이 되는 능력은 아니다. 그러나 우리는 조명이 너무 어두울 때 양초를 꺼낸다. 전기 시대에 전기의 실제 소비자인 전기 제품들이 전압의 변화에 거의 적응하지 못하므로, 전압을 일정 범위 안으로 조정하는 노력은 결과적으로 우리에게도 도움이 된다. 전압이 크게 떨어지면, 발전소 가동에 쓰이는 수많은 조그마한 볼베어링에 열이 축적된다. 그리고 이렇게 축적된 열이 임계점을 넘으면 모든 모터와 동력 전달 시스템은 파괴되며, 이렇게 발전소가 파괴되는 데도 몇 분이 채 걸리지 않는다.[093] 전압의 강하 속도가 느릴 경우에는, 전구가 희미해지고 전자시계 분침의 회전 속도가 느려진다.[094]

전압 강하의 원인은 아주 다양하다. 하지만 에디슨 시대에 가장 흔했던 것은, 전선에 연계된 모든 것을 일정한 속도로 꾸준히 작동시킬 만큼 '욕망'을 발전소에서 충분히 생산하지 못하는 상황이었다. 애플턴의 작은 물레방아의 회전 속도가 느려진 일로 전기가 그리드로 더 이상 흘러가지 않는 사태를 말하는 정전(블랙아웃)이 발생하지는 않았다. 다만 그리드에 연결된 모든 것에 최대 전위로, 충분한 양의 전력을 공급하지 못하는 상황이 벌어졌을 뿐이다(브라운아웃). 110볼트 전압이 걸리면 '햇빛처럼 빛나는 작은 공'처럼 빛을 내던 전구가 85볼트의 전압이 걸릴 때 희미한 베이지 빛을 발할 따름이다. 이 정도 빛으로는 암흑에 광명을 비춘다고 말할 수 없고, 간신히 어둠만을 면했다고 할 수 있다.[095]

애플턴이 전압 때문에 벌어진 문제로 어려움을 겪고 있었다면, 미국의 여러 도시는 빠르게 중요해지고 있는 다른 문제들로 고민하고 있었다. 정격전압이 서로 다른 여러 기계가 제작되고 있었기 때문이다. 이는 순전히 발명가들의 변덕 때문이라기보다, 각 유형의 기계들이 작동하는 데 필요한 일의 크기가 서로 달라서 벌어진 상황이었다. 1880년대, 백열전구의 밝기를 적절하게 유지하는 데 100~110볼트가 필요했으나, 전차의 구동에는 500볼트, 초창기의 공장용 모터를 구동하는 데는 약 1,200볼트 또는 2,000볼트의 전압이 필요했다.[096] 이러한 전압 차이는 상당히 설득력이 있는 값이다. 자그마한 탄소 필라멘트가 진공 속에서 빛을 내는 것보다, 사람들로 가득한 전차를 움직이는 일이나 기계식 인쇄기를 작동시키는 데 더 많은 일과 에너지가 들어간다는 말이기 때문이다.

뉴욕, 클리블랜드, 시카고 같은 대도시 지역에서 중요했던 문제는 (애플턴에서는 꼭 그렇지는 않지만), 전기의 잠재적인 용도는 많은 반면 이 용도에 알맞은 각각의 특정 전압이 필요했다는 점이다. 직류는 대략 1886년까지는 모든 그리드에서, 심지어 20세기 초까지도 대부분의 그리드에서 활용되었다. 발전기에서 설정되어 유연하게 변경할 수 없는 전압의 전기가 그리드 전체를 관통한 것이다. 그리드가 직류를 사용한다면, 전차와 전등을 동일한 발전기와 전선망에 연결해 사용할 수 없었다. 모든 전구가 과전압으로 폭발하거나, 전차가 저전압으로 인해 움직이지 않았기 때문이다. 이 모두를 만족시킬 적당한 중간 값이 없었다.

그 결과, 대도시에서는 그리드의 수가 순식간에 폭발적으로 늘어났다. 직류 그리드가 고객의 요구에 맞는 전압에 대응해 제작되었던 데다 경쟁하는 전력 회사들과 전차 회사들이 인프라를 공유할 동기도 전혀 없었기에, 각 회사는 자체적인 그리드를 구축했다. 이러한 사설 그리드는 각자 자체 발전소와 전용 전선을 확보했다. 이미 전신주를 공유하고 있었던 전화선과 전신선에 이 새로운 그리드망의 전선도 추가되어(오늘날의 TV 케이블 네트워크, 전화 유선선이 전기 배전망과 전신주를 공유하듯), 거리 위는 엉망이 되어버렸다. 1890년이 되자, 맨해튼 시내에서는 하늘을 보기가 아주 어려워졌다. 건물과 거리를 따라, 서로 비슷하지만 분리된 여러 그리드들의 전선 뭉치가 빼곡하게 매달려 있었다.

문제를 더 심각하게 만든 것은, 이러한 전기 시스템들이 모두 서로 경쟁하는 발명 기업가에 의해 특허 출원된 부품들로 구성되어 있었다는 점이다. 1870년대와 1880년대, 미국에서는 서로 다른 구조와 특성을 가진 발전기 특허가 문자 그대로 수백 건이나 출원되었다. 그리고 이 시기에, 이 나라 전역의 대도시 도심부(먼시, 페이엣빌, 잭슨, 토피카, 래러미, 시카고, 로스엔젤레스, 새너제이)에서 가로등을 밝히기 시작했다.[097] 당시 시 정부, 전차 운송 회사, 산업계는 불을 밝히고 기계를 구동하는 동력의 원천으로 가장 좋은 시스템이 무엇인지 개별적으로 고민해 선택했다. 어딘가에서는 아크등을 선택했고, 다른 곳에서는 위스콘신주 애플턴에 설치된 것 같은 우편 주문형 그리드 키트를 설치했으며, 1880년대 후반에는 많은 사람들이 조지 웨스팅하우스George Westinghouse의 교류 그리드를 설치하기 시작했다. 1890년대가 되자, 거의 대부분이 이러한 그리드의 세 가지 유형을 혼합해 사용했다. 물론 이것은 양조업자부터 시장에 이르기까지 수많은 사람들이 자신만의 전력 시스템을 구매하고 사설 발전소를 가동한 것과 맞물려 일어난 일이었다.

당시에는 그리드의 역사에서 그리 흔하지 않은 경향이 널리 퍼져 있었다. 이는 산업적인 이유에서든, 부유한 생활을 누리기 위해서든, 전력을 많이 사용할수록 공공 그리드에 기기를 연계하기보다는 소유지 안에 발전설비를 두고 전력을 생산하려는 경향을 말한다. 1880년 대부터 1900년대까지, 전기 생산은 보통 오늘날의 온수나 냉방 시스템과 유사하게 개별 시스템으로 구축되었다. 당시 (하나의 개념으로서, 또 제품으로서) 중앙 발전소 그리드는 다른 전력 회사나 동일한 구조의 다른 시스템과 경쟁하기보다는 오히려 사설 발전소와 경쟁했다. 다시 말해, 한 가구나 한 사업장에만 전력을 제공하는 것이 아닌, 한 사람, 한 가족, 하나의 사업체에 의해 소유되어 이들에게 비용이 지불되는 소규모 그리드와 경쟁하고 있었다.

보통 눈여겨보지 않지만, 난방과 냉방도 전기와 마찬가지로 인구 밀집 지역에서는 개별적으로 생산하기보다 중앙 시스템으로 생산할 때 에너지를 더 경제적으로 공급할 수 있다. 세계 일부 지역에서는 이러한 시스템이 일반적이다. 구소련에서는 도시마다 난방용 증기를 생산하는 지역난방 공장이 있었고, 미국 대학교 중 다수는 중앙 냉방장치에서 캠퍼스 전체로 뻗어 있는 배관을 통해 시원한 공기를 공급하는 냉방 시스템을 갖추고 있다. 미국의 냉난방 시스템은 대부분 사설 시스템이지만, 그래야만 하는 물리적이거나 공학적인 이유가 있는 것은 아니다.[098] 전기도 마찬가지다. 오늘날 우리는 전기가 공공재라고 생각하지만, 처음부터 그랬던 것은 아니다.

• • •

오늘날 우리에게 널리 알려진 그리드의 역사는, 우리가 사용하는(그리고 대략 1915년부터 거의 지배적으로 쓰이는) 중앙 발전소 그리드와 다상 교류 시스템이 득세한 배경을 설명한다. 그러나 19세기 말에 미국

도시에서 전류로 빛과 (그리고 시일이 더 지난 다음에는) 동력을 얻기 위해 쟁탈전을 벌이는 동안, 우리의 전력 인프라는 지금과 다르게 전개될 수도 있었다. 지방정부, 투자자, 발명가 들은 중앙 발전소 그리드를 선호했을지도 모르지만, 일반 사람들과 공장 소유자들은 작은 규모의 전력 시스템을 선호했다. 이들은 지하실에 연결된 통로로 석탄을 공급하고, 이곳에 설치된 발전기로 전력을 생산한 다음, 이 전기를 집이나 공장에 구축된 배선으로 전송해 활용하려고 했다. 전기의 용도는 처음에는 주로 조명이었으나, 전기모터의 성능이 개선되고 가전제품이 점점 더 흔해지자 이것들에도 전원을 공급해 줘야 했다. 이런 일이 건물 안에서만 일어난 것도 아니었다. 1920년대까지, 전차를 운행하는 데 사용된 그리드는 본질적으로 민간 소유였다. 그런데 이러한 전차 노선망의 크기와 무관하게, 이 노선망과 연계된 그리드에는 단지 고객 1명과 생산자 1명이 있었을 뿐이다. 이 시기에 전기가 부잣집에서나 사용되었다는 점에서 우리는 전기를 엘리트들의 상품쯤으로 여기고 있지만, 전기는 무엇보다도 기업과 산업의 동력원이었다. 부유층이 인공 조명을 만드는 데 전기를 활용했다는 사실은 그다음이다.

브러시의 아크등은 가정에서 사용하기에는 너무 밝아서, 지방정부보다는 개인 공장에서 2배는 더 많이 팔렸다.[099] 에디슨의 그리드 키트도 고립된 그리드를 운영하고자 하는 개인이나 법인에게 가장 잘 팔렸다. 에디슨이 펄스트리트발전소를 건설해 가동하기 전에도, 에디슨 그리드 키트 중 150개는 밴터빌트William Vanderbilts 나 J. P. 모건J. P. Morgan 처럼 부유한 사람들의 저택에서 운영되었다.[100] 펄스트리트발전소가 가동되고 제너럴일렉트릭General Electric, GE 이 중서부 지방정부의 소규모 그리드를 제작, 홍보하기 위해 설립되면서, 추가로 134개의 고립형 발전기*가 주문되고 설치되었다. 그리고 이것들도 대부분 공장에서 사용하기 위해 주문된 기기들이었다. 한 역사가는 에디슨의 그리드를 다음과 같이 평가했다. "에디슨 그리드는 빛을 판매하기에 적합하지 않았다. 중앙 발전소 형태는 판매가 어렵고, 고립형 발전기가 팔기 쉽다는 게 입증되었다. 1883년 봄 시점에 이르기까지, 334개의 고립형 발전기가 운영되었지만 중앙 발전소 형태는 펄 스트리트에서 운영되는 것이 유일했다."[101]

그 이후, 에디슨이 영업권을 가진 사설 발전소는 10개 더 설치되었다. 1882년부터 1887년(조지 웨스팅하우스의 교류 시스템이 경쟁 제품으로 시장에 등장해 시장 점유율을 탈취하기 시작한 해다)까지, 에디슨은 애플턴에 설치된 것과 유사한 중앙 발전소 그리드 121개의 설립 허가를 취득했다. 같은 기간에, 그의 회사가 판매하고 설치한 사설 발전소의 수는 1,200개를 웃돌았다. 그로부터 20년이 지난 1907년, 전체 미국 가정 가운데 8% 정도만 전기를 사용했고, 이 가운데 대부분은 여전히 사설 발전기가 공급을 책임지고 있었다. 회전식 변환기가 도시 상공의 복잡한 배선을 정리하고 오랜 세월이 지난 다음에야, 그리드는 전기를 생산하고 배전하는 '범용' 시스템으로 자리 잡았다.

초기 그리드의 확산이 이처럼 늦어진 이유 중 하나는, 에디슨의 직류 그리드가 사람들이 밀집해 있는 로어맨해튼이나 애플턴 도심부에 있었기 때문이다. 다시 말해, 이 기기는 광범위한 지역에 전력을

• 중앙 발전소는 거점(중앙)에 위치해 다양한 용도의 전기를 공급하는 형태이고, 고립형 발전기는 특정 기업이나 사람이 개별 목적에 따라 전기를 사용하기 위해 구축한 독립된 형태의 발전기다.

공급할 수 없었고, 아주 좁은 지역에나 전력을 공급할 수 있었다. 펄 스트리트발전소에는 총 6개의 점보 발전기jumbo dynamo가 설치되어 있었으나, 전기를 1.6킬로미터가 넘는 거리로 전송할 수 없었다. 1.6 킬로미터 안에서는 발전기를 추가해 더 많은 전구에 불을 켤 수 있었 지만, 1.6킬로미터가 넘는 거리에 대해서는 물리법칙에 복종할 수밖 에 없었다. 이 거리를 넘어가면 직류는 전압이 너무 낮아졌는데(100 볼트), 이는 콧수염 한 올도 태울 수 없을 정도의 미약한 세기다. 직류 그리드는 1.6킬로미터 너머로 전자의 욕망을 일으킬 만큼 매력적이 지 않았다.

광범위한 영역에 가로 조명을 설치하거나 기타 공공 프로젝트를 수행할 때조차, 직류의 이러한 특징 때문에 전력 시스템이 잘 작동하 는 영역은 지금과는 비교하기 어려울 만큼 작았다. 19세기 후반에, 거 대한 공장이나 사무 빌딩, 부호의 저택이라 할지라도 그 면적이 2.5제 곱킬로미터 미만이었다. 빛 또는 동력에 대한 개별 소비자의 요구에 따라 발전설비를 결정하고, 기저 발전소를 설치하며, 필요한 만큼 조 명을 달고, 전기 설비를 설치하기 위해 벽에 구멍을 뚫고, 전구와 스 위치를 설치하는 작업은 그리 어려운 일이 아니었다. 이렇게만 한다 면 충분히 성공적인 작업이었다.

엄밀히 말해, 당시에는 이보다 더 크고 복잡한 그리드를 설계할 필요가 없었다. 보통 무수히 많은 소규모 그리드를 설치했기 때문이 다. 그런데 사설 발전소가 지금까지도 발전과 전기 생산의 일반적인 형태로 남아 있다고 상상해 보자. 19세기 도시의 하늘을 뒤덮었던 복 잡한 전선들은, 전차 회사들이 통폐합되고 지역 전력 공급자들이 소 멸하고 건물 기반 지역 그리드가 도시 단위의 그리드에게 자리를 내주자 사라졌다. 그런데 이러한 전선들이 아직도 도시 하늘을 가득 메우고 있다고 상상해 보자.

물론 이런 일은 일어나지 않았다. 그러나 중앙 발전소가 아닌 사설 발전소에 기반한 전력 시스템을 상상하는 일은, 초기 그리드가 어떻게 통합되었는지, 오늘날의 그리드가 가진 특징들 가운데 어떤 부분이 특별하고 주목할 만한지 이해하는 데 도움이 된다.

개별 전력 생산(사설 발전소)과 전력 회사의 전력 공급(중앙 발전소) 사이의 깊은 골은, 21세기에 들어서 다시금 미래 그리드의 형태와 범위를 둘러싸고 전쟁터가 되고 있다. 20세기 내내, 초고전압 교류 송전선로(1960년대 이후에는 서부 인터커넥션에서처럼 고전압 직류 송전선로도 도입되었다)로 고객에게 전력을 전송하는 것, 이렇게 송전된 전류의 전압을 변전소와 변압기를 거쳐 가정에 알맞은 수준으로 나눠주는 것은 아주 자연스러운 일이었다.

21세기 직전까지만 해도, 전기를 만들고 분배하는 자연스러운 방법으로 대형 공공 그리드라는 개념은 모든 면에서 절대적이었다. 나는 전력 회사가 제공하는 전기의 일관성 없는 품질에 불만을 가진 사람들을 여러 차례 인터뷰했었다. 이들은 스스로 전기를 만들고자 다양한 노력을 기울인 사람들이었다. 또한 이들은 전기가 인권과 직결되어 있다는 견해를 일관되게 옹호했는데, 식수와 깨끗한 공기처럼 모든 사람들이 전기에 접근할 수 있도록 정부가 보장해야 한다고 주장했다. 나 역시 이러한 주장에 동의한다.

앞으로 20년 동안(독일의 경우 지금도 조금씩 일어나고 있는 현상이다), 애리조나, 하와이, 남부 캘리포니아처럼 일사량이 많은 지역에서는 수많은 사설 발전소 시스템이 설치될 것이다. 그리고 이로 인해, 양질의 전력에 접근할 권리가 훼손될 수 있다. 하지만 미국이 모든 사람에게 기회가 평등하게 돌아가야 한다고 생각하는 나라라면, 전기를 편파적이거나 불균등하게 배분해서는 안 된다. 그러지 않을 경우, 미국은 그동안 미국이 지향한 가치를 더 이상 추구하지 못할 것이다. 전기를 가진 자와 가지지 못한 자로 사람들이 나뉘는 일을 지지해서도 허용해서도 안 된다. 어떤 사람들은 더 나아가, 모든 사람들이 원하는 만큼 전기를 사용할 수 있을 정도로 전력 가격이 저렴해지면, 미국을 부강하게 만들 뿐만 아니라 국민 모두가 동일한 품질의 전기에 접근하게 된다고 주장할 수 있다. 미국에서는 저소득층조차 전기가 끊어져 전등이 깜빡인다거나 특정 시간에만 전기가 들어오는 배급제를 감수할 필요가 없다.[102] 또한 선불제 미터기를 설치해 전기를 사용하는 불리한 조건에 처해 있지도 않다. 반면 남아프리카공화국만 하더라도, 전기가 선불제로 판매되고 있으며, 이를 지불할 수 있는 부유층만이 에어컨, 조명, 인터넷 그리고 전자 매매 시스템을 하루 종일, 1주일 내내 누린다. 모두를 위한 표준화된 전력은 오늘날의 미국을 건설하는 데 근본적인 역할을 한, 20세기를 관통하는 가치다. 그러나 21세기에 사설 발전소가 다시 유행하게 되면서, 우리는 거대 발전소가 지배하던 그리드에 무수히 많은 소규모 발전소를 통합하는 과제를 떠안게 되었다. 그리고 양질의 전기를 모든 사람에게 지속적으로 공급하는 과제를 다시 짊어지게 되었다.

그런데 초기 전기화 시대에 전기는 공적인 산물로 생산되거나 판매되지 않았다. 당시 전기는 모든 사람을 위한 것이 아니었고, 구매할 수 있는 여력이 있는 엘리트를 위한 생산물로 규정되었다. 전기는 대중에게 널리 퍼지지도 않았는데, 이후의 역사적 전개와 달리 대중이 접근할 만한 소비재로 여겨지지도 않았기 때문이다. 심지어 몇몇 역사가들은 대공황 이전까지는 가난한 사람들에게 값싼 물건을 대량으로 팔아 돈을 번다는 생각 자체가 존재하지 않았다고 주장한다.[103] 하지만 훨씬 더 많은 역사가들에 따르면, '대량 판매 시장'이나 '소비자 문화'라는 개념은 전기로부터 이익을 얻는 새로운 방법이 필요했던 전력 회사 때문에 생겨났다.[104] 제너럴일렉트릭을 예로 들어보자. 이 회사는 전력 회사로 시작했는데, 처음에는 단지 플러그에 꽂으면 작동하는 것들만 임대했다가, 나중에는 이러한 물품들을 판매했다. 이들은 현금 흐름을 두 가지 방법으로 창출했다. 첫 번째는 냉장고를 파는 것이었고, 두 번째는 이를 계속 가동하기 위한 전기를 파는 것이었다.[105] 이는 전기에 대한 시각이 근본적으로 바뀌었다는 뜻이다. 전기는 더 이상 엘리트를 위한 생산물도, 단순히 조명을 위한 원재료도 아니었다. 전기는 미국의 모든 사람을 대상으로 잠재적 시장을 형성한 새로운 상품이었다. 이제 전기는 소수를 위한 상품이 아닌 대중에게 조명, 난방, 동력을 제공하는 힘을 의미했다.

다시 말해, 모든 사람이 모든 것에 접근할 권한을 부여한 소비자 문화 또는 대중문화는 부분적으로 전기가 보편화되어 일어난 결과이지, 그 반대가 아니다. 1890년대 초에 나이아가라폴스의 발전소가 건설되면서 표준화된 전류가 먼저 출현했으나, 1940년대 초까지는 가전제품의 폭발적인 출시와 대중 시장이 나타나지 않았다. 소비자 혁명의 가능성을 수면 위로 끌어올린 플러그와 콘센트도 (우리의 삶과 생계를 앗아 간 대공황의 해인) 1929년까지 발명되지 않았고, 가정용 기술 시장은 극소수만을 대상으로 했다.[106]

• • •

전력에 대한 보편적 접근은 대규모 그리드로 가능해졌고, 이러한 그리드를 향한 첫걸음인 교류 전기 시스템의 발명과 성공적인 설치가 1887년에 이뤄졌다. 당시에는 이미 무수한 케이블이 어지럽게 얽혀 있던 옥상과 전신주 꼭대기에 다른 종류의 전류를 더하는 일이 상황을 더 악화시키는 것처럼 보였고, 실제로도 한동안 그랬다. 그러나 교류는 직류에 비해 강점을 가지고 있었다. 전선, 전류, 전압, 주파수의 교란을 줄이는 데 용이했다는 점이 바로 그것이다. 게다가 직류와 다르게 교류는 멀리까지 이동할 수 있다. 교류의 전송 가능 거리는 교류가 시장에 처음 등장할 때부터 경쟁 시스템이 기록한 1.6킬로미터를 한참 앞섰다.

그러나 교류의 가장 중요한 장점은 따로 있다. 교류가 발전기에서 낮은 전압으로 생산되었다고 해도, 변압기(촘촘하게 감겨 있으나 서로 닿아 있지 않은 2개의 구리 도선 뭉치로 이뤄진 간단한 장치)를 통해 훨씬 더 높은 전압으로 '승압'할 수 있다는 점이다. 전압을 높일수록, 전기는 더 멀리까지 전송할 수 있다. 당신이 전자의 욕망을 더 크게 끌어올리고, 이것들이 더 강렬하게 원하도록 만든다면, 이들을 더 멀리까지 보낼 수 있는 것이다. 변압기는 그 구조가 단순하지만, 전압의 '승압'과 '감압'을 손실 없이 달성하는 놀라운 수단이다. 하지만 1초에도 수십 차례 음전하와 양전하를 오가는 교류는, 전하가 매우 높은 주파수로 진동해야 전송이 가능한 전류이기도 하다.

교류와 직류의 움직임은 여러모로 다르지만, 그것들을 떠받치는 물리학은 근본적으로 동일하다. 교류와 직류는 원자로부터 전자를 강제로 분리시키는 데에서 생성된다. 일단 원자와 전자가 분리되면, 전자는 일종의 자기적인magnetic '열정'을 따라 원자핵을 찾아 이동한다. 그런데 직류의 경우 양전하를 띠고 있는 원자는 늘 회로의 같은 곳에 있고, 전자의 흐름도 계속해서 그 방향으로 이동한다. 이때 전선 속 전기는 마치 강을 따라 흐르는 물처럼 움직인다.[107]

이와 달리 교류에서는, 발전기에서 회전하는 전자석의 양극이 양전하의 '방향'을 전환시킨다. 자유전자는 자기 자리인 원자로 돌아가려고 여전히 열정적이다. 자유전자는 먼저 자신이 분리된 위치에서 멀리 떨어진 곳까지 아주 빠르게 몰려간 다음, 아주 잠깐 움직임을 멈췄다가 다시 반대 방향으로 빠르게 몰려간다. 전자는 다시 멈추고, 다시 몰려가고, 멈추기를 반복한다. 이러한 전자의 흐름은 기계를 통과할 때마다 일을 하게 된다. 그런데 교류의 경우, 전자가 기계를 통과하는 방향이 계속해서 바뀌며, 전력 흐름의 반복적인 정지와 출발 방향의 변화는 아주 빠르게 일어난다(미국의 기준으로 초당 60회다).* 이것 때문에 초기 형광등은 윙윙거리는 소음을 냈는데,[108] 이러한 끊임없는 방향 전환을 알아차린 사람은 거의 없었다. 초기 직류 그리드에서는 단상single phase, 2상dual phase, 다상polyphase 등 여러 가지 교류 전력이 사용되었다. 이 유형들의 차이가 중요하기는 하지만, 필요한 만큼만 단순화해 설명하자면, 2상, 다상은 파형을 여러 개 가지지만 단상은 파형을 하나만 가지는 전류라고 말할 수 있다.

에디슨이 1884년에 맨해튼에 설치한 그리드는 그 효용이 완전히 사라지기 전까지 110볼트의 직류를 만들어 약 1.6킬로미터 거리까지

---

* 한국도 마찬가지로 60헤르츠다.

전송할 수 있었다. 한편 1886년 웨스팅하우스와 테슬라가 개발한 초창기 교류 시스템은 500볼트 전압을 가진 전기를 만들어 3,000볼트로 전송했다. 1891년, 교류는 티볼리와 로마 사이의 거리인 26킬로미터, 오리건주 포틀랜드에서 22킬로미터, 텔루라이드에서 4킬로미터, 심지어 독일에서는 4만 볼트로 173킬로미터 거리를 이동하는 데 성공했다. 1880년대 후반부터 1890년대 초반까지 만들어진 모든 실험용 그리드는 보다 성공적이었다. 1894년에는, 미국에서 주문되고 설치되는 그리드의 80%가 교류를 사용했다.[109]

저전압 그리드가 표준이 되어도 아크등이 즉각 대체되지 않았던 것처럼, 교류 시스템이 널리 보급되고 있었음에도 직류 네트워크는 계속 유지되었다. 상황은 더 혼란스러워졌다. 여러 전압이 혼용되었고, 직류발전기와 교류발전기가 동시에 사용되었으며, 서로 다른 전선들이 망을 이루며, 갖가지 전구들이 사용되었다. 전기 사용이 인기를 끌자, 이러한 혼란은 가중되었다. 구성 요소들이 놀라운 수준으로 증식하는 가운데, 이것들을 조합하는 통용된 방식은 없었다. 모든 미국인이 공유하는 그리드도 아직 없었고, 오직 개인이나 기업 또는 지방정부가 소유하는 그리드들만이 서로 얽혀 땅과 하늘을 드리우고 있었다.

맨해튼 시내만 하더라도, 1893년에 아크등의 수는 1,500개에 달했다. 또한 약 20개의 조명 및 전신 회사가 저마다 다른 전압(직류 시스템) 또는 진동 속도(교류 시스템)로 가동되는 망을 설치해 운영하고 있었다. 같은 시기에, 시카고는 40개에 달하는 전기회사들의 본거지였으며, 이들 중 다수는 서로 경쟁하는 전차 노선들과 관련 있었다.[110] 직류 사업자들은 하나 또는 여러 개의 세밀한 전선 시스템을 통해

100, 110, 220, 500, 600, 1,200, 2,000볼트의 전력을 제공했다. 1890년대 초반까지 선풍적인 인기를 끈 교류가 처음부터 개선된 것으로 보이지는 않았다. 물론 교류는 전송 거리가 상대적으로 길었다. 전압도 상당히 쉽게 변경할 수 있어서 직류보다 분명 나은 점이 있었지만, 이 전류의 방향이 바뀌는 최적 주기가 얼마인지에 대해 합의를 이루는 데 많은 시간이 걸렸다. 역사적인 이유로, 미국의 교류 시스템에는 25, 30, 33⅓, 40, 50, 60, 66⅔, 83⅓, 125헤르츠의 주파수가 사용되었다.[111] 상황을 더욱 나쁘게 만든 것은, 사업을 그만둔 전기회사들이 전선을 제거하지 않은 채 폐업해 버렸다는 점이었다. 누구도 관리하지 않는 전선들은 공중에서 낡아갔다.

1890년대 초반이 되어서는, 보통 사람들부터 경영주, 사무직 종사자, 소상공업자, 기업 관리자, 제조업자, 전차 회사, 투자자, 발명가까지 그야말로 모두가 전기에, 또한 전기가 할 수 있는 일에 깊은 매력을 느꼈다. 그러나 다른 한편으로, 전기 인프라가 전혀 정돈되지 않아 지나치게 복잡하다는 데 많은 이들이 불만을 가지게 되었다. 네 가지 전류(직류, 단상 교류, 2상 교류, 다상 교류)와 두 가지 조명 시스템(아크등, 백열등)이 서로 구분되는 배선 방식(직렬, 병렬), 일곱 가지 전압, 아홉 가지 주파수, 최대 40개에 달하는 전기회사(시장 규모에 따라 그 값은 달라졌다)에 기반을 두고 가동되었다. 게다가 공공에 개방된 전력원과 연계하지 않고 사설 발전기들을 설치한 경우도 적지 않았다. 결과는 뻔했다. 전선들은 너무 많이 설치되었고, 표준화도 이뤄지지 않았다. 결과적으로 어떤 방식의 전류를 판매하든, 또는 어떤 전기 부품이나 기계를 판매하든, 돈을 벌기는 매우 어려웠다.[112]

이런 상황에서 시장의 어느 한 부분이라도 제대로 장악하리라는 희망을 가질 수 없었고, 이 혼돈을 감내하고 제대로 작동하는 기계를 만드는 일 역시 쉽지 않았다. 19세기가 끝날 무렵, 미국은 이미 고도로 산업화된 국가였다. 자동화와 복잡한 기계장치는 산업화 과정에서 핵심적인 역할을 했고, 전기는 기계장치에 동력을 공급하는 일종의 화폐로 기능할 것이라고 약속하는 것처럼 보였다. 그러나 이러한 전망은 달성되지 못했는데, 격렬하게 증식하고 이득보다는 비용이 기하급수적으로 증가하는 인프라의 다양성과 이러한 다양성의 결과로 인한 여러 시스템의 호환성 부족 때문이었다. 이러한 문제는 경쟁자들의 합의나 자연스러운 균형만으로 해결되지 않았고, 회전 변류기rotary converter•("직류를 먼저 다상화시키고, 반대로도 작동하는 전기자") 시장이 자발적으로 생겨난 다음에야 해결되었다.[113]

회전 변류기는 병렬회로와 비슷한 점이 많다. 병렬회로와 마찬가지로, 이 작은 발명품은 당시 세간의 주목을 더 많이 끌었던 다른 발명품에 비해 그다지 주목받지 못했다. 병렬회로와의 공통점은 또 있다. 바로 전기 인프라의 진화가 매끄럽게 이어지도록 빈틈을 메운 '잃어버린 고리'와 같다는 것이다. 이 잃어버린 고리가 없었다면, 전기 인프라의 진화는 제대로 진행되지 않았을 것이다. 회전 변류기가 등장하기 이전의 그리 길지 않은 시간 동안, 미국에는 국가, 도시 단위의 그리드는 존재하지 않았다. 서로 경쟁하는 이해관계와 발명들, 기계 시스템, 투자자들의 관심으로 이뤄진 혼란뿐이었다.

• '동기 변류기'라고도 한다. 동기 전동기와 직류발전기를 조합한 것인데, 전기자의 한쪽에는 교류를 보내는 활동환이 장착되고, 다른 쪽에는 직류를 꺼내는 정류자가 달려 있다. 따라서 교류 측에서 보면 동기 전동기이고, 직류 측에서 보면 직류발전기인데, 전기자 권선에는 두 가지 전류가 겹쳐 흐른다.

1891년, 나이아가라폴스 인근에 미국 최초의 대규모 발전소를 건설하고 이로부터 30킬로미터쯤 떨어진 버팔로에 전력을 공급하기로 결정이 내려진 당시, 이 시스템을 설계하던 사람들조차 그들이 공급하는 전기가 대체 어떤 형태가 될 것인지에 대해 그다지 명확한 결론을 가지고 있지 않았다. 어떤 종류의 전류를 공급할 것인가 하는 문제보다 시급히 해결해야 할 문제가 아직 산적해 있었다. 나이아가라 현장을 담당했던 카타랙트Cataract 건설은, 당시 동력을 전달할 수 있다고 검증된 수단들(수압, 압축공기, 마닐라 로프*)을 배제하기로 결정해야만 했다.[114] 심지어 이들은 나이아가라 현장에서 생산된 전력을 전송하지 않고, 20만 마력에 달하는 이 전기를 1890년 당시 인구 5,000여 명에 불과했던 나이아가라폴스 지역에서 모두 소모해 버리는 대안도 고려했다. 이들은 이 작은 마을을 미국 북동부의 제조업 센터로 바꾸는 방법에 대해 잠시 동안이지만 진지하게 고민했다.[115]

1891년 말, 생산된 전력을 전선을 통해 버팔로로 전송하는 것이 가장 효율적인 대안이라는 결론이 나왔지만, 이 프로젝트에 참여한 엔지니어들은 송전 방식에서 직류를 즉각 제외하지 않았다. 이것은 교류 전기가 지닌 기술적 불확실성 때문이었다. 가령 교류 발전기 여러 개가 직렬로 작동할 수 있는지(각 교류 발전기에서 나오는 전력의 위상을 일치시킬 수 있는지) 아직 알려지지 않은 상태였다. 반면 직류발전기가 이러한 기능을 가지고 있다는 것은 에디슨이 뉴욕에서 실제로 선보여 널리 알려져 있었다. 전기 수요의 변화에 따라 추가 발전기를 가동할 것인지, 아니면 발전기를 차례로 끌 것인지를 사업자가 결정할

• 마닐라삼으로 만든 로프로 다른 섬유보다 강하고, 습기를 잘 견디며, 가벼운 로프다.

수 있다는 의미였기 때문에, 이러한 기능은 아주 중요했다. 사업자들은 발전 용량이 다른 여러 대의 다이너모dynamo를 설치한 다음, 이들을 가동하거나 멈춤으로써 그리드에 요청되는 수요량에 정확히 부합하는 만큼 전력을 공급할 수 있었다. 그런데 1초에도 수십 번씩 진동하는 교류를 가지고, 여러 발전기의 위상을 동일하게 맞춰 운용하는 일이 과연 가능할까? 나이아가라 발전소의 설계자들은 이 문제에 답할 만큼의 예지력을 가지고 있지 않았다. 게다가 이들은 이 발전소에서 생산된 전력이 모두 조명에 사용될지, 아니면 다른 종류의 기계와 모터를 작동시키는 데 사용될지도 예측할 수 없었다. 학계에서도 교류 시스템의 능력에 대해 의견이 갈렸다. 국제나이아가라위원회가 발전소의 기술적 사항에 대해 몇 가지 의사 결정을 내리고 있었던 1893년 말에, 영국의 물리학자 캘빈 경Lord Kelvin은 다음과 같이 전보를 전송하기도 했다. "교류를 채택하는 심대한 실수를 범하지 않으리라 믿음."[116]

그로부터 한 달도 지나지 않아, 나이아가라 수력발전소의 구조는 25헤르츠(초당 25회)로 진동하는 2상 교류 발전소로 결정되었다. 발전소의 다른 설비나 전선 등 그리드의 여러 요소들도 그에 맞춰 건설되었다.[117] 발전소는 1895년에 완공되었고, 그때부터 이 발전소는 나이아가라폴스 지역 일대에 전력을 공급했다. 1896년 11월, 발전소에서 버팔로에 이르는 장거리 송전이 시작되었다. 얼마 지나지 않아, 연마재, 실리콘, 흑연 등을 생산하는 대형 제조업체가 전력을 저렴하게 사용할 수 있다는 것에 주목하고 버팔로로 모여들었다. 이 제조업체들 가운데 미국의 미래에 가장 중요했던 것은 알루미늄 제련 업체들일 것이다. 이들은 나이아가라폭포의 힘으로 만든 전기를 활용해, 알루미늄 제련을 처음으로 수지 맞는 산업으로 만들어냈다. 그 덕분에, 우리는 (땅에서는 물론 하늘에서도 쓰일 만큼) 가벼운 엔진에 적합하면서도 강도 높은 금속을 보유하게 되었다. 자동차의 시대가 열렸고, 곧 비행기 여행이 뒤따랐다.[118]

우리가 보유한 그리드, 즉 1880년대의 혼돈을 해소하고 지배적인 지위를 차지하게 된 그리드는 나이아가라 발전소 건설 과정에서 있었던 수많은 결정에 기반하고 있다. 다상 교류 방식을 활용하는 한편, 주파수는 60헤르츠로 맞추고 이러한 전력을 대형 발전소에서 생산해 고압 선로를 통해 장거리 송전을 수행한 다음, 송전망에서 쓰이는 것보다 전압을 낮춰 배전한다. 이때 전기의 전압 역시 110볼트와 220볼트로 표준화되어 배전된다. 곧 다른 지역에도 동일한 모델에 따라 그리드가 생겨났고, 회전 변류기, 그리고 그보다 조금 뒤에는 위상 변환기(단상 교류 시스템을 다상 시스템과 상호 연계해 운용하게 하는 장치)도 등장했다. 이러한 상비들은 기존의 전기 인프라와 새로운 교류 그리드를 서로 연계해 운용할 수 있게 만들었다. 이제 기업들은 이미 건설했으나 아직 투자비를 회수하지 못한 대규모 인프라들을 새로운 그리드를 활용하기 위해 포기하지 않아도 되었다.

전차 회사들은 이전에 자신들이 설치한 직류 시스템을 유지하면서도, 인접한 교류 그리드에 전기를 공급하고 판매할 수 있게 되었다. 전력 설비 제조업자들도 다상 교류 시스템이 보급되었음에도 단상 교류 모터를 계속해서 만들 수 있게 되었다. 게다가 다상 교류 시스템은 소규모 지역만을 포괄하는 직류 배전망과 함께 작동하도록 만들 수도 있었다. 심지어 아크등에 전력을 공급하기 위해 설치된 가장 작은 최초의 그리드조차 새로운 변환 기술 시스템으로 인해 망에 그럭저럭 섞여 들 수 있었다. 이렇게 과거의 오래된 설비들이 새로운 그리드와 결합되어 갔고, 한때 미국 전기 인프라의 특징이었던, 개별 사설 발전소에 기반한 수많은 망이 뒤죽박죽 섞여 있던 국면은 퇴조했으며, 중앙 발전소에 의해 전력을 공급받는 대규모 연동형 그리드를 중심으로 '범용 시스템'이 자리 잡아갔다.

그렇다면 나이아가라폴스의 수력발전소는 그에 앞서 17년 동안 이어졌던 한 시대의 끝을, 말하자면 흥분으로 가득 차고 혼란스러웠지만 놀라울 만큼 창조적이었던 한 시대의 끝을 알리는 조종과도 같은 셈이다. 17년간, 1879년 샌프란시스코 최초의 아크등, 1882년 뉴욕 최초의 저전압 직류 그리드, 1887년 최초의 교류 그리드, 1891년 장거리 고전압 송전망의 가동 그리고 1896년 나이아가라폴스에 건설된 최초의 대형 발전소의 완공 등 수많은 일이 벌어졌다. 특히 나이아가라폴스 발전소는 장거리 송전선의 상시 운전, 병렬회로나 백열등, 다상 교류 전기의 전면적 적용이라는 기술적 과업을 해결하면서 건설되었다. 이러한 과정 끝에, 미국은 전 국토를 포괄하는 그리드를 가지게 되었다.

• • •

전기를 지금 우리에게 익숙한 형태로 길들이고 보급하는 과정이 이처럼 신속했다는 말은, 1900년대 초에는 전기를 공급받는 집이나 회사, 공장이 흔했다는 말처럼 들린다. 물론 그렇지 않았다. 대공황이 가장 심각했던 1936년에 농촌전기화법Rural Electrification Act이 입법되기 전까지, 농촌 사람들은 사실상 전기를 사용할 수 없었다. 그리고 그 이전, 20세기의 처음 10년 동안에도, 도시 주민은 물론 교외 거주자, 공장주는 가스등과 증기기관을 주로 사용했지 전기를 사용하는 경우는 드물었다.

1900년의 기록을 살펴보자. 공장의 경우, 전기모터를 동력원으로 활용한 것은 13개 공장 중 1개꼴이었다. 가정에서는 20가구 가운데 1가구만이 전기 조명을 사용했으며, 나머지는 가스등, 등유 등, 촛불을 사용했다. 당시 사람들은 많은 경우 가정에서는 고르고 변함없는 백열전구의 빛보다는 불규칙하게 깜박거리는 등불을 더 선호했다. 공장에서는 증기 구동식 기계 엔진이 아주 오랫동안 잘 작동했고, 따라서 공장주들은 증기가 생산한 전류를 완전히 신뢰하지 못하고 의구심을 품었다. 게다가 당시는 전기를 편리하게 사용하게 해주는 콘센트나 플러그가 발명되기 전이었고, 조명 말고는 가정과 사무실에서 전기를 사용하는 기기도 거의 없었다. 그리고 산업에서도 전기 수요는 거의 없었다. 1901년 기준으로, 맨해튼 전체를 통틀어 냉장고의 수요는 불과 18대뿐이었다. 10년 후인 1910년의 경우, 남부 캘리포니아에는 4만 5,000대의 전기 제품이 있었지만, 그중 80%는 전열 기기였고 게다가 이들은 모두 전등 소켓에 끼워져 가동되었다.[119] 이처럼 전기 조명, 전기모터, 전기냉장고, 전원 콘센트, 플러그가 거의 보급되지 않았던 이유는 개인의 취향이나 기술 보급의 지연만으로 이해하기는 어렵다. 최첨단 기술과 보급은 당시 미국의 사회구조, 소득분포, 사업가들의 상상력과도 관련 있었다. 다시 말해, 아직까지는 아무도 전기가 대중을 위한 상품일 수 있으며 전력 회사가 전류를 만들고 분배해 전자 제품을 제조하는 것만큼 많은 돈을 벌 수 있다는 사실을 미처 깨닫지 못했다. 오늘날 우리는 전기에 대한 보편적 접근을 당연하게 여기지만, 전기 대중화 이전의 인프라와 오늘날의 전기 인프라 사이에 존

재하는 차이만큼이나, 전기에 대한 우리의 생각도 단 한 세기 만에 큰
변화를 겪었다.

뒷이야기 ────────

필스트리트발전소는 1890년 불타고 파괴되었다. 이 발전소의 기술은
당시 최신 기술에 비해 경쟁력이 없었고, 따라서 이 발전소는 재건되
지 않았다. 2015년, 이 발전소가 있던 자리에는 인도 뉴델리 출신의
상냥한 이주민이 운영하는 주차장이 있다. 위스콘신주 애플턴의 전
력 회사는 1896년 파산했고 위스콘신에너지주식회사Wisconsin Energy
Corporation(오늘날의 이름은 '위에너지We Energy'다)가 그 역할을 대신하게
되었다. 1956년, 나이아가라폴스 발전소는 이 시설이 자리 잡고 있었
던 절벽의 가장자리가 붕괴하면서 사라졌다. 이 사고는 그때까지 미
국에서 가장 큰 산업재해 중 하나였다. 당시 발전소에서 경비로 근무
했던 존 해니John Haney의 이야기를 들어보자. "물이 시설 안으로 역류
해 들어왔습니다. 발전기에 물이 닿으면 큰일이 날 것이니, 발전기가
물에 닿지 않도록 온갖 노력을 했던 것이 기억나는군요. 발전소 건물
에는 엄청난 압력이 가해졌던 것 같습니다. 강물 쪽으로 나 있던 창문
은 펑 하는 굉음을 내며 깨져버렸고, 콘크리트 바닥도 완전히 뒤틀려,
저는 그 위를 점프해 다녀야만 했었죠. 그때, 폭포 쪽으로 난 벽이 무
너져 내렸습니다. 저는 엘리베이터 쪽으로 움직였습니다. 물과 돌이
발전소 앞에 펼쳐진 만으로 떨어지고 있더군요. 강철 문틀 아래에 서
서 오퍼레이터가 나를 부르는 것을 보고 뛰어올랐어요. 안전한 꼭대
기까지 올라가는 데 아마 45초쯤 걸렸던 것 같습니다. 다행히 그렇게

탈출하고 난 다음, 제가 있었던 바닥이 무너져 내리더군요."[120] 39명의 직원이 발전소가 붕괴하는 현장에서 탈출했지만 1명은 "창문 바깥으로 강에 빠지고 말았습니다. 파괴된 수문에서 물이 폭발적으로 뿜어져 나오자, 수천 톤의 잔해물과 함께 그의 몸은 소용돌이에 떠밀려 사라져 버렸습니다". 2015년 현재, 나이아가라에서 사용되는 전기는 로버트모제스나이아가라발전소Robert Moses Niagara Power Plant에서 만들고 있다.

3장

인설의 법칙,
그리고 법칙의 종말

펄스트리트발전소에서 오는 전기 조명의 따뜻한 빛이 사무실 공간의 한없이 긴 어둠 속으로 파고든 최초의 순간이, 1882년의 미국 역사에서 가장 중대한 사건은 아니었다. 록펠러John D. Rockefeller가 이끄는 9명으로 구성된 이사회의 지배 아래, 전 세계 석유 생산 및 정제의 90%를 장악했던 스탠더드오일Standard Oil Trust이 창설된 해였기 때문이다. 유정 2만 개(대부분 펜실베이니아주에 있었다), 파이프라인 6,400킬로미터, 유조차 5,000량, 10만 명 이상의 직원을 보유한 스탠더드오일은 하나의 완전한 독점기업이었다. 1800년대 후반, 록펠러가 건설한 수직 계열화된 기업 집단은, 경쟁하는 수많은 중소기업을 대기업 하나로 대체해 가족 사업체나 지역 기업이 상상할 수 없는 규모로 제품을 생산하고 시장에 출시하는 트렌드를 완벽하게 이끌어갔다.

19세기 후반의 수십여 년에 걸쳐, 전기 산업은 여러 경쟁적인 이해관계와 여러 대안적 시스템들이 난립해 혼란스러운 다양성으로 들끓었다. 그러나 이는 당시 산업계에서 예외적인 상황이었다. 역사학자 리처드 허시Richard Hirsh에 따르면, 스탠더드오일이 창설되고 수년간 4,000개가 넘는 미국 기업은 257개 기업으로 합병되었고, 1904년에는 미국 기업 가운데 단 1%가 미국에서 제조된 상품의 45%를 점유했다.[121] 이 1%는 US스틸U.S. Steel, 아메리칸토바코American Tobacco,

듀폰DuPont, 아나콘다코퍼Anaconda Copper, AT&T 등이었다.

다른 모든 대기업들이 그렇듯, 이들은 보다 효율적인 생산과 운송 방식을 규모의 경제economy of scale와 결합시켜, 해당 산업을 더 합리화할 역량을 갖췄다. 게다가 어느 누구도 석유, 철강, 구리, 전화 서비스를 다른 곳에서 구입할 수 없었기 때문에, 독점기업들은 자사 제품의 판매 가격을 마음대로 결정할 수 있었다. 1911년, 미국 정부에 의해 해체되기 전까지, 스탠더드오일은 거의 모든 석유 제품(등유, 중유, 바셀린 등)의 유일한 공급자였다. 그리고 록펠러는 세계 최고의 부자가 되었다. US스틸의 소유주인 J. P. 모건은 철강 산업뿐만 아니라 여러 영역의 산업 제국들(여기에는 에디슨이 만든 것도 포함된다)을 지배하는, 미국에서 가장 강력한 재계 거물 중 하나가 되었다. 아메리칸토바코의 소유주인 J. B. 듀크J. B. Duke의 순위는 이들에 비해 다소 낮지만, 그럼에도 그는 미국 역사상 49번째로 부유한 인물로 꼽힌다(워런 버핏Warren Buffett은 39위다).[122]

자본주의를 지배했던 이러한 거물들의 영향력에도 불구하고, 독점은 꼭 국가적 범위에서 성립하는 것도 아니었고, 기업이 거대해야만 성립하는 것도 아니었다. 지역 밀착형 소규모 기업도 일정한 크기의 시장 안에서는 절대적인 통제력을 가질 수 있었다. 1877년에는 미국 중서부의 곡물 창고 소유주들이 가격 담합으로 고발당하는 일도 있었다. 심지어 작은 페리 1척을 소유한 운송 회사 (그 선박이 해당 지역에 상품과 사람을 수송하는 유일한 수단이라면) 역시 실질적인 독점적 지위를 누릴 수 있다.[123]

독점기업 또는 여러 과점 기업의 가격 담합이 지닌 가장 큰 문제는, 해당 상품 및 서비스의 가격이 생산 비용과 연동되지 않아도 된다는 점이다. 예를 들어, 곡물을 판매하려는 농부는 곡물을 수송하고 보관할 필요가 있다. 이 농부는 곡물 저장고 카르텔의 요구대로 창고비를 지불하거나 보유 곡물을 썩혀 모든 것을 잃는 것 가운데 하나를 선택해야 한다. 물론 그의 형편이 괜찮다면 자신만의 사일로를 만들지도 모른다. 하지만 이를 위해서는 강철이 필요하다. 그는 (철강 독점 공급자인) 모건이 요구하는 가격에 돈을 내거나, 금속을 사용하지 않고 사일로를 만들어야만 한다. 소비자의 선택은 가격이 제멋대로 정해지든 과도하든 상관없이 독점 공급자가 정한 가격을 지불하거나, 제품 또는 서비스를 공급받지 못하고 자신의 손실을 자초하는 것, 단 두 가지뿐이다.

허시의 지적처럼, 19세기의 전기 시대에는 전기 공급자들이 이러한 독점 확산 추세에 동참할지 모른다는 우려가 거의 없었다. 초창기 전기 기술은 독점을 허용하지 않았다. 교류가 널리 채택되기 전에는, 전기 생산과 송배전 분야가 의존하는 물리학이 전기회사의 서비스 범위는 물론 탐욕까지도 모두 제한했다. 저전압 직류는 그 특성상 지역 기업이 전력망을 소유하도록 강제했고, 용도에 따라 별도의 회사를 세워 취급하도록 만들었다. 어떤 회사는 빛을 공급했고, 다른 회사는 공장에 전기를 공급했으며, 또 다른 회사는 전차를 운행했고, 손에 꼽히는 회사들만이 직류발전기, 스위치, 전선을 설계하고 제작해 다른 기업들을 지원했다.

수직적으로 또 수평적으로 통합된 전력망을 건설하는 것이 에디슨의 꿈이었지만,*그가 만든 직류 네트워크의 현실은 그것과 정확히 반대 방향으로 나아가고 있었다. 그의 직류 네트워크는 작고 다루기 불편했으며, 규모를 키울수록 투입되는 비용도 엄청나게 늘어나 탈

집중화되었다. 그래서 당시 다른 산업에서 크게 유행했던 독점화 과정이 전력 산업에서는 상당히 오랫동안 이뤄지지 않았다. 1880년대 후반, 교류 네트워크가 출현해 전압이 유연해지고 네트워크의 가용 범위가 대폭 증가했으나, 전력 시장의 전형적인 모습은 여전히 여러 사업자가 같은 구역 안에서 서로 경쟁하며 서비스를 제공하는 구조였다.

19세기에서 20세기로 넘어가면서 나이아가라폴스에서 개발된 시스템이 새로운 전력 사업 프로젝트의 표준으로 자리 잡았지만, 대도시에서는 여전히 전기를 생산하는 수십 개의 회사가 난립해 있었다. 반면 소도시와 작은 마을에서 선호하는 시스템은 시영 그리드였다. 이것들은 대부분 지방정부, 초기 전기사업자들, (부산물로 남은 전기를 지역 주민들에게 파는) 사업자들에 의해 가동되었다. 그리고 1900년에 미국 소도시들은 대부분 농지, 숲, 개간하지 않은 목초지로 둘러싸인 자그마한 인구 밀집 지역이었으므로, 이러한 전기 그리드들은 깜박이는 촛불과 가스등으로 이루어진 광대한 바다 위에 떠 있는 아주 작은 섬이었다. 1902년에 815개의 크고 작은 시영 전력 회사들이 있었는데, 그 수가 매년 약 100개씩 증가해 1907년에는 1,000개가 넘었고, 이들은 미국 내 전기 공급의 약 30%를 책임졌다. 사설 발전소들은 전차, 전기철도, 제조 공장, 상업용 건물을 운영하는 데 필요한 나머지 전기를 공급했다.[124]

적어도 1905년까지는, 독점적 전기 트러스트가 단일한 시스템을

• 수직적 통합은 전력의 생산이 이뤄지는 발전, 지역 간 전송이 이뤄지는 송전, 전송된 전기의 배분이 이뤄지는 배전까지 각 분야 전체를 한 사업자가 수직 계열화하는 것을 의미한다. 수평적 통합은 이러한 계열화를 광범위한 지역에 걸쳐 진행하는 것을 말한다.

구축해 작은 마을에 고립된 사람들에게도 전기 서비스를 제공한다는 기획은 말도 안 되는 듯했다. 미국 대도시의 전차 회사들이 자체적으로 전기를 생산하지 않고 전기를 구입하게 될 것이라는 주장도 마찬가지였다. 그러나 이로부터 20년도 채 지나지 않아, 대형 전력 회사 8개가 미국의 전체 전력 시장 가운데 4분의 3을 차지하게 되었다. 물론 이러한 트러스트가 시장 지배력을 강고하게 만든 만큼, 그들의 기초 회계 관행 역시 아주 의심스러운 것으로 밝혀졌다. 이러한 회계 문제 때문에, 1929년 주식시장 대폭락이 몰아닥치자 여러 유틸리티가 실제로 파산했다. 그리고 대공황 초기에 통과된 독점금지법의 마지막 물결은 유틸리티를 정면으로 겨냥하게 되었다. 1935년의 공공유틸리티지주회사법Public Utility Holding Company Act, PUHCA은, 그 이름에서 명확히 드러나듯, 어떤 기업이든 '지주회사(투자자가 실제 가치를 판단하지 못하게 만드는 유령 회사)'에 부채를 넘겨 은폐하는 것을 금지하는 데 의도가 있었다. 이 시기, 유틸리티는 다른 분야의 독점사업자들처럼 강고한 지위를 차지한 것처럼 보였다.[125]

1925년 이후에는 전기를 생산하고, 송전하고, 배전하는 전기사업에서 독점기업 이외의 다른 형태를 누구도 상상할 수 없었다. 혼돈과 경쟁 속에서 제공되던 전기 서비스에서, 단일 서비스 사업자에 의해 제공되는 전기 서비스로 아주 급격하게 바뀌었기 때문이었다. 1920년대에는 시영 전력망 및 공공 전력 사업의 옹호자, 심지어 전기 협동조합원까지 이해관계가 전혀 다른 이들이 독점이야말로 전기 생산과 판매를 관리하는 데 최적의 방법이라고 확신했다. 누가 독점 권한을 차지할 것인지에 대해서는 각자 다른 생각(시민, 정부, 기업, 조합 등)을 가졌지만, 전력 시장은 경쟁 없이 통합적으로 관리되어야 한다는 기본 개념은 1920년대 이래로 보편적이었다.

　이러한 변화는 새뮤얼 인설Samuel Insull에 의해 이뤄진 험난하고도 영민한 활동(물론 그의 등 뒤에는 돈뭉치가 쌓여 있었으나, 그가 했던 일은 표면적으로는 합법적인 영리 활동이었다)이 없었다면 가능하지 않았을 것이다. 영국에서 태어나고 자란 인설은 미국에서 에디슨의 비서로 젊은 시절의 20년을 보냈다. 인설이 전기사업에서 성공하게 된 이유는, 그가 매사에 빈틈이 없는 사람이었던 데다 에디슨처럼 잠을 거의 자지 않는 사람이었기 때문이다. 에디슨이 새벽 2시에 구리 한 뭉치를 주문하기를 원해도, 인설은 이미 책상에 앉아 주문할 준비가 되어 있었다.

　전기사업이 더 나은 발명을 해낸 엔지니어가 이기는 게임에서 더 나은 대차대조표와 경영 전략을 창안해 내는 경영가가 이기는 게임으로 바뀌면서, 에디슨은 점차 무대의 조명 밖으로 물러나게 되었고, 반대로 인설은 에디슨이 소유한 자산을 점차 더 많이 좌우할 수 있게 되었다. 1892년, 에디슨은 자신의 직류 시스템이 웨스팅하우스와 테슬라의 교류 시스템에 최종적으로 패배했다는 점을 인정하지 않을 수 없었다. 그 후, 에디슨이 형광등 프로젝트(에디슨에게 이 프로젝트는 최악의 프로젝트였는데, 이 프로젝트 도중 에디슨은 한쪽 눈이 멀었고 그의 조수가 죽었다)를 수행하기 위해 뉴저지에 있는 자신의 실험실로 은퇴했을 때, 인설은 위엄 있는 후원자의 그림자에서 완전히 벗어나 미국 전력 산업의 표준을 결정하는 지위를 차지하게 되었다.[126]

　인설은 발명가 또는 선동가라고 보기는 어려운 인물이었지만(이런 말들은 아마도 에디슨에게나 어울릴 것이다), 20세기 초반의 혁신을, 그리고 더 중요하게는 독점화 과정을 이끌었던 뛰어난 사업가임에 틀림없다. 전기사업은 돈이 되었다. 그러나 이 사업은 여러 단위로, 지역별로 쪼개져 있었다. 따라서 과도한 경쟁은 줄이는 한편, 더욱 안정적인 인프라를 구축하면서도 중복 인프라 투자로 생기는 잉여 투자를 최소화하는 방향으로 산업을 재구조화해야 했다. 인설은 록펠러의 스탠더드오일 그리고 J. P. 모건의 US스틸 같은 형태의 독점을 원했다. 그가 보기에, 전기 산업에서도 최선의 경영 방식은 이 회사들과 거의 동일한 형태의 독점이었다. 그러나 전기는 그들의 제품과 성질이 완전히 달랐다. 따라서 전기사업을 당시 유행한 미국의 독점기업 형태로 변신시키는 것은 재정적으로나 지적으로나 20세기의 가장 주목할 만한 프로젝트였다.

당연한 말이겠지만, 인설이 이런 프로젝트를 성공시키는 방법을 미리 알고 일을 시작한 것은 아니었다. 그는 1890년대 후반, 자신의 직감과 지적 능력, 그리고 정부, 은행, 재계의 관계를 조율하는 매우 뛰어난 감각 덕분에 자신이 추구하는 과업이 앞으로 나아가고 있다고 느꼈다. 그가 넘어야 했던 가장 중대한 난관은 전기의 바뀌지 않는 물리적 성질 그 자체였다. 전기는 저장할 수 없으므로 비축 전력을 확보해 둘 수 없었다. 전기는 나눌 수 없으므로 사용량을 계산해 대금을 정확히 청구하기도 어려웠다. 죽음을 초래할 정도로 치명적이기에 고도로 훈련된 노동력도 필요했다. 게다가 운반하는 인프라와 분리될 수 없기에 인프라를 구축하고 유지하는 비용까지도 사업자가 부담해야 했다.[127]

이 모든 것을 감안하면, 전기야말로 가장 다루기 어려운 상품으로 보였다. 가장 나쁜 것은, 사업자가 안정적이고 지속적으로 전기를 공급하는 일이 거의 불가능에 가까웠다는 점이다. 이러한 특성은 왜 초창기 전기회사들이 사설 발전소를 판매하고 설치하는 사업에 그토록 매달렸는지를 설명하는 이유이기도 하다. 이러한 사업 모형은 그들의 제품을 구매하도록 도시 전체를 설득한 다음, 필요한 송배전망 등의 인프라를 구축하고, 중앙 발전소의 전원을 공급하는 데 필요한 인력을 유지하는 일보다 손이 덜 가는 방법이었다.

대규모 전기화가 막 진행되기 시작한 시점에는 전기가 석유, 가스, 철강, 곡물처럼 작동하지 않는다는 점이 그저 사소한 문제처럼 보였지만, 이 문제는 정말로 풀기 힘든 문제였고 지금도 부분적으로는 그렇다. 역사학자 머리 클라인Maury Klein은 에디슨이 풀어야 했던 문제, 그리고 그가 내놓은 해결책에 대해 다음과 같이 지적했다. "가스 산업을 참고 모델로 삼았다는 것이 바로 그의 실수입니다. 가스는 저장할 수 있습니다. 그래서 다른 제조 제품처럼 질서 정연하고 합리적인 기준에 따라 생산할 수 있습니다. 피크 수요를 충족하기 위해 비축량을 유지하고 24시간 동안의 수요를 일정하게 조정할 수 있습니다. 하지만 전기는 그렇지 않습니다. 생산, 판매, 전송, 사용이 동시에 이뤄져야 하기 때문에, 발전소는 고객이 요구하는 총 수요를 언제든지 전달할 수 있을 때까지 확충되어야만 했습니다."[128]

이는 누군가 전기사업을 독점 형태로 구축하고 시장을 완전히 통제할 수도 있지만, 정말로 이렇게 하려면 먼저 시장을 구성하는 다양한 요소들이 어떻게 서로 조화를 이루는지 이해해야만 한다는 뜻이다. 전기의 독점은, 곡물을 저장하고 철강을 생산하는 것과는 완전히 다른 종류의 작업을 필요로 한다. 전기는 만들어지는 즉시 소비되어야 하는 제품이기 때문에, 고객의 소비량 역시 24시간 내내 생산량과 대략 동등한 수준으로 조정되어야 한다. 최대로 수익을 추구하고자 한다면 자정에 걸리는 부하조차 오후 5시, 오전 10시와 동등한 양이 어야 한다. 그러나 그 시대든 오늘날이든, 시간당 소비량을 하루 종일 균등하게 조정할 수 있는 전력 시장은 어디에도 존재하지 않는다.

물론 인설은 경쟁업체를 인수하거나 퇴출시키거나 경쟁 업체에 납품하는 회사를 매수하거나 퇴출시키는 방식으로 경쟁자를 다뤘다는 점에서는 다른 독점기업과 다르지 않았다. 그러나 이들이 전기를 팔아서 이익을 남기는 데 성공한 비결은 단지 가능한 한 많은 고객을 확보했다는 데 있지 않았다. 그보다는 다양한 종류의 고객을 유치해, 대규모의 중앙 집중형 발전소를 온종일 운영하기에 충분한 수요를 확보했다는 데 있었다.

에디슨이 은퇴하고 자신의 작업실로 물러났을 때, 인설은 당시 뉴욕에 수립된 지 얼마 되지 않은 제너럴일렉트릭의 제2부사장 자리를 제안받았으나 보수가 매우 높았음에도 제안을 거절했다. 미국에서 가장 큰 회사에서 두 번째로 높은 자리를 제안받았으나 거절했던 것이다. 1892년, 당시 32세였던 인설은 짐을 싸서 시카고로 이사했다. 그리고 그곳에서 그는 연봉 1만 2,000달러(GE가 제안한 금액의 3분의 1)를 받고 시카고에 세워진 에디슨 프랜차이즈의 지휘봉을 잡았다. 당시 그는 낯선 도시에 도착한 지 얼마 되지 않은, 그리고 수많은 영역으로 분절된 데다 경쟁자들로 가득한 복잡한 시장에서 이렇다 할 지배력도 없는 기업을 이끄는 한 사람에 불과했으나, 이 도시의 모습에 대한 혐오를 감추지 않았다. 한 전기 작가는 "인설은 자신에게 그 도시의 가장 생생한 이미지는 자신들이 이끄는 직원들과 그 미래가 아니라, 오히려 매음굴과 거대한 쥐들이라고 밝혔다"[129]라고 기록했다. 이런 불쾌감으로 인해, 인설은 자신이 시카고에서 일을 그만두고 동쪽으로, 즉 뉴욕이나 아예 멀리 떨어진 런던의 자기 집으로 돌아갈지도 모르겠다고 우려하게 되었다. 그래서 그는 자신을 구속할 3년짜리 계약을 고집했다. 적어도 그 시간 동안, 인설은 시카고에디슨Chicago Edison 지사에 묶여 있으며 자기 소유가 된 회사를 자신의 판단에 따라 성장시킬 수 있었고, 규모와 지배력이 작았던 지사를 통해 자신의 예상보다도 아주 많은 일을 해낼 수 있었다. 이후 정부에 의해 부패 혐의로 기소되어 이를 피하기 위해 미국 밖으로 도망친 1932년까지 그는 시카고에 머물렀다. 인설은 처음 예상한 기간의 10배 이상을 시카고에서 일한 셈이다. 인설은 시카고에디슨 제국을 손에 쥔 세계 최초의 전력 회사 재벌이었다.

1892년, 인설이 '넓은 어깨의 도시'•에 도착했을 당시의 시카고에디슨을 표현하는 데 '마이너'라는 단어보다 적절한 것은 없을 것이다. 이 회사는 1888년에 도시 최초로 웨스트 애덤스 스트리트에 3,200킬로와트의 직류발전기를 설치해 중앙 발전소를 운전했지만, 인설이 이 도시에 도착했을 무렵에는 시카고 시내 중심부에만 중앙 발전소 18개와 사설 발전소 500개가 있었다.[130]

더 실감나게 말하자면, 이는 이른 저녁에 애덤스 스트리트 발전소가 만든 전기를 시카고에디슨의 고객 5,000명이 이른 저녁에 모두 구매해 이용한다는 뜻이다. 황혼이 도시를 뒤덮는 시간은 곧 프론트 직원부터 자신만의 사무실을 배정받아 사용하는 임원까지 모두가 인공조명을 필요로 하는 시간이다. 곧이어 해가 지고 나면 사무실들이 문

• 미국의 시인 칼 샌드버그Carl Sandburg가 시카고를 부른 명칭이다.

을 닫고, 가장 늦게 퇴근길에 오르는 노동자들은 루프* 열차를 타고 교외에 자리한 그들의 집으로 돌아간다. 이들은 가스등으로 책을 읽고, 가스 불꽃으로 요리한 음식을 먹었으므로, 퇴근 시간이 지나면 전기 수요는 급격히 감소했다. 1890년대에는 잘나가는 전기사업가들조차 직류 네트워크의 물리적 한계 때문에 시카고 중심부를 벗어난 지점에 서비스를 제공하는 것을 꿈꾸지 못했다. 교외, 심지어 루프에 보다 가까운 주변 주거지에도 전등 빛이 전혀 도달하지 못했다.

루프 안쪽에서 일하는 사람이 없는 한밤중, 아침, 그리고 해가 떠 있는 대부분의 시간에(특히 여름), 3,200킬로와트 공급 능력을 상시 갖추고 있는 시카고에디슨의 유일한 발전기는 보통 대기 상태였거나 그 이용률이 매우 낮았다. 인설의 유명한 발언은 바로 이 문제에서 나온 것이었다. "당신의 발전기가 전체 시간 중 5.5%만 사용된다면, 당신 회사가 남의 손에 넘어가는 일은 단지 시간문제다."[131] 인설에게는 전기를 하루 종일 파는 방법이 필요했다. 그렇지 않으면 그의 회사는 파산할 것이다.

예를 들어, 시카고의 제조 공장들은 낮 동안 제품을 생산하기 위해 자신들의 발전기를 가동해 전기를 사용했지만, 밤에는 발전기를 꺼버렸다. 아파트와 고급 주택의 사설 발전소는 주로 상업 지구의 조명이 꺼지는 저녁에 전기를 사용했다. 대개의 경우 지방정부가 소유한 가로등은 밤에만 점등되었다. 한편 전차는 새벽과 해 질 녘에 집중적으로 달렸다. 이러한 수요자들 모두 각자가 보유한 상당히 비싸지

---

* 시카고의 고가 철도 시스템. 외곽에서 진입한 열차가 한 변이 1킬로미터 정도 되는 사각형의 철도 노선을 한 바퀴 돌아 다시 외곽으로 나가는 구조로 되어 있다.

만 서로 다르지 않은 장비를 일부 시간대에만 가동했는데, 그 이유는 중앙 집중식 전기를 구입하든 자체적으로 장비를 보유해 스스로 전력을 생산하든, 비용 면에서 거의 차이가 없었기 때문이다.

1890년대와 1900년대 초, 전기는 자본 비용은 막대하지만 고객당 수익이 미약한 상품이었고, 바로 이 때문에 전기란 본질적으로 엘리트 제품이라는 주장이 합당한 것으로 간주되었다. 전기를 팔아 돈을 벌 수 있는 방법은 상대적으로 소수의 고객에게 비싼 값을 받고 파는 방법뿐이었다. 전기회사와 가스 회사는 경쟁 관계가 아니었기 때문에, 도시 시장에서 전기가 50% 정도 더 비싸다는 점이 대다수 중앙 발전소 관리자들에게 중요하지 않았다. 가스는 대중을, 전기는 소수를 위한 것이었다. 1892년, 시카고 인구 100만 명 가운데 5,000명보다 적은 수만이 집에서 전기를 사용했다. 당시 전기의 미래를 낙관적으로 여긴 사람들은 언젠가 시카고에서 2만 5,000명이 전류를 일상으로 끌어들이는 날이 올지도 모른다고 생각했다.[132] 그리고 가능성이 낮더라도 그 정도로 확장하는 것이 불가능하지는 않을 것이라고 생각했다.

그로부터 불과 14년이 지난 1906년, 인설의 시카고에디슨은 낙관주의자들의 최대 예상치보다 2배 더 많은 5만 명의 유료 고객을 확보했다. 1913년 쯤, 당시 시카고 인구의 10분의 1에 해당하는 20만 명이 시카고에디슨에서 전기를 공급받았다.[133]

인설은 그가 시카고에 도착했을 때 인수한 전력망을 완전히 다른 방식으로 작동하는 망으로 다시 건설하고자 했다. 그는 다수의 소유자들이 하루 중 짧은 시간만 간헐적으로 가동하는 수없이 많은 소규모 발전소들을 시카고에디슨의 종일 가동되는 하나의 발전소로 대체하기를 원했다. 이러한 목표를 달성하기 위해서는 하루 종일 전력망에 '부하'가 걸리도록 해야 했고, 전차 회사는 해 질 녘과 새벽에, 일반 가정집에서는 늦은 저녁과 이른 밤에, 지방정부의 가로등은 밤 시간대에, 사업체들은 늦은 오후와 이른 저녁에 전기를 시카고에디슨으로부터 사들여야 했다. 인설은 그 무엇보다도 한낮에도 전기를 대량으로 사들이는 산업이 필요하다고 생각했다. 그는 훨씬 더 많은 양의 전기를 24시간 내내 생산하는 한편, 이를 모조리 팔아버리기를 원했다.

제조업 공장은 인설의 구상을 현실로 만들어내는 데 반드시 필요했던 퍼즐 한 조각이었다. 낮 시간에 엄청난 양의 전력을 소비할 수 있는 고객은 제조업 공장뿐이었다. 공장과 연결되지 않는 한, 상시 운영되는 단일 그리드라는 비전은 수익을 달성할 수 없는 꿈에 불과했다.

이렇게 전력 소비자들을 가능한 한 이상에 가까운 방식으로 조합한 칵테일이라고 할지라도, 밤이 되면 이들이 생산하는 부하량은 발전소를 충분히 가동할 만큼의 양에서 멀어진다. 2015년, 지금도 야간의 부하 감소는 전력 회사에게는 골칫거리다. 거리의 가로등을 감안한다 해도, 사람들이 잠자리에 들 때부터 그들이 다시 일어나는 새벽 6시 무렵까지 전기 사용량은 급격히 감소한다. 오늘날 전기자동차가 폭넓게 환호받는 이유 가운데 하나는 심야에만 충전하도록 설정될 수 있는 (상당히 큰 야간 부하를 전력망에 가하는) 희귀종이기 때문이다. 물론 인설은 전기자동차 개발에 공로가 있는 사람이 아니다. 그러나 그는 야간 전기 사용에 보상을 주는 요금 제도를 도입했고, 가정용 냉장고와 온수기같이 1970년대 보존 운동이 부상하기 전까지는(그리고 에어컨의 경우에는 여전히 전기를 게걸스럽게 먹어치운다) 엄청난 양의 전기를 게걸스럽게 먹어치웠던 전자 기기들을 아주 열광적으로 보급했다는 점에서, 전기의 대량 소비를 촉진했다. 지금과 같은 전기 시대를 여는 데 인설의 공로가 크다.

인설은 보통 사람들에게 새로운 전기 제품이 필요하다는 확신을 심어주기에 앞서 전차 회사, 저택을 소유한 부호, 제조업체들(이들 모두는 단일 생산자가 제공하는 사설 전력 시스템을 소유하고 여기에 만족하고 있었다)은 물론, 시 당국에 대한 전력 공급권부터 가져와야 했다. 인설은 서로 관련된 몇 가지 결정들을 내렸다. 그는 우선, 전기 요금을 대폭 인하해 그의 전기가 사설 발전소에서 나온 전기나 가스에 비해 가격 경쟁력 있는 에너지원이 되도록 했다. 인설이 시카고에디슨을 운영한 처음 5년 동안, 중앙 발전소가 공급하는 전기 가격은 킬로와트시당 20센트에서 10센트로 절반으로 내려갔으며(1897년), 그는 여기에 만족하지 않고 "1909년 킬로와트시 2.5센트에 도달할 때까지 1, 2년마다 추가적으로 1센트씩 가격을 낮췄다".[134] 이 기간에 시카고에디슨의 고객 수는 급격히 증가해 수십만 명에 도달하게 되었다.[135]

1911년, 인설은 산업체의 부하량을 충분한 수준으로 높이기 위해 '오프 피크off-peak' 전력(주간, 심야)을 킬로와트시당 0.5센트의 요금으로 산업 고객들에게 판매하기 시작했는데, 이는 공장이나 산업체들이 사설 발전소를 가동해 전력을 사용하기보다는 그리드가 제공하는 전력을 사용하도록 만들기에 충분한 가격이었다.[136] 이 가격이 유지될 경우, 인설에게 구매하는 전력은 사설 발전기를 운용해 전력을 얻을 때는 물론, 사설 시스템 운영에 필요한 자본 투자, 유지 보수를 고려한 생애 주기 비용과 비교하더라도 모든 면에서 더 저렴했다. 전력 회사 입장에서도 0.5센트라는 가격은 이익이었다. 전기를 생산하는 데 드는 가변비용은 기본적으로 전체 비용에서 가장 작은 부분을 차지했기 때문이다.

전기사업이 따랐던 독특한 재정적 논리 가운데, 특히 두 가지가 인설의 전진을 멈추게 했다. 사실 이 두 가지 논거는 한 가지 원인을 공유했다. 첫 번째 논거는, 사업자는 전기 요금이 낮을수록 오히려 돈을 더 많이 벌었다는 사실이다. 두 번째는 전기 판매량과 무관하게 비용이 비교적 일정하게 유지된다는 것이었다. 애덤스스트리트발전소를 최대 용량으로 전체 시간 중 단 5.5% 정도만 운영한다 해도, 95% 만큼 운영하는 것과 운영 비용(발전소 및 인력 관리, 시스템 유지 보수, 송배전 선로 수선, 전력 판매, 석탄 수급 등)은 거의 동일했다. 인설은 이렇게 말했다. 바로 이러한 요인들이야말로 "중앙 발전소 관리의 가장 심각한 난점이다. 전기에 들어가는 비용 중 가장 큰 부분은 투자를 위해 빌린 차입금에 붙는 이자"[137]다. 그래서 전기 판매량의 '단위'인 킬로와트시가 커질수록, 이자 비용은 분산되어 단위 전력량당 이자 비용이 떨어졌다. 그리고 발전소가 실제로 생산하는 전기가 최대 용량에 가까워질수록 이자 부담은 수익으로 상쇄되었다. 공장에 1킬로와트시의 전기를 파는 데 드는 비용은, 부하가 부족해 한낮 동안 발전기가 가동되지 않고 대기하며 보냈을 때보다 킬로와트시당 0.5센트 더 비쌌다.[138]

인설이 전기를 생산하고 판매할 때 피할 수 없는 독특한 특징을 다루기 위해 고안한 많은 논리들은 오늘날에도 살아남아 바로 지금의 전력망에도 적용되고 있다. 기업들은 지금도 주거 및 상업 고객보다 킬로와트시당 전력 가격 면에서 낮은 값을 적용받고 있다. 다른 이들이 보기에는, 산업용 전력 고객들은 전기회사와 상당히 불공정해 보이는 특권적인 관계를 맺어왔고 지금도 그렇다.

인설은 개인 소유 장비로 전기를 만들어 사용하는 잠재적 고객들을 자신의 고객으로 끌어들이기 위해 동일한 경제 논리를 활용해 설득을 꾀했다. 그리드로부터 독립해 있는 것은, 그리드에서 전기를 받아 쓰는 것보다 훨씬 더 비싸다는 점 말이다. 아마 바보들이나 그러한 선택을 할 것이다. 미국의 저술가 리처드 먼슨Richard Munson의 설명을 들어보자. "사용처와 인접한 곳에 설치되어 운용되는 소규모 발전기의 단점을 설명하기 위해, 인설은 시카고 북동부의 한 구역에 전력을 공급하는 경제적 방법에 대해 이야기했다. 이 구역에 있는 189개 아파트들에 설치된 조명 기기의 전체 용량은 총 68.5킬로와트에 달했다. 그러나 이들 아파트들은 제각기 다른 시간에 점등하고 소등했기 때문에, 이 지역에 공급되어야 하는 최대 전력 용량은 약 20킬로와트에 그쳤다. 따라서 인설은 20킬로와트 규모의 중앙 발전소에서 이 지역에 전기를 공급하는 것이, 개별 아파트가 각각 발전설비를 구입해 총 용량이 68.5킬로와트에 달할 때까지 개별적으로 설비를 설치하는 것보다 더 효율적이고 경제적이라고 추론했다."[139]

낮은 가격으로 고객을 끌어들이고, 규모의 경제를 강조하고, 신기술을 이용한 진보를 자신들이 일궈내고 있다는 수사적 표현을 동원해, 전기를 공급받는 이용자의 수와 전기 사용량 모두를 증가시킨다. 바로 이러한 논리가 20세기 초반부터 1960년대 후반까지 유틸리티가 인설로부터 차용해 구현했던 '성장과 건설' 전략의 반쪽인 '성장'을 구성했다. 이 전략의 나머지 절반은 더 크고 더 효율적인 발전소를 대량으로 짓는 것이다. 바로 이러한 건설의 측면에서, 인설의 가장 위대한 성취가 있었다. 그는 시장의 경쟁으로부터 유틸리티의 이익을 보호하고, 건설 자금을 장기 저금리 대출로 조달하기 위해 정부 규제를 활용했다. 마침 20세기 초반에 탄생한 이른바 '큰 정부'를 자기 편으로 끌어들인 인설은, 시카고 일대를 모두 지배하는 전기 제국을 건설할 수 있었다. 미국의 여러 다른 기업가와 독점기업은 인설의 사업 전략을 지켜보고 동일한 방식을 천천히 채택했다.

서던캘리포니아에디슨Southern California Edison 은 독점사업권을 확대하기 위해 소규모의 지역 발전 회사들을 합병하는 강력한 조치를 취했다. 디트로이트에디슨Detroit Edison 은 처음에는 디트로이트(현재는 미국에서 가장 신뢰성 낮은 그리드의 본거지)의 전기 서비스를 통제했고, 그 후 범위를 서서히 미시간주 동부까지 확장했다. J. P. 모건은 뉴욕, 뉴잉글랜드 및 남동부의 여러 지역에서 전기 서비스를 운영하는 유나이티드코퍼레이션United Corporation 과 게임을 벌였다. 윌버 포세이Wilber Foshay 는 알래스카에서의 독점사업으로 '슈어드의 바보짓Steward's Folly'●과 마찬가지로 큰돈을 벌었다. 또한 그는 캐나다의 서부 지역, 미국의 중부에 위치한 13개 주에서 독점사업권을 가졌다. 이 모든 사업을 영위했던 남자들은 중절모를 쓴 채 시가를 꼬나물고 전기 제국을 건설한 인설을 선례로 따랐다. 1920년대가 끝날 때쯤, 이들은 10개의 지주회사를 통해 미국 전기 산업의 75%를 지배했다.[140]

독점금지법으로 인해 폐업당하는 사태를 피하고 사업 확장의 동력을 얻기 위해, 모든 초기 전력 회사들은 정부와 깊은 협력 관계를 구축했다. 인설은 정부와 일하는 것이 개별 정치인 또는 정당과 일하는 것과 크게 다르다는 점을 매우 빠르게 습득했다. 정치인이나 정당

● 1867년 3월 30일, 미국 정부는 의회와 국민들의 반대에 불구하고 미국에서 가장 큰 석유 생산지인 알래스카를 700만 달러에 매입했다. 이를 '슈어드의 바보짓'이라고 부른다.

의 권력은 수명이 짧은 데 반해, 지속적으로 다수파의 지위를 점유하려는 열망은 탐욕스러울 정도로 컸다. 제대로 기능하는 전기 인프라는 항구적으로 지위를 유지하는 정부 관료와 협업하지 않고서는 불가능했다. 이러한 방식으로, 인설은 특정 정치인이나 정당과 결탁할 때 발생하는 불확실성을 피하면서, 실제로 일어나는 경쟁을 제한했다.

허시가 자신의 글에서 '유틸리티 컨센서스utility consensus'라는 이름을 붙이고 상세히 논의하고 있듯, 유틸리티의 생존 전략으로서 정부 규제를 활용하려는 움직임은 1910년대 미국 정치를 지배한 진보주의progressivism의 정책 기조와 일치하는 행운을 누렸다.[141] 진보주의자들의 주요 목표는 시스템을 갖춘 좋은 정부를 만드는 일보다는 이해관계자들과 후원 관계를 맺으며 부패한 정치인들을 배제하는 데 있었다. 따라서 진보주의자와 전력 회사는 서로 동맹 관계를 맺게 되었고, 이를 통해 녹점사업자의 권한과 의무에 대한 합의가 형성되었다. 유틸리티가 정부의 강력한 규제를 받아들이기만 한다면, 주 정부와 연방 정부는 다른 전력 회사가 사업 허가권을 얻을 수 없는 서비스 지역을 보장하기로 합의했다.

미국 시장 전체를 지배하려고 한 스탠더드오일이나 US스틸과 같은 트러스트가 군림한 다른 산업과 달리, 유틸리티는 미국에 여러 개가 있었고 이들의 사업 구역은 서로 겹치지 않았다. 그래서 '독점'이라는 용어는 전력 프로젝트에서는 매우 독특한 의미를 가진다. 시장이 일정한 경계선을 따라 나뉘어 있기 때문에, 기업 수가 많아도 실제로 경쟁은 없었다. 경계선 각각은 주로 그것을 위해 고안된 정치 기구가 결정했다. 이러한 점에서, 유틸리티는 거리를 지배하는 갱단과 비슷하다고 할 만하다. 단지 기관단총으로 영역을 획정하지 않고, 정부가 주관하는 소위원회의 회의를 거쳐 영역을 획정한다는 점이 다를 뿐이다.[142] 이 협정의 핵심은 다음과 같다. 즉, 다른 회사의 영역에서는 제품을 판매하지 않는다. 공급자는 가격을 고정하고, 전력을 공급하는 구조에 대한 이의 제기는 허용되지 않는다.

인설과 그를 모방한 다른 유틸리티들은 정부와 결탁할 뿐만 아니라 게걸스러운 합병 과정을 병행하면서 독점기업으로 성장했다. 시카고로 옮긴 지 5년 만에, 인설은 이 도시의 모든 전기회사를 자기 손아귀에 쥐었다. 물론 시카고에디슨은 이 회사들의 모든 발전소를 소유했으며, 그가 그리 높게 평가하지 않았던 소규모 발전소도 소유했다. 소규모 발전소의 시대는 지나가고 있었다. 애덤스스트리트발전소(인설이 사들인 모든 부하 대응용 발전소 중에서 매우 작은 용량만을 차지했던 장비)는 1894년, 운영을 시작한 지 불과 6년 만에 폐로되었다. 그리고 해리슨 스트리트에 설치된 세계 최대 발전소가 이를 곧바로 대체했다. 해리슨스트리트발전소는 거대했을 뿐만 아니라 효율성 또한 높았다. 증기를 고압으로 응축해 활용하는 '해병' 엔진은 전력을 1킬로와트시 생산할 때 필요한 석탄의 양을 5~6킬로그램에서 1~2킬로그램으로 줄였다. 1903년, 해리슨스트리트발전소의 설비가 증설되어 6,400킬로와트였던 용량이 총 1만 6,400킬로와트로 크게 증가했으나 그 효율은 더욱더 개선되었고, 시간당 약 200여 톤에 달하는 석탄을 절약할 수 있게 되었다. 이 새로운 기관은 엄청난 양의 물을 필요로 했지만, 해리슨 스트리트가 물이 풍부한 시카고강에서 멀지 않은 지점에 위치했기에 물은 연료와 달리 크게 문제 되지 않았다.

해리슨스트리트발전소는 장엄한 규모를 자랑하면서도 효율 또한 매우 높았던 기계였고, 시카고에디슨이 본격적으로 전기 가격을 인하할 수 있도록 도와준 기계였다. 또한 이 발전소가 등장하기 이전에는 그 가능성만 논의되던 대규모 발전소가 이제는 인설의 발언처럼 전력망의 '우두머리' 자리를 장악할 수 있다는 점을 널리 확신시켰다. 발전소의 규모는 더 커질 수 있었고, 실제로 더 커졌다. 그리고 기술 혁신으로 효율성도 개선되었다. 1892년, 펄스트리트발전소의 효율은 2%였다(이 설비로는 석탄이 가진 화학적 퍼텐셜에너지의 2%만을 전기에너지로 변환할 수 있었다). 12년 후 가동에 들어간 해리슨스트리트발전소의 효율은 12%였으며, 1903년 완공된 시카고 최초의 교류 발전소인 피스트 스트리트의 발전소는 그보다도 효율이 높았다. 1940년이 되자 전체 발전소의 효율은 평균 20%에 달했다. 인설이 왜 기술 개선이 수익성 확보를 위한 유망한 경로라고 생각했는지 쉽게 파악할 수 있는 수치들이다.

인설은 크기와 효율성이 언제나 함께 성장한다는 점을 의심하고는 했지만, 이러한 성장이 당시를 지배하는 원리처럼 보인 것은 사실이다. 다시 말해, 인설은 기술 향상을 통해 전력 서비스가 도달하는 영역을 더욱더 넓히면서도, 더 낮은 가격으로 더 높은 신뢰도를 영원히 유지할 수 있으리라고 믿었다. 전력 사업자가 중앙 발전소의 규모를 더 크게 키우는 한, 전력 산업의 독점 정도와 규모도 더 성장시킬 수 있었다.

인설의 선택과 행동이 완전히 틀렸다고 말할 수는 없다. 인설의 시대로부터 70여 년 동안, 유틸리티들은 낮은 가격으로 무한정 이용할 수 있는 전기를 생산하고자 경이로운 수준의 발전 용량을 확보하며 성장했다. 1969년까지는 미국인들에게 공급할 수 있는 전기의 양은 그 끝이 없어 보였다. 그리고 전기 수요 역시 미국의 유틸리티들이 공급할 수 있는 범위 안에 머물렀다.

그러나 1970년대에 들어서, 크기와 효율성의 연동 관계는 무너져 내렸다. 그 결과도 참담했다. 전기 엔지니어들은 성장(고객 기반)과 건설(더 많이, 보다 큰 발전기) 사이의 연동을 마치 진리처럼 생각하는 코호트로만 구성되어 있었기 때문이다. 1970년대 초반, 제4차 중동전쟁에서 시작된 첫 번째 에너지 위기가 미국 전 지역을 덮쳤을 때, 전기사업자와 규제 당국 모두 이 변화를 전혀 예상하지 못했다. 이들은 자신들이 신봉하던 연동 관계를 마치 자연법칙처럼 생각했다. 그러나 이 법칙들이 매우 갑작스럽게 그 작동을 멈추자, 마치 중력이 사물을 땅으로 끌어당기는 작용을 멈추면 사물들이 지구 밖으로 튕겨 나가게 되듯, 전기 산업의 구성원들은 급격한 변화 속에서 무엇을 해야 하는지 갈피조차 잡지 못했다. 당연한 말이지만, 기술 개선이 발전기의 효율성을 영원히 향상시킬 수는 없었고, 제아무리 미국인들이라고 해도 전기 소비를 계속해서 증가시키는 생활 방식을 선택할 수 없다. 게다가 1970년대의 석유 무기화에 따라, 과거에는 상상하지 못할 만큼 연료 가격이 폭등했고 이와 더불어 발전소 건설 비용 또한 증가했다(대부분 원자력발전과 관련된 요인 때문이었다). 이는 1970년대가 1900년 이후 최초로 전기 가격이 하락하지 않고 상승한 시대라는 뜻이다.

• • •

인설이 수립한 '법칙'에 60년대 초반부터 균열이 발생하기 시작했다. 이는 기술 향상이 발전기 효율의 향상을 더 이상 약속하지 않는다는 것이 분명해진 시점이었다. 무엇보다도 물리학이 문제였다. 열역학

제2법칙과 그 따름정리인 카르노 정리는 일정한 연료량을 투입했을 때 열기관이 할 수 있는 일의 최대치는 온도 차의 비율에 의해 제한됨을 보여준다.[143] 그런데 전통적인 발전기는 바로 열기관으로서, 연료를 열로 바꾸는 과정을 통해 작동한다. 이 기기는 생산된 열을 사용해 물을 터빈의 블레이드로 향하는 격렬한 증기 제트로 바꾸고, 블레이드를 회전시켜 샤프트shaft(회전축)를 돌린다. 샤프트의 한쪽 끝은 거대한 전자석 사이의 틈새에 들어가 있으며, 자석 내부에서 회전하면서 전류를 생성한다. 이 시스템은 연료(석탄, 플루토늄, 석유, 가스, 바이오매스, 쓰레기 등)가 무엇이든 노에 들어온 것은 열로 바꾸며, 최고 효율은 약 50%에 달한다.[144] 이 값이야말로 자연법칙이다. 인류가 이미 건설한 발전소든, 아니 앞으로 발명할 기계가 무엇이든 그 기계의 열효율 값이 50%를 넘을 수는 없다.

발전기의 열역학적 효율을 높이는 데 방해가 되는 또 다른 문제도 있다. 바로 보일러와 터빈을 만드는 재료인 금속의 취성*이다. 기술적으로, 이제 우리는 40%의 열효율로 작동하는 증기 발전기를 건설할 수 있다. 이러한 효율을 실제로 달성한 설비는 1960년대에 출현했다. 이때 열효율 40%는 물을 섭씨 500도 이상으로 가열하는 한편 그 압력을 제곱센티미터당 약 220킬로그램으로 높여 이 물을 초임계 유체, 즉 기체의 성질과 액체의 성질을 동시에 가진 상으로 변화시켜 활용해야만 얻을 수 있다.[145] 30년 동안 그리고 하루 종일 이러한 증기를 항상 담을 수 있는 견고한 기계를 만드는 작업은 아주 어렵고 비용도

• 일정 수준 이상의 힘을 받을 때 재료가 깨지는 성질. 금속은 통상 취성이 낮지만 보일러 내외의 온도 차가 클 경우, 그리고 압력 차가 클 경우에 취성이 강해져 깨지기 쉬워진다.

많이 든다.

증기 발전소의 효율이 40%에 가까워질수록 유지 보수는 더욱더 자주 이뤄져야 한다. 게다가 이렇게 관리해도 고장은 잦아질 것이다. 증기의 고온, 고압을 버텨내기 위해서는 값비싼 첨단 합금이 필요하다. 그러나 이처럼 고급 기술로 공들여 만든 장비에도 오래가지 않아 피로 파괴가 일어나게 된다. 1960년대 중반에 이르자, 유틸리티의 엔지니어들과 의사 결정권자들에게도 30%를 조금 상회하는 효율로 발전소를 운영하는 것이 신뢰도뿐만 아니라 유지 비용 면에서도 효율적으로 전기를 만드는 방법이라는 점이 명확해졌다.

이런 판단은 틀리지 않았고, 이는 지금까지 50년간 변하지 않았다. 2012년, 미국에 있는 화석연료 발전소 가운데 가장 효율적인 발전소의 열효율이 42.5%에 달하기는 했지만, 이는 일부 천연가스 내연(무증기) 터빈에서만 기록되는 수치다. 2007년에서 2012년 사이에 미국 내에서 새롭게 가동된 증기력 발전소는 그 에너지원이 석탄이든, 플루토늄이든, 석유든 상관없이 대략 34%의 효율을 보였다.[146]

많은 비평가가 발전소의 효율성이 이처럼 낮다는 점을 들어 발전 연료로 전기를 생산하는 것이 낭비라고 지적한다. 그러나 그들은 증기력 발전소의 경우 달성 가능한 최대 효율이 100%가 아닌 48%이며, 20세기 전력 산업의 역사가 이 목표에 근접하기 위한 역사였다는 점을 거의 인식하지 못한다.[147] 완벽한 열효율을 향해 가까이 다가가는 이 기나긴 점근선의 끝에 우리가 도달했다는 사실에 놀라는 사람은 드물다. 열역학 제2법칙은 1824년경 발표되었으며, 1880년대 후반 전기 엔지니어라는 직군이 세상에 등장한 이래로 전기 엔지니어들은 모두 이를 배웠다.[148] 물리학이 알려주는 불편한 진실과 무관하게, 과거의 성공이 미래에 무한정 투영될 수 있다는 믿음은 기업을 운영하는 데 있어서 어리석은 생각이었다. 수익성이 결코 쟁점으로 떠오른 적이 없었던 전기사업에서도 그렇다. 일단 전기사업에서 정부가 규제하는 독점사업권이 확립되면, 사업자가 사업을 어떤 방식으로 운영하든 전력 회사의 이윤은 거의 보장되었다. 모든 비용이 일정 수익률을 보장받다가, 점근선의 끝에서 카르노 정리가 전기 생산 및 판매사업에 기습적으로 그 모습을 드러내자, 인설 시대부터 이어져 내려온 사업 전략, 즉 무한히 이어지는 성장은 더 이상 유일한 사업 방법도, 최선의 방법도 아니었다.

그럼에도 70년에 달하는 기나긴 세월 동안, 그래프 위를 가로지르는 몇 가지 선과 기초 인프라의 논리는 예측 가능하며 대체로 성장하는 경로를 따르는 듯 보였다. 하지만 1950년대 후반, 3세대 전기 기술자들이 전기사업을 주도하게 되면서,[149] 과거를 단순히 모방하기만 해서는 미래에 대처할 수 없다는 자명한 이치가 거의 주목받지 못했다. 인설에 의해 추진력을 얻고 다양한 독창적 아이디어들의 선순환을 야기했던 통합된 전력 산업의 구조는, 그대로 내버려 둬도 수익이 났던 과거와 달리 정체와 타성을 부르는 구조가 되고 말았다.[150]

1970년대 초반에, 불행하게도, 유틸리티들을 기다리는 것은 카르노 정리만이 아니었다. 1950년대와 1960년대에 정부가 발전용 연료를 석탄에서 석유로 전환할 것을 권장했으나, 이러한 값비싼 개수 작업은 1973년에 전 세계를 강타한 최초의 석유수출국기구OPEC 석유 금수 조치로 인해 돈을 허공에 날리는 꼴이 되었다. 그해, 연료가 갑작스레 부족해졌고 가격은 전년도에 비해 70% 넘게 상승했다. 연료 부족이라는 현실은 당시 미국을 주도했던 주력 산업과 계급 전반을 쇠망치로 강타했다.[151] 석유 가격은 하늘 높이 치솟았고, 새로 개조한 석유 발전기의 전력 생산 비용은 크게 증가했을 뿐만 아니라 기존 석탄 발전기의 운영에도 영향을 미쳤다. 석유 대신 석탄을 사용할 수 있는 모든 산업이 1973년에 연료를 다시 석탄으로 대체했기 때문이다. 미국 내 석탄 가격도 천정부지로 치솟았다. 결국 역사상 처음으로 전력 회사들은 전기 가격을 올렸으며, 전력 산업을 구성하던 또 다른 '자연법칙'이 깨지고 말았다.

유틸리티들이 오일쇼크와 에너지 위기에 급작스럽게 직면했다면, 이 위기의 심층에는 그 속도는 느리지만 곧 전력 산업 전체를 집어삼킬 불씨가 지펴지고 있었다. 이 불씨는, 성장과 건설이 일종의 시대정신이었던 시대가 공유한 확신들을 완전히 해체해 버릴 잠재력을 가지고 있었다. 다름 아닌 환경 운동의 급성장이 이 불씨의 핵심이었다. 자연을 새롭게 돌봄care의 대상으로 봐야 한다는 이들의 관점은,[152] 기존에는 전력 회사에게 그저 약간의 성가신 문제였으나, 입법 및 규제를 통한 변화가 이뤄지자 '돌봄'은 전력 산업에 영향을 미칠 수 있는 여러 활동을 가능하게 하는 정치적 플랫폼으로 자리 잡았다. 동시에, 전기 가격을 인상시킨 1970년의 에너지 부족은 미국인이 에너지 소비 패턴에 대해 보였던 태도를 완전히 뒤집어 버렸다. 1970년대는 '보존'과 '효율'이라는 말이 지배한 시기다. 나는 70년대 중반에 학교에서 전기 절약 방법을 배웠던 것을 기억한다. 방을 나가는 마지막 아이는 불 끄는 당번으로 지정되었다. 복도의 조명은 항상 꺼져 있었고, 난방 온도는 스웨터를 입어야 할 정도로 낮은 수준이었으며, 선생님들은 소녀들에게 드레스 밑에 타이츠보다는 바지를 입으라고 권했다.

이렇게 일상이 변하자 전기 소비는 감소했고, 환경 규제가 강화되자 발전소 건설 비용 역시 크게 증가했다. 1970년과 1979년 사이, 발전소 건설에 필요한 노동 및 재료 비용은 120%(1960년대 동안 이 비용은 23% 상승하는 데 그쳤다) 높아졌고 건설 기간도 늘어났다. 착공부터 준공까지 걸리는 시간을 기준으로, 발전소 건설에는 1950년대 후반에는 단 5년밖에 걸리지 않았으나 1960년 후반에는 7년이 걸렸다. 발전소 준공까지 시간이 늘어난 이유는 1970년 미국 환경부EPA가 설립된 이후 끊임없이 규제가 추가되었기 때문이다. 이 시점 이전까지, 발전소의 배출물은 공포스러운 환경 재난을 불러왔다. 오늘날, 비록 탄소 배출은 매우 우려스럽기는 해도 EPA의 규제 덕분에 산성비로 인한 작물의 궤멸이나 물고기 폐사 사태는 일어나지 않는다.

이 모든 사실들이 한데 결합해 인설이 수립한 전력 생산의 '경제 법칙(즉 전기 가격은 지속적으로 하락하며, 전기 생산 비용 또한 항상 떨어진나. 반면 발전기 효율은 계속 향상되며, 전기 소비 역시 지속적으로 증가한다)'을 무너뜨렸다. 이 모든 요인은, 일순간 방향을 바꿔서 복싱 경기의 마지막 순간처럼 유틸리티들에게 치명적인 타격들을 가했다. 상대의 주먹을 철저하게 방어했던 선수가, 급소를 정확히 겨냥해 기습적으로 휘두른 주먹에 가격당해 쓰러지고, 이렇게 타격을 입을 때마다 허우적거리며 쓰러지는 모습은 상당한 충격이었다.

이러한 불운과 혼란이 유틸리티로서는 예상하지 못한 다양한 동향 변화와 겹쳐 과거의 법칙은 무너져 내렸고, 유틸리티들은 대응할 방법을 찾지 못해 허둥댔다. 이렇게 되자, 유틸리티에게 의무적인 급부도 없이 영업 이익을 보장하며, 산업을 규제하는 정부와 규제를 받는 유틸리티의 신사협정에 의해 지탱되었던 '성장과 건설'이라는 법칙은 결국 종말에 이르렀다. 이러한 흐름은 카터 행정부 시기에는 그

나마 천천히 진행되었지만, 레이건Ronald Reagan 시대의 탈규제화의 바람 속에서는 매우 빠르게 진행되었다.

투자 보수assured profit• 등을 원가에 포함해 수익을 보장하고 장기 저금리 대출의 보증을 제공하는 제도는, 전력 회사들이 더 크고 더 강력한 발전기를 도입하고 광범위한 전력망을 건설하는 데 필요한 무시무시한 인프라 비용을 감당할 수 있도록 도왔다. 이는 물리학의 법칙뿐만 아니라, 시장 동향, 문화적 분위기와 같은 다른 모든 요인에 비해서도 가장 결정적인 것이었다. 게다가 규제 당국은 일정 서비스 구역 내에서 전력 생산과 판매에 대한 절대적인 통제권을 전력 회사에게 부여해 그들을 경쟁으로부터 보호해 주기도 했다. 이렇게 지속적으로 국가 지원이 이뤄졌던 이유는, 전력이 여러 사업자들의 경쟁에 의해 가격이 낮아지기는커녕 올라가며 수요에 부합하는 공급을 보장하지도 못한다는 독특한 특성의 공적 상품으로 취급받았기 때문이다.[153] 그러나 1970년대에 이르러, 경쟁의 해로운 영향은 자연법칙이 아니라 그동안 사회에 드러나지 않도록 관료적 장벽 속에 숨겨졌던, 그리고 단지 역사적 우연 속에서 기능하던 현실일 뿐임이 서서히 밝혀졌다. 그리고 인설이 이룩한 다른 많은 것들과 마찬가지로, 경쟁을 억제하고 규제하는 정부의 방침은 그 문화적 뿌리가 기억에서 지워질 만큼 충분히 오랫동안 진실로 남았다.

• • •

• 　서비스를 공급하는 데 투입된 자산의 가치에, 해당 자산에 투자된 자금의 기회비용을 뜻하는 투자 보수율을 곱해 얻은 값. 투자 보수율은 통상 일반예금 이자율에 해당한다.

유틸리티의 서비스 구역을 지리적으로 구분하고, 이 구역에서 이들이 독점적 지위를 누리도록 만드는 협약이 바로 오늘날의 전력 산업을 설명한다. 그리고 그로 인해, 우리는 유틸리티의 독점 구역들로 설정된 얼룩덜룩한 반점이 미국 위에 흩뿌려져 있는 괴상한 지도를 자연스럽게 받아들였다. 대다수 지역에서, 단 하나의 민간 대형 투자자가 소유한 전력 회사는 수천 헥타르의 영토를, 그리고 수백만 명의 고객에 대한 독점적 지위를 장악했다. 그리고 대다수는 이러한 전력 회사 중 하나에 매달 요금을 지불한다. 우리는 그들을 '콘에드Con Ed', '내셔널그리드National Grid', 'PG&E', '펩코PEPCO', '엑셀Xcel', '엔터지Entergy', '서던컴퍼니Southern Company' 등의 이름으로 부른다. 이들은 인설이 시카고에, 밀러John Miller가 남부 캘리포니아에, 모건이 북동부에, 포세이가 알래스카와 인근 지역에 구축한 시스템의 직계 후손이다. 미국에는 3,306개에 달하는 유틸리티가 존재하지만, 미국인 중 3분의 2(68.5%)가량이 189개의 리바이어던에게, 즉 투자자가 소유한 거대 영리 기업 가운데 하나에 전기 요금을 지불한다.[154]

나머지 3,000여 개에 달하는 유틸리티의 정체는 도시나 마을에 전기를 공급하는 소규모, 비영리, 시영 전력 회사 또는 공공 유틸리티 구역public utility districts (서부에서는 'PUD'로, 네브래스카에서는 'PPD'로 부른다)이다. 그리고 로스앤젤레스에도 공공 유틸리티 구역이 하나 있고, 오리건주의 클래츠카니, 인디애나주의 앤더슨, 캔자스주의 코피빌, 아칸소주의 오세올라와 같은 미국의 도시 약 2,000여 개에도 자리 잡고 있다. 이러한 회사들은 대형 유틸리티의 광대한 바다와 같은 영토 안에서 작은 섬처럼 보이기도 한다. 예를 들어, 버뱅크Burbank의 소규모 유틸리티는 (LA 전역과 남부 캘리포니아 전체를 장악하는 거인인)

서던캘리포니아에디슨의 사업 구역으로 완전히 둘러싸인 지역에서 사업을 이어가고 있었다.

캘리포니아주의 사막 한가운데 있는 작은 마을, 랜초쿠카몽가에는 서비스 면적이 단 10제곱킬로미터에 지나지 않으며, 전력을 사용하는 주간 고객은 약 1만 5,000명, 가로등은 197개, 변전소는 단 1개소만을 보유한 시영 유틸리티가 있다.[155] 한편 이 유틸리티의 서비스 지역을 에워싼 서던캘리포니아에디슨의 서비스 면적은 사방으로 약 500킬로미터를 포괄하는 규모로, 13만 제곱킬로미터 이상의 지역에 거주하는 1,400만 명 이상의 고객에게 전력을 공급하는 데다 랜초쿠카몽가의 인구보다도 직원이 많을 정도로 기업 자체의 규모도 거대하다. 하지만 서던캘리포니아에디슨은 랜초쿠카몽가로부터 평화롭게 떠나야 했다. 랜초쿠카몽가는 스스로 전기를 사고팔고, 가격을 책정해서(물론 규제 범위 안에서) 적합한 고객에게 공급하며 전기 관련 문제를 자체적으로 해결해 가고 있다. 서비스 구역과 기반 고객의 규모가 얼마나 작든, 시영 유틸리티는 민간 유틸리티와 마찬가지로 독점적이다. 이들 모두는 둘 다 법에 따라 경쟁에서 보호받는 한편, 그 대가로 가격 조작 행위는 금지되어 있다. 그리고 서비스를 다른 회사의 영역으로 확장하기 위해서는 법령을 제정할 필요가 있다.

그리고 마린카운티가 2010년에 바로 이를 위해 법령을 개정했다. 샌프란시스코만 북쪽, 햇볕이 내리쬐는 언덕에 위치한 이 카운티는 강수량이 적고, 대지의 절반 정도는 비어 있었다. 주민들은 매우 부유했고, 좌파 성향의 사람들이었다. 지역 주민들 상당수는 재생에너지를 활용해 지역 내에서 전력을 생산하고, 가격, 요금 구조, 고객 관계를 스스로 관리할 권리를 가지고자 했다. 그들이 이를 통해 원했던 것은 본질적으로 PG&E, 즉 캘리포니아 북부 지역의 거대 기업으로서 지역 공동체에게 고압적인 태도를 취하는 유틸리티의 손아귀에서 벗어나는 것이었다.

유틸리티를 바꾸겠다는 주민 투표가 통과되었을 때, 물론 마린카운티는 PG&E로부터 벗어날 수 있는 법적 권리를 가지고 있었다. 하지만 이들은 그것과 동시에 자신들이 엄청나게 크고, 주 전체를 통틀어서도 예외적으로 많은 수준의 부를 움직이며, 심지어 격분 상태인 과거의 유틸리티, PG&E와 전쟁을 벌여야 하는 상황에 접어들었음을 깨닫게 되었다.[156] 게다가 PG&E의 정보 캠페인은 경이로울 정도로 철두철미했으며, 지역 주민들이 의사를 '결집'해 기존 전력 회사로부터 벗어나겠다는 결정을 내리기 위해서는 전체 주민 가운데 3분의 2가 찬성해야 하도록 캘리포니아 주 법률을 개정하는 투표에도 후원을 아끼지 않았다.

이러한 법률 개정은 아주 중요했다. PG&E 덕분에 통과된 법률은, 선거에 참여한 유권자의 3분의 2가 아니라(이것도 사실 매우 어렵지만) 집계 지역 주민 가운데 3분의 2가 찬성해야만 유틸리티를 변경할 수 있다고 규정했다. 아주 치열한 레이스가 이어져 세간의 모든 이목을 끌어들이는 선거에서도 미국의 투표율은 60%를 넘지 않는다는 사실을 고려한다면, 그 어떤 도시라도 유틸리티를 변경하기 위해 필요한 표를 모으는 것은 사실상 불가능하다. 유틸리티를 바꿀 권리가, 단지 그 권리를 얻을 수 없음을 깨닫는 수단에 불과한 셈이다.

PG&E는 아주 세심하게 광고를 게시하고, 자신을 지지하는 사설을 여러 매체에 개제하며, 다양한 정보 게시판에 자신들의 입장을 알리는 데 무려 4,300만 달러를 사용했는데, 이는 지역 공동체가 유틸리티를 스스로 선택하는 판도라의 상자를 PG&E가 얼마나 필사적으로 걸어 잠그려고 했는지를 분명히 보여준다. 하지만 자신들의 캠페인을 위해 10만 달러보다 약간 적은 액수만을 모금할 수 있었던 마린 카운티보다 430배나 많은 돈을 썼는데도 PG&E는 자신들이 의도한 선거법 개정에 실패했다. 결국 캘리포니아 유틸리티 지도의 경계선은 바뀌었고, 전력 시장에는 새로운 참여자인 마린클린에너지Marin Clean Energy가 등장하게 되었는데, 이 회사는 자신의 조그만 영역 내에서는 전력을 조직화하는 방법을 스스로 결정할 수 있었다.

이 사건은 중요하다. 단지 캘리포니아 지역에서 지역 공동체가 전력 사업을 벌이는 시발점이 되었기 때문만은 아니다. PG&E가 사업 기반을 지키기 위해 캠페인에서 활용한 도구들이 19세기가 끝날 무렵부터 20세기 초반까지 인설이 공공 전력 사업 프로젝트가 널리 퍼져나가는 것을 막기 위해 활용했던 것과 거의 동일했기 때문이다.

인설은 인프라를 건설하는 데 그치지 않았고, 사업 지속성이 의심스러운 여러 기업 중 하나를 골라 독점기업으로 만드는 데 그치지도 않았다. 정부 규제를 유틸리티의 재정을 보증하는 핵심 수단으로 활용하는 방법을 찾아냈다고 인설의 작업이 완성되었다고 할 수도 없다. 인설의 계획을 완성시킨 것은 아주 섬세한 선전과 선동을 해내는 프로파간다 조직이었다. 이 조직은 고객의 전력 요금으로부터 활동 자금을 얻는 한편, 투자자가 소유해 이익을 내는 상업 유틸리티가 전기를 생산하고, 분배하며, 운영해야 한다는 생각을 널리 퍼뜨렸다.

시카고에서 사업을 벌였던 초기에, 인설의 관심은 서로 인접한 전력망을 하나의 대규모 중앙 집중식 기계로 통합하고 소비자들이 모두 이로부터 전력을 받게 만드는 데 있었다. 하지만 일단 이러한 목표를 달성하자, 인설은 이 시스템을 보존하고 증식시키는 방법에 대해 관심을 기울였다.

19세기가 끝난 시점부터 대공황 초기까지, 인설은 30년 넘도록 위기 대처용 방벽을 구축하고 관리했다. 그의 목표는 민간 기업의 독점적 전기 생산권과 판매권을 난공불락으로 만드는 데 있었다. 마린 카운티가 PG&E와 벌인 전투는 공립 유틸리티와 민간 유틸리티 사이에서 일어난 오랜 전쟁의 일부로, 소규모 탐색전에 불과했다. 그리고 이 전쟁으로, 돈뿐만 아니라 전력도 한쪽으로, 즉 민간 기업으로 쏠리게 되었다. 신기한 일이지만, (마린카운티의 일과 마찬가지로) 전쟁의 전체 전략적 구도는 모든 전투에서의 승리를 보증하지는 않았다.

대공황 시기, 지주회사를 세워 부채를 이관해 놓는 아주 의심스러운 회계 관행을 가지고 있던 인설의 제국과 많은 전력 회사들은 큰 타격을 받고 붕괴했다. 그리고 이 시기에 전력 산업의 근본적인 문제는, 사설 발전소와 중앙 발전소의 대립이 아니라 공영 유틸리티와 민영 유틸리티의 대립이었다. 또한 이 문제는 한 지역 안에서 이뤄지는 경쟁이 어떻게 이뤄지는가 하는 문제가 아니라, 지역 내 전기 사용자 전체를 지배하는 독점사업자가 비영리 목적의 시영 네트워크 또는 영리 목적의 민영 유틸리티 가운데 어떤 형태에 속해 있는가 하는 문제였다.

1933년 뉴딜 정책이 발효된 후, 테네시계곡개발청Tennessee Valley Authority, TVA, 보네빌전력공사Bonneville Power Administration, BPA가 운영하는 컬럼비아강 댐, 보편적 전기화 사업을 위한 입법(특히 농촌전기화법Rural Electrification Act, REA)과 같은 대규모 정부 프로젝트는 전력 산업의 구조를 더욱 복잡하게 만들었다. 그리고 이러한 정부 사업의 확대에 따라, 전기를 하나의 독점사업자가 생산하고, 배전하고, 판매하는 표준적인 사업 모델은 지역 협동조합이나, 연방 정부가 개입하는 사업자에게도 퍼져나갔다. 그렇지만 이렇게 사업자의 기반이 다양해졌음에도, 모든 전력은 독점사업자가 생산해 배전하고 그 대금 역시 독점사업자가 수금하는 구조는 변화하지 않았다. 또한 모든 독점적 이익은 정부가 규제하고, 전기 가격은 정부의 규제에 의해 결정되었다. 결코 중요도가 낮지 않은 사실을 마지막으로 지적하자면, 요금제는 사용자가 어디에 살든 전기를 더 많이 사용할수록 더 적게 돈을 내는 방식으로 구성되었다.

예를 들어, 서던캘리포니아에디슨의 1934년 유인물에서는 사용자들에게 저렴한 월별 '경량' 요금제를 택하면 요금을 얼마나 지불해야 하는지에 대해 이렇게 설명하고 있다. "방이 6개 있는 전형적인 미국의 가정에서, 전기는 세탁, 다림질, 청소에 쓰입니다. 또 일요일에는 아침 커피를 위해 물을 한 주전자 끓이고, 토스트 여덟 조각과 함께 와플도 만들어야 하겠지요. 기본 요금제를 택하면, 매일 3시간씩 라디오에 에너지를 공급할 수 있고, 고데기, 선풍기, 보온 패드와 기타 가전제품들까지 추가로 사용할 수 있는 전력을 위해 월 평균 1.92달러 정도만 지불하면 됩니다. 여기에, 매달 2달러 또는 2.5달러를 추가로 지불하면 냉장고를 사용할 수 있으며 식기세척기, 탈수기, 요리용 전기 레인지를 포함한 가전제품들을 모두 사용하더라도 저희 에디슨 시장에 지불해야 하는 금액은 한 달 평균 6.55달러 정도일 것입니다. 시중에서 이보다 저렴하게 하인을 부릴 수는 없습니다."

하지만 이 시기에도, 아직 전기가 모든 사람을 위한 것이라고 할 수 없었다. 대다수는 여전히 '경량' 요금제를 택했다. 또한 1930년 중반, 방 6개가 딸린 집에서 사는 사람은 거의 없었고, 전기에 6.55달러를 추가로 지출(인플레이션을 감안하면 2015년 가격으로 이 값은 110달러에 달한다)하는 것은 말할 것도 없었다. 그럼에도 미래가 어떤 방향으로 흘러갈 것인지는 명백했다. 미국의 가정은 단순히 전기 소비의 중심일 뿐만 아니라, 전기를 사용하는 수많은 편리한 제품들로 가득한 행복한 소비의 중심지가 될 것이다.

이런 전망은 성장이라는 목표가 산업계의 독단에 의해 제시된 표어 이상의 의미를 가진다는 뜻이기도 하다. 성장은, 1960년대 후반과 1970년대 초반, 전기사업을 둘러싼 모든 진리가 무너지기 시작하기 전까지는 미국민 모두가 따르던 도그마다. 새뮤얼 인설이 시카고에디슨의 경영권을 얻은 지 70년이 지날 때까지, 그가 시카고 일대의 전기사업을 독점한 지 35년이 지날 때까지, 그리고 파리의 한 지하철역에서 과거의 영예가 무상하게 목숨을 잃고 난 이후 30년이 지난 뒤까지, 인설이 몸소 발견하고 널리 활용한 유틸리티 경영의 '자연법칙'은 실제로 작동하는 것처럼 보였다. 하지만 이 시간이 지난 다음에는 단지 신앙의 대상이자 정성 들여 설계한 무지에 지나지 않는 것으로 드러났다.

• • •

미국의 그리드를 만든 사람이 누구인지 묻는 질문에 토머스 에디슨, 니콜라 테슬라 또는 조지 웨스팅하우스라고 답하기보다는, 새뮤얼 인설이라고 답하는 것이 여러 면에서 정확하다. 그는 중앙 발전소를 일반화시켰으며, 그 수익성을 극대화했다. 인설의 작업이 없었다면 수

많은 공장, 공공건물, 주택의 지하에는 각각의 발전기가 설치되어 있었을 것이며, 이들이 의존하는 그리드도 없었을 것이다. 인설은 전깃불과 전력을 소수가 아닌 대중을 위한 제품으로 생각했다. 그리고 전기사업은 독점이 자연스레 성립하는 산업이라는 논리를 만들었다. 또한 그는 어떤 시대든 돈으로 움직일 수 있는 가장 강력한 수단이자 돈을 만들어낼 수 있는 가장 강력한 수단이었던 여론을 조작하기 위해 정보를 사용했고, 이를 통해 공공투자에 영향을 미쳤다.

1960년대에 이르자, 소규모 전력 사업자는 미국에서 사실상 소멸했고, 소규모 전력 사업을 관리하는 실제 관료 조직이 사라졌으며, 법령에서도 그 존재가 지워졌다. 이 시기에 미국 전체에서, 미국민들이 원하는 만큼, 그리고 원할 때면 언제나 전기를 사용할 수 있도록 공급하는 어려운 문제를 해결할 수 있었던 것은, 19세기가 끝날 무렵 시카고 대도시 권역에 분포해 있었던 다양성 넘치는 전기 시스템을 놀라운 수완으로 단일한 회사 아래 장악했던 새뮤얼 인설의 방법, 그리고 그가 현실에 구현해 냈던 산업구소와 인프라 때문이었다.

새뮤얼 인설이 사장으로 취임하기 전에는 보잘것없었던 에디슨 프랜차이즈는, 미국에서 작동하는 현대적인 전력 공급 구조는 물론 무엇이 훌륭한 시민 및 소비자의 행동 방식인지 그 규범을 형성했다. 1920년, 시카고와 미국에서는 시골 사람들과 가난한 사람들은 전기에 접근할 수 없었다. 하지만 1950년에는 전력을 각각의 소비처에서 소비자들이 직접 만들어 사용하는 모형은 감히 상상도 할 수 없게 되었고, 1970년이 되면 그리드에서 벗어나 있는 사람이라고는 오직 급진주의자와 괴짜들밖에는 없었다.

오늘날의 미국인들은 당연히 냉장고, 온수기, 에어컨을 보유하고 있을 것으로 간주된다. 물론 그들은 전등, 벽 콘센트, 그리고 거기에 꽂을 수 있는 그 밖의 많은 것들을 소유하고 있다. 전기 스토브로 요리하고, 전열기로 난방하는 사람들 또한 특히 서부 지역에서 늘어나고 있다. 미국인들은 자신들이 전기를 얼마나 사용하는지, 무엇을 위해 전기를 소모했는지, 그만큼의 전기를 위해 실제로 들어가는 비용이 얼마인지 거의 이해하지 못한 채 때가 되면 요금만을 지불한다. 1970년대 이후, 전기 문화뿐만 아니라 산업도 서서히 변해갔지만, 인설의 시대에 정립된 일종의 규칙(우리는 하나의 공급자로부터, 우리로서는 이해하기 어려운 것이지만, 합리적인 가격으로 전기를 사들이고 있다. 그리고 유틸리티는 대부분의 시간에 이 가격을 고정적으로 유지하려고 노력하고 있다)은 오늘날까지도 유지되고 있다.[157]

뒷이야기 ─────

1938년 7월 2일. 파리의 한 지하철역에서 새뮤얼 인설은 제대로 걷지 못하고 비틀거리다 바닥에 쓰러졌다. 그는 약 30분 후 병원에 도착했지만, 이미 늦은 상태였다. 인설의 아내는 심정지의 원인이 그가 무수히 많은 층계를 오르락내리락한 데 있다고 말했다. 1938년에 인설은 대중교통 말고는 다른 교통수단을 사용할 수 없었던 가난한 사람이었기 때문이다.

《버클리 데일리 가제트 *Berkeley Daily Gazette*》에 실린 부고 기사를 잠시 읽어보자.

권력의 정점에 있을 때, 새뮤얼 인설은 무려 85개 회사의 이사직을 겸직했고, 65개 회사에서는 이사회 의장을 역임하고 있었으며, 11개 회사에서는 사장의 지위에 있었다. 그는 6,000개가 넘는 전력 설비를 장악하고 있었으며, 324개의 증기 발전기와 196개의 수력발전기, 89개의 가스 발전기, 328개의 제빙 공장을 보유하고, 이를 가동하기 위해 7만 2,000명의 노동자를 고용하고 있었다. 그의 회사는 170만 개에 달하는 수용가에게 서비스를 제공했으며, 그 서비스를 받는 인구는 1,000만 명에 달했다. 인설이 장악한 기업의 주주 수만 해도 60만 명이었고, 그의 손아귀에 있는 시스템의 가치는 3억 달러를 넘었다.[158]

인설이 일궈낸 유틸리티의 마지막 이름인 '코먼웰스에디슨Commonwealth Edison (그 이름만은 여전히 남아 있다)'은, 1929년에 일어난 주식시장의 붕괴로 인해 60만 주주가 일생 동안 모았던 돈을 모두 허공으로 날리게 되었다. 또한 시카고 최초의 대규모 교류 발전소인 피스트스트리트발전소Fist Street Station 는 1942년 노조의 파업으로 인해 폐쇄되었고, 2012년에는 환경 기준을 만족하지 못해 다시 폐쇄되었다. 이러한 회사와 발전소는 20세기 중·후반의 미국이 전력 인프라를 중심으로 어떻게 변해왔는지 보여주는 이야기에서는 그리 중요하지 않다. 과거로부터 내려온 사업 방식만을 유지하느라, 일종의 화석으로 전락했기 때문이다.

4장

카디건을 입은 미국

1977년 2월. 대통령직에 재임한 지 2주 차에 접어든 지미 카터는 난 롯가에 앉아 베이지색 카디건을 입고 담화를 발표했다. 그는 이 자리 에서 미국의 가정들이 이제 난방 온도를 낮출 때가 되었다고 말했다. 미국 대통령이 이러한 담화를 내놓은 것은 대단히 상징적인 사건이었 다. 미국 대통령 가운데, 이처럼 카디건을 상징적인 수단으로 활용했 던 인물은 없었다.

1970년대, 미국은 에너지 위기를 겪었다. 그리고 카터는 이 시기 에 대통령이 되었다. 그는 몇몇 중대한 에너지 개혁 조치가 포함된 정 강과 정책을 발표해 대권을 쥐었다. 그는 미국이라는 나라가 이제 변 해야 한다는 메시지를 보냈다. "에너지는 앞으로 계속해서 부족하리 라는 사실, 바로 이 사실을 직시해야만 합니다." 차가운 2월, 그는 따 뜻한 남부 억양으로 연설을 이어갔다. "이 위기를 신속하게 극복할 수 있는 수단은 어디에도 없습니다. 하지만 우리가 서로 협력을 아끼지 않으며 조금씩 희생하는 한편 검소하게 살아가는 법을 다시 배우고 이웃을 돕는 일의 중요성을 잊지 않는다면, 우리는 우리 사회를 더욱 효율적으로 바꾸는 한편, 우리의 삶을 더욱 즐겁고 생산적으로 만들 수 있을 것입니다."

카디건, 벽난로, 온도계 그리고 태양광 패널(카터는 1979년, 2차 오일쇼크가 발생하자 백악관 지붕에 태양광 패널 32개를 설치한다)은 이 시기를 살아가는 모두를 위한 슬로건이었다.

검약, 약간의 결핍, 이웃과의 협력을 강조하는 한편, (생활에 맞춰 상황을 조정하기보다) 상황에 맞춰 생활을 조정해야 한다고 말하는 정치가의 요청은 오늘날의 현대인에게는 상당히 이상해 보일 것이다. 우리는 경제 위기를 막고 공장의 생산 활동을 촉진하며 더 많은 사람들을 고용하기 위해서는 더 많은 것을 구매하고 소비하며 사용해 없애버려야만 한다고 생각해 왔다. 하지만 충격적이게도 난롯가의 카터는 이러한 종류의 활동을 줄여야만 한다고 권하는 것처럼 보였고, 이것이 실제로 그가 의도했던 것이기도 했다. 카터는 사람들이 스웨터를 입고 난방 온도를 낮추길 원했다.

사람들은 카터 대통령의 메시지에 귀를 기울였다. 미국인들은 실제로 에너지를 더 적게 사용하기 시작했다. 단지 가격 급등 상황이나 일시적 변화로 인해 생긴 공급 부족에 대응하기 위해서가 아니라, 더욱 심층적이고 지속적인 방식으로 에너지 소비를 관리해야 한다는 아이디어가 에너지를 어떻게 사용하고 운용해야 하는지에 대한 미국민들의 생각에 깊이 자리 잡았다.

보존과 에너지 효율을 향한 전환은, 카터 행정부 시기의 전력 산업에 커다란 충격을 가한 세 가지 위기 가운데 첫 손가락에 꼽히는 위기였다. 과거의 사업 모델, 즉 더 거대하고, 더 기술적으로 진보했으며, 결과적으로 더욱더 저렴한 전력원을 찾아내 전력 생산량을 끝없이 증가시켜 전력 소비량 역시 끝없이 증가시키겠다고 말하는 모델은 이 시기부터 붕괴하기 시작했다.[159] 전력 산업 역사상 처음으로 전력 소비량이 줄어들기 시작했다. 또한 대규모 발전소의 건설 사업을 완료하는 데 예상보다 더 많은 투자가 필요해졌다.[160] 유틸리티들을 놀라게 만든 다른 조치도 이와 함께 이뤄졌다. 규제 당국이 그리드에 대한 독점 통제권을 사업자들에게서 박탈했던 것이다.

이러한 조치는, 처음에는 많은 사업자나 정치가(법령 표결에 참여한 사람들을 포함한다)가 주목하지 않았던 비교적 사소한 변화 때문에 가능했다. 문제의 법안을 입법한 사람들, 이 법안에 표결한 사람들 그리고 전력 회사의 로비스트들은 의회에 제기된 국가에너지법안National Energy Act 가운데 아주 사소한 조항 하나가 바뀌었다는 것을 놓쳤다. 아마도 여러 중요한 정치적 사건이나 행정부를 곤란하게 만들었던 상황 때문에, 이 법안이 회기 동안 심의해야 할 법안의 목록에 억지로 끼워 넣어진 법안이었기 때문이었던 듯하다. 1978년 가을 회기에 이 법안은 하원을 단 1표 차이(207:206)로 통과했다.

이 조항은 아주 단순한 내용을 담고 있었다. 즉, 유틸리티는 80메가와트 미만의 출력(이 값은 당시 원전 출력의 10분의 1 수준이었다)을 가진 시설에서 나온 전력이라면 그 출처와 상관없이 반드시 구매하고 시장에 판매해야 한다는 것이었다. 게다가 유틸리티들이 상당한 비율의 추가 비용을 소규모 발전 사업자들에게 지불해야만 했다는 점 또한 중요하다. 이 비율은 이른바 '회피 비용'에 의해 설정되었다. 다시 말해, 구매한 물량만큼의 전력을 생산하는 데 유틸리티가 지출해야 하는 비용에 의해 설정되었다.

당시에는 그 의미를 깨달았던 사람이 드물었으나, 공공전력규제정책법Public Utilities Regulatory Policies Act, PURPA 210조는 자신이 소유한 전력 시스템으로 들어오고 통과하며 빠져나가는 모든 것에 대한 유틸리티의 통제력을 효과적으로 무너뜨린 법안이었다. 그리고 이 조항은, 이 조항의 명시적 내용뿐만 아니라 이러한 내용이 불러일으킨 일종의 충격 때문에 작동하는 것이기도 했다. 미국인들은 이제 지난 수십 년간 전력 산업이 요구했던 것을 더 이상 받아들이지 않기 시작했다. 그리고 그들이 사용할 수 있는 모든 것(카터를 대통령으로 선출한 것을 포함한다)을 동원했다. 미국의 전력 산업은 아주 천천히, 그러나 근본적으로 그리고 영원히 변했다.

이 법안의 세부 조항들이 별다른 주목도 받지 못하고 논란도 일으키지 못했던 이유 가운데 하나는, 누구도 이 조항이 불러일으킬 충격을 예상하지 못했기 때문이다. 해당 조항을 많은 이들이 간과했던 또 다른 이유는 당시 입법된 국가에너지법안의 야심이 매우 광범위했기 때문이다.

2012년, 미국 상원 외교위원회가 개최한 회의 자리에서 카터는 이렇게 회고했다. 이 법안은 "연료를 낭비하는 자동차에 무거운 벌칙을 내리는 한편, 전력 회사들이 연료 소비량을 줄여가도록 압력을 가했습니다. 건물의 단열 기능을 강화하도록 하는 한편 전기모터와 가전제품들의 효율을 증대시켰으며, 가소홀* 생산과 카풀을 장려했고 천연가스 가격의 등락 폭을 1년에 10% 수준으로 규제했습니다. 태양, 풍력, 지열 그리고 수력을 더 많이 활용하도록 만들었고, 지역 수준에서 생산된 전기가 전력 회사의 그리드에 진입하도록 했으며, 노천 광산을 규제하고 해상 시추 작업은 제한된 지역에서만 이뤄지도록 이끌었습니다. 우리는 항공, 철도, 트럭 수송 시스템에 대한 규제도 완화해 효율성을 향상시켰습니다".[161]

• 가솔린과 에틸알코올의 혼합 연료를 말한다.

이처럼 많은 변화가 단일 법안만으로 이뤄졌다는 점을 감안하면, 중요한 대상을 포착하도록 잘 조율된 레이더가 물체를 추적하지 못하고 지나쳐버린 것처럼 "지역 수준에서 생산된 전기를 전력 회사의 그리드에 진입하도록" 허용하는 이 조항을 많은 이들이 간과했다는 것도 충분히 이해할 만하다. 이 법안을 이루는 수많은 조항은 모두 미국이 에너지를 사용하고, 생산하며, 관리하고, 생각하는 방식에 강력한 영향을 미쳤다. 카터가 다른 관료 조직에 취했던 조치들처럼, 그리고 미국이 전력망과 맺고 있었던 관계를 바로잡기 위해 제시된 입법 조치들처럼, 이 법안에 대해서도 카터는 옳았다. 그의 임기가 끝날 무렵, 미국은 첫 번째 국가 에너지 계획을 가지게 되었고(국가에너지법안은 이러한 계획을 가능하게 했던 법률적 형식이었다), 이전에는 50여 개의 부처에 흩어져 있었던 기관들을 한데 모아 '에너지부'가 창설되었으며, 이 부처는 연방의 에너지 정책을 총괄하게 되었다. 또한 전략비축유를 통해 외국 석유에 대한 미국의 깊은 의존성 때문에 발생하는 석유 가격 등락 사태를 완충할 수 있었으며, 미국 국립재생에너지연구소는 재생 가능하고 규모가 작으며 탈집중화된 전력 활용 체계에 대해 탐구해 그것의 구현을 돕는 역할을 시작했다.[162]

유틸리티에 대한 여러 불만이 대체 어떻게 제기되었기에 흔히 '죽음의 나선'이라고 불릴 만큼 에너지 위기가 심각하게 여겨졌는지를 이해하기 위해서는, 1970년대를 더 주의 깊게 살펴봐야 한다. 이 시기, 미국인들은 자신들의 삶을 지탱하는 시스템의 취약성과 불합리성에 대해 점차 깊이 깨닫게 되었다.

• • •

미국은 20세기 초·중반 대부분의 기간에 매년 수십억 BTU*에 달하는 방대한 양의 에너지를 국가적 개발 프로그램을 위해 소비했다. 1970년대에 이르러, 이 프로그램은 많은 면에서 성공했다. 미국은 부강한 국가가 되었으며, 기반 시설 면에서도 훌륭한 나라가 되었다. 하지만 미국을 부강하게 만들기 위한 시스템은 몇 가지 명백한 단점도 가지고 있었다. 정부는 베트남전쟁에서 결국 승리하지 못했다. 국내의 번영은 외국의 석유에 깊이 의존하고 있어서 매우 취약했고, 석유의 공급선도 점차 통제하기 어려워졌다. 또한 미국의 산업이 가져다 준 물질적 보상은 대중들이 통제하기 어려운 환경문제를 불러와 환경오염이라는 부담을 대중에게 던져주었다. 1970년대 미국을 운영했던 여러 관료 조직들은 점점 공감받지 못하는 결정을 내리고 있었으나, 이러한 조직의 권력은 누구도 그에 영향을 끼칠 수 없을 정도로 이미 너무 막강해진 듯 보였다. 1960년대 후반의 시위 문화는 부분적으로 국가와 기업의 권력이 점점 더 접근하기도 힘들고 경직되어 가는 상황에 대한 반응이었으나, 더 큰 비용을 치르지 않고서는 이러한 권력이 지속적으로 내놓는, 잘 조율된 결과물을 누릴 수 없게 되었다는 점을 많은 사람들이 깨달은 데에 따른 반응이기도 했다. 빈곤과 마찬가지로, 공해 역시 대중의 관심을 끄는 문제가 되었다. 물론 모든 사람이 동일한 방식으로 공해에 관심을 가진 것은 아니었다. 하지만 충분히 많은 수의 미국민들이 카터와 같이 특이한 인물을 대통령으로 선출할 만큼 근본적인 변화가 필요하다고 생각했던 것만은 분명하다.

- BTU British Thermal Unit는 1파운드의 물을 화씨 1도(1°F) 올리는 데 필요한 열량을 말한다. 1BTU는 252칼로리이며, 1킬로칼로리는 3.968BTU에 해당한다.

카터가 취임할 무렵, 미국의 모든 가정은 기적과도 같은 기술들이 집약된 중심점이었다. 각각의 집 안에는 모두 복잡하게 얽힌 전선망과 배관망이 설비되어 있었다. 1976년, 모든 미국민은 원하기만 한다면 모두 전기, 송풍용 배관, 중앙난방, 냉장고, 전화기를 가질 수 있었다. 일터에도 이러한 기기들은 충분히 갖춰져 있었다.

이런 집에서 산다는 사실, 그리고 이런 일터에서 일한다는 사실이 미국인들을 변화시켰다. 미국인들이 대단히 현대적인 소비 양식을 익힌 데는 대공황 이후 단 한 세대가 걸렸을 뿐이다. 다시 말해, 미국민들은 석탄 화로, 등유 램프, 물을 사용하지 않는 화장실, 아이스박스, 우물, 압착 탈수기처럼 스위치, 버튼, 콘센트, 소켓, 수도꼭지, 수세식 장치보다 더 많은 구성 요소들로 이뤄진 복잡한 물품을 다루는 법을 잊어버렸다. 과거의 기술을 대체한 현대 기술(화로를 대체한 석탄화력발전소, 물을 사용하지 않는 화장실을 대체한 하수도 시스템, 우물을 대체한 상수도 시스템 등)을 어떻게 사용할 수 있는지에 대해 무언가를 알고 있던 사람도 거의 없었다. 1970년대 중반까지, 대체 누가 석유 정제 공장과 석탄화력발전소의 차이에 대해 이야기할 수 있었을까? 하수처리장과 정수장에 대해서는? 또는 이것들과 관련된 양어장에 대해서는? 전화선, TV선, 전력선이라고 해서 크게 달랐을까? 누가 이러한 기반 시설이 가진 특징들을 구별할 수 있었을까? 시스템을 유지 보수하는 전문가가 아니라면 누구도 구별할 수 없었을 것이다. 스위치, 버튼, 콘센트, 소켓, 수도꼭지, 수세식 장치가 작동하는 한, 머나먼 곳에서 이러한 시스템이 구동되어 기나긴 전력망과 기나긴 파이프를 통해 일반 시민들에게 이득을 준다는 사실은 더 이상 전문가를 제외한 보통 사람들의 직접적인 관심 사항이 아니었다.

이에 따라 미국은 한 가지 지식, 말하자면 '로테크low-tech'로 가정을 관리하는 데 필요한 지식을 잃고 말았다. 그러나 그 대신 얻었어야 하는 지식, 즉 멀리 떨어져 있고 복잡한 기술로 가동되는 '하이테크high-tech'에 대한 지식은 얻지 못했다. 여기서 '하이테크'란 디지털 기술을 의미하지 않는다. 오히려 하이테크는 안락한 삶을 불러온, 온건하지만 대체로 아날로그 시스템과 얽혀 있는 기술을 뜻한다(이를 가능하게 만든 기술과 인프라는 1970년대 후반에야 사람들에게 그 대략적인 모습이 알려졌다). 미국인의 삶 속에 깊이 침투한 인프라는 2세대 전에는 심지어 아주 위대한 몽상가라도 생각조차 못 했던 것이었다. 우리 세대의 '보통'은 인류 역사의 다른 시기에서 볼 때 무분별한 수준의 사치였다. 이러한 전환의 결과로, 우리는 더 많은 것을 생각하고, 이렇게 생각한 것을 실행으로 옮기며, 더 긴 수명을 누리고, 질병에 덜 속박된 삶을 살게 되었다. 그러나 문제도 있었다. 이런 성과를 산출한 시스템은 모두, 이제 일상인들의 이해 수준를 한참 벗어나는 문제를 불러왔고, 1970년대가 되자 이러한 문제들은 더 이상 무시할 수 없는 것처럼 보였다.

1973년과 1979년의 석유 수출 금지 조치에 따라, 전 국민은 석유 공급망이 전 세계적으로 너무나 복잡하게 얽혀 있으며 동시에 취약하다는 점을 (초보적인 수준일지라도) 이해하게 되었다. 1950년대 시작되어 1960년대 내내 지속된 로스앤젤레스의 스모그 위기는 기계(석탄화력발전소를 포함한다)가 남부 캘리포니아 주민들의 폐와 붉게 충혈된 눈이라는 아주 명백한 증상과 깊은 관계가 있다는 점을 드러냈다. 나이아가라폭포 인근 러브 커널에서 1978년에 일어난 사건은, 공해를 추상적인 악덕에서 명확한 실체를 지닌 호러 쇼로 바꿔놓았다.

러브 커낼, 또는 이와 비슷한 '슈퍼펀드'• 오염이 환경 운동의 강력한 동인이었지만, 펜실베이니아주 스리마일섬의 원전에서 1979년 일어난 부분 노심용융 사고는 미국의 조류를 환경주의자들에게 매우 유리하게 바꿔놓았다. 이 사고는 반원전론자들이 옳았음을 입증하는 것처럼 보였다. 전력을 생산하기 위해 폐를 검게 오염시키고 더러운 먼지를 내뿜는 석탄화력만큼이나 원자력도 유독해 보였고, 핵연료는 지구 저편에서 실어 와야 하는 석유만큼이나 통제하기 어려워 보였다. DDT에서 산성비에 이르기까지 엄청나게 많은 '난장판들'은, 베트남전쟁의 여러 과도함 때문에 분노에 찬 급진적인 세대가 가진 확신을 더욱 강하게 만들었다. 이들은 근본적인 변화를 향한 지속적이고 광범위한 노력이 뒷받침되지 않는다면 미국에 재앙이 닥칠 것이라고 믿었다(그리고 아마도, 적지 않은 사람들에게 미국은 그러한 변화를 감당하기가 어려워 보였다).[163]

1970년대 후반에 이르면, 무언가 잘못되었다는 자각은 더 이상 중요하지 않았다. 문제를 어떻게 해결할 수 있을지가 중요했다. 스모그, 산업 폐기물로 오염된 호수, 탈황 경유 그리고 전쟁을 만들어낸 시스템은 점점 더 강고해졌고, 그 일부분은 변화가 어려울 정도로 경직되어 버렸다. 몇몇 산업은 구조 조정 단계에 접어들었다. 전력 산업도 예외는 아니었다. 전력이 어떻게 그리고 무엇으로 만들어지든지, 전력 생산방식의 귀결이 무엇이든지, 시위를 하거나 전력을 사용하지 않는 방법 말고는 보통 사람들이 항의할 수단은 없었다. 그리고 많

• 미국 환경보호국에서 운영하는 환경 정화 사업으로서, 환경 비상사태, 기름 유출, 자연재해 등이 야기한 유해 폐기물과 그로 인해 심각하게 오염된 환경을 정화하고 복원하는 일을 목표로 한다.

은 미국인이 이 방법들을 택했다. 1960년대 후반부터 70년대에 이르기까지, 여러 원전 주변에서 수천 명이 텐트를 치고 원자력발전소의 운전에 반대하는 시위를 계속했다. 더욱더 많은 수의 사람들이 거리로 몰려나와 불만을 표출하거나, 그리드에서 벗어난 삶을 찾아 떠났다. 그리드에서 벗어나 전력 소비를 거부하는 행동은 불복종의 한 가지 표식으로 간주되었다. 심지어 "전원을 꺼버리고, 항의자들에게 동조해 망에서 벗어나려는" 시도를 하지 못하던 사람들도 카터가 제안한 온건한 방법은 따를 수 있었고, 많은 이들이 실제로 그렇게 했다.

이러한 전개에도 불구하고, 전력 산업의 생산 환경은 전력을 생산하기 위해 따를 만한 다른 종류의 방법이 없도록 만들었다. 발전 방식을 선택하거나 자가 급전할 수 있는 방법은 없었고, 오염 물질을 내놓지 않거나 효율성을 상승시키는 데 어떠한 보상도 주어지지 않았다. 카터가 그리 많은 것을 정책으로 옮기지 않았을지도 모른다. 하지만 그의 행정부가 내놓은 입법에 앞서, 이미 환경 보존과 효율성에 어떠한 보상도 하지 않는 당시의 상황에 무언가 변화가 필요하다는 요구는 널리 퍼져 있었다. 사람들은 더 적은 전력을 사용할 수 있었다. 그러나 한 달 동안 사용한 전력 가운데 먼저 사용한 킬로와트시일수록 높은 요금을 청구하는 계층화된 요금 체계(이는 새뮤얼 인설에 의해 개발된 시스템이다) 때문에, 전력을 절약하는 행동은 단지 몇 달러의 금액으로 전력 요금 청구서에 반영될 뿐이었다.

점점 고조되는 환경 의식을 기성 산업에 대응하는 효과적인 행동으로 변화시키기 어렵다는 사실은, 개인에게 중요한 문제일 뿐만 아니라 환경 파괴에 대응해야 하는 국가나 지방정부의 관점에서 보더라도 큰 문제였다. 예를 들어, 캘리포니아는 1960년대에 오염을 줄이고 전력 생산을 더 재생 가능한 방식으로 수행하는 것을 권고하는 법안을 통과시켰으나, 이를 유틸리티에게 강제하지는 못했다. 이는 주 정부의 개혁으로부터 대규모 오염 유발 사업자들을 지켜준 연방 정부의 규제 방식 때문이었다. 미국은 구속복과 같은 과거의 관성에서 벗어나지 못했고, 환경 규제를 행동으로 옮기지 못해서 빚어진 차질은 공공전력규제정책법 제210조와 같이 아주 작은 변화의 씨앗만으로도 예상치 못한 변화가 일어나도록 만들었다. 카터 행정부가 이 법안을 성문화하긴 했으나, 1970년대의 시대정신이야말로 이 법안을 움켜잡은 주체였다.

유틸리티들이 대중의 변화에만 눈감고 있었던 것은 아니다. 이들은 자신들을 전담하는 규제 기구가 있었기 때문에 정부의 변화와 개혁으로부터도 큰 영향을 받지 않았다. 과거에 이러한 규제 기관들은 유틸리티들을 경쟁으로부터 보호했으며, 이제는 전력 시장에 장막을 둘러쳐 이들을 여러 변화와 개혁의 영향으로부터 보호하는 기관이 되었다. 이들은 유틸리티들이 경영상의 판단을 내릴 때 시장의 영향에서 벗어나 있도록 했는데, 이는 이 사업자들이 영업에 소모한 모든 비용에서 이익을 얻을 수 있도록 보장받았기 때문이다. 회계사에게 새 의자를 사주고 싶은가? 돈을 가져오라. 새 석탄화력발전소를 건설하고 싶다고? 돈을 많이, 아주 많이 가져오라.

1970년대, 유틸리티들은 현실에서 살고 있지도, 현실에서 작동하지도 않았다. 이들이 따르던 규칙은 산업 바깥의 사회에서 통용되는 것이라고 보기 어려웠다. 이들의 권력은 점점 더 절대적인 것, 변화를 허용하지 않는 맹목적인 것이 되어갔다. 에너지 역사학자 리처드 허시는 한술 더 떠서, 지난 수십 년간 유틸리티들이 채용한 사람들은 공과대학에서 그리 뛰어나지 않은 사람들이라고 주장했다. "전자, 항공우주, 컴퓨터와 같이 매력적인 산업"에서 흥미진진한 커리어를 쌓기를 원하지 않고, 더 흥미로운 직업이 있는 땅을 찾아 나서기에는 그다지 기민하지도 못한 학생들이 전력 산업에 들어왔다는 뜻이다. 전력 산업은 모험이 없는 대신 꾸준한 보수를 제공하는 정체된 분야였다. 결국 위험을 가장 싫어하는 사람들이, 그리고 시키는 일을 가장 고분고분하게 잘 따르는 사람들이 이 산업을 운영하게 된 것이다.

· · ·

PURPA 210조가 입법되어 법률로 제정될 수 있었던 이유 중 하나는, 이 조항이 어느 누구에게도 그리 중요한 문제로 간주되지 않았기 때문이다. 이 조항은 유틸리티의 독점적 지위를 전혀 훼손하지 않았으며, 단지 20세기의 첫 10년 동안 전개된 역사적 우연 때문에 이 사업자들의 권리를 개혁하는 데 그쳤다. 다시 말해, 이 조항은 유틸리티들이 전력 판매자(배전 부문)로서 통제할 권리를 박탈하지는 않았으나, 전력 구매자(발전 부문)로서 통제할 권리를 박탈했다. PURPA는 사업자의 독점력을 실제로 상당 수준으로 보존했으나, 전력 구매자로서 누렸던 독점적 지위는 즉각 박탈했다.

상품과 서비스의 공급을 전적으로 통제하는 역량을 유지하는 기업, 즉 독점기업이 무엇인지 모르는 사람은 드물다. US스틸은 1900년경 철근 공급 시장을 통제했고, 소련 정부는 소련의 광활한 영토 전체에 걸쳐 칫솔부터 감자 자루에 이르는 모든 것을 통제할 능력을 가지고 있었다. 하지만 독점기업에게 소비자 면에서 쌍둥이가 있다는 점은 잘 알려져 있지 않다. 제품을 구매하는 유일한 소비자인 이들을 경영학 용어로 '구매 독점기업monopsony'이라고 부른다. 미국에서 이 기업들에 대한 논의는 그리 많지 않은데, 이는 구매 독점기업이 드물기 때문이다. 이런 기업이 자리 잡은 시장에서 구매자는 상품 시스템에서 귀중한 대접을 받는데, 이는 어떤 제품이나 서비스의 공급자로서 시장을 통제하려는 열망을 지닌 기업들조차 단 하나의 고객이 되어 시장을 통제한다는 개념에 대해서는 그다지 관심을 보이지 않기 때문이다. 하지만 구매 독점기업은 공급 독점기업만큼이나 중요한 행위자다. 그리고 PURPA 이전의 미국 유틸리티들은 두 개념을 모두 만족하는 아주 드문 사례였다. 이들은 일정한 지역 내에 전력을 공급하는 유일한 사업자였을 뿐만 아니라, 동시에 법적으로 유일한 구매자였다. 다른 산업, 예컨대 설비를 가동할 때 폐열이 다량 생성되는 용광로의 사업자가 전력을 생산해 판매하려면, 그는 해당 지역의 유틸리티에게 전력을 판매해야만 했다.

유틸리티들은 전력망을 관리했고, 전력을 생산했으며, 송전망을 소유했고, 전력 배전망을 운영했으며, 그래서 돈을 긁어모았다. 또한 이들은 전기를 판매하려는 다른 사업자들에게는 전혀 적용되지 않는 방식으로 규제되었다. 법률은 (송배전 면허를 발부하지 않음으로써) 다른 전력 생산자들이 송배전망을 건설해 기존 사업자들과 경쟁하는 것을 금지했다. 유틸리티들은 이러한 제3의 사업자로부터 전력을 구매하는 것을 딱 잘라 거부하거나 킬로와트시당 가격을 대부분의 발전 사업자들이 원하는 것보다 낮게 설정했고, 이를 통해 전력 사업을 시작하려고 마음먹은 사업자들이 사업에서 손실을 볼 것이라고 계산하게 만들어 사업에 진입하지 못하도록 보호 장벽을 쳤다.[164] 이 점은

20세기 중반에 '대안' 발전 사업자가 존재하지 않았던 이유를 설명한다. 전력 산업에서 독점 구조가 아직 확립되지 않았던 시기부터 존재해 왔던 발전소들, 예컨대 작은 하천에 건설된 소수력발전소(1920년대 캘리포니아에서 유행했다) 또는 열병합발전소(1908년 미국 전력 생산의 약 60%를 차지했다)조차도 유틸리티들이 거대하고 복잡한 발전소를 훨씬 더 선호했기 때문에 거의 다 소멸되어 버렸다. 이렇게 아무도 시장에 진입할 수 없었기 때문에, 유틸리티들은 발전소가 전력을 얼마나 저렴하게 전력을 생산했는지, 또는 얼마나 청정하게 전력을 생산했는지는 전혀 고려하지 않아도 되었고, 결국 발전소가 아무리 방만하게 경영되고 환경오염 물질을 많이 내뿜는다 해도 큰 문제가 되지 않는 지경까지 갔다.

20세기 벽두에 이러한 규제가 시작될 당시, 학자들은 수직적 통합이 이뤄지고 더 효율적인 전력 시스템이 생겨날 것이라고 예상했다. 하지만 어느 누구도, 동일한 기업이 반세기가 넘도록 다른 사업자에 의해 생산된 전력을 거의 구매하지 않는 '소비자'의 지위에 있게 되리라고 예상하지 못했다. 구매 독점력은 발전 사업자들에게 역사적 우연에 따라 부여된 것이었다.

PURPA는 바로 이러한 우연을 반전시켰다. 유틸리티들은 여전히 공급 독점기업이었다. 그러나 이들은 더 이상 소비 독점기업일 수는 없었다. 이제 유틸리티들은 자신들의 권역 내에서 전력을 소량 생산하는 사업자들에게서 전력을 구매해야만 했다. 또한 유틸리티들은 독립적으로 전력을 생산하는 이런 사업자들에게 전력 가격을 지불할 때 자신들의 자회사에서 생산된 전력을 구매할 때와 동일한 요율을 적용해서 지불해야만 했다. 이러한 지불 의무를 담은 두 번째 조항은 소규모 사업자가 기존 유틸리티보다 더욱더 비용 면에서 효율적인 사업자가 되도록 만들었다. 전력 생산에 들어가는 비용은 유틸리티의 회피 비용보다 낮아야 했다. '회피 비용'은 연료 가격부터 발전 사업자가 건설하지 않은 신규 발전소(이는 다른 원천으로부터 구매해야 하는 의무 때문이다)의 자산 가치에 이르는 모든 것을 포함할 수 있는 모호한 말이다. 달리 말해, PURPA는 소비 독점에 반대하는 매우 정교한 규제 법안이었다.

오랫동안 공급 독점기업으로 규제받은 역사 때문에, 발전 사업자들은 자신들이 소비 독점기업으로도 규제받게 되리라는 점에 대해서는 그다지 경각심을 가지지 않았다. 이들이 해당 법안에 만족했다는 뜻은 아니다. 다만 이들은 이른바 '장려율promotional rate'을 설정하는 힘을 잃게 되었다는 데만 근시안적으로 관심을 기울였을 뿐이다.

1970년대 후반, 작은 것이 곧 아름다운 것이 되었으며, 더 적은 것이 곧 더 많은 것이 되었다. 이렇게 중용이 새롭게 지배하는 세계에는, 실제로 필요로 하는 것보다 더 많은 전력을 사용하게끔 부추기는 요율 구조가 들어설 자리가 없었다. 그럼에도 장려율은 대규모 인프라 투자의 비용을 보전해 유틸리티의 회계장부가 적자에 빠지지 않도록 하는, 유틸리티의 도구 상자 속에 남아 있는 몇몇 트릭 중 하나였다. 지난 3장에서, 전력 사업으로 이익을 올리고자 할 때 가장 큰 문젯거리는 발전소를 최대 출력에 가깝게 24시간 가동해야 한다는 점임을 지적했다. 그 원인이 무엇이든, 소비 감소는 유틸리티의 핵심적인 수익 창출 방법에 직접적인 위협을 가했다. 모든 사람이 전력을 공급받으면, 소비자의 수를 늘려 전력 판매량을 늘리는 방법은 없다. 이때 전력 판매량을 늘릴 유일한 방법은 전력 소비자들이 전력을 사용하는 양과 시간을 늘리는 것뿐이다. 판촉을 위한 차별적 요금제는 이런 목표를 달성하기 위해 유틸리티가 선택한 최선의 방법이었다.

소비자들의 행동을 바꾸는 데 유효하다고 검증된 이 수단은, 특히 에너지 다소비 산업 소비자들에게 적용되어 이들이 사용하는 전력량을 늘리는 데 기여했다. 이때 활용된 대표적인 기법은 심야 전력 무료, 1개월 또는 일정한 과금 기간 안에 사용한 전력 중 60킬로와트시까지는 반값으로 판매하기 등이 있었다.[165] 이러한 전략은 유틸리티들의 사업 모델에서 중요한 부분이었고, 특히 전력 소비가 감소하고 신규 발전소 건설이 정점에 도달한 1970년대에는 더욱더 중요한 전략이 되었다. 그러나 전력 산업의 평형을 만들어내는 데 효과적이었던 이런 수단도 PURPA 210조에 의해 위협받았다. 그 결과, 유틸리티들은 소규모 분산 전력 생산자들에게 전력을 구매하게 된 것을 우려하는 데 그치지 않고, 전력 요율 규제와 관련된 에너지정책법의 조문 전체에 우려를 표하게 되었다.

그래서 유틸리티들은 210조 입법에 반대하기 위해 로비를 벌였으나(유틸리티 사업자들은 법안 기각에 거의 성공할 뻔했다), 뉴햄프셔주 상원 의원이었던 존 더킨John Durkin이 해당 조항을 법안에 다시 삽입한 시점에 이것에 주목했던 사람은 거의 없었다. 더킨은 자신의 지역구 주변 쓰레기 소각장이 보스턴 일대의 전력망에 전력을 판매할 수 있도록 만들고자 했다(그리고 이 소각장은 뉴잉글랜드의 숲에서 삼림 부산물까지 집어넣어 발전량을 늘리려고 했던 듯한데, 이런 부산물을 최근에는 '바이오매스'라고 부른다). 유틸리티들은 쓰레기 소각 사업자가 소량의 전력을 파는 권리를 얻고자 상원에서 벌이는 로비보다 더 중요한 쟁점이 있다고 생각했다. 물론 이런 판단은 잘못된 것이었다.

1970년대, 미국에는 여전히 전국 그리드에 속하지 않은 전력 생산자가 두 종류 있었다. 첫 번째는 뉴햄프셔의 쓰레기 소각 시설에 설치된 것과 같은 열병합발전소였다. 이곳에서는 해당 시설의 다른 기능에는 별다른 영향을 끼치지 않는 작은 발전기 계통을 폐열 처리 계통과 연결해 전력을 생산했다. 두 번째 종류는 히피족이나 그와 유사하게 전력과 관련해 자급자족을 실천하려고 한 소규모 행위자들이었다. 1970년대, 이 두 집단은 이미 모두 자발적으로 전력을 생산해 내고 있었으나, 전국적인 전력망 게임에서 아직은 극히 작은 의미만을 가질 뿐이었다. 1975년에 열병합발전소의 전력 생산량은 미국 전역의 전력 생산량 대비 약 3%에 불과했고, 이 가운데 단 1킬로와트시도 외부에 판매하지 못했다. 소규모 행위자들의 전력 생산량은 집계하기에도 민망한 수준이었다. PURPA 210조를 입안하면서, 카터 행정부는 한 종류의 사업자, 즉 열병합발전소를 망에 통합하는 것이 효율 면에서도 적절하다고 여겼을 것이며, 동시에 다른 종류의 사업자, 즉 히피 사업자들을 망에 통합하는 것은 정치적으로 적절한(그리고 아마도 장기적인 관점에는 효율 면에서도 합리적인) 일이라고 생각했다. 카터 행정부의 견해가 그리 잘못된 것이 아니라는 점은 곧 드러났다.

• • •

소수력발전소, 태양광발전소, 풍력발전소와 같은 이른바 "혁신 전력 기술"들은, 실험 이상의 활동이라고 보기 어려웠던 소규모 발전소들의 혁신을 지원하기 위해 PURPA의 조문에 실제로 포함되어 있었다. 물론 열병합발전소는 새로운 아이디어도, 새로운 기술이라고도 할 수 없는 것이었다. 초기 전력 산업에서, 여러 산업의 공장들은 자신들이 사용할 전력을 직접 생산했다. 하지만 그리드가 점점 더 성장하면서, 공장 내부의 전력 시스템은 전국의 전원 믹스 속에서 점차 부차적인 존재가 되어갔다.[166] 1912년까지는 미국에서 생산된 전력 가운데 유틸리티가 생산한 물량보다 열병합발전소가 생산한 물량이 더 많았다. 하지만 1962년에는 상황이 완전히 역전되어,[167] 열병합발전소는 전국 전력 공급량 가운데 10% 미만만을 공급했다. 1978년, 이 수치는 더욱 낮아져 3.2% 선에 머물렀다. 정부의 직접 개입이 없을 경우, 이 수치는 0으로 수렴할 것으로 보였다.[168]

1980년대 초반 PURPA가 안정화되자, 열병합발전소의 전력 공급 비중은 두 자릿수를 회복했다. 2015년, 미국에서는 3,600개가 넘는 공장들이 자신들이 운영하는 산업 공정의 부산물로 얻은 전력을 공급하고 있고, 이 공장들은 미국 내 전력 공급량의 12%를 차지한다.[169] 미국 에너지부는, 계획에 따르면, 이 비율을 2030년까지 20%로 상승시키고자 한다. 열병합발전소는 동일한 원천에서 생산된 열을 발전에 다시 활용하는 발전소이기 때문에 계통의 열효율을 50% 이상으로 끌어올려 열기관에 대한 카르노의 정리를 무색하게 만들 수 있으므로, 1970년대의 정신(효율성을 극대화하도록 여러 공정을 정확히 조합해야 한다는 정신)과 부합하며, 그래서 전력 공학자들 사이에서도 꾸준히 주목받아 왔다. 발전소의 효율을 높이기 위한 어떠한 다른 기술도 그 본성상 열병합발전소만큼 효과적일 수 없다.

그렇다면 열병합발전소를 활용하는 것은, 보스턴에 아주 가까이 있어서 열로 전력을 만들어 판매하는 것이 열을 버리는 것보다 나았던 뉴햄프셔주의 쓰레기 소각로 1기의 문제가 아니었던 셈이다. 오늘날 열병합발전소는 주류에 진입했다. 이제 논의를 도박에 더 가까웠던 기술로 옮겨보자. 특히 바람과 태양광처럼 그 원천은 널리 퍼져 있지만, 전력 시스템이 기반하기에 충분히 효율적일지가 분명하지 않았던 기술로 옮겨보자.

전국 그리드에 열병합발전소를 통합하는 것은 1970년대의 시각에서 보더라도 현명한 일이었지만, PURPA는 동시에 대안적인 재생에너지 사업자가 자신이 생산한 전력을 자신의 지역에서 전력망을 운영하는 유틸리티들에게 판매할 수 있는 권리를 명시적으로 부여하는 내용도 포함하고 있었다.[170] 재생에너지 사업자들은 설비용량이 80메가와트 미만이었으며, (전력 사업자들의 회피 비용보다 더 낮은 가격으로 전력을 생산하는 한) 전력 시장에 참여해 자신들이 생산한 전력을 공정한 가격에 판매할 권리를 열병합발전소와 동등하게 부여받았다.

PURPA는 거의 5년간 지속된 법정 다툼에 휘말렸지만, 당시 소규모 전력 생산자들은 대출을 받아 구형 소수력발전소를 수리하거나 토지를 구매해 풍력 터빈을 건설했다. 캘리포니아주보다 이런 작업이 가장 활발하게 이뤄진 곳은 없었다. 이 주는 10년 이상 이러한 급격한 변화를 제도적으로 준비해 왔던 곳이기도 했다. 1983년, 미국 대법원이 PURPA의 합법성을 인정하고 추가적인 법률 절차로 인해 해당 법안의 적용이 더 이상 늦춰지지 않도록 조치했을 때, 캘리포니아는 이 법안의 효력에 이미 준비되어 있었던 곳이다. 이 주는 영업을 개시하기 직전인 여러 소규모 에너지 사업자들을 보유하고 있었고, 주 의회는 환경 친화적인(이후 우리는 이 말과 같은 뜻으로 '녹색'이라는 말을 사용하게 된다) 것으로 확인된 전력 생산 프로젝트를 지원해야 한다는 조례를 통과시켰다. 소규모 전력 사업을 위한 설비 건설 허가를 취득하기 위해, 대법원의 판결이 끝나자마자 주 정부에 몰려든 신청서의 수는 소수력발전소만 약 1,800개소, 풍력 터빈은 약 1만 6,000개소에 달했다. 실험적인 수준이었지만 태양광 프로젝트 또한 포함되어 있었다. 물론 이러한 소규모 유틸리티들은 이 주의 지리적 중심부를 이루는 4개의 주요 지형지물(시에라네바다강의 협곡과 옛 광산, LA 교외의 사막, 샌프란시스코만과 중앙 계곡 사이의 고갯길, 심지어 새크라멘토 시가지 내부) 사이에 흩어져 있었고, 이 가운데 대부분의 지역에서 소수력, 풍력, 태양광을 사용할 수 있었다.[171] 이 지역 모두, 바람이 불고 물이 흐르며 태양은 대지를 데우고 있었기 때문이다.

유틸리티들은 PURPA로 인해 자신들이 해결해야 할 새로운 문제가 상당히 늘었다는 것을 재빨리 알아차렸다. 과거에 이들은 변동성 전원을 다뤘던 적이 없고, 분산 전원을 다뤘던 적도 없으며, 당시까지 거의 70년간 전력 생산과 관련해 통제권을 상실한 적도 없었다. 문제의 핵심은, 사업자들이 대규모 전력을 망에 통합해야 했다는 데 있지 않았다. 새롭게 처리해야 했던 전력량 자체는 유틸리티들이 이미 자신들의 송전망을 통해 흘려보내고 있던 전력량에 비해 상당히 작았다. 가장 중요한 문제는 언제, 어디서, 얼마나 이러한 전력이 망에 진입하게 될지 유틸리티가 결정할 수 없었다는 점이다. 이들은 오직 발전에 들어간 비용을 지불하고, 망에 들어온 전력을 분배하는 일만 할 수 있었다. 이들의 사업 모델은 이러한 새로운 현실에 대비가 되어 있지 않았다.

반세기 넘는 시간 동안, 그리드의 연도별, 분기별, 일별 운영 방침은 유틸리티 내부의 다양한 조직을 대표하는 관리자들의 회의에서 결정되었다. 바로 여기서 초안이 작성되었고, 계획이 수립되었으며, 이어서 계획이 집행되었다. 이러한 중앙 집중적이고, 어떤 면에서는 기계적인 조직 일정을 실행하던 유틸리티가 이제는 실시간 유연성을 받아들일 수 있게 체질을 바꿔야만 했다. 비록 최초에는 규모가 작았다고는 해도, 변동성 분산 전원이 계통에 들어왔으며 이것들에 시장가격을 지불해야만 한다는 점은 외계인이 지구에 착륙해 지구인들에게 자신들의 은하 간 에너지 동맹에 참여하라고 요청하는 것과 비슷한 면이 있었다. 물론 이론적으로는 이런 변화에 문제는 없었다. 하지만 실제 현장에서 일을 벌이는 데 필요한 세부 사항에 대해서는 아직 누구도 구상하지 못하고 있었다.

1970년대 후반에 이르기까지, 유틸리티들은 킬로와트시당 전력 생산 단가가 실제로 얼마나 되는지 명확하게 밝히지 않았다. 다른 독점기업처럼, 이들은 자신이 제작하는 제품의 시장가격을 가격 결정 과정에서 감안할 필요가 없었다. 50년 넘게 이들은 경쟁에서 자유로웠기 때문에, 이들은 규제 당국에게 자신들만이 생산할 수 있는 전기의 가격을 결정해 통보하기만 하면 되었고, 이렇게 제출한 보고가 얼마나 비현실적인지와 상관없이 전력을 생산하는 데 사용한 비용을 모두 수입으로 돌려받으리라는 보장을 받을 수 있었다. 이 기간에 이들의 사업 모델은 막대한 비용이 투입되는 설비(예를 들어 원전)를 건설하기 위해, 낮은 이자율로 자금을 조달하는 데 전적으로 의존하게 되었다. 결과적으로, 이들은 시장에 관심을 기울이기보다는 정치권의 분위기를 바꾸는 데 주의를 기울이게 되었다. PURPA가 미국 국회에 상정될 무렵, 승자와 패자를 가르는 '전력 게임'이 지배한 20세기 초반의 전력 산업 내 분위기를 기억하는 세대는 더 이상 어느 누구도 일하고 있지 않았다. 1978년, 유틸리티들은 연료 가격의 불확실성, 소비량의 불확실성 그리고 변덕스러운 환경 규제를 사실상 전혀 고려하지 못했다. 비용, 이익, 가격을 정확하게 산정하고 이를 미래 예측에 활용하는 문제는 에너지산업을 둘러싼 복잡성과 불확실성이 늘어감에 따라 기하급수적으로 어려운 일이 되어갔다. 그런데 PURPA는 바로 이런 예측을 유틸리티들에게 요구했다.

한편 1977년에 설립된 연방에너지규제위원회Federal Energy Regulatory Commission, FERC 의 일부 부처에서는, 유틸리티들이 PURPA의 규정 실행을 무기한 지연하려는 술책으로 '회피 비용' 산정에 활용되는 파라미터를 획일화하려고 할지 모른다고 우려를 표명했다. 만일 각각의 소규모 전력 생산자들이 전력 공급계약을 체결하기에 앞서 기나긴 관료주의적 허가 취득 절차를 거쳐야 한다면, PURPA는 결국 실패하고 말 것이다. PURPA의 몇몇 문자가 입법 취지를 형해화하는 도구로 전락할 수도 있었다.

논란과 혼동을 줄이고 PURPA가 실행될 수 있도록, FERC는 유틸리티와 몇몇 주 정부에 회피 비용 산정을 철저하게, 그러나 단 한 차례만 수행한 다음, 이 과정에서 얻은 값을 모든 비전통 전력 공급자들과 체결하는 초기 계약 내용을 결정하는 데 적용하라고 명령했다. 이런 계산과 계약 작업은 노동 집약적인 작업이었으며, 그래서 PURPA를 "1978년의 경제학자 완전고용법"이라고 부르는 농담까지 나올 지경이었다.[172] 하지만 이러한 대규모의 노동 집약적 평가 작업조차 그다지 만족스러운 결과로 연결되지 못했다. 이는 캘리포니아전력산업위원회 위원장이었던(그리고 이후에는 미국 상무부 장관을 역임한) 존 브라이슨John Bryson 의 다음과 같은 지적에서도 확인할 수 있다. 이러한 계산의 정확성은 "매일, 매 계절, 공급계약 기간마다, 그리고 유틸리티들의 한계 연료 가격이나 차세대 설비 계획에 따라 흔들리고 만다".[173] 유틸리티들이 필요로 했던 유연한 계산 방법은, 즉 매일, 매 시간의 전력 요율을 가격 모델과 연결하는 계산 과정은 전력의 실시간 거래를 가능하게 하는 인터넷이 15년 정도 후에 등장하기 전까지는 구현되지 못했다.

초기 계약을 맺을 때, 그리고 이 계약을 15년 또는 30년 이상으로 연장할 때, 킬로와트시당 가격을 결정해야 했던 이유는 다음과 같다. 소규모의 전력 공급자들은 자신들이 전력을 판매해서 얻는 수익이 얼마나 될지 알 필요가 있었다. 발전 사업을 가동할 때 들어가는 비용뿐만 아니라, 설비의 수명을 어느 정도로 잡고 투자해야 하는지도 판단해야 했기 때문이다. 계약을 체결하기 위해, 소규모 전력 공급자들은 먼저 자신이 위치한 지역의 유틸리티보다 더 싼 가격에 전력을 생산할 수 있다는 점을 입증해야만 했다. 이어서 이들은, 대규모 전력 공급자들과 동일하게 시설 건설에 투입한 비용 이상의 수익을 거둘 수 있어야 했다. 발전 사업이라는 게임에 새롭게 참여한 사업자 대부분은 사업 진행 과정의 초기에 대규모 자본 비용을 지출해야만 했다. 하지만 이들은 인설의 시대 이래 전통적인 유틸리티들이 대규모 설비를 건설하려고 할 때 활용했었던 저금리 자금 없이 게임에 뛰어드는 것이었다. 게다가 이들은 전통적인 유틸리티들의 혁신을 늦췄던 규제로 인해 방해받지는 않았으나, 사업을 시작하기 위해서는 여전히 투자자들에게 수익을 보장해 줘야만 했다.

일단 '회피 비용'을 산정해야 한다는 첫 번째 조건이 주 정부 산하 규제 기관에 의해 달성되었더라도, 이러한 산정 과정은 많은 경우 유틸리티와 규제 기관 사이의 소통 과정에서 진행되었으며, 실제로 전력 공급계약을 '체결'하는 데는 여러 방법이 사용되었다. 버몬트나 뉴욕 같은 몇몇 주에서는 전력을 구매하는 유틸리티가 누구인지 고려하지 않은 채 모든 새로운 전력 공급자들에게 유사한 킬로와트시당 단가를 적용했다. 뉴욕주에서 이는 "6센트" 법안이라는 이름을 얻었다. PURPA 법안 시행 초기에 킬로와트시당 단가를 일괄 6센트에 맞췄기 때문이다. 버지니아 같은 다른 몇몇 주에서는 새 전력 공급자(전통적 유틸리티가 아닌 발전 사업자들)에게 전력 공급권 입찰에 참여해 전력을 매각할 기회를 부여했다. 예를 들어, 1986년 당시 버지니아파워Virginia Power는 1,000킬로와트시의 전력을 1990년까지 추가로 구매하길 원했는데, 이들의 공고에 응찰한 기업의 수는 53개에 달했으며 전체 전력량은 5,000킬로와트시에 달했다. 이 가운데 낙찰된 곳은 7개였고, 이들이 새롭게 판매하게 된 전력량은 1,178킬로와트시였다.[174] 이러한 경쟁 입찰 시스템은, 실제로 그리드에 진입하기 위한 자격 조건을 놓고 수립된 시장 경쟁 시스템 중에서도 가장 혁신적인 변종으로 볼 수 있다. 일단 공급계약을 체결하고 나면, 새로운 소규모 발전 사업자들은 예정된 발전 시설을 '증설'했고, 지정된 기간이 되면 예측 가능한 범위 내에서 그리드로 전력을 보냈다.

모든 주가 이 모델을 따르지는 않았다. 일부 주는 입찰 과정을 수행하기보다는 여러 사업자들이 한 종류의 표준 계약을 맺는 것을 선호했다. 캘리포니아는 역사적인 기록을 보유한 주인데, 캘리포니아주 정부는 전력 공급계약을 체결할 때 독특한(일부는 이를 놀랍다고까지 표현했다) 방식을 택했기 때문이다. 다른 대부분의 주에서는 열병합발전이 우세했지만, 캘리포니아에서는 '프론티어 전력 기술'이 열병합보다 시장 진입에 우세했기 때문이다. 캘리포니아주는 히피들에게도 시장에 진입할 권리를 부여했으며, 이들 가운데 많은 수는 캘리포니아의 전력을 생산할 기회를 놓치지 않았고, 아울러 당시까지 알려진 전력 생산방식을 넘어서는 방법들을 더욱더 적극적으로 찾으려고 애썼다.

당시의 캘리포니아주는 조금씩 다른 분량과 조항, 단어로 이뤄진 네 가지의 표준 계약서를 마련해 두고 있었다. 이들은 열병합발전소와 다른 소규모 유틸리티들이 선택할 수 있는 대안들이었다. 표준 계약서 가운데 세 종류는 계약 체결의 한쪽 편인 유틸리티에게 너무 유리했으며, 따라서 별다른 호응을 얻지 못했다. 많은 사업자들은 'ns4'라는 이름이나 'ISO4*'라는 이름으로 불리는 다른 종류의 계약을 택할 수 있었다. 이 계약은 이를 사용할 수 있는 18개월 동안(1983~1985년) 아주 많은 수의 소규모 전력 생산자가 활용할 정도로 충분히 훌륭했을 뿐만 아니라(그래서 너무 관대한 계약으로 평가받았다), 전력 사업자들 가운데 '대안적인' 신재생 프로젝트를 수행하는 사업자의 수를 다른 주보다 훨씬 더 많아지도록 했다. PURPA가 발효된 이후 10년 동안 시장에 진입한 사업자 가운데 90%가 열병합 사업자였던 미국 동부의 몇몇 주와 달리, 캘리포니아에서는 풍력이 다수를 차지하게 되었다.

풍력 산업을 옹호하면서, 랜들 스위셔Randall Swisher와 캐빈 포터Kevin Porter는 이렇게 서술했다.[175] "연방 정부와 캘리포니아주 정부의 인센티브, 그리고 혁신적인 주 정부의 규제가 결합해 미국의 풍력 산업을 태동시켰다." 또한 이들 인센티브와 규제 정책은 "캘리포니아

• 중간표준계약Interim Standard Offer 4은 전력 공급업체가 초기 10년 동안 확정된 가격으로 비용을 회수하는 계약 방식 가운데 하나다.

에 풍력발전 용량이 세계에서 가장 큰 지역이라는 영예를 안겨줬다. 물론 그리 길게 유지된 영예는 아니지만. 캘리포니아주 전역에서 그 리드에 연계된 풍력발전기의 용량은 1981년에 10메가와트에서 1985 년에 누적 1,039메가와트로 성장했다(이는 석탄화력발전소 2기에 해당하 는 용량이다). 1990년대 초에는 캘리포니아 내에서 체결되었으나 사업 이 지연된, 나머지 ISO4 계약 관련 설비 공사가 완료되어 주 내부의 풍력발전기 용량은 1,700메가와트에 달했다". 모든 풍력발전소는 발 전기 설치 장소별 용량이 80메가와트에 달했다.[176] "1990년, 캘리포 니아는 전 세계에서 풍력으로 얻은 전력의 85%, 그리고 태양에서 얻 은 전력의 95%가 생산되는 지역이 되었다."[177]

캘리포니아에서 PURPA가 집행된 초창기에, ISO는 마치 오바마 행정부의 메디케어Medicare와 같이 기능했다. 메디케어는 서로 다른 것을 필요로 하는 여러 은퇴자들을 관리한다. 어떤 사람들은 보험이 적용되는 처방의 범위가 넓어지는 것을 필요로 하고, 다른 사람들은 방문 진료의 비용이 낮아지길 원하며, 또 다른 사람들은 첨단 기술 서 비스(투석 등)를 필요로 한다. 이들은 몇 가지 유형의 진료 계획(사실 상 일종의 계약이다)이 기록된 서류를 배부받은 다음, 자신에게 가장 잘 맞는 계획에 서명한다. 매 5년마다, 또는 갱신이 필요하다고 판단할 때마다 사람들은 계약을 다시 체결할 수 있다. 그리고 이때 계약서는 표준 계약서에서 조금씩 변형되어 제공된다. 이러한 계약은 자유 시 장 경쟁이라고 볼 수 없다. 그러나 상대적으로 약자에게 선택의 우선 권을 주면서, 개별 사안들은 '한꺼번에 처리'될 수 있었다. 어떠한 단 일 계약도 모든 이에게 완벽하게 적합하지는 않았다. 하지만 이러한 현실적인 선택은, 실제 협상으로는 허용하기 어려울 법한 조항을 조금 더 달게 받아들이게끔 타협을 이끌어냈다.

ISO4는 캘리포니아주가 표준 계약으로 제시한 다른 계약과 달리 공급계약을 체결하고 나서 처음 10년간은 유틸리티들이 자신의 회피 비용보다 더 많은 대금을, 그리고 마지막 해에는 회피 비용보다 더 적은 대금을 발전 사업자들에게 지불해야 한다고 명시했다는 점에서 독특했다. 새로운 에너지 인프라를 설치하는 데 막대한 비용이 투입되므로, 이런 방식의 계약은 유틸리티들에게 상당히 효과적이었다. 아주 오랜 시간, 그러니까 1980년대 초반까지는 열병합발전소와 달리 풍력발전소나 태양광발전소는 사실상 존재하지 않는 전력 생산수단이나 다름없었다. PURPA가 발효된 이후, 이미 널리 알려진 소수력발전소가 캘리포니아 전역에서 수없이 건설되었으며, 이 가운데 많은 발전소가 댐을 새로 건설했다. 이 발전소들은 모두 전력을 생산하기 위해 막대한 자본을 필요로 했다. ISO는, 그리고 특히 가장 효과적이었던 ISO4는 이들에게 장기적인 수입을 보장하는 확고한 토대였다. 표준 계약은 풍력, 태양광, 소수력을 갑작스레 또 이전까지의 예상과는 다르게 아주 좋은 투자처로 만들었다.

· · ·

1980년대 초, 타이론 캐시먼Tyrone Cashman은 캘리포니아 새크라멘토에 위치한 적정기술사무소의 '풍력' 담당관으로 임명되었다. 그리고 캘리포니아에 풍력발전을 도입한 공로는 그에게 돌아가야 마땅하다. 캐시먼이야말로 유틸리티들과 소규모 유틸리티들이 적절한 계약을 체결하는 것뿐만 아니라, 기업가 정신 또한 재생에너지 혁명을 불러오는 데 필수적이라는 점을 이해한 사람이었기 때문이다(그는 당시부터 지금까지 이 일에 몸 바쳐 일하고 있다). 캐시먼은 기업가 정신을 불러일으키기 위해서는 세금 공제가 필요하다고 판단했다.

연방 정부는 이미 PURPA의 일환으로 비유틸리티의 전력 투자에 10%의 세금 공제를 제공하고 있었으며, 1980년에는 원유초과이익세법Crude Oil Windfall Profits Tax Act을 통해 이 비율을 15%로 높였다. "해당 자금이 인디애나주의 자동차 공장에 쓰일 로봇에 사용되든, 오하이오의 노천광에서 쓰일 거대한 채굴기에 쓰이든, 캘리포니아의 풍력 터빈에 사용되든" 상관없이 모든 자본 투자에 적용되는 10%의 추가 세금 공제 혜택이 더해졌다. 전력 생산에 대한 투자에 25%의 세금 공제 혜택을 부여하는 연방 정부의 조치는 투자자들을 전력 산업으로 끌어들이는 데 매우 매혹적인 요소였다.[178] 그런데 캐시먼은 이 값을 2배로 끌어올렸다. 다시 말해, 재생 에너지 인프라(태양광발전소와 풍력발전소를 뜻하지만, 여기에는 태양열 온수기나 다른 종류의 재생에너지 활용 방법도 포함된다)에 투자된 어떠한 자금이든, 캘리포니아에서는 거의 50%에 가까운 세금 감면 혜택을 받았다.[179] 캘리포니아에서는 재생에너지에 자금이 쏟아져 들어왔으며, 그 대부분이 철 기둥과 압도적인 규모의 블레이드 그리고 풍력 터빈으로 바뀌었다. 풍력발전기들은 그야말로 숲을 이뤘다.

ISO4를 만든 사람 가운데 누구도, 그리고 재생에너지에 대한 세금 공제 혜택을 설계했던 사람 가운데 어느 누구도 이런 사업이 얼마나 잘될 것인지 예상하지 못했다. 거대 사업자들이 지배하던 에너지 게임과 새로운 방식으로 관계를 맺을 수 있게 되었다고 해서 새로운 에너지 기업들이 지배적인 지위에 오르거나, 공상가들이 바랐던 것처럼 당시 존재하는 전력 산업의 거대한 체계에 흠집 내기는 어려웠다. 그 대신 이들이 얻은 것은 모든 사람이 몰려드는(초대하지 않은 사람들까지도 몰려드는) 파티였다. ISO4, 그리고 캘리포니아주 정부의 관대한 세금 공제 정책은 재생에너지 시장에 공급과잉을 불러왔다. 그리고 1980년대 중·후반에 들어서 석유와 천연가스 가격이 하락하자, 캘리포니아의 두 거대 유틸리티는 자신들이 필요로 하는 물량보다 더 많은 전력을 갑작스레 구매해야 했고, 그에 따라 자신들이 세금을 공제받을 수 있는 물량보다 더 많은 돈을 재생에너지 구매에 투입해야 했다. 한편, 레이건 행정부는 1986년 저축과 대출에 대한 규제를 완화했다. 캐시먼과 다른 모든 투자자들에게 이 소식은 갑작스러운 것이었다. 캐시먼의 터빈 투자 계획에 자금을 투입한 사람들은 프로야구 선수, 미식축구 선수, 성형외과 의사, 남부 캘리포니아의 배우들처럼 거부가 아니더라도 모두가 자신만의 풍력 터빈을 구매하는 데 필요한 자금을 조달할 수 있게 되었다. 캐시먼이 보기에는, 너무 많은 사람들이 투자에 뛰어들었다.

그로부터 사반세기가 지나, 나는 캐시먼을 인터뷰할 기회를 잡았다. 캐시먼은 당시 상황을 마린카운티에 있는 수수한 거실에 앉아 설명했다. "투자의 결과를 느긋하게 기다릴 줄 아는 투자자들이라고는 전혀 없었습니다. 도둑고양이 같은, 투자에서 손실을 결코 용납할 수 없는 듯 행동하는 투자자들뿐이었지요. 이들은 자신들의 의도를 우리 같은 규제 당국에게 들키고 싶어 하지 않았습니다만, 월 스트리트에서나 볼 수 있을 법한 사람들이 정말로 넘쳐났습니다." 이런 평가는 에너지 분석가인 폴 지피Paul Gipe의 논평과도 통한다. "세액 공제 때문에 풍력 사업은 매우 수지맞는 장사가 되었고, 풍력 터빈 건설 전문가보다는 금융 거래 전문가를 더욱더 많이 끌어들이고 말았다." 로널드 레이건은 의도치 않게 미국에서 유래가 없었던 산업들의 결합을 만들어냈다. 맨해튼의 투자은행이, 대안 촌락 공동체, 베트남전쟁 시기 이후의 히피들이 만든 풍력 터빈을 구입하는 사태가 벌어졌기 때문이다. 그 결과, 1980년대 중반의 캘리포니아 풍력 업계는 거품이 터지기 직전까지 부풀었다.

1980년대 중반, 캘리포니아는 풍력 에너지 활용의 중심이었을 것이다. 하지만 이 지역에서 사용된 터빈은 실제 전력 수급에 기여하는 기계라기보다는 녹색 미래가 무엇일지 보여주는 기계에 더 가까웠다. '당신의 풍력 터빈을 구매하라'는 캠페인은 바로 이런 미래상에 호소했지만, 캐시먼의 말을 빌리자면, "흉물스러운 기계들이 수도 없이 건설되었고, 이들은 가치도 없어 보였다". 당시 누구도, 적어도 미국에 사는 어느 누구도, 산업적으로 유용한 풍력 터빈을 건설하는 방법을 찾아내지는 못했다. 이런 재생에너지 사업의 초창기, 터빈 생산 기술은 캐시먼의 말마따나 "시제품" 수준에 불과했고, 게다가 상당히 잘못된 논리에 따라 돌아가고 있었다.

미국 최초의 풍력 터빈 엔지니어들은 베트남전쟁 때 헬리콥터 회사를 그만둔 항공 엔지니어들이었다. 그래서 풍력발전소는 헬리콥터의 항공역학에 기반한, 펄럭거리고 유연한 블레이드로 디자인되었다. 그러나 성공적인 풍력 터빈을 제조하는 데 필요한 블레이드는 헬리콥터에 필요한 블레이드와 정확히 반대로 만들어져야 한다.

캐시먼의 설명을 들어보자. "헬리콥터의 경우, 당신에게 필요한 것은 가벼움입니다. 하늘로 날아올라야 하기 때문이죠. 하지만 풍력 블레이드의 경우 가벼워서는 곤란합니다. 당신은 무거움, 강력한 힘과 같은 것들을 원할 겁니다. 게다가 헬리콥터가 공중을 날 때, 이 기계는 방향과 세기가 변화무쌍한 바람을 받으면서 기동해야만 합니다. 하지만 터빈은 그렇지 않죠. … 이 기계는, 한자리에 우뚝 서서 항상 바람을 맞을 따름입니다. … 다른 문제도 있군요. 접속부의 유연성 역시 문제가 됩니다. 풍력 터빈의 경우, 헬리콥터만큼 유연한 구조를 지닐 필요는 없습니다." 헬리콥터 기술자들은 풍력발전과 잘 맞지 않는 이론을 가지고 있었으므로, 문제가 일어나는 진짜 원인을 찾기 전에는 시험 단계에서 적절한 결과를 얻을 수 없었다.[180] 이 기계의 설계는 땜질투성이였고, 효율과 거리가 멀었다.

1989년, PURPA가 통과된 지 10년이 지난 시점에, 정격 용량대로 풍력 터빈을 운전할 수 있는 시간(터빈이 고장 나지 않고 수리가 필요하지 않다면)은 캘리포니아주 평균 약 7시간이었다. 캘리포니아주는 수천 개의 터빈을 보유하고 있었지만, 그 가운데 어느 것도 실제로 작동하지는 않았다.

"우리는 터빈이 20년은 사용될 수 있다고 계속 강조했었죠. 여기에 기초해서 모든 것을 해나갔고요." 여기서 캐시먼은 잠시 웃었다. "하지만 우리가 보유한 터빈 가운데 어떤 것도 20년 동안 동작하지는 않더군요. 사례를 하나 말씀드리죠. '대리어스 로터'라는 커다란 기기를 만든 알코아알루미늄Alcoa Aluminum 이라는 회사가 있습니다. 이 기기는 순전히 알루미늄으로 제작되었죠. 이들은 풍력 사업이 자신들에게 아주 큰 사업 기회가 될 것이라고 보았습니다. 그리고 이 대리어스 로터를 자신들의 본사에 설치했죠. 그런데 이 기기가, 미국풍력에너지협회의 연간 총회 바로 전날에 무너져 버리고 말더군요. 풍력 산업의 상징이 될 것만 같던 기계가, 파괴되어 땅바닥에 나뒹굴었습니다.

예상을 뛰어넘는 공진 현상 때문이었죠."

이때 나는 캐시먼에게 비극적이거나 재미있는 일화가 더 없는지 차마 묻지 못했다. 어쨌든 1980년대 캘리포니아주에서 풍력발전소를 건립한 일은, 재생에너지 발전소가 화석연료 발전소와 동등한 규모로 전력을 만들어 그리드에 공급한다는 아이디어를 구현하는 데 결정적인 사건이었다. 캐시먼에 따르면, 1984년의 경우 비록 기계의 수명은 의심스러웠지만 캘리포니아주의 신생 풍력 산업은 샌프란시스코시가 1년에 사용하는 전력과 맞먹는 물량을 생산했다. 단지 시제품 수준의 설비만 가지고도 희박한 대기의 움직임을 미국 주요 도시에 공급하기에 충분한 에너지로 변환했던 것이다. 이것은 실질적인 진전이었다.

만일 미국의 반전 히피들만이 바람으로 전력을 만들고자 했더라면, PURPA, ISO4, 그리고 역사상 가장 관대한 세금 공제 제도와 같은 제도적 지지에도 불구하고 이런 혁신이 벌어지지 못했을 것이다. 그리고 풍력 산업은 태동하기도 전에 끝장났을 것이다. 하지만 뚜껑을 열어보니, 미국의 히피들만이 바람에 주목하는 것이 아니었다. 국토가 좁아도 평지의 비율이 높고, 바람이 풍부한 나라인 덴마크의 히피들 역시 동일한 생각을 머릿속에 떠올렸다. 그런데 미국 풍력 산업의 선구자들이 대체로 공학자로 훈련받았다면, 덴마크의 선구자들은 대장장이로 훈련받았다. 캐시먼의 말은 이렇다. "이들은 금속과 전혀 다른 관계를 맺고 있었습니다. 또한 이들은 커다란 농기계를 고치는 특기가 있었고, 이런 농기계야말로 이들이 제작한 풍력발전기의 모델이었습니다."

캐시먼은 자연스럽게 설명을 이어갔다. "우리의 1세대, 2세대 프로토타입prototype 기기는 다시 설계되어야만 했습니다. 하지만 덴마크인들의 2세대, 3세대 프로토타입은 성능이 상당했죠. 이들은 단순히 터빈을 생산해 내기만 하면 됐습니다. 이들의 설계는 풍력발전에 필요한 원리를 적절하게 반영했기 때문입니다. 그래서 덴마크인들은 캘리포니아주의 세금 공제가 발효되자마자 생산 설비를 가동하기 시작했습니다. 이들은 덴마크 공장을 급히 증설했고, 풍력발전기를 배에 실어 미국으로 보냈습니다. 계속해서 말이죠." 캘리포니아는 서서히 덴마크산 터빈으로 가득 차기 시작했다. 심지어 아직도, 샌프란시스코만의 동쪽 교량인 알타몬 패스를 달리다 보면, 첫 번째 덴마크제 발전기이자 스타 배우가 소유했으며 저축대부조합으로부터 자금을 조달한 풍력발전기의 거대한 블레이드들이 굉음을 내면서 회전하는 모습을 볼 수 있다.

캘리포니아의 토착 풍력 산업이 흔들리던 1980년대 후반, 덴마크의 풍력 산업은 크게 성장하고 있었다. 이들은 세계의 다른 곳까지도 식민화하고 있었다. 먼저 이들은 풍력을 스페인에 전파했으며, 이어서 텍사스, 아이오와, 다코타를 거치고 다시금 캘리포니아도 공략했다. 2015년, 캘리포니아주는 6,018메가와트의 풍력발전 용량을 보유했다. 이는 1만 5,635메가와트로 미국에서 주 발전 능력의 10%가 풍력인 텍사스 다음으로 컸다.[181]

• • •

결국 PURPA는 작동했다. 길 위에는 많은 장애물이 있었으며, 더 효율적인 작은 재생에너지 발전소를 향한 여정이 완전히 끝장난 듯 보였던 시점도 여럿 있었다. 하지만 결국에는 작동했다. 열병합발전소는 이제 미국에서 전기를 만드는 일반적인 방법이 되었다. 그리고 더 중요하게는, 열병합발전소는 미국인의 상식에 확고하게 자리 잡았다. 다시 말해, 폐열은 버리는 것이 아니며 가치 있게 활용하면 에너지 효율을 올릴 수 있는 기반이었다. 마찬가지로, 재생에너지 역시 비록 1980년대 당시에는 충분히 증명된 기술도 아니었고 저렴한 기술로 볼 수도 없었지만, 전력을 생산하는 방식에 대한 생각을 완전히 바꿨다. 캘리포니아의 풍력발전 붐은, 카터의 카디건이 보여준 길을 관념의 세계에서 끄집어 내서 실제로 눈에 보이는 구체적인 경로로 바꿔놓았으며 최초의 시행착오들을 낳았다. 심지어 월 스트리트조차도 풍력발전기에서 돈을 벌어들였다. 이 점은 1970년대 온건한 투자가 이뤄질 때도, 그리고 1980년대의 열광적인 투자가 이어질 때도 시중 자금을 끌어들이는 데 큰 도움이 되었다.

오늘날 재생에너지 발전기의 설비용량은, 미국이 보유한 전체 전력 설비용량의 13% 정도다. 하지만 이것이 중요한 것은 아니다.[182] 정말로 주목해야 할 것은, 2014년 한 해 미국에 설치된 새로운 재생에너지 발전기 용량의 53.5%가 풍력이나 태양광이라는 사실이다.[183] 텍사스주는 2050년까지 전체 발전량의 75%를 재생에너지에서 이끌어 내겠다는 목표를 세웠다. 미국 전체를 기준으로는 2030년까지 20%대다. 하지만 카터가 그 설립에 크게 기여했던 국립재생에너지연구소는 기존의 기술만으로도 미국에서 필요한 전력의 80%를 재생에너지로 충당할 수 있다고 말한다.[184]

캘리포니아에서 있었던 일은, 카터 행정부 시대의 정신을 국가 차원의 영속적인 사고방식과 결합시켰다. 석탄화력, 원자력, 심지어 천연가스보다도 더 낮게, 더 안전하게, 그리고 이상적으로는 더 저렴하게 전기를 만들 수 있었다. 하지만 PURPA는 전력을 어떻게 하면 그보다 더 '나은' 방식으로 생산할 수 있는지에 대한 우리의 생각을 바꿨다는 점에서 중요하며, 발전과 관련해 선의의 경쟁을 촉발하는 계기가 되었다는 점에서도 중요했다. 소규모 전력 사업자들의 입찰 과정은 새로운 형태의 발전소에서 만들어진 전력을 망에 연계하는 데 가장 효과적인 방법이 되었다. PURPA는 더 큰 것이 결코 더 좋은 것은 아니며, 또한 독점적인 지위를 가진 데다 수직적으로 통합되어 정부가 규제하는 거대 유틸리티가 미국의 전력 생산 및 관리에 최선의 방법이 아니라는 점을 입증했다. 작은 것은 아름다울 뿐만 아니라 효율적이며, 게다가 비용 면에서도 효과적이라는 사실이 속속 밝혀졌다.

PURPA의 예상을 뛰어넘는 성공은 미국 전력 산업의 문화를 생각해 보면 아주 기념비적인 사건이었다. "이 법안의 실질적인 효과에 대한 지식보다는, 그에 대한 믿음이 더 컸던 것 같습니다." PURPA는 유틸리티들이 자연독점 사업자로 분류되어 규제되는 이유를 제거해 버렸다.[185] 1990년대 초반 이후, 이들의 독점적 지위는 의심의 여지 없이 부자연스러운 것이 되었다. 전력 산업의 독점은, 전적으로 문화적인 것이었다. 달리 말해, 이들의 독점적 지위는 과거에 전력 산업이 어떻게 돌아갔었는지, 그리고 그에 따라 독점이 어떻게 구축되었는지를 보여주는 유물이 되었다. PURPA가 명확하게 밝힌 것은, 최소한 전력 공급 부문에서 독점이란 단순히 전력 산업 전반의 기능을 효율적이고 원활하게 만들기 위해 과거에나 필요로 했던 유물일 뿐이라는 점이다.

그렇다면 1970년대는 1890년대 이후로 계속되었던 하나의 국면이 뒤집힌 시기인 셈이다. 카터의 카디건 패스Cardigan Path는 전력 산업의 구성과 규제에 무엇이 필요한지 생각하는 데 이념적인 기준점이 되었다. 개인이 소유하며 관리하는, 더 작은 규모의 발전소는 전력을 공급하는 데 좋은 방식일 뿐만 아니라 돈을 버는 데도 훌륭한 수단이라는 점이 입증된 다음에야 카디건 패스가 비로소 높은 평가를 받았지만 말이다.

• • •

그러나 카터 시대의 개혁은 레이건 시대의 호황, 그리고 전 국민의 마음속에 스며든 일확천금을 향한 욕망 때문에 서서히 죽어갔다. 우리는 월 스트리트에 만연해 있는 낭비를 좋아하지만, 월 스트리트의 브로커들은 더 효율적인 기계를 보급할 기회를 완전히 날려버린 장본인들이었다. 돈은 수익을 찾아 아주 빠르게 움직였다. 과소비는 다시 유행했고, 화려한 컬러(네온 핑크를 기억하는가?), 엄청난 양의 헤어스프레이, 24시간 음악 텔레비전, 〈마이애미 바이스*Miami Vice*〉 그리고 아주 편리한 신용카드 개설이 그 뒤를 따랐다. 규제 완화는 시대의 분위기였다. 1970년대, 박사 학위를 받고서도 전력망과 떨어져 유기농 농업을 실천하고, 엄청나게 많은 나팔바지를 가지고 있었던 캐시면과 같은 사람들은, 더 밝고, 더 싸고, 더 번지르르한 시기, 즉 1970년대의 분위기를 압도하는 1980년대의 분위기에 직면했다. 이 시기에 사람들은 큰 리스크가 큰 이익을 가져온다고 믿었다. 적어도 겉으로 보기에, 카디건 패스는 듀란듀란과 같은 밴드, 정제 코카인 그리고 탈규제화와 모든 것의 이윤화 앞에서 점점 희미해졌다.

하지만 전력 산업의 경우, 1990년대에 만개한 탈규제 운동이 반

문화 운동과 전적으로 충돌한다고 보기는 어렵다. 이렇게 철폐된 규제가 대안적인 발전 양식을 그리드 바깥에 머물게 만들었기 때문이다. 이러한 규제는, 1960년대와 1970년대에 걸쳐, 부주의하게 주변 환경을 오염시키는 거대 발전소의 건설 사업에 상당한 이점을 부여했다. 하지만 다른 한편으로는, 보존과 에너지 효율 등은 전혀 고려하지 않았다. 어느 논평가가 지적한 것처럼, 사무실을 개조함으로써 이익을 얻을 수 있는 유일한 산업이 전력 산업이라면, 설령 몇몇 사람이, 아니 대통령이 나서서 스웨터를 입고 온도 조절 장치의 온도를 조금 더 낮춘다고 해서 대체 무슨 의미가 있겠는가?[186]

'탈규제'라는 말이 유틸리티들의 합의가 처음으로 입법에 의해 붕괴된 시기를 지시하면서 유행했지만, 이 시기를 지시하는 더 정확한 표현은 아마도 '재규제'일 것이다.[187] 1978년의 국가에너지법은 이 산업의 문화 속에 국가의 규제를 다시 도입했고, 연방 정부와 주 정부, 그리고 개혁 법안의 취지를 따르고자 하는 전력 산업 규제 기관은 이 법안의 효력을 강화했다. 마찬가지로, 1992년의 에너지정책법안, 즉 연방 정부의 '탈규제' 입법 가운데 1978년의 법안 다음으로 중요한 법안은 과거 법령의 탈규제화보다는 새로운 규제 규범을 선도적으로 도입했다.

유틸리티의 기반을 위협하는 조치들이 포함되었음에도, 이러한 규제 변화는 대체로 현상 유지로 간주되었다. 유틸리티의 활동은, 20세기 초반 이후로 줄곧 그랬던 것처럼, 아주 엄격하게 규제받았다. 정부 개입이 여러 분야에 널리 퍼진 시기에, 주 정부나 연방 정부의 산하 기관들이 전력 회사를 규제했으며, 전력 회사들도 그러한 규제를 받아들였다. 이런 관계는 PURPA나 '탈규제 법안'으로 바뀌지 않았다. 유틸리티에게 요구가 아닌 명령을 내린 모든 새로운 규제는 전력 산업의 모든 이해관계자들에게 자연스러운 것처럼 보였다. 이는 주 정부, 연방 정부 차원의 규제에 대해서도 마찬가지였다.

PURPA는 그리드 통제권에 대한 전력 회사의 공급독점 지위에 균열을 가했을 뿐만 아니라, 전력 회사들이 '자연독점' 사업자로서 전력 시스템에 대해 가지는 통제권 역시 무너뜨렸다. 하지만 바뀌지 않은 것이 있었다. 전력 회사의 행동에 통제력을 행사하는 유일한 방법은 그들에게 법률을 절대적으로 따르기를 요구하는 것뿐이라는, 일부 입법자들과 전력 회사에 대한 태도가 그것이었다. 이러한 복종의 문화는 불행한 효과를 불러왔는데, 전력 회사들이 과거보다 더욱 급속도로 변화하는 전력 산업 환경에 적응하기 어렵게 만들었다는 점이다.

에너지정책법이 입법되기 몇 년 전인 1998년, 캘리포니아주 정부가 주 차원에서 처음으로 전력 사업 분야의 개혁을 정면으로 겨냥한 "탈규제" 법안을 입안했을 때, 유틸리티들은 붕괴되었다. 이는 이 법안이 부실하게 구성되었기 때문만이 아니라(이 법안은 흔히 활용되는 몇몇 표현들을 변형한, 허술한 조문들이었다), 유틸리티들이 이러한 법안의 조문 하나하나에 순응해야만 했다는 점 때문이기도 했다.

당시 전력 회사의 중역이었던 프레드 피켈Fred Pickel은 다음과 같이 설명했다. 캘리포니아의 규제 완화 정책은 '공학자들의 생각'을 배신했기 때문에 실패한 것이며, "규제 당국은 전력 시장의 상업 시스템을 지나칠 정도로 세밀하게 구성하려고 한 데다, 규칙을 바꾸는 데만 무려 2년이나 소요되는 행정절차를 만들어 시간을 낭비했습니다".[188]

1998년의 캘리포니아, 즉 인터넷이 퍼져나가며 국가 경제에 스며들어 효력을 발휘한 시점과 장소에서, 2년은 거의 공룡 시대의 시간

간격처럼 보였다. 이 새로운 시대에는 정보가 전기적 수단을 통해 전파되었고, 그래서 전기의 속도만큼 빠르게 퍼져나갔다. 초기 인터넷 경제의 주요 구성 요소는 말하자면 '빈틈을 노려 치고 빠지기'였는데, 당시 만연했던 이러한 과정은 "킬러 앱killer app"으로 불렸다(예를 들어, "독일의 주유소는 독일 정부가 독일의 대다수 상점에 적용한 초기의 엄격한 청산 법률에서 예외로 취급되었는데, 그러자 독일의 주유소들이 가상 쇼핑몰로 급속도로 변신했습니다").[189] 캘리포니아의 '선도적' 탈규제 법안은 이러한 '킬러 앱'을 매우 쉽게 찾아낼 수 있도록 했으며, 이는 아주 흥미로운 결과를 불러왔다. 수많은 회사들이 이 게임에 참여했으나, 그 가운데 어떤 기업도 엔론Enron보다 유명하지는 않았다. 수익이 발생하는 바로 그 시점과 장소의 시장을 노리고, 에너지 미래의 온라인 거래에 처음 참여했던 기업 중 하나가 엔론이었다. 엔론은 정말로 믿기 힘들 정도로 놀라운 수익을 가져다주는 킬러 앱을 발견했다. 그중에는 '데스 스타', '리코체트', '펫 보이', '빅 풋'과 같이 장난스럽게 명명된 사업 모델뿐만 아니라 명시적인 표현, 즉 '메가와트 세탁'이라는 이름이 붙은 계획도 포함되어 있었다.

캘리포니아주가 마련한, 부실한 탈규제화 법안의 허점을 이용한 것은 엔론만이 아니었다. 샌프란시스코의 더 작은 기업들도 동일하거나 매우 유사한 거래를 시도했다. 하지만 상대적으로 큰 엔론의 규모는, 엔론이 온갖 수단을 동원해 광범위한 사업에 발 담고 있다는 점과 결합해, 다른 기업은 단지 열망만 가질 수 있었던 여러 사업을 증식시켰다. 엔론이 2002년에 파산하고 기소될 때 공개된 내부 문서는 언론과 수사 기관의 강도 높은 조사를 받았고, 이러한 조사에 활용된 자료들은 매우 유용한 역사적 기록이 되었다.

엔론의 파산은 전기 시장 조작을 위한 위법행위의 직접적인 결과는 아니었다. 오히려 이는 이 회사가 부채, 탐욕, 위험을 제대로 관리하지 못했기 때문에 일어난 일이었다.[190] 엔론이 누린 수익이 실제로는 전력 산업에 기반하지 않았다는 점에도 불구하고, 이들은 전력 산업에 고난을 가져다줬다. 캘리포니아에서 엔론의 파산은 대규모 투자 회사들의 유틸리티를 거의 파산 직전으로 몰았으며, 사태 수습을 위해서는 80억 달러의 주 예산이 소모되었다. 발전소는 '수리'를 위해 계통 연계가 끊겼으며, 주의 남부 지역과 북부 지역을 연계하는 데 필수적인 간선 송전망이 '과부하'에 걸려 2000~2001년 거의 9개월 동안이나 전력 공급이 불안정해졌다. 광역적인 정전 사태가 일상이 되면서, 애플Apple 이나 시스코시스템Cisco Systems 과 같은 수많은 신경제 사업체들도 (비상 전원을 갖춘 군부대나 교도소처럼) 그리드의 전력에서 분리된 계통을 만드는 대안을 고민하기 시작했다. 2000년과 2001년 이후, 이러한 그리드 이탈 시도는 급진주의적인 것이 아니라 오히려 그 반대였다. 그리드가 제대로 관리되지 않거나 산발적으로 정전이 벌어졌을 때 활용할 전력 계통을 확보함으로써, 그리드를 보강하는 전력 시스템을 구성하기 위한 공학적 조직화가 이뤄졌기 때문이다.

캘리포니아의 전 주지사 그레이 데이비스Gray Davis 는, 비록 에너지 위기를 차단하거나 적절하게 관리하지 못했다는 이유로 주민 소환을 당하기도 했지만, 2002년의 연설에서 탈규제 조치의 의미를 매우 잘 요약했다. "우리는 현실을 직시해야만 합니다. 캘리포니아주 정부의 탈규제 조치는 매우 크고 위험한 실패입니다. 이 조치는 소비자 가격을 낮추지 못했고, 공급을 늘리지도 못했습니다. 오히려 그 결과는 하늘로 치솟는 가격, 부당 가격, 전력 공급 불안이었습니다. 간단히 말해, 탈규제는 에너지 악몽이었습니다."[191] 거의 모든 사람이 이 말에 동의했다.

하지만 '탈규제' 자체가 그리드의 붕괴를 불러온 것은 아니었다. 주 정부는 유틸리티들에게 제대로 조율되지 않은 법령을 따를 것을 요구했던 반면, 더 작고 유연하며 혁신적인 기업들은 이 법령을 빠져나갈 여지가 있었다. 물론 이는 PURPA가 불러온 결과였다. 이 법은 변화와 모험을 거부하는 유틸리티들의 특징이 전력 산업의 내재적인, 개혁 불가능한 특징이라고 보았다. 유틸리티들은 지혜롭게, 아니면 어리석게 규제받을 수 있다. 하지만 이들에게, 적응성, 유연성, 창조성이 요구되지는 않을 것이다. 이들은 자신들이 무엇을 해야 하는지, 그리고 무엇을 해야 할 것으로 예상하는지 작성해 제출해야 했다. 이러한 제도적 환경의 결과 가운데 하나는 PURPA가 전체 전력 시스템에 부담 지우는 액수가 수십 년 넘게 커졌다는 사실이다. 그리고 유틸리티들이 전력 산업을 완전히 개혁하기 위한 근본적인 조치를 취하는 데, 또한 미국의 그리드를 다시 구상하고 건설하는 과업을 수행하는 데 방해물로 남아 있다는 사실이다.

5장

붕괴 위기에 처한 그리드

2002년 3월 6일, 오하이오주 털리도 인근의 데이비스베세Davis-Besse 원자력발전소에서, 예방 정비로부터 2주일이 지난 시점에 한 직원이 원자로의 격납 용기에서 지름이 파인애플만큼 큰 녹슨 구멍을 발견했다. 33만 리터의 과열된 방사성 증기가 격납 용기 밖으로 터져나오지 못하게 막는 것은 얇은 스테인리스강 보강재뿐이었다. 이 손상이 발견되기 전에, 원자로를 둘러싼 격납 용기는 수년간 부식되고 있었다. 이미 2000년에 거대한 규모의 녹과 붕산 누출이 기록되었으나, 아무런 조치도 이뤄지지 않았다. 원자력규제위원회Nuclear Regulatory Commission뿐만 아니라(이들은 심각한 손상을 알리는 사진을 무시했다), 한때 원자로를 소유했었으나 이제는 운영에만 관여하는 유틸리티들도 별다른 조치를 취하지 않았다. 유틸리티들은 예방 정비 일정을 미루고, 정비관들에게는 손상이 가장 큰 구역에 접근하지 말 것을 요구했다.

조사 결과, 이 구멍으로는 방사성 냉각재가 폭발적으로 분출될 수 있었다. 게다가 데이비스베세 발전소의 비상용 장비는 "심각하게 열화되어" 있었고, 원자로의 비상 상황에서 제대로 작동하지 않을 것으로 평가되었다.[192] 격납 용기에 폭발로 큰 파공이 생겼을 때, 오퍼레이터들이 장비를 조작해 핵연료가 화재에 휩싸이는 상황을 저지하거나 노심용융을 막을 수 있을 만큼 충분한 물을 공급할 수 있으리라고 기대하기도 어려웠다. 2002년, 데이비스베세 발전소는 1979년 부분적으로 노심이 용융되었던 스리마일섬의 재앙과 아주 비슷한 상황에 있었다.[193]

우리는 대부분 이 데이비스베세 발전소에 대해 들어본 적이 없다. 이 발전소는 미국의 전력 가운데 20%를 꾸준하게 공급하는, 연식이 상당한 100여 기의 가압 경수로 가운데 하나일 뿐이다.[194] 2007년, 버몬트주 버논에 있는 버몬트양키Vermont Yankee라는 또 다른 원자로의 냉각탑이 실제로 무너져 내렸다. 이 거대한 용기를 떠받드는 기둥 중 하나는 녹이 슬어서 푸석푸석한 금속 먼지로 변해가고 있었고, 나무로 된 지지대는 공중에 붕 뜬 채로 썩어가고 있었다. 버몬트양키의 냉각탑 붕괴가 노심용융의 위험을 더 키운 것은 아니었다. 또한 이 사고로 쏟아져 나온 수만 리터의 물이 방사성을 띠고 있지도 않았다. 그럼에도 이 사고는 많은 사람들에게 깊은 인상을 남겼다. 이 발전소는 매년 예방 정비를 받고, 또한 감시 카메라는 가장 취약한 개소를 촬영하도록 설치되어 이 지점의 상황에 대한 데이터를 끊임없이 수집했다. 문제는 이 원자력발전소가 너무 거대하고 복잡했다는 데 있다. 발전소의 외관이 아니라, 그 이면을 살필 수 있는 사람은 아무도 없었다. 조용히, 그리고 천천히 이 발전소는 방사성 삼중수소를 지하수로 흘려보냈다. 이러한 누출을 차단하기 위한 조치가 여러 번 수행되었고, 발전 회사는 누출이 일어나지 않도록 여러 차례 보강을 시도했지만, 결국 이를 막지 못했다. 버몬트주 전력의 약 80%를 생산하던 시설임에도 버몬트양키는 2014년에 결국 운영이 중단되었다. 이 발전소는 녹슬어 있었고, 목재는 부패해 있었다. 수십 년간 녹과 그 밖의 요소들이 이 탱크를 지지하는 철근과 목재를 먹어 들어갔음에도, 누구도 이를 알아차리지 못했다.

버몬트양키와 같은 일은 얼마든지 있다.[195] 원자력발전소의 안전성을 둘러싼 열띤 논쟁은 원자력발전소의 상용화 이래 미국에서 계속되었지만, 2015년 현재 이 발전소들이 낡은 설비가 되었다는 데는 의심의 여지가 없다.[196] 데이비스베세는 1978년, 버몬트양키는 1972년에 영업 운전을 시작했다. 더 새로운 원자로들도 말썽을 일으킨다. 남부 캘리포니아의 샌오노프레 2, 3호기는 1980년대 중반에 가동을 시작했는데, 증기 배관의 결함을 수리할 방법을 아무도 찾아내지 못해 2014년에 폐로되었다. 이로 인해 남부 캘리포니아는 발전 용량 가운데 20%를 상실했다.[197]

미국에서는 심지어 '젊은' 원전이 가동된 지도 상당히 오래되었다. 낡은 설비는 멈출 가능성이 크다. 이들은 전반적으로 부식이 진행되었을 것이며, 납득하기 힘든 누출 사고가 발생할 수 있고, 장비의 수행 기능도 정격 용량대로 돌아갈 때보다 조금 떨어졌으며, 유지 보수하는 데는 점점 더 많은 비용이 들어간다. 원자력발전소는 낡은 자동차와 비슷하다. 계속해서 수리에 돈을 쏟아붓기보다 폐로하기로 판단해야 하는 시점이 온다. 물론 둘은 차이가 있다. 낡은 자동차의 경우라면, 당신은 먼저 차가 낡았다는 점에 짜증내며, 그다음에는 수리비를 잔뜩 퍼붓고, 이어서 군데군데 녹이 슨 그 자동차를 지역 자선단체에 기부하고, 곧바로 새 차를 구매하려고 할 것이다. 하지만 테네시계곡개발공사(즉, 미국 정부)라는 단 하나의 예외를 제외하면, 새로운 원자력발전소를 만드는 미국의 발전 사업자는 존재하지 않는다. 또한 이들 가운데 거의 대부분은 새로운 석탄화력발전소도 건설하지 않는다. 석탄화력은 발전 사업자들이 오랫동안 운영한 발전소 유형이지만, 이제는 빠르게 축소되고 있다. 발전 사업자들은 새로운 대형 수력 발전소도 건설하지 않는다. 이는 20세기 중엽의 전력 산업, 즉 정부의 보증을 받는 대규모 발전소 투자 프로젝트가 저물었다는 점을 보여준다. 실제로 2005년이 되자, 가동된 지 50년이 넘은 설비, 즉 1950년대의 기술에 기반해 작동하는 설비가 미국의 발전소 가운데 5분의 1에 달했다. 더 중요하게는, 이러한 거대 전력 생산 공장들은 복잡하고 오래된 만큼이나 낡고 수리하기도 어려웠다. 게다가 이것들을 하나로 묶어주는 그리드는 더 오래되었으며 그 복잡성도 더 높았다. 원자력 재난, 특히 일본 후쿠시마 제2원전 1호기와 3호기의 노심용융 사고로 많은 사람들이 우려했던 사태가 정전이었던 만큼, 미국에서도 그리드가 얼마나 취약한 것인가 하는 문제가 점점 더 중요하고 장기적인 쟁점으로 발전하고 있다.

그리드는 다양한 취약성을 가지고 있다. 원전은 낡을 수 있고, 방사성물질이 누출될 수 있으며, 균열이 일어날 수 있고, 폐로될 수 있으며, 계통 연계가 끊어질 수 있다. 이는 전력원에서 가까운 그리드에 심각한 타격을 줄 수 있다. 아니면 전선과 목재 또는 도자기로 된 애자를 지탱하는 지역 유틸리티의 전봇대에 칡넝쿨이 기어올라, 주변을 녹색 피복으로 덮어버릴 수도 있다. 이럴 경우, 전봇대도 사고에 취약해진다. 잎사귀는 합선을 일으키며, 더 극단적으로는 방전이 일어날 수 있다. 조심스럽게 길들여 놓은 전기의 힘은, 전력선에서 나무로 뻗어나가 순식간에 그 흉포한 야성을 되찾을지도 모른다.

또한 10개 이상의 석탄화력발전소가 유사한 크기와 유형의 발전소로 대체되지 않고 신속하게 폐로되었다. 그 자리를 채운 것은 다른 연료를 사용하는 발전소들이었다. 다시 한번 낡은 자동차에 비유해 보자. 산오노프레를 폐쇄하고, 이를 30여 개의 지리적으로 흩어진 천연가스 발전소로 대체하는 작업은, 1964년형 캐딜락 플리트우드를 신형 프리우스 하이브리드 카가 아니라 제트 팩, 즉 개인 비행이 가능한 연료 분사 장치로 바꾸는 일과 같다. 이러한 발전소들은 기존의 석탄화력이 내뿜던 공해 물질과 석탄재를 감소시켰지만, 그리드의 운영을 복잡하게 만드는 효과를 가져왔다. 특히, 전력 저장소가 없는 상태에서 그리드에 영향을 주는 변동성(1장), 어떤 총괄적인 주체 없이 극단적으로 분산된 민간 발전소들을 조율해야 하는 과업(8장)은 주목할 만하다. 앞 장에서 살펴본 여러 법령들(PURPA)로 인해, 노후화되고 수십 년간 일관성 없는 보수 과정을 거쳤으며 대중적으로도 인기가 없어서 유지하기 힘들어진 발전소들을 전력 생산과 판매에 활용하기가 더욱 어려워졌다.

그럼에도 그리드 전체가 고장 나는 것을 우려할 필요는 없다. 블랙아웃은 아무리 대규모로 벌어진다고 하더라도 이틀이나 사흘 이상 지속되는 경우가 드물다. 실제로 블랙아웃은 아주 짧은 시간 동안 사람들에게 공포심을 주고, 상황에 따라서는 잠시 동안만 사람들의 짜증을 유발할 뿐이다. 금전적 손실이 발생하기도 하고, 사람이 죽을 수도 있지만, 대부분의 미국인에게 블랙아웃은 다만 무언가 흥미로운 일이 일어나는 계기일 뿐이다. 낯선 이들이 한데 모여 파티를 열거나, 가게들이 아이스크림을 공짜로 나눠주고, 냉장고에 저장해 둔 고기를 땔감 위에 올려 구워 먹는 모임이 이곳저곳에서 벌어진다. 무엇이 취약한지, 무엇이 이러한 사태를 불러왔는지, 무엇이 너무 낡고 불량한지에 대해 말하는 것은, 블랙아웃이 가져다주는 재미와 달리 직접적이지 않고 너무 멀리 떨어진 것에 대해 이야기하는 것이다. 블랙아웃이 발생한 다음 몇 달(또는 몇 년) 뒤에나 그에 대한 평가가 이뤄질 경우에는 더욱 그렇다. 그렇지만 우리 삶을 지탱하는 그리드의 놀라운 복잡성을 감안하면, 블랙아웃에 대해 더 깊이 검토하는 것이 현명한 일일 것이다. 아주 작은 문제도 너무 쉽게 큰 고장으로 이어진다. 아주 작은 결함이 거대한 문제로 나타나는 데는 잠깐이면 충분하다.

사례를 하나 살펴보자. 데이비스베세가 예방 정비를 위해 폐로되어 문을 닫은 지 18개월 만인 2003년 8월 14일, 미국 역사상 최대 규모의, 그리고 전 세계에서 세 번째로 큰 블랙아웃이 일어났다. 블랙아웃은 미국의 동쪽 절반과 캐나다 일부에서 벌어졌으며, 8개 주에 사는 5,000만 명의 사람들이 이틀 동안 전력망을 쓸 수 없게 만들었다. 강력하고 광범위했던 이 사건은 실제로 그해 미국의 GDP에 가시적인 하락을 불러왔다. 이 블랙아웃은 약 23만 제곱킬로미터의 면적에 영향을 미쳤으며, 대략 60억 달러의 기업 매출 감소를 일으킨 것으로 평가되었다. 그전에는 쉽게 믿기 어려웠을지 몰라도, 2003년의 블랙아웃은 미국 경제의 중심에 전력망이 자리하고 있다는 점을 명백하게 입증했다.

사건 초반에는, 사건의 원인이 캐나다에 있다는 증거도 불충분한 비난이 널리 퍼졌다. 하지만 실제로 이 정전 사태는 애크런시의 웃자란 나무들, 즉 데이비스베세 발전소를 운영하는 사업자인 오하이오의 퍼스트에너지FirstEnergy의 사업소에 있는 나무 세 그루와 때마침 일어난 컴퓨터 버그 때문에 발생했다는 점이 곧 확인되었다.

퍼스트에너지는 원자로를 결함 없이 운영해야 한다는 목표를 느슨하게 생각했을 뿐만 아니라, 송전망 주변의 나뭇가지가 전력선을 방해하지 않도록 자주 가지치기하지도 않았다(비싸고 티도 안 난다는 이유 때문이었다). 이처럼 이들은 기본적인 시스템 관리 작업의 빈도를 줄였다. 퍼스트에너지는 미국에서 운영 중인 3,300여 개의 유틸리티 중 하나일 뿐이지만, 이 사업자가 블랙아웃이 발생하기 몇 달 전부터 며칠 전까지 내린 판단들은, 사태가 벌어지고 이들이 보이는 행동은 말할 것도 없고, 오늘날 전력 기업이 어떤 방식으로 작동하고 또 어떤 방식으로 무너지는지를 드러내는 드문 기회를 제공했다.[198]

문제는 2001년, 에너지정책법이 장기간의 법정 다툼을 끝내고 실제 법률로 효력을 발휘하면서부터 시작되었다. 이 복잡한 법안은 PURPA가 전력 사업체의 사업 환경을 근본적으로 뒤흔든 지 15년밖에 지나지 않은 1992년에 의회를 통과했다. 대법원 상고까지 이어진 10년간의 지독한 법정 다툼을 거치고, 이 법률은 2000년 봄부터 효력이 발생했다. 이 법의 가장 급진적인 면은, 그리드 관리 기구인 연방에너지규제위원회가 전기 생산을 송배전과 분리해야 한다고 규정한 데 있었다. 1970년대 후반부터 소규모 전력 생산자로부터 자신들의 발전 자회사가 생산하는 것과 같은 가격으로 전력을 구매해야 했던 유틸리티들은, 에너지정책법으로 인해 전력 시장의 발전 사업으로부터 다시금 물러나야 했다. 에너지정책법은 전력 도매 시장이 절대적인 경쟁 시장이어야 한다고 규정했다. 많은 주에서 이는 발전소 전체를, 또는 유의미한 비율의 발전소를 분할해야 하는 의무도 유틸리티들에게 부여했다. 이 시점부터, 유틸리티가 매출을 올리는 주된 방법은 결국 전력을 새로 만드는 것보다는 송전과 배전, 그리고 통과 전력량을 계량해 요금을 매기는 일이 되었다.[199] 유틸리티들은 이렇게 변화된 정책이 발효된 직후부터, 몇 년 동안 조직적인 면에서 큰 변화를 겪었고 재정적인 면에서도 변화를 겪었는데, 이 변화는 퍼스트에너지의 행동과 그들이 하지 않은 행동에서 명확하게 드러났다.

퍼스트에너지가 관할 규제 기관인 오하이오공공전력위원회Public Utilities Commission of Ohio, PUCO에 제출한 2001년 연보를 보면, 이들은 훌륭하다고 평가할 수는 없더라도 어느 정도 믿을 만한 정비 및 수리 기록을 유지하고 있었다. 연보는 이들이 확인한 '통상적인' 문제, 즉 끊어진 배선이나 기울어진 기둥과 같은 문제들 가운데 75%를 해결했고, 25%는 해가 바뀔 때까지 남겨졌다고 밝혔다. 하지만 2002년, 즉 데이비스베세 발전소의 중대한 결함이 발견된 해에, 퍼스트에너지는 수행해야 하는 정비 작업 중에서 단 17%만을 수행했으며, 수행하지 않은 정비 작업 가운데 약 1만 1,000건의 항목을 다음 해로 넘겨버렸다. 그리고 그해, 블랙아웃이 발생했다. 같은 기간에 퍼스트에너지는 송전망 정비와 같은 기초 설비 작업을 하던 500명 이상의 숙련공을 해고했다.[200]

그러나 미국 전체에 훨씬 더 결정적이었던 변화는 정책적으로는 그다지 극적이지 않았다. 유틸리티들의 가지치기 주기가 3년에서 5년으로 늘어났던 것이다. 가지치기 주기에 대한 결정도 유틸리티 내부의 방침을 따르면 그만이었다(대체로 충실히 수행하지만, 그러지 않는다고 어떤 규제가 가해지는 것도 아니었고, 당국의 감시가 있는 것도 아니었다). 내부에 규정이 있더라도, 3년마다 가지의 상태를 확인하고 가지를 베는 주기는 그리드의 특정 지점에서, 특히 사유지를 통과하는 지점에서는 규정보다 훨씬 길어질 수 있었다. 2003년의 블랙아웃을 유발한 나무의 키는 15미터가 넘었다. 당시 고압 송전망 주변의 나무들이 몇 미터까지 자라도 되는지 국가적인 차원에서 기준은 없었으나, 해당 수종의 나무가 15미터라면 가지치기를 해야 하는 시점으로부터

이미 10년은 지났다는 소리다.[201]

퍼스트에너지는 가지치기에 소홀했던 유일한 유틸리티가 아니었다. 가지치기에 쓰이는 자금이 그렇게 커 보이지 않더라도, 사업에 들어가는 비용을 줄이고 임원에게 지급되는 급여를 증액하는 데는 상당히 유용한 자원이었다. 1994년 캘리포니아주의 PG&E에서 이런 사례를 확인할 수 있다.

이러한 예산 삭감과 현금 이전이 형사상 과실로 취급될 만큼 심각해지는 일은 드물다. 가지치기 예산은 '더 시급한' 문제에 쓰일 수 있는, 비교적 안전한 자금 출처였다. 퍼스트에너지가 이렇게 가지치기 주기를 2년 연장해 절약한 돈이 얼마인지, 그리고 이 방침으로 실제로 돈을 얼마나 아꼈는지는 분명하지 않지만, PG&E는 퍼스트에너지와 유사하게 가지치기 주기를 길게 만들어 8,000만 달러에 달하는 자금을 이사와 주주의 지갑으로 이체했다. 불행히도 네바다주나 캘리포니아주의 인구 밀도가 낮은 카운티에서는, 이러한 방침이 엄청난 속도로 움직이는 거대 산불의 요인이 되었다.[202] 이는 200헥타르 이상의 면적을 화염에 휩싸이게 했는데, 그 시작은 송전선에서 일어난 방전이었다. 송전선에 지나치게 가까운 나뭇가지는 해당 카운티에서 확인된 767건의 문제 가운데 하나였다. PG&E는 이를 다 알고 있었지만 무시했으며, 가지치기 주기를 3년에서 5년으로 늘리고 3인 1조로 작업하던 가지치기 요원들이 2인 1조로 작업하게 했다. 또한 전력선과 나뭇가지 사이에 확보되어야 하는 최소 간격을 1.2미터에서 단 15센티미터로 축소하기 위해 캘리포니아주 의회에 로비를 벌였다. 동부 해안 지역의 2003년 블랙아웃과 매우 유사하게, 캘리포니아주의 2004년 트라우너Trauner 화재는 가지치기가 필요한 시점으로부터 10년이 지날 때까지 가지치기를 하지 않아 웃자란 나무 때문에 발생했다.

오하이오주나 캘리포니아주에서 일어난 재난이 없었다면, 누구도 이런 식의 혜안을 가지기는 어려웠을 것이다. 나무는 매년 조금씩 자라며, 예산은 이해관계자들의 선호를 반영해 편성되게 마련이고, 지금까지 그래왔던 것처럼 전력 사업은 계속될 것이다. 다수의 미국 유틸리티들은 자신들의 가지치기 작업을 '조정'하면서, 자신들의 연간 예산 또한 '조정'한다. 몇몇 유틸리티들은 알고 있지만 전력 소비자들 대다수(여기에는 상원 의원들도 포함된다)가 아직 잘 모르는 사실이 하나 있다. 바로 오늘날의 미국에서, 2003년(그리고 1994년)과 마찬가지로, 미국을 지탱하는 전력 인프라의 안전성과 신뢰성을 가장 크게 위협하는 것이 식물의 잎이라는 점이다. 칡 같은 넝쿨식물도 설비를 타고 기어오르며 문제를 일으키지만, 문제의 가장 큰 원인은 결국 나무들이다.

정치가들과 유틸리티 경영자들은 테러리스트들이 미국을 굴복시키기 위해 그리드의 제어 설비를 해킹하거나, 총격을 가해 변전소와 같은 몇몇 거점들을 장악하거나, 송전계통의 결절점을 폭파해 그리드 전체를 마비시킬 가능성을 우려하며 많은 말을 쏟아낸다. 그렇지만 나무야말로 미국 전력망의 안전성과 신뢰성을 위협하는 압도적으로 중요한 원인이다.[203] 전력선이 개인 소유 농장을 통과하든 공유지를 통과하든, 이를 식물과 멀리 떨어져 있도록 하는 것이 모든 유틸리티들의 책임이다.

모든 전력 회사는 이를 알고 있지만, 나무들은 정전 사고의 대부분을 일으킨다. 강풍이 불면 나무 줄기와 그 가지들이 전력선을 덮치고, 이는 많은 정전 사고의 원인이 된다. 그렇지만 바람이 약할 때도 나무들은 규칙적으로 배전망을 구성하는 전선과 쉽게 뒤얽히고, 이들을 잡아당겨 짧게 만들거나 뽑아내 망가뜨린다. 물론 배전망에서 일어나는 일은, 나무들 때문에 발전소와 대규모 변전소를 연결하는 고압 송전선에서 벌어지는 일과 비교하면 사소한 문제일 뿐이다. 이러한 장거리 송전선은 그리드의 동맥이나 다름없다. 이 망이 무너지거나, 전선이 지나치게 팽팽해지거나, 수용 가능한 용량보다 지나치게 많은 전류가 진입해 과부하가 걸리고 이로 인해 망이 기능하지 못하게 되면, 그리드 전체가 매우 위험한 상태에 처한다. 이것이 바로 2003년 오하이오에서 일어난 일이다. 한 그루의 나무가 아니라, 세 그루의 서로 멀리 떨어져 있는 나무가 각각 주변을 지나는 송전선과 접촉해 치명적인 고장이 발생했다.

첫 번째 나무는 오하이오의 한 교외 지역인 월튼 힐스의 한 작은 구역에서 34.5만 볼트에 달하는 고전압 전류가 흐르는 전선과 근접해 순간적으로 '아크'를 만들었다. 전력선과 여기에 아주 가깝게 다가간 물체(이 경우에는 웃자란 나뭇가지) 사이에서, 마치 번개처럼 에너지가 뿜어져 나온 것이다. 이 인공 번개는 두 차례의 커다란 폭음을 유발했고, 아주 잠깐 뒤에 무하Adam Muha 씨네 집의 식기세척기가 폭발했다.

사고 당시에 18세였던 무하는 부모와 함께, 지금은 운영되지 않는 송전선로 바로 아래에서, 그러니까 사고를 유발한 나무 바로 옆에서 살았다. 그가 학교에서 막 집으로 돌아왔을 때, 전선에서 방전이 일어나 아크가 발생했다. 시끄러운 소리에 놀란 무하는, 가전제품 대부분과 콘센트 2개에서 연기가 피어오르는 것을 보고 더 놀랐다. 무하는 집 밖으로 나가 상황을 살폈고, 우연히도 길 건너편에서 나무 가지치기를 수행하던 팀과 만났다(이들은 단지 우연히 현장에 있었을 뿐, 사고의 원인과는 별다른 관련이 없었다). 혼란에 빠진 얼굴로 그들의 차량이 지나갈 길목에 나타난 무하에게 팀원 한 명이 소리쳤다. "저리 비켜! 전선이 차를 덮치면 그 차, 우리 트럭, 아니 우리 몸까지 모든 것이 녹아버린다고!" 무하는 그 말을 따를 수밖에 없었다.[204]

이 이야기에는 특별해 보이는 요소가 없다. 더운 날씨, 웃자란 나무, 늘어진 전선, 섬광이 (물론 나무와 전선에는 나쁜 것들이지만) 급작스러운 전압 변동과 그에 따른 블랙아웃을 유발할 것처럼 보이지는 않는다. 미국 전역의 송전선로에서 이러한 고장은 늘 일어난다. 나무, 전선, 폭음, 합선은 모두 해당 전선에 걸려 있는 '부하'(이는 일정한 규모의 전선이 전력을 얼마나 수송해야 하는지를 지시하는 전문용어다)의 역할을 할 수 있어서, 이중 계통을 이루고 있는 다른 전선으로 전력을 옮겨 가게 만든다(대부분의 도시 간 송전선로는 서로 고압의 부하를 주고받는 이중 계통으로 되어 있다). 이러한 시스템은 북동부의 첫 대정전 사태 이후인 1968년부터 증가했는데, 오늘날에는 필수적인 것이 되었다. 심지어 대부분의 시골 지역에서도 고압 전선에는 이러한 이중 계통이 쓰인다. 하지만 그렇다고 이것이 사용 가능한 전선의 수가 무한히 많다는 뜻은 아니다. 이는 일상적인 송전과 배전에 사용되는 것보다 계통의 수가 많다는 뜻이지, 예외적인 사건에 대응할 수 있을 정도로 충분한 계통이 그리드 내에 준비되어 있다는 뜻은 결코 아니다.

북부 오하이오에서 송전선로가 끊어지자, 그것이 담당하던 부하를 이러한 여유 용량이 분담했다. 고장은 그저 성가신 것이었다. 그러나 문제는 그다음에 일어났다. 빛의 속력에 맞먹을 정도로 빠르게 이동하는 제품이 전력이기에, 그다음 사태로 넘어가는 것도 순식간이었다.[205]

두 번째 전선 역시 나무 위로 축 늘어져 있었다. 이 나무는 키가 아주 컸고, 나뭇가지는 땅으로 떨어지는 모든 광선을 포착하기 위해, 그리고 여름날 늘 목이 말랐던 뿌리 위로 떨어지는 빗방울을 가능한 한 많이 잎으로 실어 나르기 위해 하늘로 뻗어 있었다. 문제의 전선은 첫 번째 전선처럼 여름을 맞아 달아올라 있었으며, 한낮의 열기를 받아 아래로 축 늘어져 있었다. 다른 모든 도체처럼, 전선은 날이 더울수록 팽창해 길게 늘어난다. 이러한 팽창은 전류 자체가 발생시키는 것은 아니지만, 전류에 의해 더욱 악화될 수 있는 금속 원자의 성질이다. 오하이오, 중서부, 동부 지역에 있던 모든 전선들은, 8월의 여느 날처럼 아래로 늘어지며 그 높이가 낮아져 있었다. 나무가 그 자리에 뿌리 내리지 않았거나 가지치기가 제대로 되었더라면, 나무와 송전선은 그날 오후에 폭발하지도, 괴성의 주인공이 되지도, 새까만 숯으로 변하지도 않고 살아남았을 것이다. 물론 두 번째 전선의 폭발도 일어나지 않았을 것이다. 체임벌린-하딩Chamberlin-Harding 송전선로는 클리블랜드의 바로 남쪽 지역을 통과한다. 이 배전 모선에 걸려 있던 부하는 다른 배전 모선에 걸리게 되었고, 그렇게 다음 단계의 연쇄 작용이 이어졌다. 하나의 모선이 기능을 멈췄을 때나 두 번째 모선이 멈췄을 때는 다른 선로들이 부하를 그럭저럭 견딜 수 있었지만, 세 번째 모선이 죽자 다른 선로들에 걸리는 부하가 송전 설비들이 정상적으로 작동할 수 있는 임계점을 넘어버렸다.

모든 송전선로에는 등급, 전압, 그리고 안전하게 전력을 수송할 수 있는 한계치인 '전력량'이 할당되어 있다. 드넓은 황야와 고산지대를 관통하는 초고압 송전선은 강철로 된 거대한 송전탑으로 이뤄져 있으며, 27만 5,000볼트에서 76만 5,000볼트 사이의 전압을 걸어 전력을 수송한다. 반면 가정집 근처의 전신주에 연결된 배전선은 대체로 그 등급이 낮고, 5,000볼트 정도의 전압을 걸어 전력을 수송한다. 아래에서 바라볼 때 서로 비슷해 보이는 전선은, 실제로는 매우 체계적인 기술의 집합체다. 이러한 망을 지탱하는 탑의 모습은 일반 사람들도 망의 전압 등급을 구분할 수 있을 만큼 서로 다른 여러 종류로 되어 있다. 그렇지만 사실, 두 탑 사이에 매달려 있는 전선이야말로 여러 합금으로 구성된 복잡한 장비다. 다양한 금속 실로 짜인 정교한 직물과도 같은 이 장비는, 생산 지점에서 소비 지점으로 전류를 안전하게 흘려보내도록 설계되었다.

오하이오의 월든힐스에서 첫 번째 나무와 접촉해 사고를 일으킨 노선은 34만 5,000볼트의 전압이 걸린 모선이었다. 이는 직류 전력을 중거리 단위에서 전달하는 모선이며, 두 번째, 세 번째 모선두 마찬가지였다(두 번째, 세 번째 선로의 정전 역시 나무에 의해 일어난 것이다. 이러한 문제가 모두 나무와 전선의 접촉에서 시작했다는 점을 떠올려보라). 접촉 사고가 일어나자, 자동화된 통제 과정이 깊이 관여해 1시간 전에는 어떠한 이상 징후도 없었던 전력망을 빠르게 블랙아웃 상태에 빠뜨렸다. 나무와 송전선로의 세 번째 접촉 이후에, 10분도 채 지나지 않아 34만 5,000볼트짜리 네 번째 선로로 가는 전력도 차단되었다. 안전 한계로 설정한 전력량보다 더 많은 양의 전력이 한꺼번에 선로로 몰려들었기 때문이다. 곧바로 13만 8,000볼트짜리 인근 송전선로 역시 자동적으로 차단되었다. 이는 통제할 수 없을 만큼 많은 양의 전력이 유입되어 전기 도선conductor('도선'은 전력 전송 선로를 지시하는 기술 용어다)의 발열이나 융해처럼 전선에 손상이 일어나지 않도록 망이 스스로를 보호하는 기술이다. 이런 일이 일어난 15시 41분, 즉 블랙아웃이 발생하기 약 30분 전이 되면, 나무는 더 이상 문제의 원인이라고 할 수 없었다. 기능이 정지된 송전선로가 그리드 전역에서 빠르게 증가했고, 회로 차단기가 가동되기 시작했다.

일반적인 가정에 있는 퓨즈 박스처럼, 송전선로와 배전선로 역시 적절한 순서에 따라 작동하도록 매우 섬세하고 상당히 단순한 아날로그 시스템(이것은 컴퓨터가 사용되지 않는다는 뜻이다)에 의해 가동된다. 예를 들어, 전선이 수송해야 하는 전류가 설정 등급을 초과할 경우, 회로 차단기는 '오프라인' 상태가 되며 여기에 실려야 했던 부하는 예비 선로로 이동한다. 불행하게도, 15시 41분에 오하이오의 그리드에는 남아 있는 용량이나 예비 선로로 쓸 수 있는 노선망이 없었다. 몇 분 뒤 회로 차단기가 딸깍하고 잠기자 위험 상태의 도선으로 흘러가는 전력은 차단되었으며, 곧이어 지금 우리가 논의하는 사건이 그리드에서 일어났다. 다시 말해, 그리드는 균형을 잃었다.

귀 안에서 생긴 문제로 고통받는 광인들처럼, 이용 가능한 송전선로가 부족해지면 아주 기괴한 불안정성이 그리드 전체로 빠르게 번져 나간다. 여전히 설계 용량대로 남아 있는 송전선로에, 감당할 수 없을 정도로 지나치게 많은 전류가 흘러든다. 그리고 이러한 과전류 현상은 일부 지역에 저전압 상태를 유발한다. 이 사례에서는, 저전압 상태가 나타난 지역의 범위가 오하이오주 전역에 걸쳐 있었다. 이 영역은 거대한 빨대처럼 망 전역의 전력을 빨아들였다. 이러한 기괴한 현상들을 이해하기 위해서는 전기의 이동 원리에 대해 상세하게 논의해야 한다.

2장에서 살펴본 것처럼, 전기는 인간과 아주 다른 방식으로 이동한다. 예를 들어, 이들은 두 지점 사이의 가장 가까운 경로로 이동하지 않는다. 또한 이들은, 몇 가지 점에서 비슷해 보일지라도, 물처럼 움직이지도 않는다. 전기는 언덕을 흘러 내려가지도, 평지의 웅덩이에 고이지도 않는다. 전기는 뚜껑이 '열린' 콘센트에서 흘러 나가지도 않는다. 전기는 두 지점 사이에서 가장 짧거나 우리 눈에 가장 합리적으로 보이는 경로가 아니라, 전압이 가장 낮은 경로를 따라 순식간에 이동할 수 있다. 그리고 전기가 가장 선호하는 경로는 전도율이 비교적 높은 재료로 제작되고, 전기가 흐르지 않고 회피하는 경로는 전도율이 비교적 낮은 재료로 제작된다. 공기는 도체가 아닌데, 이를 통해 왜 콘센트에서 전력이 새어 나오지 않는지 알 수 있다. 한편 금속은 잘 알려진 것처럼 매우 강력한 도체이며, 덕분에 장거리 송전선은 전력을 생산지로부터 모아들여 소비지로 이동시키는 매우 좋은 방법이다(그리고 이는 어릴 적에 우리가 콘센트에 포크를 집어넣고 놀면 안 된다고 배우는 이유이기도 하다).[206]

이리호 주변을 따라 이동하기 위해, 토론토 외곽에서 생산된 전류는 즉시 가장 짧은 경로를 따라서 뉴욕시로 이동할 뿐만 아니라(약 800킬로미터 거리다), 가장 긴 경로를 따라서도, 즉 미시간, 켄터키, 버지니아, 메릴랜드, 뉴저지를 통해서도 뉴욕에 도달한다. 물론 저항이 낮은 경로를 선호하는 전류의 특성상, 이와 다른 경로로 전류가 수송되는 일도 충분히 가능하다.

저항이 동일할 경우에, 경로가 길든 더 복잡하든 우회가 극심하든, 전력은 더 짧은 경로로 진행한 전력과 동일한 순간에 도착한다. 전력의 수송 경로는 거리와 무관하며, 오직 저항이 변수일 뿐이다.

우리가 스위치를 위로 올렸을 때 전등에 불이 들어오는 이유는, 전등이 속한 회로의 저항을 무한대(스위치가 내려가 있을 때)에서 거의

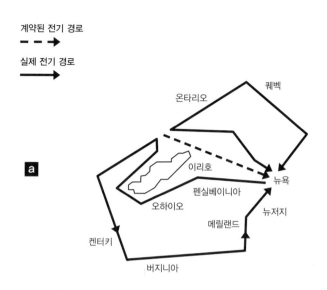

계약된 전기 경로

실제 전기 경로

a

퀘벡
온타리오
이리호
펜실베이니아
뉴욕
오하이오
뉴저지
메릴랜드
켄터키
버지니아

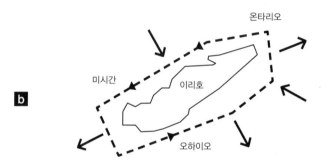

b

온타리오
미시간
이리호
오하이오

그림 3 전력은 발전소에서 최종 목적지까지 가장 짧은 경로를 통해서만 이동하지 않으며, 동시에 그리드의 다른 경로를 통해 병렬로 이동한다. 서부의 로키산맥이나 동부의 오대호와 같이 네트워크가 빙 둘러가야 하는 대규모의 지리적 장애물이 있는 지역 부근에서, 고리형의 흐름은 아래쪽 원 안에서 1기가와트에 달하는 전력을 수송할 수 있는 것이다. 물론 이는 전력을 받는 소비자가 없을 때 송전선이 도달하게 되는 용량이다.[204]

영(스위치가 올라가고 램프가 켜지는 순간)으로 낮췄기 때문이다. 전기와 다른 방식으로 '소통할' 필요는 없다. 우리의 그리드, 전기화된 우리의 세계는 그저 저항값이 바뀌면서, 다시 말해 전류가 흐르거나 끊어지면서 연주되는 교향곡이나 다름없다.

이러한 신호, 즉 '싱크'는 그리드를 흐르는 모든 전류에 대해 이렇게 말한다. "여길 보라고. 이게 바로 전류가 흐르기에 좋은 길이야." 싱크가 줄어들어야 하는 전선에 전기를 흐르게 할 경우에는, 조명 스위치를 딸깍 켜거나 종이에 불을 붙이는 것과 같은 일이 벌어진다. 단순한 물리법칙의 파급효과는, 그리드가 얼마나 복잡한지를 아주 놀라운 방식으로 보여준다. 물리학자의 설명을 잠깐 들어보자. "그리드의 어떤 지점이 되었든, 발전기나 송전망에서 변화가 발생하면 다른 모든 발전기와 송전망에 걸리는 부하가 변동한다. 많은 경우 이런 변화는 예측할 수도 없고 통제할 수도 없다."[208]

8월 14일에는, 오하이오주 이스트레이크의 발전소 한 곳이 멈췄다. 데이비스베세 원전도 곧이어 멈췄다. 이는 그리드를 타고 움직이던 전력이 양호하게 가동되고 있었던 두 발전소에 영향을 미칠 수 있었다는 뜻이다. 그리드는 수백 개소 이상의 발전소와 수천 킬로미터에 걸쳐 구축된 송전선로로 구성되어 있다는 점에서 아주 거대하며, 빛의 속력으로 움직이는 전력을 통해 아주 촘촘하게 연계되어 있다. 여기에 여러 유틸리티들과 수많은 전력 관리 회사들이 이 망의 운용에 관련되어 있다. 이 모든 요소를 실시간으로 모형화할 수는 없다. 최선의 대응은, 상황이 변화할 때마다 가능한 한 신속하게 이를 모니터링하고 계산해 대응하는 것뿐이다.

그러나 퍼스트에너지는 그날 일어난 여러 변화들을 모니터링하며 대응하지 않았다. 첫 번째 선로가 끊어진 다음, 두 번째, 세 번째, 네 번째, 다섯 번째 선로가 차례로 끊어졌고, 이어서 15개의 선로가 동시에 끊어졌다. 20개의 고전압, 중전압 송전선들이 끊어졌음에도, 퍼스트에너지의 제어실에서는 어떠한 명령도 떨어지지 않았다. 이들은 누구에게도 전화로 명령을 내리지 않았다. 게다가 외부에서 전화로 신고가 접수되기 전까지 이들은 아무런 대응도 하지 않았다. 이 모든 것은 다양한 문제에서 비롯된 것이었다. 일단 퍼스트에너지의 제어 프로그램에 소프트웨어 버그가 있었다. 이 버그는 작고 거의 해를 끼치지 않으며 일관성 없는 명령어가 담긴 짧은 코드일 뿐이었지만, 한편으로 바로 그 때문에 제어실의 컴퓨터 스크린의 화면 재생률●이 조금씩 느려졌고, 이 효과가 누적되어 비상 상황 알람이 발생해도 아무 반응도 나타나지 않는 사태가 벌어졌다. 이들은 모든 송전선로가 기능을 멈췄다는 사실을 알지 못했다. 이들은 블랙아웃이 다가오고 있다는 것을 까맣게 모르고 있었다. 그리고 유틸리티가 다가오는 블랙아웃을 파악하지 못한 이상, 누구도 그 사실을 알 수 없었다.

퍼스트에너지가 보지 못했던 것은, 고유한 논리를 따르는 전력의 여러 움직임이 그리드 전체, 그리고 인간 운영자에게 해를 끼쳤다는 점이었다. 동부 해안 지역의 블랙아웃이 발생하기 30분 전, 오하이오 일대의 그리드는 일종의 거대한 싱크로 변해버렸다. 전력의 관점에서, 오하이오는 막대한 수요가 있으나 전력은 부족하게 공급되는 지역처럼 보였다. 어떤 의미에서는 정말 그랬다. 인근 발전소에서 생산

● 화면 재생률이란 1초 동안 디스플레이가 화면에 프레임을 나타내는 횟수를 뜻하며, 이를 통해 화면이 1초에 얼마나 많은 장면을 표시하는지를 나타낼 수 있다. '화면 주사율scan rate' 또는 '화면 재생 빈도'라고 부르기도 한다.

된 전류들이, 과부하가 걸려 전류를 통과시킬 수 없게 된 선로들 때문에 시스템을 통과해서 고장 나지 않은 선로에 도달하지 못한 채 오도가도 못했고, 그래서 상당한 수의 선로에 실제로 전력이 공급되지 못하고 있었기 때문이다. 전기가 부족한 것이 아니라 오히려 아주 많은 전류가 망에 걸려 있었지만, 바로 이로 인해 싱크가 발생하고 말았다. 이리호 호안을 중심으로 서쪽으로는 미시간호 일대까지, 그리고 동쪽으로는 뉴욕주 일대까지 퍼져 있는 발전소들에게 '보였던' 것은, 오하이오주의 심장부까지 곧장 이어진 최소 저항 경로였다. 오하이오는 전력에게는 마치 일종의 배수구처럼 보였고 그래서 싱크가 되었으나, 실제로 싱크는 아니었다. 이 지역의 그리드는 전류들이 뒤엉켜 소용돌이치는 장소로 변했다. 한 방향에서 몰려온 파동이 지나가고 나면 또 다른 방향에서 파동이 몰려왔고, 이는 마치 쓰나미같이 거대한 파도가 욕조같이 좁다란 공간 안에서 뒤얽힐 때처럼 그리드의 여러 설비에 충격을 가했다.

그래서 뉴욕 같은 곳에서는 중서부 일대에서 무언가가 잘못되었다는 연락조차 받지 못했다(아마도 퍼스트에너지로부터 전화로 연락을 받았다면 상황이 가장 괜찮았을 것이다). 뉴욕주 당국은, 서쪽으로 갑작스레 800메가와트의 서지가 몰려가자(이는 오하이오 방면으로 전력이 아주 효과적으로 빨려 들어갔기 때문이었다) 비로소 블랙아웃이 다가오고 있다는 것을 알게 되었다. 그러고 나서 서지는 반대 방향으로 움직여 뉴욕으로 이동했다. 전력의 배수구가 실제로는 없었기 때문이었다. 이 정도 규모의 충격은, 데이비스베세 발전소와 동일한 크기의 원전이 갑자기 꺼졌다가 다시 갑작스럽게 가동되었을 때 일어날 법한 전압 변동을 일으켰다. 이런 전압 변동은 이미 쇠약해진 전력 인프라의 수명을 갉아먹는다.

자신들과 자신의 장비를 지키기 위해, 올버니의 전력망 운영자들은 발전소를 정지시켰고, 북동부를 관통하는 송전망 시스템을 다른 지역의 망과 분리시켰다. 펜실베이니아주, 미시간주, 온타리오주(캐나다) 전력 당국이 뉴욕주와 동일한 조치를 취했으며, 이러한 조치는 오하이오에서 발생한 거대한 에너지 싱크로부터 이 주들의 망을 주변과 단절해 고립시켰다. 단절 조치, 즉 전체 그리드로부터 지역적인 그리드를 고립시키는 조치는 오늘날 그리드의 구조와 상호 연결성의 규모에 비춰볼 때 결코 쉬운 일이 아니다. 그리고 비록 이러한 조치들은 상당히 현명한 방법이었음에도(2003년의 단절 조치는 아주 많은 발전소와 송배전망을 거대한 전압 파동에 의한 파괴로부터 지켜낼 수 있었다), 이러한 단절 조치는 각 주에 즉각적인 블랙아웃을 불러왔다. 뉴욕주의 그리드가 고립된 바로 그 순간, 이곳에서는 지역 안에서 필요로 하는 것보다 더 많은 전력이 생산되고 있었다. 하지만 석탄화력발전소의 가동 중지 과정은 그리드를 차단하는 것에 비해 훨씬 더 느리게 진행되는 과정이므로, 그리드는 어디로도 수송할 수 없으며 위험천만한 상황을 불러올 수 있는 막대한 전력으로부터 스스로를 보호해야만 했다. 엄청나게 많은 양의 전력이 한 곳의 불균형 상태에서 다른 곳의 불균형 상태로 이동했다. 아메리칸일렉트릭파워American Electric Power (퍼스트에너지보다 서쪽 지역에서 영업한 유틸리티)는 197메가볼트암페어*의 전력량 등급으로 설계된 송전선이 332메가볼트암페어에 달

• 메가볼트암페어MVA는 전압과 전류를 곱한 값으로 변압기 용량의 기본 단위로 주로 사용된다.

하는 막대한 양의 전력을 수송한 순간도 있었다고 보고했다.

동부 해안으로 블랙아웃이 몰려들기 약 1시간 반 전에, 퍼스트에너지의 상황실은 끊임없이 울리는 전화 때문에 패닉 상태에 빠졌다. 이 시점에 아메리칸일렉트릭파워의 운영자들은 전체 계통으로부터 자신들의 그리드를 고립시키기로 결정했다. 다시 말해, 자신들을 향해 전류 서지가 몰려온다는 사실을 알아차리고 망을 고립시킨 것이다. 이들의 그리드는 퍼스트에너지의 그리드와 가장 가까이 있었던 데다, 운영자들은 퍼스트에너지가 자신들의 그리드에서 대체 무슨 일이 일어나고 있는지 전혀 모르고 있었다가 상황을 처음 파악했던 사람들이었기 때문에, 블랙아웃이 발생한 지역의 서쪽 경계는 정확히 퍼스트에너지의 운영 구역과 아메리칸일렉트릭파워의 운영 구역 사이에 놓였다.

블랙아웃 직전 1시간 정도 동안, 상황 진행에 당황해 퍼스트에너지에 연락을 취했던 사람들은 아메리칸일렉트릭파워의 엔지니어들뿐만이 아니었다. 블랙아웃에 앞서 다른 수많은 사람들도 상황을 파악하려고 했지만, 퍼스트에너지 측이 상황을 전혀 파악하지 못하고 있다는 점만을 알게 되었다.

오후 3시, 월든힐스에서 첫 번째 송전선이 아크를 발생시키면서 끊어진 지 대략 1시간이 지난 시점에, 오하이오주의 작은 마을인 워즈워스의 시립 서비스 지구 본부에서는 경보가 울리며 여러 민원이 접수되었다. 지역 전력 감독관인 포스트Gene Post는 퍼스트에너지에 전화를 걸어 대체 무슨 일이 일어났는지 알려달라고 요청했다. "그들은 자신들 역시 암흑에 휘말렸다고 말하더군요." 포스트의 말이다. 물론, 문자 그대로는 아직 그렇지는 않았다. 포스트의 말 뜻은, 퍼스트

222

에너지의 오퍼레이터들이 상황을 제대로 파악하지 못하고 있었다는 뜻이다. 실제로는 상황이 더 나빴는데, 대체 어떤 일이 일어나고 있는지 그들이 아무것도 파악하지 못하고 있었기 때문이다.

"그들은 우리에게 아무런 정보도 주지 못했습니다." 포스터는 상황을 납득할 수 없었다. 그리드에서는 전력의 파동이 기록적이고, 예외적이고, 아주 위험한 수준까지 치솟아 올랐다. 분명 전력망을 책임지는 회사인 퍼스트에너지는 이를 알고 있어야만 했다. 누군가가 그리드의 위기에 대해 정보를 가지고 있다면, 그것은 당연히 그리드를 소유하고 관리하는 사업자여야 했다. 하지만 현실은 그렇지 않았다. "저는 그들이라면 대체 뭐가 어떻게 돌아가는지 알고 있을 것이라고 기대했다고요!"

오벌린시립조명전력관리국Oberlin Municipal Light and Power의 국장이었던 스티브 듀피Steve Dupee가 퍼스트에너지에 전화를 건 시점은 포스터가 통화한 시간보다 약 30분이 지나고 나서였다. 듀피는 오벌린이 왜 그처럼 극단적으로 낮은 전압에 처했는지 알고자 했다. "하지만 전화받은 사람도 아무것도 모르겠다고 답하더군요. 통제실의 운용 컴퓨터가 꺼졌다면서요."

2분이 지나, 퍼스트에너지는 더 우려스러운 연락을 받았다. 미국 중서부 지역을 지나는 그리드 전체를 감시하고 규제하는 기관인 중서부독립송전시스템Midcontinent Independent Transmission System, MISO에서 걸려 온 것이었다. MISO의 운영자였던 돈 헌터Don Hunter는 15시 30분이 막 지나서 전화를 걸었다. 그는 진행 중인 상황을 제대로 파악하지 못하고 혼란에 빠져 있던, 퍼스트에너지의 엔지니어 제리 스니키Jerry Snickey와 통화했다.

헌터는 전력망 가운데 어느 부분이 파괴되었는지를 지적하며 이야기를 시작했다. "나는 우리 관할구역 안에서 당신들이 무엇을 잃었는지 알고 있습니다. 사우스캔턴에서 스타를 연결하는 송전 노선, 그리고 해나-주피터 송전 노선이 거의 동시에 끊어졌군요."

스니키의 답은 이랬다. "네? 거기서는 해나-주피터 송전 노선의 상태도 확인할 수 있다는 겁니까? 여기서는 아무것도 확인할 수 없어요. 상황실 컴퓨터가 아예 뻗어버렸습니다. 우리 상황실이 어떻게 돌아가고 있는지도 제대로 파악하지 못하고 있어요."

헌터는 절망에 빠졌다. "나는 10분 전에도 당신들에게 전화를 걸었소. 그리고 지금쯤이면 당연히 무슨 일이 일어나고 있는지 파악하고 있을 거라고 믿었소!"

스니키의 답이다. "우리도 노력하고 있습니다!" 그리고 그의 말 속에는 초조함이 묻어 있었다. "우리 컴퓨터… 컴퓨터가 먹통이에요. 전혀 말을 듣질 않는단 말입니다."

이때가 15시 32분이었다.

시간이 조금 더 흐른 15시 45분. 이번에는 쿠야호가폴스 지역의 전력 시스템 책임자가 퍼스트에너지로 전화를 걸었다. 자신이 책임지는 시스템에서 저전압 경보가 울렸기 때문이었다. 퍼스트에너지의 운영자들도 무언가가 아주 크게 잘못되었다는 것을 알고 있었다. 하지만 이들은 이렇게 말할 수밖에 없었다. "네, 뭔가 문제가 생겼습니다. 그럼 전화 끊습니다."

퍼스트에너지는 이렇게 여러 차례 이상 상황에 대한 메시지를 받았다. 그러나 첫 번째 송전선이 끊어진 시점과 대체 무슨 일이 일어난 것인지 파악하게 된 시점 사이에는 약 1시간 반 정도의 간격이 있었다. 게다가, 이들의 시스템 모니터는 컴퓨터 이상으로 인해 약 60분에 걸쳐 대체 무엇이 잘못된 것인지 제대로 보여주지도 못했다. 이 사실은 단순히 재미로 지적하는 것이 아니다. 모니터는 주요 정보를 강조하지도, 아예 나타내지도 못했으며, 갱신율도 극도로 느린 수준까지 곤두박질쳤다. 아마도 그날 모니터는 사실상 멈춰 있었을 것이다. 그러나 이는 장비를 누군가가 충분히 주의 깊게 살펴보기만 했어도, 통상적인 상태와 다르게 작동하고 있었다는 점을 쉽게 알아차릴 수 있었다는 뜻이다.

전력 회사의 통제실은 수많은 스크린으로 가득하다. 그리고 스크린에는 각종 데이터, 도표, 색깔, 그리고 여러 줄로 된 텍스트가 나타난다. 통제실 오퍼레이터들은 음성 경보 시스템이나 시각적으로 번쩍거리는 영상 경보 시스템에 크게 의존해 일한다. 이런 경보가 없다면, 보통의 인간이 데이터 패턴상에서 일어난 변화나 장비의 가동 속도가 느려진 것을 과연 파악할 수 있을지조차 의심스럽다. 그리고 바로 그날, 퍼스트에너지의 경보 장치는 제대로 작동하지 않았다. 화면상의 영상 경보도, 음성 경보도 그랬다. 스크린은 모든 것이 양호하다고 말했다. 전화통에 불이 나기 전에는, 모든 것이 양호하다고 믿는 것이 완전히 합리적이었다. 8월 14일, 오퍼레이터들은 정전으로 자라날 혼란을 눈치채지 못했고, 퍼스트에너지의 통제실은 다른 날과 그저 똑같아 보였다.

이 모든 것은 버그 때문이었다. 어떠한 멀웨어malware도, 바이러스도, 또는 웜worm도 없었다. 단지 프로그래밍 에러로 인해 발생한 자그마한 문제일 뿐이었다. 'XA/21'이라는 이름을 얻은 이 버그의 효과는, 다수의 시스템이 신호 처리 요청을 보내왔을 때 이 요청에 대해 각각 우선순위를 부여하고 차례가 되면 요청에 응답하는 방식으로 처리하지 않고 동시에 처리하게 만들어, 서버의 신호 처리 속도를 느리게 만드는 것이다. 데이터 단위의 처리가 계속해서 거절되면서, 데이터가 로그에 기록된 다음 삭제되지 않고 스택에 누적되었다. 정수장의 거름 장치에 걸린 부유물이나 동맥의 콜레스테롤처럼, 처리되지 못한 정보는 정보의 자유로운 흐름을 가로막고 그 흐름을 느리게 만들어 정보처리 과정을 중단시키고 결국에는 메인 서버가 작동을 중단하게 만들었다. 처리되지 않고 누적된 이 모든 신호 정보는 백업 서버로 이전되었으나, 이 서버 역시도 메인 서버가 처리하지 못한 거대한 백로그를 처리할 수 있을 만큼의 능력을 가지고 있지 않았다. 이 시점, 그러니까 월든힐스에서 송전선로가 파괴된 지 약 1시간 반이 지나서, 그리고 MISO의 헌터가 정말로 긴박하게 상황을 확인하고자 전화를 걸었던 그 시점이 되어서야, 퍼스트에너지의 통제실 운영자들은 정말로 무언가가 아주 크게 잘못되었다는 것을 깨달았다.

현대적 삶(여기에는 그리드 그 자체도 포함된다)을 기록하고 영위하기 위해 활용하는 마이크로 전자 장비와 그리드 사이에는 아주 많은 차이가 있지만, 이것들에는 주목할 만한 두 가지 공통점이 있다. 먼저 모두 물리학이 밝혀낸 사실과 법칙에 따라 동작한다. 이것들이 처리하는 정보가 모두 전기의 형태로 이동한다는 점을 떠올려보라. 또한 XA/21 버그의 사례에서 분명하게 드러나듯, 상대적으로 작은 문제라고 할지라도 문제가 제때 처리되지 않고 누적되면 정보 시스템(대체로 컴퓨터)과 전력 시스템은 연쇄적인 기능 고장을 일으킨다.

2003년 정전의 경우, 문제는 고작 웃자란 나무 때문에 일어난 것이었다. 컴퓨터에서 일어난 오류도, 수신된 데이터를 컴퓨터가 동시에 처리하지 못하도록 만든 한 줄의 코드 때문에 일어난 것이었다. 이 문제들은 모두 현실의 물리적 인프라에 작지만 아주 중대한 효과를 발생시켰다. 반면 물리적 인프라는 부정적 효과가 일정한 확률로 퍼져나가도록 설계되었다. 다시 말해, 전력 설비에서 연쇄 반응이 일어나면 블랙아웃까지 유발할 수 있었다.

하나의 송전선과 한 그루의 나무가 3개의 송전선과 3개의 나무에, 이어서 15개의 송전선로에 과부하가 걸리게 만들었으며, 이것들은 자동적으로 가동이 중단되었다. 순전히 설비가 스스로를 보호하는 과정에서 일어난 가동 중단 사태는 거대한 골과 마루로 이뤄진 전압 파도를 오하이오와 미시간에 형성했고, 이 파도는 주 경계를 넘어 동부 해안까지 퍼져나갔다. 발전소, 변전소, 고전압 송전선, 저전압 송배전선에 이르는 모든 설비들이 가동을 멈췄다. 이 모든 것은 총 60억 달러에 달하는 기업 매출 감소로, 그리고 블랙아웃 당시에 잉태되어 9개월 뒤에 태어난 아이들의 증가로 이어졌다.

100만 줄의 코드로 이뤄진 프로그램에서, 한 줄의 코드는 1마이크로초 정도 지속되는 오류로 이어진다. 그리고 이 오류는 경보 시스템이 정보 순환 과정에 빠지게 만든다. 이러한 순환 과정으로부터 약간의 데이터가 서버로 다시 전송된다. 그리고 서버로 되돌아간 데이터들은 계속해서 순환하면서 서버에 걸리는 부하를 더 높인다. 결국 대규모의 데이터 입력이 없더라도, 서버가 처리해야 할 데이터의 양은 기하급수적으로 증식하고 만다. 이러한 순환 과정은 컴퓨터를 느리게 만들 뿐만 아니라 스크린이 별다른 표시도 출력하지 않게 만들어, 경보 시스템 바깥에서 그리드가 얼마나 빠른 속도로 악화되든지 상관없이 상황이 양호한 것처럼 보이게 한다. 결국 경고 장치는 제 기능을 할 수 없는 상태가 되지만, 시스템 운영자들은 모든 것이 양호하다는 스크린을 마주하면서 걸려 오는 문의 전화에는 모든 것이 잘 돌아가고 있다고 말할 수밖에 없게 된다. 상황을 우려하는 전화가 충분히 많이 걸려 오기 전에는, 그리고 데이터 과잉 사태가 서버를 멈추게 만들 정도로 심각해지기 전에는, 그리고 상황실의 모든 장비가 너무 느려져 일을 제대로 처리할 수 없게 되기 전에는 말이다. 마지막 전화를 받고 나서 20분도 지나지 않아, 퍼스트에너지의 명령 및 통제 센터 역시 블랙아웃에 빠지고 말았다.

손을 쓰기에는 너무 늦었다. 블랙아웃은 이미 시작되었다.

물론 이 사건이 미 동부에서 일어난 첫 번째 대규모 블랙아웃도 아니었고, 마지막도 아니다. 2003년에는 누구도 이 때문에 비난받을 만한 상황은 아니었다. 누구도 나무가 그처럼 웃자랄지, 버그가 통제실 서버의 처리 용량을 갉아먹어 상황을 악화시킬지 인식하지 못했기 때문이다. 금속의 녹이나 다른 여러 재료들의 부식 현상, 아주 미세한 틈새와 눈에 보이지도 않는 실금, 설비의 연령처럼, 웃자란 나무와 소프트웨어 버그는 너무 주변적인 문제처럼 보였고, 이러한 문제가 일으킬 파장이 사람 눈에 잘 포착되는 성질의 것도 아니었다. 그렇지만 이러한 요인들은 모두 연쇄 작용의 시작점에서 나타나는 현상들이다. 다시 말해, 모든 작은 고장의 효과는 누적될 수 있으며, 기회만 닿는다면 이렇게 누적된 효과가 시스템 전체의 붕괴를 야기할 수도 있다.

이렇게 천천히 진행된 사태를 누군가가 미리 포착하기만 했더라면 블랙아웃을 예방할 수 있었을 것이라고 짐작할지도 모르겠다. 예를 들어, 만일 2002년 퍼스트에너지의 "알려진 통상적 문제들" 가운데 단 17%만이 처리되지 않고 더 많은 문제들이 적절하게 조치를 받았더라면, 그리고 문제의 나무들을 가지치기했더라면, 더 젊고 명민한 오퍼레이터들이 거의 정지 상태에 빠져 있던 스크린을 눈여겨봤더라면, 블랙아웃은 일어나지 않았을 수도 있다고 말이다. 하지만 산업재해를 연구하는 대부분의 학자들에 따르면, 전력망과 같은 복잡한 시스템에 대해 완전한 지식을 확보하려는 것이 시스템을 안전하고 신뢰할 만하게 유지하는 데 최적의 방법이 될 수는 없다. 이는 부분적으로는 완벽한 실시간 지식을 수집하기가 극도로 어렵기 때문이다. 이는 그리드뿐만 아니라 현대적인 일상에서 빼놓을 수 없는 요소이지만, 위험이 내포된 여러 기술적 체계는 모두 같은 문제를 지닌다. 항공기, 원자력발전소를 모두 생각해 보라. 누구도, 어떤 시스템에 대해서도, 상황을 이해하는 데 필수적인 정보를 빠짐없이 그리고 정확하게 추적할 수 있다고 자신할 수 없다. 심지어 우리가 시스템 엔지니어링으로부터 모든 "알려지지 않은 불확실성unknown unknowns"[209]을 제거할 수 있다고 할지라도(물론 그럴 수 없다), 여전히 그 시스템과 관련된 심각한 문제들은 존재하게 마련이다. 시스템과 실시간으로 접촉하는 다른 요소들을 얼마나 근접하게 관찰할 수 있을지도 의문스럽다. 그리고 모든 시스템의 빼놓을 수 없는 구성 요소인 인간은, 시스템의 기계적 구성 요소들을 아주 미세한 부분까지 예측할 수 있게 된다고 하더라도 예측 가능한 방식으로 움직일 가능성이 거의 없다.

전력 산업과 같이 복잡한 산업에서, 완전한 정보에 기반한 완벽한 통제라는 애당초 가능하지 않은 목표를 지향하기보다는, 심각한 재난을 회피하는 것을 목표로 하는 다른 형태의 모델을 지향하는 시도가 수십 년간 지속되고 있다. 이는 그리드에 대해서도 올바른 접근 방법처럼 보인다. 그리드 운용의 핵심은 불완전한 정보가 안전하고 지속적인 운용을 방해하지 않도록 조율하는 데 있기 때문이다. 산업 사고에 대한 이른바 '스위스 치즈 모델'은 시스템의 곳곳에서 작은 고장이나 예측하기 어려운 불확실성의 출현을 복잡성에 따른 통상적인 효과라고 본다. 시스템 설계자는 시스템을 "파악하고 통제하기" 위해 노력하기보다는, 작은 고장들이 쌓여 거대한 재앙으로 변모하지 않도록 그 경로를 차단하는 방법을 찾아내 복잡성을 구성하고, 관리하며, 규제해야 한다. 이는 나무 세 그루 또는 단순한 버그 따위가 나라 전체를 블랙아웃에 빠뜨려서는 안 된다는 뜻이다.

비유를 달리 표현해 말하자면, 스위스 치즈의 모든 구멍을 제거하려고 할 필요는 없다. 다시 말해, 모든 치즈를 체더치즈로 압축할 필요는 없다. 하지만 치즈의 구멍들이 일렬로 정렬해 치즈 덩어리를 관통하는 하나의 커다란 구멍이 되지 않게끔 해야 한다. 구멍은 아마도 계속해서 존재할 것이다(나무는 계속해서 웃자랄 것이고, 예산은 언제나 부족할 것이며, 규제 당국은 무언가 이상한 기기를 달아야 한다고 말할 것이고, 컴퓨터 버그는 소프트웨어의 작동을 늘 방해할 것이다). 하지만 이들이 2003년 8월에 그랬던 것처럼, 그리고 그보다 1년 전쯤 데이비스베세 원전에서 있었던 것과 같은 시스템 전체의 붕괴로 이어지지 않도록 해야만 한다.

스위스 치즈 모델의 문제는, 다른 기간에는 놀라운 설명력을 지니지만(예를 들어, 지난 30년간 항공운송은 운전보다 늘 안전했다. 심지어 비행기 조종사조차 잔디 깎는 기계로 인해 사망할 가능성이 비행기 추락으로 사망할 가능성보다 높다), 다른 종류의 모든 복잡한 기계 시스템과 마찬가지로 그리드가 단순히 기계라기보다는 기계의 가동을 가능하게 하는 법적, 산업적, 문화적, 자연적 환경의 산물이기도 하다는 점을 충분히 조명할 수 없다는 데 있다.[210] 그리드는 물리학, 역학, 공학의 지배를 받을 뿐만 아니라, 건설되고 나서도 관리되고 유지되어야 하며, 유지를 위한 여러 기법들이 있어야만 지속될 수 있다. 또한 그리드는 폭풍, 지진, 법률, 혐오(그리고 여러 다른 개인 의견)는 물론 이윤 동기에도 둘러싸여 있다. 이러한 요인들은 시시각각 변하며, 주와 도시, 기후대에 따라 천차만별로 달라질 수 있다. 그리드의 경우, '치즈 외부'의 환경이 이 기계가 더 원활하고 적절하게 기능하도록 하는 데 늘 도움이 되는 것은 아니다.

2003년 블랙아웃의 원인을 추적하기 위해 전력 시스템의 고장들을 검토해 보면, 그리고 이 고장들 중 다수가 블랙아웃에 영향을 미쳤다는 것이 사실이라면, 단일 거대 시스템의 가동 중단을 설명하는 근접 원인을 찾아내려는 시도가 우리를 올바른 방향으로 이끌어주는 것도 아니고 우리가 핵심 문제에 집중하도록 돕는 것도 아니라는 점을 확인할 수 있다. 2003년 블랙아웃을 초래한 일련의 사건들과 그것을 둘러싼 여러 사실들을 정밀하게 조사해 정확한 사실관계를 더 세밀하게 파악했다고 해서, 문제의 사건들이 왜 그 시점과 장소에서 벌어졌는지를 설명해 주는 전체 줄거리를 얻을 수는 없다.

그래서 나는 여기서 기계 너머의 정치적, 경제적 변화를 살펴보려고 한다. 앞서 이야기한 재난이 범죄 활동과는 전혀 무관하게 나타났으나, 전적으로 인간이 초래한 것이었다는 점을 주목해야만 한다.[211] 이 블랙아웃 사건은 2003년에 발생한 더 파멸적인 재난, 즉 허리케인 카트리나, 샌디처럼 본래는 자연에서 유래했지만 인간이 일으킨 오판이나 오류로 인해 더욱더 처참한 파장을 가져왔던 재난이나, 엔론이나 캘리포니아주의 다른 에너지 기업들이 공모한 2000~2001 회계연도의 정전 사태와는 다르다. 2003년에 오하이오에서 발생한 정전 사태는 최초의 문제 발생부터, 문제의 전파, 마지막에 벌어진 쇼트에 이르기까지, 모든 것이 인간이 개입해 일어난 일들이었지만, 미 동부 일대가 암흑에 빠진 8월의 기나긴 오후는 퍼스트에너지가 범한 실수와 관련 있었을 뿐이다.[212] 이러한 실수가 퍼스트에너지의 위법행위에 기인했다고 보기는 어렵다.

이 블랙아웃 사태의 책임은 거의 전적으로 퍼스트에너지에게 있다고 지목한 첫 번째 정부 보고서가 출간된 지 얼마 지나지 않아, 이 회사의 에너지 공급 부사장인 척 존스Chuck Jones는 이렇게 말했다. "이러한 실수들이 블랙아웃의 주요 원인이라는 주장에 적극적으로 맞서 싸우겠습니다."

이러한 입장은 결정적인 전투를 앞둔 시점에 병력을 골짜기 아래에 배치하는 것만큼이나 방어하기 어려운 전략이다. 존스의 답변은 너무나 예측 가능한 내용이어서, 소송에서 자신은 결백하다며 스스로를 변호하는 일종의 백색소음처럼 들린다. 존스는 이어서 이렇게 말했다. "너무 많은 전력이 낡은 그리드로 흘렀던 일, 그것이 우리 잘못이라고 말할 수 없습니다." 그는 문제가 그리드 자체에 있다고 주장한 셈이다.

대다수 미국인이 결백을 주장하는 기업 대표의 말을 습관처럼 무시하기는 하지만, 척 존스의 말에는 일리가 있다. 쟁점은 퍼스트에너지가 송전선 부근의 나무 한 그루(존스는 세 그루라고 말하지 않았다)가 15미터 넘게 웃자라도록 내버려 뒀다는 사실에 책임이 있는지, 컴퓨터의 소프트웨어에 버그가 있었다는 사실에 책임이 있는지, 통제실의 운용자들이 간식과 잡담에 주의를 기울이느라 스크린이 제대로 갱신

되지 않는다는 점을 알아차리지 못했다는 것에 책임이 있는지, 퍼스트에너지가 정전 사태의 근접 원인이 된 이 모든 사태에 책임이 있는지 그 여부를 가리는 것이었다. 이 모든 쟁점에 대해, 척 존스의 말은 여전히 일리가 있다.

그렇다. 문제는 그리드다. 그리고 이 문제는 그리드가 의존하는 기술이 낡았다거나, 그 구성이 정신이 어지러울 정도로 복잡하다거나, 혼란스럽게 관리되고 있다거나, 상황이 잘못 굴러갈 때 가장 효과적인 의사소통 도구가 여전히 전화라는 데 있지 않다.

이것들 때문에 우리가 존스의 입장에 일리가 있다고 봐야 하는 것이 아니다.

2000년대 초반부터 왜 그렇게 그리드가 불안정해졌는지 이해하기 위해서는 다시 에너지정책법과 그에 부속된 명령 제888호로 인한 효과를 더 심도 있게 검토하는 것이 중요하다. 1996년 캘리포니아주의 규제 완화 법안과 마찬가지로(이 법안 때문에 엔론은 갑작스럽게 부를 얻었고, 반면 주 정부는 그와 같은 규모의 부를 잃었다), 에너지정책법은 단순히 재미로 송전과 배전을 발전과 분리한 것이 아니다. 이러한 분할에는 분명한 논거가 있었으며, 이 논거의 핵심에는 에너지 시장이 자리 잡고 있었다. 이 법안은 에너지를 시장에서 거래되는 다른 많은 상품과 유사한 상품으로 만들어냈다. 그리드 또는 전력 인프라는, 이 법률을 통해 운송용 상자나 해운용 컨테이너와 더 유사한 상품으로 재개념화되었다. 물리적 변화는 비교적 미미했지만, 생산된 전력이 가장 높은 가격을 제시하는 사람들에게 판매된 다음 그리드를 활용해 운송되는 것으로 개념이 변경된 것이다.

당시 뉴저지주의 전력 회사 PSE&G의 경영자 잭 카사차Jack Casazza

는 "전력망이 기계로서 지닌 특징"을 충분히 이해하지 못할 경우, 이러한 상하 분할 정책을 입법하는 것은 "오케스트라에 소속된 모든 연주자가 각자의 기준에 맞춰 조율한 채로 연주하는" 것과 비슷한 결과가 빚어질 수 있다고 우려했다.[213]

에너지정책법이 제정되어 안정적인 법령이 된 지 한 달이 채 지나지 않아, 전력 거래는 아주 많은 이해관계자들이 참여하는 거래로 변모했다. 이 법률이 입법되기 전에는 전기 거래는 유틸리티의 운영에 상대적으로 중요하지 않은 부분이었으며, 현대적인 중개 시장을 거치기보다는 과거의 말 시장처럼 대규모 사업자 사이에서 알음알음 이뤄지는 거래에 가까웠다. 거래를 원하는 유틸리티 측의 거래 담당자는 제지 공장에 전화를 걸어 다음과 같이 말하기만 하면 되었다. "이봐, 당신들이 12시간 동안 공장을 멈추면, 우리가 손을 써서 지금 현재 전력을 더 필요로 하는 클로로핀 공장에 연락을 취해놓도록 하지. 그럼 그들이 당신들에게 염소계 표백제를 대충 40톤 정도 공짜로 배송해 줄 거야."[214]

에너지정책법이 시행되자, 상황은 달라졌고 예측은 어려워졌다. 전기 가격이 처음으로 특정 장소, 특정 조건, 특정 시점의 수요를 예측하려는 거래자들에 의해 설정되었기 때문이다. 이들은 가격이 가장 저렴한 전기를 찾아내 구매한 다음, 이를 '운송'해 가장 비싸게 팔리는 시장에 매각했다. 전력은 새로운 (거래할 수 있고, 운송할 수 있으며, 이윤을 획득할 수 있는) 현물 상품이 되었고, 선물 시장에서 거래되며 파생 상품까지 딸린 현물 기반 금융 거래의 대상이 되었다. 실제로는 그렇지 않지만, 시장의 관점에서 전자들은 돼지 뱃살이나 금괴와 유사해졌다.[215]

이 법률의 기초에는 두 가지 아이디어가 자리해 있었다. 먼저 이는 (시장이라는 수단을 통해) 발전 산업을 자유화하고 개혁하게 될 것이다. 이러한 접근은 실현되었다. 오늘날 전력 공급은 과거 그 어느 때보다도 다양한 종류의 연료로 이뤄지며, 동시에 발전 산업의 혁신 또한 그 어느 때보다도 활발하게 진행 중이다. 옥상 태양광의 급속한 도입부터 천연가스 채굴을 위한 심층 지반 파쇄법에 이르기까지, 광범위하게 진행 중인 혁신은 이 분야에서 일어난 경쟁의 직접적인 결과물이다. 유틸리티의 어느 한 부서나 단순한 규정에 의해 전력 가격이 결정되게 만들기보다는, 전력을 거래 가능한 상품으로 만들어 공급과 수요의 비율에 따라 가격이 설정되도록 하는 것이 또 다른 중요한 아이디어였다. 이 아이디어는 문자 그대로 전력 산업이 탈규제화된다는 내용이었다. 게다가 유틸리티의 구매 독점 지위와 공급독점 지위를 제도적으로 지지해 주던 장치들이 사라지면서, 유틸리티들이 전력을 구매하고 판매하기 위해 부과하는 가격도 과거보다 변동성이 더 커졌다. 시장의 힘은 이제 유틸리티들에게도 강력하게 작용한다. 물론 주 정부나 시 정부의 규제 당국은 유틸리티가 할 수 있는 것과 해서는 안 되는 것, 해야만 하는 것을 폭넓게 규정하며 전력 가격의 상한선에 대한 규정도 마련해 뒀지만, 이러한 '폭'은 분명 과거보다 크게 줄어든 것이다. 국가 도로망 정비가 우리의 활동 범위에 영향을 미친 것과 마찬가지로, 그리드 관리에 시장의 힘을 도입한 것은 미국이 사용하는 전력의 양을 줄이고 전력이 그리드를 따라 더 멀리까지 운송되게 만드는 데 아주 강력한 영향을 미쳤다.

전기를 거래할 수 있게 되고, 어떤 수단이 되었든 생산자가 선택한 수단으로 전기를 만들어 팔 수 있게 되자, 그리드는 그 구조를 그다지 변경하지 않은 상태에서도 완전히 다른 방식으로 작동하게 되었다. 그래서 전기를 저렴하게 살 수 있는 '저기'에서 비싸게 판매할 수 있는 '여기'로 이송하는 작업이 무엇보다 중요한 문제로 바뀌었다. 앞서 이야기했듯, 모든 전력선은 안전하게 전력을 전송할 수 있는 최대 전압에 따라 등급이 매겨져 있다. 도선의 구조와 도선에 적용되는 여러 규제들은 바로 이 등급을 반영해 설정된다. 여기에는 지면과 전선 사이의 최소 거리, 주변 나무의 최대 크기, 이 선들을 매달아 놓는 탑의 유형과 내구도도 포함된다.

이러한 전력선의 다양한 종류들은 단순히 숫자와 문자열만을 활용해 식별되지 않으며, 조류의 이름에서 딴 이름을 가지고 있는데, 이는 기술적으로 중요할 뿐만 아니라 시적으로도 보인다. 예를 들어, 약 160킬로미터 거리를 연결하는 765킬로볼트의 '뇌조'급 모선은 최대 3.8기가와트(38억 와트)에 달하는 전력을 수송할 수 있다. 이 정도의 전력량은 100와트급 전구 1,000만 개에 불을 밝힐 수 있다. 또한 오하이오주의 주도이자 인구가 약 90만 명인 콜럼버스시의 모든 가정에서 사용하는 전력량과 버금간다.[216] 동일한 뇌조급 선구가 640킬로미터를 연결한다고 가정해 보자. 이 선구는 대략 20억 와트 수준의 전력만을 수송할 수 있으며, 이는 160킬로미터 길이의 동급 선구가 수송할 수 있는 전력량의 절반에 불과하다. 전력수송 거리는 해당 선구가 수송하는 전력의 양을 감소시킨다. 반면 전력의 장거리 운송이 늘어나면, 동일한 선구로 수송되는 전력의 양은 늘어난다. 에너지정책법은 이러한 장거리 송전망의 성능을 개선하는 데 어떠한 조치도 취하지 않았다. 그 결과는 아주 뻔했다. 전력의 자유로운 거래는 그리드가 수용할 수 있는 것에 비해 너무 많은 양의 전력을 너무 멀리까지 수송하는 결과를 가져왔다. 송전망은 점점 더 큰 부하를 견뎌야만 했고, 증폭된 저항으로 인해 가열되었으며, 그 긍장이 늘어나 처지거나 짧아져 팽팽해졌고, 마침내 아크가 발생하거나 고조파 공진이 발생해 그 기능을 상실하고 말았다. 이 모든 것은 그리드의 신뢰성에 악영향을 미칠 뿐만 아니라 실제로 그리드를 파괴하며, 그리드를 관리하는 작업 난이도를 상승시킨다.

2000년 5월, 전력 회사들에게 전력을 자회사에서 생산한 다음 이를 판매하지 말고 전력을 시장에 내놓아 "수송"하라는 명령이 떨어진 지 단 두 달 만에, 동부 해안 지역의 그리드에서 발령된 송전 부하 경감 조치Transmission Loading Relief Procedures 의 횟수는 6회에 도달했다. 이는 1999년의 총 발령 횟수와 같다. 이러한 요청은 특정 선구에 걸린 부하를 완화하기 위한 것으로, 그리드가 얼마나 큰 스트레스 아래에 놓여 있는지를 보여주는 좋은 지표다. 에너지정책법이 입법되기 직전에는, 미 동부 인터커넥션 내에서 이 조치는 대략 10개월에 한 번 정도만 발령되었다. 그러나 2000년 2월부터 8월 사이, 즉 에너지정책법이 발효된지 6개월 동안 이 조치는 무려 175회나 발령되었다. 그리고 문제의 블랙아웃이 벌어진 시점인 2003년 여름에는 발령 횟수는 한 달에 250회에 달했다.

송전망에 걸리는 부하로 인한 문제는 월든힐스 교외 지역처럼 예상치 못한 지점에서 이례적인 단전 사고를 유발할 수 있다. 이런 고장들은 그리드가 감당하기에는 너무 많은 전력이 너무 멀리까지 수송되어서 빈발한 것이다. 전력 생산과 송전이 더 좁은 구역 안에서 이뤄질 때는 예측 가능한 방식으로 움직였던 그리드이지만, 이제는 더 이상 그렇지 않다.

'예측 가능성'이라는 말은 전력 산업 분야에서는 꽤나 어색한 말이다. 엄밀히 말해, 전력 산업은 예측 가능하지 않기 때문이다. 에너지정책법 이전, 예측 가능성은 전력 수요를 결정하는 여러 요소들의 상관관계에 대한 알고리즘을 통해 보증되었다. 이 알고리즘에는 지금까지 발전소와 송전선 운전이 보인 패턴, 인구밀도, 계절, 업무일 그리고 전력 소비량을 예측하는 것과 관련 있으며 상당히 안정적인 또 다른 지표들이 입력되었다. 유틸리티들은 발전소 운전과 설비 투자 결정을 연간 12개의 데이터 포인트에서 고객들로부터 얻는 매출(이는 매월 전력량계를 읽어서 확정한다)에 기반하면 되었다. 장거리 송전과 지역 내 소비와 연동되지 않는 발전소들의 등장은, 그리드에 흐르는 전력을 관리하기 위해 데이터를 매 순간 확보해야 한다는 것을 의미했다. 그러나 유틸리티들은 이만큼 촘촘하게 데이터를 수집하고 관리할 수 있는 능력을 갖추지 못했다. 또한 제어실에 있는 운용자가 그리드 속의 모든 복잡한 변수를 '살펴보기' 위해 이 데이터를 사용할 수 있는 것도 아니다. 실제로 사업자들이 관리할 수 있었던 것은 예측 수요와 공급, 그리고 송전망의 전력수송 능력일 뿐이었다. 이러한 예측은 틀릴 수 있었고, 예측이 틀린 시점부터는 경보 장치가 울린다.

실제로 그리드의 안정성을 보장하는 데 사용된 '예측' 방법이란 엔론이 높은 수익을 올리기 위해 캘리포니아의 그리드를 조작했던 방법과 많은 부분 비슷했다. 이러한 예측 방법 가운데 하나는 핵심 송전선을 통해 전력을 송전할 수 있는 권리를 취득해 돈을 버는 것이었다. 이들은 캘리포니아 송전선 가운데, 주의 남반부와 북반부를 연결하는 26호선의 전체 용량 1,600메가와트 가운데 1,000메가와트의 사용권을 취득했고, 이 정도 용량을 가상으로 막아버릴 수 있었다. 실제로는 그리드에 어떠한 전력도 추가로 공급하지 않으면서, 이들은 단지 이 핵심 경로의 용량을 제약한 다음, 이 선구를 활용해 전력을 '자유롭게' 송전할 수 있도록 주 당국이 돈을 지불하게 만들었다. 이 선구는 당국이 돈을 지불하기 전에도 전력을 수송할 수 있었는데도 말이다.

엔론의 시장 조작은 중단되었지만, 오늘날의 전력 거래 사업자는 대부분 전력 중개 거래(여기서 싸게 구매해, 저기서 비싸게 판매한다)를 위해 인터넷과 에너지정책법을 결합하고 있다. 이런 식의 수익 모델은 엔론에 의해 처음 시도된 것이다. 1990년대 후반 들어서, 미국의 에너지 거래 가운데 약 25%가 엔론 온라인을 기반으로 이뤄졌다.[217] 이러한 모델은 과거에는 결코 볼 수 없었던 시장 경쟁도 가능하게 만들었다. 그러나 이 모델은 정보의 흐름이 전기의 흐름만큼 자유롭지도 순식간에 이뤄지지도 않았다는 점에서 복잡성을 불러왔고, 이로 인한 예측 가능성의 감소를 감내해야만 하는 모델이었다.

유틸리티들은 서로서로 정보를 교환해 왔다. 누구도 다른 유틸리티의 사업 구역에서 매출을 올릴 수 없었고, 그래서 특정 지역의 그리드를 불안정하게 만든 문제는 다른 유틸리티들이 자신들의 사업 구역 내에서 겪는 유사한 문제를 분석하고 해결하는 데 참조할 만한 훌륭한 자료였다. 하지만 2000년 이후, 엄청난 양의 정보가 유틸리티의 데이터베이스로 쏟아져 들어왔을 뿐만 아니라(그리드에 컴퓨터 센서가 도입되기 시작했고, 그중에서도 특히 디지털 '스마트' 미터가 가장 유명하다), 정보 그 자체도 독점적으로 취급되었다. 누구도 실시간 결정을 내리는 데 필수적인 정보에 접근할 수 없었다는 점에서, 전력 거래는 일종의 자유방임 자본주의 형태로 변모했다. 이상하게 들릴지 모르지만, 유틸리티가 수집한 정보도 예외가 아니었다. 이들이 수집한 정보 대부분이 "역사학자"라고 불리는 거대한 서버 속에서 처리되지 않은 채 저장되기만 했기 때문이다. 빅 데이터는 부질없이 전기를 소모하는 또 하나의 방법일 뿐이었다.

20세기 초에, 유틸리티들은 얼마나 많은 발전소에서 얼마나 많은 전기를 만들어낼지, 그리고 전기를 그리드의 각 부분에 얼마나 배분해 전송할지 결정을 내려왔는데, 이 결정의 기반에는 사업자들 간에 자유롭게 공유된 정보가 있었다. 그러나 오늘날에는, 이들은 이런 종류의 결정을 내리지도, 서로 정보를 나누지도 못하고 있다. 과거에 유틸리티들은 사람들이 전기를 쓸 때 돈을 벌었다. 더 많은 전기를 만들수록, 더 많은 돈을 벌 수 있었다. 그러나 지금은 그렇지 않다. 오늘날의 유틸리티들은 전력을 수송함으로써, 그리고 이를 상품으로 거래함으로써 돈을 번다. 이들은 여전히 미국의 전력 공급을 신뢰할 만한 수준으로 유지하는 임무를 맡고 있으나, 이들은 가장 비싼 돈을 주고 전기를 구매하는 사람들이 어디에 있든 그들에게 전기를 판매하는 데 실질적인 인센티브를 가지고 있다. 장거리 송전은 이익의 원천이고, 발전 사업자의 이익 원천이기도 하며, 에너지 거래 사업자의 이익 원천이기도 하다. 적어도 이론적으로는, 장거리 송전은 우리 모두에게 이익을 준다. 그러나 현실에서 그 결과로 실질적인 부담을 지는 것은 그리드다.

만일 우리가 그리드의 성능을 향상시키는 데 더 많은 돈을 투입했다면, 즉 새로운 전력 시장구조에 대응할 수 있도록 기술적 준비 태세를 완비했다면, 이는 큰 문제가 아니었을지도 모른다. 문제는 유틸리티들의 이익률이 에너지정책법의 도입으로 하락했을 뿐만 아니라, 그와 무관하게 1960년대 이래 지속적으로 하락했다는 점이다. 당시의 하락은 원자력에 대한 과잉 투자가 놀랍게도(미국인들에게는 그렇다), 전력 소비를 하락시킨 초기 환경 운동과 결합해 발생했다. 1970년대에 접어들면 전력 인프라에 대한 대규모 자본 투자는 점차 둔화되었고, 이러한 경향은 에너지정책법으로 인해 수익성이 놀라울 정도로 높아진 새로운 발전소를 구매하거나 건설할 동기가 생길 때까지 계속되었다. 이 새로운 발전소들은 과거 그리드에 연계된 발전소에 비해 더 작고, 더 분산되어 있으며, 더 유연했다. 천연가스 복합 화력, 옥상 태양광, 다코타주의 풍력 농장은 민간 사업자의 소유물이었기 때문에 그리드의 운영을 더욱 복잡하게 만들었으며, 결과적으로 발전 산업이라는 업계 전체에 새로운 활기를 불어넣었다. 그러나 이렇게 새로 건설된 발전소들은 대체로 금융 투자 회사의 소유였다.

이렇게 전력 산업에 투입된 자금의 흐름을 따라가 보면, 새로운 제도적 환경으로 인해 어디에 돈이 투입되었는지, 그리고 어디에는 돈이 제대로 흘러들지 않았는지 확인할 수 있다. 그리고 돈이 유입되지 않은 곳, 사람들이 돈 쓰기를 바라지 않는 곳에서는 그리드가 어떻게 무너져 내릴 수 있는지 아주 생생한 사례를 볼 수 있다. 그리드는 붕괴하고 있다. 이것이 우리의 절박한 현실이다.

오래되고 부분적으로 목재로 만들어진 여러 발전소를 유지하는 데는 돈이 거의 들어가지 않는다. 이 발전소들은 퇴역이 얼마 남지 않았으나 여전히 미국 발전 시설의 핵심이다. 원전의 경우에는, 유지 보수에 대한 투자 유인이 별로 없다는 사실이 가장 우려스럽다. 원자력 발전소가 녹아내리면 커다란 파국이 일어날 수 있기 때문이다. 어떠한 자본 투자도 이뤄지지 않는다는 말이 아니라(전혀 그렇지 않다), 유틸리티들은 전력 회사가 원전에 투자할 경우 수익률에 악영향을 미칠 수 있다고 판단한다는 말이다. 퍼스트에너지는 지금까지 데이비스베세 원전 증기 발생기의 성능을 향상시키기 위해 6억 달러를 소모했는데, 이는 2004년에 원자로 격납 용기의 파공을 메우기 위해 같은 비용을 소모하고 나서 투입된 액수다. 이 비용을 생각하면, 퍼스트에너지가 규제 기관에서 나온 조사관의 눈을 딴 데로 돌리도록 노력한 이유나, 다양한 상황에서 조사를 연기하거나 취소해 달라고 요청한 이유를 이해할 수 있을 것이다. 물론 이렇게 조사관의 조사가 연기될 때마다 원자로 격납 용기는 천천히 부식되어 갔다. 퍼스트에너지는 결국 원자력규제위원회로부터 약 500만 달러의 벌금을 부과받았다. 이 금액은 원자력규제위원회가 부과한 가장 큰 벌금이었다. 이들은 미 법무부에 허위 사실을 진술한 죄로 2,800만 달러의 벌금도 별도로 납부해야 했다.

2003년 블랙아웃 이후 약 10년 동안, 장거리 송전선의 유지 보수와 신규 건설에는 돈이 거의 유입되지 않았다. 전력 산업이 인구 증가, 정보 통신 기술의 혁명과 함께 찾아온 플러그인 기기 수의 팽창, 그리고 에어컨에 대한 우리의 탐욕처럼 쉽게 예측할 수 있었던 미래에 대해서도 별다른 준비를 하지 않았던 것처럼, 미국의 송전망이 장거리 송전 수요의 증가에 전혀 대비하지 않았다는 점에는 논란의 여지가 없다. 그리 먼 미래의 일이 아닌, 전기자동차의 급증으로 인한 수요 변화에도 전력 산업은 거의 대비하고 있지 않다.

하지만 2003년 이후 전력 시스템의 송전 부분은 아주 큰 관심을 받았고, 투자받아야 하는 것보다 더 많은 돈을 받았다. 수십만 개에 달하는 소형 센서들은 본선과 변전소에 설치되었고, 이들을 더 '스마트하게' 운용할 수 있게 만들었다. 소형 센서는, 데이터만 갖춰진다면,

스마트 기술을 송전 시스템에 융합해 이 망의 복잡성으로 인해 발생하는 블랙아웃을 가능한 한 차단할 것이라는 믿음에 따라 망 전반에 설치된 것이다. 2014년에 간행된 백악관의 한 보고서에 따르면, 소형 센서의 성과 가운데 하나는 미국에서 일어난 90% 정도의 정전 사태가 이제는 배전 시스템에서 시작된다는 점을 확인한 데 있다. 이는 배전 시스템이 송전망에 비해 관리가 비교적 부실하고 자금 투입도 더디기 때문으로 보인다.[218]

또 한 가지 요소도 빼놓을 수 없다. 장거리 고전압 송전선에 대한 신규 투자가 비용 이외에도 다른 문제에 직면해 있다는 점이다. 일반적인 미국인들은 두 가지 이유로 문제를 제기한다. 첫째, 이들은 전력 요금이 더 올라가기를 원하지 않는다. 전 세계에서 가장 저렴한 가격으로 전력의 혜택을 누리고 있음에도 그렇다. 둘째, 송전선로는 인기 없는 시설이다. 어느 누구도 송전망이 자기 집 앞으로 지나가는 것을 원하지 않는다. 게다가 선로가 야생 구역을 통과하는 것을 바라는 사람도 없고, 송전망이 언덕을 지나거나 협곡을 건너가는 것을 보고 싶어 하는 사람도 없다. 아무도 현대적 삶을 지탱하는 거대한 금속선이 자신의 등 뒤로 지나가는 것을 허용하지 않는다. "내 뒷마당에는 안 돼Not In My Back Yard, NIMBY"라는 시대정신은 대규모 전력 산업에도 영향을 미친다. 집집마다 전기가 안정적으로 공급되어야 한다는 요구는 널리 퍼져 있지만, 누구도 그에 합당한 값을 내려고 하지는 않는다. 우리는 새 송전망이 우리 눈에 보이는 곳에 들어서는 것을 막기 위해 모든 것을 걸고 싸우기도 한다(송전망 인접 지역은 그야말로 지속적인 투쟁의 현장이다).

마지막으로, 돈은 그리드 시스템의 아주 중요한 부분에 흘러들고 있지 않은데, 무효전력voltage ampere reactive이 바로 그것이다. 무효전력은 그리드의 전압 안정화에 큰 도움이 된다. 최소한의 손실로 에너지를 멀리까지 전달하는 능력을 가진 교류 역시, 전압에 대한 정류 작업과 평활화 작업이 필요하다.[219] 에너지정책법으로 장거리 송전이 증가하자, 전력 품질을 유지하는 것은 그리드가 기능하도록 만드는 데 더욱더 결정적인 요인이 되었다. 그런데 바로 이때 무효전력이 중요해진다. 무효전력은 망에 과도한 부하가 걸릴 때 전압이 일정하게 유지되도록 돕는다. 따라서 이들은 망의 안전하고 안정적이며 효율적인 운영에 본질적인 기능을 한다. 그러나 이들은 판매가 불가능한데, 엄밀히 말해 무효전력 같은 '것'은 존재하지 않기 때문이다.

무효전력은 와트보다 더 이해하기 어려운, '존재하지 않는 것'이다. 그렇지만 에너지정책법이 그리드를 활용해 이익을 얻을 수 있도록 변경하기 전에, 와트를 만드는 발전소를 운전하던 모든 유틸리티는 점점 더 적은 무효전력을 생산하고 있었다. 이는 무효전력으로 전압을 유지하는 한편, 전류의 주파수를 동조화하고 있었기 때문이다. 돈의 흐름이 발전소에서 멀어지고 생산 전력을 수송하는 일에 집중되자, 2000년 이후 모든 사업자가 무효전력을 만드는 일에서 벗어나 와트 시장에 역량을 집중하기 시작했다. 무효전력 생산이라는 임무는 점차 방기되었다. 무효전력이 점점 그리드에 부족해진 이러한 사태는, "2003년 8월 미 동북부 대정전"을 결정한 핵심 요소, 그리고 1996년 여름 미 서부 인터커넥트에서 발생한 일련의 블랙아웃 사태를 결정한 요소로 알려졌다.[220]

전기 그리드에서 얻은 매출을 이윤 추구를 위해 투자하도록 하는 것이 에너지정책법의 설계 방향이라면, 발전소를 구매한 기업들이 무효전력 시장에는 별다른 관심이 없을 수밖에 없다. 무엇보다 무효전력은 애초에 판매할 수 없다. 또한 한 번 전력을 팔아버렸다는 것은 이미 발전소 밖으로 전력이 나갔다는 뜻이므로, 이렇게 판매된 전력에 더 이상 발전 사업자들이 신경 써야 할 이유가 없다. 전력 서지(전압이 전류를 끌어들이는 경우)나 브라운아웃(전류가 전압을 낮추는 경우)와 같은 문제는, 통상 송전망에서 벌어지는 것이지 발전소에서 벌어지는 것이 아니다. 발전 사업자는 무효전력을 전혀 필요로 하지 않으며, 유틸리티들은 더 이상 발전 사업을 벌이지 않으므로, 송전망의 상태를 안정적으로 유지하기 위해 무효전력을 생산해야 할 필요는 발전 사업자에게는 없다. 그리고 이를 생산할 수단도 송전 사업을 영위하는 유틸리티에게 없고, 유틸리티들이 구매하기를 원하지도 않는다. 무효전력을 다시 판매하거나 다른 가공품으로 바꿔 판매할 방법이 없기 때문이다. 그래서 미래에도 무효전력은 시장에서 나타나지 않을 것이다. 소비자들은 이 문제를 알지도 못하고, (전력 서지가 발생하면 달라지겠지만) 무효전력이 있든 없든 관심도 없다. 이러한 전력 서지(그리고 블랙아웃과 브라운아웃)와 무효전력의 연관성에 대해 전력 소비자 대부분은 아는 바가 없다.

그렇다면 미 동부 인터커넥트가 8월의 어느 뜨거운 여름날 통제되지 못한 채 블랙아웃에 빠진 것은, 단지 퍼스트에너지의 행위 또는 부작위 때문만은 아닌 것이다. 웃자란 나무, 컴퓨터 버그보다 더욱 중요했던 요인은, 에너지정책법으로 인해 그리드의 활용 방법이 극적으로 바뀌어 버렸다는 사실이다. 그리드의 물리학과 그리드의 경제학은 어느 한쪽만을 선택할 수 없으면서도, 서로 상충하는 요구를 담고 있다.

한편 우리는 다른 이유 때문에 이 법안을 필요로 한다. 먼저 정치적으로 좌파인, 청정 녹색 에너지 공급자들이 이 법안을 필요로 하는 데, 이 법안이 공해가 적고, 에너지원과 더욱 근접해 있는 전원에서 전력을 구매할 권리를 사람들에게 부여하며 이를 더욱더 강화하기 때문이다. 자금 운용자 역시 법안을 필요로 한다. 전력 산업에서 원하는 것은 결국 전력 거래를 통해 이익을 올리는 것이기 때문이다. 보수 성향을 지닌 이들도 이 법안을 필요로 하는데, 이 법안이 자유 시장, 탈규제화, 경쟁이라는 이들의 이념을 큰 정부가 간섭하며 통제하는 비경쟁 산업에 적용할 수 있게 만들기 때문이다. 다국적 기업들과 부호들도 이 법안을 필요로 한다. 이 법안 때문에 손실의 위험을 최소화하면서 에너지 부문에 투자할 수 있기 때문이다. 에너지정책법은 더 폭넓은 사업자들이 발전소를 건설하도록 만들고, 발전소가 생산한 전기로 시장 입찰에 참여하도록 돕고, 태양광발전소와 풍력발전소를 주류 기술로 끌어올리는 데 성공했다.

또한 이 법은 우리가 알던 그 유틸리티를 종말로 몰아내고 있다. 우리가 알던 그리드도 마찬가지다. 하지만 이는 아주 미국적인 개혁의 귀결일 뿐이다. 시장에서 인센티브가 부여되면, 기회를 포착할 수 있는 사람이라면 누구나 이에 반응해 더 나은 세계를 위해 자신을 바쳐 일할 것이다.

'더 나은 세계'를 구성하기 위해서는 언제나 기민하게 움직여야만 한다. 하지만 이는 미국에서도 마찬가지다. 어떤 사람은 부를 손에 넣기를 원하고, 또 어떤 사람은 기후 위기를 해결하고 싶어 한다고 해보자. 그리고 이들을 전력 시장에 참여하게 해보자. 이때 에너지정책법은 아주 효과적으로 작동할 것이다. 이들은 싸우지도 않을 것이고, 어느 한쪽을 몰아내지도 않을 것이다. 오히려 둘 다 전력 시장에 참여함으로써 과거에 침체했던 분야가 혁신으로 가득 찬 분야가 될 것이고, 실제로도 그렇다. 과거에는 안정적이었지만 점점 낡아서 이제는 아주 불안정해진 시스템이 있다고 해보자. 낡은 시스템의 취약한 부분은 새로운 요소와 더 현대적인 구성 방법을 도입해 수리해야만 할 것이다. 이 시스템이 바로 우리의 그리드이며, 이런 작업은 이제 막 시작되고 있다.

그럼에도 던져진 주사위는 아직 땅에 닿지 않았다. 지금부터 승부는 어디에 어떻게 주사위가 떨어질지, 그리고 어디로 어떻게 돈이 흘러들어 갈 것인지에 달려 있다.

6장

돌 하나로
새 두 마리 잡기

2012년 7월 중순, 휴스턴 교외 지역에 살던 55세 여성 텔마 태오미나Thelma Taormina는 자기 집에 설치된 낡은 아날로그 계량기를 새로운 디지털 계량기로 교환하려고 한 전력 회사 노동자에게 총구를 겨눴다. 텍사스주의 다른 주민 200만 명과 마찬가지로, 태오미나는 그해 여름에 스마트미터smart meter를 받았다. 하지만 태오미나는 이 계량기가 정말 마음에 들지 않았다. 텍사스주 전력 회사는 태오미나가 제기한 문제를 해결하는 데 관심이 없었다. 계량기 설치 기사는 누구나 명확하게 확인할 수 있는 여러 표지들을 무시한 채 거칠게 태오미나의 사유지로 진입해 들어갔다. 이 표지에는 태오미나 자신은 자신의 집에 스마트미터가 설치되기를 바라지 않는다는 문장이 적혀 있었다. 설치 기사가 (몸으로 미터기의 접근을 막고 있었던) 태오미나를 밀쳐내자, 그는 결국 손에 총을 잡았고, 그제야 기사는 벽에 쓰인 내용을 확인하고 집을 떠났다.

태오미나가 스마트미터를 거부했던 이유가 있다. 이 전자 미터기가 전기 사용 정보를 무선으로 전송하기 때문에, 이 기기를 집에 들여놓는 것은 태오미나 가족의 전기 사용 방식을 추적하고 기록해 저장해 두겠다는 데 동의하는 것이나 마찬가지였기 때문이다. "그렇게 되면, 당신이 컴퓨터를 하든, 에어컨을 가동시키든, 아니면 다른 무엇을 하든, 이 기계는 전력 소비의 패턴을 읽어 당신 집 안에서 이뤄지고 있는 모든 일을 기록해 놈들에게 전송할 수 있을 겁니다." 태오미나의 남편은 이 사건 이후 지역 텔레비전 방송국과의 인터뷰에서 이렇게 지적했다.[221] 이런 말은 편집증처럼 들릴 수도 있으며, 미국 언론도 태오미나 부부의 입장을 극도의 자유 지상주의적 입장으로 다뤘다. 하지만 태오미나의 주장은 사실이었다. 2011년, 독일의 한 연구진은 신형 디지털 미터기로 관찰할 수 있는 전기 사용의 미세 패턴만 가지고도 당신이 구동하는 가전제품이 무엇인지 파악할 수 있다는 점을 밝혔다. 게다가 그 정밀도를 올리면 심지어는 당신이 어떤 프로그램을 보고 있는지도 파악할 수 있었다(이를 위해서는 관찰 시점에 어떤 텔레비전 프로그램이 송출되고 있는지를 파악해, 이 프로그램이 가진 고유의 전기신호 패턴과 미터기로 수집한 전기 사용 패턴을 비교해야 한다). 워싱턴대학교의 연구자들도 비슷한 발견을 했다. 이들은 전기신호 패턴으로 실험 대상 가구에서 〈라이온 킹*The Lion King*〉을 보고 있는지, 아니면 〈슈렉 2*Shrek 2*〉를 보고 있는지 판별할 수 있었다.[222]

물론 태오미나의 집에서 요리를 할 때 전자레인지보다 오븐을 더 많이 사용한다는 사실을 (추론을 통해) 확인할 만큼 데이터를 세밀하게 들여다보기는 어렵고, 아마도 누구도 이런 작업을 실제로 시행하지 않을 것이다. 그러나 유틸리티가 말한 것과 달리, 그들에게는 스마트미터가 본질적으로 감시 장치나 다름없었다.

태오미나 가족은 이를 확신하고 있다. 사용 전력량을 계측하는 용도에 매우 적합한 기계를 유틸리티가 이미 보유하고 있기 때문이다. 그리고 스마트미터는 이런 전기 계량기를 대신해 설치되는 장비였다. 아날로그 방식의 유도 전력량계는 19세기부터 사용되었으며,[223] 지금도 널리 쓰이고 있다. 유틸리티와 유틸리티를 증오하는 소비자 집단 양쪽 모두에 의해 미터기의 정확성을 향상시키려는 연구가 수행되었으나, 이러한 연구는 과거의 미터기든 최신 스마트미터든 충분히 정확하게 전력량을 계측할 수 있다는 점을 밝혔다. 다시 말해, 이 연구들은 어느 한쪽이 다른 한쪽보다 실질적으로 더 낫지 않다는 점을 보였다.[224] 그 결과, 19세기에 쓰였던 방식이 여전히 시장에서 쓰이게 되었다. 아날로그 미터기를 스마트미터로 대체하는 작업은 전기 소비량을 더 정확히 계측하고자 하는 동기를 만족시킬 수 없었다.

두 계량기의 차이는 이것들이 각기 다른 수준의 정보를 제공한다는 데 있다. 디지털 미터기는 데이터를 대량으로 제공할 수 있는 데다, 적절한 소프트웨어만 뒷받침된다면 전력 사용량이 하루 24시간에 걸쳐 어떻게 분포하는지도 확인할 수 있다. 또한 원격으로도 그 측정 결과를 읽을 수 있기 때문에, 측정치를 확인하는 데 필요한 인력도 크게 줄어든다. 유틸리티는 이 기능을 적극 활용해 미터기를 확인하는 영업 직원들을 줄이려고 할 수 있다. 유틸리티들은 디지털 미터기를 구동하는 망을 이용해 유선 통신도 영업할 수 있었다.

스마트미터가 대량으로 설치되기 전에는, 유틸리티는 정전으로 이어진 사고의 발생 위치를 망에서 최초로 추정할 때 고객의 항의 전화가 걸려 온 좌표를 수집한 다음 삼각측량법을 적용해 어디서 문제가 발생했는지 파악해야 했다. 그러나 이러한 수리 작업은 적어도 10군데 이상의 지점에서 전화가 걸려 와야만 가능했다. 그 전에는 수리해야 할 정확한 지점을 찾을 수 없었기 때문이다. 새로운 스마트미터를 도입하자, 항의 전화 없이도 이 미터기로 고객이 전력을 상실했는지 쉽게 파악할 수 있었다. 빼놓을 수 없는 더 중요한 장점도 있다. 바로 전력 회사가 우리 이웃들 중에서 누가 전력 공급을 상실했고 누가 그렇지 않은지도 쉽게 파악할 수 있게 되었다는 점이다. 이는 고장에 적합한 수리 차량이 정확한 지점으로 출동할 수 있게 되었다는 뜻이기도 하다. 디지털 스마트미터가 도입되자, 정전 시간은 미국 전역에서 점점 줄어들었다.

그렇지만 이러한 특징들만으로 왜 그토록 많은 유틸리티들이 엄청난 돈을 쏟아부으며 새로운 미터기를 확보하려고 하는지 충분히 설명되지 않는다. 텍사스주의 센터포인트에너지CenterPoint Energy는 태오미나가 총을 꺼낼 때까지 그의 집에 무려 7회나 방문했다. 태오미나가 생각하기에, 새 미터기가 단지 미터기의 역할만 가지고 있다면 유틸리티가 왜 이것을 이토록 집요하게 설치하려고 했는지 도무지 이해되지 않았다.

태오미나가 보지 못했던 것, 그리고 대중들에게 은폐되어 거의 알려지지 않았던 것은, 그리드에 아주 많은 문제가 도사리고 있다는 점이다. 유도 전력량계의 단점은 그다지 중요한 문제가 아니었다. 매출로 이어지는 자금 흐름이 크게 약화되었다는 점뿐만 아니라(새 미터기는 이렇게 줄어든 매출을 회복하는 데 조금 도움이 되었다) 발전량과 소비량의 비율을 더 이상 통제하지 못하게 되었다는 점에서도 유틸리티는 여러 문제를 겪고 있었다. '가변성'을 가지고 있으며 이에 따라 생산 전류량을 예측할 수 없는 형태의 발전소들이 점점 커지고 있었고, 여기에서 생산되는 전력량도 늘고 있었다. 송전선로는 장거리 전력수송의 비율이 늘어나고 있는 데다 2003년 이후로 자동으로 통제되었기에 관리하기가 더욱 어려워졌다. 전력 거래의 기회도 줄어들고 있는데, 자신들의 알고리즘을 동원해 에너지 거래 게임에 참여하려는 똑똑한 사람들이 점점 늘고 있기 때문이다. 게다가 2007년 피크 이후에는 전력 소비량과 미국 전역을 가로지르는 그리드의 이용 전력량도 조금씩 줄어들고 있다. 미국인들은 전기 플러그 없이는 사용할 수 없는 물건들을 더 많이 보유하게 되었지만, 전력 소비량이 곧 증대할 것이라는 징후는 어디에도 없다.[225] 전기사업에 대한 강력한 지배력을 상실한 유틸리티들은 이제 다른 안정적인 매출원을 확보해야만 하는 처지에 놓였다. 수요 측면에서 상황을 변경하는 것이 이들에게 남겨진 거의 유일한 대안이다.

전기에 대해 이야기할 때, 그리드의 '수요 측면'에 해당하는 것은 태오미나, 당신과 나, 콜로라도주 볼더의 시민들, 캘리포니아주 베이커스필드의 주민들, 그리고 스마트미터를 설치한 (2014년 기준으로) 미국의 3,850만 가구들이다.[226] 수요 측면은 또한 월마트Walmart, 구글, 알코아알루미늄과 같은 에너지 다소비 기업을 뜻하며, 워싱턴의 올드 이그제큐티브 오피스 빌딩, K 스트리트의 로비를 갖춘 기업 건물들을 의미한다. 위스콘신주의 애플턴 역시 '수요 측면'이 포괄하는 범위다. 전기를 더 많이 사용하라고 독려받은 것을 빼면, '수요 측면'은 전력산업이 깊이 생각하지 않고 거의 굴러가는 대로 내버려 둔 영역에 가깝다.

전력 회사는 전기를 사용하는 우리의 행동을 통제하고 감시할 수 있으며, 이를 통해 자신의 수입 흐름 역시 조정할 수 있다. 이는 그들이 보기에 낭비적인 비용을 정리함으로써 대부분 달성할 수 있다. 이러한 비용 정리 작업 가운데 어떤 것은 사소해 보이지만 실제로는 상당한 효과가 있다. 그 효과란, 미터기 판독원의 수를 감축하거나, 사고 발생 시 적절한 유형의 기술자를 가장 유용한 지점으로 가장 빠르게 배치하는 것을 말한다. 다른 것들은 더 중요하다. 예를 들어, 스마트미터는 전력 수요가 피크에 도달했을 때 전기 수요에 제한을 걸도록 해준다는 점에서 유용하다. 사람들이 동시에 전기 소비량을 증대시킬 수 있기 때문이다.[227] 스마트미터가 도입되기 이전, 유틸리티가 보유한 자원 가운데 약 10%는 언제나 정확히 이러한 피크 수요 시점을 대비해 운전을 준비하고 있었다. 그러나 이런 피크는 1년에 2번, 2시간 정도만 발생할 만큼 적게 일어났다. 그리고 이러한 피크 수요에 대응하기 위한 발전소로는, 가장 낡고 공해가 심한(그래서 퇴역이 예정된) 발전소가 지정되는 경향이 있다. 미국인들이 공기로 숨을 쉬는 한, 이들에게는 이런 발전소들의 폐로와 해체를 바랄 만한 좋은 이유가 있는 셈이다. 폐로는 대체로 좋은 일이다. 그리고 이 발전소들은 언제 가동되든 환경을 상당히 오염시킨다. 하지만 발전소가 계통에 연계되지 못하면 수요와 공급의 균형이 무너질 것이며, 그에 따라 브라운아웃이 먼저 지평선 너머로 퍼져나가고 그다음에는 블랙아웃이 뒤따를 것이다.

이렇게 휴면시킨 발전소를 가동하려면, 유틸리티는 먼저 이 발전소의 원자로에 충분한 연료를 충분히 공급해야 한다. 그리고 터빈을 구동시켜 에너지를 얻고, 이 에너지로 전자석 안에서 회전하며 막대한 양의 전기를 시스템으로 송출하는 크랭크축을 가동해야 한다. 이렇게 하기 위해서는, 장비에 시동을 걸고 운전을 계속하게 하는 충분히 훈련받은 직원들이 필요하다. 일하지 않으며 긴 시간 대기하더라도, 이들은 장비의 상황이 양호한지 늘 체크해야 할 것이다. 이런 직원에게는 돈이 많이 들고, 이는 항상 지출되어야 하는 기본 지출 항목으로 잡힐 것이다.

피크 수요를 통제하는 좋은 방법을 찾아낸다면, 이러한 대기용 장비의 퇴역을 앞당길 수 있고, 더 나아가 미국의 전력 생산수단 중에서 가장 큰 비중을 차지하던 석탄화력의 지위를 그보다 더 작고, 효율적이며, 깨끗한 천연가스 발전소로 대체할 수 있다(때로는 그 자리를 풍력이나 태양광이 대체할 수도 있다).

마찬가지로, 더 많은 전기를 전송해야 한다는 요청을 받을수록 송전선의 효율은 떨어진다. 피크 수요는 단지 전력 회사의 가장 효율적이지 않은 발전소로 생산된 전력이 더 늘어난다는 뜻만은 아니다. 이는 동시에 전송 과정에서 전력을 더 많이 손실하게 된다는 뜻이기도 하다. 이는 석탄이 함유한 에너지 가운데 우리의 스탠드에 실제로 도달하는 에너지의 양을 거의 2%까지 감소시킬 수 있다.[228]

따라서 전력 회사들은 우리가 사용하는 전력량을 통제하거나 그 상한선을 규정하는 한편, 통제 수준을 넘어서는 전력을 만들고 전송하는 데는 더 비싼 가격을 물리는 것을 선호할 수 있다. 그래서 유틸리티는 늘 동일한 전력 소비 행동을 동일한 시간대에 행하는 우리의 성향 때문에 발생하는 비용을 벌충하려고 할 것이다. 날이 더워지면 우리는 에어컨을 켠다. 날이 추워지면 우리는 히터를 켠다. 전기 주전자가 널리 쓰이는 영국에서는 'TV 픽업'이라고 불리는 현상(TV 쇼가 잠시 멈추고 광고가 시작되면 사람들이 부엌에서 찻물을 데우기 위해 전기 주전자를 켜기 때문에 벌어지는 전력 수요 파동)도 벌어진다. 이 현상은 잉글랜드의 유틸리티가 매일 3, 4번 정도 처리해야 하는 약 400메가와트 규모의 수요 파동을 불러오기에 충분한 규모다.[229] 대부분의 경우, 전력 회사들은 이렇게 비싼 비용을 치러야만 하는 상황에 그저 늘 하던 대로 대응할 뿐이다. 하지만 스마트미터를 사용하면, 이때 늘어나는 비용을 소비자들에게 물릴 수 있다. 그 결과, 유틸리티는 피크 수요를 자신들과 그리드가 대응해야 하는 위기의 순간이 아니라 수익이 집중되는 순간으로 바꾼다.[230]

고객의 전기 사용을 통제하는 것에 유틸리티가 관심을 기울이는 현상은 아주 새로운 것이다. 그리드의 지난 역사를 돌이켜보건데, 유틸리티는 언제나 우리들, 고객들의 바람에 맞춰 행동해 왔다. 우리가 탐욕스럽게 행동하든, 에너지를 절약하려고 노력하든 늘 그래왔다. 이들은 전기 사용에 공공연하게 개입한 적이 없다. 소비는 개인적인 문제였기 때문이다. 심지어 사람들이 사용하지 않는 불을 끄고, 벽에 단열재를 채우는 한편, 단열 성능이 더 뛰어난 창문을 설치해(그리고 성능이 더 우수한 냉장고와 빨래 건조기를 구매해) 전기를 절약하기 시작할 때조차, 유틸리티는 전력 소비가 감소해 자신들의 이익이 줄어들고 있다는 사실에 단순히 불평하기만 했다. 유틸리티가 이처럼 전기 사용에 개입하지 못했던 이유는 이들이 소비자와 원활히 소통하지 못했다는 데 있다. 유틸리티는 자신들과 자신들이 운용하는 전력 산업에서 소비자와 소비자들의 식기세척기를 분리시키는 선을 넘었던 적이 없었다.

이것이 바로 태오미나와 스마트미터의 대량 설치에 항의했던 수많은 사람들이 유틸리티의 개입을 이상하고 나쁜 일로 '느끼는' 이유다. 이것은 말하자면 바다가 땅이 되는 엄청난 변화였다. 오랜 기간 확립되어 널리 적용된 전기 산업이라는 게임의 규칙이 이들의 눈앞에서, 그리고 우리 모두의 눈앞에서 바뀌고 있다. 게다가 무슨 일이 일어났는지 파악하기도 전에, 우리는 이런 변화를 몸으로 느낄 수 있게 되었다. 유틸리티에 의해 이뤄지는, 말하자면 전력 소비를 통제하려는 음험한 시도가 유틸리티와 고객을 가르던 선을 넘어오고 있다는 점을, 그리고 이러한 시도가 이제는 아주 공식적으로 또 전례없는 방식으로 이뤄지고 있다는 점을 모두가 직감하고 있다. 이런 의심에 사실과 부합하지 않는 면이 있을지라도, 이러한 의심은 분명 정당하다.

태오미나가 두려워하듯, 새로운 미터기는 정보 수집 도구로서 소비자와 소통하고 통제하는 데 쉽게 활용될 수 있다. 여러 장소에서, 유틸리티는 스마트미터로 가정용 에어컨을 원격으로 통제할 수 있으며, 온도 조절기를 더 높은 온도에 맞춰(그리고 에어컨을 더 약한 세기로 가동시켜) 고객들의 전기 '수요'를 끌어내릴 수 있다.

그러나 태오미나(그리고 다른 많은 항의자들)는 중요한 것을 놓치고 있었다. 적어도 현재는, 유틸리티에게 이러한 소통과 통제 능력을 활용해 개별 소비자들의 행동에 깊은 관심을 기울일 이유가 사실상 없다는 점이다. 유틸리티에게는 소비자들이 언제든 조작 가능한 집단이라는 이유에서 중요하지, 개별 소비자는 거의 중요하지 않다. 개개인이 중요한 경우는 전혀 없다고 해도 좋다. 독특한 의견, 욕구, 믿음, 성향을 가진 인간으로 고객들을 취급하는 데 유틸리티가 어떠한 관심도 기울이지 않았다는 점이, 아마도 텍사스를 비롯한 미국의 모든 지역에서 벌어진 디지털 스마트미터의 대량 설치 반대 운동의 심장부에 있었을 것이다. 정도는 다르지만, 미국인들은 권력에 기반한 강제 개입과 개인에 대한 무시를 절묘하게 조합한 이 상황에 분노한 것이다.

태오미나 가족은 미국 헌법과 인간의 기본적 품위를 지키기 위한 여러 법률을 위배해 가면서 시민들을 감시하는 것이 유틸리티의 저의라고 확신한다. 반면 에너지 절약이 상당히 잘 이뤄지는 지역인 캘리포니아주 베이커스필드의 시민들이 이 기기를 의심하는 이유는 조

금 다르다. 이들은 새로운 미터기가 똑같은 양의 전기를 판매하면서
도 더 많은 요금을 부과하기 위한 수작이 아닌지 의심한다. 이 지역을
관할하는 유틸리티인 PG&E는 전기 요율을 올리고자 할 때 매우 복
잡하고 대단히 관료화된 절차를 밟아야만 한다. 그런데 스마트미터는
이런 통상적인 절차도 없이 소비자들의 요금을 마치 마술처럼 급격하
게 상승시켰고, 그래서 시민들의 불만도 팽배해졌다. 베이커스필드에
서는 스마트미터 설치 작업에 반대하는 아주 강경한 반대 시위가 지
역 차원에서 계속되었다. 지역 곳곳에는 항의가 가득했고, 이런 지역
들은 ("베이커스필드 효과가 산타크루즈 지역을 강타했다"와 같은 말을 통해)
'베이커스필드 효과'로 유명해졌다.[231]

유틸리티가 한 세기 동안 고객을 무시한 결과가, 바로 지금 유틸
리티가 소비자와 소통하는 데 실패하는 현실이다. 베이커스필드에서
이런 사태와 관련된 증거는 어디서나 찾을 수 있었다. 정전이 6시간
동안 벌어진 아파트 단지에서, 지역 거주자들은 자신들의 임대료보다
더 많은 전기료를 유틸리티에 납부해야 한다는 갑작스러운 통보에 까
무러치게 놀랐다. 이 지역에 설치된 스마트미터는 돈을 갈취하기 위
해 설치된 장비처럼 보일 수밖에 없었다.[232] 그리고 왜 이런 일이 벌
어졌는지에 대한 아주 많은 변명이 이어졌지만, 어느 누구도 이 새로
운 기술이 곧 월별 전기 요금을 2배로 늘리리라고 이야기해 준 적이
없었다. 이 사건은 베이커스필드의 실업률이 무려 16%에 도달해 기
존 실업률의 2배가 넘는 2010년에 일어난 일이다. 어느 누구도 6월에
300달러였던 전기 요금이 7월에 1,000달러를 찍을 것이라고 예상하
지 않았다(그 전 7월에도 이 값은 약 300달러였다). 소비자들의 행동에 변
화가 생긴 것도 아니었기 때문이다. 유틸리티가 주장한 대로, 옛 미터

기와 새 미터기가 모두 정확한 값을 보여준다면, 베이커스필드 사람들에게 이런 요금 상승에 대한 유일한 설명은 유틸리티가 이 기기를 빌미로 강도 행위를 자행하고 있다는 것뿐이었다.

그러나 PG&E의 설명은 달랐다. 이들에 따르면, 먼저 2010년 7월은 2009년 7월보다 훨씬 더웠고, 그래서 에어컨 사용량이 급증했다. 소비 측면에서, 소비자들은 1킬로와트시 전력의 가격을 아침 6시보다 오후 4시에 훨씬 더 비싸게 치러야 하는 요금 제도에 전혀 익숙하지 않은 상태에서 이전에 사용하던 대로 전기를 사용했으며, 결국 전력 수요가 최고조로 몰리는 시간에도 전력을 대량으로 소비했다. 게다가 공급 측면에서, 유틸리티로서는 소비자들은 더 많은 재생에너지를 그리드에 연계하는 데 예상치 못한 큰 비용을 써야 했는데, (스마트미터와 무관하게) 재생에너지 연계로 전력 요율이 상승할 수밖에 없었고, 가변성 전원이 개입된 이상 요율 상승 시점도 부적절했다는 것이다.

베이커스필드의 시위는 갈수록 격렬해졌다. 캘리포니아 전역에서 사람들은 스마트미터를 실은 전력 회사의 트럭을 막기 위해 차단선을 구축했다. 다행히 총기 사고는 없었지만, 미터 설치원들이 사유지에 접근하면 야구방망이 같은 흉기까지 등장할 정도였다. 베이커스필드의 몇몇 시민들은 집단소송을 제기했다. 스마트미터와 너무 가까운 곳에서 잠을 자서 전자기복사에 지나치게 노출될 것을 걱정한 사람들은(이런 사람은 베이커스필드보다는 마린카운티, 멘도키노카운티에 더 많았다) 심지어 주석으로 만든 모자를 쓰기도 했다.

전국의 상황이 어땠는지 네바다주의 라스베이거스로 옮겨 가 확인해 보자. '죄악의 도시'이자 환경적으로 공들인 건물들이 들어서 있는 이 도시는, 스마트미터로 인한 물리적 위험을 우려하며 가장 급진적인 분노가 터져 나왔다. 2012년, 라스베이거스의 공공사업 위원들은 크게 놀랄 수밖에 없었다. 유틸리티가 자신들을 비밀리에 감시하고 있을 뿐만 아니라 미터기 자체가 "쥐 실험에서 독성을 띤 것으로 밝혀진 에너지" 광선을 내뿜는다는 주장까지 내세우는 시민들에 의해 스마트미터 반대 시위가 진행되었기 때문이다. 시위자들이 전자파 차폐 페인트로 집을 칠하지는 하지 않았지만(디지털 스마트미터가 널리 설치된 호주 빅토리아주에서는 흔한 일이었다),[233] 라스베이거스의 유틸리티 위원들의 집 주소가 온라인에 퍼진 탓에 시위자들이 '수상한 소포'를 보내는 사태가 벌어졌다.[234] 한편 메인주의 농촌 주민들은 전력 회사에서 전력을 공급받지 않고 탈퇴하는 프로그램을 성공적으로 운영했는데, 이런 운동을 벌인 이유가 "전자기파 노출 허용 기준치는 전자파에 특히 민감한 눈, 고환, 그리고 기타 공 모양의 여러 장기들을 충분히 고려하지 않은 채 설정된 값이기 때문"이었다.[235]

보건 영역에서 이처럼 대중적인 항의가 크고 넓은 범위로 번져나간 사례는 없을 것이다. 이 기기에서 방출되는 전자파의 성질은 핸드폰이나 무선 인터넷 라우터에서 방출되는 것과 본질적으로 같다. 그리고 이런 기기의 전자파 역시, 긴 시간 노출되었을 때 충분히 안전한지 입증되지 않았다. 스마트미터 전자파의 '독성'에 불만을 드러내는 사람들이, 전화기로 즐겁게 채팅하는 바로 그 사람들이라는 점에 유틸리티 홍보 담당자들은 짜증을 낸다.

그렇지만 일관성은 중요하지 않다. 문제는 통제 가능성이다. 20세기 중반으로 시간을 되돌리면, 무한한 소비야말로 소비자들이 바라마지않던 가치였다. 이들은 전기를 통제하고 있다고 느꼈다. 이들은 자신들이 바랄 때면 언제나 충분한 양의 전력을 활용할 수 있었고, 이는 지금도 대체로 사실이다. 1960년대 말, 환경 보존이 미국의 중요한 가치로 떠오르자 이러한 의미의 통제감은 덜 중요해졌다. 이 시기에 소비자들은 전기 소비를 줄이기가 얼마나 어려운지 깨닫기 시작했고, 소비 습관의 변화를 전기 요금 청구서에 반영되도록 하는 것이 얼마나 어려운지도 깨닫게 되었다. 이들은 전기가 어떻게 만들어졌는지, 즉 어떤 연료와 어떤 환경 비용을 치르면서 생산된 것인지 거의 알지 못한다는 점을 자각했다. 그리고 강화된 규제는 발전 부분(그리드에 전기를 공급하는 부분)에 깊은 변화를 가져왔고, 가전제품의 효율을 향상시키는 데 기여했다.[236] 하지만 개혁은 전력 소비자들의 좌절감을 줄이지 못했다. 소비자들은 여전히 청구서를 이해할 수 없었고, 이들의 노력은 전력 비용과 연동되지 못했다. 높은 효율로 만든 전력과 그 과정, 비용을 명확하게 드러내고 판매하겠다는 유틸리티의 약속은 실현되지 않았고, 실현되기에도 많은 난관이 남아 있다.

이런 약속은 전혀 구현되지 않았지만, 2015년에 접어들어서야 비로소 변화의 물결이 시작된 듯하다. 오늘날 미국의 광범위한 지역에서 스스로 전력을 생산하겠다는 고객 주도형 사업들이 확산되고 있다. 이는 가정용 태양광발전 설비로 이뤄지거나 시 당국이 판단하기에 지역에 알맞은 방식으로 구성되고, 지역사회가 공유하는 집약적인 전력 설비에 기반한다.

그보다 큰 전력 시장에서도 배전 사업자들의 온건한 경쟁이 진행되고 있다. 이들은 서로 다른 종류의 소비자들에게 서로 다른 유형의 요금제를 제시하며 경쟁 중이다. 100% 풍력 전력 공급에는 조금 더 높은 기본요금을 물리거나, 기본요금을 조금 싸게 매기는 대신 요율을 일정하게 맞추는 요금제 등이 많이 쓰인다. 이러한 변화 가운데 일부는 스마트미터가 널리 보급됨에 따라 일어난 우연으로 보인다. 아마도 유틸리티는 스마트미터를 통해 농인에게 전화 보급하기, 절제를 모르는 곳에 에어컨 보급하기와 같이 사업성 없는 일에 자신들의 역량을 투입하는 것을 막고자 했을 것이다. 그렇지만 이들은 새 미터기로, 가정용 옥상 태양광 패널과 같은 시설에서 나오고 그리드로 다시 투입되는 전력량을 전력 소비량과 비교해, '순 미터링'을 시행하고자 했다. 유틸리티는 전력의 대가로 소비자에게 돈을 지불해야 하며, 이때 스마트미터는 전기 요금 납부 주기마다 고객이 받아야 하는 돈이 얼마나 되는지 측정하는 데 크게 기여했다. 2015년 현재, 사우스다코타, 미시시피, 앨라배마, 테네시를 제외한 미국의 모든 주는 순 미터링을 어떻게 진행할 것인지에 대한 정책을 보유하고 있다.[237] 하지만 2012년, 스마트미터에 대한 대중적 분노가 하늘을 찌르던 시기에는, 이러한 변화는 아직 대중들의 탐지망에 잡히지 않았다. 그들의 눈에 보였던 것이라고는, 유틸리티가 또다시 도저히 이해할 수 없고 그 목적도 불분명한 수상한 일들을 벌이는 모습뿐이었다.

• • •

미국의 그 어떤 도시도, '스마트그리드시티SmartGridCity'로 알려진 콜로라도주 볼더보다 고객의 지향점과 유틸리티의 지향점의 격차가 크지 않았을 것이다. 총 8개 주에서 서비스를 제공하는 중서부 지역의 유틸리티인 엑셀은, 첨단 기술을 동원함으로써 에너지 소비를 줄이려는 시도에 크게 호응할 만한 지역 주민들을 대상으로 미래 그리드의 시범 모델을 구현하겠다고 판단했다. 볼더와 미네소타주의 세인트

클라우드가 후보지였는데, 볼더가 최종 낙점되었다. 엑셀은 스마트미터를 설치했을 뿐만 아니라 그리드를 철저하게 개량하기로 결정했다. 엑셀은 진정한 스마트그리드를 건설하는 야심 찬 청사진을 가지고 있었다. 이 새로운 그리드는 스마트 전선, 스마트 가전 기기, 상호 통신 가능한 스마트 온도 조절 장치, 그리고 궁극적으로는 가정용 태양광 발전 시스템, 전력 저장 장치, 그리드 연계 전기차까지 갖출 것이다.

이것이 진정한 스마트그리드를 운영하려는 첫 번째 시도였고, 그 배경에는 아주 존경할 만한 아이디어가 있었다. 그리드 운영자와 많은 유틸리티 구성원들은 1982년 벨 시스템의 해체 이후에 일어난 통신 산업의 혁명이 전력 산업에도 하나의 모형이 될 것이라고 보았다. 정부가 규제하는 독점사업자인 통신사업자들이 소비자 지향적인 서비스 제공업자로 변한 이상, 전력 산업 역시 비슷한 변화를 지향할 수 있다는 생각이었다. 1970년대가 끝날 무렵, 어느 누구도 30년 후에는 전화기가 벽에 연결되지 않은 작은 컴퓨터가 되고, 이 작은 컴퓨터를 모든 사람이 들고 다닐 것이라고 상상하지 못했다(이 시기에 대다수 사람들은 여전히 전화를 지역 독점 통신회사에서 빌려 사용했으며, 일부만 장거리 통신 서비스를 사용했고, 무작위로 배정된 다른 고객들과 용량이 제한된 통신선을 공유하는 것이 일반적이었다). 2003년 이후로, 미국의 유선전화 회선 수는 급격히 줄어들고 있으며, 통신 시장의 초점은 벨 시스템이 활용하던 인프라와는 그다지 상관없는 지점으로 옮겨 가고 있다.[238] 통신 회사들은 이제 인터넷 서비스와 스마트폰을 판매하고 있다.

이러한 이행이 이뤄지는 동안 많은 회사들이 파산하며 혼란이 빚어졌으나, 전기 산업의 개혁가들은 그 속에서도 희망을 보았다. 전화기가 어떻게 상품으로 생존했고 이 기기들을 어떻게 연결해 통신 서비스로 살아남았는지를 관찰하면, 그 속에서 전기 산업의 미래도 볼 수 있다는 기대 말이다. 이 개혁가들은, 보다 온건한 방식이지만, 근본적으로 동일한 이행이 그리드에서 가능할 것이라고 생각했다.

통신 산업의 이행을 지배하다가 전력 산업에도 영향을 미치기 시작한 아이디어의 핵심은, 승자가 다 가져가고 패자는 가진 것을 잃게 되어 결국 승자만 살아남는다는 산업적 보수주의가 아니다. 이 아이디어의 핵심은 그리드가 곧 많은 구성 요소를 연결하는 전선이라는 데 주목하는 것이었다. 그리드는 '스마트화', 즉 전기뿐만 아니라 정보도 전송하게 되었고, 그리드의 통신망은 무선 연결로 대체되었다(특히 계기 검침이 그랬다). 하지만 벽에서 전화기를 분리하는 작업과 달리, 전기를 그리드에서 분리하는 작업은 너무도 급진적인 도전이었다. 2012년에도, 이른바 스마트그리드는 우리가 보유한 고전적인 그리드와 다를 바 없이 장거리 송전망과 단거리 배전망으로, 즉 전선으로 이뤄져 있었다. 전력 회사에 무슨 일이 일어났든지, 이 전선들은 줄곧 그 자리에 있었던 것처럼 보였다.

고작 3년이 지난 2015년, 우리는 이런 모습이 계속될지 더 이상 확신할 수 없다. 일단 기술 혁명이 시작되고 나면, 혁명은 그것이 어떻게 진행될 것인지에 대한 가장 급진적인 예측을 넘어선 지점까지 굴러갈 수 있다. 달리 말해, 앞으로 수십 년 동안 혁신이 진행되면, 우리는 현재의 그리드를 이루는 방대한 전선의 상당 부분을 다시 볼 수 없을지 모른다. 장거리 송전 용량에 대한 요구를 처리할 방법을 찾아냈기 때문이 아니라(고압 송전 기능을 무선으로도 효율적으로 수행하는 기술이 가까운 미래에 나올 것 같지는 않다), 분산형 전원이 곳곳에서 등장해 수요지와 발전소의 거리를 좁히게 될 것이기 때문이다. 우리는 전선 자체를 다시 발명하기보다는, 이에 대한 필요성을 줄이는 방향으로 전력 산업의 구조를 변경하면서 전선을 줄이고 있다. 하지만 2008년, 즉 엑셀이 볼더에서 스마트시티를 건설한 시점만 하더라도, 이런 종류의 청사진은 아직 추상적이고 공상적인 이야기에 불과했다.

엑셀이 볼더에서 처음 착수한 작업은, 에디슨이 맨해튼에서 전력망을 구축하며 했던 일과 아주 비슷했다. 이들도 길을 개착해 케이블을 놓는 일부터 시작했기 때문이다. 하지만 케이블 설치 작업이 이 프로젝트를 파산시켜 버렸다. 볼더의 도로 아래에는 사람들이 예상한 것보다 훨씬 더 단단한 바위들이 자리 잡고 있었기 때문이다. 그래서 공사비도 예상을 벗어났다. 지하 케이블 설치작업은 아주 비싸고 시간도 오래 걸렸다. 2014년에 프로젝트는 공식적으로 중단되었고, 광케이블과 광대역 전력선broadbandover-powerline, BPL을 지상에 부설하는 일부 사업만 계속되었다. 총 비용은 약 2,100만 달러였다.[239] 그러나 2012년 초에 엑셀은 BPL 또한 사용하기 어려운 비싼 기술이라고 인정했다.[240]

사후 약방문일지라도, 엑셀이 수행한 프로젝트에서 가장 흥미로운 점은 다음과 같다. 무선으로 전력을 공급하는 미래상에 누구보다도 공감한 볼더 시민들이지만, 이들은 엑셀이 제시한 무선 전력망을 받아들일 준비는 하고 있지 않았다. 오늘날에는 정보를 전송하는 데 무선 인터넷 시스템을 사용하지 않는 상황을 떠올리기가 더 어렵지만, 당시 엑셀이 제시한 무선 전력망은 무선 와이파이처럼 작고 단순하지 않았다. 엑셀이 설계한 그리드는 정보와 전력이 여러 방향으로 전송될 수 있는 시스템으로 개발되었다. 이는 현행 원격 통신망과 경쟁하며 전력을 생산된 곳에서 사용되는 곳으로 순식간에 전송하고 분배했다. 이러한 스마트그리드는 고객의 사용 패턴을 장기적으로 조정해 더 광범위한 그리드의 수익성을 보존하고, 전선을 실질적으로 개량할 수 있는 기회였다.

하지만 이런 그리드에는 무선 통신망과 아주 결정적인 차이가 몇 가지 있었다. 우선 미래에 모든 것이 완비된 스마트그리드에서는 전기가 망의 모든 곳에서 생산될 것이다. 전력의 흐름은 대규모 원자로나 수력발전소는 물론 옥상 태양광, 뒤뜰의 풍력발전소와 같은 곳에서 출발해 망의 모든 방향으로 향할 것이다. 다양한 유형의 발전기에서 나온 전력은 그리드의 전선을 통해 "영리하게" 혼합될 것이다. 게다가 전력 사용량이나 생산량을 포함한 여러 정보는 유틸리티, 고객, 그리고 그리드를 구성하는 여러 기기들 사이에서 자유롭게 이동할 것이다. 정보와 전기의 흐름은 모두 감시 대상이 될 텐데, 이는 미터기가 전기의 유입과 유출을 반영하기 때문이다. 다시 말해, 전기 입출력을 작은 부분까지 완벽하게 기록할 수 있다. 스마트 온도계는 집 안에 설치된 여러 스마트 가전제품의 허브가 될 것이다. 그리고 가전제품은 늘 변화하는 전력 가격을 실시간으로 반영해 사람의 개입 없이 가동 수준을 스스로 조율할 것이다. 게다가 스마트그리드의 전선들은 분산되어 있고 서로 전혀 조율되어 있지 않지만, 아주 작은 발전소에서 생산된 전력을 시장에 수송하는 데 반드시 필요한 선로들로서 '스마트'해져야(몇몇 기본적인 디지털 컴퓨팅 능력을 갖춰야 한다는 뜻이다) 했다. 결국 정보 전송과 전기 전송은 같은 전선 다발로 이뤄져야 했고, 볼더에서 정보와 전기(통신선과 전력선)는 결국 하나가 되었다.

모든 것이 완벽하게 돌아갔다면, 볼더 스마트그리드를 이루는 구성 요소들은 분산되고 체계적인 계산 능력을 갖출 수 있었을 것이다.

그리고 이 그리드는, 식기세척기부터 발전소에 이르기까지 모든 수준에서 적용되는 아주 간단명료한 판단을 내렸을 것이다. 그리드는 부하를 조정하고 전력망 보선원들의 감전을 막으며 전력망에 연결된 다양한 기계들의 소통 그리고 사람과 기계의 소통을 강화했을 것이다.

볼더의 그리드에 대해 아주 장대한 계획을 세웠던 엑셀은, 무선으로 정보를 전송한다는 더 저렴한 대안은 실행으로 옮기지 않았다(미국의 다른 유틸리티는 이들의 고난을 보며 이 대안을 택했다). 엑셀은 도시와 그리드의 미래에 대해 훨씬 더 거대한 비전을 가지고 있었기 때문이다. 이들의 계획은 단순히 볼더에 스마트미터를 설치하는 것보다 훨씬 더 광범위했는데, 말하자면 볼더의 가장 기본적인 인프라뿐 아니라 가전제품까지도 모두 '똑똑하게' 만드는 데 있었다. 엑셀은 볼더의 주민들도 더욱 '지혜로운' 사람들로 만들고자 했다. 자신들이 보급한 급진적인 기술을 주민들이 아주 매끄럽게, 그리고 기꺼이 받아들이고 활용하기를 바랐다.

그러나 이 가운데 어떤 것도 실현되지 않았다. 광섬유와 BPL 케이블은 목표한 것 중에서 극히 일부분만 설치되었다. 스마트 가전제품은 시장에서 그다지 각광받지 못했으며(이는 2015년에도 마찬가지다), 볼더 시민 가운데 43% 정도만이 스마트미터를 가정이나 직장에 설치했고, 스마트 온도조절기를 설치한 가정은 단 100곳에 불과했다(계획대로라면 1,850곳에 설치되어야 했다). 전력 사용량을 "실시간으로 읽게 될 것"이라는 약속은 실현되지 못했고, 사용량이 비용과 명시적으로 연결된 것도 아니었다.

볼더 주민의 입장을 대변하며 스마트그리드의 문제에 대해 여러 언론과 인터뷰한 스키 밀번Ski Milburn은 2013년의 한 인터뷰에서 이 프로젝트의 문제에 대해 다음과 같이 지적했다. "저는 스마트그리드 시티라고 불리는 곳에 살고 있고, 스마트미터를 집에 설치했습니다. 그러나 이는 심각한 문제도 함께 집에 들여놓은 꼴이었습니다. … 스마트그리드, 이 시스템은 정말이지 쓸모라고는 찾을 수 없을 만큼 멍청한 시스템입니다. 예를 한 가지 들어볼게요. 지금 이 순간 우리 집에서 쓰이고 있는 에너지의 양을 알고 싶어도, 내가 확인할 수 있는 값은 15분 전의 상황을 반영하는 값뿐입니다. 저는 지금 제가 쓰는 양이 얼마나 되는지 알고 싶습니다."[241] 이 도시의 다른 주민인 마이크 워윅Mike Warwick은 상황을 다음과 같이 요약했다(그는 이 말이 스키 밀번에게서 얻은 아이디어라고 밝혔다). "스키 밀번의 이야기야말로 핵심입니다. 이 시스템은, 정말이지 처음부터 '똑똑한 그리드와 멍청한 소비자'라는 구도에 따라 설계되었습니다."[242]

볼더의 스마트그리드 실험이 뿌리내리지 못하고 실패한 이유는 엑셀의 의사 결정권자들이 시대정신을 읽는 데 실패했기 때문이다. 그리고 이들은 모든 통신망이 무선으로 재구축되는 시점에 유선망을 설치하는 잘못을 저질렀다. 게다가 이들은 현대 전기 소비자들이 바라는 기술에는 별다른 관심을 기울이지 않았고, 이로 인해 전력 소비에 접근해 이해하는 능력을 강화시키지도 못했다. 다시 말해, 소비자들은 전력 소비량과 그 비용에 대해 이해하고 그것을 통제하고 싶어하며, 사용 전력이 어디서 어떻게 생산되는지도 통제하고 싶어 한다. 하지만 가정, 거리 그리고 전기 요율과 같은 전기 소비의 모든 면에서 엑셀은 간섭만 했으며, 자신의 운명을 스스로 결정하고자 하는 사람들을 방해하며 화만 돋웠다.

2009년에 엑셀의 한 임원이 볼더 프로젝트에 대해 남긴 말을 그대로 옮겨보겠다. "우리 고객들이 대체 뭘 원하는지 저희는 아는 것이 없습니다!" 이 말을 뱉기 5분 전, 그는 고객의 의견을 인용한다며 이렇게 말했었다. "우리가 진짜로 원하는 건, 집에 왔을 때 TV가 작동하고 맥주가 차갑게 잘 보관되어 있는 것뿐이지." 소비자들이 어떤 위치에서 어떤 것을 원한다고 아무리 강조해도, 엑셀은 그들의 말을 들을 생각조차 없어 보였다.[243]

스마트그리드 사업이 이를 구현하는 기술과 제대로 부합하지 않았다는 점은, 스마트그리드시티가 지닌 문제의 일부만을 설명할 뿐이다. 이 사업을 실패로 이끈 또 다른 주요 요인은, 엑셀이 프로그램의 목적을 고객들에게 제대로 전달하지 못했다는 데 있다.

텍사스의 태오미나와 마찬가지로, 볼더 주민들(엑셀의 고객들)은 유틸리티가 자신들의 사유물에 간섭하거나 그렇게 할 수 있는 기술을 몰래 숨겨 전달하는 것을 원하지 않았다. 더 비싸고 덜 안정적인 전기 공급을 원하지도 않았고, 신뢰하기 어려운 온도 조절 장치와 스마트 홈 컨트롤러 모듈 간의 상호작용으로 가전제품이 멈추는 상황을 원한 것은 더더욱 아니었다. 유틸리티가 원격으로 집 안의 에어컨을 통제하는 것은 생각지도 않았으며, 빨래 건조기가 새벽 2시에 자동으로 돌아가는 상황을 혐오했고, 단돈 5센트나 10센트를 절약하려고 한밤중에 진공청소기를 돌리는 일 따위는 추호도 생각지 않았다. 더 중요하게는, 고객의 관점에서 볼 때 스마트그리드 사업으로 실현하려는 바가 대체 어디에, 누구에게 도움이 되는지 분명하지 않았다. "유틸리티 관제 센터와 소통하는 미터기가 대체 어떤 식으로 소비자에게 도움을 준다는 말입니까? 이 서비스는 우리가 가지지 않은 것들 가운데 대체 무엇을 줍니까? 많은 소비자들에게 스마트그리드는 단지 몇몇 관료들이 외부 기온이 올라가면 곧장 에어컨을 꺼버리는 시스템을 의미할 뿐입니다."[244] 볼더 주민인 스티브 페어팩스Stephen Fairfax가 2010년에 한 말이다. 유틸리티의 선택과 통제는 소비자들이 전혀 원하지 않은, 소비자들에게 불쾌할 뿐인 경험을 불러왔을 뿐이다.

스마트그리드시티의 급진적인 비전과, 그 비전이 반도 실현되지 않았고 그래서 스마트하지도 않았던 이 사업의 현실은 과거의 시스템에 비해 고객들의 통제권을 더 약화시킨 것처럼 보인다. 그에 따라, 스마트그리드 사업이 진행된 다른 어떤 지역보다도 볼더의 주민들은 유틸리티의 노력에 부응하기를 적극적으로 거부했다. 이들은 비싼 비용을 들여 유틸리티가 보급한 스마트 온도 조절 장치를 벽에서 떼어 부엌 쓰레기통에 처박아 버렸다. 또한 이들은 집에 설치된 미터기를 무시하거나 유틸리티 직원들이 미터기를 설치하지 못하게 직원들의 접근을 막았다. 주민들은 자신들의 행동을 제한하거나 변화시키려는 유틸리티의 요금 구조에 저항했다. 이들은 해당 사업이 처음 예상했던 것보다 더 많은 예산을 소비하자 분노했다. (콜로라도주의 다른 엑셀 고객들과 함께) 스마트그리드에 추가로 투자된 비용을 지불해 달라고 요청받자, 이들은 주 정부 산하의 콜로라도공공서비스위원회Colorado Public Utilities Commission에 로비를 벌여 자신들이 계약하지 않은 부담에서 벗어나고자 했다.[245]

그리고 주민들은 승소했다. 엑셀의 170만 수용가들이 프로젝트의 초과 비용을 조달하는 데 2,790만 달러를 추가로 납부해야 했지만 말이다. 그러나 엑셀이 1,660만 달러를 더 요구하자, 위원회는 스마트그리드시티 사업으로 고객들에게 실제로 혜택을 제공했다는 것을 증명할 때까지 고객들에게 두 번째 부과를 허가할 수 없다고 평결했다.[246]

2015년 현재, 엑셀은 아직까지도 고객들에게 어떤 혜택이 돌아갔는지 충분히 설득력 있게 답하지 못하고 있다.

베이커스필드, 휴스턴 그리고 메인에서 있었던 문제는 볼더에서도 그대로 반복되었다(공 모양 장기의 건강에 스마트미터가 악영향을 줄 것이라는 주민들의 걱정까지도). 만일 스마트미터나 스마트그리드가 설비의 업그레이드로도 고객에게 아무런 이득을 줄 수 없다고 입증되었다고 해보자. 그렇다면 '스마트' 장비는 대체 누구에게, 그리고 어떻게 이득을 준다는 말인가? 왜 엑셀은 이렇게 말썽을 일으키는 장비를 볼더시 건물들에 설치해야만 했을까? 왜 센터포인트는 스마트미터를 설치하려고 태오미나의 집에 7번이나 설치 기사를 방문시켰던 것일까? PG&E는 왜 베이커스필드 주민들이 스마트미터 설치에 항의하는 집단 행동을 벌이는 위험을 무릅쓰고라도 새로운 미터기를 그토록 광범위하게 설치하려고 했을까? 이 질문들에 대한 답은 간단하다. 스마트미터는 고객인 우리에게 이점이 없다. 적어도 고객들에게 직접 이익을 주는 것은 없다. 그러나 스마트미터, 스마트 계량기, 그리고 그 밖의 그리드 스마트화 투자는 유틸리티 기업에게 이익이 된다.

유틸리티 기업의 비용과 위험은 실제로 투자로 자산이 형성되기 전까지는 아주 의심스러운 수준이다. 유틸리티들은 전력 산업의 개혁이 자신들에게 끼칠 영향을 과소평가했다. 2014년까지 엑셀이 스마트그리드시티 사업을 중지했을 때, 콜로라도주 정부는 엑셀의 지나친 지출 비용을 보증하겠다는 약속을 철회했다. 또한 볼더의 그리드를 시 정부가 인수할지 주민 투표로 결정하게 되었을 때, 이 도시의 길거리에는 이런 플래카드가 걸려 있었다. '유틸리티, 죽음의 나선.' 이 문장은 마치 멜로드라마 제목의 분위기를 풍기지만, 그럼에도 상황에 대해 시사하는 바가 있다.

미국에서 영리 목적의 유틸리티 기업들은 생존을 위한 투쟁을 벌이는 지경에 처했다. 이들 가운데, 텍사스주의 에너지퓨처스회사Energy Futures Holding Corporation와 같은 기업은 실제로 파산을 향해 나아가고 있다. 상황을 유심하게 지켜보는 어떤 이들은 유틸리티라는 비즈니스 모델의 다양성이 적자생존의 논리를 따라 정리되어 가는 과정이 아니라, 오히려 그리드 서비스를 제공하는 유틸리티 사업 모델 자체가 영구적이고 총체적으로 멸종해 가는 단계에 접어들었다고 말한다.[247] 이는 요즘 아이들이 '다이얼dial'이 왜 전화를 뜻하는 말이 되었는지 이해하지 못하는 것처럼 '유틸리티'라는 단어를 이해하지 못하게 될 것이라는 뜻이다. 워런 버핏과 어떤 이들은 '유틸리티, 죽음의 나선'이라는 단어가 단지 공포를 퍼뜨릴 뿐이라고 믿는다. 몇몇 유틸리티는 정말로 파산할 지경이지만, 모든 산업이 전환기에 접어들 때면 늘 그렇듯, 현존하는 유틸리티 가운데 일부가 살아남아 미래 시장을 지배하게 될 것이라는 것이 그들의 생각이다.[248] 아마도 그런 기업들은 지금의 대기업이 살아남아 더 커진 기업일 것이다. 듀크에너지, PG&E, 콘에드, 퍼스트에너지, 또는 엑셀도 여기에 합류할지도 모른다. 물론 누구도 이들이 오늘날의 격변을 상처 없이 통과하리라고 생각할 만큼 낙관적이지는 않다.

1970년대 후반에 시작된 그리드 개혁은 온건하고, 조심스럽게 전력 산업의 많은 것을 바꿔나갔다. 1992년의 에너지정책법에 의해 그리드에 대한 유틸리티의 통제권이 실질적으로 위협받고 약화되었지만, 여러 유틸리티들은 여전히 기존의 사업 방식을 철저하게 고수해도 환경 변화를 극복할 수 있다는 생각을 버리지 않았다. 2000~2001

년의 캘리포니아 에너지 위기부터, 2003년의 동부 해안 블랙아웃, 가변성 전원의 증대, 여러 수준에서 진행된 발전의 민영화까지, 이 모든 위기를 겪으면서도 유틸리티들은 이 힘든 시기가 지나도 여전히 기존의 사업 모델과 유사한 무언가를 영위할 수 있으리라고 믿었다. 미국인들이 언제나 전기를 필요로 하는 만큼, 전력 공급을 계속해서 안정적으로 관리할 사업자가 필요하다는 추측이 이런 낙관적인 믿음의 기반에 있었다.

유틸리티들은 그리드에서 벗어나는 사람들이 늘어난다는 점은 무시했다. 물론 오랫동안 '그리드에서 벗어나기'란 아주 의심스러운 말에 불과했다. 대마를 피우는 장발족들과 골수 우익 농부들(이들은 콜로라도주에서 상당히 영향력 있다)이나 이런 선동을 일삼았을 뿐이다. 일반적인 농촌 주민, 도시 주민, 그리고 시장의 평판을 늘 관리하는 주류 기업에게는 그리드에서 벗어난다는 선택지가 없었다. 1890년대, 사설 발전소에서 생산되는 교류의 사용이 중단되었던 이래, 그리고 1910년대 전력 산업을 이루는 여러 요소들이 지역별로 단일한 서비스 제공자 아래로 통합되었던 이래, 독립망을 구축해 전기를 사용하는 것은 재무적으로 어리석은 판단이었기 때문이다. 하지만 오늘날, 독립망 사용은 상당히 빠르게 경제적으로 타당한 선택이 되어가고 있다.

볼더의 스마트그리드가 볼더 시민들의 저항으로 실패했을 당시에는, 그리드의 전기 없이 마을 주택에서 살아가는 것은 아주 힘든 일이었다. 하지만 이제는 (이름마저 멋지게 들리는) '나노그리드nanogrid'가 광범위하게 설치되었다. 예컨대 교도소나 대학교 캠퍼스는 내부 그리드를 전국 그리드와 고립시켜 운용한다. 출입문 운용, 조명, 중앙 냉난방의 안정성을 위해서다. 그리고 이런 기능들을 위해 고립된 그리드를 운용하는 것은 급진적인 것도 아니고, 기능이나 사업성이 의심스러운 것도 아니다. 오히려 그 반대다. 이 기관들은 '마이크로그리드'를 사용해 계통이 연계된 유틸리티와 호혜적인 거래를 벌일 수 있다. 예를 들어, 폭염에 휩싸였을 때 상당한 금액을 받는 대가로 전국 그리드와 자신들의 그리드를 잠시 단절하기도 한다. 또한 국지적인 전원(전력 저장 배터리와 결합된 태양광 패널, 연료전지, 디젤발전기)을 이용할 경우, 이 기관들은 수감자나 교도관(교도소의 경우), 노는 학생, 교수, 연구원(대학교의 경우)이 전기를 덜 쓰라고 강요하지 않아도 될 것이다.[249] 이 기관들은 전력을 어디서 얻고, 언제 얻을 것인지 하는 문제와 관련해 많은 변화를 겪고 있지만, 누구도 변화가 일어나고 있다는 점을 구성원들에게 명확히 알려주지 않았다. 2010년대부터, 전기 산업은 몇 가지 새로운 기회에 마주했나. 이는 변화에 재빠르게 올라탄 기업들에게는 완전히 새로운 사업의 통로가 되었지만, 변화가 어디로 향하는지 파악하지 못한 기업들에게는 약속된 바가 거의 없었다.

이러한 격변은 2008년에 스마트그리드시티 사업을 진행하던 담당자가 앞일을 예상할 수 없을 정도로 빠른 속도로 일어났다. 하지만 적어도 한 가지 사례에서, 이는 단지 변명처럼 보일 수 있다. 엑셀은 나노그리드나 마이크로그리드, 그리고 그리드로 차량을 충전하는 미래를 예견했을 뿐만 아니라, 실제로 이를 구축하고 여러 곳에서 운용했기 때문이다.

이 사례는, 더 구체적으로는, 피터슨 부부의 집에 설치된 마이크로그리드다(버드 피터슨Bud Peterson 은 콜로라도대학교의 총장을 역임했다). 엑셀이 이 부부를 스마트그리드 홍보물의 모델로 선정했으며, 이들에게 가장 완벽한 '스마트그리드'를 제공했다. 이 그리드를 살펴보면, 소비자들이 원하는 방향으로 변화된 전기 인프라가 실제로 어떤 모습일지 세밀하게 알 수 있다. 진정한 스마트그리드에 필요한 (거의) 모든 필수 성분을 상상하고 조합해 구성한 것은 피터슨 부부가 아닌 엑셀이었다. 또한 이 과정에서 엑셀은 피터슨 부부의 집을 그리드에서 거의 분리시켰다. 볼더의 다른 주택들과 마찬가지로, 피터슨가에도 스마트미터 1개, 그리고 유틸리티 관제소와 통신하는 광대역 전원 케이블이 설치되었다. 다른 99가구와 함께, 인터넷을 통해 원격으로 통제되거나 조절되도록 프로그래밍된 스마트 온도조절기와 스마트 콘센트도 설치되었다.[250] 하지만 피터슨가에는 널리 설치된 이런 장비 말고도 더 많은 장비들이 설치되었다. 엑셀은 피터슨가의 지붕에 태양광 패널을 설치하고, 부부에게 하이브리드 전기자동차를 지급했으며(그렇다, 유틸리티는 그들에게 차를 선물했다), 배터리로 된 에너지 저장 장치를 설치했을 뿐만 아니라, 이 모든 기기의 전기 사용량에 대해 실시간 피드백이 가능하게 만들었다.[251] 하지만 이들은 약속된 스마트 가전기기를 지급받지도, 스마트미터로부터 실시간 전력 사용량이나 사용 전력의 실질 가격에 대한 정보를 제공받지도 못했다. 이것들은 피터슨뿐만 아니라 볼더의 그리드 관리자조차 접근하기 어려운 내용들이었다. 하지만 피터슨가의 스마트그리드는 분명, 미래의 완벽한 그리드에 대해 현재 어떤 상상이 가능한지를 보여주는 핵심 요소들을 포함하고 있다.

많은 것을 얻은 대가로, 피터슨 부부는 공개적으로 그리고 열정적으로 스마트그리드 프로젝트를 옹호하게 되었다. 버드의 말을 들어보자. "오늘날 우리는 온라인으로 항공권을 구매할 때 좌석 위치나 가격을 선택할 수 있습니다. 이제 당신은 스마트그리드 시스템을 통해 재생에너지를 사용할지, 다른 종류의 지속 가능한 에너지를 사용할지, 석탄화력을 사용할지 선택할 수 있을 겁니다."[252]

발 피터슨Val Peterson은 이렇게 말했다. "저는 집 컴퓨터에서 아주 쓸모 있는 정보를 확인합니다. 이 기기는 제 집과 차가 무엇을 하고 있는지, 그리고 언제 신경 끄고 다른 일을 해도 되는지 말해줍니다. 태양광 패널도 집이나 차, 그리고 집 안의 여러 기기와 신호를 주고받으며 대화합니다. 정말이지, 아름다운 시스템이에요."

엑셀은 다음 정보도 공개했다. "피터슨가에서는 프로그램을 시작한 이후로 약 267킬로그램의 탄소를 더 적게 배출했습니다. 이는 154개의 피자를 전자레인지로 데울 수 있는 양입니다. 이 값에 고객 5만 명(스마트그리드 시스템을 설치할 것으로 예상되는 사람 수)을 곱하면, 이 시스템이 어느 정도의 효과를 만들 수 있는지 알 수 있습니다."

피터슨가에서 프리우스 하이브리드 모델, 태양광 패널 그리고 배터리 팩으로 탄소를 얼마나 절약했든 간에, 이것으로는 결코 피자를 전자레인지에 데울 수는 없다는 데(한 판조차도 데울 수 없다) 의심의 여지가 없다. 탄소로 전자레인지를 가동한다는 말은 석탄으로 비행기를 띄운다는 말이나 바나나로 급탕용 온수를 데운다는 말과 다름없다. 탄소는 동력원이 아니다. 내가 이렇게 사소해 보이는 사실관계를 따지는 이유가 있다. '만족한 고객'의 인터뷰는 대체로 소비자들이 시스템을 통해 실제로 무엇을 갖거나 하게 되었는지를 이해하는 데 도움이 되지 않지만, 적어도 소비자들이 가지고 싶어 하는 것이나 하고 싶어 하는 바를 이해하는 데는 유용하기 때문이다. 앞의 인터뷰에서도 분명 아주 많은 것을 읽어낼 수 있다.

예를 들어, 버드는 자신이 사는 곳에 전력을 공급하는 데 어떤 발전 연료를 사용할 것인지 선택하는 것이 가치가 있다고 여긴다. 그리고 이때 스마트그리드가 연료원 선택에 도움을 줘야 한다고 여긴다. 이는 아주 결정적인 문제이고, 모든 볼더 주민들이 스마트그리드시티 프로젝트뿐만 아니라 엑셀에 불만을 품게 된 중요한 이유이기도 하다. 주민들은 전기 공급망에 더 많은 재생에너지를 연계하기를 원했지만, 엑셀은 인근 석탄화력발전소를 지원하고자 고집부리고 있는 듯했다. 2014년에 볼더가 도시 전역에서 주민 투표를 진행해 엑셀과 계약을 해지하고 지역의 모든 전력 인프라를 시영화하기로 결정했을 때도, 이 투표를 진행한 주된 이유는 주민들이 어떤 발전원에서 전력을 공급받을지 선택할 권리를 엑셀이 보장하지 않았기 때문이었다. 주민들이 엑셀의 스마트그리드시티 사업을 어떻게 생각했든, 이들이 정말 화난 이유는 유틸리티가 더 많은 풍력발전소를 계통에 통합하는 일을 꺼렸다는 점이었다.

그러나 발은 다른 문제에도 관심을 보였다. 그는 자기 집이 스스로 관리하기를 바란다. 그는 스마트폰을 몇 번만 누르면 자기 집이 전기를 만들고 저장하며 이를 사용하기를 바란다. 그가 한 문장만을 입력하면 그가 할 일은 모두 끝날 것이다. '오후 5시까지 접시를 씻어둬라.' '7시까지는 반드시 차량 충전을 마쳐라.'

다가오는 '사물인터넷Internet of Things', 즉 스마트폰, 스마트 가전제품, 스마트미터 그리고 전기자동차가 모두 통합될 망(다가오고 있지 아직 도래하지는 않았다)은, 전기를 활용해 여성들을 고단한 가사 노동으로부터 자유롭게 만들자는 1930년대의 해방운동과 닿아 있다. 빨랫줄은 전기건조기로, 빨래판은 전기세탁기로 바뀌었으며, 아이스박스는 냉장고로, 목욕물을 데우는 스토브 위의 주전자는 전기온수기로,

압착기는 전기다리미로, 그리고 그 밖의 수많은 도구가 가전제품으로 바뀌었다.

발은 별다른 개입 없이도 다양한 가전제품과 "대화"하는 사물인터넷의 능력이 곧 이 해방운동의 다음 단계라고 생각한다. 이 기기들은 스스로를 돌볼 수 있다. 그리고 여성들은 더 이상 물리적으로 버튼을 누르거나 다이얼을 돌리기 위해 기기 앞에 있지 않아도 된다. 태양광 패널은 이들이 가동하도록 전기를 공급할 것이다. 그리고 진공청소기가 충전기를 떠나 활동을 개시하거나, 세탁기가 가동하거나, 얼음이 상층부 냉동기에서 떨어져 나와야 할 때(얼음이 녹으면 집 안의 온도를 냉각시킬 수 있으며, 에어컨 기능도 수행할 수 있다)가 결정되면, 정밀 배터리와 자동차 배터리는 기기들을 가동하는 데 필요한 전기를 저장한 다음 스마트미터와 통신해 전기를 공급할 것이다. 전기료도 줄어들 텐데, 이 기기들이 그리드에서 전기를 공급받아 사용하는 경우가 오직 이 전기가 배터리나 패널에서 나온 전기를 사용할 때보다 저렴할 때뿐일 것이기 때문이다. 시간도 절약할 수 있다. 발 피터슨이 기기를 일일이 조작할 필요가 없기 때문이다.

소비자는 일상적인 기기를 집 안에서만 쓰지 않고, 기기들은 전기가 가장 저렴한 시간을 찾아서 일하는 이러한 변화가 단지 발에게만 좋은 것은 아니다. 사실 유틸리티들이 스마트그리드에 투자한 동기도 여기에 있다. 엑셀 같은 유틸리티들이 피터슨가의 사례를 따라 여러 집들을 꾸미는 데 돈을 쓴 이유는(그리고 이들이 피터슨가에도 설치되지 않은 스마트 가전제품을 자신들의 비전에 포함시킨 이유는) 스마트그리드가 전력 소비를 24시간 중 어느 때로든 이전할 수 있는 능력을 가졌기 때문이었다. 스마트그리드만으로는 전력 소비를 줄일 수 없다. 실제로는 그 반대일 텐데, 유틸리티는 모든 사람들이 지금보다 전기를 더 많이 사용하기를 바라기 때문이다. 스마트그리드로 바뀌는 것은 전력 소비가 이뤄지는 '시간대'다. 스마트그리드가 설치되면, 청소기를 사용하고, 세탁기와 건조기를 작동시키며, 전기 오븐에서 요리하고, TV를 시청하며, 자동차를 충전하고, 에어컨(겨울에는 히터)을 가동하겠다는 판단을 발과 같은 소비자를 대신해 '스마트한' 가정이 직접 수행하도록 할 수 있다. 그리고 이 판단은 전기 가격은 밤에 가장 저렴하고 (수요가 가장 적기 때문이다) 수요가 몰리는 17시에서 22시 사이에 가장 비싸다는 점을 바탕으로 이뤄질 것이다. 발의 집은 그리드가 제공하는 전기를 대부분 밤에 공급받을 것이다. 이는 결코 우연이 아니며, 오히려 유틸리티가 스마트그리드를 도입하며 기대한 상황이다.

'스마트'그리드는 피크 부하 문제를 완화하기 위해 컴퓨터를 활용한다. 이는 자율 진공청소기, 프로그램이 내장된 세탁기, 학습 능력을 지닌 온도조절기같이 고객들이 구매하고자 하는 새로운 제품을 시장에 공급한다는 점에서 장점일 수도 있다. 정보 통신 업계가 제시하는 모델을 따라, 전력 회사들은 전기를 더 새롭고 손에 잘 잡히는 상품으로 바꾸고자 한다. 또한 회사들은 스스로 서비스 및 각종 기기의 판매자로 다시 서기를 원한다. 유틸리티가 이러한 이중의 과제를 성공적으로 수행해 낸다면, 이들은 생존할 것이다. 그러나 실패한다면, 이들은 파산하고 말 것이다. 정보 통신업의 규제 완화 기간이었던 2002년 월드컴WorldCom의 파산(해당 시점까지 미국 역사상 최대 규모의 파산이었다[253])으로 인해, 코배드Covad, 포컬커뮤니케이션Focal Communications, 맥리오드McLeod, 노스포인트Northpoint, 윈스타Winstar와 같은 기업들이 함께 파산한 것과 같은 일이 전력 산업에서도 벌어질 것이다.

따라서 스마트그리드의 성공에는 정말로 많은 것이 걸려 있다. 유틸리티들에게 이는 생존이 걸린 문제다. 소비자들에게 이는 큰 그리드에 대한 접근권을 유지하면서도 전력을 자신들에게 더 유리하게 사용할 수 있도록 한다. 적어도 이론적으로는, 전기 소비를 실시간으로 계산하는 스마트미터는 처음으로 전기 사용에 대해 숙고하게 만들었다. 스마트그리드는 아직 제대로 작동하지 않으며, 구성물도 제대로 갖춰지지 않았고, 소프트웨어 역시 안정화되지 않았다. 그러나 약간의 운과 창조적인 노력이 더해지면 머지않은 미래에 현실화되어 스마트미터에 적용될 것이다.

피터슨 부부에게 스마트그리드, 스마트하우스, 스마트카를 제공하면서, 엑셀은 실제로 놀라운 성과를 거두었다. 이들이 피터슨가에 설치한 것은 대량으로 운용하는 것이 아직 꿈에 머물러 있는 그리드 구조, 즉 나노그리드 구조를 실현시킨 최초의 사례. 피터슨 부부는 유틸리티 덕분에 전기를 대체로 자급할 수 있었다. 엑셀이 다른 볼더 주민 5만 명에게도 똑같이 전기자동차, 태양광 패널 그리고 배터리 팩을 공급했다면, 이 도시의 전기 공급 방식은 근본적으로, 예측할 수 없는 방향으로 변화했을 것이다. 2008년에 공표된 볼더의 비전이 실현되었다면, 피닉스에 건설이 예정된 것(목표 연도는 2029년이다)과 매우 유사한 시스템이 건설되었을지도 모른다. 물론 엑셀은 파산했겠지만 말이다.

엑셀의 비전이 실현되지 못한 것은 부분적으로는 전기자동차, 태양광 패널, 거대 배터리 저장고가 비싸기 때문이기도 하고, 부분적으로는 이 요소들이 가정에 설치되면 유틸리티로부터 전력을 구매해야 하는 가구의 수를 크게 줄이기 때문이다. 큰 그리드는 백업시스템 이상의 의미는 없었을 것이다. 그리고 그리드의 지속성과 신뢰성에 사활이 걸린 유틸리티는, 결국 쓸모없는 것으로 전락해 버렸을 것이다.

바로 이것이 문제다. 유틸리티들은 자신들의 사업을 포기하지 않으면서도 기존의 기술을 어떻게 업그레이드하면 좋을지 알지 못한다. 이들은 사업의 내용이 바뀌는 상황에서 지금의 인프라를 어떻게 유지할 수 있는지도 알지도 못한다.

적어도 한 가지 타협안이 있다. 미국의 유틸리티들은 대부분 스마트미터를 설치하면서도 피터슨 부부가 제공받은 다른 기기들은 제공하고 있지 않다. 적어도 유틸리티의 부담으로 그런 기기를 설치하고 있는 것은 아니다. 스마트미터는 에어컨이나 온도조절기와 같은 스마트 가전제품에 적용되며, 유틸리티가 제시하는 요금 구조에 따라 피크 수요를 평탄하게 하도록 하루 중 전력 소비량의 패턴을 변화시킨다. 이 미터기는, 이제는 누구에게도 놀랍지 않겠지만, 유틸리티가 전기 사용을 원격으로 통제할 수 있도록 한다.

날씨가 너무 덥거나 추워지면 사람들은 (모든 권고에도 불구하고) 경제적으로 비합리적으로 행동하는 경향이 있다. 대신 그들은 생리학적인 합리성을 따른다. 가장 무더운 여름날에 에어컨을 켜고, 살을 에는 칼바람이 부는 겨울날에는 히터를 틀게 된다는 말이다. 스마트미터가 도입되면, 유틸리티들은 당신과 극도의 더위나 추위에 시달리는 이웃들이 이러한 에너지 집약적인 행동으로 그리드를 무너뜨리기 전에 개입할 수 있다.

스마트미터는 스마트하우스, 전기자동차, 나노그리드 패키지 가운데 실제로 유틸리티에게 필요한 유일한 것이다. 기술 저널리스트 글렌 플레이시먼Glenn Fleishman의 말을 빌려보자. "피크 시간대의 수요의

5~10%를 줄이면, 전력을 전력 시장에서 비싸게 구매해 오거나 낡고 오염 물질을 다량 배출하는 발전소를 가동해야 하는 부담이 줄어듭니다. 피크 시간에 늘어나는 전력 소비량보다 더 가파르게 상승하는 전력 공급의 비용도 줄고, 환경을 고려해도 이익이지요."[254]

피크 부하는 유틸리티에게는 악몽이나 다름없다. 이는 매년 한두 번 발생하며, 발생할 때마다 이들은 재난에 빠지지 않기 위해 우왕좌왕한다. 그래서 스마트미터를 설치해 사람들의 전력 소비량을 모니터링하며 그리드 전체에 스트레스가 가해질 때 이를 통제하는 것이 유틸리티에게 유용하다. 또한 뉴욕의 컨솔리데이티드에디슨Consolidated Edison 과 같은 유틸리티가 무더운 여름날 이 도시(맨해튼, 브롱크스, 브루클린, 퀸스, 스태튼 아일랜드) 사람들에게 자동응답시스템ARS 으로 제발 에어컨을 꺼달라고 부탁하는 것도 피크 부하가 발생해 시 전역에 블랙아웃이 발생하는 사고를 막기 위한 것이다. '스마트미터'가 실제로는 '원격 에어컨 조절 장치'를 뜻한다는 많은 사람들의 의심이 정당했던 셈이다. 유틸리티들이 공식적으로는 '빅 브라더'를 연상시키는 목적에 이 기기를 사용하지 않겠다고 밝혔음에도 그렇다.

· · ·

피크 부하가 발생했을 때 유틸리티들이 허둥대는 것은 사실이다. 이는 미학적인 이유에서도, 누군가가 탐욕에 빠져 있기 때문도, 부분적으로 악의가 섞여 있기 때문도 아니다. 이는 구조적이고 조직적인 문제다.

대부분의 시간 동안 전력 사용량은 예측 가능한 패턴을 보인다.

가령 냉장고는 언제나 켜져 있으며, 가정용 전력 중에서 총 14%를 사용한다. 냉동고의 비중은 4%다. 이 값을 바탕으로 유틸리티들은 지속적으로 생산하고 공급해야 하는 전력량의 기준선을 설정할 수 있다. 기저 공급자의 역할을 한다는 것은 원자력발전소의 이점이다. 원전은 빠르게 기동하기도 멈추기도 어려운 설비이지만, 미국의 전력 가운데 약 20%에 달하는 양을 높은 확실성을 가지고 제공한다. 이 거대 기계의 역할은 기본적으로 플루토늄이 방사하는 에너지를 냉장고가 사용하는 형태로 바꾸는 것이다.

조명(가정용 전력 소비량의 11%가 쓰이며, 상업용의 경우 26%가 쓰인다) 같은 기기들도 시간별로 그 소비량을 예상할 수 있다. 유틸리티는 일출과 일몰, 점포들의 개점 시간과 폐점 시간을 계획에 반영해 놓는다. 이들은 사람들이 언제 어디에서 조명을 필요로 하는지에 대한 정보를 적지 않게 가지고 있다. 비록 이 예측이 과거 추세를 외삽한 결과에 불과하지만, 유틸리티는 이러한 수요 변화에 맞춰 전력 생산량을 조정한다. 이를 위해 이들은 여름이 지나고 겨울이 올 때까지, 그리고 겨울이 가고 여름이 다시 맹위를 떨칠 때까지, 서로 다른 시간마다 발전소의 출력을 상승시키거나 하강시키는 세부 방침도 세워놓는다.

나머지는 미국 문화에 비춰보면 예측할 수 있다. 오후 5시부터 6시 사이, 미국인들은 보통 일터에서 집으로 돌아간다. 그리고 그 전에는 가동하지 않은 다양한 가전제품을 가동하기 시작한다. 커다란 TV, 전자레인지, 세탁기, 차고 문 개폐기 등등. 미국인들은 저녁 식사 전에 냉장고 문을 평균 9회 정도 연다. 이런 상황은 업무 시간이 끝나고 나서 저녁 10시까지는 이어진다. 이 시간부터 새벽 4시(하루 중 전력 소비량이 가장 적다)에 이르는 6시간 동안 부하량은 천천히 그리고 지속적으로 줄어든다.

반복적인 수요 파동에 대응하기 위해, 미국 어디에서나 모든 발전소는 오후 5시 전에 가동을 준비한다. 그러나 불행하게도 이는 바람이 느려지는 데다 일몰까지 시작되는 시간대로, 전력 저장 장치가 마련되어 있지 않은 재생에너지 전원은 이렇게 전력이 가장 절실한 시간대에 필요한 전력을 공급하는 데 효과적이지 않다. 그리고 우리에게는 재생에너지를 저장하는 좋은 시스템이 아직 없다. 결국 미국인들의 저녁은 석탄과 천연가스로 굴러가며, 다른 모든 시간에는 기저 공급자인 원자력에 의존한다.

유틸리티의 관점에서, 이 모든 것은 예측하기 어렵지 않다. 유틸리티는 매년 같은 공동체에 전기를 공급하며, 사람들의 습관을 (최소한 집단적이거나 수치로 계산할 수 있는 차원에서는) 잘 파악하고 있다. 사람들의 행동이 전력 부하량의 변동에 미치는 효과가 예측 가능하고 안정적인 한에서는, 유틸리티는 전력 공급에 필요한 여러 요소들을 어떻게 운용할 것인지 계획도 세울 수 있다. "균형" 부하 상태란 대체로 극적인 요소라고는 찾아볼 수 없는, 지루하게 이어지는 상태라고 말할 수 있다. 사람들이 전기를 조금 더 사용하면, 유틸리티는 전기를 그만큼 조금 더 생산하면 된다. 수요는 대개 유틸리티가 만족시킬 수 있는 한계 안에서 변동한다. 실제로 한 해 98%의 시간 동안 전력망은 이러한 상태에 놓인다. 문제는 유틸리티의 보유 자원 가운데 약 10%가 나머지 2% 시간에 투입되고 있다는 사실이다.

이 2%, 1년 중 며칠 정도에 불과한 기간에 일어나는 사태가 엑셀, 센터포인트, PG&E, 콘에드 같은 유틸리티들이 서비스 구역 전체에 스마트미터를 설치하려는 이유다. 이런 날에는, 수요는 안정되지도 예측 가능하지도 않다.

미국의 주택은 점점 더 커지고 있다. 미국의 인구는 점점 남부 '선벨트sun belt' 주들로 이동하고 있으며, 에어컨은 모든 새 건물에 설치되고, 여름 무더위가 절정에 달할 때의 온도는 겨울의 강추위가 기승을 부릴 때의 온도에 비해 더욱 높이 치솟고 있다. 어떤 이들은 지구 가열에 상황의 책임을 돌린다. 온도 기록이 시작된 1880년 이래 가장 더웠던 15개 연도 가운데 13개 연도가 2000년과 (이 글이 쓰인) 2015년 사이에 집중되어 있다. 그리고 2015년은 가장 더웠다. 여름은 더 무더워지고 에어컨 사용량도 미국 전역에서 늘어났으나, 같은 시기에 매서운 추위도 미국을 강타했다. 2014년의 극지방 소용돌이는 이번 세기 들어서 미국에 가장 강력한 추위를 몰고 온 것으로 기록되었다.[255] 이 모든 극단적인 기상 현상은 연중 기온이 과거 기록으로 외삽한 것보다 훨씬 더 높다는 점과 맞물려, 그리드에 아주 심각한 위기를 불러오고 있다. 만일 오직 부유한 사람들만이 냉방을 가동한다면, 피크 수요는 유틸리티와 전력 산업의 중요한 과업이 아닐 것이다. 하지만 오늘날에는 캐나다 누나부트준주의 아주 작은 마을에 사는 이누이트인조차도 집 안에 에어컨을 설치한다. 땀이 비 오듯 흐르는 무더위 속에서 고통과 짜증을 줄여줄 기계를 구매하지 않고 대중들이 억제력을 발휘하기를 바랄 수는 없는 노릇이다.[256]

에어컨은 어디에나 있다. 앞서 인용한 저널리스트 플레이시먼은 다음과 같이 간결하게 말했다. "냉방 장치가 있는 어떤 곳이든, 스마트그리드는 번창할 것이다."[257] 이는 냉방기가 전기를 다량으로 소비하기 때문이 아니라(물론 전기를 다량 소비하는 것은 사실이다) 모두가 이 기기를 동시에 사용하기 때문이다. 또한 무더위가 기승을 부리면, 유틸리티가 다양한 어려움에 직면하기 때문이기도 하다. 장거리 송전이 늘어나는 데다, 전력 시장에서 전력의 가격은 상승하고, 온도가 높아지면 전선이 늘어나 아래로 처치며 송전 효율도 떨어진다.

게다가 유틸리티들은 지금까지 그랬던 것보다 더욱더 빈틈 없이 사업을 운용해야만 한다. 업계 전문가이자 비평가 그리고 혁신가인 마수드 아민의 말을 들어보자. "에너지 기업들, 그리고 이들과 함께 전력 사업을 영위한 각 지역의 그리드 운영자들은 계속해서 더욱더 낮은 수준의 오류 방호 여유만을 설정한 채 그리드를 운용하는 '곡예'를 벌여왔습니다. 비용 절감에만 관심을 기울였을 뿐, 새로운 장비에는 충분히 투자하지 않았습니다. 병목을 해소하기 위한 새로운 대용량 송전망을 건설하는 것은 안중에도 없었다는 뜻입니다."[258]

에너지 인프라에 관해 질문할 때면 어느 때보다도 열정적으로 변하는 아민은, 이 모든 진술에 대해 숫자를 붙일 수 있다(그는 자신이 이란에서 성장기를 보낸 덕분에 이런 능력을 가질 수 있었다고 생각한다). "25년 전, 여유 발전 용량, 즉 피크 수요에 대응하는 능력은 발전 총량에 비해 대략 25~30% 수준이었죠. 이 비율은 절반 밑으로 감소했고, 현재(2008년) 그 값은 10~15% 정도에 불과합니다."[259]

이 말을 풀어보자(그의 말을 충실히 번역해 보겠다). 25년 전, 즉 1980년대 초반에 전력 소비량이 최고치에 도달했을 때에도 미국은 여전히 그 양을 30%는 더 늘려도 되는 상태였다. 유틸리티들은 부하량이 갑작스럽게 늘어날 때를 대비한 발전소를 여럿 설치하고 보유하고 있었다. 발전기에 시동을 걸고, 투입한 연료가 폭발하며, 크랭크축이 회전운동을 시작하면 곧이어 전자석이 요란한 소리를 내며 돌아갈 것이고(회전 속도가 분당 3,600회에 달한다), 여기서 자유전자들은 홍수처럼 뿜어져 나올 것이다. 전자들은 지속적인 욕망에 의해 전선을 따라 이동하고 이로 인해 전선에 걸리는 전압을 크게 상승시키는 한편, 초당 60회 미국의 전기 고속도로를 관통하며 흐름의 방향을 계속해서 바꿀 것이다. 1초, 아니면 그보다 조금 뒤에, 이 전자들은 당신의 집 안에 있는 에어컨을 가동시키고, 당신과 가족에게 찬바람을 선사할 것이다.

유틸리티들은 비용 삭감을 위해 다양한 방법을 추구하고 있다. 이들이 보유했던 30%의 발전소는 1년 중 359일, 또는 그와 비슷한 시간 동안 정지해 있었다. 송전 능력의 30%도 마찬가지로 "바로 그 상황"이 생기지 않는 한 사용되지 않은 채 그대로 유지되었다. 이는 여러 면에서 비경제적인 것으로 평가되었다. 문제는 전력 회사의 경영이 더욱더 빈틈 없이 이뤄지고 있다는 점이나, 전력 시스템의 마진을 추가로 삭감하려는 욕심에 있지 않다. 문제는 피크 부하에 있다. 이 현상은 전력 수요를 제거할 수 없고, 전력 공급자가 전력 공급량을 통제할 수 있는 유일한 방법인 전력 저장이 여전히 불가능하다는 점에서 사라지지 않고 있다.

우리가 에어컨을 활용하면 피크 수요가 그 결과로 나타난다(히터 사용으로 인한 피크 수요는 그보다는 빈도가 낮다). 이는 왜 유틸리티가 집집마다 ARS 전화를 돌리는지, 왜 스마트미터를 설치하려는지, 왜 가정의 에어컨을 통제하기를 원하는지, 그리고 왜 모든 진공청소기를 자정에 가동시키기를 원하는지를 설명한다. 2003년의 블랙아웃 이후로 전력 회사가 요구한 모든 이상한 조치는 결국 이 한 가지 문제로 귀결된다. 유틸리티는 피크 수요를 통제하고 싶어 한다. 문제는 우리가 전기를 총 몇 킬로와트시만큼 사용하는지가 아니다. 중요한 것은 특정 순간에 몇 킬로와트의 부하가 그리드에 걸리는지 하는 것이다.

새뮤얼 인설의 지적을 다시 점검해 보자. 밤 11시부터 새벽 6시까지 발전소를 세워놓는 것은, 이 시간에 이들을 온전히 가동하는 것과 비슷한 수준의 금전적 부담을 유틸리티에게 안긴다. 유틸리티는 자신들의 설비를 가동할 수 있는 이 시간에, 사람들이 전력을 전혀 소비하지 않는 것보다는 전기로 무언가를 하는 것을 선호한다. 사람들이 전기를 더 많이 소비하고자 하는 오후 5시에는 백업 발전소를 가동해 추가적인 전력을 공급해야 하므로, 전력 가격을 더 지불해야 한다고 요구한다. 물론 소비자의 입장에서는 나쁜 소식이다.

유틸리티가 전력 사용 시간을 바꾸는 방법을 찾기 전까지는, 제어실에서 예측되지 않은 극적인 피크 부하를 관측한 다음에 실행되는 '백업' 계획은 크게 두 단계로 이뤄진다. 먼저 우리가 이미 알고 있듯, 이들은 한 해의 98% 시간 동안 사용하지 않는 거대 석탄화력발전소나 천연가스 내연 터빈에 불을 당긴다. 이 발전소들은 부족한 전력을 공급하며, 그리드 전체가 기능을 유지하는 데 결정적이고 필수적인 역할을 하는 6, 7일을 빼면 그저 그 자리에 유지될 뿐이다. 이 방법과 조율되어 사용되는 두 번째 접근법은 고전력 소비high-powerconsuming 산업의 전력 소비량을 낮추거나, 설비를 완전히 정지하거나, 더 파격적인 다른 대책(디젤 백업 발전기로 전력을 공급하는 조치)을 취해달라고 요청하는 방법이다. 극도로 무더운 날이나 혹한이 엄습하는 날, 유틸리티는 제재소, 제련소, 감옥, 학교와 같이 백업 발전기를 갖춘 시설에 돈을 지불하는 대가로 이 시설들에 그리드로 전력을 공급하는 것을 중단한다. 그런데 대규모 소비자 대부분이 그들의 마이크로그리드를 보유하고 있지는 않다. 이들은 전적으로 그리드에 의존하며, 따라서 전력 소비량을 줄여달라고 요구하는 것은 그 시설에서 일하는 노동자나 방문객에게 불편을 감수하라고 요구하는 것이나 마찬가지다.

2010년, 뉴욕에서는 65개에 달하는 시설이 이와 같은 비상 전원 공급 계획에 참여했다. 그리고 그해 여름 최고 기온을 찍은 날, 리커스섬에서만 약 5.2메가와트의 전력 수요가 그리드에서 분리되었고, 시 교정국은 유틸리티로부터 10만 달러의 인센티브를 지급받았다. 죄수나 다른 조직화된 사람들(예컨대 고등학교 학생들)로부터 무언가를 빼앗는 것이 교외 거주자로부터 그렇게 하는 것보다 훨씬 더 쉽다는 점을 덧붙여야겠다. 감옥이나 고등학교에서 에어컨을 끄는 것(뉴욕에서 교정국 다음으로 피크 전력 절감으로 인센티브를 많이 받은 곳은 라과디아 고등학교였다)은, 그들의 말마따나, 피크 부하라는 나무에서 "낮은 곳에 달려 있는 과일을 따는"것과 다를 바 없다.

더 비싸고 사회적으로나 기술적으로 더 복잡한 프로그램을 운영하려면, 워싱턴에서 펩코에 의해 운영되는 것과 비슷한 프로그램을 "고르려는"동기가 있다. 이는 "시스템 수요가 최고조에 달하는 며칠간에 각 가정의 에어컨을 자동 조정하도록" 하는 대가로 여름마다 대략 40달러의 현금을 각 가정에 지급하는 것을 그 내용으로 한다.[260]

엑셀도 콜로라도에서 유사한 프로그램을 시도했다. '절약 스위치'라는 이름으로 이들이 수행한 프로그램은, 무인 원격 조정 장치와 비슷한 작은 장치를 활용했다. 이 장치는 유틸리티에 의해 각 가정의 바깥 벽에 설치되며, 이 집의 에어컨 유닛에 연결되었다. 이 장치는 엑셀이 무선으로, 그리고 필요할 때면 여름 내내 언제나 에어컨을 켜고 끌 수 있게 한다. 이 프로그램에 참여하는 것은 "100% 당신의 자유"라고 엑셀은 밝히고 있다. 엑셀도 펩코처럼 프로그램에 참여할 경우 약 40달러의 참가비를 지불했다.

현재 이 프로그램들은 고객들이 선택하거나 선택하지 않을 수 있는 것이며, 워싱턴이나 콜로라도에서 비교적 성공하자 더 많은 유틸리티들이 비슷한 제도를 내놓기 시작했다. 예컨대 오픈 소스 소프트웨어 운동을 주도하는 오픈소스이니셔티브Open Source Initiative 에서는 2012년 여름 기준으로 25개 주의 유틸리티 49곳이 '지혜로운 에너지 사용'에 대한 보상(펩코 프로그램)이나 절약 스위치와 유사한 에너지 절약 프로그램을 수행하고 있으며, 500만 명에 달하는 고객들이 이런 프로그램에 동참하겠다고 약속했다는 점을 집계한 바 있다. 이 프로그램들 가운데 대부분에 걸쳐 스마트미터는 가정에서 사용하는 에너지에 대한 통제권을 자발적으로 유틸리티에게 양도하도록 만드는 역할을 했다. 스마트미터야말로 피크 수요를 통제하기 위한 무기다. 그리고 이것들의 효과는 이제 막 니타나기 시작했다.

실제로 유틸리티가 원하는 것은, 전기 생산 비용이 가장 비싼 순간에 당신이 전기를 쓰지 않는 것이다. 하지만 당신이 이렇게 행동할 것이라는 근거는 어디에도 없다. 당신이 바라는 것(시원한 바람을 맞기)과 그들이 바라는 것(피크 부하를 피하는 것)은 무더운 여름날에 서로 구조적으로 충돌한다.

그래서 스마트미터는 돌 하나로 새 두 마리를 잡아야 한다. 우선 이 기기는 당신의 전기 사용을 모니터링하고 통제해야 한다. 물론 이는 이미 전력 시장에서 대체로 구현되는 목표다. 이상적이지만 아직 구현되지 않은 또 다른 목표는, 당신이 사용하는 전기의 양을 당신 스스로 모니터링하고 통제하도록 충분히 정확한 실시간 정보를 제공하는 것이다. 최적의 시나리오는 깜빡하고 끄지 않은 전등을 출근 도중에 스마트폰으로 끄는 정도가 아닐 것이다. 그래서 이런 시나리오가 실현되려면, 발 피터슨이 상상한 지능형 가정용 네트워크home area network, HAN 와 같은 것이 프로그램되어야 한다. 지능형 가정이나 이 가정의 컴퓨터화된 지능은 유틸리티의 가장 긴급한 요구와 부합하면서도 당신의 욕구에도 적합한 합리적인 결정을 내릴 수 있어야 한다.

오늘날의 컴퓨터를 생각해 보면, 머지않은 날에 이런 지능형 가정이 출현하기 어려워 보이지는 않는다. 그보다는 유틸리티가 소비자들에게 깊은 불신을 가지고 있기에 문제가 생기는 것처럼 보인다. 여기서 나는 스키 밀번의 견해를 따르고자 한다. 오늘날 스마트그리드와 얽힌 여러 혼란의 원인이 정보처리의 문제도, 시스템 복잡성의 문제도 아니라고 생각한다. 진짜 문제는 그리드의 소비 측면을 구성하는 우리가 전력 소비를 실질적이고도 효과적으로 통제하게 될 경우, 유틸리티와 호혜적인 판단을 내리지 않을 가능성이 크다는 데 있다. 우리가 실제로 전기를 얼마나 많이 사용하고 있는지, 실제로 지불하는 액수는 얼마인지 이해했다고 하더라도, 대체 무엇이 소비자인 우리로 하여금 유틸리티와 그들의 문제를 전적으로 무시하지 않도록 할 수 있을지가 전혀 분명하지 않다.

대다수는 유틸리티를 실제로 혐오하거나(이는 대체로 볼더, 휴스턴, 베이커스필드에서 확인할 수 있었던 것처럼, 소비자와 타협하지 않으려는 유틸리티의 태도 때문이다), 아무 감정도 없다. 유틸리티는 우리에게 영수증을 보내고, 우리는 전기료를 납부할 뿐이다. 어떤 애정이나 배려도 둘의 관계에 개입하기 어려울 것이다. 왜 우리가 우리에게 그다지 영향을 미치지 못하는 회사의 사업상 문제를 걱정해야 하는가? 유틸리티가 우리를 믿지 않는 것만큼이나, 우리도 유틸리티를 불신할 만한 이유는 충분하다.

2010년에 스마트미터가 유발하는 고객들의 짜증이 극에 달했다면, 2014년에는 전력업계 내부자들이 '유틸리티, 죽음의 나선'을 이제는 피할 수 없는 것처럼 이야기하기 시작했다. 미터기가 한번 설치되고 나면 유틸리티가 지금까지 약속받았던 통제권을 고객의 손에서 도로 빼앗을 수 없게 된다는 이야기가 퍼지고, 스마트미터의 기능을 활용해 그리드에서 이탈함으로써 고객들이 유틸리티에 타격을 입힐 것이라는 이야기가 전력 산업계에 널리 퍼졌다. 많은 곳에서 적지 않은 사람들이 전력 소비량 추이를 체크하고 태양광 패널과 배터리를 활용해 그리드에 접속하기보다는 그리드에서 이탈하는 것을 선택했다.

뒷이야기

2014년, 볼더 주민들은 주민 투표로 자신들의 인프라를 시영화하기로 결정했다. 이들은 엑셀로부터 송배전망과 나머지 모든 것을 구매했고, 이로써 자신들의 뒤를 캐내고 간섭하려는, 그리고 소통 능력도 부족한 투자자 소유의 유틸리티와 작별을 고했다. 주민들의 불만은 다음과 같았다. 유틸리티는 주민들에게 선택의 권리를 주지 않았다. 유틸리티는 스마트그리드시티 사업을 부실하게 수행하며, 소비자들에게 실질적인 통제 권한을 제공하지 못했다. 볼더 주민들 대부분은 엑셀이 도시에 전력을 공급할 때 더욱더 많은 재생에너지를 사용하고 석탄화력은 더 이상 사용하지 않기를 원했다. 또한 날짜와 시간마다 달라지는 요율에 따라 전기를 공급받는 이상, (스키 밀번의 지적대로) 이들은 전기 사용과 그 지불 금액을 결정하는 데 필요한 실시간 정보를 제공받아 그에 기반해 판단하기를 원했다.

결과적으로 볼더 사람들은 기니피그 취급을 받았다. 이들은 유틸리티를 홍보하거나 그리드 개혁 작업에서 참조할 대상으로 간주되었을 뿐이다. 스마트그리드시티 사업은 몇몇 사람들에게 스마트 식기세척기나 무료 전기차를 선사했으나, 근본적으로 소비자들이 스스로 전기 사용을 통제할 권한을 양도하는 일과 관련 없는 사업이었다. 오히려 볼더 주민들이 얻은 것은 더 많은 비용이 적힌 청구서, 신뢰성 낮은 전기 시스템, 그리고 의사소통이라고는 전혀 없는 유틸리티로부터 쏟아져 내리는 뻔뻔한 변명들뿐이었다.

엑셀은 자신들의 스마트그리드시티 사업이 아이디어로나 현실적으로나 끝장난 상황에서도 결국 살아남았다. 엑셀과 사업 방식이 비슷한 크고 작은 다른 유틸리티들은 엑셀보다 운이 나빴다. 대공황기부터 1988년에 이르기까지는, 미국에서 어떠한 대규모 전력 회사도 파산 보호 신청을 하지 않았다. 하지만 1988년, 이 분야에서 경쟁이 시작되며 그 이전에는 불가능했던 일이 일어났다. 전력 회사들이 파산하기 시작한 것이다.[261] 최초로 파산한 것은 뉴햄프셔의 유틸리티였고, 그다음에는 엘패소의 유틸리티, 이어서 콜로라도의 작은 유틸리티와 메인의 유틸리티가 파산했다. 여기저기서 유틸리티의 파산이 뒤따랐다. 첫 번째 대규모 파산은 2001년 PG&E(이 회사는 재구조화 끝에 다시 살아났다)의 파산이었다.

2001년, 엔론의 파산은 또 다른 종류의 파멸이 미래에 일어날 수 있다는 점을 보여준다. 전기 산업에서 파산하기 위해 전기회사가 될 필요는 없었다. 2001년까지 전기는 유틸리티, 몇몇 발전소, 그리고 일부 송배전 선로를 장악한 대규모 에너지 기업(많은 경우 투자 컨소시엄이다)에 의해 통제되는 경우가 많았다.[262] 이 가운데 하나로 파산 당시 자산 규모가 655억 달러에 달했던 엔론은 미국 역사상 다섯 번째로 큰 파산의 주인공이 되었다. 이 회사는 3개의 유틸리티(그중에서 포틀랜드제너럴일렉트릭만 미국에 있었다), 그리고 전 세계에 걸쳐 38개소의 발전소를 보유하고 있었다. 이 수치에는 미국 전역에 산재한 10개의 풍력 농장, 그리고 오리건주에 밀집한 8개의 수력발전 댐도 포함되어 있다.

엔론보다 덜 알려졌으나 폭탄과도 같았던 2014년 에너지퓨처스지주회사Energy Futures Holding Corporation의 파산 역시 이러한 흐름 속에서 발생했다. 파산 당시 총 409억 달러를 보유하고 있어 미국 역사상여덟 번째로 큰 파산을 기록한 에너지퓨처스는, 엔론의 3분의 2 정도크기의 기업이었으나 그 자산이 모두 오직 텍사스주에만 몰려 있었다는 특징이 있었다. 에너지퓨처스는, 북부 텍사스 지역의 전력 소매 서비스 공급자이자 이 주의 다른 전력 소매 사업자보다 큰 TXU에너지의 모회사였다. 에너지퓨처스는 또한 텍사스주의 가장 큰 전력 회사였던 루미넌트제너레이션주식회사Luminant Generation Co.도 소유하고있었다. 이 회사는 텍사스 전역에서 (원자력발전소를 포함해) 20기의 발전소와 1만 8,300메가와트의 발전 용량을 보유하고 있었다. 에너지퓨처스는 텍사스주에서 가장 큰 송배전 사업자였던 온코어Oncor까지거느리고 있었다. 이 회사는 댈러스-포트워스 대도시권을 비롯해 총400개 이상의 도시와 마을에 거주하는 750만여 명에게 전력을 공급하고 있었다.[263]

에너지퓨처스는 엔론과 달리 부정 회계로 파산한 것은 아니었고, 비교적 납득할 만한 이유로 파산했다. 이 회사는 잘못된 사업상의 판단이 여러 해 누적되어 파산했기 때문이다. 하지만 이 파산 사례에서 정말 흥미로운 것은, 대중에게 유틸리티처럼 보였던 기업이 실제로는 유틸리티가 아니었다는 사실이 이 회사가 해체되는 과정에서 드러났다는 점일 것이다. 실제로 규제 완화, 구조 조정, 자유경쟁 시장의 도입 이후, 한때는 '유틸리티'라는 이름 아래 이뤄졌던 여러 사업상의 결정이 투자 회사에서 내려지고 있었다는 것이 여실히 드러났다. 그래서 '유틸리티, 죽음의 나선'이라는 말은 지시하는 대상이 없는 말인 경우가 많아졌으나, 시장은 이러한 죽음의 나선을 이미 다른 방식으로 보여주고 있는 듯하다.

7장

두 폭풍 이야기

2007년 12월 1일은 그저 평범한 겨울날이었다. 아침에 일어나 커피를 한 잔 마신 다음, 일하러 출근했다 다시 집으로 퇴근하고, 저녁을 만들어 먹고 나서 TV를 잠깐 시청한 뒤, 아이들을 안아주며 재우는 그런 일상적인 날 말이다. 실비 스트로 Sylvie Straw, 그리고 그와 비슷하게 평범한 하루를 보내고 있던 10만여 명의 사람들이 태평양 북서부 연안 1,500킬로미터를 따라 흩어져 있었다. 그날 아침, 미 북서부 연안에 상륙한 것 가운데 최악의 폭풍이 태평양에서 육지로 성큼성큼 걸어 들어왔고, 이 폭풍은 카운티 12곳을 통과하며 가는 곳마다 중요한 모든 것을 망가뜨렸다. 순간 최대 풍속이 무려 시속 220킬로미터에 달하는 이 폭풍은, 시속 160킬로미터에 달하는 바람으로 많은 것을 깨뜨리고 무너뜨렸다. 캘리포니아주의 크레센트시부터 워싱턴주의 포크스 마을에 이르는 모든 곳에서, 많은 것이 부러져 땅바닥에 나뒹굴었고 홍수로 불어난 물은 마을과 도시를 덮쳤다.

시속 200킬로미터로 부는 돌풍을 마주쳤다고 상상해 보라. 돌풍이 불 때마다, 창문 유리가 안쪽으로 휘어지는 광경을 상상해 보라. 이 정도 돌풍이 15~20회 정도 가해지면 유리창에는 금이 가고 이내 깨진다. 폭풍이 몰려온 첫날 밤, 희미한 노란색으로 빛나는 아침놀이 나타날 때까지 돌풍 속에서 차가운 비가 계속 내렸다. 이것이 당시 상황이다. 둘째 날에도 폭풍은 잦아들지 않았다. 천창은 집에서 뜯겨져 날아갔다. 수백 년 묵은 아름드리나무들은 뿌리째 뽑혔고, 그 가지는 도로 위나 지붕 위, 전력선 위, 그리고 여러 다른 시설 위에 나뒹굴거나 걸려 있었다. 숲은 평평해졌고, 모든 도로는 초토화되어 드나들 수 없게 되었다. 휴대전화 기지국도 모조리 넘어졌으며, 모든 통신선로가 불통이었다. 모든 것은 고립되었고, 이 고립은 저절로 해소될 것 같지 않았다. 전기는 거의 1주일간 끊겨 있었다. 도로는 폐쇄되었고, 전화 역시 다른 기기들처럼 오래도록 먹통이었다.

실비 스트로는 재난 발생 시 57세의 은퇴한 교사였다. 재난 상황이 벌어지고 어둡고 깜깜한 12월의 겨울밤이 계속되자, 그녀는 남편이 근무하는 요양원 뒷방의 낡은 소파에 웅크리고 앉아 시간을 보내야 했다. 실비는 고립에 상당히 익숙했다. 오히려 시카고 남쪽의 외곽 지역 출신인 그녀는 미 대륙의 끝으로 이동해 사람들과 떨어져 살기로 결심할 정도였다. 하지만 이 폭풍은 그녀조차도 모든 것이 낯설게 느끼게끔 만들었다. 기억을 더듬으며 그녀가 말을 이어갔다. "우리는 완전히 고립되었어요. 시간 여행이라도 하는 것처럼, 정말로 모든 것이 초현실적으로 느껴졌습니다. 2007년 재난 때 제가 느낀 것을 이렇게 표현하는 게 좋을 것 같군요. 이게 바로 세상을 연결하는 수단들이 없었던 과거의 모습이겠구나…" 이어서 그녀는 탁자에 커피 잔을 세게 내려놓으며 말했다. "이건 정말 마음에 들지 않아!"

스트로 부부를 인터뷰한 것은 2011년 4월, 그러니까 미 북서부 태평양 해안 지역에서 '해안 대폭풍Great Coastal Gale'이라고 말하는 사건이 벌어진 지 4년이 지났을 때였다. 우리는 아주 작고 비구름 같은 회색으로 칠해진 빅토리아풍의 집에서 이야기를 나눴다. 실비는 폭풍이 불고 무슨 일이 있었는지 자세히 말해주기 위해 몇몇 친구와 이웃을 집으로 초대했다. 그래서 은퇴한 선장, 치료사와 사회복지사로 일하는 그의 부인(남편보다 똑똑하고 갑절은 예민하다), 지역 성가대장, 엔지니어, PG&E에서 기술 도면을 그렸던 은퇴한 그래픽 디자이너(그의 일은 전선과 변압기가 든 원통과 애자 등이 설치된 전신주 설계의 세부 사항을 그림으로 옮기는 것이었다) 등이 한자리에 모였다.

참석자들은 당근 케이크 한 접시를 무릎에 올려둔 채 진하게 내린 블랙 커피를 마시며 환담을 나누었다. 겉모습만 봐서는 알기 어렵지만, 꽃무늬가 지나칠 정도로 화려하게 수놓인 소파와 서로 짝이 맞는 안락의자에 앉은 이들은 말하자면 급진파 무리였다.

계절에 알맞은 니트를 입은 중산층 중년들이 모인 이유는, 사실 '대폭풍'으로 무너진 것들을 복구해 나간 과정에 대해 이야기하기 위해서가 아니었다. 이들이 공유하고 싶었던 것은, 유틸리티가 공급하는 전기에 의존하지 않고도 계속해서 물질적인 삶을 유지했던 경험이었다.

미국 여기저기에 널리 퍼져 있는 많은 이들처럼, 실비 스트로와 친구들은 집에서 사용할 난방, 조명 그리고 급탕에 쓰이는 에너지를 다시 그들 손으로 생산했다. 그때까지는 스트로 부부의 집에 모인 사람들 가운데 누구도 자신이 사용하는 모든 전기를 스스로 만들어내지는 못했다. 이들이 만든 것은 그리드가 작동하지 않을 때 주어진 자원으로 굴러가는 하이브리드 시스템이었다. 이 시스템의 일부 구성 요소는 전기 그리드와 함께 작동한다. 그들은 천연가스 난방기 및 온수기, 프로판을 태워 구동하는 버너와 조명, 손으로 태엽을 감아 작동하는 단파 라디오, 회전식 전화기, 심지어는 디젤발전기도 몇 개 소유하고 있었다. 태평양 연안의 황야에 인접해 있는 극히 좁은 지역에 아주 작은 마을을 이루고 살고 있었기 때문에, 이들은 날씨로 인한 정전을 자주 겪었고, 그래서 이 상황을 극복하기 위해 하이브리드 시스템을 선택한 것이었다.

타이론 캐시먼이 제안한 '로커볼트Locavolts'(캐시먼은 4장에서 짧게 언급했다)라는 용어는, 이 지역의 그리드가 폭풍 속에서 제대로 된 회복력을 보여주지 않았다는 이유로 많은 이들에게 쓰였다. 미국 남서부나 북서부나 하와이나 할 것 없이 사람들은 남쪽 방향을 바라보는 모든 고정 시설물(집, 차고, 사무 빌딩, 차고지, 공터, 심지어 캠핑카)에 태양광 패널을 설치하고 있다. 실리콘밸리를 가득 채운 컴퓨터 서비스 산업이나 전기 의존적인 사업체들, 여러 대학교 캠퍼스, 군 기지, 감옥, 심지어는 코네티컷주 정부도 그리드 전체에 위기가 발생하는 순간 그리드로부터 고립시켜 운영할 수 있는 소규모 그리드, 즉 마이크로그리드를 만들고 있다.

이렇게 상대적으로 큰 마이크로그리드는 그리드와 마찬가지로 계획부터 건설, 설치, 관리에 이르는 모든 영역에서 전문 지식에 의존한다. 그러나 분산형 태양광발전의 경우, 제3자 소유권(이는 가정이나 차고 또는 다른 시설물에 패널을 설치하는 사기업이 해당 패널을 리스해 주는 것을 뜻한다)이 원칙으로 자리 잡고 있다. 캘리포니아의 가정용 태양광 시스템 가운데 75%가 이 방식으로 설치된 것들이다.[264]

하지만 북서부 태평양 연안의 농촌 지역에는 여전히 전력 시스템의 조합에 대한 청사진은 존재하지 않는다. 그리드를 구성하는 모든 부품이 들어 있어서 이것들을 방바닥에 늘어놓고 동봉된 안내서에 따라 조립하면 그리드가 '짠!' 하고 나타나는 키트 같은 것은 없다. 대안에너지 시스템계의 이케아IKEA는 존재하지 않으며, 그래서 전력 소비자들은 사정에 따라, 그리고 이미 주어진 것에 기초해 자신만의 해결책을 만들어가야 한다. 이는 그리드가 실제로 가동을 멈췄을 때 열과 전력을 확보하며 따뜻한 커피를 데우는 방법에 대해 각자 자신만의 의견을 가질 수 있다는 뜻이다(커피 물을 데우는 문제는 유명하다. 해안 대폭풍이 휩쓸고 지나간 직후의 1주일을, 사람들은 따뜻한 커피 없이 지내야만 했던 시간으로 기억한다. 흥미롭게도, 1999년 나토 공군의 베오그라드 공습 작전 때 블랙아웃을 겪었던 세르비아인들 역시 따뜻한 커피가 없어서 힘들었다는 점을 꼭 언급했다. 이들은 공습이 뜸해진 다음, 블랙아웃 속에서도 따뜻한 커피를 마시기 위해 그들이 벌였던 아주 복잡하며 위험한 일들을 상세히 설명했다).[265]

스트로에 따르면, 열과 빛 그리고 전력을 개인이 만드는 훌륭하고 명예로운 시스템이 있다. 물론 그 반대편에는 나쁜 시스템도 있다. 그의 기준에서는, 배터리나 디젤발전기도 좋은 평가를 받기 어렵다. 허리케인 샌디가 내습한 직후, 나는 보통의 뉴욕 사람들에게 아주 비슷한 감상을 들었다. 디젤발전기도, 배터리도, 전기차도 그것을 유지하는 데 필요한 공급망 정도로만 강력할 뿐이다. 공급망이 위기에 빠지면, 해당 시스템도 그것을 작동시킨 공급망과 거의 동시에 취약한 상태에 빠진다.

실비의 설명에 따르면, 그녀가 대폭풍이 내습해 요양원에 숨어 지내는 동안 디젤발전기에 경유를 채우고 정비하는 임무를 담당하던 남자와 자신의 소파를 교대로 사용했다. 그녀는 기억을 더듬으며 이렇게 말했다. "그는 정말 지쳐 있었어요. 같은 요양원에 머물던 다른 누구보다도 지쳐 있었을 겁니다." 그녀는 모두가 아는(그녀가 그렇게 생각한다는 뜻이다) 사실 몇 가지를 설명하고 있었다. 디젤발전기(미 북서부 태평양 연안에서, 정전이 일어났을 때 흔히 사용되는 수단이다)는 정말로 긴급 상황이 벌어졌을 때 유틸리티가 제공하는 전기에 비해 믿을 만하다고 볼 수도 없다. "요양원의 발전기는 아주 거대합니다. 산소 공급 장치를 공급하거나 여러 의료용 재료를 보관하기 위해서는 전기가 꼭 필요하기 때문이에요. 하지만 이 발전기의 연료 탱크는 어떻게 채울 수 있을까요? 복도에만 불이 들어오게 하고, 전체 시설의 온도를 섭씨 17도 정도로 맞춘다고 하더라도, 필요한 전기를 공급할 만큼 충분히 많은 연료를 공급할 수는 없었습니다."

스트로는 이 모든 것을 되새기며 몹시 화를 냈다. "부두에는 남아 있는 것이 아무것도 없었습니다. 평소에는 보트들이 부두에서 연료를 받아올 수 있었지만, 폭풍이 내습한 바로 그날 부두의 유류고는 텅 비어버렸습니다." 그는 유류 운송을 담당하던 월터가 사태 둘째 날에 완전히 땀에 젖어 지친 채로, 그러나 유조차 1대를 확인해 기름을 얻은 덕분에 아주 의기양양하게 돌아왔던 모습도 떠올렸다. "그는 유조차를 추격했어요." 그녀는 잠시 웃음을 터뜨린 다음 설명을 이어갔다. "시속 160킬로미터보다 바람이 빠르게 불어서, 나뭇가지가 아니라 나무 줄기가 공기를 가로지르며 날아가는 상황이었는데도 말이에요. 월터는 유조차를 따라잡으러 뛰어갔습니다. 우여곡절 끝에 그는 기사에게 기름을 요양원에도 나눠달라고 부탁했습니다. 그리고 유조차 기사는 매일 병원에 방문해 발전기 유류 탱크를 채웠죠."

실버 스트로는 (노인들이 빙고 속에서 얼마나 답 없는 처지에 몰려 있는지 설명하기 위해) 말을 잠깐 멈췄다가 다시 이어갔다. "이것이 바로 사람들이 아직 깨닫지 못하는 문제입니다. 그들은 발전기를 가지고 있다면 정전 위험 속에서도 자신이 안전하며 추위를 겪지 않고 따뜻하게 지낼 수 있다고 말합니다. 하지만 실제 일어난 일은 이것과 달랐죠. 대폭풍이 해안을 습격해, 그들이 연료를 충분히 보유하지 못하고 있음에도 발전기를 가동하도록 몰아세웠기 때문입니다. 결국에는 당신도 우리처럼 춥고 배고픈 상태로 전락할 겁니다." 스트로의 이웃이자 전체적으로 파란 옷을 즐겨 입는 밥 요한손Bob Johansson(살아 있다면 그는 이제 80세일 것이다)은 이런 말을 반복했다. "우리는 우리가 통제할 수 있는 방법으로 전기를 만들어야 해."

스트로가 밥의 말을 자르고 끼어들었다. "밥이 나를 살린 셈이죠." 그는 분명 더 점잖은 다른 이웃들보다 더 수다스러웠다. "그때 나는 말 그대로 얼어버렸습니다. 우리는 상황에 전혀 대비되어 있지 않았어요. 그래서 나는 밥의 집으로 옮길 수밖에 없었습니다. 밥은 난방뿐만 아니라 커피 내릴 뜨거운 물도 만들 수 있었죠. 심지어 냉장이 필요한 의료용 재료도 잘 보관하고 있다는 걸 확인시켜 주더군요. 밥은 이런 시스템을 샌프란시스코 지진이 일어나고 구축했다고 했습니다. 이전까지는 불가능하다고 믿었던 샤워도 할 수 있었습니다." 밥은 이렇게 덧붙였다. "샤워기? 그건 비료 분무기였지. 잡화점에서 샤워 헤드를 하나 사서 펌프에 달아놓고, 매뉴얼에 적힌 대로 분무기의 압력을 올려보게. 그러면 물이 뿜어져 나올 거야."

바로 이것이 밥의 방법이었고, 이는 정말 실용적이었다. 하지만 그는 과거에 유사한 경험을 겪었기 때문에 샤워기를 만들 수 있었던 것이다. 그 자리에 모인 시골 사람들에게, 나 역시 동일한 것들을 배울 수 있었다. 허리케인 샌디 때문에 벌어진 길고, 춥고, 문명의 이기를 누릴 수 없는 시간을 겪은 사람들도 비슷한 것들을 배웠을 것이다. 당신이 최악의 블랙아웃을 한번 겪고 나면, 그리고 블랙아웃이라는 재난을 다루기 위해 준비된 시스템이 얼마나 허술한지를 깨닫고 나면, 당신도 문제를 당신 손으로 직접 해결하려는 충동을 갖게 될 것이다. 이때 성공을 거두려면, 당신은 충분히 큰 폭풍, 지진, 쓰나미, 또는 당신에게 최악의 경험으로 남을 법한 경험이나 먹통이 된 "스위치를 마구 두드리는" 경험을 겪은 상태여야 할 것이다. 이 경험은 전기가 마법이 아니라 뼈에 사무치는 고통 속에서 얻을 수 있는 무언가로 다시 보이도록 만들 것이다.

1989년, 샌프란시스코 지진 때도 밥은 재빠르게 대처했으며, 그가 겪은 상황이 무엇을 의미하는지 잘 이해하고 있었다. 수많은 사람들도 같은 지진을 겪었지만, 대부분은 발전기는커녕 그리드가 먹통인 상태에서 샤워를 위한 장비를 설계하고 제작하는 데까지 생각이 닿지 않았다. 밥이 사는 캘리포니아주의 주민들은 2000~2001년의 탈규제로 인한 블랙아웃과 브라운아웃 속에서 살고 있다. 그러나 주민들 대부분은 문제를 알면서도 몸을 웅크린 채 소극적인 태도로 일관하고 있으며, 여전히 정부나 유틸리티, 또는 몇몇 규제 기관들이 시스템을 바로잡기를 기다리고 있다. 하지만 기술 기업들은 이런 태도를 취하지 않는다. 구글, 애플, 야후Yahoo, 시스코와 같은 사업자들(그리고 2000년에는 존재하지 않았던 페이스북Facebook과 같은 사업자들)은 결코 전력 공급이 끊기는 사태에 직면해서는 안 된다. 단 한 순간이라도 안된다. 이들이 제공하는 서비스는 다운되어서도, 오프라인으로 넘어가서도, 전력을 상실해 동작할 수 없게 되어서는 안 된다. 그래서 밥과 마찬가지로, 이들은 그리드와 단절되거나 그리드가 멈추더라도 계속해서 서비스를 유지하고 제공할 수 있는 자체 시스템을 구성하고 있다. 기업마다 구체적인 내용만 다를 뿐이다. 이 기업들의 사업장에서는 그리드가 끊기더라도 냉난방과 조명을 유지할 수 있으며, 커피를 마실 수 있고, 심지어는 샤워도 가능할지도 모른다. 그리고 이들의 사업에서 가장 중요한 컴퓨팅 파워(정보처리 능력) 역시 보존될 것이다.

이들 가운데 일부는 연료전지를 사용하거나 태양광이나 풍력, 또는 그것을 백업하는 2차 전지를 사용한다. 하지만 2007년의 스트로 부부와 같이, 일부는 여전히 디젤발전기에 의존하는데, 그리드가 파괴된 상태에서는 유류가 상대적으로 손에 넣기 쉽기 때문이다.

• • •

샌디는 해안 대폭풍이 태평양 북서부에서 일으킨 것과 같은 효과를 뉴욕에 가져왔다. 샌디가 내습하기 전에는 다음번 차로 전기차를 구매하려고 마음먹었던 사람들은 이후 마음을 돌렸다. 샌디의 위험 반경에 들어간 지역 주민들이 대부분 전기를 쓸 수 없게 되었고, 연료를 충분히 채운 자동차를 사용하는 이들이 훨씬 더 유리해졌다. 이들은 남쪽으로 차를 몰아 도시를 빠져나갔고, 샌디의 범위에서 벗어난 위치에 사는 친구나 가족을 찾아 이동했다.

샌디의 비바람으로 판단의 우선순위가 바뀐 행위자들은 개인만이 아니었다. 샌디는 탈규제의 악영향을 전혀 관리하지 않던 동부 해안 지역의 기업과 유틸리티의 우선순위도 아주 다양한 방식으로 바꿔놓았다. 샌디는 시스템을 백지상태에서 구성할 때 위기 상황에서의 회복력을 감안해야 한다는 점을 깨닫게 만들었다. 그들은 인프라에 대한 논의가 단순히 시장 상황이나 수지 균형에 대한 것일 뿐만 아니라,

생존에 대한 것이기도 하다는 점을 깨달았다. 샌디는 뉴욕 버전의 대폭풍이었던 셈이다. 이 폭풍은 사람들의 마음까지 뒤바꿔 놓았다.

기상학적으로 말해 샌디는 아주 약한 폭풍이었다. 이는 폭풍이 입힌 타격의 크기와 범위에 기반한 평가다. 샌디가 대서양 연안 중부에 상륙한 2012년 10월 29일, 이는 열대성 저기압부로 약화된 허리케인으로서 "제트 기류를 따라 움직이는" 노리스터Nor'easter●에 둘러싸인 폭풍이었다.[266] 이 폭풍의 낮은 기압은 해수면을 위로 빨아올렸으며, 미국에서 인구밀도가 가장 높은 14만 제곱킬로미터를 휩쓸며 최고조에 도달한 조수와 결합해 해일을 일으켰다.[267] 해안 대폭풍이 최대 규모일 때는 약 10만 명에게 영향을 미쳤을 것이다. 그러나 샌디는 5,000만 명에 달하는 인구에게 영향을 미쳤다. 샌디의 최대 지속 풍속은 시속 130킬로미터 정도였고, 이 바람으로 인한 피해는 해일로 인한 피해와 비견하기 어려울 정도로 작았다. 그러나 조석 수위 자료를 보았을 때, 이 해일은 높이만 4.2미터였다. 해일은 모든 것을 파도 밑으로 집어삼켰다. 지하철 터널이 물에 잠겼고, 파도는 해안 방벽을 타고 넘었다.

사람들은 해일로 잠깐 발이 묶인 정도가 아니었다. 이들은 이동 자체를 할 수 없었다.[268] 몇몇 사람들은 한 달 가까이 조명조차 사용하지 못했다.

태평양 북서부의 한적한 지역과 마찬가지로 개별 주택과 사업장들은 폭풍우로 큰 피해를 입었다. 그러나 사람이 붐비는 동부에서 일어난 가장 치명적인 피해는, 파괴된 것들이 공통의 삶을 가능하게 만

● 온대성 저기압의 미국식 이름.

들던 기계와 기능이었다는 점일 것이다. 공용 전기 그리드부터, 지하철과 대중교통, 음용수에 대한 접근, 하수도까지, 샌디는 방대한 영역에 걸쳐 기반 시설의 기능에 큰 혼란을 불러왔다. 해안 대폭풍은 제대로 준비되지 않은 마을 사람들을 추위에 노출시키고 움직이지 못하게 고립시켰고, 그래서 동일한 재난이 다시 벌어지면 그들이 완전히 다르게 행동하도록 만들었다. 샌디는 뉴욕과 뉴저지 주민들에게 조명을 켜고, 통근 열차가 정상 운행되며, 사람들을 따뜻하게 만들어주고, 기업의 제품 생산을 가능하게 만들며, ATM에서 거래 명세서를 받아볼 수 있게 만드는 신, 바로 전기가 사라지는 현상에 대한 공포를 불러일으켰다. 그리고 기업과 정부(주, 컨트리, 시 정부)가 폭풍이 불러오는 속박의 시간 동안 어떻게 인프라를 지속적으로 작동시킬 것인지 하는 문제에 다시 골머리를 앓도록 만들었다.

해안 대폭풍으로 인해 인프라가 너무 취약하다는 점이 드러나자 북서부 사람들이 여러 비상용 개별 시스템을 하나로 결합해야 한다는 점을 깨달았다면, 샌디는 인류가 공동으로 살아가는 데 필요한 인프라가 도대체 어떤 것이어야 하는지에 대한 생각에 뿌리 깊은 영향을 미쳤다. 이 폭풍의 여파 속에서 우리는 재난이 지나간 다음 우리가 보유한 인프라가 어떻게 작동할 것인지에 대해 묻기 시작했다. 이렇게 형성된 새로운 생각에 따르면, 강풍에 노출되는 인프라가 휘어지도록 만드는 것이 나을 것이고, 그럴 수 없을 경우 문제의 인프라가 부러지는 것은 피하기 어렵겠지만 신속하게 복구가 가능하도록 인프라를 구축할 수도 있을 것이다.

. . .

허리케인 샌디와 해안 대폭풍 이후, 미국 동해안과 서해안에서는 인프라 개혁의 핵심 구호가 "독립성"이 아닌 "회복력"으로 바뀌었다. 여기서 '회복력'이란 타격을 받아도 이 타격으로 인프라가 완전히 무너지지 않는 능력을 뜻하며, 외부 충격에 의해 변형되거나 파괴되지 않는 인프라를 뜻한다. 그리고 이는 대륙을 가로질러 연쇄적으로 확대되는 블랙아웃이 아니라, 다시금 빛으로 돌아가는 일시적인 블랙아웃을 함축한다. 다른 한편으로 평시 시스템이 작동을 멈추고 백업시스템이 가동될 때 소비자들이 변화를 눈치채지 못하게 하는, 틈새 없이 통합된 백업시스템도 필요하다. 회복력이란, 어떤 경우에는 일이 잘못될 수 있음을 인지하고, 이런 상황이 발생했을 때 시스템 전체가 한번에 무너지지 않는 방법은 무엇이고 쉽게 수리하는 방법은 무엇인지를 고려해 인프라를 설계해야 한다는 개념이다.

회복력이란, 중대한 재난이 벌어지고 통상적으로 취하는 조치와는 다른 방식으로 안보에 대해 생각하는 방법이기도 하다. 이러한 통상적인 조치의 핵심은, 재난으로 파괴될 당시 과거 시스템 또는 구조물에 가해진 힘을 더욱더 잘 견딜 수 있도록 이전보다 더 강하고, 더 크고, 더 견고한 시스템 또는 구조물을 만들어내는 데 있다. 이러한 방식, 즉 '경성 경로' 또는 '인프라 강화'는 불법 이민을 막기 위해 국경 장벽을 건설하는 접근, 또는 범람을 막기 위해 제방을 강화하고 확대하는 접근과 그리 다르지 않다. '경성 경로'의 의미는, 테러에 대한 전쟁이 선포된 첫해에 인간의 존엄이나 시민적 자유라는 가치를 무시하고 가능한 한 모든 방법으로 정보를 수집하는 것이 테러리스트와의 전쟁을 승리로 이끄는 가장 확실한 방법처럼 보였다는 점에서도 찾을 수 있다. 말하자면, 경성 경로란 안보를 위해 고정성과 물량

(그것이 콘크리트의 질량이든 정보의 양이든)이 확보된 시스템을 활용하는 방법이다.

물론 경성 경로가 언제나 어리석다는 뜻은 아니다. 인프라 강화의 의미에는, 나무 전신주를 시멘트 전신주로 바꾸는 작업이나 송전선을 구조적으로 보강하기 위해 지지선이나 다른 형태의 지지물을 더해 강풍이 불어도 전선이 쓰러지거나 끊어지지 않도록 만드는 작업도 포함되기 때문이다. 고압 송전탑은 보통 알루미늄으로 만들어지는데, 이 금속의 강도는 상대적으로 약해서 허리케인의 강력한 바람을 직접 견뎌야 하는 지역에서는 최선의 선택이라고 할 수 없다. 그래서 이런 지역의 송전탑은 알루미늄 강에서 아연 도금 강 또는 콘크리트로 대체되고 있다. 또한 변전소는 범람으로 인한 피해를 막고자 이전보다 더 고지대로 이전되는 경우가 늘고 있으며, 배전선로는 가혹한 날씨에 따른 피해는 크지만 침수 피해의 경우 크게 걱정하지 않아도 되는 지역의 지하에 매설되고 있다. 건물의 낮은 층보다 높은 층에 비상용 장비를 쌓아놓는 것이 상식적이지만, 대규모 폭풍 해일이 발생했을 때는 이런 조치로 확보된 2미터로도 비상용 장비가 물에 젖어 쓸모없게 되는 사태를 막을 수도 있는 것이다. 앞선 사례들과 마찬가지로, 미국의 유틸리티나 규제 당국과 투자자들은 그리드를 이루는 핵심 요소들의 규모와 복잡성을 증대시키고, 비상용 설비일수록 화석연료에 의존하는 것을 선호해 왔다.

1970년대부터 2000년대까지 40여 년간 미국 그리드가 밟아온 경성 경로의 핵심은, 발전소를 더 크게 만들고, 장거리를 주파하는 고압 송전선로를 건설해 각 지역의 전력 시스템들을 더 굳건하게 연동하는 것이었다. 또한 이 시스템이 의존했던 연료는 수송망의 상황이 악화되면 수송이 어려워지는 유한한 양의 물질들, 즉 석탄, 석유, 천연가스, 플루토늄이었다. 이 연료들이 주파수와 전압이 표준화된 전류를 대량으로 생산해 내는 데 가장 신뢰할 만했기 때문이다. 2010년이 지나면서 미국의 전기 인프라 구조와 거버넌스governance 모두 부정할 수 없을 만큼 크게 바뀌었지만, 경성 경로는 정부와 상업 유틸리티가 미국의 그리드를 향상시키기 위해 채택한 경로였다.

경성 경로는 1970년대 이래 '안보'에 대해 대안적으로 생각해 온 좌파 집단이 반대했던 경로이기도 하다. 1976년에 창안한 '연성 에너지 경로The Soft Energy Path'라는 말로 국가 안보에 대해 생각하는 대안적인 방법을 표현한 에이머리 로빈스Amory Lovins는, 더 강화된 인프라는 인프라를 더욱 강력한 것으로 만들기보다 더욱 취약한 것으로 만들며, 그에 따라 우리를 지탱하는 시스템이 파괴되기도 더욱더 쉬워진다고 주장했다.

로빈스 부부에게(에이머리는 그의 아내인 헌터와 글을 가장 자주 썼다) 안보는 일상과 동떨어진 것이 아니었다. 이들에게 에너지 안보, 석유 공급 사슬 그리고 강력한 전기 인프라는 모두 서로 떼어놓을 수 없는 국가 안보의 요소였다. 그리드가 없다면, 우리가 누리는 현대적 삶은 모두 사라지고 말 것이다. 컴퓨팅 파워는 물론 조명이나 통신망도 없으며, 오락거리나 뉴스는커녕 전철조차 다니지 않을 것이며, 냉방은 불가능할 것이고 식수나 뜨거운 물도 거의 이용할 수 없을 것이다. 전기를 사용할 수 없다면, 정유 시설이나 파이프라인에 손상이 하나도 없어도 이를 이용할 수 없게 된다. 주유소는 전기 펌프로 연료를 소비자에게 공급하므로, 그리드가 파괴되면 차량이나 항공기에 급유하는 과정 역시 위태로워진다.[269] 심지어 오늘날에는 돈조차도 물질적이기보다는 전기적이다. 폭풍이 그리드를 파괴하면, ATM은 작동하지 않고, 예금 시스템이나 투자 시스템이 사라지며, 종이나 금속으로 제작되지 않은 통화에 접근할 수 없으므로, 이를 모니터링할 수도, 사용할 수도, 통제할 수도 없게 된다. 통신 네트워크가 멈춘다는 뜻은 군사력과 경찰력도 더 이상 작동하지 않게 된다는 뜻이다.[270]

1982년, 로빈스 부부는 미 연방 재난관리청에 보고서 하나를 제출해 발간했다. 이 시점은, 70년대에 있었던 두 차례의 거대한 오일 쇼크가 미국의 에너지 시스템을 초토화시킨 직후였다. 이들의 결론은 이렇다. "미국을 움직이게 만드는 에너지는 극도로 취약한 상태에 노출되어 있다. 사고나 악의에 노출되면, 에너지 시스템은 너무나 쉽게 파괴되고 만다. 이 시스템은 문자 그대로 단지 몇몇 사람들에 의해 파괴될 수 있으며, 따라서 무장으로 이 나라를 지키려는 노력을 헛되게 만들 수 있다. 에너지 시스템의 취약성은 국가 안보와 생명은 물론 우리 미국인들의 자유에도 갈수록 중대한 위협이 되어가고 있다. 이러한 위험은 미국에게 적대적인 이념으로부터 오는 것이 아니라, 제대로 적용되지 않은 기술로부터 오는 것이다. 외국의 적이 가하는 것이 위협이 아니라, 우리의 부주의한 행동과 불필요한 행동이 우리 자신들에게 가하는 위협이다."[271]

그들의 주장은 이렇게 이어진다. "이처럼 예민한 에너지 시스템에 우리가 깊이 의존하고 있다는 사실은, 미처 깨닫지 못한 사이에 우리의 삶을 위험에 빠뜨리고 있다."[272]

로빈스가 볼 때, 미국에서 그토록 커다란 정전이 주기적으로 발생한다는 것은 거대한 중앙 집중식 전기 그리드의 보유에 따른 자연스럽고 예측 가능한 부작용이다. 정전의 원인(대규모 폭풍, 법률 개정, 컴퓨터 버그, 테러리스트의 해킹)이 무엇이든 마찬가지다. "미 대륙의 절반 가까이에서 정확히 동기화되어 진동하는 이 전기 기계의 규모, 복잡성, 패턴, 제어 구조, 그리고 끊어질 경우에 그 파급이 즉각적으로 퍼져나가는 가선 네트워크는 … 그리드를 본질적으로 광범위한 고장에 취약한 기계로 만든다."

세계에서 가장 거대한 기계, 미국의 그리드는 놀랍도록 복잡하다. 하지만 로빈스 부부의 시각에서는, 이 복잡함과 거대함에서 풍겨져 나오는 위엄은 인상적이라기보다는 무모한 것이다. 전기화뿐만 아니라 에너지 안보 또한 우리의 목표라면, 이처럼 난해한 시스템을 활용하는 것은 전기 시스템의 신뢰성을 확보하는 데 어리석은 방식처럼 보이기도 한다. 우리는 2003년의 동부 해안 정전에서 이러한 어리석음을 확인했다. 로빈스 부부는 1977년 뉴욕시 정전을 세밀하게 분석해 유사한 결론을 이미 25년 전에 내린 바 있다. 로빈스 부부의 결론은, 나이아가라 외곽 지역에 설치되어 있던 계전기의 세팅이 부정확해 발생한 1965년 북서부 블랙아웃에도 마찬가지로 적용되었고, 애리조나주의 한 전선 가설원의 실수로부터 비롯된 2011년 미국 남서부의 블랙아웃, 전선 하나의 결함으로 인해 일어난 2014년 디트로이트(이곳 시 정부가 관리하는 그리드는 부실하기로 악명 높다) 블랙아웃에도 적용할 수 있다.[273]

북서 태평양 연안의 해안 대폭풍이나 샌디 또는 허리케인 아이린(2011년의 허리케인으로, 로드아일랜드, 코네티컷, 메릴랜드 주민 가운데 40%가 이로 인해 블랙아웃을 겪었다)으로 인한 블랙아웃을, 복잡성으로 인한 블랙아웃과 구별해 볼 수도 있다. 하지만 로빈스는 폭풍으로 인한 어떠한 손상도 그 심각성과 도달 범위가 전기 시스템의 난해함과 복잡성에 따라 달라질 것이라고 주장했다.

로빈스 부부가 볼 때는, 그리드의 개념을 더 작고, 더 유연하며, 더 많은 것을 자급자족하고, 오염이 더 적으며, 집에 더 가까이 있는 형태로 재구성하는 것이야말로 미국의 안보를 위한 가장 지혜로운 방법이다. 로빈스 부부에 따르면, 부드러운 에너지 기술, 즉 미국의 에너지 안보를 확실한 기반 위에 세우기 위해 택해야 하는 첫 번째 필수적인 경로는 다섯 가지 지침으로 정의된다. 첫째, 에너지 시스템은 풍력, 태양광, 바이오매스, 지열, 파력, 조력과 같은 재생에너지원을 포함하는 광범위한 영역에 기반해야 한다. 둘째, 다양성을 갖추는 한편 각자의 특수한 환경에서 최대 효율을 발휘할 수 있도록 설계되어야 한다. 셋째, 유연하고 상대적으로 이해하기 쉽게 설계되어야만 한다. 넷째, 에너지 시스템은 규모 면에서 에너지가 최종적으로 쓰이는 용도와 부합해야 한다. 다섯째, 품질 면에서도 에너지가 최종적으로 쓰이는 용도와 부합해야 한다. 이 모든 조건은 어떤 에너지 사용을 유효하게 만들어내는 것이 우리 삶의 구조와 방식이며, 에너지 시스템을 둘러싼 그보다 커다란 문화적 분위기라는 점을 보여준다. 로빈스 부부에 따르면, 연성 에너지 경로는 궁핍으로 향하는 길이 아니라 에너지 사용을 사회 전체와 깊이 그리고 완전히 통합하는 길이다.

첫 번째 격률은 연성 에너지 경로 자체를 설명하고 있다. 재생에너지원은 작동하는 데 불안정한 에너지 공급망(가령 허리케인으로 유조차의 행방이 불확실해지는 일)을 필요로 하지 않는다. 에너지원의 작동을 방해하기가 한결 더 어려워지기 때문에(물론 불가능한 일은 아니지만), 에너지 시스템은 그 본성상 한결 안정적으로 작동한다.

두 번째 규준이 왜 중요한지는 설명이 더 필요하다. 에너지 시스템이 다양성을 갖추는 한편 각자가 처한 특수한 환경에서 최대의 효율을 발휘하도록 설계되어야 한다는 것은, 본질적으로 "달걀을 한 바구니에 넣지 말라"라는 말을 그리드의 지속적인 접속과 관련해 바꿔 말한 것뿐이다. 로빈스 부부에 따르면, 모든 전기 공급 시스템은 규모와 무관하게 기술적으로 서로 다른 발전원을, 즉 서로 다른 약점과 공급망을 가진 여러 발전원을 통합한 것이어야 한다. 디젤발전기는 믹스의 일부로 사용하면 좋다. 더 큰 규모에서는 천연가스나 태양광발전은 전체 믹스 속에서 풍력 농장과의 균형을 맞춰 사용될 수 있을 것이다.

그러나 로빈스 부부는 믹스가 구성 요소를 1, 2개 정도 가지는 것으로는 불충분하다고 말한다. 디젤만으로는 충분하지 않고, 천연가스, 태양광, 풍력만으로도 충분하지 않다. 그보다는 태양광, 풍력, 천연가스, 배터리, 에너지 절약과 효율화, 이 모두가 하나의 믹스를 구성하는 요소로 종합되어야 한다. 모든 투자자가 알고 있듯이, 다양성은 강력한 포트폴리오의 본질이다. 로빈스 부부는 전력 생산, 송전, 배전 시스템에 대해서도 마찬가지라고 본다.

이러한 로빈스 부부의 정식화가 흥미로운 것은, 동일한 요소 4, 5개를 조합하면 범람 위험 지역이 인접한 플로리다의 교외 지역, 소규모 정전에 매우 민감한 장비를 보유한 연구소, 로키산맥의 제지 공장, 아프가니스탄의 군사기지, 메인, 아칸소, 유타의 개인 주택 등에 모두 적용된다는 식의 진부한 구상을 제시하려고 이들이 이 정식화를 제안한 것은 아니라는 점이다. 오히려 이들은 각 상황에 알맞도록 가용 자원을 동원해 위험 요인을 관리하면서도, 최종 사용자의 명시적인 요구를 가장 잘 만족시키는 믹스를 구성하고, 이로써 전력 공급이 불가능해지는 가능성을 최소화해야 한다고 역설했다. 이러한 메시지는 회복력을 갖춘 전력 시스템의 세 번째, 네 번째, 다섯 번째 요소들과 직결된다. 다시 말해, 각 환경에 알맞은 믹스가 구성되면, 시스템이 유연하면서도 상대적으로 이해하기 쉽고 규모나 품질 면에서 에너지가 최종적으로 쓰이는 용도와 부합해야 한다는 조건이 만족될 것이다.

인공적인 시스템이 아니라 생물학적인 시스템에 대한 연구를 통해, 로빈스 부부는 어떤 생명체의 수명이 "지역적 기반, 지역의 자율성, (대규모 스케일보다는) 소규모 스케일, (동일성이 아니라) 다양성에 대한 선호"에 의존해 왔다고 주장했다.[274] 이 모든 특징은, 모든 사례에서 회복력을 증대시킨다. 이는 아주 강력한 주장임에 틀림없다. 그리고 해당 보고서가 출간된 당시의, 에너지 시스템을 구상하고 설계할 때 선호되었던 사고방식에 비춰봐도 상당히 이질적인 것이다. 1970년대 후반, 그러니까 미 동부 사람들 앞에 아주 구체적인 모습으로 샌디라는 흉포한 폭풍이 나타나기 약 35년 전에는, 특정 열성분자들에게 지지받았던 회복력 또는 연성 경로는 몇몇 작은 성공(예컨대 지속가능한 지역사회 건설, 로컬 푸드 운동, 단순한 에너지 시스템을 구동하며 생활하기)과 마찬가지로 또 하나의 급진적인 입장일 뿐이었다.

그러나 샌디가 모든 것을 바꾸었다. 에너지 안보에 대한 철학적 입장으로 정립된 회복력은, 더 이상 비주류에 머물지 않고 주류의 입장으로 재조명받았다. 넓은 지역에 걸쳐 샌디가 관통한 주에서는 공화당 정치인조차도 회복력 개념을 지지하고 있으며, 그리드를 건설하고 관리할 때는 회복력 개념을 적용해 지금까지와 다른 방식으로 해나가자는 정책에 동의하는 경우가 많아졌다. 이들은 다양한 자원 믹스에 의존하는 더 작고 "고립된" 그리드를, 예외가 아니라 규범으로 만들고 싶어 한다. 로빈스 부부의 제안이 더 작고, 더 지역적이며, 더 독립적이고, 더 회복성이 있는 "마이크로"그리드를 향한 이행만을 함축하지는 않는다. 하지만 세계의 그리드를 좀 더 안전하게 만들고자 하는 두 비전은 '회복력'이라는 단어 말고도 더 많은 내용을 공유하고 있다. 회복력 개념은 더 이상 변두리에서 떠도는 개념이 아니라 이제는 신문 헤드라인, 연방 보고서, 권위를 내세우려는 전문가들의 발언에서 나타나는 주제다.[275]

예컨대 오바마 행정부의 백악관은 「기상 변화가 유발하는 정전에 대해 그리드의 회복력을 증진해 얻을 수 있는 경제적 이득Economic Benefits of Increasing Electric Grid Resiliency to Weather Outages」이라는 보고서를 발표했다. 보고서의 저자들은 회복력을 갖춘 그리드를 "정전이 아주 짧은 시간 동안만 소수의 소비자들에게 영향을 미치는" 그리드로 정의했다. 그리고 이는 "고도화된 기술과 적정 기술"을 통합해 전력 믹스를 "강화하고, 공급자의 역량을 증진시키며, 복구 또는 재구성을 쉽게" 만듦으로써 달성할 수 있다. 행정부의 입장에서, 회복력은 단순히 경성 경로와 연성 경로 가운데 하나를 선택하는 문제가 아니다. 행정부에게 과정보다 중요한 것은 결과다. 따라서 그리드 회복력이라는 개념은 정전의 경험(그리고 그 효과)을 바탕으로 유틸리티의 송전탑을 더욱 강화하며, 주요 장비를 고지대로 옮기고, 동기위상기synchrophasor와 스마트미터를 더 설치하며, 토지를 확보해 더 많은 변전소를 건설하는 한편, 그리드가 보다 많은 지역들의 수요에 적응해야 한다는 의미로 해석되었다.

주 정부, 군 당국, 많은 기업들이 연방 정부가 제시한 그리드 투자 내용에 나름의 요소를 추가해 회복력 개념을 해석하고 있다. 하지만 이 요소라는 것은 전통적인 투자 방식과 놀랍도록 닮아 있다.

허리케인 샌디 이후, 미 북동부에는 소규모 그리드가 다시 돌아오기 시작했다. 이 새로운 구조물들은 에디슨 시대의 사설 발전소, 즉 특정 공간을 소유한 소유주에게 맞춰 전기를 생산하던 설비와 아주 많은 특징을 공유한다. 하지만 현대화된 마이크로그리드는 에디슨 시대의 사설 발전소와는 달리 필요한 경우 큰 그리드('매크로그리드macrogrid'로 불리기도 한다)에 연결하거나 연결을 끊을 수 있다. 또한 전력 산업이 20세기 초반의 통합 단계를 지나서 태어난 다른 어떠한 시스템과도 다르게, 마이크로그리드는 '고립' 모드에서 기능 손실 없이도 완벽하게 가동될 수 있다. 블랙아웃이 일어나면, 이 그리드는 매크로그리드와 연결이 끊어질 수밖에 없다. 하지만 대부분의 마이크로그리드는 (모든 경우에 그런 것은 아니더라도) 상당히 손쉽게 이전 상태를 유지할 수 있다. 이런 방식으로, 마이크로그리드는 폭풍이 휩쓸고 지나가 파괴와 고통이 남은 자리에도 동력, 조명 그리고 난방의 원천으로 작동할 수 있다.

예컨대 샌디가 내습한 직후 뉴욕주립대학교 스토니브룩캠퍼스는 마이크로그리드로 전력을 공급받았다. 캠퍼스는 한밤중 1시간가량 정전되었는데, 이는 캠퍼스 인근 지역이 10일 이상 춥고 힘겨운 나날을 보냈던 것과는 크게 대비된다.[276] 위기의 시간에 7,000여 명의 학생들이 본 캠퍼스의 기숙사에 수용되었고, 다른 많은 학생들도 전력이 더 이상 공급되지 않는 위성 캠퍼스에서 본 캠퍼스로 이동했다. 스토니브룩캠퍼스에서 경찰 관서와 의료 센터는 이 시간에도 끊임없이 운영되었다.

이와 마찬가지로, 롱아일랜드에 소재한 사우스오크스병원은 폭풍이 부는 동안, 그리고 폭풍이 지나가고 나서도 온전하게 기능했다. 뉴욕주립대 스토니브룩캠퍼스나 뉴욕대 맨해튼캠퍼스와 마찬가지로, 사우스오크스병원은 열병합발전소(1880년대까지 거슬러 올라가는, 열과 전력을 함께 산출하는 기술)로 에너지를 얻는 마이크로그리드를 보유하고 있었다. 시야를 미국 밖으로 돌려보면, 2011년 리히터 규모 9.0에 달하는 대지진과 전대미문의 쓰나미가 덮쳤던 "센다이의 도호쿠국제대학교에 설치된 1메가와트 규모의 마이크로그리드는 주변 지역이 전력 없이 고통받는 이틀 동안 고립 모드에서도 이상 없이 가동되었다".[277]

2015년 기준으로, 미국에는 약 300개의 마이크로그리드가 있다(세계에서 가장 많다). 이 가운데 절반 이상은 샌디가 미 동부를 타격한 이후 코네티컷주에 설치된 것들이다. 대개 50메가와트보다 규모가 작은 이 마이크로그리드들은, 로빈스 부부가 1970년대 구상했던 것과 같은 더 작고 유연한 인프라로 설계되었다. 로빈스 부부가 제안한 회복력 개념과 2010년대 이후에 건설되는 인프라 사이의 핵심적인 차이는 바로 컴퓨팅 역량(이는 마이크로그리드의 구성 방식을 과거보다 더 고정된 것으로 만든다)에 있다. 하나의 마이크로그리드는 "분산된 에너지 지원과 여러 전력 부하 및 수용가를 에너지 시스템으로 통합하는 네트워크(이는 분명 공식적인 정의다)"일 수 있다. 하지만 더욱 중요한 것은, 그리드가 그 소유권이 개인에게 있음에도 공화주의적인 정신에 의해 구동된다는 데 있을 것이다. 우리의 그리드는 단순히 1만 개의 마이크로그리드를 하나의 시스템으로 통합하는 것을 넘어선다. 마이크로그리드가 대체로 상호 운용 가능성이 확보된 상태에서 작동된다면, 최종 사용자의 입장에서 이들은 우리가 이미 사용 중인 그리드와 구별되기 어려울 것이다. '회복력'이 가져다주는 차이는, 큰 그리드를 통해 조명을 켤 수도, 펌프나 모터를 쓸 수도 없는 위기 상황에서 마이크로그리드가 큰 그리드와 독립적으로 운용될 때 비로소 명확해질 것이다.[278]

그렇다면 마이크로그리드는 사적 전원이라기보다, 그 규모는 조금 작아졌지만 공적 전원의 한 형태로 봐야 할 것이다. 마이크로그리드는 스트로 부부와 그 이웃이 대폭풍 이후에 자신들을 위해 만들어냈던 시스템과 바로 이런 점에서 매우 다르다. 나노그리드(가정 규모의 전력 시스템으로서, 대규모 그리드에서 분리되어도 효과적으로 생활하게 해주는 시스템)와는 달리, 마이크로그리드는 다양한 발전원을 가질 수 있다. 이러한 다양성은 공급망의 취약성을, 즉 유류 공급 차단이나 예측하지 못한 구름의 습격이나 장마로 인한 전력 생산 실패로 전력을 쓰지 못하는 일을 막아준다. 또한 마이크로그리드는 정의에 따라 다수의 소비자(또는 전력 계량기)와 연계되며, 이들은 서로 다른 수준의 부하량을 해당 마이크로그리드에 가한다. 한편 마이크로그리드의 소비자와 발전소는 큰 그리드에 연결된 대중이나 전력원에 비해 다양하지 않기 때문에(그럴 수도 없다), 이것들은 전력을 저장하는 더욱 효과적인 수단을 필요로 한다. 그래서 마이크로그리드의 증대는 전력 저장 시장을 강화하는 데 도움이 된다. 오늘날, 이는 대부분의 마이크로그리드가 '수요 측면'(이른바 통제 가능하거나 벗어던질 수 있는 부하)에서 그리드에 걸리는 부하를 통제할 뿐만 아니라 거대한 배터리 저장고를 마련해 두도록 만드는 동기로 작용한다.[279] 여기서 부하를 통제한다는 말은 곧 마이크로그리드의 운영자에게 에어컨이나 의류 건조기와 같은 불필요한 전력 소모 장치를 원격으로 차단할 수 있는 권한과 힘이 있다는 뜻이다.

예컨대 뉴저지트랜싯New Jersey Transit•은 새뮤얼 인설의 시대 이후 처음으로 발전소를 소유한 미국의 도시 교통 회사로서, 그들의 경전 철망에 적용할 마이크로그리드를 보유하고 있다. 이는 분명 공공 인프라 프로젝트이지만, 단 하나의 소유주가 보유한 전기 시스템이기도 하다. 규모도 상당하다. 뉴저지트랜싯이 소유한 넓은 토지, 운영 중인 열차, 기지, 역사, 발권기, 역무실 모두를 포괄하는 것이 바로 이 그리드이기 때문이다. 이는 차량과 전화기를 충전하는 데 사용할 수 있을 뿐 아니라, 기상 재난이 일어날 경우 트랜싯의 역사를 (난방과 조명을 보존한다는 의미에서) 안전 가옥으로 만들 수 있다. 그럼에도 이 프로젝트의 시야나 지리적 포괄 범위는 본질적으로 사영 전력 네트워크다. 이런 관점에서 볼 때, 뉴저지트랜싯의 마이크로그리드는 19세기 전차 사업자들이 보유하던 그리드와 다르지 않다.

마이크로그리드는 아주 특별한 어떤 것이다. "미 대륙의 절반에서 정확히 동기화되어 진동하는 기계"에 의존하는 시스템과, 가정에서 사용할 전력만을 생산하는 시스템 사이의 새로운 니치를 만들었다는 점에서 그렇다. 마이크로그리드는 주변 사람들과 그것을 공유했을 때 열화되어 망가져 버리는 기계가 아니다. 기계로 만들어진 순교자가 아니라, 그 소유자가 자신의 이익을 추구하지만 사회적 상황을 무시하지 않고 개별 상황에 알맞게 전기 시스템을 구성해 낸 결과물이다.

마이크로그리드를 100% 저량 연료, 즉 재생 불가능한 연료로 가동하겠다고 결정할 수도 있다. 하지만 대부분은 적지 않은 수준의 재

생에너지 발전을 포함한다. 뉴욕주립대는 천연가스를 연료로 사용하는 열병합발전소를 보유하고 있다. 캘리포니아대학교 샌디에이고는 약 3메가와트의 태양광발전소와 3메가와트의 천연가스 연료 전기를 30메가와트 용량의 열병합발전소(이 또한 천연가스를 연료로 사용한다)와 결합해 사용하고 있다. 이 발전소들은 총 450동의 건물에 냉난방을 제공할 뿐만 아니라, 4만 5,000여 명의 사람들에게 온수도 제공한다. 이 시스템은 캠퍼스 전체에서 사용되는 에너지 가운데 92%를 생산하며, 덕분에 대학교 측이 절약한 전기 요금은 매년 800만 달러에 달한다.[280] 이러한 마이크로그리드의 사례들은, 로빈스 부부가 제창했던 녹색 에너지 혁명이 어떤 의미인지를 명확히 밝혀준다(물론 그들의 전망과 비교해 다소 엇나가거나 조금 미진한 부분도 있지만). 몇 가지 부족한 점에도 불구하고, 그 미래에는 '초록 불'이 들어온 것 같다. 회복력을 갖춰야 한다는 요구(즉, 다양한 방식으로 전기를 만들고, 전달하며, 사용하고, 위기 상황에서 모든 요소를 조율해야 한다는 요구)로 인해 거의 모든 마이크로그리드가 한 종류 이상의 재생 가능 발전원을 포함하게 되었기 때문이다.

마이크로그리드 구성에서 발전 방식의 다양성과 전기 사용자의 다양성(또는 적어도 다수의 미터기)이 강조되었음에도, 이 소규모 공공 그리드는 (특히 도시 지역에 건설된 경우) 대부분의 시간에 큰 그리드와 연결되어 있도록 설계되었다. 마이크로그리드가 큰 그리드로부터 단절되어 자체적으로 가동되는 것은 오직 재난이 일어났을 때뿐이다. 나머지 시간에 이것들이 유연하게 생산해 내는 전기는 큰 그리드의 소비자들 모두가 이용할 수 있으며, 이것들을 구성하는 부하는 큰 그리드의 전력 생산과 소비 사이의 균형을 맞추는 데 사용될 수 있다.

· · ·

어떤 마이크로그리드들은 큰 그리드로부터 항상 고립되어 있기도 하다. 캐나다 북부의 작고 고립된 공동체를 위한 그리드나, 기동성 있게 편제된 중동 배치 미군의 단위 제대를 위한 그리드가 그 사례다. 이 그리드들은 언제나 섬처럼 고립되어 있다. 이렇게 멀리 떨어져 설치된 그리드와 도시를 위한 그리드나 샌디에 의해 운영을 중단해야 했던 철도 회사를 위한 그리드를 구별하는 것은, 전자의 경우 '회복력'은 극한의 상황에서도 조명을 유지할 수 있는 역량과 무관하다는 점이다. 이 경우에 '회복력'은 그보다 더욱 단순한 의미로, 단지 더 이상 디젤발전기에만 의존하지 않는다는 뜻이다. 발전 면에서 마이크로그리드가 지닌 다양성은 고립된 지역의 전초기지에 더 강력하고 저렴한 전기 생산수단을 제공할 수 있다는 뜻이다. 로빈스 부부는 일찍이 이러한 그리드의 전기를 (본래부터 아주 짧은) '맨섬 고양이의 꼬리'라고 불렀다.

고립 그리드가 어떤 규모가 되었든, 이것을 가동하는 데 필요한 유류의 양을 0으로 만들거나 적어도 상당히 줄이면 공급망을 유지하는 데 수반되는 취약성도 극적으로 감소한다. 퓨Pew 자선 신탁에 따르면, 아프가니스탄에서 이뤄진 호송 작전 가운데 80% 이상이 "연료를 수송하기 위해 수행되었으며, 군인들은 작전 도중 여러 차례 공격받았다. 전력에 대한 요구는 미군의 전투력을 약화시키는 데 기여하며, 에너지 비용을 올려 미군 예산에 부담을 지운다".[281] 피터 바이크Peter Byck도 똑같이 지적한다. "미 국방부는 하루에 30만 배럴이 넘는 석유를 씁니다. 아마도 최대 유류 사용자일 겁니다. 전선으로 연료를 보내는 작전은 엄청나게 큰 비용을 요구합니다. 이 비용은 달러로도 지불되지만, 무엇보다도 피로 지불되고 있어요."[282]

최근까지도 군 기지는 디젤발전기에 100% 의존했다. 조명, 컴퓨터, 에어컨에 연료를 공급하는 호송차는 확실히 아주 매력적인 표적이다. 필립 젠킨스Phillip Jenkins에 따르면, 군이 즉시 달성하고자 하는 목표는 야전에 배치된 해병 1명당 보급되는 유류의 양을 절반(30리터에서 15리터)으로 줄이는 것이다.[283]

디젤발전기의 필요성을 제거하고 야전에서 해병들에게 공급하는 유류의 양을 줄이는 것(군이 사용하는 에너지 시스템의 회복력, 유연성, 이동성을 강화하거나 추가하는 일)은 분명 전쟁에 투입하는 노력을 줄여준다. 기동성 있고 유연하며 가볍고 다양성을 확보한 시스템은, 군의 작전 목표 달성에 결정적인 조명, 데이터 보안, 냉각장치를 보장해 준다. 연료 일부는 차량의 연료 탱크에 주유되지만, 많은 양이 전기를 만드는 데 쓰인다.

따라서 마이크로그리드는 서로 명확히 구별되는 두 가지 방법으로 그리드의 복원력을 제공할 수 있다. 이 그리드는, 2003년 미국 북동부 대정전과 같이 '복잡한 상황'이 벌어지는 혹독한 날씨에서도 각자의 집에서 조명을 유지하는 기반이 된다. 게다가 이 그리드는, 본성상 파괴되거나 공격받았을 때 큰 타격을 입을 수 있는 공급망을 단순화하는 데도 도움이 된다. 마이크로그리드는 두 가지 방향에서 대단히 취약한 우리의 에너지 시스템에 유연성을 더한다는 뜻이다. 지금보다 더 탄력적이고 신뢰할 수 있는 전기 인프라를 얻고자 한다면, 그리드는 지금보다 더 작아져야 하고, 상호 간 연결은 더 견고해져야 하며, 연료 공급원은 더욱 다양해져야 한다. 조금 느닷없는 말일지도 모르지만, 작은 것은 아름다울 뿐만 아니라 믿음직스럽기까지 하다.

미국의 그리드가 공급하는 전기의 신뢰도가 우리의 요구에 비해 그다지 높지 않다는 점은 널리 알려지지 않았다. 하지만 21세기에 들어서 미군은 이를 체감하고 있는데, 부분적으로는 발전기 연료 공급 문제 때문이고, 또 부분적으로는 전투원 1명이 장갑차에서 하차해 운반해야 하는 짐의 무게 때문이기도 하다. 전투원 1명이 혼자 처리하는 표준 군장의 무게는 보통 약 30~40킬로그램인데, 이 무게의 절반을 휴대용 전자 기기와 이를 구동하는 데 필요한 배터리가 채우고 있다. 하루 이틀이 아니라 4일까지도 임무를 수행해야 한다면, 이 숫자는 더욱 증가해 군장의 무게가 70킬로그램에 달하고, 그중에서 배터리의 비중이 3분의 1을 차지하게 된다.[284]

전투원이 45킬로그램에 달하는 군장을 멘 채로 적의 습격에 신속히 대응하는 것은 불가능하다. 2000년 9월 11일 이후로, 전쟁의 형태가 완전히 변했기 때문에 이 점은 매우 중요하다. 오늘날 미군은, 경무장했으나 아주 재빠르고 유연하게 기동하는 상대와 항시 대적하고 있다. 하지만 미군은 위장으로 은폐하기도 어려운 육중한 장비와 함께 느릿느릿 기동하고 있어서 적으로부터 타격받기가 쉽다. 전장에서 승리를 보장했던 육중한 무장들은 이제 미군의 전략과 전술을 제약하고 있으며, 병사들의 안전을 보장하지도 않는다.

더 심각한 문제도 있다. 군장을 무겁게 만드는 이 기술들은 에너지를 지나치게 낭비하는 데다 다른 비용까지 강요한다. 사바나리버국립연구소Savannah River National Laboratory의 연구 엔지니어 시어도어 모티카Theodore Motyka에 따르면, 컴퓨터 디스플레이, 적외선 조준경, 위성항법 시스템GPS, 야간 투시경, 그리고 그 밖의 센서 장치 등의 전력 사용 장비에 쓰이는 에너지의 80% 이상은 일회용 배터리에서 나온다.[285] 1개 여단이 작전을 펼치면, "72시간에 걸쳐 임무를 수행할 경우 7톤, 즉 70만 달러의 배터리를 소모한다".[286] 차량으로 전달되는 유류와 마찬가지로, 이 배터리들은 사용과 폐기를 위해 수송되어야 한다. 제대로 폐기되지 않은 배터리의 전해액은 믿을 수 없을 정도로 강한 독성을 내뿜는다. 오늘날의 군 기지는, 유류와 전해액에 파묻혀 있는 오염 지역이다. 하지만 무엇보다도 아프가니스탄에서 액체 연료를 수송하는 과정 자체가 매우 위험하다. 따라서 군 당국은 휘발유를 공급해 기지에 설치된 발전기를 가동시키고 이 발전기로 충전되는 전지를 보급하기보다는, 비슷한 양의 에너지를 제공하는 수 톤가량의 일회용 배터리를 항공 보급하기를 바란다.

에이머리 로빈스는 최근에 전형적인 전방 작전기지의 상황을 조사했다. 그에 따르면, 이 기지들에서 공급되는 전기의 95%가 "너무나 비효율적이게도, 뜨거운 사막에 세운 천막의 에어컨"으로 흘러들어 갔다. 게다가 이 전기는 모두 디젤발전기에서 나온 것이었다. "군은 모두 낭비해 버리는 연료를 수송하고 있는 것이나 다름없었다. 몇 가지 점들을 연결해 보면, 무언가 잘못되어도 단단히 잘못되었다는 것을 알 수 있다."[287]

미국 본토의 상황도 이 정도로 극단적인 것은 아니다. 그렇다고 해서 상황이 좋은 것도 아니다. 미국에서 가장 흔하고, 가장 큰 비용이 들며, 많은 것을 파괴하는 정전의 형태는 대규모 폭풍으로 일어나는 며칠간의 블랙아웃이 아니라, 5분 또는 그보다 짧은 시간 이어지는 정전이다. 이 정도로 짧은 정전은 굉장히 흔하다. 미국에서 발생하는 연간 정전 비용 가운데 3분의 2가 이렇게 5분보다 짧게 지속되는 정전 사태에서 빚어진다. "순간 정전의 빈도가 지속적 정전의 빈도보다 훨씬 더 높기"[288] 때문이다. 정보 네트워크에 접근해야 하고, 보안을 유지하는 데 전기가 계속 공급되어야 하는 산업(예컨대 전자 잠금장치, 전기 키패드, 금속 탐지기, 감시 카메라와 같은 장비를 사용하는 산업)에 짧은 정전은 그야말로 재난이나 다름없다.

군은 정보를 가능한 한 빠르게 수집하고, 이를 즉각적으로 전술 행동에 반영해야 한다. 이 두 가지는 군에게 생명과 마찬가지다. 그런데 군이 정보를 수집하고 관리하는 데 사용하는 거의 모든 장비, 공간, 기기 등은 모두 전기로 작동한다.[289] 감시 장비들이 고작 5분 동안 작동을 멈췄을 때 각종 돌발 사태가 일어나고 군이 그에 대응하는 장면이 등장하는 영화를 몇 편이나 봤는지 떠올려 보라. 국방부로서는 이런 악몽 같은 상황을 국내뿐 아니라 야전에서도 결코 보고 싶지 않을 것이다.

군 기지와 하차 병력들이 직면한 문제들(지나치게 긴 공급망, 너무 무거운 배터리, 현행 전력망의 심각한 취약성)은 언뜻 달라 보일 수도 있지만 그 해결책은 많은 면에서 동일하다. 오늘날 미군은 다양한 종류의 기지와 장비를 운용하기 위해 만족해야 하는 요구 사항들을 반영해 마이크로그리드를 설치하고 있다. 미군은 이미 미국 내에서 20개의 마이크로그리드를 운용 중이고,[290] 향후 5년 안에 마이크로그리드를 21개 추가해,[291] 자체 전력 생산 규모를 지금보다 2배 이상 많은 578메가와트까지 늘릴 것이다.[292] 이것들 중 대부분은 재생에너지와 이른바 '수요 저감', 즉 에너지 절감 및 효율 향상에 의존한다. 예를 들어, 중동에 배치된 육군이 사용하는 신형 텐트는 이제는 오렌지색의 두꺼운 발포 수지 층으로 덮여 있어서 에어컨, 난방, 환기에 사용하는 전기의 양이 예전보다 40~75% 적다.[293] 지부티에 위치한 캠프인 레모니어에서는 체육관용 텐트에 발포 단열재를 적용했다. 이 조치만으로도 캠프에 전력을 공급하는 데 필요한 발전기의 수를 40%나 줄일 수 있었다.

그러나 사막 지형에 설치된 텐트에 발포제를 도포하는 과정(이 과정을 '에스키모잉eskimoing'이라고 부른다)은 에너지 절감에 필요한 전체 과정에 비하면 빙산의 일각일 뿐이다. 무엇보다도 발전기와 휴대용 배터리에 대한 의존도를 크게 줄여야 한다. 2007년의 국방부 보고서는 조금 더 온건하게 이 목표를 표현하고 있다. "우리 군의 소비 방식과 우리의 안보 환경 속에서 도출되는 전략적, 작전적 목표는 서로 단절되어 있다."[294] 전략적 목표, 안보 환경, 군의 소비 방식을 서로 일관되게 만들기 위해, 미 국방부는 일련의 적응 방안을 마련했다. 이 방안은 연성 경로와 많은 공통점이 있다. 미 국방부는 전력 생산의 변화, 저장 장치의 확대 그리고 에너지 효율 강화를 이 적응 방안에 포함시키고 있다. 이때 전력 생산 장치는 재생에너지와 디젤 모두를 포함하며, 어느 한쪽에 전적으로 의존하지 않는다. 또한 이 시스템은 유연해서 군 기지나 정찰 팀은 물론 보병 여단의 전술적 요구에도 부응할 수 있으며, 최종 사용처의 규모에 부합하고, 전력 품질도 필요한 만큼 높다. 게다가 이 시스템의 구조와 작동 방식은 비교적 이해하기 쉽다. 마지막 특징은 군에게 특히 중요하다. 중동에서 태양광 '패널'을 개발하는 문제(너무 검거나, 반사가 심하거나, 너무 뜨겁거나, 너무 뻣뻣해서는 안 된다)를 어느 해병대 장교가 토론하는 동안 지나가는 말로 다음과 같이 소개한 적이 있다.[295] "사막에 있는 해병에게 티타늄 공 2개를 줘보시오. 하나는 잃어버리고, 다른 하나는 망가뜨릴 겁니다." 조립과

해체가 가능하며, 따라서 여러 부품과 모듈로 이뤄진 마이크로그리드를 만들고자 한다면, 그리고 이것이 작전 중인 병력들에게 실제로 도움이 되려면, 그 핵심 요소는 잃어버리기도 어렵고 망가뜨리기도 어려운 물건이어야만 한다.

그래서 군대는 아주 놀라운 방식으로 여러 기술을 조합해 하나의 해법을 창안해 냈다. 예컨대 전술 교류 시스템Tactical Alternating Current System, TACS 은 다음 모듈들을 포함한다.

▷ 2.8~3.1킬로와트 태양광 어레이solar array•
▷ 전력 관리 센터
▷ 배터리 뱅크••
▷ 4킬로와트 교류 인버터AC inverter
▷ 4킬로와트 백업 발전기

주 전원은 "깨끗하고, 조용하며 … 가벼운 데다 유연하고, 내구성 또한 훌륭한 태양광 어레이"다. "태양광 어레이가 수요 이상으로 생산한 전력은 야간이나 흐린 날에 사용하기 위해 배터리 뱅크에 저장되며, 백업 전력은 시스템 제어장치에 연결된 발전기로 공급한다."[296] 백업 전력용 발전기를 제외하면, 이 시스템은 (6장에서 언급한) 엑셀이 피터슨에게 제공한 시스템과 동일하다. 피터슨은 전력망으로부터 예비 전력을 제공받지만 아프가니스탄 동부의 평야에 고립된 이 기지는

• 여러 태양광 모듈을 연결해 하나의 집합체로 만든 형태.
•• 병렬로 연결된 배터리 셀 집합체.

별도의 발전기를 활용한다는 점이 유일한 차이다.

햇볕이 잘 드는 곳에서는 예비 발전기가 하루의 5~10% 동안만 켜져 있다. 흐릴 때는 그 시간이 15~20% 정도로 늘어난다. 달리 말하면, 주간 전기 생산의 80~85%는 조용할 뿐만 아니라, 적에게 쉽게 발각되는 새까만 배기가스를 방출하지 않는다는 것을 의미한다. 군 당국의 자체적인 계산에 따르면, 전술 교류 시스템은 디젤발전기의 연료 및 정비 요건이 전체의 10%를 차지하며, 이 발전기를 제외하면 움직이는 부품이 없기에 부품을 잃어버리거나 망가뜨릴 가능성도 크게 낮춘다.²⁹⁷ 전술 교류 시스템은 120볼트로 6암페어의 전력을 끊임없이 공급하며, '전형적인 전술 작전 센터'의 평균 부하의 10배인 60암페어의 부하량까지 감당할 수 있다.

국방부는 시스템 규모를 더욱 키우기 위해 '이동식 하이브리드 발전소Transportable Hybrid Electric Power Station, THEPS'라고 불리는 '모바일 발전소'를 야전에서 시험 중이다. 이는 전술 교류 시스템과 마찬가지로 "뻣뻣한 태양광 패널, 풍력 터빈, 저장용 배터리, 고성능 디젤발전기를 조합해 풍력 또는 태양광만으로 공급 요건을 충족하지 못하는 시간에도 지속적인 전력 공급을 보장한다."²⁹⁸

하지만 이 시스템에는 한 가지 흥미로운 점이 있다.

"THEPS의 출력은 기상 조건에 따라 변동하지만 평균 5킬로와트 수준의 전력을 제공한다. 이 시스템은 디젤발전기를 포함하므로, 전투원들을 연료 보급 임무로부터 해방시킬 수는 없다. 그러나 바이오매스와 같이 현지에서 조달되는 자원에서 디젤 연료를 얻을 수 있다면, 이런 어려움 역시 극복할 수 있을 것이다."²⁹⁹ 이를 달리 표현하면, 음식물 쓰레기나 변소 슬러지sludge가 5톤 박스 카 크기 정도로 특수 설계된 탱크로 흘러들어 가면, 바이오 연료(방귀나 발효주, 즉 메탄가스와 에탄올)가 생성되고, 그 압력이 높아지면 자연스레 별도의 탱크로 방출되며, 이를 통해 보급병들은 발전기를 작동시키고 취사용 레인지에 전원을 공급한다.[300] 시스템 개발자들은 이를 'TGER', 즉 '전술적 쓰레기를 에너지 정제소로Tactical Garbage to Energy Refinery'라고 불렀다. 이 시스템은 미 육군이 약 3년간 85만 달러를 들여 개발한, 아주 훌륭한 자체 폐기물 처리 장치다.[301]

군이 그들의 똥으로 전기를 생산하기 시작하면, 세상은 말 그대로 바뀔 것이다. 이 시스템은 이해하기도, 설치해 운용하기도 쉽다. 정화조와 비슷한 방식으로 집에 설치도 할 수 있다. 음식물 쓰레기, 폐기저귀, 변기 물과 오물 따위가 탱크로 들어가면, 연료로 바뀌어 나온다. 병력 1명이 매일 생산하는 2~3킬로그램의 쓰레기를 단지 태워버리지 않는 것이 아니라 '대사'시킬 수 있다는 말이다. 물론 발전기를 가동시키려면, 9 대 1의 비율로 여전히 TGER 생산 가스와 그에 혼합할 디젤 또는 바이오 디젤이 필요하다. 하지만 이는, THEPS와 TGER을 함께 활용할 경우, 전기를 생산하기 위해 트럭으로 운반해야 하는 액체 연료의 양이 기존 발전기 시스템의 1% 수준으로 줄어든다는 뜻이다. 이렇게 되면 전기 생산뿐만 아니라 차량에 쓰이는 연료도 줄일 수 있다.[302] 한 추정치에 따르면, 야전에 사용하는 휘발유 중 70%는 다른 연료를 운반하는 데 쓰인다. 유조차도 다른 차량과 마찬가지로 연료를 공급받아야 하기 때문이다.

• • •

이 모든 시스템은 여전히 개발 중이거나 야전에서 시험 중이다. 그렇지만 미국 본토에 주둔하는 부대가 사용하는 군용 마이크로그리드의 상황은 아주 다르다. 이것은 부분적으로 기존 그리드가 제공하는 전기에 의존할 수 있기 때문이다. 전방 작전기지와 달리 하노버, 뉴저지, 워싱턴 D.C. 외곽에 위치한 군사 시설은 대부분 자체적으로 전기를 생산하거나, 배설물과 음식 쓰레기를 퇴비와 에너지로 바꿔야 할 필요가 없다. 이 시설들은 하노버나 워싱턴 D.C.의 민간인들처럼 수세식 화장실, 전력 회사가 공급하는 전기, 공공의 쓰레기 수거와 같이 사회 기반 서비스로부터 이익을 얻는다. 다만 이런 기지들은 샌디 같은 폭풍이 시스템 전반을 파괴하거나 기능장애를 일으킬 때 민간인들과 동일한 문제를 겪을 수 있다.

전쟁으로 피폐해진 중동 지역과 같이 에너지 빈곤 상태에 놓인 세계 여러 지역에 주둔하는 기지들과는 달리, 미국 내 군 기지들은 주변 도시와 마찬가지로 풍요가 넘치는 지역에 위치해 있다. 거의 언제나 필요한 곳에 전기를 공급할 수 있을 만큼 충분한 전력 인프라도 있다. 물론 미국의 풍요는 그리드에 국한되지 않는다. 그리드의 기반에는, 먼저 발전소가 있고, 전기 생산을 위해 연소되는 석탄과 가스를 운반하는 화물열차와 유조차가 마련되어 있다. 에너지의 원천을 따라 더 멀리까지 나아가면, 웨스트버지니아주의 광부들은 석탄을 채굴하고 엔지니어들은 와이오밍주 일대를 둘러싼 지역의 시추공에서 가스를 추출한다.[303, 304] 또한 안전하고 풍부한 에너지 시스템은 노사 관계를 평화롭게 이끄는 좋은 고용 정책은 물론, 에너지 추출의 경제성과 장기 안정성까지도 보장하는 좋은 카운티, 주, 연방 규정에 의해서도 뒷받침된다. 그리고 이는 러브 커낼이나 딥워터 호라이즌과 같은 재난을 과거의 일로 만든다.

에너지 안보를 구성하는 이러한 여러 측면들은 미국 안에서는 통제될 수 있으나 전쟁 중인 지역에서는 그렇게 할 수 없다. 풍요의 땅을 건설하는 데 필수적인 지식과 조직 체계가 자연스럽게 에너지 안보와 연결된다고 생각하거나, 미국의 도시와 군 기지에 전력을 공급하는 인프라가 '안정적인 환경'에 놓여 있다고 생각하면 오산이다. 우리는 미국 북동부를 습격한 허리케인 샌디와 아이린, 걸프 해안에 상륙했던 카트리나와 리타, 미국 북서부 태평양 연안을 초토화시킨 게일, 보스턴의 '스노마겟돈', 캘리포니아의 가뭄과 산불, 한 해가 끝날 때마다 인프라 재건을 반복하게 만드는 텍사스 북부, 오클라호마, 캔자스, 네브래스카의 토네이도를 경험해 왔다.

미국의 인프라가 보통 때는 안정되어 있다고 해도, 이를 불안정하게 만드는 원인은 폭풍 말고도 아주 많이 있다. 인프라와 공급망을 파괴할 만큼, 그래서 뉴스 헤드라인을 차지할 만큼 치명적인 사건 말고도, 거의 언급되지 않으나 늘 전력망에 충격을 주는 원인들이 적지 않다. 국가 단위에 큰 충격을 가한 사건으로 기억되는 정전 사태는 대체로 폭풍이나 시스템 자체의 복잡성에서 기인한다. 하지만 외곽 지역 카운티 또는 농촌 지역의 카운티에서는 도시 사람들로서는 상상하기도 어려운 원인으로 매년 수백 건의 정전이 일어나고 있다. 오리건주의 한 농촌인 클랫숍카운티에서는 만취한 남자가 지역 변전소를 향해 차를 돌진시켜(전력 회사가 주변에 울타리를 설치하기 전이었다!), 이틀 동안 주변 지역의 전력 공급을 차단시킨 적도 있었다.

2013년 4월에는 비슷하면서도 훨씬 더 의도적인 공격이 있었다. 기관단총으로 무장하고 복면으로 얼굴을 감춘 남성들이 실리콘밸리에 전기를 공급하는 지역 변전소를 조준해 사격한 것이다. 이들은 변전소에 설치된 대형 변압기 17기를 파괴하려고 했고, 마치 저격수처럼 변전소의 핵심 부품을 표적으로 삼았다.[305] 용의자들은 잡히지 않았지만, 이들의 지식과 의도는 아주 인상적이다. 누구도 드러내고 이야기하지 않지만, 미국의 인프라는 날씨의 변덕에 노출되어 있을 뿐만 아니라, 충격적이겠지만, 괴한들에게도 취약하다.

2014년, 미국에서는 악천후로 인한 중대 정전이 77건, 연료 부족으로 인한 정전이 17건(대개 철도 혼잡과 같은 공급망 문제) 발생했다. 물리적 공격으로 인한 정전 66건 중에서 단 2건만이 사이버 공격(인프라의 컴퓨터화에서 비롯된 새로운 문제)이었다.[306] 이 정전 횟수의 원인속에는 실리콘밸리 변전소에 피해를 입힌 저격수의 사례와 같이 명백하게 의도적인 행동은 물론, 술에 취한 변전소 파괴자 또는 지나치게 흥분해 한밤중에 엽총을 장전하고 창밖으로 사격한 새해맞이 술꾼의 행동(스트로의 고향에서 있었던 일이다)처럼 과실에 해당하는 행동까지 포함한다. 불행히도 술꾼은 아무도 피해를 입지 않을 공중보다는 조금 낮은 곳을 겨눴으며, 그가 쏜 총알은 길 건너 광장을 가로질러 변압기에 부딪쳤고, 이 변압기는 불꽃을 내뿜으며 터져버렸다. 이것은 순전히 사고였고, 술꾼도 전혀 의도하지 않은 것이었다. 이틀 뒤에나 마을 반대편까지 전기가 복구되었다는 소식이 신문으로 전달되었고, 지역 언론사가 다시 운영될 수 있었다.

게다가 동식물이 유발하는 정전 또한 끊이지 않는다(5장 참조). 산타크루즈카운티의 한 전기기술자에 따르면, 주거 지역의 가장 큰 정전 원인은 다람쥐의 계속된 갉아 먹기였고, 카운티의 삼나무 숲에서 웃자란 나뭇가지로 인해 일어나는 선로 파손이 그 뒤를 따랐다. 다람쥐가 나스닥을 1번도 아니고 2번(1987년과 1994년) 정지시켰다는 사실을 알게 된 후, 다람쥐가 그리드에 실제적으로 미치는 영향에 관심을 가지게 된《뉴욕타임스》의 한 기자에 따르면, 보도할 가치가 있는 2013년의 "정전 50건"이 고작 3개월 동안 "다람쥐에 의해 일어났다. 그것도 24개 주에서 말이다".[307] 그는 "6월의 특히 바빴던 이틀 동안 아이오와주 메이슨에서 1,500명, 버지니아주 로어노크에서 1,500명, 오리건주 클래커마스카운티에서 5,000명, 캔자스주 위치토에서 1만 명이 정전을 겪었다"라고 보도했다. "텍사스주 오스틴에서는 다람쥐가 1년 동안 무려 300건에 달하는 정전을 초래하는 불명예스러운 기록을 세웠다. 다른 전력 회사들은 전체 정전 가운데 야생동물이 원인인 사고는 7~20%라고 주장했고, 2005년 캘리포니아주에서 실시한 연구에서는 이러한 사고가 연간 3,200만 달러에서 3억 1,700만 달러 사이의 비용을 초래한다는 개략적인 수치도 제시되었다. 야생 고양이, 너구리, 조류 또한 골칫거리다. 지난달 오클라호마에서는 수리부엉이가 전신주에 뱀을 떨어뜨려 정전이 자주 발생한다는 보고도 있었다."[308] 2011년 몬태나주 미줄라 외곽에서는 어린 대머리독수리가 죽인 사슴의 사체 때문에 고압 선로가 합선되었다. 독수리는 사슴 사체를 집어 날아가고 있었지만 (독수리에게는 유감스럽게도) 너무 무거운 나머지 이를 떨어뜨렸고, 이것이 선로에 걸려버렸다. 독수리가 선로에 걸린 사슴 시체를 집어 들려고 했지만 스파크가 터져 나왔고, 이 때문에 전력이 끊어졌다.

전통적인 도둑이지만 최근 들어 더욱 기승 부리는 구리 도둑들도 문제다. 구리 도둑질은 인프라를 겨냥한 또 다른 물리적 공격이다. 미국 전역이 불황에 빠지자, 마을들의 거리가 서로 매우 멀어 아주 고요한 서부와 중서부 지역의 변전소에서 접지선 도난 사고가 전염병처럼 퍼져나갔다. 한 변전소에서 한 달에 수차례 구리를 도난당하는 일이 비일비재했다. 전력 회사가 구리선을 다시 설치하는 속도만큼, 구리 도둑질도 빨랐다. 금속이 감겨 있는 변압기는 도둑들의 민첩한 손앞에서 희생양이 되었다. 유틸리티가 사용 중인 전선도 (아주 명백한 이유로 내가 사용하기를 꺼리는 볼트 커터 앞에서는) 절단과 도난에서 안전하지 않았다. 심지어 전력 회사 트럭에 실린 거대한 구리 더미가 분실되기도 한다. 다소 위험하더라도, 구리 절도는 절도범에게 손쉽고 돈이 된다. 이는 전력 회사와 고객들에게 더 큰 비용 부담을 안긴다.

폭풍우, 무장 괴한, 마구잡이로 운전하며 자동차를 아무 데로나 몰고 가는 술꾼, 하늘에서 떨어지는 짐승의 사체, 끊임없이 모든 것을 갉아 먹는 다람쥐들, 웃자란 나뭇가지들 그리고 구리 도둑들이 수십 년간 그리드에 타격을 입힌 결과, 구글이나 국방부와 같은 기관은 물론 스트로와 같은 개인들조차 그들이 사는 지역의 에너지 환경 '안정성'과 '안전성'을 신뢰하지 못하게 되었다. 미국은 풍요로운 삶, 그리고 극도로 발전되고 산업화된 국가가 누릴 수 있는 축복을 받았지만, 바로 이러한 제1세계의 생활양식은 에너지 안보에 필요한 것과 완벽하게 상충한다.

새 천 년이 시작되자, 흥미롭게도 확실히 점점 더 많은 주요 행위자들이 단순히 불만을 품는 것에서 벗어나 무언가를 시도하기 시작했다. 미국 서해안에서 이런 일이 일어났다고 말하면, 의심 많은 독자들은 사람들이 이른바 'DIY Do It Yourself'를 지향하는 자유 지상주의적 개척자 정신에 기반해서 그리드에서 벗어나 변화를 꾀했다고 여길 것이다. 그러나 2007년에 폭풍이 몰아쳐 많은 것이 파괴되었던 태평양 연안에서 일어난 일은 이러한 종류가 아니었다.

'오프 더 그리드off the grid'•, 즉 단독 주택이 아니라 복합 주거에 살고 극우 또는 극좌로 간주되는 급진적 성향의 "그런 사람들"의 수가 상당한 수준이기는 하다. 전통적으로 '오프 더 그리드'로 불린 이들 중 대다수는 1960년대 후반부터 (스트로와 미 국방부의 확고한 견해에 따르면) 불안한 경유 발전기를 활용해 자신이 쓸 전력, 빛, 열 등을 부지런히 생산해 왔으며, 수차를 가지고 흐르는 빗물을 일정한 전압의 흐름으로 바꾸기도 했다. 소규모 풍력발전소는 이들에게 실제로 유행했던 적이 전혀 없었고, 미국 북서부 해안에 사는 사람들이 태양광발전을 택해야 할 이유도 전혀 없었다.

『트와일라잇Twilight』의 뱀파이어들이 워싱턴주 포크스에서 살기로 선택한 데는 다 이유가 있다. 그 이유는 진설과는 관련 없다. 바로 이곳에서는 태양이 결코 빛나지 않는다는 것이다. 포크스 남쪽 290킬로미터 지점에 있는 실비 스트로의 작은 해안 마을은 구름과 안개 때문에 1년 동안 맑은 날이 30일도 채 되지 않는다. 이 도시는 미국에서 가장 습한 마을인 데다가 태양광 패널을 설치하기에 가장 부적합한 도시로 꼽히기도 했다.[309]

예나 지금이나, 오프 더 그리드가 반드시 '녹색'과 일치하는 이념이라고 볼 수는 없다. 다시 말해, 이들이 자기 손으로 전기를 생산하는 이유가 전국망 그리드에서 얻는 전기가 환경적으로 매우 유해하다고 생각하기 때문은 아니다. 물론 일부는 그렇겠지만, 그보다 이들이 스스로 전기를 만드는 이유는, 정부가 제공하는 서비스를 받지 않기

• 전기, 상하수도 등 사회 기반 시설 및 서비스를 이용하지 않는 사람들을 지칭하는 용어다.

위해서다(이로써 정부의 개입에서 벗어날 수 있다). 디젤발전기로도 오프 더 그리드가 가능하고, 천연가스(이는 다른 종류의 인프라가 필요하다) 역시 마찬가지다. 장작을 태우는 난로도 어느 정도는 유용하다. 그러나 멀리 떨어진 관찰자들은 이 수단들 가운데 어떤 것도 이 지역의 수염쟁이 남성들과 겨드랑이 털을 내버려 둔 여성들이 지지할 법한 가치를 구현하지 못한다고 볼 것이다.

이미 많은 것이 준비되어 있던 서부 해안이지만, 2007년의 대폭풍은 생태학적 혁명, 녹색혁명을 불러오지 못했고, 자유 지상주의적 의제(DIY, 그리고 정부의 개입을 죄악시하기)를 구현하는 데 그다지 도움되지도 않았다.

$\cdots$

오히려, 이 폭풍은 상당히 온건한 태도를 견지했던 사람들, 이른바 '대안적인 운동'과 무관했던 사람들, 즉 정부와 전력 회사가 하는 일에 만족했던 사람들에게 큰 충격을 주었다. 자신의 손으로 난방을 하고 조명을 켜는 일에 팔을 걷어붙인 사람들도 바로 이들이었다.

2007년 12월에 세상이 바뀌었다는 내 말의 뜻은, 전혀 급진적이지 않았던 사람들이 1년 전만 해도 스스로 급진적으로 여겼을 행동을 자기 손으로 하기 시작했다는 점이다. 마을 사람들은 유틸리티가 제공하는 전기에서 벗어나고자 했고, 더 나은 무언가를 만들기 위해 자기 돈(당시 이들은 여전히 호황을 누리고 있었다)을 투자했다. 그리고 이 투자는 반체제적 활동을 위해서가 아니라, 그리드가 파괴된 후에 겪어야 했던 추위와 눅눅함에 지쳐 있던 이들이 그들이 겪어야 했던 괴로움을 피하기 위한 것이었다. 그들은 우리가 '이민자의 꿈'이라고 불렀을 다른 시간과 장소를 꿈꾸었지만, 바다 건너편 어딘가에 더 좋고 따뜻하고 밝은 곳이 있다고 생각하는 대신, 그들이 처해 있던 안타까운 상황을 바라보며 되뇌었다. "여기, 바로 이곳이 내가 사는 집이다. 그리고 바로 이곳이야말로 내가 더 나은 삶을 건설해야 할 곳이다." 그리고 그들은 자신의 말을 실천으로 옮겼다.

이 점에서 스트로 부부는 고립되어 있지 않다. 샌디가 내습한 이후 북동부에서 스트로 부부와 뜻을 같이하게 된 새 동료들, 즉 미군 말고도 더 많은 사람들이 그들과 뜻을 같이한다. 이제는 온건하고 중도적인 입장에 서 있는 사람조차 일상생활에서 사용하는 그리드를 더욱 회복력 있게 구축하고 있다. 이렇게 그리드가 공급하는 전기에 의존하지 않으려는 것은 이데올로기적 이유 때문이 아니며, 그들의 작은 기대치조차 충족하지 못할 정도로 제대로 작동하지 않는 경우가 많기 때문이다. 2012년에 샌디가 뉴욕 대도시권을 강타했을 때, 아래의 풀뿌리 단위에서 출발해 위의 그리드 전체로 향하는 회복력 정신은 이미 미국민의 폭넓은 공감대를 얻고 있었다. 미국 동부 해안에서는 그때까지 이 정신을 알지 못했음에도 그렇다. 이것들 모두는, 기존 인프라를 강화하는 모델로부터 회복력을 강화하는 좀 더 현대적인 계획으로 방향을 돌리기 위해, 그리고 이러한 이행을 그들이 그동안 생각했던 것보다 더 빠르게 이루기 위해, 폭풍 샌디를 필요로 한 셈이다.

일반적인 사람들의 일상은 대중적 환호와 관심에서 가장 먼 주제이지만, 현재 그리드의 가장자리에서 진행 중인 변화는 명백히 혁명과 같은 충격을 준다. 그런데 이 충격과 혁명은 오늘날 전력망의 구조에 대항하기보다는 오히려 이 망과 동조하면서 전진하는 혁명이다.

마이크로그리드의 가장 큰 장점은 다음과 같다. 구글이든, 포트카슨 기지든, 실비 스트로의 이웃인 밥의 자택이든, 그리드가 제공하는 전기를 기꺼이 사용하는 사람이나 기관에게 그리드가 제대로 돌아가지 못할 때도 전기를 공급할 수 있는, 즉 정전이 일어나더라도 계속해서 난방과 조명, 통신을 위한 대안을 제공할 수 있다는 데 있다. 밥은 마이크로그리드, 또는 한 가정에 적합한 그 축소판인 나노그리드를 소유할 수 있을 만큼 부유한 사람이 아니다. 밥은 평범한 아파트에 거주하고 있으며 천연가스 연료 히터와 온수기, 프로판가스 스토브(커피용)와 샤워기를 소유하고 있다. 밥과 거의 동일하지만, 스트로 부부는 전기가 필요 없는 회전식 전화기와 프로판 가스 조명을 가지고 있다. 밥과 스트로 부부의 친구들 다수는 전기와 컴퓨터 전원 유지에 보다 신경 쓰고, 난방 온도나 커피 온도에는 신경을 덜 쓰고자 하기 때문에 디젤발전기를 선택했다. 마을 전체를 위한 전술적 교류 시스템을 구축하기 위해 다른 이웃과 손잡은 사람은 아직 아무도 없다. 그리고 이들의 마을에서는 현재 소형 풍력발전기 설치는 금지되어 있다.

망을 완전 새롭게 건설하는 건축 작업뿐만 아니라 팅커링tinkering•까지 포함하는 이러한 작업들은 '그리드 에지grid edge'••라는 이름으로 알려져 있다. 이 용어는 발전기를 집에 연결하는 것부터, 차고 지붕에 태양광을 설치하는 작업, 기지에 50메가와트급 SPIDERS••• 마이크로그리드를 구축해 활용하는 작업, 풍력 단지, 변전소, 사설 회선

• 이미 있는 것을 조금씩 수정하며 완성하는 방식을 뜻한다.

•• 전력 생산 그리드의 최종 단계에 활용되는 스마트 및 그리드 연계 기술을 의미한다.

••• SPIDERSSmart Power Infrastructure Demonstraeon for Energy Reliability and Security는 스마트 전력 인프라 모의실험으로, 미국 마이크로그리드 구축과 관련된 프로젝트 이름이다.

을 본사 내부에 구축하는 작업까지 포괄한다. 전력 회사가 소유한 인프라에 전적으로 의존하는 온그리드ongrid, 그리고 전력을 사용할 수 없는 오프그리드offgrid(1970년대 전반에 내 아버지가 추가한 상황이다) 사이의 두껍고 넘어서기 어려웠던 경계에, 대안적 비전과 전력 생산 체계가 뿌리내리고 있다. 바로 여기, 그리드 에지에서 마이크로그리드가 꽃을 피우고 자란다. 불안정한 환경이 안정된 환경으로 전환되는 한편, 깨지기 쉬웠던 것들이 회복력이라는 정신 아래 다시 구성되고 있다. 군에게 이는 어떤 상황에도 표준화된 전력을 확보한다는 것을 뜻한다. 뉴저지트랜싯에게는 폭풍우가 몰아쳐도 사람과 사물이 이동할 수 있다는 것을 뜻한다. 한편 이러한 전환은 스트로 부부와 친구들에게는 어떤 상황에서도 뜨거운 커피, 온수, 빛, 전화를 전기나 가능한 다른 수단으로 걱정 없이 사용하는 것을 뜻한다.

따라서 실비 스트로, 퇴역한 앤더슨 준장(스프레이 폼spray foam의 달인), 에이머리 로빈스와 헌터 로빈스 부부, 뉴저지트랜싯, 구글은 모두 같은 결론에 도달한 상태다. 이들은 상황을 바꾸기 위해 떠들썩하게 항의하지 않는다. 전력 회사가 일을 제대로 할 것이라는 기대를 접었기 때문이다. 폭풍이 불어닥치거나, 탈레반의 산악 병력들이 기습하거나, 망의 복잡성으로 인해 상황이 꼬여 정전이 발생하더라도, 난방기로 공기를 데우고, 세탁물 건조기를 돌리며, 조명을 환하게 밝히고, 컴퓨터를 안정적으로 사용할 수 있도록 개별 주체(개인, 가족, 회사, 기관)가 스스로 문제를 해결하기 시작했다. 이들은 만들어진 지 오랜 세월이 지나 낡고 불안정한 까닭에 끊임없이 전기를 생산하고 분배하기가 어려워진 큰 그리드에 더 이상 의존하지 않고자 한다. 이제 큰 그리드의 가동이 잠시 중단되더라도 전기를 직접 만들 수 있기를 원한다.

・・・

2015년 1월, 인터뷰를 위해 실비 스트로를 만났을 때, 그는 자신과 그의 남편(둘 다 70세에 가까운 나이다)이 '큰 바람'이 불어올 때 어떻게 지역 노인 센터에서 열리는 크리스마스 파티에 갔는지, 그리고 참석자들이 함께 앉아 식사하고 있을 때 어떻게 전기가 나갔는지 내게 이야기했다.

"하지만 정전이 파티를 망치지는 못했죠." 저녁 식사를 위해 준비된 "음식을 데우기 위해, 스터노^{Sterno*}를 사용하고 있었기 때문이죠". 그들은 그 지역의 다른 노인들과 함께 따뜻한 음식을 먹었고, 촛불을 밝혀 경품 추첨 게임도 진행할 수 있었다. 스트로 부부는 그 지역의 핀란드식 가게에서 사용할 수 있는 25달러짜리 상품권을 받았다. 그녀는 남편에 대해 이야기하며 이렇게 말했다. "대니얼은 늘 게임에서 이겨 경품을 따 와요." 고작 두 달 사이, 벌써 그해 겨울 들어 다섯 번째 정전이 일어난 날이었다.

가정의 에너지 안보를 안정적으로 확보하려는 개인의 노력에도 불구하고, 스트로 부부는 2015년에도 여전히 신뢰할 수 있을 정도로 안정적으로 전력을 공급하는 그리드의 힘이 미치지 못하는 그리드 에지에서 살고 있다. 그들은 마을을 위해 건설된 마이크로그리드에 성원을 보내는 최초의 사람들이 될 것이다. 그러나 이런 마이크로그리드가 건설되기 전에는, 개인이 마련할 수 있는 것들이 제대로 작동하든 그렇지 않든, 그리드가 멈출 때마다 그들은 고통을 겪을 것이다.

• 깡통에 담겨 있으며 알코올 성분으로 된 고체 연료의 상표명이다.

8장

성배를 찾아서

2014년 말, 록히드마틴Lockheed Martin 산하에 있는 "스컹크 워크스", 그러니까 지난 수십 년간 온갖 놀라운 것을 발명해 왔던 비밀 연구 개발 집단에서 또다시 놀라운 발표를 내놓았다. 발표 자체보다도, 에너지 관련 업계와 주요 매체에서 이들의 발표에 대해 야단법석을 떠는 모습이 더 놀라운 일일지도 모르겠다. 이들은 순 에너지 생산이 가능한 핵융합 원자로의 등장 시점이 30년 이후의 먼 미래에서 10년 남짓 되는 가까운 미래로 다가왔다고 주장했다.[310] 아직 존재하지도 않는 기술의 등장 시기가 미래의 한 시점에서 다른 시점으로 완만하게 변화한다는 발표인 셈이니, 세간에서 스컹크 워크스의 작업에 그토록 크게 환호한 것이 무언가 우스워 보일지도 모른다. 왜 이런 반응이 나왔는지를 이해하려면 핵융합에 얽힌 이야기, 이제는 미래에 대한 무한히 반복되는 농담처럼 되어버린 바로 그 이야기를 살펴봐야 한다.

　30년 후에 핵융합이 인류에게 도래할 것이라는 주장은 수십 년 넘게, 그러니까 30년도 넘게 이어졌다. 1950년대에는 1980년대에 핵융합이 도래할 수 있을 것 같았고, 1970년대에는 2000년이 약속된 시점처럼 보였다. 그리고 2010년이 되자 2040년까지는 문제들이 해결될 것이라는 이야기가 나왔다. 우리는 록히드마틴이 이 난제에 발을 들여놓으며 약속한 '10년'이 오기 전에, 즉 핵융합이 우리에게 힘을 불어넣기 전에, 차라리 자동차가 날아다니고, 냉장고가 생각하며, 나노 로봇이 우리 몸을 헤엄치며 몸속의 암세포를 먹어치우는 것이 더 빠를 것이라고 생각하게 되었다.

성공의 시점이 계속 미래로 밀려났음에도, 최소한 1950년대부터 핵융합은 에너지 문제를 해결하기 위해 도달해야 하는 최종적인 기술로 받아들여졌다. 핵융합은 지구상의 모든 물속에 함유되어 있어 그 양이 막대한 중수소를 연료로 사용하는 데다, 방사선을 방출하지 않는 '청정' 에너지원이다. 핵융합로에는 노심용융을 일으킬 요소도 없다. 핵융합을 통해 우리는 청정하고 안전한 에너지를 무한정 얻게 될 것이다. 만약 록히드마틴이 핵융합 발전 경쟁에서 승리한다면, 우리의 전략에 맞춰 배치할 수 있는 소규모 반응로도 대량으로 제작되어 우리 손에 들어올 것이다. 알래스카주의 작은 마을 아낙투부크 패스가 핵융합로를 에너지원으로 하는 마이크로그리드를 갖추게 되었다고 상상해 보라. 이 마을은 매우 풍부한 에너지와 완벽에 가까운 에너지 안보를 달성할 것이며, 더 이상 공급망을 필요로 하지 않고, 오염에서도 해방될 것이다. 하지만 중요한 문제가 남아 있다. 핵융합로를 가동하려면 반응로에서 만들어지는 만큼의 전력을 투입해야 한다. 핵융합로는 투입한 에너지 이상의 에너지를 생산하지 못하는 기계인 것이다. 그럼에도 맹물에서 무한한 에너지를 창출할 수 있는 기술인 덕분에, 핵융합은 반세기 이상 전력 산업에게 성배와 같이 여겨졌다.

물론 핵융합이 그 빛을 잃은 것은 결코 아니다. 마치 성배처럼, 핵융합은 크기가 작지만 여전히 눈부신 광채를 뿜내고 있다. 지난 10여 년간 더 향상된 대형 핵융합로를 건설한 프랑스, 그리고 보다 소형화된 노를 개발하기 위한 록히드마틴의 노력은, 핵융합을 향한 꿈이 지금도 실질적인 연구와 과제의 발전에 유효하게 작용하고 있다는 살아 있는 증거다. 그러나 록히드마틴의 발표 내용을 담은 팸플릿을 읽어보면, 이들이 말한 "10년"은 실제로는 30년 또는 그 이상의 시간이 될 수 있다. 늘 그래왔듯, 이러한 보도 자료는 기본적으로 구인 광고일 뿐이다. 록히드마틴은 핵융합로를 지속적으로 설계해 왔으며, "핵융합로 전문가"가 설계를 시제품으로 구현하도록 돕는 방안이 무엇일지 궁리해 왔다. 자신들의 구상을 담은 스케치를 구현할 수 있을 만한 사람들을 찾는 도중, 다른 성배들은 은총의 표시를 더욱 두드러지게 나타내거나 더 이상 광휘를 보여주지 못하고 빛을 잃어갔다. 오늘날과 마찬가지로, 이것은 늘상 있는 일이다.[311] 오늘날의 관심에 따라 보다 더 완벽한 미래에 대한 우리의 비전이 바뀌면서, 성배라고 간주되는 것들도 계속 바뀐다. 오늘날의 성배는 전력을 생산하는 새로운 방법이라기보다는 그것을 저장하는 방법을 찾는 것이다.

전력을 효과적으로 저장하는 수단을 개발하는 과업은 새로운 것이 아니다. 인설이 활동한 19세기 말부터, 전력 저장은 전력을 생산해 돈을 버는 이들에게 무엇보다도 중요한 최우선 과제였다. 이 문제는 다시 떠올라 오늘날 성배의 자리를 장악했다. 미래에 에너지를 더 청정한 방식으로 활용하려면, 재생에너지에 의해 과잉 생산되는 전력들을 저장해 놓는 방법이 필요하다.

현재로서는, 피크 부하 시점에 15%, 하루 전체를 기준으로 25%의 전력을 재생에너지 발전소에서 얻으면, 그리드에 이 재생에너지 발전을 통합하는 것이 매우 복잡해진다. 이러한 복잡한 과업은 단지 그리드의 크기만 변경해서는 달성될 수 없다. 태양광 패널이 디젤발전기보다 더 나은 전력 공급 시스템일 수도 있다. 하지만 배터리 팩이 함께 설치되지 않은 태양광 패널이라면 그렇지 않다. 또한 풍력 농장에서 나온 전기를 그리드에 통합시켰을 때 균형을 맞출 수단이 없다면 500메가와트의 풍력 농장보다 500메가와트의 석탄화력발전소가 그리드에게는 차라리 낫다. 가정용 태양광 시스템을 백업할 수 있을 정도로 안정적인 배터리를 활용할 수 있지만, 오늘날 대부분의 사람들은 굳이 비용을 부담하면서까지 이러한 시스템을 설치하지는 않는다. 이들은 결국 태양광 패널이 작동하지 않을 때는, 전력을 공급해 주는 그리드의 도움을 받을 수밖에 없다. 재생에너지와 그 저장 장치의 규모를 키우는 작업은 더욱더 드문 일이 되어가고 있다.

지금 이뤄지고 있는 것은 무언가 순서가 뒤집혀 있다. "균형"을 위해 과잉 생산된 전력을 저장하는 것이 아니라, 발전소 자체를 활용하는 것이 오늘날의 방식이다. 구름이 태양광 농장 위에 드리워져 태양광 생산이 잠깐씩 감소할 때마다, 이렇게 생겨난 파동을 안정시키기 위해 우리는 화석연료를 연소함으로써 자유전자의 흐름을 만들어내고 있다. 전통적인 발전설비를 사용한다면 해당 설비가 보유한 생산 능력의 2%만을 활용해도 이런 목적을 달성하기에 충분하다. 그러나 이 거대한 설비들은 24시간 내내 최대한의 용량으로 작동될 때만 효율적으로 가동되도록 만들어졌다. 그렇다면 재생에너지의 도입과 확산은, 대규모 석탄화력발전소와 같이 듬직하지도 않고 풍력발전기처럼 변덕스럽지도 않지만 필요에 따라 2, 3초 또는 2, 3시간 동안 작동할 수 있는 설비에 대한 요구가 늘어난다는 뜻이기도 하다(2, 3일 동안 가동될 가능성은 높지 않다).[312]

지금까지는 대체로 천연가스 터빈이 이러한 작업에 동원되었는데, 그런 만큼 재생에너지 발전 기업들이 풍력 농장과 태양광 시설을 지으면서 가장 많이 투자한 기술이기도 하다. 그러나 누구도 재생에너지 발전이 새로운 형태의 발전 방식이나 저장 장치를 필요로 한다고 말하지 않는다. 균형은 여러 수준에서 달성될 수 있다. 로키마운틴인스티튜트Rocky Mountain Institute의 클레이 스트레인저Clay Stranger는 다음과 같이 예를 든다. "교향곡 공연에서는 어떤 악기도 항상 연주되지 않는다. 하지만 악기들의 조화는 아름다운 음악이 만들어낸다."[313] 마찬가지로 그는 오늘날의 과제도 그리드를 보다 솜씨 좋게, 그리고 전력의 품질이 급격하게 요동치지 않게 지휘하는 것이라고 주장한다. 그래서 저장 장치는 짧은 시간에 자유전자의 흐름을 만들어내는 방법으로 오늘날 대중의 주목을 받고 있다. 자신의 장치를 가동해 만들어낸 전자를 전력 믹스에 포함시키려는 사람들이 창의적인 아이디어를 실현시키기 위한 노력을 쏟아붓고 있다. 그다지 재미있다고 말할 수는 없으나 또 다른 효과적인 아이디어들도 널리 떠돌고 있다. 그리고 이런 아이디어들은 모두 전력을 저장하는 방법이 필요하다는 감정을 공유하고 있다. 우리가 미래를 편견 없이 이상주의자의 마음으로 맞이한다면, 이러한 공감이 현실로 바뀔 것이다.

· · ·

150년 가까이 전기를 사용해 왔음에도 아직까지 남은 전기를 나중에 사용하기 위해 저장할 방법이 없다는 말은 왠지 말이 안 되는 것 같다. 하지만 옆집 사람이 케이크를 굽는 데 전기가 부족하다고 1와트 분량의 전력을 컵으로 담아 빌려줄 수는 없다. 드럼통에 전기를 채운 다음 화물차에 싣거나, 유조선에 실어 대륙을 횡단하거나, 바다를 가로질러 운반할 수도 없다. 컬럼비아강 협곡에서 풍력으로 생산된 잉여 전력의 일부를 잘 포장해 화물열차나 주간 고속도로를 통해 전체 전력 생산의 98%를 석탄화력발전소로 생산하는 웨스트버지니아로 보낼 수 있다고 상상해 보라.[314] 이 전기는 필요할 때까지 창고에 보관되고, 이렇게 잘 숙성된 녹색 전기는 변전소로 흘러가며, 전기를 필요로 하는 곳까지 배송될 것이다. 1년이나 3년, 또는 시간이 더 지나더라도 전기는 공기에서 처음 추출되었을 때처럼 신선할 것이다. 이상한 소리처럼 들릴지 모르겠다. 그러나 이것이 바로 오늘날에 석유와 석탄이 작동하는 방식이다. 언제 또는 어디에서 채굴되었는지는 전혀 문제되지 않으며, 채굴되고 사용되기까지 얼마나 오랫동안 우리 주변을 맴돌았는지도 문제되지 않는다. 이들은 우리가 사용할 때까지 자리에서 대기한다. 전력을 순식간에 소모시키고 그리드의 상황을 교란할 수 있는 시간이라는 요인은, 석유와 석탄이 연료일 경우에는 그리 중요하지 않다.

대부분의 사람들은 전력 저장이라고 하면 배터리를 가장 먼저 떠올린다. 물론 배터리는 필요한 전기를 만들어내는 좋은 수단이다. 그러나 아주 최근까지도 그리드에서 전력을 저장하는 데 배터리는 그다지 좋은 수단이 아니다. 2015년 기준, 미국의 그리드에는 단 하나의 배터리만 연계되어 있다. 2003년 페어뱅크스Fairbanks• 외곽에 2,043 제곱미터 면적을 차지하며 총 1,300톤에 달하는 니켈-카드뮴 배터리 시설이 만들어졌다. 이 시설은 최대 7분 동안 40메가와트의 전력을 공급할 수 있지만, 대체로 절반의 전력만 공급하면서 그보다 2배

• 알래스카주 중앙부에 위치한 알래스카에서 두 번째로 큰 도시다.

정도 긴 시간 사용된다. 이 전력으로 전등을 켜고, 히터를 잠시 작동시킬 수도 있다. 그러나 이 시설은 그리드 규모의 전원 백업시스템이라고 할 수는 없다. 이 시설은 지역 발전 사업자가 그의 디젤발전기를 가동하는 데 필요한 15분의 시간을 벌어주는 임시적인 역할을 할 뿐이다. 디젤발전기는 정전이 지속될 때 그리드를 유지해 준다.[315] 현재까지 이 시설은 "그리드 규모grid scale"에서 볼 때 의미 있는 수준의 전력을 저장하는 가장 큰 화학적 수단이며, 가장 긴 시간 전력을 공급할 수 있는 설비다. 그리드 규모에서 의미가 있지만 규모가 빈약한 다른 저장 수단들은 전기력으로 구동되는 기계적 과정에 에너지를 저장했다가 필요할 때 역방향으로 가동해 전류를 회생시키는 기술로서, 기술보다는 지형에 의해 그 활용 가능성이 제약된다.[316]

높은 산이 연달아 있는 산악 지역에는 '양수 발전소pumped hydro'가 있다. 이것은 기존 수력발전 댐 근처의 고지대에 인공적으로 만들어졌고, 그 바닥이 건조한 호수를 기반으로 한다. 호우가 내리거나 배수 분지의 유출량이 지나치게 늘어나 너무 많은 물이 댐에 차버리면, 하부 댐에서는 자체적으로 생산한 전기 가운데 일부를 이용해 펌프를 가동시키고, 이를 통해 넘치는 물을 고지대로 끌어 올려 상부 저수지에 저장한다. 추가적인 전력이 필요하면 여기에 저장된 물이 중력을 따라 흘러가도록 할 수 있고, 이들이 터빈들을 통과하도록 만들어 '새로운' 전류를 생산할 수 있다.

미국의 경우에 '저장된' 전력의 95%는 양수 발전소에 있으며, 그 용량은 22기가와트, 즉 전체 발전 용량의 2%에 해당한다.[317] 양수 발전은 고지대, 그리고 댐으로 막을 수 있는 협곡 지형을 통과하는 강 부근에서 가장 잘 작동한다. 물론 대초원, 늪지대, 사막이 펼쳐진 주에는 이 발전소를 지을 수조차 없다. 네바다주부터 인디애나주에 이르는 광활한 지역은 양수 발전이 전혀 효과를 보지 못한다.[318] 남부의 평원 지역도 양수 발전에 부적합하다.

멕시코만 연안의 몇몇 주에는 고지대만큼이나 전력 저장에 유용한 지형이 있다. 앨라배마주와 미시시피주는 암염 돔salt dome 지형을 가지고 있다. 앨라배마주 모빌의 북쪽부터 남부 미시시피에 이르는 지역 전체에, 오랫동안 독성 화학물질 처분장으로 사용된 천연 소금 동굴들이 복잡하게 얽혀 있다. 이 동굴은 압축공기를 저장하는 데도 매우 유리하다. 앨라배마주의 매킨토시에서는 동굴을 이용해 압축공기 에너지 저장Compressed Air Energy Storage, CAES 시스템이 가동되고 있다.[319] 잉여 전력이 너무 많아 전력 가격이 저렴해지는 시간(보통 밤이다)에는 이 전력을 이용해 공기를 압축시킨 다음, 이를 다시 동굴에 주입할 수 있다. 시간이 지나 다시 전력 수요가 증가하는 낮이 되면, 압축되었던 공기는 다시 대기 중으로 방출된다. 이때 방출되는 공기는 팽창하고 감압되면서 터빈을 회전시키고 전류를 만들어낸다.[320] 하지만 양수 발전소의 물과는 달리, 압축공기는 무한히 긴 시간 동안 저장할 수 없다.

압축공기는 24시간을 주기로 활용된다. 전력 수요가 많지 않을 때 전기는 동굴에 '충전'되며, 이렇게 저장된 에너지가 담긴 감압 공기는 석탄을 대신해 다음 날 낮 전력 수요가 정점에 이르렀을 때 전력을 만드는 데 사용된다. 배터리(압축공기 발전소는 배터리를 모방해 작동하는 설비다)와 구별되는, 즉 화학적인 '충전-방전' 저장 시스템과 구별되는 기계적인 시설의 장점은 이것들이 훨씬 더 긴 시간, 아니 거의 무한에 가까운 시간 동안 가동할 수 있다는 점이다. 1991년에 완공된 앨라배마주의 발전 시설은 이렇게 매일 돌아가며 눈에 띌 만한 효율성 저하 없이 25년 동안이나 가동되었다. 현재로서는 CAES와 경쟁할 수 있는 배터리는 존재하지 않는다.[321] 20년 가까이 충전과 방전 성능을 보장하는 산화 환원 흐름 전지[•](많은 이들이 이것이야말로 성배라고 믿는다)가 개발되면 상황이 바뀌겠지만 말이다. 만약 업계에 떠도는 이야기가 사실이라면, 그리드 규모의 흐름 전지가 1, 2년 후에 등장할지도 모를 일이다.

보다 최근의 노력이 집중되는, 유망한 에너지 저장 장치는 태양열 집중 타워concentrating solar tower의 형태로 등장하고 있다. 미국에서 이 시설은 2개뿐으로, 모두 남부 캘리포니아에 있으며, 네바다주에서 세 번째 시설이 거의 완공 단계에 있다. 양수 발전소나 압축공기 발전소와 마찬가지로, 태양열 집중 타워는 배터리와 유사한 방식으로, 즉 에너지를 충전했다가 방출하는 방식으로 가동된다. 이 발전소를 건설하기 위해서는 사막과 같이 햇볕이 잘 드는 곳에 거울들을 설치해야 한다. 이것들의 각도는 조절 가능하므로 거울에 반사된 각각의 광선이 탑 중앙에 집중되도록 조정할 수 있다. 이렇게 광선을 받는 탑은 소금과 같은 물질로 채워져 있다. 소금의 녹는점은 섭씨 276도에 달하므로 액체 소금은 상당량의 에너지를 저장할 수 있다.

발전소가 가동을 시작한 다음 처음 두 달 동안, 탑이 받아들인 모든 태양에너지는 소금을 용융시키는 데 투입되어야 한다. 이렇게 탑 속의 소금을 모두 용융한 다음에는 24시간 주기로 온도가 상승·하락

• 흐름 전지는 기존의 2차 전지가 활성 물질active material이 포함된 전극에 전기에너지를 저장하는 것과 다르게 전해액에 용해된 활성 물질이 산화·환원되어 충전·방전되는 시스템이다.

하는 것이 가능해진다. 낮에 발전소에 도달한 태양열은 필요할 때까지 액체 소금에 저장되며, 이렇게 소금에 저장된 열은 전기 생산용 증기터빈을 가동시키는 물을 끓이는 데 사용된다.

양수 발전과 같은 저장 방식은 '전력 생산 퍼텐셜에너지'를 매우 긴 시간 동안 유지할 수 있는데 비해, 용융염molten salt 타워는 압축공기 발전소와 마찬가지로 24시간 동안만 작동할 수 있다. V형으로 발전기를 배열해 광선을 일정 방향으로 집중시킬 수 있는 태양광 반사통 발전소solar trough plants(이 가운데 일부는 태양열 집중 타워를 보유하고 있다)는 해가 진 후에도 약 6시간 동안 전력을 생산할 수 있다. 6시간이 짧아 보일 수도 있지만, 태양광발전 여건이 양호한 주에서 일몰 시간 이후의 6시간은 사람들이 퇴근해 저녁을 먹고 TV를 보다가 잠자리에 들기에 충분한 시간이다. 이 시간이 지나면 전력 사용량은 곤두박질치고 용융염은 충분한 양의 증기를 발생시키기에는 온도가 너무 낮아지고 만다. 2015년 현재 미국에는 이처럼 V형 구조의 태양광발전 시설이 총 8개 있다. 그리고 이 가운데 6개는 캘리포니아와 애리조나 그리고 네바다와 같은 미 남서부 지역에 흩어져 있다. 그중 절반은 2013년부터 전력 계통에 연계되어 있으며, 여기에는 250메가와트 이상의 용량을 갖춘 대규모 설비도 포함된다.

이것이 전부다. 다종다양한 발전설비들을 그리드에 통합하고 전력 시장에서 다른 일반적인 상품처럼 전력을 판매하고 운송하는 데 필요한 그리드 규모의 에너지 저장 장치로 현재 존재하는 것은, 인공호수 몇 개, 압축공기 에너지 저장 장치 1개, 태양열 집중 타워 3대, 태양광 반사통 발전소 8군데, 그리고 무수히 많은 배터리를 설치할 수 있으리라는 꿈으로 오늘날 미국이 손에 쥐고 있는 모든 것이다. 이러한 각각의 시스템들은 설치된 곳에 맞춰, 단 하나의 시스템으로 만들어졌다. 앨라배마주 남부에 있는 모든 소금 동굴에 전력을 저장하는 날이 올지도 모른다. 하지만 아직 앨라배마 전력 생산량의 0.8%만을 차지하는 몇몇 태양광발전소에서 나온 전력조차 그렇게 할 수 없다.[322] 그러나 2015 파리 기후변화 협정이나 이와 유사한 국내적, 국제적 합의를 거친 온실가스 배출량 감축 목표를 달성하려는 희망이라도 가지기 위해서는 가능한 한 대규모의 조절 가능 전원이 필요하다. 이를 위해서는 "화석연료 연소를 배제한 전력 사용", "(바람과 태양 같은) 청정에너지원을 이용한 전력 생산의 증대, 그리고 석탄 화력과 가스 화력의 축소 및 폐지"를 실현해야 한다.[323] 우리에게 필요한 것은 발전량을 조절할 수 있을 뿐만 아니라, 보다 적은 전력까지도 저장할 수 있는 장치들이다. 사람들이 실제로 좋아하는 듯한 기술(태양광 패널이 바로 그런 기술일 것이다)을, 전 지구적 재생에너지 혁명의 구성 요소로 만들기 위해서는 무엇보다도 바로 이러한 장치가 필요하다.

이러한 역할을 떠맡을 장치가 배터리일 것이라고 상상하는 사람들이 아주 많지만, 꼭 배터리일 필요는 없다. 재생에너지 혁명이 막 시작된 이 시점에, 상상력을 제약하는 것이야말로 21세기에 알맞은 에너지 시스템의 출현을 가로막는 일일지도 모른다. 인류학자 아킬 굽타 Akhil Gupta 의 말을 빌리면, "현재의 전력 산업에서 볼 수 있는 패턴을 단순히 확대·적용하는 것이 아니라, 미래의 전력 사용 방식에 대해 다시 상상하는 것이 무엇보다 필요하다". 이런 관점에서, 지붕 태양광 패널이야말로 손을 쓰지 않을 수 없는 설비다. 이미 태양광 혁명은 궤도에 올랐으며, 태양광의 고유한 문제(태양의 일일 주기로 인한 발전량 변동, 구름에 의한 분 단위의 위상 난조, 태양광이 작렬하는 한낮에 태양광 전기가 그리드에 가하는 과부하 등등)들은 우리들로 하여금 어떻게, 어디에서, 누구를 위해 그리고 누구에 의해 전기가 만들어지는지에 대해 다시 생각할 것을 요구한다. 그리고 주택의 벽부터 의류 건조기에 이르는, 전기를 사용하는 모든 것을 보다 효율적으로 디자인하고 전력 저장 장치를 설계하도록, 지금보다 더 광범위한 상상력을 발휘해 "다른 형태의 미래"를 만들 것을 요구하고 있다.[324]

. . .

하와이는 미국에서 일사량이 가장 많은 곳도, 구름이 가장 없는 곳도 아니다. 그러나 일사량이 풍부한 것은 사실이며, 전력 요금도 충분히 높아 태양광발전 용량은 2005년 이후 매년 2배씩 증가했다.[325] 하와이는 미국에서 애리조나주 다음으로 지붕 태양광 패널을 많이 설치하고 있으며, 투자회수기간은 가장 짧다.[326] 하와이의 각 가정이 보유한 지붕 태양광 시스템은 설치한 지 4년(자동차 대출 기간보다도 짧다)만에 투자 비용을 회수할 수 있다.[327] 태양광발전의 수익성이 이렇게 높은 이유 중 하나는 하와이의 전력 믹스에서 찾을 수 있다. 하와이는 미국에서는 유일하게 본토로부터 유조선에 의해 공급되는 석유로 전력을 생산하기 때문에,[328] 전력 요금이 다른 주에 비해 몇 배나 비싸다. 미국 평균과 비교해 보면, 하와이의 전력 요금은 거의 3.5배에 달한다.[329] 대양 한복판에 자리 잡은 군도라는 이유로 다른 주들에 비해 대체로 물건 가격이 비싼 이곳 하와이에서, 비싼 전기 요금까지 감당할 수 없어 주민들은 지붕 태양광 설비를 선택하지 않을 수 없다. 12%가 넘는 하와이 주민들이 지붕 태양광 시설을 보유하고 있다. 화

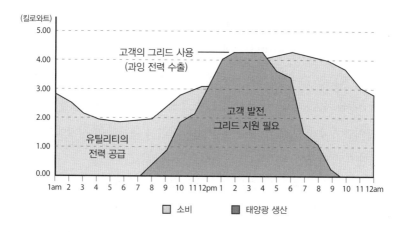

(킬로와트)
5.00
4.00
3.00
2.00
1.00
0.00

고객의 그리드 사용
(과잉 전력 수출)

고객 발전,
그리드 지원 필요

유틸리티의
전력 공급

1am 2 3 4 5 6 7 8 9 10 11 12pm 1 2 3 4 5 6 7 8 9 10 11 12am

☐ 소비　　■ 태양광 생산

그림 4 | 태양광 발전 고객의 에너지 생산과 소비　태양광을 통한 전력 생산과 전기 소비는 하루 동안에도 계속 변한다. 정오부터 오후 5시까지, 태양은 그리드에 접속한 사람들이 필요로 하는 것보다 더 많은 양의 전기를 만들 수 있다. 이러한 잉여 전기를 저장하거나 사용하는 수단이 없을 경우, 이러한 잉여 전력으로 저녁과 오전 시간에 전력 회사 고객의 수요에 대응할 수 있는 방법은 없다. (에디슨재단연구소의 허락에 따라 재작성, "DG 고객들에게 그리드가 지닌 가치" *IEE Issue Brief*, 2013년 10월 호.)

창한 날이면, 개인 소유의 지붕 태양광 시스템에서 나온 전력량을 합치면 하와이주가 필요로 하는 전력량보다 더 많아지는 경우도 흔하다.

　주간 수요 대비 '100% 이상'이라는 수치는, 태양광발전량에 대한 국가 단위 통계를 활용하려고 할 때 반드시 주의해야 하는 값이다. 미국 전체를 기준으로, 태양광 생산 전력은 그리드에 공급되는 전력의 0.6%에 불과하다. 하지만 이는 단지 총량적인 수치일 뿐이며, 지역적인 맥락을 간과한다(이뿐만 아니라 많은 지역에서는 기업 소유의 대규모 태양광발전소에서 생산되는 전력은 통계에 포함시키는 반면, 가정 소유의 지붕 태양광발전소에서 생산된 전력은 제외한다). 하와이, 피닉스 그리고 LA 분지와 같은 화창하고 인구밀도가 높은 곳에서는, 개인들이 소유한 태양광 설비들이 지역 주민과 공장 그리고 산업이 필요로 하는 만큼의 전력을, 때로는 더 많은 양의 전력을 공급한다. 풍력(미국에서 5% 수준의 발전량을 차지한다)과 마찬가지로, 소규모 태양광 시설로 인한 지역별 차이는, "국가" 차원의 총량적 수치에 가려져 대부분의 지역에서는 아직까지도 지평선 너머에 숨어 있다.[330]

비록 개인 소유라고 해도, 지붕 태양광에 의해 생산되는 모든 전력은 하와이를 포함한 미국 전역에서 법률에 따라 공공 그리드에 공급되고 있다.[331] 이것은 민간 발전 시스템은 아니지만 대형 발전소처럼 효율적으로 작동하는 소규모 공공 발전 시설이며, 많은 개인들이 초기 투자를 통해 설치한 10킬로와트 규모의 발전소가 모여 수 메가와트 규모의 설비처럼 작동한다. 집집마다 지붕에 설치된 태양광 설비들은 그것을 설치한 가정뿐만 아니라 우리 모두를 위한 발전설비다. 지붕 태양광은 중앙 집중식으로 운영되는 석탄화력발전소나 수력발전소와 마찬가지로 그리드에 전력을 공급하고 있다. 이러한 작은 생산자들도 태양이 없는 밤이나 구름이 많아 흐린 낮 시간, 그리고 날씨가 변덕스러워 패널에서 생산되는 전력량이 들쭉날쭉 변덕을 부리며 공용 전기선으로 유입될 때는, 그리드로부터 전력을 공급받아 사용한다.

지붕 태양광발전소가 설치되어 작동하기까지 일어나는 일은 다음과 같다. 주택이나 사업장의 지붕이 텅 비어 있으며 상업적으로 사용되지도 않을 경우, 지붕 공간의 소유주는 패널 회사에 전화를 걸어 방문을 요청한다. 요청받고 도착한 패널 회사의 직원들은 지붕에서 막대 끝에 매달린 아이패드처럼 생긴 장비를 흔들어보고, 이 장비의 측정 결과를 바탕으로 실제 전력 사용량을 상쇄할 만큼의 전력을 태양광으로 생산하려면 어느 정도의 면적에 태양광 패널을 설치해야 하는지를 판단한다. 그다음으로 패널 회사 직원들은 패널 설치에 필요한 비용을 일정 기간에 분납하는 할부 패키지를 제시하는데, 주거지역에서 이 할부 기간은 보통 240개월이다. 매월 지불해야 하는 금액은 패널 소유주의 전력 요금이 0이 되는 수준에 맞춰 설정되며, 고객은 보통 일종의 착수금으로 패널 가동이 시작될 때 유틸리티에게 보증금을 지불한다. 이것은 주택 담보 대출과 유사한 프로그램이지만, 정해진 할부금의 요율이 변화하지 않는 데다, 이렇게 낸 돈이 유틸리티로 가지 않는다는 점이 결정적으로 다르다. 할부 패키지의 지불액은 패널 설치 회사에 지불하거나 은행에 납부할 수 있다. 이러한 패키지 지불액에는 대부분 패널 자체, 설치 공사, 계량기, 직류/교류 변환기 박스 및 유지 보수 비용 등이 포함된다. 또한 여기에는 대용량 배터리나 다른 스마트 기기도 포함될 수 있다. 이론적으로, 그리고 많은 경우에는 실제로, 일단 설치된 패널은 1년 기준으로 가정이나 사업장의 전기 제품들이 그리드에서 끌어다 쓴 만큼 전력을 그리드에 다시 공급한다.

물론 구름과 겨울철의 약한 태양 빛으로 소비 전력량이 매일 정확하게 상쇄되지는 않는다. 하지만 장기적으로는 생산 전력과 사용 전력은 거의 같은 양이 된다. 늘 이해하기 어려웠고, 통제할 수도 없었던 전기 요금 고지서에는 이제 0원만 적히게 된다. 집주인이 월말에 해야 하는 유일한 일은, 설치한 태양광 패널의 대금을 주택 담보 대출을 갚을 때처럼 일정액씩 갚는 것뿐이다.

그러나 이런 제도는 패널 공급자와 전력 회사가 그들의 이해관계를 반영해 고안한 것이다. 따라서 이런 제도를 활용한다고 에너지 안보가 증진되거나, 가정에서 이뤄지는 에너지 소비가 녹색화된다고 할 수는 없다. 실제로 관련이 있는 것은 돈뿐이다. 앞으로 25년간 태양광 패널을 쓴다면, 그러지 않을 경우에 비해 지출을 줄일 수 있을까? 이에 답하자면, 그렇다. 지붕 각도가 적당하고, 주변에 나무가 너무 많지 않으며, 고층 건물이 없다면 틀림없다. 그리고 현행 세금 공제 및 환급 체계가 유지된다면 특히 그렇다.

태양광을 옹호하는 논리는 이제 이데올로기보다는 경제적 합리성을 강조한다. 그리고 바로 이 때문에 환경에 그리 관심을 기울이지 않던 수많은 미국인들이 가정용 태양광 시스템을 도입하기 시작했다. 물론 전력이 생산되는 방식을 바꿔서 세상을 더 좋은 곳으로 만들고자 하는 사람들은 경제성을 무시하고 태양광 패널을 도입해 왔다. 두 유형의 집단 모두가 2009년 이후로 태양광 패널을 1,500% 이상 증가시키는 데 크게 기여하고 있으며,[332] 이는 미국 남서부 또는 아열대 군도 지역에서만 나타나는 현상도 아니다. 미국 북서부에 위치해, 다른 주들에 비해 날씨가 그다지 좋지 못한 주, 즉 '자유로운 삶이 아니면 죽음을'을 모토로 내건 뉴햄프셔와 같은 주에서도 지붕 태양광의 보급은 아주 빠른 속도로 이뤄지고 있다. 사실 태양광발전을 하기에는 악조건에 더 가까운 상황에서도, 뉴햄프셔, 버몬트, 매사추세츠의 주민들 역시 태양광 패널을 설치하면 그렇지 않은 경우에 비해 매월 더 적은 전기 요금만 납부하면 되리라는 전망에 판돈을 거는 듯하다. 2010년대에는 그렇지 않을 수도 있지만, 장기적으로는 분명 그럴 것이다. 전기 요금은 오르는 경향이 있지만 태양광 패널에 매달 지불해야 하는 할부금은 그렇지 않다는 사실로 이를 뒷받침할 수 있다.

지난 5년간 미국에서 폭발적인 속도로 태양광 패널의 보급이 이뤄진 또 다른 경제적 이유는, 품질 좋은 태양광 패널의 가격이 반으로 떨어졌기 때문이다. 이것은 독일과 일본 시장의 인센티브를 겨냥해 개발을 계속한 중국의 생산자들 때문에 일어난 일이지만, 미국 역시 이러한 폭발적인 개발 속도의 덕을 보고 있다. 태양광 패널의 가격이 점점 낮아지면서, 전기 소비량이 일정 수준 이상에 도달한 주택 소유자들은 그리드가 제공하는 전력을 점점 덜 사들이게 되었다. 특히 큰 그리드에서 판매하는 전력 가격이 하와이처럼 비싼 지역이나, 지역 생산품을 그 지역에서 소비하는 것이 해당 지역의 기풍인 버몬트나 노스캐롤라이나와 같은 지역에서는 더더욱 그러하다.

전력 회사들이 태양광 패널 사업에 일찍 참여했다면, 유틸리티에게 전기 요금을 납부하는 대신 태양광 패널 회사에게 할부금을 납부하는, 오늘날의 그리드가 직면하게 된 몰락이 오지는 않았을 것이다. 점점 더 많은 사람들이 그리드 대신 태양광 패널을 선택함에 따라 전력 회사들은 그리드를 유지할 만큼의 매출을 올리지 못하게 되었으며, 이에 대응해 하와이, 남부 캘리포니아 그리고 애리조나의 유틸리티들은 자신들이 판매하는 전력을 계속 사용하는 소비자들에 대해 전기 요금을 인상하고 있다. 태양광 패널을 갖추지 못한 사람들은, 패널을 보유한 사람들도 매일 낮(생산 전력을 그리드에 팔기 위해서다)과 밤에(패널로부터 전기를 얻을 수 없기 때문이다) 그리드를 사용할 수 있도록 인프라를 유지하는 데 더 많은 금액을 지불해야 하는 처지에 몰렸다. 그들과 우리 모두 그리드라는 하나의 시스템을 공유하지만, 그리드를 유지하는 데 드는 부담은 전적으로 패널을 사용하지 않는 요금 납부자의 몫이 되어가고 있는 것이다. 이런 상황이 공정하지 않은 만큼,

유틸리티는 태양광에 대한 의존도가 높은 주를 대상으로 적절한 수준의 망 접속료 또는 대기 수수료(태양광 패널로부터 전력을 생산하지 못할 경우 그리드를 사용해야 하는 태양광 패널 소유자를 대상으로 한다)를 징수하는 방안을 고안하고 있다. 그런데 오랫동안 유틸리티들은 다양한 수수료를 부과하는 요율 구조를 활용해 왔을 뿐만 아니라, 그 요율을 가정용 패널 소유자들이 전력 시장에 참여하지 못하도록 만들기 위해 터무니없는(태양광 전력 생산업자가 되고자 하는 사람들에게 계량기를 읽는 데만 수천 달러를 요구하는 것과 같은) 수준으로 설정해 왔다.[333] 그래서 주 의회는 전력 회사들에게 아주 조그마한 수수료만을 허용하더라도 이런 수수료는 극히 비상식적인 수준의 결과로 증폭될 것이라고 간주해, 지붕 태양광과 같은 비전통 발전소의 발전량을 감소시킬 수 있는 어떠한 접속료나 수수료 제도의 조작을 전혀 허가하지 않고 있다.

지붕 태양광 패널을 도입하지 못하는 사람들은 대부분 임차인이거나 집을 소유했더라도 패널을 장만할 만한 여력이 없는 경우다. 우리 가운데 가장 가난하고 이사도 가장 자주 다니는 사람들이 전력 회사에 가장 강하게 속박되어 있는 것이다. 게다가 이들은 그리드를 사용하는 나머지 사람들을 위해 그리드 유지 비용을 지불하고 있다.

다행히, 이러한 허점은 지붕 태양광 보급률이 75%에 이르는 남부 캘리포니아와 85%에 달하는 애리조나주, 보급률이 아직 그에 미치지 못하지만 꾸준히 보급률 증가 추세를 보이는 네바다주, 유타주 등의 전력 시장에 도입되고 있는 태양광 패널 대여 프로그램을 통해 메워지고 있다.[334] 이제는 그리 큰 빚을 지지 않아도 지붕만 있다면 패널을 대여할 수 있고, 과거에 평상시 납부하던 월 전력 요금에 비해 더 적은 요금만을 납부할 수 있게 되었다. 게다가 여러 지역 단체들이 태양광 패널 설치를 희망하는 아파트 거주자들을 위해 자금을 지원하는 사업을 진행하고 있으며, 개발업자들로 하여금 태양광 패널이 설치된 임대주택을 건설하도록 장려하고 있다. 이때 필요한 리스 또는 대출 비용은 공간 임대료에 포함된다.

이 패널들의 소유자는 패널을 임대해 준 기업들이다. 이들은 주 정부 또는 연방 정부에서 지급되는 재생에너지 보조금을 받을 권리를 얻어, 장비의 취득, 설치, 유지에 필요한 비용 일체를 부담한다. 이들은 리스 기간에 고객으로부터 사용료도 받는다. 모두가 승자인 것이다. 그러나 여기에도 여전히 예외가 있다. 바로 신용이 불량하거나 직업이 불안정하거나 이주가 잦은 사람, 유틸리티 그리고 그리드다.

그 수가 점차 감소해 가는, 전적으로 그리드에 의존하는 전력 소비자들은 당연히 자신들의 전기 요금에 분노한다. 우리는 하루 24시간, 1주일에 7일, 1년에 52주 동안 사용하므로 그리드를 유지하는 비용을 모두가 함께 부담해야 할 것 같지만, 이 비용은 지금 전적으로 그리드에 의존하는 사람들에게만 부과되고 있다. 지붕 태양광을 설치한 주택이 그리드를 벗어나지는 않기 때문에, 이런 주택들은 섬과 같은 나노그리드, 또는 가까운 이웃 단위로 이뤄진 지속 가능한 마이크로그리드로 전환되지는 않는다. 현실은 그 반대다. 분산 태양광발전은 한때 '어디서인가' 이뤄지던 전력 생산이 보다 친근하게, 전력이 소비되는 '모든 곳'에서 일어나는 것처럼 보이게 했다. 그러나 모든 곳에서 전력이 만들어지고 소비된다고 해서, 그리드가 전력 생산과 소비를 연결하지 않는 것은 아니다. 그리드는 여전히 모든 것을 연결한다.

공유 인프라로서 그리드는 분산 태양광발전을 가능하게 하는 조건이다. 그리고 가정에 설치된 시스템으로 만들어낸 전력을 저장하는 수단은 아직 존재하지 않기 때문에, 분산 태양광발전은 최소한 하루 중 일부는 넘칠 만큼 막대한 양의 전기를 그리드에 흘려보내고 있다. 이처럼 막대한 양의 전기 격류를 관리하는 데 들어가는 비용은 지속적으로 늘어가고 있으며, 유틸리티는 모자란 그리드 유지비를 조달할 방법을 찾지 못하고 있다.

• • •

이 새로운 활동들은 모두, 그리드 가운데 특히 배전을 목적으로 하는 부분(가까운 이웃이나 작은 지역에 위치한 전신주와 집들 사이에 설치된다)에서 진행되고 있다. 역설적이지만, 그리드 중에서 우리 전기 소비자들에게 가장 가까운 곳에 있는 배전망은 그리드 전체에서 가장 취약해 가장 쉽게 파괴되며 제대로 관리되지도 않는다. 1950년대부터 1980년대까지 30여 년간 정전 발생 건수는 2건에서 5건으로 단 3건 증가했을 뿐이다. 그런데 2007년 76건이었던 정전 건수는 단 4년 뒤인 2011년에 307건으로 껑충 뛰어올랐다.[335] 2003년 동해안에 발생한 대규모 정전과 같이, 최근에 일어난 대규모 블랙아웃 사태 대부분이 충분한 유지 보수 비용을 투자받지 못한 배전망에서 시작되었고 확산되었다.[336]

　반면 장거리 고압 송전 시스템(소비자에게서 아주 멀리 떨어져 전력을 생산하는 발전소와 이렇게 생산된 전력 대부분을 사용하는 도시 중심부를 연결하는 시스템)의 이상으로 일어나는 정전 사고는 훨씬 더 적다. 이는 부분적으로 송전선로가 단순한 데다 매우 크기 때문이다. 33미터 상공에 위치한 송전선 위에 나무가 떨어지기는 어렵다. 송전선로가 비교적 신뢰받는 이유는 지난 15년간 유지 보수에 적지 않은 자원이 투입되었기 때문이기도 하다. 2001년 이후, 고압 송전선로 인프라에 대한 각 연도 투자는 지능형 계량기를 포함해 전체 관련 자산 대비 7% 수준으로 유지되었지만, 그럼에도 이는 기본적인 인프라 유지에 필요한 필수적인 수준보다는 낮다.

한 분석가는 전력 산업이 장거리 송전망을 관리하는 수준으로, 단거리 전선(최근 들어 증가하는 재생에너지 발전소와 같은 다양한 전력 생산 및 소비 활동에 크게 스트레스받는 시스템)을 관리할 경우에 대해 다음과 같이 말한다. "그리드의 복원력은 중앙 집중식 발전소나 고압 송전선과 같은 설비에 의해 성취될 수 없다고 말하는 규제 당국자, 정치 지도자 그리고 산업계 인사들 사이에서, 이 거대 설비들에 지속적으로 의존하는 방침은 더 이상 유지하기 어려운, 빗나간 방향이라는 점이 널리 인정되고 있다."[337]

최근 《이코노미스트Economist》의 특별판은 이 문제를 한층 더 심층적으로 다뤘다. 이에 따르면, 지붕 태양광이 폭발적으로 성장한 결과, "그리드는 훨씬 더 복잡해지고 있다. 짧은 거리에서 저압으로 전송되는 전력이 늘어나며, 설비와 수요 및 공급의 탄력적인 배치가 점점 더 늘고 있는데, 이는 전통적인 모델과 정반대의 방향으로 나아가는 변화다".[338]

다시 말해, 그리드는 변화하고 있다. 우리도 변하고 있다. 거의 100년 가까운 기간 전력을 독점해 왔던 전력 산업은 이러한 변화를 따라잡지 못하고 있다. 이것은 투자가 올바르게 이뤄졌는가 하는 질문 이상이다. 이것은 그들이 변화에 대응하려는 준비를 제대로 갖추고 있었는가 하는 문제다. 유틸리티는 그러지 못했다. 그리고 그 결과, 상당수가 다른 기업들과 상당수의 보통 사람들로 구성된 더 가볍고 더 빠른 경쟁자들이 전통적인 유틸리티의 입지를 포위하고 있다. 미국에서 이들 사이의 갈등이 아직 달아오르지는 않았더라도, 유럽의 많은 지역, 특히 독일에서는 전문가들이 두려워하는 충돌이 이미 발생하고 있다. '유틸리티, 죽음의 나선(이는 재생에너지로 인해 유틸리티가 통제력을 상실하고, 이로 인해 그리드가 파괴되는 상황을 말한다)'에 대해 이야기할 때, 서유럽에서는 이미 이런 사태를 피할 수 있도록 여러 규모의 전력 저장 장치가 등장하고 있다.[339]

2013년, 독일에서 첫 번째와 두 번째로 큰 유틸리티들은 여러 기업들이 그리드에서 이탈해 총 60억 달러에 달하는 손실을 입었다. 미국에서는 빈곤층과 (자기 명의로 주택을 소유하지 않은) 일시적 거주자에게 인상된 전기 요금을 청구하지만, 독일에서는 기업과 제조업 분야에서 사용하는 전력 요금을 인상하고 있다. 독일에서, 기업들은 모든 영역에서 재생에너지 발전 확대를 위한 비용을 부담할 것을 요구받고 있다. 그리고 그 결과, 기업들은 그리드가 제공하는 전력에서 완전히 벗어나기 시작했다. 가난한 임차인과 달리, 독일 기업들은 자신들을 위한 사설 발전소를 건설할 자본을 보유하고 있기 때문이다. 2013년 기준 전체 독일 기업 가운데 16%가 에너지 자급의 상태에 있었고, 이는 전년 대비 50% 증가한 수치다. 또한 같은 해, 독일 기업들 가운데 23%가 가능한 한 가까운 미래에 그리드에서 이탈하기 위해 자본을 투자했다.[340]

그렇다면 '유틸리티, 죽음의 나선'이라는 말은 이런 뜻일 것이다. '그리드의 유지 보수 비용은 상승하는 반면 재생에너지에 투입되는 자본비용은 낮아짐에 따라, 보다 많은 고객들이 그리드에서 이탈하고 있다. 그 결과, 남아 있는 고객들은 더 많은 그리드 비용을 부담해야 하며, 따라서 전기를 자급하는 방향으로 나아가는 압력을 받는다.'

　　반면 유틸리티 회사들은 이른바 좌초 자산에 발이 묶인 상태다.[341] 유틸리티 회사들은 20세기 내내 건설해 온 거대하고 값비싼 발전소들을 더 이상 건설할 필요가 없게 되었다. 그러나 이러한 발전소들이 대부분 가동하고 있지 않더라도 유틸리티들에게 상당한 비용으로 작용한다.[342] 1980년대 초반 미국의 경관에 점처럼 자리해 있었던 완공되지 않은 원자력발전소 냉각탑처럼, 독일의 대형 화력발전소들은 하와이 또는 애리조나의 시설들과 마찬가지로 잘못된 경로에 대규모 투자를 진행했다. 회사가 붕괴하는 모습을 지켜봐야 했던 독일 유틸리티 기업 RWE의 최고경영자는 유틸리티가 재생에너지를 고려해야 하는 시점에 화석연료 설비에 너무 많은 투자를 했다는 점을 인정했다. "우리가 실수했다는 점을 인정합니다." 그에 따르면, "우리는 재생에너지 시장에 늦게, 아마도 너무 늦게 진입했습니다". 그는 이 모든 상황을 "에너지 공급 역사상 최악의 구조적 위기"라고 표현했다.

　　가변 전원이 그리드에 나쁘다면, 지리적으로 분산된 재생에너지 발전은 더 나쁘다. 유틸리티가 오랫동안 통제권을 쥐고 있었던 요금을 자신들에게 속박된 고객을 기반으로 부과하지 못하고 머뭇거렸다면, 유틸리티는 주로 보조금의 형태로 계속 증가하는 재생에너지 발전 목표를 지원해 온 정부의 방향과 맞물려, 이미 살아 있는 화석으로 변했을 것이다. 2015년이 되었지만, 우리의 유틸리티는 20세기의 업무 방식에 사로잡혀 허우적대고 있다. 이들 가운데 많은 사업자들이 발전으로 수익을 올리는 새로운 방법을 찾기 위해 노력하고 있지만,[343] 빠른 변화와 시험적인 시도를 가로막는 각종 규제들로 인해 이들의 시도는 매 순간 방해받는다.

한 가지는 명확하다. 유틸리티는 각각의 고객에게 이들이 전기를 얼마나 사용했는지 그 양에 따라 요금을 청구하는 방식으로는 더 이상 우리의 송배전망을 유지할 수 없다. 산업계와 마찬가지로, 주택 소유자와 같은 고객들은 더 적은 전력을 사용할 뿐만 아니라(수익을 올릴 수 있도록) 더 많은 전력을 생산하기를 원하며, 자신들의 요구를 가능하게 해주는 그리드를 원한다. 이에 따라 새로운 과금 체계가 개발되어야 하지만(일부는 이미 작동 중이다), 유틸리티 스스로 자신의 그리드를 사용하는 데 필요한 가격을 제시하지 않거나 과금 체계를 개발하지 않기 때문에, 이러한 작업들이 규제적인 관료 체계를 통해 이뤄지고 있는 것이 현실이다. 일부 주에서는 아예 주 의회를 통한 조례로 그리드 사용 가격이 책정되고 있다. 결국 그리드 사용 가격은 간단히 수정할 수 없게 되었다. 무엇보다 놀라운 것은, 유틸리티의 매출 격감 문제와 그 해결책에 대한 논의가 2015년에 이르러서야 막 시작되었다는 점이다. 유틸리티는 아무것도 모른 채 단잠에 빠져 있다가 2014년 어느 날 아침에 일어나 보니 자신들이 서 있던 지반이 가라앉고 있다는 것을 알아차린 것처럼 보일 정도다.

• • •

태양광을 이용해 지역적으로 생산한 전력과 농가의 풍력발전기로 만들어진 전력을 저녁, 겨울, 그리고 바람이 멈추고 구름 낀 낮 시간에 쓰기 위해 어딘가에 저장하는 방법을 유틸리티가 손에 넣기만 한다면, 이 모든 상황은 완전히 다르게 흘러갈 것이다. 필요할 때 사용할 수 있도록 전기 저장 방법을 찾는 것은, 모든 전력 산업 이론가가 꿈꾸는 일이다. 큰 그리드를 위기에서 구하고 싶은 사람이든, 화석연료를 100% 재생에너지 발전으로 대체하기를 원하는 사람이든 모두가 이런 생각을 가지고 있다. 기존의 그리드를 여러 부분으로 토막 내어 서로 중첩되고 강하게 상호 연결된 마이크로그리드들로 바꾸기를 원하는 이들과, 모든 기업과 가정이 자신만의 사설 그리드를 가지고 고립 상태에서 전기를 생산하고 사용하는 세계를 원하는 이들도 저장 장치를 원하는 것은 마찬가지다. 전기와 그리드의 미래에 대한 서로 다른 비전들이 서로 다른 종류와 크기의 저장 시스템을 필요로 하겠지만, 무엇이 되었든 이는 전력 저장 시스템에 의존할 수밖에 없다. 배터리 이상의 무언가를 찾아낸다면, 그 기술은 아주 놀라운 미래를 열 것이다.

이러한 배터리 이상의 거대한 무언가를 만들어내려는 프로젝트들이 단순히 과학적 독창성에만 의존하는 것은 아니다. 그보다 훨씬 중요한 것은 오늘날의 관료적, 문화적 시스템을 거쳐 아이디어를 실현시키고, 투자금과 사회적 지지를 얻는 지난한 과정이다. 다음 수십 년을 뒤흔들 수 있는 거대한 발명을 시도하는 이들은, 자신이 성배를 발견했다는 사실에만 너무 집중한 나머지 이것을 구체화해 판매한다는 것이 얼마나 어려운 일인지를 종종 잊어버린다. 그리드가 겪는 문제들을 해결할 잠재력을 지닌 몇 가지 중요한 해결책이 엔지니어들의 책상 위에서 스케치된 것은 사실이다. 그리고 이 해결책들이 우리의 삶과 번영에 필수적인 전력 생산이나 이용 방법에, 더 나아가 전력 저장에 근본적인 영향을 끼칠 수 있다. 하지만 여기서 가장 중요한 것은 스케치를 시제품으로, 시제품을 실증 모델로, 그리고 다시 실증 모델을 양산품으로 바꿔내는 일련의 힘겨운 개발 과정이다. 이 과정에서 더 많은 토지를 훼손해야 한다거나, 시각적으로 혼란을 불러올 만큼 이상한 장비가 필요하다는 것 같은 명백한 단점을 가진 프로젝트의 경우, 아무리 (마치 홀로 솟아 있는 외딴 봉우리처럼) 빛나는 프로젝트라고 하더라도 엔지니어들의 제도판에서 일상의 풍경으로 옮겨 오는 것은 거의 불가능하다.[344]

너무 많은 가변 전원으로 인해 문제가 생기는 상황에서, 이런 전원을 '매우 많이' 사용함으로써 화석연료로부터 완전히 벗어나려면 길에서 벗어나지 않고 작은 발걸음을 아주 많이 내딛어야만 한다. 또한 이처럼 거대한 변화 앞에서 사람들은 불안해하기 때문에, 미래로 나아가는 전력망의 변화를 조율하는 데 쓰이는 에너지 저장 장치는 두 가지 가운데 하나의 방식으로 설계되어야 한다. 먼저 (과거와 다른 방식으로 활용되는 소금 동굴같이) 전혀 '인프라스럽게' 보이지 않는 설계가 한 가지다. 그리고 양수 발전소가 다른 저수지와 비슷해 보이는 것과 마찬가지로, 우리가 익숙하게 느끼는 인프라를 모방하는 것이 다른 한 가지다. 새로운 프로젝트를 통해 인프라에 혁명을 일으키려는 시도가 인구 밀집 지역에 가까운 곳에 건설될수록, 그리고 사람들의 눈에 더 잘 보일수록 더 강한 저항을 일으킬 것이다.

비가시성 또는 눈에 띄지 않는 능력은, 에너지 저장 시설이 물리적으로 성공하는 데 꼭 필요하지는 않으나 문화적으로 제대로 정착하는 데 꼭 필요하다. 또한 도시 속에서 흔히 보이는 사물의 '외관'을 따라 할 경우, 새로운 전기 저장의 기술은 규모와 무관하게 사회 속에서 더욱더 잘 적응할 수 있을 것이다. 이런 시도들 중에서 소비자와 언론의 주목을 받고 있는 에너지 저장 장치로 다음 세 가지를 꼽을 수 있다. 에어컨, 오피스 빌딩, 자동차.

이 가운데 규모가 가장 작은 것부터 이야기해 보자. 모두가 알고 있듯, 에어컨보다 그리드에 위협적인 전자 기기는 존재하지 않을 것이다. 만약 그리드의 작동 과정이 〈007〉 영화라고 치면, 아마도 악당 역할은 에어컨에게 돌아갈 것이다. 지구의 기온이 올라갈수록, 그리고 냉방이 점점 더 일반적인 것이 될수록, 이 악당의 광기 어린 눈빛은 빛을 발한다. 그리고 우리 모두가 더위 때문에 에어컨 스위치를 올릴 때, 이 악당은 발포를 개시하고 전기 수요는 천장을 뚫고 치솟을 것이다. 그리드는 우리 모두가 가하는 엄청난 수요의 압력을 받아 전압이 낮아지고, 주파수 동기화가 깨지고 말 것이다.[345] 영화 속 악당조차도 이보다 더 사악한 결과를 바라지는 않을 것이다.

미국 안에서 거의 어디에나 있으며 대체로 비효율적인 기기인 에어컨은 이제 몇몇 장소에서 아주 기발하면서도 오래된 에너지 저장 도구인 아이스박스에 의해 대체되고 있다. 아이스박스는 한밤중에 전기를 사용해 얼음을 만들고, 전력 수요가 가장 높은 시간대에는 낮의 뜨거운 공기를 그 얼음 위로 불어 넣어 냉방을 한다. 대다수가 쓰는 전기기계적 방식의 에어컨에서는 전기를 사용해 뜨거운 공기를 냉매 위로 이동시켜 냉각시키고 제습하는 반면, 아이스박스에서는 팬을 회전시켜 외부의 뜨거운 공기를 얼음 위로 불어 넣어 냉각과 제습을 동시에 수행한다. 이렇게 함으로써 얼음은 녹아서 다시 물이 되고(다음 날 밤에 다시 얼 준비를 한다), 공기는 '조절'된다. 이러한 장치가 부착된 건물은 가장 뜨거운 날의 가장 뜨거운 시간대에도 쾌적한 온도를 유지할 수 있다. 이 효과는 천장에 부착된 선풍기가 낮에 사용하는 것과 동일한 전력으로 달성될 수 있다. 이것은 아이스박스이자 아주 효과적인 전기 박스(심야 시간대의 전기를 얼음의 형태로 저장한다는 의미에서)이다.

최근에 도입된 소규모 전기 저장 수단 가운데, 실제 가동되는 유일한 제품은 '아이스베어Ice Bear'라는 이름의 저장 시스템뿐이다. 주택 소유주는 이것을 구매하고, 주택단지 개발업자들은 여기에 투자하며, 제조업체, 기업 사무실, 데이터 센터는 이를 설치해 운용한다. 모습은 투박하지만, 하는 일이 너무도 우아한 아이스베어만 한 승자는 없다.

광범위하게 활용되는 급진적인 혁신 기술의 목록은 이것이 전부다. 별도의 기술처럼 매우 영리하게 위장되고는 하지만, 나머지 모든 주요한 꿈, 그리고 이 꿈을 실현하기 위해 2010년대에 이뤄진 가장 큰 투자들은 다시 배터리로 귀결된다. 만일 분산형 태양광이 실제로 본격화되기 이전인 2010년에 저장 장치 분야에서 기술 개발이 폭넓게 이뤄졌다면, 아마도 거대한 플라이휠, 네트워크로 연계된 스마트 온수 히터, 해저 수소 풍선 그리고 하이퍼 열 흡수 세라믹 타일과 같은 경탄스러운 아이디어들이 현실로 나타났겠지만, 성배가 눈앞에 보이는 듯했던 경탄스러운 순간들은 이제 막을 내렸고, 극히 제한적인 범위 안의 기술이 저장 장치 개발에 초점이 맞춰져 있다. 얼마 전, 2000년대 초반까지만 해도 배터리가 에너지 저장 장치 개발에 대한 논의의 주류를 차지하고 있다고 할 수 없었다. 심지어 배터리는 다루기도 힘들고 지나치게 비쌌기에 차선으로 꼽힌 기술 중에서도 그리 높은 평가를 받지 못했다. 당시 성능이 가장 뛰어났던 배터리는 생산은 물론 처분 과정에서도 매우 강한 독성을 감수해야 하는 물질로 되어 있었으며, 대부분 중국에서만 독점적으로 생산되는 희토류에 의존했다.[346] 21세기 초반 배터리의 제한된 충전 횟수, 그리고 그 재료의 희귀성으로 인해, 초기 투자의 위험을 감수하기에는 배터리는 그다지 매력 있는 기술이 아니었다. 상황이 바뀐 것은, 2010년 전후부터 실용적이면서도 가격이 그리 비싸지 않은 리튬 이온 배터리가 시장은 물론, 저장 장치에 대한 상상까지 장악하면서부터였다.[347] 2015년, 에너지 저장 장치에 대한 논의 가운데 85%는 현재와 미래의 배터리 기술에 대한 것이다. 나머지 15%는 괴짜들이 앨버타 같은 곳에서 시도한 괴상한 아이디어에 대한 것들이다.[348]

리튬 이온 전지가 가져다준 아주 흥미로운 성공 스토리부터 살펴보자. 이는 새로 구입되었으나 아직 완성되지 않았고, 완공될 경우 세계에서 가장 커다란 전기화학적 배터리 시설이 될, 캘리포니아주 LA 남쪽 롱비치에 위치한 저장 시설에 관한 이야기다. 이 거대한 배터리는 일반적인 오피스 빌딩과 거의 똑같아 보이도록 만들어졌기 때문에, 그 옆을 우연히 지나가는 사람들은 이를 배터리라고 인식하기 어렵다. 이 건물의 일부는 오피스 빌딩의 역할을 하겠지만, 이 건물의 공간 대부분에는 400메가와트 용량의 전력을 생산할 수 있는(물론 이 용량으로 운전하면 건물에 저장된 에너지가 4시간 정도면 소진될 것이다) 수십만 개의 배터리가 차곡차곡 쌓여 있을 것이다. 외부인의 눈에는 이 건물이 단순한 오피스 빌딩처럼 보이지만, 그리드의 관점에서 보면 이 건물은 일반적인 가스화력발전소와 동일한 기능을 한다.

배터리로 구성된 이 시설은 시장에서 경쟁 중인 다른 기계적, 화학적 저장 시설이 지니지 못한 뚜렷한 장점 한 가지를 가지고 있다. 지붕 태양광 및 풍력 농장에서 생산된 전력이 그리드로 쏟아져 들어올 때, 이런 배터리는 밀리초 단위로 전력을 조정하면서 그리드의 균형을 유지할 수 있는 힘을 가진다는 점이다. 그러나 다른 측면에서 이 시설은 한계도 가지고 있다. 소금 광산이나 양수 저수지와 같이, 이 커다란 오피스 건물형 에너지 저장 장치는 이동이 불가능하다. 설치된 건물에 붙잡혀 그 자리에 머물러 있어야 하는 것이다. 이는 배터리의 다른 뚜렷한 이점을 활용하지 못한다는 뜻이기도 하다. 저장 용량을 확대할 수 있다는 것이 아니라 이동 가능하다는 것이야말로 리튬 이온 배터리의 강점인데 말이다. 이런 면에서는 배터리와 1배럴의 석유는 그리 다르지 않다. 자동차의 엔진 뚜껑 아래로 삽입되었을 때는 더더욱 그렇다.

전력을 생산하는 능력에도 불구하고 배터리는 그 내부에 전기를 담고 있지 않고 화학물질로 가득 차 있다. 이 화학물질은 조건만 맞으면 전기를 생산하는 반응을 일으킨다. 이런 반응을 유도하기 위해 배터리의 두 '극'은 전해질로 분리되어야 하고, 서로 다른 금속으로 만들어져야 하며, 서로 전선으로 연결되어 있어야 한다. 탄산수나 감자부터 황산, 심지어 세라믹까지도 전해질로 활용할 수 있지만, 일반적으로는 다양한 염과 산이 전해질로 많이 쓰인다.[349] 전해질과 전극의 재료로 무엇을 선택하든, 산화 전극anode에서 발생한 양이온은 전해질을 통해 반대편의 환원 전극cathode으로 이동한다. 이 양이온은 산화 전극에서 떨어져 나와 환원 전극으로 이동하는 금속 입자라고 볼 수도 있다. 전자 역시 양이온과 동시에 산화 전극에서 전선을 타고 환원 전극으로 움직인다. 1799년, 알레산드로 볼타는 구리(환원 전극)와 아연(산화 전극) 판을 소금물에 적신 종이(전해질)로 분리해 금속을 쌓아 올려 인류 최초의 전지를 만들어냈다. 이와 마찬가지로 니켈-카드뮴 배터리는 수산화니켈(환원 전극)과 금속 카드뮴(산화 전극)을 전극(모두 금속이 쓰인다)으로, 전해질로는 수산화칼슘을 사용하고 있다. 리튬 이온 배터리의 경우 음극에 리튬 금속을 사용할 수도 있지만 폭발의 위험으로 흑연과 리튬을 결합한 물질이 쓰인다. 꼭 기억해야 할 중요한 사실은 이온과 전자의 이동이 함께 일어난다는 점이다. 이온이 전해질을 오가며 속도를 내면, 전자는 도체로 된 전선을 가로질러 이동한다. 하지만 전자가 이동할 수 있도록 길을 내주지 않으면 이온도 움직일 수 없다. 반대의 경우도 마찬가지다.[350]

바로 이것이 한번 만들어진 배터리가 (무한정은 아니지만) 포장된 상태로 몇 년에 걸쳐 성능을 유지하며, 지금도 배터리를 TV 리모컨 또는 보청기, 전기차에 삽입해 사용할 수 있는 이유다. 그러나 배터리

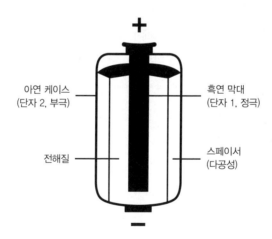

그림 5 많은 사람들에게 익숙한 1차 전지의 구조. 한 종류의 도체(아연)가 겉을 둘러싸는 한편, 다른 종류의 도체(흑연)는 기기의 가운데를 관통하며 뻗어 있다. 이것들은 전해질과 다공성 스페이서spacer에 의해 분리되어 아연 양이온이 쉽게 이동할 수 있게 해준다. 배터리로부터 전기를 끌어내리려면 그림 2에 표시된 바와 같이 양극과 음극을 연결하는 전선이 연결되어야 한다. (로익 운터라이너Loïc Untereiner)

는 결코 영구적으로 작동할 수 없다. 배터리의 작동에 따라 전해질이 점차 소모되는 데다, 산화 전극이 침식되고 환원 전극이 무거워지면서 배터리는 점차 느려지다가 결국에는 작동을 멈춘다. 충전 가능한 배터리, 즉 2차 전지는 외부로부터 전기를 투입받아 환원 전극으로 이동했던 양이온과 그 부착물을 산화 전극으로 다시 이동시키며, 필요 시 전지를 다시 작동하도록 준비시킨다.

금속 및 전해질로 이뤄진 배터리는 그 구성 요소들을 아주 유연하고 다양하게 조합할 수 있다. 그리고 이 요소들을 활용한 서로 다른 조합은 다양한 결과를 만들어낸다. 어떤 것들은 아주 일정한 전력을 제공하며, 어떤 것들은 수명이 더 길거나 무게가 더 가벼우며, 또 다른 것들은 충전의 효율이 높다. 시장에서 판매되는 다종다양한 배터리들은 가격, 독성, 반응성, 중량과 같이 배터리의 효율을 결정하는 요소들을 절충해 제작된 것이다. 매우 효과적이지만 독성이 강한 배터리도 있고, 독성은 낮지만 희귀한 요소를 사용하기 때문에 비상식적일 만큼 비싼 배터리도 있으며, 독성이 강하지도 않고 저렴하지만 적은 양의 전력만을 만드는 배터리도 있다. 배터리 기술의 '혁명'이란, 배터리가 작동하는 새로운 방법을 발명하는 것이 아니라 금속과 전해질 사이의 수많은 관계들을 조정하는 작업이다.

리튬 이온 배터리는 가볍고 수명이 길 뿐만 아니라, 저장된 전력을 더 빠르게 방출할 수 있다. 저렴하면서도 쉽게 구할 수 있는 재료로 이뤄진 배터리라는 점에서도 특히 매력적이다. 처음에 리튬 이온 배터리는 대개 스마트폰, 노트북과 같은 소형 컴퓨터 기기에서 사용되었지만(기억할지 모르겠지만, 초기 리튬 이온 배터리는 종종 노트북 컴퓨터에 화재를 일으키고는 했다), 시간이 흘러 우리는 이를 보다 더 잘 만들 수 있게 되었고, 그래서 리튬 이온 배터리는 더 작고, 가볍고, 안전하며 오래가게 되었다.[351] 다른 배터리와 마찬가지로, 리튬 이온 배터리들은 여러 개를 묶어 하나로 만들 수 있으며, 이를 통해 보다 많은 전기를 저장할 수 있다. 이제는 스포츠카나 멋진 세단을 전적으로 리튬 이온 배터리만으로 운행하는 것이 가능해졌다.

새롭게 출시되어 아직까지 널리 보급되지 않았지만 커다란 반향을 불러일으킨 테슬라Tesla Motors의 동력 시스템은 가정용 리튬 이온 배터리 시스템과 동일한 원리로 제작된 배터리를 엔진 룸에 두고 있다. '파워월Powerwall'이라고 불리는 이 장치는 실용적이면서도 기묘한 멋을 풍긴다. 1950년대의 냉장고 디자이너에게 2015년 전기의 미래를 그려달라고 부탁한 것 같다는 생각이 들 정도도. 매우 밝게 빛나며 색상도 다양한 파워월은 테슬라의 다른 자동차처럼 많은 사람들을 즐겁게 했다. 오프 더 그리드를 추구하는 사람들은, 이제 저녁에 텔레비전을 보려고 산성용액이 줄줄 흐르는 구식 자동차 배터리가 놓인 지하실에 머물지 않아도 된다.

파워월은 그리드 안에 머물러 있는 사람들에게도 두 가지 방식으로 변화를 가져다줄 수 있는 힘을 지녔다. 첫째, 파워월은 과잉 또는 과소 생산되는 전력으로 인한 문제를 유틸리티에게 처리해 달라고 부탁하는 대신, 보다 저렴하고 수명이 길며 사용하기 쉬운 가정용 시스템을 활용해 낮 시간에 생산되는 잉여 전력을 야간에 활용하도록 저장할 수 있게 한다. 둘째, 유틸리티 역시 그리드 규모의 전력을 저장할 수 있는 대규모 분산형 배터리 저장 시스템에 큰 관심을 보이고 있다. 가령 버몬트주의 그린마운틴파워Green Mountain Power는 고객들이 배터리의 전기 저장 용량을 회사와 공유하는데 동의하기만 하면 매우 합리적인 가격(월 40달러 정도)에 파워월을 제공해 준다. 비가 내리는 낮 시간이나 길고 어두운 밤을 위해, 이 파워월은 가정에서 생산된 전력과 그리드로 전달되는 전력을 저장하는 역할을 할 것이다.[352]

• • •

그리드 개혁에 관심을 가지는 많은 이들은, 전기자동차가 바퀴 위에 매우 큰 배터리를 싣고 다니는 탈것 이상이라고 생각한다. 물론 전기차 구매를 고려하는 소비자들은 이동을 얼마나 신속하고 안전하게 할 수 있는지에만 관심을 보이기도 한다. 그렇지만 그리드 관계자들은 전기차를 지질이나 기후의 변덕에 의존하지 않고 환경과 틈새 없이 섞일 수 있는 독창적인 저장 시설이라고 생각하며, 큰 그리드와 마찬가지로 작은 그리드에서 생기는 전력 수급의 불균형을 완충하기 위해 활용될 수 있는 설비로 간주한다. 양수 발전소를 만들기 위해서는 거대한 고도 차이가 필요하고, 용융염 에너지 저장 시스템을 만들기 위해서는 강렬한 햇빛이 요구되며, 압축공기 저장 발전소를 만들려면 소금 동굴이나 이와 유사하게 땅속 깊은 곳으로 파고든 공간이 필요하다. 그러나 배터리는 특정한 장소에 속박되지 않고도 가동되는 에너지 저장 장치다. 확장 가능하고 비교적 효과적이라는 점과 더불어, 이동이 편리하다는 점은 배터리를 더 매력적으로 만든다.[353]

전기자동차 배터리의 물량이 충분하며, 배터리가 그리드와 전력을 주고받을 수 있도록 설계되었다고 해보자(이런 능력을 차량의 전력망 연동성vehicle-to-grid-enabled, V2G 이라고 부른다). 이렇게 되면 업무 시간이 끝날 때 피크 부하로 나타나는 날카로운 상승 곡선은 완만한 상승 곡선으로 조정될 것이며, 가변 전원으로 인한 변동성에 대응해 전력 공급의 균형을 맞추는 일도 보다 쉽고 철저하게 달성될 수 있다. 이렇게 충분한 양의 배터리로부터 전력을 끌어다 쓸 수 있는 한, 구름이 지나갈 때마다 그리드를 요동치게 만드는 태양광 역시 그리드에 중립적인 에너지가 될 것이다. 지붕 태양광이 많이 설치된 지역에서도 이런 순간에는 그리드로 에너지를 공급받아야 한다. 이러한 과정들을 통해, 자동차의 충전율은 대체로 같은 수준으로 유지될 것이다. 자동차 배터리가 그리드를 뒷받침해 준다면, 우리는 오염을 유발하는 발전소를 크게 줄인 상태에서 더 많은 청정에너지를 확보할 수 있을 것이며, 여름철 가장 뜨거운 날에 에어컨을 꺼달라고 요구하는 녹음 전화를 더 이상 받지 않아도 될 것이다. 이렇게만 된다면, 지붕 태양광은 유틸리티를 몰락시키지도, 그리드를 뒤흔들어 버리지도, 매우 우려스러운 "태양광 오리 위기"[354]를 촉발하지 않으면서도 사막과 열대지방에 위치한 대도시에 필요한 전력을 충당할 것이다. 오랜 시간 대기 상태에 머무는, 배터리 팩을 갖춘 전기자동차들은 주차하고 충전할 때마다 그리드의 전력 수요를 지원하고 안정화하도록 설계될 수 있다. 상황을 더 낙관적으로 보게 만드는 다른 전망도 있다. 몇몇 전문가들은 향후 10년에서 15년 사이에 우리 대부분이 자율주행차를 이용하게 될 것이라고 주장한다. 물론 이 차량들은 전기로 움직일 것이다.[355]

그러나 사람들이 퇴근하면 나타나는 거대한 '피크 수요'로 인한 부족을 해결하려면, 어디선가 에너지를 끌어와야만 한다. 화력발전소를 새롭게 가동하지 않고도 업무가 끝나고 퇴근하는 시간 이후에 발생하는 막대한 수요에 대처하려면 아마도 모든 자동차로부터 많은, 아마도 정말 많은 전력을 뽑아내야 할 것이다. 물론 모든 전력을 뽑아 쓸 수는 없다. 집까지 이동하는 전기는 남겨둬야 하기 때문이다. 충분한 수의 전기자동차가 있다면, 차량의 배터리가 모두 소진되는 상황이 일어나지는 않을 것이다. 피크 수요에 대한 이러한 대응은, 적지 않은 면에서 마르크시즘의 구호를 따르는 것처럼 보인다.[356] 각각의 자동차는, 착취당하는 것이 아니라 능력에 따라 그리드에 전력을 공급하며, 필요에 따라 그리드로부터 전력을 공급받는다. 개인이 소유한 차량들이 한데 모여 공동의 그리드를 더욱 든든하게 유지시키는 데 기여하는 것이다. 아마도 그리드는 배터리의 도움으로 균형을 되찾을 것이다. 물론 그리드를 스마트하게 만들기 위한 성능 개선과 유지 그리고 필수적인 투자는 여전히 필요하겠지만, 통합되어 있으면서도 분산된, 이동 가능한 저장 수단으로서 전기자동차들은 기반 시설의 효율성과 신뢰성을 지속적으로 향상시키는 데 도움이 될 것이다.

보다 완벽한 미래가 어떻게 다가오는지를 보여주는 훌륭한 비전이 모두 그렇듯, 차량용 배터리를 이처럼 운용하는 구체적인 사례가 존재한다. 미 공군 획득 차관보이자 이행적 혁신 부문의 책임자인 고르긴푸어Gorguinpour 박사의 이야기가 좋은 지침이 될 것이다. 그는 보통 자동차는 전체 사용 기간 가운데 단지 3~5%만이 활용되는 "매우 바보처럼 사용되는 자산"이라고 말한다. 그리드에 연결할 수 있으며, 사용하지 않을 때 그리드에 에너지를 다시 되돌려 줄 수 있는 자동차를 가지고 있다면 "자산 이용률이 치솟아 95~97%에 이르게 됩니다. 당신이 그저 자동차를 주차해 놓기만 한다면, 그것은 에너지원도 아니고 이동성 자산으로 기능한다고 할 수도 없습니다."[357]

상황을 더 낙관적으로 보게 만드는 점은, 자동차는 밤에 가장 적게 이용된다는 사실일 것이다. 전기자동차가 대량으로 도입된다면,

낮에 주차되어 있는 동안 역송전하도록 밤에 배터리를 꽉 채워놓을 수 있고, 이런 패턴이 정착된다면 상당한 수준의 야간 부하가 정기적으로 나타날 것이다. 게다가 전기자동차의 광범위한 보급은 야간 전력 수요의 확립, 피크 삭감, 신경질적인 전력량 요동(그리드에 작용하는 전력의 양과 품질이 매 초마다 움직이는 현상)의 통제에 기여하는 것은 물론, 재생에너지 자원들을 우리가 원하는 대로 통합하도록 해준다. 이러한 시스템에서 전기자동차들은 잉여 에너지를 붙잡아 놓으며, 그리드는 필요할 때마다 자동차들에서 자동으로 전력을 뽑아 쓴다.

이러한 시스템은 특히 지붕 태양광 설치율이 매우 높은 지역과 전기자동차가 많은 지역에 유리하다. 태양광 의존도가 높은 사막 도시들은 '황혼의 불가피성' 때문에 해결하기 어려운 난관에 직면해 있다. 일출 직후부터 햇볕은 뜨겁고 강렬하게 내리쬐며, 이로부터 매우 많은 전력을 생산할 수 있다. 위에서 내려다보면 도시 전체를 유리로 덮어놓은 것처럼 보이는 태양광 패널들은 메가와트 단위로 효율적이고 깨끗한 전기를 만들어낸다. 모든 것은 잘 작동한다. 황혼 녘까지는 말이다.

그런데 이때야말로 도시의 '모든 것이 켜지는' 시점이다. 유틸리티로서는 해결하기 어려운 문제가 바로 이 시간에 닥쳐온다. 몇몇 사람들은 여전히 직장에서 일하고 있으며, 많은 사람들이 집에 도착해 가전제품의 스위치를 올린다. 공급은 급속하게 감소하지만, 수요는 폭증한다. 해가 지면서 발전량은 급감하지만 수요 역시 비슷한 기울기로 치솟아 오른다. 태양광이 전체 전력의 25% 이상을 공급할 경우, 유틸리티로서는 이러한 저녁 피크를 쉽게 다룰 수 없다.

《이코노미스트》는 다음과 같이 썼다. "하와이의 상황을 좀 더 세밀하게 살펴보자. … 이곳의 전형적인 날씨인 화창한 날에 소비자들의 지붕에 놓여 있는 태양광 패널이 만들어내는 전기의 양이 너무 많아져서, 유틸리티로서는 이 주에 오랫동안 전력을 공급해 온, 석유화력발전소가 만들어내는 전기를 사들일 필요가 없어진다. 그러나 아침과 저녁이 되면, 소비자들은 지붕 태양광으로 만든 전기만으로는 모자라 추가 전력을 얻기 위해 그리드로 눈을 돌린다. 이에 따라, 그리드에 걸리는 수요 곡선은 꼬리와 목 부분이 올라가고 가운데가 처진 오리의 등과 같은 형태를 그린다."[358]

해 질 녘에 날아가는 것은, 이제 더 이상 미네르바의 올빼미가 아니라 태양이 어둠 속으로 사라지면 못생긴 대가리를 뒤로 젖혀 등을 활처럼 휘는 태양광 오리인 것이다.

이 새로운 곡선에 대처하기 위해 유틸리티에게 필요한 것은 24시간, 더 짧게는 12시간 동안 유효한 저장 용량이 아니다. 이들에게 필요한 것은 단지 오후 4시부터 사람들이 천천히 침대로 들어가는 밤 10시까지 6시간 동안 공급할 전기다. 서던캘리포니아에디슨은 대략 4시간 정도 운전이 가능한, 오피스 빌딩 모양의 배터리 저장 시설로 이 시간대에 대비하고 있다. 대부분의 새로운 태양광 시설들은 종종 6시간 분량의 열을 담을 수 있는 무난한 크기인 용융염 저장 시설을 포함하는데, 이 정도면 오리가 꼬리를 들어 올리지 않도록 억제하는 데 충분하다.

그런데 전기자동차도 다른 에너지 저장 장치와 똑같이 곡선을 얌전하게 만들 수 있다. 미국에서 사용하는 전기의 41%는 건물, 즉 사무실과 상점, 가정에서 쓰인다. 본질적으로는 바퀴 위에 올려진 큰 배터리라고 할 수 있는 전기자동차가 가정이나 사무실 옆에 위치한다면, 그래서 건물에 필요한 전기를 스스로 만든다면, 건물 소유주는 건물에 필요한 전기 저장 시설에 투자할 필요가 없게 된다. 이는 그리드 소유주, 즉 유틸리티에게도 마찬가지다. 한편 이 전기 박스는 사람들이 직장을 떠나 집으로 운전해 갈 때 함께 이동하며, 이에 따라 수요 역시 사람들과 함께 이동한다. (더 이상 사무실에 있지 않기 때문에) 사람들은 사무실에서 전력을 사용하지 않고, 집에서 많은 전력을 사용한다. 이렇게 전력을 사용하는 위치가 바뀌는 것은 큰 문제가 아닌데, 정확히 전력을 필요로 하는 곳에 자동차가 연결되기 때문이다. 늦은 밤이 되면 배터리는 거의 방전되어 가지만, 사람들은 잠자리에 들기 전에 기계들의 스위치를 끌 것이므로 가정의 전력 수요 역시 감소할 것이다. 이렇게 전력 수요가 하락하면, 전력 가격도 하락할 것이고, 이를 활용해 자동차들은 다음 날 아침 출근을 위해 다시 충전되기 시작할 것이다.

이러한 시나리오에서 전기는 여전히 공공 그리드에 의존하지만, 전력 저장 장치는 완전히 사적 소유라는 것을 염두에 둬야 한다. 여기서 유틸리티는 저장 장치를 보유하고 있지 않다. 자동차를 구매한 것은 당신이기 때문에, 저장 장치를 보유한 것도 당신이다. 그렇다면 전기자동차들은 우리의 그리드를 안정화하는 데 필요한 비용을 누가 낼 것인지 하는 문제를 해결하는 데도 도움이 된다. 미국에서 개인이 소유하는 저장 장치들을 공유 그리드를 위해 사용해야 한다는 이러한 괴상한 상황을 다루기 위해 제안된 수단은 '부작위에 대한 과금'이라는 틀이다. 유틸리티들은 낮 동안 자신들이 당신의 차에서 전기를 뽑아 간 만큼 시간당 일정액을 입금할 것이며, 반대로 당신은 밤이나 재생에너지가 과잉 생산된 낮에 차량을 충전할 때 이론적으로는 그보다 더 낮은 요율의 금액을 지불하게 된다. 정말로 상황이 이렇게 돌아간다면, 전기자동차를 소유한다는 것은 곧 작은 돈 공장을 소유하는 것과 같아진다. 당신이 해야 하는 일은, 자동차가 항상 그리드와 연결되어 있도록 하는 것뿐이며, 나머지는 알고리즘이 알아서 처리할 것이다. 그리고 그 결과, 월말에 당신은 우편으로 수표 1장을 받게 될 것이다. 이러한 방식이 분명 매력적이라는 점은 충분히 인정할 수 있다. 또한 이것은 지붕 태양광의 광범위한 설치를 이끌어낸 것과 상당히 유사한 시스템이다. 지붕 태양광을 설치하면, 당신은 전기를 생산하고 요금을 전혀 납부하지 않거나, 당신이 생산한 전기를 구매한 전력 회사로부터 종종 소액의 수표를 받는다. 이것은 좋은 투자다. 그리고 지금까지는 이 방식이 작동하지 않고 있다.

전체 전력의 53.4%를 재생에너지로 충당하고 있으며, 2050년까지 전력의 100%를 풍력으로 조달하겠다는 덴마크 역시 전력을 저장하는 방법을 필사적으로 찾고 있다. 처음 이런 시도를 하게 되었을 때, 이들은 무엇보다 자동차에 큰 기대를 걸었다. 인센티브를 부여하는 방식은 달랐지만,[359] 이는 덴마크의 문화적, 경제적 특성과 잘 어울리는 방식으로 설계되었다. 가장 중요한 인센티브는 전기자동차를 구매할 때 구매에 따른 세금을 내지 않아도 된다는 것이다. 일반적으로 덴마크에서 새 차를 살 때 내는 세금은 차량 가격의 100%이므로, 세금을 내지 않아도 되는 전기차를 구매하는 것은 본질적으로 새 차를 절반 가격으로 구입하는 것과 같다. 그러나 사람들은 여전히 전기자동차를 구매해 에너지 체계에 참여하는 일에 주저하고 있다. 이는 배터리의 특성을 감안한 결정이다. 배터리가 매일같이 하루 종일 방전되고 충전된다면, 배터리의 수명은 충전 주기에 따라 설정된 것인 만큼 금세 끝나버릴 것이다.* 이런 우려에 대해, 덴마크 정부는 배터리 교환 시스템을 마련해 대응했다. 충전 주기를 너무 많이 거쳐 자동차 배터리가 사양보다 성능이 떨어지게 되면, 오래된 배터리를 떼어내고 충전소에서 무료로 새것으로 끼워 넣는 권한을 모든 덴마크 전기자동차 소유자들에게 준 것이다. 이러한 방식으로, 배터리는 차량 자체의 수명이 끝날 때까지 양호한 상태를 유지한다.

미국에서 나온 모델과 마찬가지로, 덴마크인들의 모델 또한 아이디어는 좋았지만 제대로 작동하지 못했다. 아직까지는 자동차도 배터리도 충분히 좋지 않기 때문이다. 덴마크 기후장관(덴마크 정부에는 정말로 이런 자리가 있다)에 따르면, 전기자동차 자체는 에너지 저장 장치로서 아직 준비되어 있지 않다. 장관의 말을 옮겨보자. "이것이 저장 장치로서 좋은 옵션이 되려면, 먼저 주행거리가 더 길어져야 하고, 가격은 더 낮아져야 한다." "바로 이런 맥락에서, 기술은 우리를 구원하기 위해 필요하다."[360] 구매 가격이 반값이라고 하더라도, 덴마크인들 역시 주행거리는 짧은데 완전 충전에 필요한 시간은 긴, 엉망진창의 차를 사지는 않을 것이다. 주간 고속도로를 달리다가 배터리가 떨어지면 충전할 때까지 무려 6시간 동안 멈춰 있어야 한다고 생각해 보라. 덴마크의 작은 면적을 생각하면, 운전자들은 인접한 독일 또는 스웨덴에서 배터리 고갈 상황을 마주하게 될 가능성이 크다. 그런데 외국의 주유소들이, 덴마크에서와 마찬가지로 신속하게, 그리고 무료로 배터리를 교환해 준다는 보장이 어디에 있겠는가? 기술이 문제일지도

• 일반적으로 리튬 이온 전지는 완전 방전되었다가 완전 충전되기를 500회 정도 반복하면 수명이 끝난다. 그리드에 연계되어 운전되는 배터리는 짧으면 2년이면 그 수명이 다할 것이다.

모르지만, 법률이 바뀌고 인센티브 체계가 바뀌는 경계 역시 중대한 문제다. 이는 덴마크와 마찬가지로 캘리포니아에서도 그렇다. 사람들이 환경, 그리드, 심지어 주머니 사정을 따른다고 하더라도, 익숙한 곳에서 벗어나면 사용하기 어려워지는 자동차를 원하지는 않는다.

게다가 V2G 시스템이 약속대로 작동하려면 모든 전기자동차는 주차할 때마다 그리드에 연계되어야만 한다. 이것은 막대한 양의 인프라 투자를 요구한다. 시멘트로 된 주차장을 헐어내고 다시 짓지 않고서야, 어떻게 모든 주차 구역마다 충전 시설을 설치할 수 있을까? 아예 노상 주차를 할 때는? 개인 소유의 차고를 개조하는 비용은 누가 댈 것인가? 그리드의 이익을 위해 전기자동차를 구매하는 부담을 감당해야 한다고 시민들에게 설득할 수 없다면, 로스앤젤레스 같은 도시에 이 도시가 보유한 800만 대의 차를 수용할 주차장 전체에 모세혈관 같은 송배전망을 구축해야 하며 그 비용을 대야 한다고 설득하는 일은 더더욱 불가능할 것이다. 물론 무선 충전 패드(또는 가까운 벽에 내장된 유사한 장치)가 비용을 낮추고 타당성을 높여줄 수 있을지 모른다. 그러나 이러한 기술도 현재까지 대량 생산될 준비가 되어 있지 않고, 자동차와 상호 운용도 불가능하다.

현행 기술이 어떤 상태인지 생각해 보면, V2G 시스템을 현실에 구현하는 데 필요한 비용, 그리고 그에 뒤따를 혼란은 거의 서사시의 규모에 가깝다. 재생에너지로의 전환을 가장 진지하게 추진하는 나라에서도 V2G 시스템은 구현되지 못했다. 이런 지체의 부분적인 원인은 우리가 전기자동차를 그다지 많이 구매하지 않는다는 사실에서 찾을 수 있다(노르웨이는 예외인데 2015년 판매된 전체 자동차 가운데 거의 30%가 전기차였다. 그렇지만 이들조차도 차량 배터리에 저장된 전기를 그리드에 이로운 방식으로 공급하지는 않는다).[361] 미국에서는 현재까지 전체 자동차 가운데 단 1%만이 그리드에 연계 가능한 '플러그인plug-in' 전기자동차다(캘리포니아의 경우 이 비중이 3%로 뛰어오른다).[362] 판매된 전기자동차 가운데 V2G 기술을 적용할 수 있는 경우는 거의 없다. 게다가 전기차의 수가 증가해야만 하는 곳에서, 그 비율이 오히려 낮다는 것도 충격적이다. 미국의 우편 사업자 UPS, 그리고 지방정부가 운영하는 차량의 0.5%만이 전기자동차다.[363] 'V2G' 사업을 시작하는 가장 쉬운 방법은, 수많은 자동차가 한밤중에 한 장소에 주차하도록 하는 것이다. 이로써 양방향으로 송전하는 스마트 충전 설비의 설치에 들어가는 비용을 낮출 수 있으며, 서비스 구성의 문제(가령 거주 지역 내 유틸리티로부터 전력을 충전하거나 유틸리티로 전력을 공급하는 그리드 가입자가 다른 유틸리티의 구역에 주차할 경우, 비용 처리를 어떻게 해야 하느냐는 문제)를 아주 쉽게 처리할 수 있게 된다. 따라서 V2G 사업은 자동차를 대규모로 운용하는 사업자가 누구보다도 앞서 시작해야 하지만, 이들이 실제로 행동에 나섰다는 소식은 들려오지 않는다.

지금까지 해온 이야기의 초점이 단지 큰 그리드에 불과하다면, 전력 저장을 위해 전기자동차의 배터리를 활용한다는 구상은 전력 생산을 위해 상온 핵융합을 해내겠다는 구상이나 공기를 장거리 무선 송전에 사용하겠다는 구상과 같이, 한낱 꿈으로만 남을 것이다. 이 모두가 구상대로 작동하게 되면, 세상은 지금보다 더 좋은 곳이 될 것이다. 그러나 현재로서는, 규모 면에서든, 기술에 대한 우리의 기대에 비해서든, 구상과 현실은 너무나도 멀리 떨어져 있다.

그럼에도 30% 이상의 전력이 가변 전원에서 올 것이라는 아주 구체적인 계획은, '향후 30년 안에' 수천만 명의 사람들이 전기자동차를 구매할 것이라는 '사실'을 전제로 하고 있다. 아마도 우리는 그 정도 수의 전기자동차를 구매하게 될 것이다. 또한 이 차량들은 언젠가는 핵융합 발전소에서 오는 전기로 충전될 것이다. 하지만 현재는 그렇지 않고, 또 그렇게 하지도 못하고 있다. 이 성배는, 더 나은 미래를 현실로 만들기 위해 고군분투하는 이들의 마음속에만 있는 것처럼 보인다.

• • •

V2G 시나리오는 큰 그리드에 매력적인 대안이지만 이를 실제로 구현하는 일은 현실적으로 불가능하다. 그러나 이는 마이크로그리드의 규모에 적용하기에는 생각보나 석합한 대안이다. 로스앤젤레스 조명 및 전력 공급 구역같이 거대한 지역보다는 로스앤젤레스 공군기지, 그리고 워싱턴 D.C.라는 도시 전체가 아니라 메릴랜드주에 위치한 앤드루 합동 기지, 뉴저지주 전역이 아니라 하노버 옆에 있는 맥과이어-딕스-레이크허스트 합동 기지와 같은 규모야말로 V2G 기술을 적용하기에 적합하다.[364] 샌디와 같은 초강력 태풍이 동해안을 또다시 강타한다면 하노버는 늘 그랬던 것처럼 정전을 겪겠지만, 이 도시의 가장 가까운 이웃이자 기지에 주둔하는 군은 태양광, 연료 전지, 디젤발전기, 백업용 배터리 시스템, 그리고 여러 전기자동차로 이뤄진 마이크로그리드 기술의 조합을 통해 그 기능을 온전히 보존하고 회복력을 유지할 수 있을 것이다.

미국의 주둔지는 물론, 해외의 전방 지휘 본부 역시 마이크로그리드로 이뤄진 군도가 되어가고 있는 이상, 이 기지들에 있는 모든 전기 인프라의 유일한 소유자일 뿐만 아니라 거의 모든 자동차들의 유일한 소유자인 군은 마이크로그리드를 운용할 수 있는 다른 사업자들과 구분되는 독특한 위치를 차지하고 있다. 야전에서 모든 비전술 차량을 전기자동차로 바꿀 경우 액체 연료 공급을 위한 보급망 유지에 들어가는 노력을 더욱더 줄일 수 있으며, 미국 내에서도 마이크로그리드를 (평소에든, 위기의 순간에든) 보다 강력하게 만들 수 있다. 바로 이 때문에, 20만 대 이상의 비전술 차량을 운영하는 미 국방부는 이것들을 V2G 기술에 맞춰 디자인한 전기자동차로 모두 전환하기 위해 노력하고 있다.[365]

지금까지는 오직 로스앤젤레스 공군기지만이 이러한 아이디어를 실제 작동하는 기술로 이행했지만, 다른 기지에서도 V2G를 구현하려는 계획이 진행 중이다. 현재 로스앤젤레스 기지에는 승용차, 트럭 그리고 대형 밴 등이 포함된 차량 42대가 소속되어 있다. 이 가운데 6대는 하이브리드 차량이지만, 나머지 36대는 "운행되지 않을 때 그리드로 전력을 공급하거나, 그리드에서 전력을 공급받을 수 있다". 공군의 고르긴푸어 박사에 따르면, 이것은 "운영 중인 V2G 실증 시스템 가운데 세계에서 가장 큰 것"이다.[366] 36대는 얼마 안 되는 것 같지만, 이것들만으로도 위기 시 (약 150가구가 사용할 수 있는 에너지인) 700킬로와트의 전력을 그리드에 공급할 수 있다. 그렇다면 이 프로젝트의 숨은 동기가 "차량을 통해 예비 또는 대기 발전기 없이도 공급과 수요의 균형을 맞춰 그리드의 신뢰성과 보안을 향상시키는" 데 있다는 점은 그리 놀랍지 않다.

이 기지의 그리드는 공군의 것이면서 우리의 것이기도 하다. 물론 위기의 순간이 닥쳤을 때, 그리드에 전력을 공급하고 그리드로부터 전력을 끌어올 수 있는 전기차로부터, 그리고 이 '독특한' 충전소들의 균형 능력으로부터 직접 이익을 보는 것은 공군의 마이크로그리드뿐이다. 그러나 대부분의 시간에, 공군의 작은 그리드는 우리의 큰 그리드와 나뉘어 있지 않다. 기술의 관점에서, 두 그리드는 하나의 시스템이고 동일한 시스템이다. 공군의 전기차가 생산하는 전기는 기지에 머물러 있지 않고 공유 전력망으로 흘러나온다. 그리고 95%의 시간 동안 아무도 운전하지 않는 36대의 자동차들은 전체 그리드의 균형을 잡아준다. 36대의 자동차 덕분에 로스앤젤레스, 캘리포니아, 남서부의 사막에 위치한 여러 주, 그리고 북서 태평양에 인접한 다른 주들도 이익을 본다. 전체 웨스턴인터커넥션은 고립계로 작동할 잠재력을 지닌 마이크로그리드(시간이 지날수록 그 잠재력은 더욱더 커진다)의 군도로 이뤄진 하나의 시스템이 되었으나, 군도의 각 섬들은 대부분의 시간 동안 섬으로만 남아 있지 않다. 큰 그리드의 근본적인 직조 방식은 변하고 있지만, 이런 변화는 실제로 일상 운영에는 최소한으로만 영향을 미칠 따름이다. 그리고 이러한 효과 가운데 대부분은, 큰 그리드라는 포괄적인 시스템의 신뢰성을 낮추기보다는 증대시킨다.

· · ·

배터리, 특히 V2G를 가능하게 하는 자동차 배터리는 오늘날의 몽상가들이 주목하는 기술이지만, 결국에는 답이 아닌 것으로 판명될 수도 있다. 우리가 심혈을 기울여 성배를 찾고, 아주 많은 아이디어들을 스케치하며, 이 스케치로 시제품을 만드는 이유는 일종의 가장자리, 변하지 않을 수 없는 어떤 시점이라는 점을 인정하기 때문이다. 지금

이 그리드의 시대가 끝나는 시점은 아닐 것이고, 지금과 비슷한 그리드가 아주 먼 미래까지 이어질 수도 있지만, 바로 지금이 어떻게 하면 그리드를 우리의 다른 목표와 부합하도록 만들 수 있을지 상상하고 구체화할 시점이다.

20세기를 어떤 관점에서 회고하든, 전기의 점진적이며 완전하면서 광범위한 수용을 무시한 채 이 시대를 회고할 수 있는 방법은 없다. 전기만큼 중요한 다른 인프라도 분명 있지만, 우리는 20세기에 산업 시대에서 정보화 시대로 이행했고, 이러한 이행 속에서 전기는 점차 우리 삶과 문화의 심장부가 되었다. 전기는 돈, 데이터, 정보처리이자, 매우 복잡해진 까닭에 지능으로까지 보이는 알고리즘이기도 하다. 전기는 우리 세계를 움직이는 동력이면서, 정보를 구성하는 물리적 수단이기도 하다. 우리가 오늘날 이뤄지는 여러 시도들을 계속해 나가는 한편으로 이를 성장시키는 데 필요한 것은, 20세기에 미국의 성장과 통합을 가능하게 했던 그리드와는 다른 무언가일 것이다.

그렇다면 우리는 지금 새로운 인프라를 꿈꾸는 시대에 살고 있는 것이다. 이 꿈의 초점이 우리에게 남겨진 과거의 발전소와 전선의 시스템으로부터 전기를 벗어나게 만드는 방법을 찾는 데 있다는 주장은 충분히 타당하다. 하지만 이 변화의 끝에 어떠한 인프라가 있더라도, 에너지 저장 장치가 (우리 스스로에게 하고 싶은 말이지만) 단지 우리가 보유한 그리드의 균형을 유지할 뿐이라면 결코 모든 문제를 해결할 성배일 수 없다. 그러나 이에 따라 전력 이동의 유연성이 증가하고, 이로써 (21세기를 살아갈 우리에게 무슨 일이 생기든) 계속해서 작동하는 전기 세계를 건설할 가능성이 넓어질 것이라는 점에서, 저장 장치를 일종의 성배라고 보는 것은 충분히 의미가 있다. 보다 정확하게는, 저장 장치로 인해 오늘날의 관점으로는 결코 가능해 보이지 않는 일들이 가까운 미래에 실현될지도 모른다.

이를 위해 북독일 평원에 거대 수력 전기 저장 피스톤을 건설해야 한다는 아주 이상한 말을 들을지도 모른다. 그렇지만 단지 이상해 보이는 이야기가 섞여 있다고 아주 많은 것을 바꿀 만한 커다란 꿈을 포기할 이유는 없다. 그리고 이 꿈의 다양성을 넓히지 않을 이유도 없다. 꿈과 이를 구체화한 스케치나 시제품은 보누 미래로 나아가는 여정의 일부이며, '성배'는 그 방향이 어디인지를 보여준다. 오늘날의 기업가들과 괴짜들은, 몇 가지 성공과 그보다 압도적으로 많은 실패를 거쳐 미래를 미국인들의 거실과 사무실에 들여놓았던 19세기 말의 발명가들과 그리 다른 입장에 있지 않다.

오늘날 배터리는 이 모든 시도 속에서 굳건히 자리를 지키고 있다. 하지만 지난 5년간 우리가 배터리를 미래 전력 산업의 혁신에서 중심이 될 것이라고 생각했다고 해서, 앞으로 형성될 21세기의 그리드에서 이런 생각이 반드시 구현될 것이라고 보는 것은 분명 오류일 것이다.[367] 물론 그렇게 될지도 모른다. 그러나 다시 지적하자면, 배터리는 그리드의 일부만을 구성할 수 있을 뿐이다. 이 모든 가능성을 감안했을 때, 유일하게 중요한 사실은 계속해서 성배를 찾는 일이다. 대체 무엇이 성배를 가능하게 하는 매개변수일까? 우리는 무엇을 꿈꾸고, 무엇을 추구하고자 하는 것일까? 그리고 우리는 어떻게 우리의 꿈과 목표를 달성할 수 있으며, 이러한 꿈이 자라났던 문제 상황은 어떻게 변화시켜야 할까? 여기서 건축가 존 키테스John Keates의 말을 되새겨 볼 만하다. 우리가 직면한 "즉각적인 도전"은, 미래에 무엇이 다가올지 모른다는 점이다. 또한 "우리 스스로가 생각하는 윤리적 목표가 무엇인지 자문해 봐야 한다. 우리가 미지의 영역으로 나아갈 때, 우리에게는 이렇게 자문하는 시간이 필요하다. 이것만이 뚜렷한 답이 없는 상황에서도 과감히 행동할 수 있는 기반이 될 것이다".[368] 전기 저장 장치를 보급하는 작전에 동참하는 몽상가, 건설자, 크라우드 펀딩 참여자, 그리고 작전에 투입되는 다양한 요소들 모두는 바로 이런 도전에 달려들고 있다는 점에서 존경받을 자격이 있다.

9장

시대정신

'시대정신'이 독일 철학자의 말인 만큼, 독일어에서 이야기를 시작하는 것이 좋겠다. 영어로 중독자를 일컫는 'addict'라는 말은 독일어에서 그 뜻이 다르다. 영어에서 중독자가 된다는 말은 어떤 인격의 정체성과 결부된다. 다시 말해, "마음이 통상적인 방식으로 작동하지 않을 만큼 영혼이 파괴되고 마음이 마비되는 강박"에 지배당한 사람을 뜻하는 말이다. 보다 약하게 말해, "그에게 중요한 다른 모든 사실을 혼란에 빠뜨리는"[369] 중독에 지배된 사람을 말한다.

독일어에서 'addict'는 그런 뜻이 아니다. 정확하지는 않겠지만, 독일어에서 'addict'와 가장 정확히 대응하는 말은 'seeky', 즉 찌들었다는 말이다.[370] 그렇다면 미국인들이 석유에 중독되었다고 말하고 싶더라도, 영어로는 이 말을 나타내는 데 적절한 표현이 없는 셈이다. 독일어식 정의에 따르면, 우리가 하는 모든 것은 끊임없이 가격이 올라감에도, 그리고 우리의 복지를 침해하면서까지 전 지구로부터 아주 막대한 양의 석유를 계속해서 빨아들이는 것이다. 쿠웨이트, 이라크, 베네수엘라의 시민들과 마찬가지로, 많은 미국인들은 석유에 대해 미국이 취하는 행동을 표현하는 데 '찌듦'을 매우 적절한 말이라고 생각할 것이다. 독일식 수사법을 적용할 경우, 우리는 헤로인중독자를 '헤로인에 찌든 자'로, 드라마 〈프렌즈Friends〉에 중독된 이들을 〈프렌즈〉

중독자'라고 부르는 것처럼 미국인들을 '외국 석유에 찌든 자'로 부를 수 있을 것이다. 그리고 이런 표현은 미국인들이 석유에 대해 그런 것처럼 강박에 사로잡혀 있는 수많은 대상들에도 똑같이 적용할 수 있다. 중독에 대한 독일식 표현은, 우리가 전기와 맺고 있는 일상적인 관계를 아주 잘 포착한다. 우리는 아주 심각하게 그리고 언제나 전기에 찌들어 있다.

이 말이 무슨 말인지 확인하기 위해 주변을 잠시 둘러보자. 당신은 카페에 앉아 있고, 손님 1명이 이 카페로 들어와 잠시 멈춘다. 그는 주변에 관심 없는 듯 보인다. 하지만 그의 눈은 조금 다르게 움직인다. 가게 안을 어슬렁거리며 돌아다니다 그는 적당한(보통 명당은 이미 누가 차지한 상태다) 자리를 맡은 다음 가방에서 짐을 주섬주섬 꺼내놓는다. 가장 먼저 핸드폰을 탁자에 놓고, 몇 장의 사진이나 종이 뭉치 그리고 노트북을 꺼내고, 마지막으로 전원 코드를 꺼낸다. 그는 코드를 구부려, 옆자리에 앉아 있는 나이 든 남자를 툭 치고는 코드의 머리 부분을 기둥 가까이에 끌어다 콘센트에 꽂는다. 지금까지 그의 눈은 콘센트를 찾았던 것이다. 그가 중독자라고 말하기는 어렵겠지만, 분명 전기에 찌들어 있다고 할 만하다.

나는 공항의 탑승 구역에서, 정장을 차려입은 출장객이 비행기를 기다리다가 마지못해 바닥에 깔린 지저분한 카펫 위에 앉아 있는 모습을 종종 본다. 이 또한 방금 이야기와 비슷한 이유로 벌어지는 일이다. 콘센트가 의자에서 멀리 떨어진 한쪽 구석 바닥에 설치되어 있을 경우, 그는 전화를 충전하려고 카펫에 무슨 얼룩이 있든 이를 무시하고 주저앉을 것이다. 회의실에서도 비슷한 상황이 벌어진다. 책상 아래로 들어간 손님이 엉덩이를 하늘 높이 치켜들고 송로버섯을 찾는 돼지와 같은 콧소리를 내면서 자신의 서지 보호기에 대체 무슨 일이 생겼는지 확인해 내려고 고생하는 모습은, 회의실에서 벌어지는 일상적인 모습이다.

주된 방법도 아니고 급전 설비 없이는 실용적이지도 않지만, 전기를 이동에 사용하는 것이 어려운 일은 아니다. 하지만 승용차는 아직 전기로 잘 운행되지 않으며, 제트 여객기는 그럴 수 있는 방법이 아예 없다.[371] 하지만 스케일을 조금 좁히면, 전기는 우리의 행동을 늘 일정한 방향으로 이끌어왔다. 다시 말해, 전기는 사람들이 늘 그것에 찌들어 있도록 유도하며 콘센트에서 먼 곳으로 움직일 수 없도록 속박한다. 콘센트가 사용하기 불편한 곳에 있을 때도 우리는 그것을 따라 움직인다. 완전한 블랙아웃만큼이나 디자인의 실패도 우리의 모든 일상이 전기에 '찌들어' 있다는 것을 보여주는 증거다.

우리 가운데 최고의 전문가라고 해도, 전기 없이는 자신의 역량을 펼쳐 보일 수 없다. 우리 가운데 가장 큰 부호도 전기를 전혀 쓸 수 없는 극도로 불편한 상황을 막기 위해 특별히 설계된 장비와 조직을 유지한다. 모두가 전기에 찌들어 있다. 부호들이 특별한 것은 이러한 찌듦을 뒷받침하기 위한 책임을 외주 업체에 맞기고 있다는 점 정도뿐이다. 이를 통해 이들은 휴대전화가 언제나 충전되어 있는 것과 같은 특권을 누린다. 충전을 신경 쓰지 않고 전화를 사용할 수 있다는 것, 전기에 '찌들지' 않고 생활한다는 것은 마법에 가까운 일이지만, 우리도 우리의 그리드에 신경 쓰지 않고 살아왔다. 디자인 업계의 구루로 추앙받는 도널드 노먼Donald Norman에 따르면, 인프라는 가시적이지 않아야 한다. 인프라는 시야에서 벗어나 있어야 하며, 그것을 의식하면서 사용하는 일도 없어야 한다. 인프라는 시끄러운 논쟁의 대상이 되어서는 안 되며, 사람들의 목적에 잘 부합해야 하고, 시야에 잘 들어와서도 안 된다.[372] 우리는 인프라를 의식해서도 안 되고, 그에 대해 생각해서도 안 되며, 의식적으로 그에 대해 요구해서도 안 된다.

우리가 보유한 전기 그리드를 더 나은 시스템으로 바꾸고자 하는 어떠한 논의라고 해도, 대개 그것을 사용하는 방법에 대해서는 별다른 내용이 담겨 있지 않다. 위에서 그리고 아래에서, 이렇게 두 가지 방법으로 그리드를 살필 수 있다는 점을 우리는 쉽게 잊어버린다. 기술과 금융의 관계, 또는 입법 과정과 문화적 가치의 관계를 살펴보고자 할 경우, 우리는 그리드에 대해 더 총체적인 관점을 채택하는 경우가 많다. 이때 우리는 그리드가 얼마나 광대한 범위를 포괄하는지, 그리고 그 구조가 얼마나 복잡한지에 대해 살펴본다. 우리는 역사적 관점에서 아주 심오할 뿐만 아니라 지리적으로도 광대한 범위에 뻗어 있어 그것을 총체적으로 이해하기는 너무나 어려운 시스템을 포착하려고 노력하고 있다. 이 책의 목표 역시, 이렇게 광대한 영역에 적용할 수 있는 척도를 찾아내려는 데 있었다. 나는 기술, 인간, 정부 정책 그리고 기업의 관심과 같이 그리드의 어제를 만들어낸 당시의 여러 요소들이 어떤 문화적 맥락과 사건들 속에서 조합되었는지를 세심히 살피지 않고서는 그리드를 '이해'할 수조차 없을 것이라고 생각한다.

하지만 이런 작업은 일반 사람들이 그리드와 상호작용 하는 방식과 거리가 있다. 우리는 스트로도, 미 국방부도, 뉴저지트랜싯도 아니다. 우리 대부분은 여전히 태양전지 판을 가지고 있지도 않고, 전화를 충전하는 일 이상으로 그리드와 친밀하게 상호작용 하지도 않는다. 보통 사람들이 알고 그와 소통하는 그리드는 코드, 플러그, 콘센트, 스위치처럼 우리의 이동식 전자 기기를 벽에 꽂는 데 쓰이는 물건들처럼 보인다. 이는 그리드의 끄트머리로 생각할 수 있는데, 전체 그리드에 연결된 전력선을 차단하고 기기를 주머니에 넣고 다니는 순간 그리드는 분해되어 이전과 다른 새로운 것이 되기 때문이다. 충전기는 그리드의 말단, 즉 우리에게 익숙한 전선이고, 이 복잡한 그물망에서 가장 작은 가지를 이루는 부품일 뿐이다.

마지막 장에서, 나는 사람들이 그리드와 맺고 있는 좀 더 친밀하고 개인적인 상호작용에 대해, 그리고 그리드에 품고 있는 욕구에 대해 조명하려고 한다. 이러한 상호작용과 욕구는 패턴을 띤다. 나는 전문가나 그리드에 대해 보다 총체적인 관점을 가지고 접근하려는 다른 여러 사람들보다도, 이 패턴 자체가 미래 그리드의 변화에 더 큰 영향을 미칠 것이라고 생각한다. 우리 같은 보통 사람들이 인프라에 원하는 것은 인프라가 우리로 하여금 하고 싶지 않은 것을 덜 하게 만들 뿐만 아니라, 인프라의 존재감을 줄이는 것이다. 이는 시각적으로 인프라가 눈에 띄지 않아야 한다는 말일 뿐만 아니라, 작은 규모든 큰 규모든 고장이나 각종 비상 상황으로 인해 인프라를 의식하는 일도 없어야 한다는 말이다. 더 많은 콘센트, 코드, 플러그가 생겨나는 것은 멋진 일이 아니다. 블랙아웃은 길든 짧든 발생하지 않아야 한다. 지구의 기후를 안정적인 상태로 돌려놓기 위해서나 전력 공급을 위해 화석연료를 태우지 않아야 하며, 이를 통해 대기의 온도가 더 올라가지도 낮아지지도 않도록 만들어야 한다.[373]

간단히 말해, 우리 보통 사람들은 그리드가 큰 말썽 없이 작동하기를 바라며, 그 효과가 파괴적이지 않기를 바라고, 큰 개입 없이 작동하기를 바란다. 우리는 전기를 계속해서 쓰고 싶을 뿐이다. 실제로 정보화 시대에 접어들자, 금융 업무는 물론 독서부터 집단 연구에 이르기까지 우리가 하려는 모든 것에 더 많은 전기가 필요해졌다. 아마도 미래에는 더 많은 전기, 더 많은 데이터(물론 이는 전기로 이뤄졌다), (사물인터넷이 대중화됨에 따라) 더 많은 '스마트' 사물이 우리 생활에 녹아들 것이며, 섭씨 2도라는 재앙의 경계선을 넘어서기 전에 지구온난화를 저지하기 위해 내연기관 자동차는 사라질 것이다. 무엇보다 중요한 것은, 우리는 '전기화'가 아무 기반 장비 없이도 일어나야 한다고 생각하고, 전기가 무선으로 전송되어야 하며, 어떠한 것에도 피해를 끼쳐서는 안 된다고 생각하며, 언제 어디서나 전기를 사용할 수 있기를 바란다는 점이다.

이토록 전기에 밀착해 있는 문화는 전기에 접근하기 위해 필요한 기기와 방법을 눈에 잘 띄도록 만드는 것을 더욱 어렵게 만든다. 우리가 전력 인프라의 물질적 규모를 줄이면서 모든 곳에 전기가 있는 환경을 조성할 수만 있다면(현재로서는 그렇지 않고, 이러한 방향이 실질적으로 추구되고 있다고 보기도 어렵다), 우리는 오늘날의 요구에 더욱더 잘 들어맞는 전력 시스템을, 데이터에 더욱더 많이 의존하게 될 미래를 보다 정확히 지향하는 시스템을 가지게 될 것이다.

물론 중요한 문제가 남아 있다. 이런 목표를 어떻게 달성할 수 있는가 하는 것이다. 특히 미래의 전력 공급이 안정적으로 유지될 것이라는 전제에 기반하는 우리의 일상적 욕구들은 현 시스템의 기술적, 재정적 안정성을 유지하고자 하는 유틸리티의 광범위한 시도와 그다지 관련이 없다. 오늘날의 그리드가 가진 문제 가운데 하나는, 우리가 더 새롭고 더 나은 다음 세대의 인프라를 구축하려고 해도 몇 년간 그 운영을 중지할 수 없다는 점이다. 우리는 그리드가 항상 운영되기를 원한다. 최근에 한 저자는 그리드 오버홀 프로젝트를 마치 "항공기가 승객을 가득 채운 채 비행하는 상태에서 활주로와 항공 관제 시스템을 재구축하는" 사업에 비견할 수 있다고 지적한 바 있다.[374] 조건이 이렇다면, 시스템 차원에서의 개혁은 결코 쉽게 달성할 수 없는 과업이다. 우리가 그리드에 추가하는 모든 것은 기존 망의 모든 것과 효율적으로 상호작용 할 수 있어야 하고, 그리드에서 제거하는 모든 것은 제거된 후에도 우리 삶이 끊임없이 의지하는 전력 흐름을 방해하지 않아야만 한다.

이 모든 것을 감안하면, 앞으로 나아가기 위해 가장 적합한 길은 서로 경합하는 여러 이해관계들의 복잡성을 심각하게 받아들이는 한편, 이를 조정하기 위한 제도적, 기술적 설계를 섬세하게 진행하는 것뿐이다. 이러한 이해관계들의 범위는 투자자, 기획가, 입법 당국, 유틸리티, 규제 당국, 그리고 그리드와 관련해 중대한 이해관계를 가진 다른 모든 행위자들을 포함해야만 한다. 또한 전기 산업에 별다른 관심이 없는 사람들 역시 이러한 논의에서 빼놓지 말아야 한다.

어떤 시스템이 포괄할 수 있는 최대 범위를 확인하는 일보다, 그러한 범위에서 시스템이 가동되도록 설계하는 일이 더욱 어렵다. 부분적으로, 이는 우리의 그리드가 아주 광범위하고 이질적인 사회의 여러 영역에 걸쳐 있고, 이렇게 어지러운 상황에 몸담고 있는 어느 누구도 다른 행위자들의 입장을 종합적으로 이해하기 어렵기 때문이다. 데이비스베세 원자로에서 노심용융의 위기로 이어질 뻔한 니어미스 near miss 사고가 일어났을 때, 그리고 다람쥐들이 설비와 전선을 끊임없이 갉아 먹어서 생기는 고장이 일어났을 때를 생각해 보면 이 말이 무슨 뜻인지 쉽게 알 수 있을 것이다. 이런 문제들은 각 영역의 전문가들에게는 이미 익숙한 것이다. 하지만 전문 영역에서 제기되는 문제를 해결해야 한다는 요구가 다른 요구를 압도할 경우, 비용을 실제로 지불하는 사람들의 요구는 일부 무시되고 말 것이다. 우리가 총기, 에어컨, 가정용 태양광 시스템과 얽힌 다양한 문제들을 경험하지 못했다면, 미국의 전기 사용자들은 21세기의 산업에서 아주 기본적인 정보인 인구학적 특징에 대한 정보조차 거의 분석되지 않은 대중으로 남아 있었을 것이다. 예컨대 내가 살펴봤던, 그리드에 대한 모든 자료들은 유틸리티 고객으로서 여성에 대한 어떠한 언급도 없었다. 전기 사용자에 대한 논의는 대부분 이 시스템을 작동하도록 만드는 (대개의 경우) 남성들에 대한 논의이자, 지금의 시스템에 변화의 압력을 가하고 실제로 이를 변화시킬 방법을 발명하는 (또한 대개의 경우) 남성들에 대한 논의였다. 물론 이 자료들에서 대부분의 전기 사용자 역시 남성으로 간주된다. 이러한 서술은 분명 필요한 것이지만, 단지 절반의 진실만을 담고 있다. 그런데 젠더가 우리의 그리드를 만들어내고 재조직하는 사람들의 머릿속에서 중요하게 감안되고 있지 않다는 것이 잘 알려지지 않은 부정할 수 없는 사실이라고 해서 우리가 잃는 것은 대체 무엇일까? 대규모의 데이터를 긁어모으는 것뿐만 아니라 이 데이터의 세밀한 변화에 주목하는 것은, 우리 삶에 근본적인 중요성을 가진 인프라를 효과적으로 개량하는 작업을 벌일 때 무엇보다도 중요하다. 하지만 내가 생각하기에, 그리드라는 이 생태계가 품고 있는 깊은 다양성을 살펴달라는 요구는, 아마도 기존에 전력 산업에 대해 논의해 왔던 사람들로서는 만족시키기 어려울 것이다.

오늘날 미국의 그리드는 서로 다른 세 가지 문제에 봉착해 있다. 기후변화같이 수많은 행위자들의 이해관계가 충돌하는 요인이 어떻게 조정되는지 살펴보고, 이 조정 과정을 어떻게 재구성해야 하는

지 판단하는 문제가 그중 하나다. 다른 하나는, 우리가 과거 세대로부터 그리드를 물려받았기 때문에 그리드 속에 뿌리내리고 있는 레거시legacy 기술을 어떻게 다룰 것인지 하는 문제다. 나머지 하나는, 쳇바퀴를 도는 다람쥐와 다를 바 없이 근시안적인 인간이 이 망을 건설하고 운용해 왔다는 사실에 대응해 무엇을 해야 하는지에 대한 문제다. 이 모든 문제가 제멋대로 굴러가도록 내버려 두기보다는, 그리고 관련된 모든 사람이 얼간이, 돈 퍼주는 은행가, 언론사에 매수된 정보원처럼 행동하도록 내버려 두기보다는, 1880년대 후반의 그리드가 사설 발전소에 대응해 승리했을 때처럼 그리드를 근본적이고도 통합적으로 디자인해 좀 더 예측 가능한 구조로 작동하도록 만드는 것이 필요하다. 혼란을 통합하고 서로 다른 수많은 이해관계들을 가능한 한 손쉽게 조화시키는 설계가 필요하다. 이는 상호 운용성을 가장 완고하게 거부하고자 하는 사업자들도 따라야 하는 의무적인 표준이 설정되어야 한다는 뜻이다. 또한 이는 법률과 규제를 통한 개입이 필요하다는 뜻이기도 하다. 우리는 전기 인프라의 가장 기본적인 요소, 예컨대 전선과 전신주에 사람들이 합당한 가치를 지불하도록 만드는 방법도 찾아야만 한다. 극소수만이 이 비용을 염려하고 있지만, 그리드가 정상 상태로 가동되기 위해서는 계통에 연계된 그리드의 모든 부분이 반드시 정상적으로 가동되어야만 한다. 투자자들의 자금은 당시 최신식이었던 발전원으로 흘러들었고 그리드를 구성하는 여러 부분적인 요소들이나 소금 동굴로 흘러가기도 했지만, 그리드를 유지하는 기본적인 책임은 유틸리티에게 남았다. 우리 전기 사용자들은 그리드를 유지하는 경비에 쓰일 돈을 지불하고 있지만, 우리 역시 이렇게 돈을 지불하기를 원하지 않는다.

소비와 발전이 동시에 이뤄지지 않아도 될 만큼 커다란 전력 저장 장치를 찾아내는 것은 우리의 그리드를 더욱더 개방적이고 포용적인 방향으로 발전하도록 만드는 한 가지 방법일 것이다. 하지만 이런 방법만을 사용해야 하는 것은 아니다. 서로 다른 이해관계자들을 단일한 시스템으로 서로 소통하도록 만드는 수단, 즉 하나의 플랫폼(단순한 장치라기보다는 다양한 기능을 통합적으로 구동하는 컴퓨터 프로그램)을 통해 이러한 통합을 구현해 내는 방향이 보다 인기 있다. 우리의 그리드가 지금의 작동 방식에서 해방되려면, 이러한 플랫폼은 지금으로서는 무엇보다 사람들이 단지 꿈만 꾸고 있는 아주 기묘한 가능성(예컨대 차량에서 그리드로 송전하는 자율주행차)을 구현해 내야 한다. 또한 과거부터 내려온 오래된 발전소에 속박되어서도 안 된다(가령 천연가스 내연 발전소 또는 낡은 석탄화력발전소나 원자력발전소). 그리고 미래의 그리드는 보통 사람들의 바람과 활동에 부합해 작동해야 한다. 이 모든 것은 그리드의 기본 구조가 너무 낡아서 파괴되거나 기술적으로 뒤처지지 않는 방식으로 진행되어야 한다.

플랫폼이란 어떤 면에서 우리가 과거에 기계적 수단 또는 '아날로그적' 수단으로 풀었던 문제를 컴퓨터 또는 '디지털' 시스템이 지배하는 영역으로 옮겨 가도록 만든다는 점에서 흥미로운 것이다. 플랫폼은 문자 그대로 컴퓨터가 잡동사니들을 한데 엮어 운용하도록 만드는 틀이다. 우버Uber는 대표적인 플랫폼이다. 우버는 도시를 배회하는 운전자들과 도시를 이동하고자 하는 사람들이 차량을 함께 활용할 수 있도록 조직한다. 우버는 길 위를 흐르는 자원들을 한데 모아 (과거였다면 단지 교통 체증만 벌어졌을 곳에서) 유기적으로 작동하는 하나의 기능을 만들어낸다. 페이스북이나 트위터 역시, 거대한 사회적 네트워크를 가로질러 정보가 공유되도록 돕는 플랫폼이다. 이러한 정보 공유 과정을 통해 친구들뿐만 아니라 낯선 사람들도 함께 연결할 수 있다. 이러한 연계는, 전통적인 미디어보다 예측할 수 없는 방식으로 정보를 이동시키며, 이에 따라 여러 정부를 무너뜨릴 수 있을 정도로 충분히 강력한 행동과 조직화를 불러일으킬 수 있다(물론 특정 조건이 만족된 일부 시점에 그렇다는 것이다).[375] 본래는 서로 관련성도 떨어지고 경쟁하기까지 했던 이해관계로부터, 이전에는 없었던 경제적인 조직화를 이뤄내는 데 플랫폼을 사용하는 이러한 패턴은, 이제 미국에서 아주 널리 퍼져 있다. 이러한 패턴은 우리의 그리드에서도 찾을 수 있을 만큼 충분히 안정적이다. 그리고 이 시스템 안에 있는 아주 중요한 사람들은 문자 그대로 모든 것을, 심지어 '존재하지 않는 것(무효전력)'까지도 자신들의 시스템 내부에서 작동하도록 하는 데 관심을 가지고 있으며, 부분적으로는 그러한 과업을 이미 달성해 냈다.

• • •

통합적 그리드를 향한 이러한 개혁의 내부에는, 상당히 독특한 요인이 자라나고 있다. 바로 '제로'에 대한 친화력이다. 미국의 몇몇 후미진 구역에서든 이 나라의 주류에서든, 어떠한 종합적인 설비도, 어떠한 화석연료도, 어떠한 전선도, 그리고 어떠한 측정 가능한 자산도 없는 상황을 옹호하는 사람들을 언제나 찾을 수 있다. 1960~1970년대로 거슬러 올라가면, 보존과 효율성은 실제로 쓰이지 않는 것과 필요 없는 것의 가치를 평가해야 한다는 주장을 예비하는 요인이었다. 그리고 오늘날의 논쟁, 즉 전기 절약은 정확히 어떻게 집계해야 하는지,

건설되지 않은 발전소는 어떻게 평가해야 하는지에 대한 논란의 원천은 카터 대통령과 그의 카디건 경로로 거슬러 올라간다. 오늘날과 같은 무선통신 시대에, 우리는 또 다른 형태의 질문을 맞이하게 되었다. 그리드에 더 많은 물질을 투입해 확장하기보다는, 어떻게 더 적은 물질만으로도 그리드를 구축할 수 있을까? 도메인의 경계를 넘나드는 사람들은 전력 인프라가 외부에 끼치는 물질적 영향의 규모를 축소하는 방법, 그리고 모든 형태의 제로에 대해 그것이 마치 실제로 존재하는 듯 다루는 방법에 대해 지속적인 관심을 기울인다. 이러한 추세를 파악하고 있지 못하더라도, 오늘날 훌륭한 사람과 기업 그리고 이해 당사자 집단은 많은 경우, 존재하는 것만큼이나 존재하지 않는 것에도 가치를 부여하고 있다.

녹색 에너지는 전력을 얻기 위해 아무것도 투입하지 않으며 어떠한 쓰레기도 배출하지 않는 한 가지 명백한 사례다. 재생에너지 발전소의 경우, 일단 한번 건설되어 영업 운전이 시작되면 화학적 오염 물질을 배출하지도 않고, 연료에 사용될 물질을 추출할 필요도 없으며, 땅에 파묻거나 불에 태우거나 증발되어 대기 중에 풀려나가면 대기를 흐릿하게 만드는 폐기물을 배출하지도 않는다. 엔지니어라면, 에너지원에서 얻는 전력량을 증대시키는 어떠한 시스템이라도 옹호하게 마련이다. 열기관과 이 기관이 결코 피할 수 없는 열역학적 한계를 한꺼번에 제거해 버리는 일도 이러한 전력 효율의 증강으로 나아갈 수 있는 한 가지 방향이다. 에너지 분야에 대규모로 투자하는 대기업들은 전력 생산에 들어가는 비용에서 연료비를 제거할 수 있다는 사실에 주목하고 있다. 석탄, 천연가스, 플루토늄으로부터 생산되지 않은 와트라면 연료비는 당연히 0이지만, 이렇게 생산한 전력 역시 돈을 받고 판매할 수 있다. 필수 재료에 들어가는 비용을 제로로 감소시킬 수만 있다면, 이익을 올리는 것도 아주 쉬워질 것이다.

녹색 에너지를 지지하는 이러한 논거들은 충분히 믿을 만하고 여러 논박들로부터 방어될 수도 있는 것들이지만, 오늘날의 시대정신과 독특한 방식으로 부합한다는 점에서도 흥미롭다. 재생에너지는 마치 휴대전화가 인터넷과 4G 네트워크를 활용해 공기로부터 정보를 생산해 내는 것과 같이, 그리고 일반적으로 우리가 가구로 사용하는 기물들에 가전제품을 충전하는 무선 충전기가 설치되는 것과 다를 바 없이 전력을 아무 대가 없이 생산해 낸다. 공기로부터 정보, 음악 그리고 동영상을 얻는 소비자들, 그리고 배터리도 곧 비슷한 방식으로 충전하게 될 소비자들은, 낡은 데다 물질 친화적인 과거의 시스템을 심미적으로도 점점 꺼리기 시작했다. 소비자들이 그리드의 구조를 실제로 조정하지는 않지만, 이들의 호불호가 그리드의 구조에 영향을 미치는 것도 분명 사실이다.

그리드의 여러 구성 요소들 가운데, 전선이야말로 인프라의 물질적 기반에 대한 불만이 집중되는 곳이다. 미네소타대학교의 전력 시스템 엔지니어인 브루스 월렌버그Bruce Wollenberg는 전국을 포괄하는 송전망 시스템에 고전압 송전선로를 추가하려는 유틸리티의 시도가 좌절되는 현실을 다음과 같이 설명한다. "사람들은 자신들의 앞마당에 송전선이 지나가는 것을 원하지 않습니다. 이들은 전기가 지나가는 길이 자기 앞에 보이는 것을 좋아하지도 않고, 뭔가 복잡해 보이는 기계장치를 좋아하지도 않지요. 이런 경향은 미국 어디서나 나타나고, 저는 미국 바깥에서도 크게 다르지 않다고 봅니다. 사람들은 전력선이 더 늘어나는 것을 원하지 않습니다."[376] 인공 광합성을 연구하는 많은 공학자 중 한 명인 캘리포니아공과대학의 네이트 루이스Nate Lewis도 같은 이야기를 한다. 인공 잎을 만드는 그의 팀은, "전선이 없다는 것은 바로 이런 뜻입니다. 잎은 전선 없이도, 그리고 외부에서 유입되는 연료 없이도 모든 것을 해냅니다. 햇빛, 물, 이산화탄소, 필요한 것은 이게 전부입니다".[377] 이들의 말을 들어보면, 어떤 새 제품에 전선이나 다른 배선의 흔적이 겉으로 드러나 있기라도 하면, 제품은 제대로 팔리지도 못하고 시장에서 퇴출되어 버릴 것만 같다.

만일 소비자들이 사유지를 관통하는 송전선로뿐만 아니라 공공부지를 관통하는 송전선로를 건설하는 것 또한 유틸리티에게 허용하려고 하지 않는다면(말하자면, 이것은 그리드에 대한 '님비'다), 결국 이들은 지금 이케아 매장에 설치되어 운영 중인 것과 비슷한, 탁자에 내장된 무선 충전기와 같은 제품에 기꺼이 돈을 지불하려고 할 것이다.[378] 어떤 의미에서는 더 놀랍게도, 이 상황은 한 사람이 값을 지불할 수 있는 스케일을 넘어서는 의미도 지닌다. 고압 송전선 부설에 적극적으로 반대하는 사람들처럼 전력 회사가 하는 일들을 부정적으로 보는 사람들은 대개 재생에너지를 활용한 전기에 대해서는 기꺼이 높은 요금을 지불하려고 하는데, 유틸리티는 이 점을 아주 신속하게 알아차렸다.[379] 이러한 부가 요금은 "총 소비량 대비 점유율" 지표를 기준으로 85%의 풍력 또는 100% 재생에너지(바람, 태양, 수력)와 같은 값을 기준치로 삼아 설정된다.

콜로라도주 볼더를 관할했던 '악덕' 유틸리티였던 엑셀도 미네소타주의 고객들에게는 재생에너지 관련 부가 요금을 제안한 바 있다. 내 페이스북 친구의 친구인 어떤 사람은 자신의 계정에서, 엑셀의 고객으로서 엑셀을 다음과 같이 칭송했다. "만일 당신이 주택을 소유하고 있다면, 이러한 제안을 받아들이지 않을 이유가 없다. … 이 계약을 체결하면 나는 4달러를 더 지불해야 한다. 하지만 이로부터 나는 내가 쓰는 전력이 모두 풍력발전소에서 오게 되리라는 것을 보장할수 있다. 정말로 기분 좋은 소식이다. 게다가 이 풍력 에너지는 전적으로 미네소타주의 풍력 농장에서 얻은 것이며, 이런 거래는 정부에 의해 지정된 구역을 넘어서는 범위에서 이뤄진 것이다."[380]

여기서 주목할 것은, 이러한 종류의 계약에 일부 고객들이 감동할 것이라는 아이디어의 배후에 있는 감정의 힘이다. 그리드에 연결되어 있는 사람이라면 누구나, 심지어 부가 요금을 지불한 사람일지라도, '비물질적' 연료에서 전력을 100% 얻을 수 없다. 또한 이들이 사용하는 전력이 미 대륙의 절반 이상 포괄하는 그리드에서 나오는 이상, 이동 거리가 짧은 제품이라고는 결코 말할 수 없다. 지역에서 생산된 토마토라는 말, 그리고 지역에서 생산된 전자라는 말은 모두 동일한 '지역'이라는 말을 사용해 환경 친화성을 표방하려는 의도를 드러내고는 있으나, 전자와 토마토는 서로 너무 다르다. 재생에너지 부가 요금을 납부하겠다고 서명한 소비자든 그렇지 않은 소비자든, 이들이 사용하는 전자는 모두 동일하며 서로 구별할 수 없다. 두 사용자가 확인할수 있는 차이는 '가정용 풍력 에너지®'가 적힌 전자 청구서를 매달 받아볼 수 있는지 아닌지 정도뿐이다.

지역에서 공급된 녹색 전기에 더 많은 금액을 지불하는 것이 유틸리티가 사기를 벌였기 때문은 아니다. 일반적으로 부가 요금은 단기적으로는 재생 전력을 구매하는 데, 장기적으로는 재생 전력 설비와 기술에 투자하는 데 쓰이기 때문이다. 당신은 100%의 풍력 전력을 사용할 수는 없을 것이다. 하지만 이 부가 요금을 통해, 그리드에 연결된 모든 사람에게 장기적인 영향을 줄 수 있도록 풍력이라는 수단에 보조금을 지급한 것뿐이다. 실제로 부가 요금은 비물질적 연료로 전기를 만드는 수단이 가치 있다고 여기는 개인들에게 그에 필요한 비용을 부과하게 하는 방법이다.

그렇다면 사람들이 오직 자신이 소비한 전력량에 기반해 요금을 지불할 것이므로 우리의 그리드가 재생에너지와 같은 분야를 성장시키는 데 한계가 있다는 주장에는 논란의 여지가 있다. 사람들은 전력량 말고도 다른 가치에 지불할 수 있다. 물론 지불할 가치가 있다고 생각하는 것에 대해서만 그렇지만 말이다. 전력 시설이 규모가 작거나, 눈에 덜 띄거나, 건물 및 도시환경에 더 잘 통합되어 있을 경우, 개인이든 기업이든 전력 소비자들은 이러한 변화를 불러온 요인에 대해서는 기꺼이 돈을 지불하려고 한다.[381] 게다가 이러한 비물질적 전력원의 등장은 '녹색' 에너지에 대한 고조되는 관심과 부합하므로, 유틸리티의 작업을 보다 쉽게 만드는 과정이기도 하다. 만일 재생에너지가 매출을 증가시키는 데 도움이 된다면, 재생에너지는 당연히 전기 요금 청구서에서도 언급될 것이다.

오염 물질을 다량 배출하는 커다란 설비가 오염 물질의 배출량이 적고 더 작은 다른 설비에 자리를 물려주는 일(석탄화력발전소가 미네소타의 풍력 터빈에 자리를 물려준 것이 대표적이다)이 그리드에 투입되는 연료와 관련해서만 있었던 일은 결코 아니다. 세계 여러 나라에서 이미 백열전구는 비교할 수도 없을 만큼 비효율적이라서 불법이 되었다. 이 전구는 소비하는 전력 가운데 단지 5%를 빛으로 바꿀 뿐, 95%는 모두 열로 날려 보낸다. 대중적으로 널리 사랑받았던 이 전구는 이제는 대부분 다른 종류의 전구로 대체되었다. 이 전구를 처음 대체한 것은 형광등이었지만 많은 이들이 형광등을 그리 좋아하지 않았다. 최근에는 LED(작고, 아주 효율적이며, 수명 또한 매우 긴 다이오드)가 조명으로 널리 쓰인다. 냉장고, 즉 두 번째로 에너지를 많이 사용하는 가전제품(에어컨이 1등)에 대해서도 이야기할 가치가 있다. 이 기기는 1970년대 후반 이래로 집중적인 연구 대상이 되었다. 오늘날 냉장고가 사용하는 전력은 1975년 모델의 사용 전력에 비해 4분의 1 수준이다.[382] 이렇게 증대된 효율성은 모든 냉장고에 적용되지만, '에너지 스타' 등급에서 최상위 등급(이는 에너지 효율 면에서 아주 좋은 냉장고라는 뜻이다)을 받는 경우는 점점 더 늘고 있다.[383] 냉장고와 마찬가지로, 오늘날의 식기세척기, 세탁기, 건조기, 조명 시스템, 심지어 새로운 세대의 컴퓨터 역시 더 적은 전기만을 사용해 동일한 기능을 수행하도록 설계된다. 이 기계들은 모두 과거 세대의 기기와 생김새도 닮았고 작동 방식도 유사하다. 이 기기들은 동일한 일을 하면서도 전기와 물을 훨씬 덜 사용한다.

아직도 많은 사람들(대체로 40대 이상이다)은 더 나은 물건을 사는 것이 곧 일상적인 문제를 해결하는 방법이라고 믿는다. 그러나 '밀레니얼 세대'로 널리 알려진, 물건을 가능한 한 구매하지 않으려는 이들은 한 발 나아가 다음과 같이 묻는다.[384] '대체 왜 전구와 냉장고를 구매해야만 할까?' '전구와 냉장고를 아예 쓸모없게 만들려면 무엇을 해야 할까?' '전화로 통제되는 광섬유를 벽에 심어서 조명을 해결할 수도 있지 않을까?' '냉장고를 온도가 일정하게 유지되는 세라믹 통이나 선반으로 대체할 수는 없을까?'[385]

유사한 아이디어도 뒤따른다. '창문, 지붕 타일, 노면, 나무에 태양광 패널을 설치하면 안 되는 것일까?' '콘센트 역시 전기 복사 장치로 바꿔야 하지 않을까?' '증기 샤워실을 설치해서 물을 기존보다 30%만 소모하도록 하는 일은?' 이런 질문들은 단순히 재미로 듣고 넘길 질문이 아니며, 쉽게 무시해서도 안 된다. 밀레니얼 세대는 이미 조명 스위치, 자물쇠, 자동차 점화 장치 및 자동차 열쇠 그리고 신용카드가 사라지는 것을 목격한 세대다. 그렇다면 냉장고, 콘센트, 조명 소켓, 샤워기 머리, 그리고 통제 불가능하게 증식하는 충전기와 코드가 언제까지나 건재하리라고 예상하는 것이 과연 합리적일까? 클래퍼Clapper•는 원격 조명 기기로서 어느 정도 시장 점유율을 유지하겠지만, 그 수명이 길 것 같지 않다.

이러한 (가전제품, 조명, 냉난방 시스템에서 일어나는) 모든 변화는 바로 집, 즉 모든 사람이 다른 어느 곳보다도 가장 먼저 전력을 생각하고 사용하는 장소에서 일어난다. 우리는 우리가 사는 곳을 따뜻하세 데우거나 시원하게 만들고 싶어 한다. 집에서 먹고 요리하며, 빨래한 뒤 말리고, 인터넷을 돌아다니고 비디오게임을 가지고 놀며 텔레비전을 보고 음악도 듣는다. 그리고 우리는 집 밖으로 나가기 전에 이동식 전자 기기가 충전이 제대로 되었는지 확인해야 안심하며 하루를 보낸다. 한마디로 말해서, 우리는 그리드 속에서, 그리드와 함께 살아가기를 선택한 것이다. 우리의 미래 에너지 시스템을 보다 튼튼하게 구축하고자 한다면, 가정용 태양광 시스템을 설치할 때 에너지 보존과 효율성(이는 전력을 만드는 방법과 무관한 변수다) 문제에 대해서도 세밀한 관심을 기울여야 한다.

조금 물러나 생각해 보면, 가정의 변화는 상당히 중요한 의미가 있지만 전체 시스템에서 일어나야 하는 변화를 감안했을 때는 꽤나 작은 수준의 변화다. 사무실, 공장 그리고 다른 작업장에서도 재투자와 새 장비 투입이 필요하며, 쇼핑하고 사교 생활을 벌이며 식사하는 곳도 크게 다르지 않다. 하지만 작업장과 상업 공간은 변화가 더디게 이뤄진다. 이곳은 비용이 아주 중요하기 때문이다. 미국의 모든 월마트 지붕에 태양광 패널을 설치하는 것은, 어떤 가정의 차고 지붕에 태양광 패널을 설치하는 것과는 다른 일이다. 둘 사이에는 규모 이상의 차이가 있다.

대규모 마트가 들어선 교외와 반농촌 지역의 상업 중심지가 새로운(그리고 현존 인프라를 잘 받아들일 만큼 충분히 업그레이드가 이뤄진) 전력원에 대응할 수 있도록 전선, 유틸리티, 중재 기관 그리고 규제 기구의 움직임을 결정짓는 문화를 변화시켜야 한다. 우리가 그리드를 이런 방식으로 생각할 때 비로소, 서로 경쟁하는 여러 이해관계와 구조적인 갈등을 조율하는 소통의 장이 그리드라는 전국 차원의 거대 인프라를 업그레이드하는 데 필수적이라는 점에 주목할 수 있다.

전기를 생산하고 전송하는 시스템을 개선하기 위해, 우리는 스스로에게 이렇게 질문해 봐야 한다. '이 경로를 따라 미래를 계획한다면, 전기를 생산하는 노동, 관련 법령의 입법, 전기 사용자들의 행동을 바꾸는 사업 계획들과 같은 그리드의 각 영역을 서로 분리해 다뤄야 하는가, 아니면 이 영역들이 취하는 관점의 차이와 대립을 강조해 논쟁과 다툼을 벌이도록 촉진해야 하는가?' 재생에너지의 확대라는 단순한 비전을 둘러싼 다양한 이해관계를 조정하고 재생에너지 산업을 실제로 확장하기 위해 무엇보다도 필요한 것은 전력 산업 거버넌스의 단순함이다. 하지만 비전 자체가 근본적으로 다양성을 하나의 수단으로 사용한다는 점 때문에 상황은 꼬여가고 있다. 그리드는 수백만 가지의 하위 시스템으로 구성되었기 때문에 극도로 복잡하고 겉으로 보기에도 그다지 매력적인 시스템도 아니지만, 그리드 내부에서는 구성 요소들의 상호 운용성을 확보하기 위한 치열한 전투가 벌어지고 있다. 이러한 전투에서, 산업계는 표준화를 위해 온갖 노력을 기울이고 있다. 이러한 표준화의 틀로 작동하는 것이 이른바 '플랫폼'이고, 그래서 플랫폼을 구성하는 문제를 단순히 소프트웨어의 문제라고 보기는 어렵다. 지금 필요한 기술은 미국의 그리드를 바로 지금 그리고 실제로 작동시키는 구성 요소들을 새로운 방법으로 활용하는 기술이고, 또한 오늘날의 그리드에 새롭게 결합하는 요소들이 기존의 요소들과 서로 조화를 이루는 한편 상황을 공유하도록 돕는 기술이다.

그러나 여러 세대의 기기 사이에서 상호 운용성을 강화하기 위해 필요한 표준은 구현하기도 어렵고, 구현되더라도 극도로 복잡한 체계를 이룰 것이다. 이러한 표준 가운데는 CEA-852.1:2009 "인터넷 프로토콜 채널을 통해 향상된 터널링 장치 영역 네트워크 프로토콜", C37.118.1 "전력 시스템을 위한 싱크로페이저 측정 표준", IEEE 1588 "일관적인 시간 관리가 필요한 장비를 위해 스마트그리드 전역의 시간 관리 및 시계 동기화 표준"과 같은 항목이 포함된다.[386] 단순한 회전자가 서로 공통점이라고는 전혀 없는 장비들이 그리드에 연결되어 함께 가동하도록 돕는 새로운 해결책으로 떠오르는 날이 올지도 모른다. 지금으로서는 계획은커녕 상상하기조차 어려운 '보편 시스템'을 달성하기 위해서는, 이런 것들에 대한 수많은 정밀한 조사가 이뤄져야 할 것이다.

오랜 경력을 쌓은 여러 기술 관료들이 네트워크에 깊이 연동된 그리드의 기능과 관련해 표준을 구축하려고 분투하는 것과 무관하게, 전력망의 다른 영역에서는 표준이 아예 필요하지 않은 방향으로 나아가려는 이들도 있다. 이 '현명한wise' 그리드는 그 옵션이 알려지기만 하면 그 안에서 무엇이 가동되는지를 보여주는 1,000여 개의 구성요소들로 이뤄져 있다. 시스템을 더 효율적으로 변화시키려는 시도는 이 요소들 중 하나만으로도 좌절될 수 있다. 만일 오늘날의 혼란 때문에 게임에 참여하는 모든 사람이 하나의 시스템을 함께 구성하는 대신 분리된 시스템을 각자 구축한다면, 우리에게 남는 것은 결국 여러 바리케이드와 막다른 길로 구성된, 서로 고립되어 과도한 경쟁을 벌이는, 마치 발칸반도의 국제정치적 풍경과 유사한 시스템뿐일 것이다. 아무리 작고 사소하더라도 어떤 조치가 상호 운용성에 어긋난다면, 그것은 다양성을 통해 유연성과 신뢰성을 강화한 미래 그리드를 건설하는 데 장애물이 될 것이다.

심지어 미래의 그리드에 대해 매우 전향적인 입장을 가진 캘리포니아주조차도 이 문제로 골머리를 썩이고 있다. 2015년 하반기, 이주의 입법부는 매우 이례적이면서 새로운 재생에너지 표준을 법안으로 만들었다. 이 법안은 2030년까지 캘리포니아주가 구매하는 전기 가운데 재생에너지에서 유래한 부분의 비율을 50%까지 증대시켜야 한다는 의무를 부과한다.[387] 그런데 이 법안에는 예상치 못한 퇴행적인 논리가 숨어 있다. 50%라는 값에 포함된 재생에너지 전기에는 오직 중앙 발전소에서 생산된 전기만 포함되도록 되어 있다. 가정의 지붕에 설치된 태양광은 이 값에 포함되어 있지 않은 것이다. 그런데 지난 5년간, 가정에서 생산한 태양광 전력은 지수적으로 성장했다. 캘리포니아에서는 미국 전역에서 생산된 가정용 태양광 전력 가운데 45%가 생산되며, 이 가운데 82%는 2010년 이후에 설치된 것들이다.[388] 오늘날, 지붕 태양광은 캘리포니아에 설치된 중앙 태양광발전소에 비해 3배나 더 많은 전기를 생산한다. 이 주에서만 대규모 발전소 7개소가 지난 3년 사이에 계통에 연계되었는데도 말이다.[389] 이처럼 입법이 현실에 뒤처지고 있다는 점이 분명해지자, 이 주에서도 손꼽히는 로비 능력을 갖춘 유틸리티들은 그리드 운용 면에서 소규모 분산형 발전 사업자들을 무시하기 시작했다. 주택 소유자들이 지붕 태양광과 같은 전력을 통제하기에는 발전기와 그리드는 상당히 복잡할 뿐만 아니라(이를 판매하는 것도 마찬가지다), 가정에서 만든 전력으로 이들이 이익을 보는 경우도 상당히 드물었다. 이 특정 행위자들의 무리는 재생에너지에 대한 세제 해택이 사라지는 2016년 이후로 가정용 태양광 설치를 상당량 줄일 것이다(이 혜택은 2005년부터 시행되어, 지붕 태양광 시스템의 설치 비용 가운데 약 30%를 환급해 줬다). 이 세제 혜택은 여전히 지속되고 있지만, 캘리포니아에서는 그리 중요한 문제도 아니다. 캘리포니아에서는 이미 관련 법안이 입법되었기 때문이다.

미래에 대한 보수적인 관점에서 볼 때, 오늘날 전력 생산 분야는 과거로 되돌아가는 것처럼 보인다. 만일 주택 소유자들이 공공 그리드를 통해 전력을 판매하는 데 직접적인 재정적 인센티브를 제공받지 못한다면, 중앙 발전소는 발전과 송배전 산업 전체에서 계속해서 '중앙'으로 남아 있게 될 것이다. 거대 풍력 농장과 태양광 공장을 선호하면서도 분산된 재생에너지 전원에 대해 (분산 전원에서 생산된 전력을 그리드에 들여오는 데 보조금을 제공하는 것을 거부함으로써) 제도적 지원을 중단하는 것은 곧 보통 사람들이 명백히 선호하는 전기 제조 수단을 주변으로 몰아내는 시작점이나 마찬가지다. 새로운 캘리포니아 법은 유틸리티에게 전력을 생산하고 절약하며 저장하는 다양한 수단들이 수익성 있게 가동되도록 결합하는 방식을 제한하는 전제적 권한을 부여한 것이다.[390] 유틸리티들은 자신의 이해관계를 지키기 위해 다양성이 실질적으로 제한되도록 조치해 왔다. 중앙 발전소의 연료도 결국 바뀌겠지만, 캘리포니아 입법부는 중앙 발전소에 의존하는 시스템에서 벗어나려는 흐름을 막아섰고, 캘리포니아주 그리드의 심장부를 차지하는 20세기의 발전 방식에서 벗어나려는 움직임에도 제동을 건 것이다.

물론 법안의 명시적인 목표는 유틸리티들이 대규모 재생에너지 발전 설비에 더 많이 투자하도록 하는 데 있다. 그 취지를 비난하기는 어렵지만, 유틸리티들이 가용한 재생에너지 자원의 잠재력을 전부 사용하도록 요구하지도 않았다. 캘리포니아 입법부는 캘리포니아의 그리드 개혁이 잠재력에 훨씬 못 미치는 결과만을 내놓을 것이라고 확신했다. 사람들에게 명백한 호소력을 가지는 재생에너지 기술을 둘러싼 이런 부적절한 판단은, 재생에너지의 확대라는 흐름에 확실히 걸림돌이 되었다. 이 사례를 통해, 우리는 거의 모든 면에서 좋아 보이는 결정이 미래에 그리드가 겪을 여러 가능한 변화를 고려할 때는 얼마나 나쁜 결정으로 나타날 수 있는지 알 수 있다. 이 판단은 작지만 혁신적인 회사에 자신들의 전기 생산과 공급을 맡기기로 선택한 일반인들의 욕구를 배제한다. 그리고 유틸리티는 사람들이 원하는 것을 무시하는 데 통달해 있으며, 시장 지배력을 통해 경쟁 업체를 시장에서 배제하는 데도 능숙하다. 이 법안을 통과시키면서, 캘리포니아주 의원들은 유틸리티에게 이런 짓을 계속할 수 있도록 자유를 준 셈이다. 올바른 경로는 과거의 관습을 반복하는 것보다 훨씬 더 울퉁불퉁한 길이다. 다시 말해, 모든 재생에너지 기반 전력의 특성과 규모를 반영해 이를 전체 그리드로 통합시키는 시스템을 유틸리티가 2030년을 목표로 개발하도록 만드는 것은, 관행을 유지하는 것에 비해 훨씬 더 어려운 일이다.

그리드를 없애버릴 수 없는 이상, 그리드를 구성하는 전선을 활선 상태로 유지해야 한다는 문제는 카펫 밑으로 쓸어 넣어 손쉽게 해결할 수 있는 문제가 아니다. 테슬라나 다른 스마트 스타트업이 충분히 저렴하고 충분히 신뢰할 수 있는 배터리 팩을 만들어낸다면, 설비를 써서 스스로 전기를 만들 수 있는 이들은 그리드에서 이탈하기 시작할 것이다. 이렇게 이탈하고 나면, 오늘날 유틸리티가 가지고 있는 단기적인 문제가 조금 해결될지도 모르겠다. 그러나 그리드에서 이탈하는 이들이 늘어나면 늘어날수록, 미국 국민 모두에게 그리드를 통해 똑같은 품질의 전력을 공정한 가격으로 제공하려는 광범위하고 국가적인 차원의 목표는 점점 더 침식되고 약화되어 갈 것이다. 이런 목표를 포기하지 않으려면, 서로 다른 기계 시스템들을 하나의 기능으로 통합하는 것만큼이나 그리드를 통해 서로 다른 가치들을 통합해야 한다. 그리드가 바로 이 방향으로 변해가도록 하기 위해서는 유틸리티들이 가정용 태양광 시스템에서 수익을 창출할 수 있도록 만들어야 한다. 그러나 지금 이 방향이 캘리포니아 입법부가 입법한 재생에너지 법안에 의해 차단된 것이다.

1970년대로 시간을 되감아 보자. 당시 에이머리 로빈스와 헌터 로빈스가 신재생에너지를 그리드에 통합해야 한다고 주장했던 이유는 이 방법을 통해서만 그럴듯한 인프라 변화를 추동할 수 있었기 때문이다. 재생 가능 에너지는 이른바 녹색 기술로서, 오염된 데다 기온도 치솟아 올라가는 이 행성에 분명 좋은 것이다. 그러나 로빈스 부부는 이러한 기술들이 기존의 그리드에 연결되면 그리드의 작동 방식 자체를 바꿔버릴 것이라는 데 주목했다. 분산 및 가변 발전소로 인한 충격은 중앙 발전소에 의존하는 그리드에 기계적으로 그리고 재무적으로 중대한 부담을 가할 것이며, 바로 이 때문에 그리드는 기존에 그랬던 것보다 더 불안정한 시스템이 될 것이다. 우리가 실제 사용하며 선호하는 전력 생산 기술에 기반할 뿐만 아니라 지금보다 더 훌륭하고 강력하고 안정적인 그리드라는 잠재적 가능성은, 가장 작은 규모로 전기를 만들고 저장하는 방법을 찾아내도록 함으로써 그리고 전력 생산방식을 구조적으로나 법적으로나 사회가 공유하는 전체 그리드 시스템에서 배제하지 않음으로써 가능해진다.

다시 한번 분명히 말하는데, 그리드는 단지 기술 시스템에 불과한 것이 아니다. 그리드는 법적 시스템이면서 산업 시스템이고, 정치적 시스템이자 문화적 시스템이다. 기상과 기후에 민감하고, 각 영역에서 일어나는 여러 유행과 주기적인 변화에도 민감하게 반응한다. 만일 그리드를 구성하는 여러 영역들(특히 변동성 높은 비트들)의 통합이 제대로 이뤄지지 못한다면, 이 문제는 분명 전력 사용자들이 활용하는 기계나 우리가 운영하는 기술이 아닌 우리 자신에 기인할 것이다.

문제의 원인은 유틸리티가 소규모 행위자들에 의한 작은 규모의 개혁을 수용하려고 하지 않는다는 데 있다. 그리고 보통의 미국인들이 일상에서 늘 활용하는 것이 아닌, 가령 와트처럼 추상적인 단위로 헤아려야 하는 대상에 가치를 매기는 것에 익숙하지 않다는 데도 원인이 있다. 전기 수요를 줄이기 위해 에너지를 보존하고 효율성을 올리는 일은 (발전소가 크든 작든) 에너지 시스템의 전기 생산방식을 재생에너지로 바꾸는 일만큼이나 중요하다. 여기서 두 가지를 염두에 둬야 한다. 첫째, 모든 전기는 누가 만들었든지 간에 이미 생산된 것이다. 둘째, 모든 전기는 그리드에 연결되어 저장되었어도 아직 소모되지는 않은 것이다. 전기를 저장하는 문제를 잘 해결할 수 있다면, 대형 마트, 시멘트 공장, 몇몇 산업들의 에너지 효율이 충분히 올라갈 테고, 유틸리티나 다른 사업자들이 새로운 발전소를 건설해야 하는 경우를 최소화할 수 있다. 사업 소유주들은 스마트 온도 측정계나 효율 높은 형광등을 집 안에 설치한 가정과 마찬가지로 자신들의 에너지 절약이 충분히 보상받기를 기대한다. 그러나 청구 주기에 따라(또는 하루 중 시간대에 따라) 와트시당 부과되는 요금이 다른 오늘날의 제도는, 에너지 효율을 높임으로써 절약한 에너지의 양을 전기 요금에 반영하지 못한다. 다양한 고객들이 그리드에 계속 연결되어 있다는 전제에서, 소비자들이 사용할 것이라고 예상했으나 사용하지는 않은 전기(이를 '네가와트negawatts'라고도 부른다)를 어떻게 측정하고, 배열하며, 그에 지불해야 하는지가 아직 해결되지 않고 있다.

이것이 지금 이 순간 일어나고 있는 그리드 개혁의 핵심이다. 다시 말해, 유틸리티가 아닌 전력 생산자가 떼어낸 전자의 값어치를 평가하는 문제, 그리고 에너지를 들여 만들 필요가 없는 전자(이렇게 절약된 전력을 알기가 쉽지는 않지만)의 값어치를 평가하는 문제가 그리드 개혁의 초점에 있다.

• • •

2011년, 나는 샌디에이고 주변을 탐방하면서 엔지니어 및 업계 내부자들의 녹색 에너지 순회에 참여해 당시 진행 중이었던 다양한 프로젝트를 검토할 기회를 얻었다. 예컨대 샌디에이고가스&일렉트릭San Diego Gas & Electric은 업계의 새로운 조류를 선도해 나가던 유틸리티로 유명했다. 이들의 실험 정신 덕분에, 샌디에이고에는 그리드와 연계된 아주 흥미로운 설비들이 설치되었다. 주차장을 포함한 모든 지붕에 태양전지 판이 설치된 사무실 단지가 있었고, 프런트를 나서면 곧바로 자동차 충전소 두 자리가 마련되어 있는, 출장 전기 기술자를 위한 훈련 시설도 있었다. 교외 지역의 마트였던 앨버트슨 잡화점이 쓰레기 처리기 옆에 설치된 자동차 크기의 연료전지로 구동되는 모습에 탐방 참여자 모두가 놀랐다. 연료전지는 당시로서는 정말로 새롭고 신기한 장비였다. 하지만 마트 점주의 관점에서는, 그들이 설치한 에너지 효율이 높고 소비 전력도 줄어든 냉장고보다 연료전지가 특별히 놀라운 것은 아니었다. 그는 계속해서 냉각기와 냉동고, 창문과 선풍기, 포장 상자 재활용 시스템을 소개해 우리의 관심을 끌어내려고 했지만, 이 설비들이 인상적이라고 생각한 사람은 거의 없었다. 이러한 설계, 기계 및 시스템은 모두 마트에서 소모되는 전력의 절대량을 줄이기 위한 것이었다. 사실 연료전지에서 나온 전력만으로도 마트를 운용할 수 있었던 것도 이처럼 전력 소비를 크게 줄였기 때문이었다. 물론 앨버트슨 잡화점은 그리드에 연계되어 있었다. 하지만 공공 전력 시스템에서 들여오는 전력의 양은 대부분의 시간 동안 제로 수준이었다.

앨버트슨 잡화점에 설치된 것 같은 장비는 시간이 지나면 가정에도 설치될 것이다. 전문가와 내부자들이 앨버트슨을 운영하는 데 쓰이는 와트가 만들어지는 방법에 꽂혔다면, 점주는 와트가 더 이상 필요하지 않다는 점에 꽂혔다. 다시 말해, 점주는 발전소보다는 네가와트를 만드는 설비에 더 주목했던 것이다. 이 설비가 겉으로 보기에도, 작동하는 방식도 정확히 다른 잡화점과 동일했기에, 구경꾼인 우리들로서는 이 기계를 알아차리기 어려웠다. 이 기계로 가게 조명이 조절되는 모습에 흥미를 느꼈는지는 모르겠다. 그리고 정작 주목받아야 할 잡화점의 발전 방식이나, 전력 자체가 필요하지 않게끔 재설계된 모든 것은 대체로 무시되었다. 하지만 (1990년에 '네가와트'라는 용어를 도입했던) 에이머리 로빈스의 진술은 이 같은 문제를 지적하는 듯하다. "전기 소비자들이 원하는 것은 킬로와트시가 아니다. 이들은 전력으로 얻을 수 있는 서비스를 원한다. 다시 말해, 따뜻하게 샤워할 수 있는 온수, 시원하게 마실 수 있는 맥주, 환한 빛으로 가득한 실내를 원한다." 그리고 이런 서비스를 "전기를 보다 효율적으로 사용해, 더 적은 양의 전기만으로 더 저렴하게 누리기를 원한다".[391]

그리드로 공급되는 전기의 필요를 최소한으로 줄이고 전력 소비량을 줄여야 한다는 사고방식은, 단순히 시대정신에 부합하는 것을 넘어선다. 비물질 전력power of nothing은 태양광에서 빛을 얻고, 냉매 기반 냉방이 아닌 선풍기에서 바람을 얻고, 사용하지 않아 필요하지도 않은 전력량을 포함하는 개념으로 확장되었다. 절약된 전력 또는 네가와트는 더 많은 전력을 소모했을 수도 있는 기계, 건물, 조명 시스템, 공장이 실제로는 사용하지 않은 전력이다. 네가와트는 실제 에너지라기보다는 가정에 기반해 계산한 비전력non-power의 단위이지만, 절약이나 효율 개선을 통해 줄여낸 전력 소비량을 측정하고 정량화하는 데 실질적인 역할을 할 수 있다. 네가와트의 이런 가치를 감안하면, 점주의 관심이나 그가 일궈낸 업적에 대해 다음과 같이 말할 수 있다. '같은 일을 할 수 있다면, 더 적은 에너지만 투입하고 해내는 것이 낫지 않나?' 바로 이 질문이야말로, 카터가 강조했던 '카디건 패스'의 자취다. 아니, 여전히 건재하는 카디건 패스의 일부일 것이다. 전력 소비량은 줄일 수 있고, 실제로 미국민들은 전력 소비량을 줄여가고 있다. 2007년에 미국의 전력 소비량 증가세는 멈췄고, 2040년까지는 이 소비량이 현 수준에서 대체로 유지될 것으로 예측된다. 가전제품과 인구가 상당히 늘어났음에도 그렇다.[392] 하지만 이보다 중요한 사실은, 적절한 에너지 소비량에 대한 사회적 공감대가 변하고 있다는 점이다.

에너지를 소비하는 상황을 줄이고 궁핍을 감내할 필요는 없다. 이것이야말로 앨버트슨의 사업자가 자기 사업장에 장비를 구축하며 보여준 메시지다. 조명을 LED 전구로 바꾸고, 전력 공급원에 가정용 태양광 패널을 더하며, 수송과 전력 저장을 위해 전기자동차를 활용해야 한다는 것을 이 메시지에 더하면 더 좋을 것이다. 21세기 들어, 카디건 패스는 보다 실천하기 쉽게 재편되고 있다. 이 길이 궤도에 오르면, 지미 카터가 스웨터를 껴입을 일도 없을 것이다.

카디건 패스는 이제 온도조절기를 끄거나, 모직물 옷을 덧입거나, 조명을 줄이지 않고서도 에너지 소비를 줄일 수 있는 방식을 뜻한다. 뜨거운 물로 충분히 긴 시간 샤워해도 되고, 맥주를 차갑게 마시는 것이 사치를 뜻하지도 않으며, 불을 밝게 켜둬도 괜찮다.[393] 많은 것을 아끼는 이 새로운 세계는 결핍으로 고통받는 세계가 아니다(물론 이는 '절약하고 효율을 높여 더 많은 것을 하게 된다'는 뜻은 아니고 '절약하고 효율을 높여 동일한 것을 하게 된다'는 뜻이다). 이것이야말로 네가와트를 계산하는 이들의 목표이고, 앨버트슨이 미국에서 에너지 효율이 가장 높은 점포가 되도록 관리하는 점주의 목표다.

2000년대 중반만 하더라도, '효율을 높여 동일한 것을 하려는' 욕구에 대해 다음과 같이 답하는 것이 일반적이었다. '킬로와트시를 절약하는 것은 아주 비싸다.' 에너지 효율의 증강이라는 목표를 달성하는 데 비용 면에서 가장 효율적인 방법이, 에너지 효율이 낮은 건물을 개조하고 보다 효율적인 건물로 바꾸는 것이었기 때문이다. 네가와트는 그 가치에 비해 그것을 확보하는 데 지나치게 비용이 많이 들어가는 자원이었다. 바로 이것이 고효율 냉장 시스템 및 조명 시스템과 더불어 연료전지 시스템까지 모두 갖추고 있던 곳이 왜 당시 앨버트슨뿐이었는지를 설명한다. 그리고 에너지를 낭비하는 냉각장치는 물론, 제대로 설계되지 않은 조명 및 고압 교류HVAC 송전 시스템이 설치되어 그리드로부터 전력을 받아 굴러가는 마트가 왜 미국 전역에 퍼져 있었는지를 설명한다. 이런 상황에 빠져 있던 장비를 완전히 뜯어고치는 레트로핏retrofitting 작업은, 작업에 들어간 비용을 회수하기 어려울 정도로 비쌌다.

이것이 무슨 말인지 사례를 들어보자. 나는 아주, 정말 아주 추운 곳에 산다. 그런데 우리 집 한쪽 구석은 한때 단열이 되지 않았다. 그런데 안타깝게도 잘못 설계된 배수구가 단열이 되지 않은 바로 그 지점을 통과했고, 그래서 겨울이면 배수구가 얼어붙어 매년 6주, 8주 정도 욕조를 쓸 수 없었다. 우리 가족은 물을 계속 흘려보내 이 문제를 해결하려고 했는데, 이는 에이머리 로빈스가 분노할 만한 방법이다. 우리는 이 물에 얼마나 납부했는지, 물을 얼마나 사용했는지도 측정해 보지 않았지만, 같은 도시에 살았던 200만 명의 시민들 중 상당수도 겨울 내내 비슷하게 행동했을 것이다. 문제를 그냥 내버려 두는 것은 상당히 우스워 보이겠지만, 150달러짜리 단열재를 벽에 설치하기 위해 수천 달러가 드는 내부 공사를 벌이고 싶지도 않았고, 이를 위해 주택 대출 제도를 사용할 여건도 안 되었다. 우리 가족은 필요한 돈을 투자하기를 바라지 않았고, 공사에 따른 혼란과 성가신 상황을 원하지도 않았다.

이것과 마찬가지로 네가와트 혁명(붙이기에 '네가리터 혁명'이라고 말해야겠지만)을 가능하게 하는 주요 수단이 레트로핏뿐이라면, 이 혁명은 실현되지 않을 것이다. 지역 커뮤니티에서 극적인 에너지 소비 절감을 달성하기 위해 에너지 효율을 높이고 쓰이지 않은 에너지를 보존하는 일은, 건물을 건설할 때부터 염두에 둬야 달성할 수 있거나 에너지 스타 가전제품 같은 '플러그 앤드 플레이plug-and-play' 장비를 통해서만 이뤄질 수 있다.

그렇다면 에너지 효율을 증강하는 비책은 둘로 나뉜다. 첫째는 건물, 기물, 기기를 설계하고 실제로 제작할 때, 에너지 소비를 큰 노력 없이 그리고 (최종 소비자의 관점에서) 눈에 잘 띄지 않게 달성하는 방식이다. 어떤 경우에는 기물을 완전히 달리 설치하는 것이 도움이 될 것이다. 다시 말해, 냉장 기능을 냉장고에서 분리하거나, 냉방 기능을 에어컨과 분리하거나, 조명 기능을 전구로부터 분리하는 것이 방법일지도 모른다. 다른 영역에서는 이상적인 조건을 만족하는 물품을 만들어내는 것도 방법일 수 있다. 가령 동일 성능과 모델의 노트북이 3년 전에 소모하던 전기에 비해 4분의 1에 불과한 전력만으로도 훌륭하게 가동되거나, 전기 사용자조차 알아차리지 못할 정도로 건물 속에 잘 통합된 전기 절약 시스템을 갖추는 것도 방법일 수 있다.

비책의 나머지 절반은 우리가 사용하는 그리드의 에너지 효율을 높이는 것이다. 오늘날, 그리드는 다양한 발전원들과 송배전 방식들을 포괄하면서도 원칙적으로는 셀 수 없는 것들까지도 반영할 수 있도록 아주 복잡한 시스템으로 뒤바뀌어야 한다는 압력을 받고 있다. 효율성은 그 자체가 목표일 뿐만 아니라, 전력을 더 적게 필요로 하는 수단이라는 점에서도 가치 있다. 우리는 아예 만들어지지도 않은 것을 사용할 수 없지만, 이렇게 사용하지 않은 전력(이것이 새로운 요소다)은 이제 그리드의 재정적 구조를 검토할 때 고려되어야 하며, 그리드 개혁에서 중요한 부분으로 간주되어야 한다. 네가와트에 안정적인 가격을 부과할 수만 있다면, 네가와트는 우리의 그리드를 개혁하는 수단으로서 오늘날 활용되는 세금 감면, 보조금, 저금리 대출만큼이나 행위자들의 선택을 좌우하는 중요한 변수가 될 것이다.

앨버트슨 사례에서, 그리드는 발전소와 냉장고를 잇는 중립적인 수도관보다 중요한 무언가로 보인다. 10년 전의 시각으로라면, 이런 인상은 상당히 정확했을 것이다. 그러나 상황은 바뀌었다. 모든 시간대에 무선 데이터를 전송하는 스마트미터는, 당신이 유틸리티 측에게 말하기 전에 유틸리티가 당신 근처에서 발생한 고장을 보수하기 위해 전기 기사를 정확한 위치에 파견하는 데만 쓰이지 않는다. 널리 설치된 지 5년이 지나자, 스마트미터에서 생성되는 데이터의 양은 가변적이고 분산적인 전원에서 생산되는 전력의 증가와 감소에 대한 실시간 데이터를 제공하는 데 도움이 되는 수준에 이르렀고, 전기 사용량을 분 단위로 예측하는 모델을 만드는 데도 결정적인 것이 되었다. 그리고 이러한 데이터는 실시간 '수요 반응demand-response, DR'을 가능하게 만드는 기반이 되었다. 다시 말해, 유틸리티는 데이터에 기반해 수많은 전기 소비자에게 전기 소비량을 줄여달라는 요청을 보내고, 이렇게 수요를 조정해 그리드는 균형을 잡을 수 있게 되었다. 전력을 끊어버리거나 디젤발전기를 가동함으로써 백업 전력을 생성해 그리드의 불균형을 해소하는 대신, 스마트미터는 에너지 효율이 향상된 빌딩들을 연결해 그리드 전체의 에너지를 보존하는 자동 조정 과정을 발동시킨다. 실제로 이 과정은 주변의 휘도에 따라 조명의 밝기를 조정하는 것만큼이나 간단하다.[394] 그리고 조정 과정이 가능하다는 말은, 네가와트가 유틸리티에 의해 설정되고 그것을 앨버트슨 같은 전력 소비자 측에서 받아볼 수 있는 기반이 구축되었다는 것과 같은 말이다. 유틸리티는 이런 방식으로 전력을 절감하는 유연하고 똑똑한 소프트웨어를 갖추고 있으며, 그리드는 점차 네가와트를 전송하고 거래하는 플랫폼으로 바뀌고 있다.

수요 반응 용량, 업계 용어로 'DR'로 불리는 용량은 그리드 운용자가 실제로 전력 믹스에 투입되지 않고 절약된 에너지를 측정하는 값일 뿐만 아니라, 오늘날 크게 변하고 있는 그리드 거버넌스에 점차 스며들고 있는 비물질적 요소다. 물론 이는 다른 변화와 함께 그리드에 찾아온 것이다. 싫든 좋든 그리드로부터 공급받아 건물에서 사용하는 전력을 그리드로 되돌려 보내거나 절약하는 것과 수요 반응은 이제 컴퓨터로 연동될 수 있다. 수요 반응으로 인한 비용은 투자자와 유틸리티(즉, 대출금 상환 의무자) 그리고 주 보조금 및 연방 보조금에 의해 지불되는 상황이다. 이런 조치로 확보된 네트워크를 '가상 발전소virtual power plant'라고 부르는데, 이는 분산된 전력 자원을 한데 연결해 활용할 수 있을 만큼 충분히 조직되어 있다. 가상 발전소는 가상의 전력을 만들어내는 시설이 아니라, 전력을 소비하는 모든 기기를 연결해 이 기기들이 발전소와 같은 방식으로 가동되도록 만드는 일종의 플랫폼이다.

예를 들어, 거대 석탄화력발전소는 같은 지역에 있는 군사기지의 마이크로그리드에 연결할 수 있으며, 이것들은 열병합발전소 3기, 소규모 천연가스 내연 터빈 7개, (약 300기의 배터리에 연결된) 지붕 태양광발전기 3,500기, 신뢰성과 유연성을 갖춘 40개소의 중간 크기 네가와트 생산자 그리고 3만 대의 전기자동차와도 연결될 수 있다. 그러니까 이제 발전소는 이 각각의 발전원(실제 발전소, 동원 가능한 효율성, 전력 저장소)과 시스템을 통해 수요와 공급 용량을 밀리초 단위로 조정할 수 있다.

여러 종류의 자원을 이렇게 서로 연계하는 작업은, 실제 발전소를 보유하지 않고도 발전소처럼 기능하는 무언가를 가능하게 만든다. 다시 말해, 가상 발전소는 전기에 대한 정보(이것 역시 전기, 특히 디지털 스마트미터를 통해 전송된다)를 활용해 인간이 결코 따라잡을 수 없는 속도로 그리드 위를 오가는 크고 작은 여러 상황들에 실시간으로 대응하는 조직화된 도구다. 우리가 판단 내리는 속도는 전기를 안정적으로 사용하기에는 너무 느리지만, 스마트미터, 수천 개의 분산 마이크로센서, 적절한 컴퓨터 프로그램만 가지고 있다면 오래도록 전력을 안정적으로 활용할 수 있다.

가상 발전소를 기술적으로 구현하는 것은 문제가 없다. 이미 존재하기 때문이다. 소규모 가상 발전소들이 이미 그리드 곳곳에 흩어져 있다.[395] 가상 발전소에 필요한 구성 요소가 널리 보급되고(전기자동차가 부족하더라도 스마트 가전제품의 보급만으로도 상당한 변화가 일어날 것이다) 구성 요소들의 호환성이 강화되더라도, 문제는 20세기 초반 인설의 시대부터 이어진 극도로 독점적이고 중앙집권화된 그리드에서 아직까지 사라지지 않은 규제 체제와 소유권 바리케이드를 어떻게 넘어설 수 있는가 하는 것이다.

우리는 8장에서 미래에 미국의 그리드가 만족해야 하는 최우선적인 비전을 간략하게 살폈다. 그리드는 우리가 아직 충분히 상상하지 못한 물질적 시스템이지만, 정확히 무슨 일이 일어날지 예측할 수 없는 우리의 부족한 능력에도 불구하고 그 변화를 꿈꿔야 할 대상이자, 땜질을 통해 개선해야 하는 대상이고, 몇몇 부분에서는 새롭게 건설해야 하는 대상이라는 점 말이다.[396] 가상 발전소는 미래의 전기 인프라가 어떤 모습일지 구체적으로 보여준다. 말하자면, 컴퓨터화가 상당 수준으로 진행되어 생기 넘치는 모습일 것이다. 그러나 이런 그리드는 대중들이 상상하는 미래 지향적인 모습과 다르다. 교외 지역의 앨버트슨에서 목격한 것처럼, 훈련되지 않은 보통 사람의 눈에는 미래의 그리드가 지금까지의 그리드와 그리 다르지 않을 것이다. 혁명은 그리드의 겉모습이 아니라 기능 면에서 나타날 것이다.

가상 발전소에 사용되는 대부분의 기술은 이미 존재하며, 이 기술을 실현할 수 있는 절차도 이미 활용되고 있다. 2015년 10월, 미국 대법원은 연방에너지규제위원회FERC(미국의 그리드를 관리하는 조직)와 전기공급협회EPSA(전력 공급자들의 경쟁을 옹호하는 측)의 소송에서 양측의 구두 변론을 청취했다. 해당 사건의 쟁점은 바로 절약 와트를 생산 와트와 같은 가격으로 보상할 것인지 하는 문제였다. 입법부가 현행 그리드 체계에서 가장 커다란 쟁점을 배제한 채 캘리포니아 그리드의 개혁을 완수해야 한다는 심각한 제약 사항을 부과했던, 캘리포니아에서 진행된 소송과 달리, 이 사건에서 대법원은 미국 전체를 염두에 두고 판결을 진행하고 있다.[397] 또한 이 소송은 전력이 어떻게 생산되고 사용되며, 그 가격은 어떻게 부과되는지에 대해서도 높은 수준의 이해에 기반해 진행되고 있다.

만일 에너지 효율을 그리드의 운용 원리에 통합하는 능력이 정부가 그리드에 대해 권력을 발휘하는 핵심적인 방법이 된다면, 그리고 가상 발전소가 우리의 자원(예상 양과 비교했을 때 사용하지 않았거나 줄어든 소비량뿐만 아니라 생산된 전력량까지 포함한다)을 연계하는 수단의 핵심으로 자리 잡는다면, 네가와트의 가격은 안정적으로 설정되어야 한다. 다시 말해, 추측하기 어려운 위험을 감안하지 않고도 네가와트를 거래에 쓸 수 있도록, 네가와트는 모든 사람이 동의할 만한 값어치를 지닌 통화가 되어야 한다.

연방에너지규제위원회, 즉 미국의 전기 시스템을 통제하는 권한을 가진 유일한 규제 기관에서는 "수요 감축을 향한 다짐"을 실제로 구현하기 위해서는 "발전기에 의해 증대된 전력 공급량에 보장되는 것과 동등한 액수가 지급되어야 한다"라고 보고 있다.[398] 이는 공정성을 추구하기 위한 취지를 넘어선 것으로, 그리드를 보다 통합적인 기계로 만들기 위한 판단이다. 위원회의 발언을 들어보자. "전력 소비를 줄임으로써 시장에 공급한 전력량에 대해 수요 반응 제공자에게 시장 가격으로 대가를 지불하는 것은, 수요 반응에 대한 기업들의 거부감을 극복하는 수단일 뿐만 아니라 전력 도매시장의 신뢰성과 경쟁성을 강화하는 데도 기여할 것이다." 법률은 그리드 참여자가 시장에 전력을 공급하거나 절약하는 행위를 제약하는 데 쓰이기보다는, 이들의 행위를 완전히 뒤바꾸는 데 쓰일 수 있다. 연방에너지규제위원회는 여러 가능한 경로들 가운데 어려운 경로를 선택했다. 그러나 분명 이들은 포용성(금융 문제와 기술적인 문제를 포괄하는 의미다)이라는 가치가 미국 그리드의 기초를 이루도록 이 길을 선택했다.

유틸리티들은 여기서도 안정적인 현금 흐름과 같은 기존의 가치들을 유지하기 위해 가능한 모든 수단을 동원해 투쟁 중이다. 그리고 그 일환으로, 이들은 관할권 위반을 이유로 FERC에 소송을 제기했다. 이들은 "추가적으로 필요한 투자를 이끌어내기 위해서는, 실제 발전소에 의해 생산된 실제 전력 에너지가 (수요 반응으로 절감된 에너지보다) 더 높은 가격을 보장받아야 한다"라고 주장했다.[399] 이 말 속에서 우리에게 아주 익숙한 전선이 다시 한번 드러난다. 한쪽 진영의 사람들은 실제로 존재하는 대상이야말로 그렇지 않은 대상, 비물질, 제로에 비해 더 높은 가치를 부여해야 한다고 생각한다. 비물질적 대상들을 더하고, 셈하고, 명확한 방식으로 만들어낼 수 있다고 하더라도 그렇다. 다른 진영의 사람들은 -1은 +1과 비록 방향은 반대이지만 등가라고 봐야 하며, 존재하지 않는 것도 존재하는 것만큼이나 충분히 셈하고 측정하고 가치를 매길 수 있는 강력한 수학적 체계가 이미 마련되어 있다고 주장한다. 그리드에 대한 이들 상반된 입장들을 다음과 같이 구분할 수도 있다. 전력을 생산하고 절약하며, 균형을 맞춰 배분하고, 전력량을 계량하며, 이로부터 이익을 얻는 모든 이가 하나의 공통 시스템, 즉 그리드로 묶여 있다고 볼 것인가, 아니면 그리드란 곧 거대 발전소를 보유한 대규모 사업자들의 소유물일 뿐이라고 볼 것인가. 대법원이 어떻게 판결을 내리든(출간 시점으로, 재판은 아직 진행 중이다),[400] 대수롭지 않아 보이는 가격 변동 또는 규제 기관의 명령이 전력을 생산하고 배분하는 가까운 미래의 시스템에 커다란 파문을 일으킬 것이다.

만일 이 모든 영역에서 존재하지 않는 것에 교환 가치가 부여되고 그 가치에 대한 동의가 이뤄진다면, 가상 발전소는 그리드를 이루는 물질적, 비물질적 자원, 입법부의 지원, 기업의 지원을 모두 얻을 것이며, 집단은 물론 개인의 지원까지 충분히 얻을 수 있다. 결국 가상 발전소는 이를 통해 그리드 전체를 더욱 효율적으로 운영할 수 있게 만들 것이다. 그리고 바로 이런 방법으로 우리는 우리가 생산하는 전력량을 격감시킬 수 있을 뿐만 아니라, 이러한 전력 가운데 재생에너지에서 유래한 부분의 비율을 증대화할 수 있을 것이다. 가상 발전소가 가져올 이런 변화야말로, 미래에 지속 가능한 에너지 체계를 설계하는 데 무엇보다도 먼저 이뤄져야 할 선결 조건이다.

가상 발전소가 널리 활용되는 미래 에너지 체계 속에서, 거대 그리드는 아마도 매우 긴 시간 동안 존속할 것이며 그리드의 구성 요소들로 익숙한 것들(전선, 변전소, 장거리 교류 송전망, 전력시장) 대부분도 계속해서 우리 곁에 남아 있을 것이다. 덧붙여, 소비 전력이 아닌 대상에 얼마를 지불해야 하는지 계산하기 위해서는 유틸리티 역시 기업의 형태로 계속 남아 있어야 할 것 같다. 우리는 아마 그리드와 연계된 간단한 계량 장치에 의해 집계된 만큼 지불하게 될 수도 있고, 그리드에 연결된 미터기의 숫자에 기반해 기본료를 내는 방식으로 지불하게 될 수도 있다. 마을 단위의 지역 전반에 걸쳐 마이크로그리드를 새롭게 설치하고 이에 대한 컨설팅 비용을 지불하는 방법도 가능할 것이고, 아직은 수면 아래 잠겨 있지만 에너지산업의 미래를 결정할 이름 모를 혁신가의 발명에 비용을 지불하는 일도 분명 일어날 것이다. 아마도 오늘날의 그리드를 구성하는 여러 특징 가운데 우리가 잃게 될 것은 중앙 발전소에 대한 높은 의존도일 것이다.

물론 대규모 발전소도 건재할 것이다(대형 풍력 농장, 대형 태양발전소가 현존한다는 것이 바로 그 증거다). 그러나 이것들이 꼭 필요하지는 않을 것이다. 강화된 정보처리 능력은 그리드의 한복판에서 그리드 전체에 영향을 미치는 일종의 심장과도 같았던 대규모 발전소를 산산조각 내서, 그만큼의 용량을 그리드의 말단에 분포하는 소규모 발전소로 흩어놓게 만들었다. 이제 그리드에 하나의 심장만 있을 필요는 없다. 100만 개 또는 1억 개의 심장이 사방으로 흩어져 바람과 태양을 수용하고, 더불어 민첩하고 민감하며 그리드 전체에 걸쳐 작동하는 소프트웨어를 통해, 전력 공급과 소비의 균형을 맞출 수 있다. 가상 발전소나 그 친척뻘인 에너지 클라우드는 마이크로그리드와 나노그리드의 존속을 위협하고 있다. 가상 발전소와 클라우드는 그리드와 여기서 생산된 전력을 사람들에게 끊임없이 그리고 가장 안정적으로 배분할 수 있다. 그리드와 그리드로 배분되는 전력은 앞으로도 우리와 함께할 것이다.

주택 소유자들도 흥미를 느낄 정도로 사용이 용이하고 저렴한 훌륭한 배터리 시스템이 제공된다면, 미국인들 역시 적지 않은 독일인들과 마찬가지로 그리드에서 이탈할 수도 있다. 그렇지만 미국인들은 아직은 그러지 않고 있다. 우리는 유틸리티가 아닌 다른 전력 사업자들에게 전기료를 납부함으로써 유틸리티의 현금 흐름을 끊어버릴 수도 있으나, 이런 경우조차 우리는 그리드에 연계되어 있는 것이다. 그리드에 대한 의존성은 미국인들의 공동체주의적 정신으로 어느 정도 설명되지만, 그것만으로 다 설명되지는 않는다. 그보다는 의존성이 이른바 '대안 에너지alternative energy'가 개별 가정에 소규모 태양전지를 설치해 와트를 생산하고 전력 시장에 법적으로 보장된 가격으로 판매해 이득을 얻는 작은 공장 같은 개념으로 미국에 도입되었기 때문에 나타나는 것이다. 전력 판매자(우리 같은 보통 사람들)만으로는 이러한 사업 구조의 안정성을 보장할 수 없다. 마케팅은 불가능하며, 판매를 가속화할 수도 없고, 광고캠페인 또한 불가능하며, 시장가격을 넘어서는 가격을 보장하는 것 역시 불가능하다. '대안 에너지' 생산자가 그리드의 연계를 끊어버릴 경우, 그리드에서 얻는 수입은 사라지며, 단 1명의 소비자에 의한 제어하기 어려운 전력 수요와 그와 부합하지 않는 공급 사이의 균형을 맞추기 위해 다양한 가정용 전력 저장 장치 및 소규모 발전소용 장비에 비용을 들여야 하는 상황에 몰린다. 따라서 지난 세기와 마찬가지로, 가까운 미래에도 그리드에서 빠져나오는 일은 매우 비싸고 복잡한 과정일 것이다. 다시 말해, 인설이 중앙 발전소에서 나온 전기를 시카고 일대에 판매했던 20세기 초의 그리드로 되돌아가더라도 상황은 마찬가지다. 인설의 중앙 집중형 그리드가 나타난 이후로, 전기를 공유하는 것은 전기를 스스로 만드는 것보다 더욱 간단할 뿐만 아니라 저렴한 선택이었다. 그리고 앞으로도 그럴 것이다.

기본적으로 이 단순한 진실이 가리키는 실용주의야말로 미국인들을 그리드 안으로 한데 묶는다. 그러나 이 결속력은 그리 강하지 않다. 오늘날에는 그리드의 기술적, 사업적 발전이 사용자들에게 그리드로부터 탈퇴하도록 조장한다. 그렇다면 전력 소비자들이 아직까지도 그리드에 매여 있는 이유는 그리드에서 탈퇴하는 것보다 단지 남아 있는 것이 간편하기 때문일 것이다. 물론 당장 그리드에서 탈퇴하는 것은 복잡하고 비싼 일이다. 하지만 5년이나 10년 뒤에도 그럴까? 우리가 미국인들을 동등한 기회를 누리는 하나의 국민으로 계속 대하고 싶다면, 그리드, 그것의 기반 기술과 지배 구조는 우리 인프라를 향한 기대에 더 큰 관심을 기술여야 할 것이다. 이런 기대가 쉽게 포착되지는 않는다. 미국인들은 보통 그리드의 기술에 자신의 선택이 반영되리라고 여기지 않기 때문이다. 하지만 이들의 행동을 세심하게 관찰해 보면 이들이 무엇을 생각하는지 알 수 있고, 그에 따라 어떻게 대응해야 하는지 그 징후들을 찾을 수 있다.

일단 한 가지 확신할 수 있는 것은, 일상에서 전기를 사용할 때 코드를 없애버리는 것이다. 이에 관해서는 두 가지 기술이 상업적으로 곧 널리 활용될 듯하다. 하나는 선반, 카운터, 테이블, 스탠드의 바닥과 같은 평평한 물건에 무선 충전기를 통합하는 기술이다. 이 기술도 기물 뒤편에서 플러그를 꽂아야 하기 때문에 콘센트를 아예 없애지는 못할 것이다. 하지만 이 기술은 대부분의 전자 기기를 플러그에서 해방시킨다. 무선 충전이 근본적인 변화라고 할 수는 없다. 1990년대부터 전동 칫솔 제품들은 이미 이 기술을 사용했고, 오늘날 미국에서 많이 보이는 지게차들도 기사가 잠들어 있는 동안 배터리를 충전하기 위해 평평한 패드 위에서 밤을 보낸다. 몇 년 내로, 이동식 무선 전자 기기는 플러그를 꽂지 않아도 될 것이다. 정확한 위치에 기기를 던져 넣어야 한다는 숙제는 여전히 남아 있겠지만.

2015년, 이케아는 무선 충전 패드가 "아주 잘 융합된" 사이드 테이블, 나이트 스탠드, 램프를 출시했다. 아직 무선 충전 기술이 최적화를 달성하지는 못했지만(이케아 제품이 애플 제품을 충전하지는 못하기 때문에, 700만 명의 아이폰 사용자들은 오랫동안 포트, 플러그, 콘센트에 유선으로 묶여 있다), 이는 분명 미래에 지금보다 콘센트가 줄어들 것이라는 징후이자, 코드, 어댑터, 전원 케이블이 줄어들다가 오랜 시간이 지나면 결국 사라져 버릴 것이라는 증거처럼 보인다.*

주변으로 퍼져나가는 강력한 비전리 방사선으로 인해 공 모양의 장기에 악영향을 미칠 가능성을 우려하는, 건강 염려증 환자들로서는 불안을 느낄지 모를 또 다른 기술도 있다. 바로 무선 배전 기술이다. 무선 송전 기술에 대한 요구는 그리드 자체만큼이나 오래되었으며, 아주 짧은 거리에서 대기를 뚫고 전력을 전송하는 기술이 실제로 그리드만큼 오래된 것도 사실이다. 1880년대에 우리에게 교류 전력을 선사한 세르비아 출신의 기이한 발명가, 니콜라 테슬라가 1893년에 시카고에서 개최된 컬럼비아 박람회(아주 다양하고 당시로서는 놀라운 조명 기술들을 전시하기 위한 행사)에 전구 3개를 출품했는데, 이 전구들은 전원으로부터 수십 미터 떨어져서도 무선으로 점등되었다.

당시 테슬라가 더 많은 전구를 점등하는 데 성공했다는 주장(어떤 소문으로는 무려 100개에 달하는 전구가 점등되었다)뿐만 아니라, 테슬라가 40킬로미터 떨어진 지점에 떨어진 낙뢰를 활용해 기기를 가동시켰다는 루머까지도 널리 퍼져 있었다(이런 신화는 테슬라의 전기 작가에 의해 발명된 듯하다). 하지만 오늘날의 우리들처럼, 테슬라도 분명 약간의 공기를 뚫고 전력을 보낼 수 있었을 것이다. 시간이 조금 지나, 테슬라는 지구적인 스케일의 장거리 원격 송전 프로젝트를 구상하기 시작했다. 지구가 거대한 도체라는 점에 착안해 "문자 그대로 활성 전기적 진동자로" 응용함으로써, 지상에 밧줄로 연결한 풍선을 1만 미터 상공에 띄워 수십억 볼트의 전기를 지구 전체에 송전하겠다는 계획이

<hr />

* 그러나 2021년 한국의 경우, 모바일 기기와 같이 작은 가전 기기가 증가하면서 가정 내 콘센트도 늘어나고 있다고 알려져 있다.

442

획이었다. 그는 이런 계획이 보편적 무선 조명을 구현하고, 서로 지구 반대편에 위치한 런던과 뉴욕 같은 장소 사이에서도 유효하고도 즉각적인 무선 통신을 지상에 실현시키리라고 기대했다. 그는 다음과 같이 이 구상을 지지했다.

"예를 들어, 어떤 사업가가 뉴욕에서 자기 산하의 사업체에 지시를 내린 다음, 곧바로 런던이나 다른 곳에 나타나 활동하는 상황도 충분히 가능하다. 그가 자리에서 전화를 걸면, 전 세계 어디서나 전화를 받을 수 있을 것이다. 시계보다 크지 않고 가격도 저렴한 기기를 쥐고 있다면 말이다. 1만 킬로미터 떨어진 바다 위, 황무지 위라고 해도 상대방 목소리를 들을 수 있고, 세상의 끝자락에도 문장과 노래를 보낼 수 있을 것이다."

이때가 1909년이다. 한 세기가 지나 우리는 이 모든 것을 할 수 있다. 시계보다 크지 않은 기기를 작동시키기 위해 무선으로 전력을 전송하는 것만 빼면 말이다. 테슬라는 통신 혁명이 대중적 보급, 무선 연결, 전기화, 이 세 가지로 이뤄진다고 이해했는데, 이는 오늘날 서로 분리된 두 가지 방향으로 분기되어 전개된다. 이제 모든 사람이 휴대전화를 가지고 있다. 심지어 안정적인 전기 그리드를 활용할 수 없는 사람들조차 가지고 있다. 반면 전력을 무선 통신으로 공급하게 될 것이라는 테슬라의 전망은 아주 비좁은 지역에서만 실현되었다.

테슬라의 전망은 우리의 기기와 전기 인프라가 무선으로 작용하기를 바라는 열망 아래에 살아남았다. 무선 연결이 그 어느 때보다 우리 삶의 여러 광대한 영역에서 활용되는 오늘날에는 특히 그렇다.

장거리 무선 송전은 아직까지는 환상에 지나지 않는다. 테슬라의 노력은 다른 이들의 생각에 비해 특별히 더 낫지도 나쁘지도 않았다.

하지만 단거리에서 이뤄지는 배전의 경우, 무선으로 수행하기에 비교적 유망한 프로젝트라는 것이 크로아티아 태생의 MIT 교수, 마르틴 솔자치치Martin Soljačič의 의견이다.

솔자치치는 시스템 하나를 고안해 냈다. 이 시스템은 테슬라의 시스템과 물리적으로는 상당히 다르지만 그 효과는 비슷하다(공기만 차 있는 공간을 가로질러 불을 켤 수 있을 만큼의 전기를 무선으로 전송하는 것). 전구와 전력 전송 장치 사이에 나무판자를 끼워 넣어도 솔자치치의 전구는 붉은빛을 멋지게 뿜어냈다. 솔자치치의 시스템에서 놀라운 부분은 (테슬라의 시스템처럼 전자기 방사선이 공기를 관통함으로써 전기를 전송하지 않고) 자기공명만을 활용한다는 점이다. 전기 전송에 자기공명을 활용하는 것은 고유 주파수가 정확하게 조율된 장비들 사이에서만 전력을 주고받을 수 있도록 한다. 또한 특정한 고유 주파수를 가지도록 조율된 전자 기기를 향해 자기장을 조준해 전기를 전송하는 기술은 전기장을 통해 무선으로 전기를 전송하는 기술에서 벗어나도록 돕는다(전기장을 활용한 무선 전송 기술은 제대로 조준하기도 어려울 뿐만 아니라, 전자기 복사로 인한 확인하기 어려운 여러 부작용들이 예상된다).

솔자치치가 무선 전기 전송에서 고려해야 하는 기초적인 물리학적 쟁점에 대한 연구를 발표한 2007년 이후, 스타트업 시장에서는 무선 배전 제품은 물론 그와 얽힌 마케팅 기법이나 라이브 데모와 같은 수많은 시도들이 번창했다. 한껏 달궈진 시장에서는 쓸 만한 무선 충전기를 개발하려는 여러 경쟁자들이 서로 먹고 먹히는 사투를 벌이고 있다. 이 자리에서 이 경쟁에 대해 상세히 논의하지는 않을 것이다. 누가 승자가 될 것인지 아직 알 수 없기 때문이다. 하지만 곧, 누군가는 무선 충전기 시장을 석권할 것이다. (무선 충전 기술을 아주 강력하게 밀어붙이고 있는) 인텔Intel의 CEO 브라이언 크르자니크에 따르면, "어디서나 기기를 충전할 수 있다고 상상해 보자. 바로 이런 세상이야말로 내가 살고 싶은 곳이다". 이는 꽤 믿을 만한 주장인데, 인텔이 45개국에서 설문 조사를 진행한 결과, 사람들이 자기 컴퓨터에 대해 가지고 있는 가장 큰 불만이 바로 코드와 관련 있기 때문이다. 언제 어디서나 90%의 효율로 기기를 1미터 정도의 공기를 가로질러 무선 충전할 수만 있다면, 이런 기술이 널리 퍼지는 것은 시간문제다.

· · ·

지금까지의 이야기를 종합해 보자. 우리는 그리드가 우리를 덜 움직이게 만들 뿐만 아니라, 우리 삶이 내뿜는 오염도 줄이기를 바란다. 또한 변화에 더 잘 적응할 뿐만 아니라 더 다양한 상황에서도 전기를 제공하는 그리드를 바란다. 그리고 전력 공급에 대해 더 깊은 책임을 가지면서, 공급 전력을 일정량 이상 확보하는 데는 덜 신경 쓰기를 바란다. 우리는 우리가 사용하는 전력의 생산방법을 통제하기를 바라고, 이를 사용하는 방법에 대해서도 더 정확하게 이해하기를 바란다. 그리고 이 모든 바람에도 불구하고, 그리드가 하나의 전력 시스템으로서 계속해서 광범위하게 영향을 미치기를 바란다.

우리 모두가 존재하지 않는 것을 지향하도록 만드는 시대정신은, 가까운 미래에 그 기세가 꺾일 것 같지는 않다. 그보다는 반대쪽에 내기를 거는 것이 현명할 것이다. 더 많은 무선 연결, 더 많은 재생에너지, 더 많은 이동형 장비, 더 많은 기술 간 통합, 더 많은 비가시적 기술은 우리를 일정 지점에 고착시키거나 끌려가도록 강요하기보다는,

우리가 스스로를 변화시키도록 만들고 있다. 그렇다고 보이지 않는 것, 비물질적인 것, 숨겨진 것에 대한 강력한 문화적 선호 때문에 그리드라는 아이디어를 우리가 버리게 될 것이라는 주장을 믿어야 할 이유도 없다. 남은 것은 이 두 가지 편향된 시각들이 한데 만나 인프라의 미래에 어떤 영향을 끼칠 것인지 따져보는 것뿐이다. 나는 이것이 아름다울 뿐만 아니라 물리적 구조물을 최소한으로만 남길 것이라는 데 한 표 던진다. 21세기를 지배할 흐름은 이제 막 시작되었을 뿐이다.

· · ·

일본의 미적 기준에 따르면, 오류나 결함이야말로 아름다움의 징표다. 대칭성, 균형, 완벽성을 갖춘 것이 아름다움이라고 생각했던 서구의 개념과 달리, 일본에서는 결함과 불규칙성이 주목받았다.[401] 또한 일본인들은 일부가 깨지거나 아예 산산조각 난 다기를 의도적으로 깨진 면이 눈에 띄도록 수리하는 기법을 예술로 발전시켰다.[402] 예컨대, 깨진 부분을 메운 틈새에는 금빛이나 붉은빛 옻칠이 선명해 어디에 금이 가 있는지 알 수 있다. 이런 옻칠은 다기를 감상하는 이들이 본래 다기의 모습을 더 이상 볼 수 없도록 만들었다. 다기의 금은 마치 핏줄처럼 보였고, 핏빛으로 빛나는 옻칠은 깨진 다기가 다시 하나로 붙었다는 것을 보여주는 광채처럼 보였다. 다기가 깨졌다는 사실은 이런 옻칠로 인해 도드라져 보였다. 사물이 겪은 역사는(때때로 아주 험난한 것이었으리라), 이 사물이 품고 있는 매력의 중대한 요소였다.

똑같은 도자기가 미국인의 손에 있었다고 해보자. 그는 자신이 조심성 없이 놓쳐 산산조각 나버린 도자기를 수리하려고 할지도 모른다. 그는 분명 (에폭시수지를 손에 들고) 이 사금파리를 한데 모아 틈새라고는 전혀 없이, 바로 사용할 수 있는 그릇으로 다시 조립해 내려고 할 것이다. 그냥 쓰레받기에 담겨 버려질 가능성이 훨씬 크겠지만. 그는 새 그릇을 구매할 수도 있고, 온라인으로 주문해 다음 날 택배로 받아볼 수도 있다. 미국인들은 무언가가 부서진 잔해를 견디지 못하고, 불완전한 무언가를 가지고 싶어하지도 않는다. 미국인들은 완벽한 모습으로 자신에게 도움을 주고 있는 것이 부서지거나 손상되기를 결코 바라지 않는다. 우리는 늙음보다는 젊음을, 어제의 영광보다는 오늘의 활력을 바란다. 미국 문화 속에서 가치 있는 것은 수리가 아닌 완전한 교체다.

하지만 그리드를 전국적인 규모나 적어도 몇몇 지역을 통괄하는 규모의 망으로 유지하고자 한다면, 우리는 스스로 무엇을 '좋다'고 생각하는지에 대한 생각을 바꿔야 할 필요가 있다. 사실 무수한 금과 틈새 사이사이로 땜질이 이뤄진 낡은 다기야말로 가장 좋은 것일지 모른다. 이 다기를 수리해 놓은 부분은 전체 다기를 구성하는 부분들 가운데서도 가장 가치 있는 것이다.

우리가 모두를 위해 그리드를 유지하고자 한다면, 그리드를 마치 일본의 다기처럼 수리해 고쳐 쓰는 편이 보다 현명한 선택일 것이다. 가장 가치 있는 부분들을 모아 이것들을 금으로 붙이거나, 개개의 작은 기계들을 하나로 엮어 다시 하나의 다기로 만들어낼 경우, 접착제가 가장 중요할 것이다. 그리드에서 접착제 역할을 하는 것은 금이 아니라 수백만 개의 작은 기계, 마이크로프로세서microprocessor다. 이 시스템을 하나로 엮어주는 이 작은 기계들은 저마다 기본적인 능력 4,

5가지만을 가지고 있다. 다시 말해, 올라가고, 먹이의 냄새를 맡으며, 아래로 내려가고, 따뜻한 곳을 찾아가며, 먹이를 먹는 진드기와 비슷한 수준의 지능을 가지고 있다. 로널드 보그Ronald Bogue가 지적했듯, "진드기의 주변 환경은 여러 요소들로 구성된 닫힌 세계이자, 그 바깥에는 아무것도 존재하지 않는 세계다". 그럼에도 그리드는 철근 덩어리나 타르 반죽에 비해서는 더 똑똑하고, 더욱 많은 것을 수행하며, 더욱더 유연하다.[403] 진드기만큼 똑똑한 그리드는 그 복잡성으로 인해 반응과 소통 능력이 뛰어날 때도 있다. 또한 그리드는 마이크로프로세서를 필요로 하는 모든 빈틈(가변 전원, 분산 전원, 소규모 발전소, 대규모 발전소, 네가와트, 나노그리드, 이동 전력 저장소 등)에 이를 집어넣고 틈을 메울 수 있으며, 이를 통해 균형을 스스로 되찾는, 신뢰성을 갖춘 시스템으로 거듭날 수 있다. 그리드는 이 행성 어디에나 있는 지적 행위자들의 네트워크가 낡거나 녹슬거나 손상된 부분을 수리함으로써 계속해서 유지될 것이며, 전국적인 컴퓨터가 될 것이다(물론 몇몇 지역을 통괄하거나 지역 내부를 통괄하는 규모, 우리가 임의로 선택한 규모도 그리드의 지리적 규모가 될 수 있다).

물론 얼마 지나지 않아 유비쿼터스 컴퓨팅ubiquitous computing이 곧… 도래할 것이다.

가상 발전소나 그와 유사한 시스템이 활약하는 그리드를 한번 상상해 보라. 이 그리드의 확대를 촉진하려면, 팔꿈치에 기름을 치고, 혀에 금을 바르며, 옛 전선을 가로질러 손을 맞잡을 필요도 있다. 그리고 이를 통해 더 야심 찬 프로젝트, 즉 자가 수리 기능을 가지고 있고 프로세서가 밀도 높게 깔린 '지능형' 그리드를 향한 첫발을 내딛을 수 있다. 오늘날 우리가 에디슨이 개발한 전선이나 맨해튼의 지저분한 거리에 조명을 비추는 작업을 떠올리는 것과 비슷한 방식으로, 수십 년 후의 세대들은 지금 우리가 누리는 '유비쿼터스' 전기에 대해 회고할지도 모른다.

이 새로운 그리드가 현실에 도래하려면, 설계자, 몽상가, 계획가, 불평불만 분자 그리고 선도적인 행위자들 모두가 그리드를 구성하는 미래 기술에 대해 다음과 같은 입장을 가져야만 한다. '미래 기술은 결코 이상을 실현하는 도구가 아니며, 그보다는 가능한 한 최선의 목표를 달성하기 위한 실용적인 경로라고 봐야 한다.' 이 목표에는 물론 부, 성장, 이익이 모두 포함되어 있다. 하지만 동시에, 표준적인 사업자가 추구하는 표준적인 사업 목표에 포함되지 않는 사업 목표 또한 그리드 사업자의 목표가 되어야 한다.

오염이 적고, 망의 불안정성도 적으며, 지금보다 더욱 신뢰할 만한 전기 시스템을 갖추는 것은 결코 어려운 일이 아니다. 정말 어려운 것은, 바로 지금 그리드를 통제하며 소유하고 이를 통해 이익을 창출하는 권력의 이미 굳건히 확립된 이해관계와 부합하는 방식으로 커다란 비전, 기막힌 발명 그리고 대중성을 모두 갖춘 대안을 만들어내는 것이다. 이런 목표를 달성하는 가장 쉬운 방법은, 가능한 모든 방법을 동원해 유틸리티들이 다양성에 대해 매우 개방적인 태도를 취하게 만드는 데 있다. 이를 위해서는 캘리포니아주의 실수, 즉 소규모 발전 사업자들에게 그리드 참여의 문호를 닫아버린 실수를 반복해서도 안 된다. 또한 잉글랜드의 실수, 즉 거대 석탄화력발전소에서 벗어나 그리드 전반에 걸쳐 디젤발전기에 의존하게 된 실수를 반복해서도 안 된다. 그리고 독일의 실수, 즉 공공 전력 산업에 막대한 금액을 투자할 만한 기업들을 배제하는 실수를 반복해서도 안 된다.

우리가 원하는 미래는 이해관계가 결코 통합되지 않는 이들을 하나의 체계로 통합하는 데 있다. 통합이라는 목표가 이들 가운데 일부를 배제하는 것보다 더 큰 문제를 감당하게 하더라도 말이다. 그리드에 관련된 모든 주제를 받아들이자. 전기의 힘이 어떻게 만들어지고 사용되어야 하는 것인지(또는 만들어지지 않고 사용되지도 말아야 하는 것은 어떤 것인지)에 대한 어떠한 믿음도 수용하자. 장기적으로 이 행성에 해악을 가장 적게 미치는 방향으로, 이 모든 요인을 통합하자.

현명한 그리드란 단지 구성 요소가 추가된 스마트그리드가 아니다. 그리드의 현명함은 향상된 계산 능력의 산물이 아니다(도움이야 되겠지만). 현명한 그리드는 사람들의 이야기를 듣고, 사람들의 행동을 알아차리며, 사람들의 반응에 사려 깊게 대응하는 전력 시스템으로 나아가는 길이다. 오늘날의 그리드에서 이러한 개혁은 곧, 이미 그 방향으로 나아가기 시작한 이들을 돕는 것이다. 그리고 그들의 욕망과 행동을 인프라 수준에서 뒷받침하는 것이다.

30년 뒤에 미국의 그리드는 실제로 어떤 모습일까? 나뿐만 아니라 누구도 상상하기 어려울 것이다. 오늘날의 미국에서 그리드 개혁이라는 주제를 건드리면 거대한 후폭풍을 감당해야 한다. 이 주제에 대한 논의는 거의 정리되지 않았고, 여러 입장들을 서로 다르게 만드는 특정한 분기점도 제대로 파악되지 않았다. 특정한 경로를 지지하는 정치적 파당도 존재하지 않는다. 십자군 같은 열성적인 부류가 있기는 하지만, 이들은 집집마다 문을 두드리며 이웃에게 태양광 협동조합에 가입하라고 권유할 뿐이다. 전사와 같은 투쟁적인 태도를 보여주는 이들도 있지만, 이들은 기껏해야 스마트미터를 설치할지 말지 사람들이 선택할 수 있도록 해야 한다고 지방정부에 탄원을 올릴 뿐이다. 나름대로 비전을 내세우는 이들도 있지만, 이들은 변압기 1개를 공유하는 7가구의 전력망을 어떻게 구성하면 그리드에서 다음 블랙아웃이 벌어질 때도 정전 없이 전기를 쓸 수 있을지, 다양한 전원과 배터리는 어떻게 구비할 수 있을지 고민할 뿐이다. 발명가들도 사막에서 자체적으로 부풀어 오르는 수소 풍선에 대한 이야기 정도만 들려줄 것이다. 미래에 대해 말하는 것은 도박과 비슷하다. 우리가 충분히 똑똑하다면, 기술적 혁신, 문화적 상상의 한계가 어떤 것인지를 확인할 수 있을 것이며, 그리드에 이 혁신과 상상을 구현할 수도 있을 것이다. 유비쿼터스 기술, 지각을 갖는 도시, 계산 능력을 모든 곳에 심어놓는 과제까지, 이 모든 비전은 우리가 전기 그리드를 어떻게 구성하는지에 성공과 실패가 걸려 있다. 19세기가 끝날 무렵에 니콜라 테슬라가 지적했듯, 그리드는 세계에 전력을 공급하는 시스템일 뿐만 아니라, 경제, 노동, 나아가 상상력까지도 한데 연결하는 통신망을 유지하는 데도 본질적인 망이다. 사물인터넷이 곧 우리 일상에 침투할지도 모른다. 그렇다면 이 모든 논의를 가장 거대한 기계에서부터 시작하는 것이 좋지 않을까? 그리드는 미래에 대한 약속을 담은 채 오늘도 빛과 에너지를 발하고 있다.

내가 이 글을 쓰고 있을 때, 정전이 일어났다. 비록 청명한 이른 봄의 오후였지만, 바깥 기온은 영하였다. 내 노트북의 전원은 대략 2시간 정도 남아 있었다. 마침 그날, 코드가 닿을 거리에 콘센트가 있는 자리에서 작업을 했는데도, 노트북에 전원을 연결하지 않은 채 아침 내내 노트북을 사용하고 있었다. 정전 때문에 과거의 나 자신을 비난할 수밖에 없었다. 비록 내 컴퓨터의 배터리가 거의 남지 않았지만, 이 상황을 '블랙아웃'이라고 보기에는 어려운 면이 있다. 우리 집이 햇빛으로 가득 차 있었기 때문이다. 암흑은 흔적조차 찾을 수 없었다. 그때는 거의 모든 것이 괜찮았다. 내가 반나절을 들여 처리하고 있었던 내 업무 하나(대략 4,000개 정도 되는, 밀린 이메일에 답신을 적어 보내는 일)가 이제 불가능해졌다는 것이 성가시다는 점만 빼면 말이다. 전력이 없다는 말은, 인터넷도 없다는 뜻이다.

정전으로 일어난 일은 밀린 답신을 보내지 못한 것이었지만, 추위도 걱정하지 않을 수 없었다. 실내에 몇 시간 정도 있다고 추위를 걱정해야 하는 날은 아니었다. 하지만 나는 아이들이 있고, 아이들은 곧 학교에서 돌아올 것이었다. 밤의 기온은 거의 영하 10도로 곤두박질칠 것이었다.

우리 집의 히터는 전기로 구동되었고, 스토브는 물론 온수기도 그랬다. 그리드에 대한 책을 쓰고 있었지만, 다른 대부분의 사람들과 마찬가지로 나도 그 속에서 살아가지 않으면 안 되는 사람이었다. 나는 그리드 속에 파묻혀 살고 있었다. 그리드가 양호하게 작동하는지가 내 삶의 구조를, 내가 작업할 역량을, 내 명성을, 내 가족을 돌볼 내 능력을 결정하고 있었고, 그리드의 물질적 변화는 내 걱정을 바꿔놓았다. 얼마 지나지 않아 밤이 되어 블랙아웃이 현실이 되자, 내 몸을 꽁꽁 감싸고 있어야 했고 가장 두꺼운 이불을 꺼내 내 아들의 자그마한 몸을 모두 덮어줬다. 아들이 잠들자, 촛불을 밝히고 그 아래에서 태평양 한가운데를 표류하며 갈증으로 천천히 죽어가는 선원들의 이야기를 그린 책을 읽어갔다.[404] 나 역시 비슷한 상황에 처해 있다는 데 탄식하면서 말이다.

우리는 전기의 바다에서 살아간다. 오늘날, 우리의 그리드는 우리가 사용하는 전기를 집으로 전달하는 역할을 수행하고 있다. 그리드는 우리를 따뜻하게 데워주며, 우리가 식사를 할 수 있게 도와준다. 노스다코타주의 파고 또는 애리조나주의 피닉스같이 극단적인 환경에서도 전기의 힘을 빌려, 그것도 아주 편안하게 살아간다. 우리는 분명 풍부한 전력에 둘러싸여 살아가고 있다. 그러나 이렇게 거의 모든 것을 전기에 의존하고 있기에, 전기를 만드는 수단을 보유하고 있더라도 신뢰할 수 있는 그리드가 없다면, '갈증'으로 죽어가게 될 것이다. 바닷물이 얼마나 많든 너무 짜서 마실 수 없는 것처럼, 전기를 얼마나 많이 생산해 내든 전송할 수 없다면 우리는 갈증에 시달리게 될 것이다.

나는 스스로를 낙관주의자라고 생각하며 이 책을 썼다. 다시 말해, 우리에게는 더 나은 미래가, 그리고 강력하며 구체적이고 분명한 동기를 지닌 발전이 기다리고 있으리라는 희망을 품고 이 책을 썼다. 물론 다른 거의 모든 사람들과 마찬가지로, 나는 전력이 끊어졌을 때 가동할 수 있는 백업시스템 없이 살아가고 있다. 태양광 패널, 대용량 전지, 디젤발전기, 가스히터 모두 내 손에는 없다. 비록 회전식 다이얼 전화기는 가지고 있지만 말이다(이는 스트로의 사례에서 배운 교훈 덕이다). 이것이 오늘날의, 그리고 세계에서 가장 부유한 나라의 현실이다. 나는 우리가 이보다 더 나은 그리드를 누릴 수 있다고 믿는다.

감 사 의 글

이 프로젝트를 진행하던 초창기에는 그리드 거버넌스, 혁신, 유지 보수 분야의 전문가들을 인터뷰하는 데, 그리고 컨퍼런스와 대중 강연에 참석하는 데 많은 시간을 투자했다. 아주 인상적인 것은 분명하지만 우아하다고 할 수는 없는 기계들 사이에서 삶을 바쳐온 전문가들에게 노하우를 배우기 위해서였다. 내게 가르침을 준 사람들의 이름을 여기에 모두 적을 수는 없지만, 이들의 지혜는 내가 전력 산업과 그리드의 본성을 이해하는 데 대체 불가능한 도움을 주었다. 특히, 서던캘리포니아에디슨이 생산한 자료들을 아카이브에서 열람하는 데 관대하게도 지원을 아끼지 않은 헌팅턴도서관에 큰 감사를 전한다.

그리드는 정말로 복잡하다. 상상하기 어려울 정도로 복잡하다. 현명한 분들의 여러 지혜로운 조언에도 불구하고, 나는 오류를 범했을 수 있다. 오류가 가능한 한 적기를 바랄 뿐이다. 그리고 이러한 오류는 전적으로 내 책임이다.

내게 무엇보다도 중요한 스승이었던 수전 래비너에 대해서는 특별히 고마움을 전한다. 그가 없었다면, 그리드와 같이 방대하고 통제조차 어려운 시스템에 대해 인류학적 저술을 내놓겠다는 꿈은 다만 공상에 지나지 않았을 것이다. 동시에 이 책의 여러 편집자에게도 감사드린다. 그들 덕분에 나는 이 책의 이야기를 풀어내 형체를 갖출 수 있었다. 마지막으로, 나와 관계를 맺었던 정원사들 그리고 꽃에 대해 언급하고 싶다. 그리드의 내용을 하나하나 모아 이를 문장으로 엮어 낼 방법을 고민하던 여러 해 동안, 내 남편인 줄리언 와이스는 정원사로서 그 역할을 해주었다. 너무나도 고마울 뿐이다.

내가 이 책을 위해 조사와 집필을 진행한 지난 6년 동안 그리드에서 일어났던 변화를 한 번에 간추리기에는 무리가 따른다. 다만, 우리의 에너지 인프라에서 일어나고 있는 개혁이 성과 없이 버려지지 않기를, 그리고 개혁이 가능한 한 빠르게 진행되기를 바랄 뿐이다.

옮긴이 해제 : 그리드, 우리 모두의 문제

0. 대체로 잊힌 존재, 그리드

우리는 언제나 전기를 사용한다. 정확하게는 무심코 사용한다. 너무나 당연한 존재이기에 전기는 본래 주어진 것이라 생각하는 듯싶다. 그러나 1970년대 이전에 태어난 독자라면, 기억을 조금 더듬어 전기 사용이 어려웠던 과거를 떠올릴 수 있을 것이다. 대한민국 어디서나 전기를 보편적으로 사용하기 시작한 시점은 1988년 서울올림픽을 기념해 호돌이와 굴렁쇠 소년이 세계의 환호와 함께 등장했던 때로 돌아간다. 당시, 정부는 전국 어디서나 쉽게 사용할 수 있는 전기 인프라를 설치하는 전기화 사업이라는 대장정을 막 마쳤다. 그 이후로, 우리는 전기를 콘센트에 코드를 꽂으면 나오는 에너지, 즉 존재하는 것이 당연하고 그로부터 어떠한 감흥도 받기 어려운 존재로 여겼다. 동네에 전봇대가 설치되면 동네 사람들이 모여 잔치를 벌였던 1970년대의 풍경은 이제 존재했었는지조차 의심스러운 전설이 되었다.

그런데 최근에 전기 설비가 눈에 쉽게 띄는 곳 여기저기서 갑자기 나타나기 시작했다. 이제는 태양에너지를 활용해 전기를 만든다는 태양광 패널을 그리 어렵지 않게 볼 수 있다. 사실 전기를 만드는 발전소는 근처에 거주하는 주민들에게나 보이는 기계장치일뿐, 대다수 사람들은 그것에 별다른 관심을 가질 필요가 없었다. 늘어나는 태양광 패널에 대해 어떤 이는 기후변화, 에너지 자립이라는 목표를 달성하기 위해 반드시 필요한 기기라는 찬사를 아끼지 않고, 어떤 이는 도시 경관을 어지럽히는 데다 비싸기까지 한 사치품이라며 비판을 가한다. 다만, 이것만은 분명하다. 2021년에는 전 세계 에너지원 중 5% 남짓의 비중만을 차지하고 있지만, 태양광과 풍력이 탄소 중립이라는 목표 달성을 위해 더 많이, 더 빠르게 확장될 것이라는 전망.

문제는 그리드다. 에디슨과 인설,* 테슬라, GE와 웨스팅하우스 등 전력 산업의 기틀을 만든 선구자들은 태양과 바람의 변덕스러움을 전혀 고려하지 않았다. 이런 변덕을 그리드에 수용하는 일은 전기 생산, 즉 발전의 기반을 화석연료에서 재생에너지로 바꾼다고 자동적으로 해결되는 문제가 아니다. 많은 진문가들은 재생에너지로의 전환을 단순한 개선을 넘어선 "재창조"라고 말하며, 그 난이도는 우리가 보유한 모든 "항공기가 승객을 가득 채운 채 비행하는 상태에서 활주로와 항공 관제 시스템을 재구축하는" 것과 다를 바 없다고 말한다. 이전까지는 보통 사람들이 콘센트 뒤에서 일어나는 일에 관심을 가질 필요가 전혀 없다고 해도 좋았지만, 그리드를 구성하는 모든 것을 바꿔야 하는 이상 그리드는 이제 우리 모두의 문제가 되었다.

이 책의 저자, 그레천 바크는 가장 중요하지만 거의 아무도 주목하지 않는 존재, '그리드'에 깊은 관심과 애정을 보여준다. 그는 미국

---

* 전기의 역사를 이야기하다 보면, 도시 규모의 그리드를 지상에 최초로 구현한 에디슨을 지나치게 조명하는 것이 어쩔 수 없는지도 모른다. 그러나 그리드라는 거대 기계에 관심을 가지게 된 사람이라면, 독점 지위를 가진 유틸리티를 만들어낸 덕분에 이 책의 주요 인물 중 하나가 된 인설에게도 관심을 가져야 한다.

의 그리드라는 거대 기계장치가 거쳐온 과거, 그리고 여러 도전을 마주한 현재를 살펴보고, 이어서 이 도전에 맞서 건설해 나아가야 할 미래를 전망한다. '에너지 전환'으로 표현되는 전력 산업의 변화는 '전기' 위에 건설된 현대의 물질문명 전체의 변화를 의미한다. 특히, 이 책이 집필된 시점은 2010년대 중반인데, 미국의 전력 산업 변화가 전반적으로 우리보다 10년 정도 앞서 있다는 세간의 평을 고려한다면 현재 우리가 직면한 문제를 성찰하고 미래를 상상하는 데 유용한 지식과 의미 있는 생각을 얻을 수 있을 것이다.

이 책의 옮긴이로서 우리는 이런 성찰과 상상을 조금 더 구체화하고 싶었다. 그 시도의 결과가 바로 이 글이다. 우리는 지난 수십 년 동안 한국 그리드가 겪어온 변화를 검토하면서, 더불어 이것을 구성하는 여러 요인들과 『그리드』에서 확인할 수 있으나 한국 그리드에 대한 논의에서는 충분히 반영되지 않은 쟁점들을 검토하면서, 다음 30년의 발전 방향에 대해 조심스럽게, 그러나 동시에 대담하게 전망해보고자 한다.•

1. 오일쇼크 이후 한국의 40년, 그리고 '인설의 법칙'의 때늦은 위기

이야기의 시작은, 1970년대 전 세계를 덮쳤던 오일쇼크다. 1970년대

• 책의 제목이기도 한 '그리드'를 번역하면 전력 계통, 전력망, 송배전망 등으로 표현할 수 있다. 그러나 그 어떤 단어도 전기 생산을 위해 존재하는 하나의 거대한 기계라는 저자의 표현에 딱 들어맞지 않다고 판단했다. 그래서 우리는 원어를 그대로 활용했다.

이전 한국에 그리드와 그리드에 얽힌 사건이 없었기 때문에 택한 출발점은 아니다. 1887년 경복궁 경내 건청궁에 등화를 밝히기 위한 첫 번째 그리드 설치부터, 1899년 서울 전차, 1930년대 수풍댐과 유역변경식발전소(장진-부전호)를 통한 중화학공업의 등장, 1946년 북한의 남한 방면 단전 조치와 미 해군에 의한 전력 긴급 공급, 1958년 미국의 지원으로 착공되어 1962년 첫 초임계에 도달한 트리가마크-Ⅱ TRIGA Mark-Ⅱ 원자로의 데뷔, 1961년 전국 독점사업자 한국전력의 등장, 1960년대 후반 산악 철도의 전철화와 국내 탄전의 개발을 통한 국내탄 발전에 이르기까지, 1차 오일쇼크 이전 75년 동안에도 분명 많은 일이 있었다. 하지만 그럼에도 우리는 오일쇼크에서 이야기를 시작하고자 한다.

말하자면, 이것은 『그리드』 1~3장이 아니라, 3장의 극후반 그리고 4장에서 이야기를 시작하겠다는 뜻이다. 미국에서 이 경험은 '인설의 법칙', 즉 설비 규모의 확대가 곧 전력 원가의 하락을 가져오는 한편 이렇게 원활해진 공급이 수요를 부를 것이라는 법칙이 깨지고, 무한히 이어질 것만 같았던 전기 소비의 유토피아 역시 끝났다는 뜻으로 받아들여졌다. 오일쇼크의 원천은 중동의 국제정치였으므로, 에너지를 추출해 오기 위해서는 소란스러운 국제정치의 소용돌이 속에서 때로 군인들의 피를 바쳐야 했다는 사실 또한 무시할 수 없다. 물론 1973년 당시 막 빈곤을 탈출한 개도국이었던, 그리고 늘 안보 위협에 시달리던 냉전의 최전선인 한국에게, 오일쇼크의 의미가 미국과 같았다고 할 수는 없다. 하지만 당시의 한국에 미국과 동일했던 조건이 있다. 오일쇼크 이전까지 발생한, 즉 첫 75년간 한국의 에너지 체계와 그리드에 발생한 변동은, 긍정적인 일이든 부정적인 일이든 인설의 법칙을 부정하는 사건들은 아니었다. 그러나 오일쇼크를 전후한 시점에 열기관의 효율 증강이 한계에 도달하며 인설의 법칙이 깨진 것은, 에너지를 통한 발전의 개념 자체를 바꾸는 충격을 일으켰다. 에너지는 예전 방식대로만 다뤄서는 성장의 유토피아를 이끌어나갈 수 없는 자원이 되었다. 가능한 한 많은 선택지를 조합해 회복력을 갖춰 에너지를 공급하지 않는다면, 평시에는 늘지 않는 효율로 인해, 그리고 오일쇼크와 같은 비상시에 요동치는 가격으로 인해, 에너지는 성장의 발목을 잡게 될 것이다.

바로 이것이 우리가 오일쇼크를 이야기의 시작점으로 잡은 이유다. 오일쇼크 이후, 한국의 에너지 시스템과 그리드의 건설 방향을 설명할 수 있는 회복력이라는 개념은, 바로 『그리드』 후반을 관통하는 개념이기도 하다. 한국은 지난 40년간 어떻게 회복력 있는 에너지 시스템과 그리드를 건설했는가? 이 기간에 한국이 사용한 자원과 방법은 앞으로 40년 동안 계속해서 사용할 수 있는 것인가? 이것이 우리가 던질 물음이다.

개도국이자 소규모 개방경제였던 한국에게, 오일쇼크에 대응해 갖춰야 했던 회복력의 의미는 선진국이자 세계 최대의 경제 대국 미국과는 달랐다. 석유수출국기구가 급격히 빨아들인 오일달러를 노린 정주영과 이명박은, OPEC의 좌장인 사우디아라비아는 물론이고 심지어 외세를 배격하는 혁명이 일어난 이란에도 토목 시설과 플랜트를 지었다. 이들에게 중요한 것은 달러, 즉 한국의 대외 지불 능력을 보장할 수 있는 유일한 수단이었다. 수출이 한국의 국시였던 이유도 바로 여기에 있다는 점을 감안하면, 유류 가격이 올라 국내 유류의 시장가격이 최대 10배 치솟았다는 사실은 오히려 더 많은 달러를 벌 곳을 찾아내고 이 달러로 대외 지불 능력을 유지하지 않으면 안 된다는 압력으로 한국의 경제 당국자들에게 해석된 듯하다.

오일쇼크를 경험한 이후에 한국이 회복력을 건설한 전략은, 다음 두 요소를 직조한 전략이라고 요약할 수 있을 것이다. 저량 자원의 비축, 수입선 다변화. 국내 첫 상업용 원전이었던 고리 1호기가 건설되고 1978년에 가동된 시기는 1차 오일쇼크와 2차 오일쇼크 사이였다. 또한 원전 확대와 함께, 이후 한국은 LNG(1980년대)와 유연탄(1990년대 이후)을 수입하면서 2021년 오늘날의 3대 전원을 구축했다. 이 가운데 LNG는 동남아시아의 개발을 통해, 유연탄은 중국의 개방과 함께, 달러를 지불하고 바다를 통해 들여온 것이다. 한국의 앞바다가 전 세계와 연결된 바다라는 점과 '수출 한국'으로서 얻을 수 있었던 달러를 활용해 건설한 이러한 에너지 체계는 나름의 회복력을 가지고 있다. 오일쇼크를 유발했던 국제정치적인 격변에 세계 전체가 한 번에 휩싸일 가능성은 낮기 때문에, 급변 사태에도 에너지 가격을 일정하게 유지할 수 있을 것이다. 게다가 한 번 연료를 장전하면 여러 달을 쉬지 않고 운전할 수 있고 수년 이상 원자로를 운전할 핵연료를 아주 작은 창고에 비축할 수 있다는 장점을 가진 것이 원자력인 이상, 원자력은 수십 일 수준의 물량, 그리고 그마저도 거대한 부지를 확보해야만 이 정도의 물량을 비축할 수 있는 화석연료를 압도하는 회복력을 지닌 수단으로 평가할 수 있다.

그렇다면 오일쇼크 이후 한국의 에너지 전략은 다음과 같이 요약할 수 있다. 회복력을 강화해야 한다는 요구는 가능한 한 다양한 국가로부터 장기 비축이 용이한 에너지원을 확보해 와야 한다는 요구로 번역되었다. 이 요구와 부합하는 것은 핵물리학의 도움을 받는 원자력, 설비 투자와 계약의 도움을 받는 LNG, (운송비로 인해 중국의 개방이 중요한 변수로 간주되었으나) 세계 어디서나 싸게 구해 올 수 있는 석탄, 즉 '저량 자원'들이었다.

그런데 『그리드』는 미국과 덴마크의 히피들이 오일쇼크 이후인 1970년대 후반부터 재생에너지, 즉 '유량 자원'을 활용해 회복력 있는 에너지 시스템을 건설하려고 했다는 점을 보여준다. 40년 이상 누적된 흐름의 끝에, 오늘날의 재생에너지 붐이 일어났다. 그리고 한국은 이런 움직임에서 가장 멀리 떨어져 있는 OECD 국가일 것이다. 이는 기후 위기 속에서 대부분의 저량 자원을 궁극적으로 포기해야 하는 입장에 서게 된 오늘날의 한국이 반드시 되짚어야 하는 분기점이다.

이 분기를 이해할 수 있는 틀이 바로 인설의 법칙이다. 시기는 수십 년 늦었지만, 한국전력공사는 이 법칙을 재생산한 것처럼 보인다. 이것은 무엇보다도 한국 전력 소비량의 지수적인 증가에서 확인할 수 있다. 오일쇼크가 세계를 내습한 1973년부터 1993년까지, 단 20년만에 한국의 전력 소비량은 12테라와트시에서 128테라와트시로 약 10배 증가했다. 성장률은 꺾였지만, 2013년의 전력 소비량(475테라와트시)은 1993년 대비 4배에 달했다.

한국의 고속 성장은, 분야를 가리지 않고(물론 인설 때와 마찬가지로 산업 부문의 전력 소비에 물린 가격에는 우대 조치가 포함되어 있었다) 막대한 양의 에너지를 요구했다. 한편 이들의 원가절감은 놀라운 것이었는데, 2차 오일쇼크가 종료된 1981년의 전력 판매 단가(전체 평균 킬로와트시당 70원)는 약 20년간 기본적으로 유지되었고 때로 절대 수치가 내려가기까지 했다(1989년에 킬로와트시당 55원, 98년에는 72원).• 평균 판매 단가가 킬로와트시당 100원을 넘긴 것은 2013년의 일이었다. 미국과는 달리, 한국에서는 오일쇼크 이후에도 40년 넘게 인설의 법칙은 맹위를 떨쳤다.

그렇다면 미국에서 힘을 잃은 지 40년이 넘도록 한국에서 인설의 법칙이 유효했다는 사실을 설명하는 것이야말로, 저량 자원에 의존해 구축된 2021년 현재 한국의 그리드, 그리고 저량 자원에 대한 의존도가 점차 떨어지고 있는 다른 국가들 사이의 분기점을 설명하는 지름길일 것이다. 우리는 한국의 크기와 기민함 그리고 지리적 위치보다 이를 더 잘 설명할 수 있는 요인은 없다고 생각한다. 국내에 저량 자원이 거의 없었던 한국(이는 국내 석탄 매장량에 의존해 최근 20년간 에너지 소비량을 늘려온 중국과 인도와 대조된다)은 수출 지향적인 발전 전략을 선택해 얻은 달러와 해상 교역망 덕분에 해로로 접근할 수 있는 모든 에너지원을 활용할 수 있었다(이는 1990년대 이전 대부분의 개도국과 대조된다). 경제성장을 통해 증대되는 지불 능력은 원전과 화전의 효율 증강(열효율보다는 단가 하락)에 투입되었고, 전력 단가는 인플레이션을 감안하면 1981년 이후 30년간 사실상 하락했다. 많은 국가들에게 상대적으로 무해한, 한국이 식민지 출신의 신생 개도국이라는 사실 또한 중요한 역할을 했을 것이다. 중국과 같이 1980~1990년대 세

• 다만, 1, 2차 오일쇼크를 거치며 전력 단가가 급상승한 것은 사실이다. 1972년의 단가는 7.36원, 75년의 단가는 17.1원이므로 3배, 81년의 단가는 64.31원이므로 오일쇼크를 거치며 전력 단가는 약 9배 높아졌다. 한편 72~81년 사이 전체 물가 수준을 나타내는 값인 GDP 디플레이터는 약 5배 올랐고, 81~89년 사이에는 1.5배, 81~98년 사이에는 2.7배, 1981~2013년 사이에는 3.6배 높아졌다.

계에 문호를 개방한 나라들로부터 한국이 달러와 에너지를 긁어 올수 있었던 것은 결국 한국의 크기와 역사 때문이지 않을까?

그러나 2021년, 오늘날의 상황은 이제 녹록지 않다. 기후 위기의 완화를 위한 저량 자원 활용의 격감이 인류 차원의 과제로 떠올랐으며, 한국의 덩치 또한 커졌다. 외국에게 상대적으로 무해하다는 점은 변하지 않았을지 모르지만, 한국이 세계를 선도하는 나라라는 사실은 이제 누구도 부인할 수 없다. 한국 경제의 덩치는 세계의 2%로 인구 비중(0.7%)에 비해 3배 높고, 에너지 소비량은 세계 7위,* 에너지에서 유래하는 탄소 배출량도 7위를 기록하고 있다. 한국이 인류의 내일을 책임지지 않는다면, 한국보다 배출량이 많은 6개국을 제외하면 모두가 그렇게 해도 될 것이다. 게다가 기후 위기는 바닷가를 가장 먼저 침식할 것이고, 그에 따라 화석연료를 실어 오던 해로는 점점 더 불안해질 수밖에 없다. 태평양을 건너와 살아남았던 인설의 법칙은, 이제 이렇게 그 끝을 향해 달려가고 있다.

2. 그리드의 구성, 그리고 불만

『그리드』의 3장과 4장을 다시 돌아보자. 인설의 법칙을 구현하기 위해서는 무엇보다도 독점적 지위가 필요하다. 그리드와 같이 그 자체

* 중국, 미국, 인도, 러시아, 일본, 독일만 한국 앞에 있다. 이들과 한국의 인구 차이를 감안하면 이들을 앞서기는 어렵다.

로는 최종 소비자에게 가격을 물릴 수 없는 서비스를 유지하려면, 전기 구매와 판매를 모두 독점해 전기 사용에 관한 한 유틸리티에 의존하게 만들어야 한다. 그렇지 않으면 그리드는 독점적 지위를 잃게 될 것이고, 이로 인해 그리드라는 거대한 기계를 유지하기에 충분한 수입을 올릴 수 없게 될 것이며, 그러면 그리드는 점차 부실해지다 붕괴하고 말 것이다. 유틸리티들이 이를 막기 위해 '스마트그리드'를 도입하는 6장, 그리고 그리드를 이탈할 수 있는 지불 능력을 가진 사람들과 그렇지 않은 사람들 사이의 불평등을 지적하는 8장의 논의는 이처럼 에너지 전환이 유틸리티를 해체하는 방향으로 압력을 가한다는 점을 담고 있다.

물론 한국의 상황은 다르다. 수천 개의 유틸리티가 영토를 쪼개고 있고 이들 사이의 분업 구조가 지역 자치의 전통과도 깊이 연동되어 있는 미국과는 달리, 한국의 그리드를 지배하는 것은 거대 공룡인 한전, 단 하나의 유틸리티이기 때문이다. 심지어 송전 시장과 배전 시장조차 수직 분할하지 않은 것이 한국의 특징이다. 시장 경쟁은 발전소에서 나온 전력을 송전망 운영자인 한전이 구매해 오는 그 지점에서만 벌어진다. 통일신라 이래로 강력한 중앙집권 국가가 지방을 압도한 한국의 전통이 그리드에서도 반복되고 있다고 해야 할까(하긴, 대중의 입말에서 아직도 전기 요금은 '전기세'다). 망의 통합적 운용 덕분에, 한국의 그리드는 정전도 적고, 송배전 손실도 합리적인 수준에서 통제되고 있다.

그리드의 뼈대를 이루는 송전망의 지리적 구조도 인상적이다. 한국의 송전망을 이루는 골간은 호남과 영남의 원전, 영동과 충남의 석탄화력에서 수도권 쪽으로 향하는 원거리 송전망이다. 전력 거래소의 도해를 살펴봐도, 수도권과 전국을 잇는 방사형의 망에, 수도권 외곽 순환망이 이들을 잇는 구조를 쉽게 확인할 수 있다. 또한 발전소의 배치는, 전기가 더 많이 움직일수록 송전망의 용량을 더 많이 잡아먹게 된다는 4장의 언급을 상대적으로 덜 중요하게 만드는 방식으로 구성되어 있다. 수도권 외부 방사망의 끝에는 원전과 석탄화력과 같은 기저 전원이 연결되어 있다. 반면 비싸게 거래되어 가동 순서가 후순위인 LNG 복합 화력은 인천과 같은 수도권 내부에 다수 자리하고 있다. 이는 장거리 송전망은 상대적으로 긴 시간 동안 꾸준하게 운전한다는 뜻이고, 중거리 및 단거리 송전망은 상대적으로 짧은 시간 동안만 운전한다는 뜻이다. 이렇게 되면 송전의 부담은 더욱 감쇄된다.

이렇게 장거리 송전에 유리한 그리드의 구조는, 한전의 독점을 더욱더 효율적으로 만드는 듯하다. 전원 구성까지 감안해 네트워크 구조를 만들 수 있는 자연독점 사업자인 한전은, 그 결과 40년 가까운 시간 동안 사실상 전력 요금을 떨어뜨리는 성과를 거두고, 송배전 손실 문제를 그다지 염두에 두지 않아도 되는 그리드를 건설하는 성과를 거두었다.

그러나 이런 구조에도 균열이 가고 있다. 2011년경 격렬하게 전개되었던 밀양 송전탑 관련 갈등은 장거리 송전망을 확대하는 작업 자체가 점점 더 어려워지고 있다는 사실을 보여주고 있다. 이런 갈등을 국지적 갈등이라고 치부할 수도 있지만, 실제로는 송전망 체계가 지닌 불평등 구조를 조명하려는 국내 연구까지 나오고 있는 실정이다.

또 다른 균열은 잘 알려져 있다시피 재생에너지의 보급에서 온다. 재생에너지는 변동성이 큰 전원인 이상, 발전기를 어디에 배치하든 한전이 현재의 전원과 수요처에 따라 정교하게 배열해 놓은 그리드와 그다지 상관없이 발전량이 분포하게 될 것이다. 이미 국내에서도 전 남과 제주도에서는 풍력과 태양광이 현재 구축된 그리드의 수용력을 초과하는 전력을 송전하는 상황이 빚어져 많은 문제를 일으키고 있 다. 이렇게 분포가 흐트러지면, 전력망을 따라 전기가 이동해야 하는 거리가 길어지고, 당장은 큰 용량이 걸리지 않는 송전선로에도 대량 의 부하가 걸리는 상황이 잦아진다. 망을 보강하는 작업과, 무효전력 과 같이 한 해의 이윤과 아무 상관도 없어서 오직 유틸리티만이 공급 할 수 있는(그래서 송전 사업자를 시장 경쟁에 노출되지 않은 독점사업자로 만드는 이유가 되는) 자원은 아마도 지금보다 더 많이 요구될 것이다.

다행히 스마트그리드로 인해 곤경에 빠졌던 미국의 유틸리티들과 는 달리(6장), 한전이 부과하는 요금을 믿을 수 없다는 반응을 한국 소 비자들 사이에서 찾기는 어렵다. 2010년대 초, 소비자들의 불만은 주 로 요율, 즉 누진세로 향했다. 산업용 전력의 단가는 낮게 책정하면서 가정에 대해서만 누진세를 물리는 것은, 기업에 대한 특혜이고 일반 대중의 소비를 죄악시하는 것이라는 설명이 여기에 덧붙었다. 이 설 명이 참이든 거짓이든, 대중에게는 설득력 있었다. 2010년대 초반, 전 력 평균 요율이 급격히 상승해 최초로 킬로와트시당 세 자리에 달했 던 것은 바로 이런 불만에 대한 응답이었다. 더불어 누진율 조정과 산 업용 전력의 가격을 조정하는 것으로 불만은 비교적 잠잠해졌다는 것 또한 특기할 만하다. 아마도 한국인에게는 에너지를 전문가에게 맡기 는 데 별다른 반감이 없는 것 같다. 또는 전력 요금을 '전기세'라고 부 르는 관행이 널리 퍼져 있는 만큼, 한국인들은 전기를 여전히 국가의 일 또는 일종의 분배를 위한 장치라고 생각하는 듯하다.

무엇을 나눠야 할지가 문제다. 성장의 열매, 더 구체적으로 에어컨의 냉기가 문제다. 불만의 원천이었던 가정용 누진세가 실제로 한국의 보통 가정에서 나오려면 결국 에어컨이 가동되어야 한다. 계절이 되면 찾아오는 일종의 상수, 대응하지 않으면 큰 손실을 불러오는 폭염에 대처하는 것이 국가와 그리드의 존재 이유라는 것이 한국인들의 생각일까?

3. 기후, 믹스 구성, 국제 협력

정말로 그렇다면, 그리드의 변화 끝에 우리가 도달하는 문제는 결국 기후 위기일 것이다. 에어컨 없이 여름을 견디는 것은, 날로 길어지고 심해지는 폭염에게 여름을 내줘야 한다는 뜻이다. 그리드의 안정성은 폭염, 즉 기후 위기로 인해 가장 두드러질 재난에 '적응'하는 사회의 기초 역량 가운데 하나가 될 것이다.

하지만 한국의 기후는 한국인들을 돕지 않을 것이다. 대륙 서안에 있어서 불안정한 대륙 기단의 영향을 받는 데다, 대양-대륙의 경계선 방향(남서-북동 방향)과 전혀 일치하지 않는 복잡한 해안선을 가진 한반도인 이상, 변화무쌍한 기상은 한반도 주민에게 기상학적으로 일종의 필연이다. 여름의 장마와 '게릴라성 호우'는 그만큼 여름의 태양광 발전량을 줄일 것이다. 시베리아의 삭풍이 불어오는 겨울의 낮은 일조량은 그만큼 많은 난방 에너지를 필요로 하지만 풍력이 그에 맞춰 늘기도 어렵다. 블레이드가 얼어붙어 발전량이 줄어들지 않으면 다행일 것이다. 폭염과 혹한은 에너지 수요를 급증시키지만, 재생에너지의 공급량을 갉아먹는 요인들과 함께 온다. 재생에너지로 어느 정도 평온을 누릴 수 있는 것은 역시 평온한 계절인 봄과 가을뿐일 듯하다. 여름과 겨울의 회복력 있는 그리드 운용을 위해서는, 화석연료로 대표되는 저량 자원을 완전히 버리기는 어렵다. (독일 및 기타 유럽 국가들처럼) 바이오매스가 어느 정도 저량 자원의 역할을 할 수도 있겠지만, 토지를 소모해 농지와 생태계를 잠식하는 자원이 바로 바이오매스이기에 이를 무한정 늘릴 수도 없는 노릇이다.

또 다른 중요한 문제가 있다. 한국은 공동 주택의 비중과 선호도가 높다. 각자의 지붕과 각자의 차고지를 가진 상황에 기반해 파워월과 같은 배터리를 활용하겠다는 구상이 나오는 미국(8장)과는 토지 활용 방식이 완전히 다른 것이다. 한국인 각자에게 주어지는 것은 지면에 수직으로 서 있는, 그래서 태양광이 덜 효율적인 각도로 입사하는 창문뿐이다. 물론 단열을 감안하면 그마저도 면적을 크게 넓힐 수는 없다(물론 투자 자금이 충분하다면 건물 일체형 태양광BIPV을 대안으로 생각할 수 있다. 그러나 이 경우도 가장 효율적인 지붕에서 나오는 전기는 개인의 구분지상권만큼만 그들에게 돌아갈 것이다). 머지않은 미래에 자율주행과 결합될 차량-그리드 연동 시스템, 즉 V2G를 확대하려고 해도, 애초에 승용차는커녕 상용차에게도 차고지가 없는 것이 한국의 현실이다. 도시 외곽에 차고지를 만든다고 해도, 이 차고지로 향하는 자동차 회송(실제 승객이나 화물을 수송하지는 않지만 차고지로 이동하기 위해 차량을 운전하는 것)으로 인해 교통량이 늘어날 것이다. 결국 V2G를 구현하면, 자동차의 에너지 소비가 늘고 도로 정체와 먼지가 늘어날 수 있다. 도로의 사회적 비용이 이렇게 심해진다면, 주차장 확보가 난망한 대도시의 고밀도 지역에서 V2G는 안 하느니만 못한 것일 뿐이다. V2G의 본격적인 활용에서 고려해야 하는 배터리의 안전성 문제, 시장과 제도 이슈 등은 차치하더라도, V2G처럼 자동차를 활용하는 시스템에 관해서는 자동차가 그 위에서 실제로 움직이는 교통 시스템의 관점에서 생각하지 않을 수 없다.

이는 결코 재생에너지의 역할을 거부해야 한다는 식으로 해석되어서는 안 된다. 재생에너지는 한국이 지난 수십 년간 건설해 왔던 저량 자원 기반 회복력과는 다른 방식으로 그리드의 회복력에 대해 생각해야 한다는 요구를 담고 있다. 이것 없이는 수많은 사람들의 참여를 통해 우리의 전력 시스템을 더 지속 가능하게 만들 수도 없을 것이다.

여기서 다시 한번, 국제정치가 중요한 문제로 등장한다. 한반도의 한계를 넘어 해양을 통해 저량 자원을 얻기 위해서든, 대륙 방향의 그리드를 통해 유량 자원을 얻기 위해서든 마찬가지다. 대륙 간 연결을 통해 그리드를 확장함으로써 대륙의 재생에너지에서 전력을 얻고자 하는 슈퍼그리드super grid는 오래전부터 논의되고 추진되고 있는 에너지 공급 방식이다. 그리고 2021년에 다시 활력을 얻고 있는 수소와 이를 둘러싼 생태계 역시 저량 자원의 공급로로서 해양을 더 중요하게 만들고 있다. 그런데 해양 부문에서 곧바로 눈에 들어오는 것은, 기후 위기의 심화로 인해 각 항구와 항로의 안정적인 사용 가능성이 줄어들고 있다는 점이다. (거대한 지상군 육성이라는 반대급부가 있긴 했지만) 동맹국의 함대에 의존할 수 있었던 개도국 시절과는 다르게, 오늘의 한국은 연합 함대 전력의 일원으로 제 역할을 할 것을 요구받는다. 이에 대응하기 위한 방대한 규모의 해군 전력 건설은 명백히 비용이 든다. 해양 부문의 파트너인 동남아시아 개도국의 정치적 불안정 또한 여전히 해결되지 않은 문제다. 대륙 방향으로는 중국의 고압적 태도가 문제다. 중국은 한국에게 에너지를 넘겨주는 대가로 자유를 내놓으라고 할지도 모른다. 여기서 분명해지는 것은 대륙과 해양 어느 방향으로나 우리의 에너지를 전적으로 의존해서는 안 된다는 것뿐이다.

4. 원자력

적어도 원자핵공학자들은, 방금 제기한 모든 문제의 해법이 원자력이라고 말한다. 외국에 특별히 의존하지 않아도 되고, 발전량의 간헐성도 없으며, 입지를 마음대로 고를 수 있어서, 현 그리드의 지리적 분포와 부합하는 입지를 택하기도 용이하다. 실제로 국내에서 꽤 오랫동안 활용되어 인설의 법칙을 40년간 수명을 연장시키는 데 사용된 자원이었기에, 가격 면에서도 상당 기간 문제가 없을 것이다.

그렇지만 완벽한 것은 존재하지 않는다. 원자력보다 극심한 반대운동에 직면한 에너지자원이 있을까? 밀양 송전망 투쟁의 경우처럼, 그리드에 대한 불만도 원자력과 연동되었을 때 폭발력을 가질 수 있다. 반원전(탈핵)은 다양한 녹색 친화적 담론을 이루는 지적 패키지의 일부이고, 앞으로도 그럴 것이다. 독일을 포함한 유럽과 미국은 물론, 그들의 조류를 수용한 한국에서도 환경 운동의 뿌리가 반전운동과 반핵운동에서 시작해 반원전 운동으로 이어졌으며, 여전히 시민사회에 큰 영향을 미치고 있다. 이는 한국의 원자력 수용성이 갑자기 나아질 것이라고 보기 어려운 이유다. 기후 위기를 다뤄야 한다는 문제 앞에서도 시민사회의 오래된 의식은 크게 바뀌지 않고 있다.

이것이 사람들의 믿음일 뿐이라고 생각하는 공학자들이 많다. 그러나 사람의 믿음이란 외력으로 바꿀 수 없는 명백한 실체이고, 다른 사람의 믿음보다 바꾸기 어려운 것도 거의 없다. 지난한 설득의 작업, 성패를 알 수 없는 설득의 작업에 너무 많은 것을 기대하는 것은 무리다. 옮긴이인 우리는 공학자들에게 다음과 같은 질문을 던지고 싶다. '경수로의 둔중함 자체가 문제는 아닌가? 20세기 중반 이후로 세계 어디서나 원전의 확대가 거대한 공급력 확대의 국면에서 이뤄진 것이라면, 이제 수요를 조정해야 하는 현실 앞에서 경수로에 충분한 기회가 있다고 보기는 어렵지 않은가?' 그리고 북한을 돌파구로 쓰는 것도 기대하기 어렵다.

물론 소형로를 개발해 낸다면 원전은 돌파구를 얻을 것이다. 재생에너지의 간헐성에 대처할 만큼 기민한 운전 성능을 갖추고 노심용융의 위험을 원천 제거한 소형로는, 저량 자원이 필요한 계절과 시점에 우리에게 크나큰 도움이 될 것이다. 그러나 소형로 개발은 수십 년째 더디게 진행 중이다. 국제원자력기구 원자로 정보시스템IAEA PRIS에 등재된 아르헨티나의 소형로CAREM25, 중국의 고온 가스로SHIDAO BAY-1(우리 여객선도 다수 기항하는 산둥성 웨이하이시 룽청시 시다오관리구에 있다) 역시 지난 수년간의 공사에도 불구하고 2021년인 현재까지도 아직 건설 중이다. 탄소 저감 효과가 지금 당장 필요한 상황에서 아직 도래하지도 않은 소형로를 높이 평가하는 것은 문제가 있다. 아직 상업 운전이 이뤄지지 않은 기술이라는 장벽을 차치하더라도, (여러 대형 사고를 일으킨 문제를 보강하느라 상당히 비싼 에너지원이 되어버린) 현재의 대형 원자로보다도 더 비싼 발전 단가라는 시장의 한계를 넘어서야 한다. 올해는 물론, 2030년까지도 시장에서 소형로가 중요한 기술이 되리라고 전망하기는 어렵다.

5. 효율화와 수요관리

다음 세대의 회복력 있는 그리드, 그리고 이를 위해 전적으로 의존할 수 있는 꿈의 기술은 존재하지 않는다. 각각의 기술의 단점과 한계는 명확하고, 이를 연계하는 송전망 역시 모든 이의 동의를 받지는 못하고 있다. 다만, 한 가지는 명확하다. 효율화와 수요관리는 에너지 수요(총량과 첨두부하 각각)를 줄여 모든 형태의 갈등과 대부분의 비용을 저감한다는 사실이다. 『그리드』 8장과 9장에서 살펴본 여러 시도들은 바로 이 점에 주목하고 있다. '에너지 효율이 제일의 연료'라고 말하는 국제에너지기구의 논의, 효율화와 수요관리로 얻은 여유분의 전력을 그리드를 통해 배분하는 알고리즘을 '가상 발전소'라는 알쏭달쏭한 용어로 개념화, 제도화하려는 시도 또한 이를 반영한다. 전통적인 관점과 달리, 그리드를 그것이 둘러싸인 여러 기술적, 사회적, 생태적 시스템 전체에 비춰 평가하는 관점이 확산되고 있고, 덕분에 효율화와 수요관리는 재생에너지 증가와 시스템의 복잡화로 인한 여러 문제들을 완화해 주는 가장 효과적인 수단으로 주목받고 있다.

우리의 유틸리티인 한전이 볼 때, 이런 변화를 보다 쉽게 이익으로 전환하는 방법은 수요관리를 통한 첨두부하 조정이다. 첨두부하는 과거의 시장에서도 비싼 전원에서 나온 전기로 처리되었으므로, 이를 줄이는 것은 한전의 전력 구매 비용을 절감하는 데 도움이 된다. 또한 이는 전력을 여기저기서 융통하기 위해 송전선을 무리하게 활용하는 상황을 최소화하는 만큼, 그리드의 관리에도 유리하다. 그래서 한전에게도 첨두부하 조정은 어느 정도 이익이 될 수 있다. 물론 전체적인 시각에서 그렇다는 뜻이며, 실제 수익으로 전환되기 위해서는 시장

제도의 개선이 병행되어야 한다.

그러나 효율화의 경우, 한전에게 그다지 이익이 되지 않는다. 이는 전력 판매량이 첨두 시간과 비첨두 시간에 관계없이 줄어드는 조치이기 때문이다. 이렇게 줄어든 전력 판매량에 대해, 현금 흐름에 타격을 받는 한전이 직접 보상을 해줄 수 있을 리 만무하다. 고양이(한전) 목에 방울을 걸기 위해, 전력 요금을 더 많이 내겠다고 나설 전력 수요자는 없을 것이고, 정부 또한 이에 미온적이다. 게다가 교통 부문처럼 (이행의 속도로 인해) 전기가 20년 가까이 매우 미미한 역할을 할 수밖에 없는 영역에서는, 다른 에너지 기업(정유사 등)들이 효율화 시장에 참여해야만 한다. 우리 옮긴이들은 이 시장이 활성화되기를 간절히 바란다.* 그러나 유입되는 현금을 감소시키는 활동에 돈을 지불하는 것이 효율화 시장의 메커니즘인 만큼, 효율화의 산업화는 첨두부하 조정보다 어려울 수밖에 없다.

핵심은 수요관리가 기존 그리드 내에서도 수용할 수 있는 방향인 반면, 효율화는 새로운 현금 흐름이 더해지지 않으면 상황을 진전시키기 어려운 영역이라는 점이다. 에너지 사업자의 이해관계를 넘는 새로운 시장 질서 없이는 효율화 기술에 경제적으로 보상할 방법이 없다.

이럴 때 기대를 걸어야 하는 것은 결국 국가가 마중물의 역할을 하는 것뿐이다. 국가가 에너지 효율화 시장을 위해 돈을 투입하는 것

---

* 예를 들어, 이 시장이 활성화되면, 내연기관 자동차에 비해 인킬로미터당 에너지 소비량이 10분의 1인, 그리고 전기차에 비해서는 인킬로미터당 에너지 소비량이 4분의 1인 철도는 정유사와 한전으로부터 곧바로 상당한 보상을 얻을 수밖에 없다. 교통의 에너지 효율화를 이끌 방법이 승용차 교통량을 철도 등의 대중교통량으로 전환하는 '모달 시프트 modal shift'임을 감안하면, 이는 교통 시스템과 에너지 시스템의 관점에서 중대한 미래 과업일 것이다.

은, 미국에서는 보기 어렵겠지만 국가의 역할에 보다 관대한 한국에서는 그리 큰 문제는 아닐 것이다. 물론 땅을 파서 돈을 조달할 수 없는 만큼, 국가에게는 에너지 관련 세제를 개편해 초기 자금을 마련하는 일이 요구된다.

6. 다시, 그리드

이제 논의를 마무리할 시간이다. 우리는 한국의 그리드를 미국의 그리드와 다르게 만드는 아주 중요한 차이점들을 확인했다.

> ▷ 한국의 그리드는 2010년대 초반까지 인설의 법칙이 여전히 작동했던, 상대적으로 젊은 그리드이며, 2021년의 시점에서 볼 때는 안정적이다.
> ▷ 이것은 한국이 해양과 대륙의 경계에서 기민하게 움직여 스스로의 덩치에 알맞은, 대량의 저량 자원을 성공적으로 확보했기 때문이다.
> ▷ 그리고 대소비지(수도권)로부터 멀리 떨어진 지점에 기저 전원을, 대소비지 부근에 첨두 전원을 위치시켜 첨두시 계통 운영에 필요한 송전 부담을 최소화했기 때문이다.
> ▷ 단 하나의 유틸리티가 국가기관에 준하는 조직으로 취급받으며 (적지 않은 갈등에도 불구하고) 아직까지는 국민적 신뢰를 유지하고 있다.

그러나 이러한 성공의 요인들은 기후 위기가 심화되어 갈수록 균열을 맞이할 것이다.

▷ 한국은 덩치가 상당히 커져서 이제 한국의 이익만을 노리며 기민하게 움직일 수 없게 되었고, 국제사회의 움직임을 (에너지, 탄소 저감, 재정, 군사 등 모든 면에서) 선도할 책임을 지게 되었다.

▷ 변동성이 큰 재생에너지의 공급이 늘어갈수록, 기저 전원과 변동성 전원의 위치가 고정적인 그리드의 구조는 점점 취약해지고 있다.

▷ 전원의 60%이자 저량 자원의 60%인 석탄과 LNG를 신속하게 버려야 하는 데다, 탄소 중립에 기여할 수 있는 저량 자원인 원전을 활용하기도 점점 어려워지고 있다.

▷ 에너지 효율화는 국민경제와 한반도의 생태계 전체에는 도움이 되지만, 한전과 같은 에너지 사업자들에게는 제 살 깎아 먹기에 가까워 제대로 시작조차 되지 않고 있다.

지금까지 많은 것들을 잘 해내온 한국의 그리드. 그러나 이 성취를 가져온 기반이 기후 위기라는 전대미문의 도전 앞에서 통째로 뒤흔들리는 현실. 그리고 단순히 재생에너지 전원을 설치하고 그 용량을 빠르게 확장해서는 이 모든 문제를 해결할 수 없다는 사실. 한국 전체, 한반도 전역, 그리고 당신의 삶이 펼쳐지는 공간 전체를 말 그대로 뒤덮고 있는 이 기계는, 전기와 함께 해답 없는 문제들까지 당신에게 전송하고 있다. 당신이 쓰는 이 전기를 기후 위기 속에서도 안정적으로 사용하려면, 대체 무엇이 필요할까? 문제는 그리드다. 그리드

를 바꾸지 않으면, 우리가 바라는 세상은 오지 않는다. 이 글은 그리
드가 고속도로 위를 달릴 때 그저 당신 곁을 스쳐 지나가는 구조물이
아닌, 그 이상이 되어야 한다는 문제의식을 던지려는 시도다. 그리고
이에 대한 해결책에 반드시 포함되어야 하는 내용에 대해 함께 생각
하기 위한 시도다. 전기를 사용하는 우리 모두가 머리를 맞대고 미래
의 그리드에 대해 고민해야 할 시간이다.

들어가며

001 《뉴욕타임스*The New York Times*》에 실린 문장을 보자. "탄소 배출량 목표를 달
성하려면, 수송을 포함해 경제 전체가 가능한 한 많이 전기화되어야만 한다. 이
는 자동차를 배터리로 구동해야만 한다는 뜻이고, 한밤중에 가동된 원전이나 풍
력발전기에서 나오는 전력으로 수전해를 해서 만든 수소로 자동차를 구동해야 한
다는 뜻이기도 하다. 물론 이 두 방법이 자동차에 쓰이면, 19세기 이래 자동차에
동력을 공급해 왔던 내연기관은 21세기에 끝이 날 것이다. 가솔린 차량의 효율
을 향상하기 위해 다양한 시도를 계속하고 있는 미국 같은 나라가 이제 막다른 길
로 달려가고 있다." Justin Gillis, "A Path for Climate Change, Beyond Paris," New
York Times, December 1, 2015, https://www.nytimes.com/interactive/2015/12/01/
science/19781608196104406576 5.embedded.html. 다음 기사도 함께 참조하라.
Justin Gillis, "Short Answers to Hard Questions About Climate Change," *New York
Times*, November 28, 2015, https://www.nytimes.com/interactive/2015/11/28/
science/what-is-climate-change.html.

002 국립공학아카데미는 그리드를 "20세기의 가장 위대한 공학적 성취"라고 말했다.

003 전력망이 어떤 상태에 있는지 평가하기 위해서는 전선을 타고 흐르는 전기량을 측
정해야 하는데, 이를 위해 미분방정식을 토대로 1893년 개발된 페이저(phasor) 개
념을 활용한다. 이러한 페이저 계산에서 절대 시간과 동기화(synchro)하는 것을 싱
크로페이저라고 한다. 이를 이용해 전력 계통을 실시간으로 제어할 수 있게 되었다.

004 주변 주와 서로 연결되지 않고 독립적인 전력망을 유지하고 있는 텍사스처럼, 퀘
벡주 역시 자체 그리드를 보유하고 있다. 퀘벡주의 그리드는 북미에서 주변과 가
장 잘 분리된 망이다.

005 이는 본래 Campbell 2012의 값이며, 다음 두 출처에서 재인용했다. "Economic
Benefits of Increasing Grid Resilience to Weather Outages" (Washington, D.C.:

Executive Office of the President, August 2013), 7, 그리고 "Frequently Asked Questions: How Old Are U.S. Nuclear Power Plants and When Was the Last One Built?" U.S. Energy Information Administration, February 20, 2015, https://www.eia.gov/tools/faqs/faq.cfm?id=228&t=21.

006 2014년 상반기에 발생한 중대 정전 사고만 해도 총 130회에 달했다. 지난 14년간 일어난 정전 사고의 수를 모두 적어두는 것이 도움이 될 듯 하다.

연도	2000	2001	2002	2003	2004	2005	2006
횟수	30	15	23	61	93	85	91
연도	2007	2008	2009	2010	2011	2012	2013
횟수	78	149	97	123	307	196	174

ordan Wirfs-Brock, "Data: Explore 15 Years of Power Outages," *Inside Energy*, August 28, 2014, http://insideenergy.org/2014/08/18/data-explore-15-years-of-power-outages/. 다음도 참조하라. Christine Hertzog, "Why Climate Change Will Force a Power Grid Makeover," *GreenBiz*, August 23, 2013, http://www.greenbiz.com/blog/2013/08/23/climate-change-power-grid-makeover.

007 Economic Benefits of Increasing Grid Resilience to Weather Outages" (2013).

008 일의 값은 다음 출처에서. Craig Morris, "German Grid Most Reliable in Europe," *Renewables International*, July 19, 2011, http://www.renewablesinternational.net/german-grid-most-reliable-ineurope/150/407/31462. 일본과 한국의 값은 다음 출처에서. Andy Bae, "Blackout in Seoul," Navigant Research, October 4, 2011, http://www.navigantresearch.com/blog/blackout-in-seoul.

미국은 전국 차원에서 평균적인 정전 시간을 합산한 값은 제시하지 않기 때문에, 1년 정전 시간 값의 추산 범위는 1.5시간에서 9시간 사이의 범위에 걸쳐 있다. 다음 두 자료를 참조하라. Meagan Clark, "Aging U.S. Power Grid Blacks Out More Than Any Other Developed Nation," *International Business Times*, July 17, 2014, http://www.ibtimes.com/aging-us-power-grid-blacksout-more-any-other-developed-nation-1631086; and "Power Blackout Risks: Risk Management Options," *Emerging Risk Initiative—Position Paper* (CRO Forum, November 2011), https://www.allianz.com/v_1339677769000/media/responsibility/documents/position_paper_power_blackout_risks.pdf.

009 Peter Asmus, "How Microgrids Improve Grid Reliability and City Resilience," *GreenBiz*, December 5, 2012, http://www.greenbiz.com/blog/2012/12/05/howmicrogrids-build-resiliency-extreme-weather.

010 Massoud Amin, "Why We Need Stronger, Smarter Electrical Grids," *GreenBiz*, July 29, 2014, http://www.greenbiz.com/blog/2014/07/30/why-we-need-stronger-

smarter- electrical-grids.

011 "덴버 북부 지역에서 약 3만 5,000가구에 서비스를 제공하는 롱먼트 파워&통신의 경우, 대략 90%의 가입자들이 다람쥐로 인한 피해를 입고 있다고 한다." Barbara Carton, "Fried Squirrel Fails to Find Favor With Public Utilities," *Wall Street Journal*, February 4, 2003, http://www.wsj.com/articles/SB1044309659373124584.

012 "저량 자원이란, '시간이 지나도 물리적 양이 거의 늘지 않으며, … 사용하는 비율만큼 미래에 쓸 수 있는 비율이 줄어드는' 자원을 말한다. … 유량 자원은 시간의 흐름에 따라 서로 다른 자원을 사용할 수 있는 자원을 말한다. … 현재의 유량은 미래의 유량을 줄어들게 하지 않으며, 흐름이 계속되는 한 오늘의 사용이 미래의 사용에 영향을 미치지 않는다." Maurice Kelso, "The Stock Resource Value of Water," *Journal of Farm Economics* 43, no. 5 (December 1961): 1112.

013 사람들이 생활하면서 전기를 소비하는 장소 부근에 바람과 햇빛이 부족하다면, 더 안정적으로 공급할 수 있는 자원을 통해 수요에 대응하는 것이 중요할 것이다. (2016년 5월, 에이머리 로빈스와 나눈 대화에서.)

014 38.5%는 석탄, 27.3%는 천연가스, 0.7%는 석유. 다음 출처에서 얻은 값이다. "2014 Renewable Energy Data Book" (National Renewable Energy Laboratory (NREL) of the U.S. Department of Energy, November 2015), http://www.nrel. gov/docs/fy16osti/64720.pdf, 10. 에너지부의 다음 값도 참조. "Frequently Asked Questions: What Is U.S. Electricity Generation by Energy Source?" U.S. Energy Information Administration, March 31, 2015, https://www.eia.gov/tools/faqs/faq. cfm?id=427&t=3.

015 2019년 통계에 따르면, 화석연료 62.6%, 원자력 19.6%, 재생에너지 17.6%이며, 화석연료 중 천연가스 38.4%, 석탄 23.4%, 석유 0.4%를 차지하고 있다. https:// www.eia.gov/tools/faqs/faq.php?id=427&t=3. — 옮긴이

016 Karl Mathiesen, "Gas Surges Ahead of Coal in U.S. Power Generation," Guardian, July 14, 2015, http://www.theguardian.com/environment/2015/jul/14/gas-surges-aheadof-coal-in-us-power-generation.

017 석탄 발전 용량은 2009년 정점에 도달한 이래 2019까지 28% 하락했으며, 이러한 추세는 기후변화의 심각성이 커지면서 더 빠르게 진행될 것으로 예상된다. https:// www.eia.gov/todayinenergy/detail.php?id=46096. — 옮긴이

018 이 수치의 정확성에 대해 논란이 있을 수 있다. 세계 자원 기구(World Resources Institute)의 기후 프로그램 수석 연구원이었던 마이클 오베이터(Michael Obeiter)에 따르면 상황은 이렇다. "미 전역에서 메탄이 얼마나 누출되고 있는지에 대해 믿을 만한 데이터는 존재하지 않는다. 하지만 그 양은 아마도 미국이 매년 손에 넣는 메탄의 3.2%를 넘지 않을 것이다. 미 환경부의 온실가스 인벤토리는 이 양을 대

략 1.2% 정도로 평가하고 있으나, 이 값을 계산하기 위해 사용한 방법론에는 여전히 논란의 여지가 있다." 다음 문헌도 확인하라. Ramón A. Alvarez et al., "Greater Focus Needed on Methane Leakage from Natural Gas Infrastructure," Proceedings of the National Academy of Sciences 109, no. 17 (2012): 6435–40. 미국 에너지 안보위원회의 고문인 갈 루프트(Gal Luft)는 이렇게 지적한다. "메탄의 온실효과는 같은 양의 이산화탄소에 비해 약 17배에 달한다. 게다가 채굴한 양의 2%를 넘는 수준의 메탄이 누출될 경우, 셰일 가스의 온실효과는 석탄보다 더 심해질 것이다. 최근 이 비중에 대한 측정치는 2.5%, 3%, 심지어 10%에 달하고 있다. 우리는 메탄이 정확히 얼마나 누출되고 있는지 아직 알지 못한다. 따라서 셰일 가스 개발이 가진 매우 기초적인 문제조차 해결되었다고 말할 수 없는 상태다. Wang Erde Wei Wei, "Nuclear, Not Fracking, Is the Answer to China's Future Energy Needs," China Dialogue, July 25, 2013, https://www.chinadialogue.net/article/show/single/en/6228-Nuclear-not-fracking-is-the-answer-to-China-s-future-energy-needs-.

019 Wei Wei (2013).

020 제임스 E. 로저(James E. Rogers)가 다음 저술에 쓴 서문에서 가져온 문장이다. Peter Fox-Penner, Smart Power Anniversary Edition: Climate Change, the Smart Grid, and the Future of Electric Utilities (Washington, D.C.: Island Press, 2014), xv.

021 이 수치는 2015년 8월 오바마(Barack Obama)가 그의 "청정 발전 계획"을 소개하면서 내놓은 값이다. 이 계획의 목표는 2005년의 탄소 배출량에 비해 2030년의 양을 32%만큼 줄이는 데 있었다. 발전소는 미국 전역에서 배출되는 탄소의 3분의 1가량의 원인이며, 이에 따라 계획은 발전소의 퇴역, 업그레이드, 대체 기술에 많은 분량을 할애되었다. 또한 이 계획은 천연가스를 채취할 때 적지 않은 비율로 발생하는 메탄 배출량을 언급하고 있으며, 석탄이나 원자력을 천연가스로 대체할 때 이렇게 누출되는 가스로 인해 감수해야 하는 비용이 얼마나 되는지에 대해서도 언급하고 있다.

022 2019년 기준으로는 약 21% 설치되었다. https://www.hawaiianelectric.com/2019-saw-21-percent-jump-in-solar-generation-capacity. — 옮긴이

023 정확히 말해, 비수력 재생에너지원에서 생산된 전력량은 전체 발전량의 6.76%다. 이 가운데 풍력이 4.42%, 목질 바이오매스는 1.04%, 폐기물 바이오매스는 0.52%, 지열은 0.39%, 태양광은 0.39% 비중을 차지한다. "How Much U.S. Electricity Is Generated from Renewable Energy?" U.S. Energy Information Administration, June 12, 2015, http://www.eia.gov/energy_in_brief/article/renewable_electricity.cfm.

024 2019년 미국의 에너지 통계에서 재생에너지는 17.6%이며, 그중 수력을 제외한 변동성 높은 재생에너지 비중은 10.5%(풍력 7.1%, 태양광 1.7% 등)다. 2020년은 20% 정도인 것으로 집계되고 있다. https://www.eia.gov/tools/faqs/faq.

php?id=427&t=3. — 옮긴이

025 "U.S. Wind Energy State Facts," American Wind Energy Association, accessed September 15, 2015, http://www.awea.org/resources/statefactsheets.aspx?itemnumber=890.

026 Eric Wieser, "ERCOT Sets Wind Generation Output Record Sunday, Real-Time Power Prices Move Negative," Platts McGraw Hill Financial, September 14, 2015, http://www.platts.com/latest-news/electric-power/washington/ercot-sets-wind-generation-outputrecord-sunday-26208539.

027 2009년에는 약 3%였다. 이는 노벨물리학상 수상자이자 전 미국 에너지부 장관이 었던 스티븐 추(Steven Chu)가 워싱턴 D.C.에서 개최된 그리드 위크에서 했던 발언에 근거한 값이다.

028 Jocelyn Durkay. "State Renewable Portfolio Standards and Goals" National Conference of State Legislatures. October 14, 2015, http://www.ncsl.org/research/energy/renewable-portfolio-standards.aspx.

029 2020년 메인주는 2030년 80%, 2050년 100% 재생에너지 목표를 수립했으며, 캘리포니아주는 2030년 60%, 2045년 100% 재생에너지 목표를 수립했다, https://www.eia.gov/state/analysis.php?sid=CA, https://www.eia.gov/state/analysis.php?sid=ME. — 옮긴이

030 Ari Phillips, "Hawaii Aims for 100 Percent Renewable Energy by 2040," *Renew Economy*, March 13, 2015, http://reneweconomy.com.au/2015/hawaii-aims-for-100-renewable-energy-by-2040.

031 W. Kempton and L. Montgomery, "Folk Quantification of Energy," *Energy* 7(10) 1982: 817–27.

032 Kathryn Janda, "Buildings Don't Use Energy: People Do," *Architectural Science Review 54*, 2011: 15–22.

033 이런 불균형 발전이 두드러졌던 버몬트주의 경우, 1920년 시점에 전기를 공급받았던 농가는 주 전체 농가의 10% 정도에 불과했다. 대공황이 시작되자, 이 비중은 3분의 1로 올라갔다. 농촌의 전기화법(1936년)이 통과된 지 10년이 지나자, 버몬트의 농가 대부분에 전기가 공급되었으며, 인가를 제외한 착유 시스템에서도 전기를 사용할 수 있게 되었다. 1963년(미국 최초의 전등이 생긴 지 약 100년이 지난 시점)에는 버몬트의 두 마을, 그랜바이와 빅토리에 전선이 연결되었고 이 역시 미국 그리드망의 일부를 이루게 되었다. 단 하나의 사례일 뿐이지만, 이는 아주 중요한 함축을 지닌다. 전기화는 한 번에 이뤄진 과정이 아니며, 몇몇 지점에서 전기화와 그리드의 역사는 다른 부분보다 더 모호할 수 있다. 이 주석은 다음 라디오 프로그램에 따라 작성한 것이다. Vic Henningsen on Vermont Public Radio, August

27, 2015, http://digital.vpr.net/post/henningsen-statewide-service.

034 Alexandra von Meier, "Electronic Power Systems," September 17, 2010, Public Lecture i4 Energy Systems, University of California, Berkeley.

035 리처드 허시(Richard Hirsh)에 따르면, 유틸리티의 채용 관행은 이런 식이었다. 위험을 회피하고, 창의적이지 않으며, 엔지니어링에서 아주 기본적인 것만을 추구하는 사람 찾기. 바로 이 때문에, 유틸리티는 새로운 문제에 대해 보수적인 반응을 하게 된다. Richard Hirsh, *Technology and Transformation in the American Electric Utility Industry* (Cambridge: Cambridge University Press, 1989).

036 2000~2001년 캘리포니아 블랙아웃 사태는 인프라 자체의 열화 때문이 아니라, 부적절한 입법, 범죄적인 수준에 도달한 이익 편취, 그리고 부실하게 설계된 인프라가 복합적으로 작용한 '퍼펙트 스톰'에 의해 일어난 것이라고 봐야 한다. (4장)

037 "Economic Benefits of Increasing Grid Resilience to Weather Outages" (2013), 3.

038 "Microgrid Deployment Tracker 4Q15," *Navigant Research*, accessed December 15, 2015, https://www.navigantresearch.com/research/microgrid-deploymenttracker-4q15.

1장

039 미국 수자원&에너지교육재단(The Foundation for Water & Energy Education)은 컬럼비아강 협곡에서 생산할 수 있는 전력의 잠재적 양을 약 10만 메가와트로 추산했다. 그러나 이 양을 실제로 구현하려면, 협곡의 빈 땅을 거의 다 풍력 터빈으로 채워야만 할 것이다. "Wind Farms & Northwest Energy Needs," *Foundation for Water & Energy Education*, accessed December 1, 2013, http://fwee.org/nw-hydro-tours/howwind-turbines-generate-electricity/wind-farms-northwest-energy/.

040 마른 소똥은 물론 석유처럼 미국 전력망에서 무시해도 큰 상관없는 전력원이다.

041 태양광발전과, 정도는 약하지만 풍력발전의 이런 출력 변동의 문제는, 구름양이 늘어 하늘이 완전히 흐리게 되거나 바람이 완전히 멈춰버리는 극적인 상황에 발생하는 것이 아니다. 이런 발전 방식은 실제로 아주 변덕스럽다. 태양광 패널의 출력은 분당 5~6차례나 변동하며, 그리드가 태양광 농장 전체에 걸쳐 자동 수급 균형, 유지 과정을 수행하는 것은 매우 어려운 일이다.

042 Eric Hittinger, J. F. Whitacre, and Jay Apt, "Compensating for Wind Variability Using Co-Located Natural Gas Generation and Energy Storage," *Carnegie Mellon Electricity Industry Center Working Paper* CEIC-10–01 (December 2010).

043 빛은 5분이면 약 9,000만 킬로미터를 날아갈 수 있다. 화성과 지구의 거리는 계속 변한다. 다시 말해, 화성은 지구에 9,000만 킬로미터보다 더 가깝게 다가오기도 하고, 더 멀리 떨어지기도 한다. 하지만 모든 조건이 완벽한 시점이라면, 인디애나에서 화성까지 5분 만에 전류를 보낼 수 있다는 것은 틀린 말이 아니다.

044 지구상에서 일어난 블랙아웃 사건 가운데 세 번째로 큰 2003년 동부 해안 지역의 블랙아웃 사건의 경우, 16시 11분과 12분 사이의 30초 동안 일어났던 사건이다. 바로 이 최악의 30초 동안 모든 문제가 동시에 벌어졌다. 그리고 이로 인해 발생한 균형의 붕괴는, 단숨에 그리드 전체로 암흑을 퍼뜨리고 말았다.

045 평균적인 세기로 바람이 부는 날, 협곡의 풍력발전량은 오리건주 주민들이 소비하는 전력의 3배에 달하는 전력을 생산하는 데 충분하다.

046 "Too Much of a Good Thing: Growth in Wind Power Makes Life Difficult for Grid Managers," *Oregonian*, July 17, 2010, http://www.oregonlive.com/business/index.ssf/2010/07/too_much_of_a_good_thing_growt.html.

047 컬럼비아강 협곡에는 양수 발전소들도 존재하며, 이것들은 극심한 가뭄이 예상되는 경우를 빼면 5월에는 언제나 만수위를 유지하고 있다.

048 내 아버지인 빌 바크와 나눈 대화에서(바로 그가 봄 동안 물을 방류하는 것을 불법으로 만든 사람이다). 그는 전기 산업 관계자들로부터 많은 미움을 샀지만, 우리는 그 때문에 계속해서 태평양 연어를 먹을 수 있다. 이 법이 아니었다면 발전소의 운영 방법은 완전히 다른 식으로 바뀌었을 것이다.

049 신형 풍력 터빈은 대부분 피치(pitch)와 요(yaw)를 조정할 수 있도록 조율되어 출하되지만, 이는 2010년 이후의 일이다. 이러한 기본적인 기술 발전은, 변동적이고 재생 가능한 자원을 미국 전역의 전기 시스템에 통합하는 과제를 점점 더 설득력 있는 것으로 만드는 여러 작은 진보 가운데 하나다.

050 2013년, 스페인의 전기 수요는 대략 42% 정도가 재생에너지로 충족되고 있었다. 그중에서 21.2%가 바람, 3.1%가 태양광, 1.7%가 태양열, 2%는 재생 가능 열 14.2%는 수력이었다. "Corporate Sustainability Report 2013: 4. Committed to Security of Supply, Efficient Management and Innovation" (Red Eléctrica Corporación, May 7, 2014), http://www.ree.es/sites/default/files/02_NUESTRA_GESTION/Documentos/memoria-2013/English/RC/RC13_07_en.pdf. 이처럼 높은 비중에도 불구하고, 스페인의 그리드는 오리건에서 이베르드롤라가 대응해야 하는 문제와 동일한 문제를 겪고 있었다. 예를 들어, 2013년 부활절의 경우, 스페인은 "극도로 낮은 수요, 몇몇 댐에서 지나치게 많이 생산되어 나오는 수력발전 전기 그리고 풍력발전 전기의 홍수를 겪게 되었다. … 이러한 상황에서, 전력 시스템의 안정성을 확보하기 위해서는 전력 생산량을 그동안 볼 수 없었던 수준까지 낮춰야만 했다. 이러한 생산량 감축은 다른 발전원뿐만 아니라 원전에도 영향을 끼

칠 만큼 예외적이었다. 전력망의 문제가 원전에 영향을 미쳤던 것은 1997년 이래 처음이었다." "Corporate Sustainability Report 2013" (2014), 53.

051 2011년에 가동되고 있던 풍력 터빈의 수가 2,760개인 만큼, 2014년이면 그 수가 3,000개를 넘겼다는 것을 쉽게 알 수 있다. Miriam Raftery, "A Walk Through the Wind Farm with Iberdrola," East County Magazine, April 2012. http://www.eastcountymagazine.org/walk-through-wind-farm-iberdrola.

052 이러한 투자 가운데 일부는 돈을 벌지만, 이렇게 돈을 벌어들이는 설비 가운데 상당수는 유틸리티에 의해 가동되고 관리되는 설비다. 역사적으로, 유틸리티들은 이른바 '자연독점'을 형성하고 있었으며, 이러한 자연독점 체제는 그 변화와 혁신이 느릴 뿐만 아니라 다른 누군가에게 권한을 넘겨주는 과정 또한 매우 느리게 이뤄진다. 이러한 역사는 3장과 4장에서 주로 다뤄질 것이다.

053 2015년, 텍사스에서 가장 거대한 풍력 농장은 로스코 풍력 농장(Roscoe Wind Farm)이었다. E.ON 클리메이트&리뉴어블이 이곳을 2009년부터 운영했다. Eileen O'Grady, "E.ON Completes World's Largest Wind Farm in Texas," Reuters, October 1, 2009, http://www.reuters.com/article/2009/10/01/wind-texasidUSN 3023624320091001#1Oc6qUxRCSELa3Zr.97. "풍력 농장 내부에 세워진 터빈의 높이는 약 105~123미터였으며, 터빈 사이에 확보한 간격은 약 180미터였다. 이곳에서 사용한 터빈, 즉 미쓰비시 1,000암페어 터빈의 전체 숫자는 209개였으며, 이것들이 기록한 풍력발전량은 1.0메가와트였다." 다음 자료에서. "Roscoe Wind Farm," Power Technology, accessed November 8, 2015, http://www.power-technology.com/projects/roscoe-wind-farm/.

054 "널리 사용되는 제너럴일렉트릭(GE)의 1.5메가와트 모델은 34.8미터 길이의 블레이드와 63.6미터 높이의 주탑으로 구성되어, 전체 높이가 98.4미터에 달한다. 덴마크 베스타스가 공급하는 1.8메가와트 모델 역시 이와 비슷한 구조와 크기다. 이 모델의 블레이드는 44.4미터, 주탑은 78.6미터로, 높이는 총 123미터에 달한다. 스페인의 가메사 사가 만들었으며, 블레이드 길이 42.9미터, 주탑 높이 76.8미터에 달하는 정격 용량 2메가와트급의 G87 모델 역시 널리 쓰인다." "FAQ: Output from Industrial Wind Power," National Wind Watch, accessed November 8, 2015, https://www.wind-watch.org/faq-output.php.

"2014년 미국에 새로 건설된 평균적인 풍력 터빈의 정격 용량은 약 1.9메가와트였으며, 이는 1998~1999년 사이에 건설된 터빈의 172%에 달하는 값이다." 다음 자료에서. "2014 Wind Technologies Market Report" (U.S. Department of Energy, August 2015), http://energy.gov/sites/prod/files/2015/08/f25/2014- Wind-Technologies-Market-Report-8.7.pdf.

055 이 문장은 Sickinger(2010)의 논문에서 인용한 것이다. 메인저와 나는 가정용 온수

그리고 웨스턴 도넛과 같은 곳에서 이뤄지는 지역 간 전력 거래 규칙에 대해 긴 이야기를 나눴다. 이 논의는 8장과 9장에 수록되어 있다.

056 2014년에는 13%를 아주 조금 넘었다. "How Much U.S. Electricity Is Generated from Renewable Energy?" (2015).

057 2019년 미국 전력 생산에서 재생에너지 발전소의 생산량은 11.5%를 차지한다. http://css.umich.edu/factsheets/us-energy-system-factsheet.

058 "How Much U.S. Electricity Is Generated from Renewable Energy?" (2015).

059 Thomas P. Hughes, *Networks of Power: Electrification in Western Society* (Baltimore: Johns Hopkins University Press, 1983).

060 "U.S. Wind Energy State Facts," American Wind Energy Association, accessed September 15, 2015, http://www.awea.org/resources/statefactsheets. aspx?itemnumber=890. (저자는 '75%'라고 적었으나, 인용한 자료를 확인한 결과 '43%'임을 확인해 수정했다 — 옮긴이)

061 These numbers are from the *2012 Renewable Energy Data Book* (National Renewable Energy Laboratory of the U.S. Department of Energy, October 2013), http://www.nrel.gov/docs/fy14osti/60197.pdf.

062 Coral Davenport, "A Challenge from Climate Change Regulations," *New York Times*, April 22, 2015, http://www.nytimes.com/2015/04/23/business/energy-environment/achallenge-from-climate-change-regulations.html.

063 Evan Halper, "Power Struggle: Green Energy versus a Grid That's Not Ready," *Los Angeles Times*, December 2, 2013, http://articles.latimes.com/2013/dec/02/nation/la-na-grid-renewables-20131203.

2장

064 나는 여기서 '감전사'라는 말을 사용했는데, 이는 실제로 전기 시대 초창기에 생겨난 말이었다. "전기로 인한 죽음을 지시하는 표준적인 단어는 아직 없다. 《뉴욕타임스》에서 고려되었던 말들은 다음과 같았다. 'electromort', 'thanelectrize', 'celectricise', 'electricide', 'electropoenize', 'fulmen', 'voltacus' 'electrocution'" Nicholas Rudduck, "Life and Death by Electricity in 1890: The Transfiguration of William Kemmler," Journal of American Culture 21, no. 4 (1998): 86, note 8.

065 1890년 8월 1일, 모살죄와 습관성 음주죄로 기소되었던 윌리엄 켐러라는 인물은 의자에 앉아 약 8분간 천천히 전기 충격을 받아 죽었다. 비록 (켐러를 죽인 의자를

만든) 에디슨(Thomas Edison)은 켐러가 매우 빠르고 편안하며 고통없이 죽게 될 것이라고 보증했지만(그리고 어떤 구조의 의자에 어떤 수준의 전압을 가해야 동물이 효과적으로 죽는지에 대해 떠돌이 개부터 은퇴한 서커스 코끼리에 이르는 여러 동물을 대상으로 반복적인 실험이 진행된 다음이었지만), 켐러는 계획된 것과 같은 죽음을 맞이하지 않았다. 그의 덩치가 문제 된 것은 아니었다. 켐러는 깡마른 사내였고, 오늘날의 기준으로는 키도 작았다. 인가된 전압이 낮았던 것도 아닌데, 그의 의자에 전력을 공급했던 발전기가 석탄으로 가동되는 1,680볼트 크기의 증기력 다이너모였기 때문이다. 이 의자가 놓인 에번감옥과 다이너모를 잇는 전선이 그날따라 36개에 달하는 전등과 병렬로 연결되어 있었다는 점이 문제였다. 이것들은 대략 1,000볼트의 전압을 인가받고 있었으며, 그래서 의자로 전송된 전력은 다이너모에서 나온 양 가운데 극히 일부분에 불과했다. 물론 남은 전기 역시 켐러를 죽게 하기에 충분한 양이었으나, 그를 충분히 빠른 속도로 죽일 수는 없었다. 이 사건은 에디슨이 죽을 때까지 불명예로 아주 널리 알려졌다.

066 Gérard Borvon, Histoire de L'électricité: De L'ambre à L'électron (Paris: Vuibert, 2009), 1.

067 최초의 전신은 1830년대에 등장했으나, 1850년대부터 1870년대까지 대서양을 건너는 전신선은 간헐적으로 기능을 멈추고는 했나.

068 셸락 디스크는 최초의 원판형 레코드로, 동물성 천연수지의 일종인 셸락으로 만들어졌다. 개발 이후, 50년 이상 음반에 표준 포맷으로 적용되었다. 표준을 뜻하는 'SP(standard play)'로 불렸으며, 이후 활용된 'LP(long play)', 'EP(extended play)'라는 이름의 모태가 되었다. 다음 포스트를 참조. https://thegeeks.tistory.com/13. — 옮긴이

069 아이작 아시모프(Isaac Asimov)는 이렇게 말했다. "어떠한 증기기관이나 내연기관도, 설령 그것이 강력할지라도, 전기 없이는 작은 텔레비전조차 구동할 수 없다. 아주 약한 직류 전기만으로도 텔레비전을 시청할 수 있는데도 말이다." 미 원자력에너지위원회에서 발간한, 작고 아주 재미있는 다음 팸플릿에서. Isaac Asimov, "Electricity and Man" (United States Atomic Energy Commission Office of Information Services, 1972), http://www.osti.gov/includes/opennet/includes/Understanding%20the%20Atom/Electricity%20and%20Man.pdf.

070 나이아가라폭포에 건설된 발전소는 1895년부터 가동되었으나, 여기서 버팔로까지 송전이 개시된 것은 1896년의 일이었다.

071 산업적으로 이용되었던 최초의 '현대적' 다이너모는 1866년에 3명의 발명가에 의해 독립적으로 발명되었다. 비록 패러데이가 이미 1830년대 초에 전기를 만들어내는 기계를 시연해 보이며 발전이라는 아이디어를 처음 구현한 것은 사실이지만, 또 그의 아이디어가 분명 이후 발전기들의 핵심 아이디어와 연결되어 있기는 하지

만, 그가 고안한 기기가 다음 세대의 발전기로 계승되었다고 말할 수 없다.

072 여기서 나는《뉴욕타임스》로부터 리처드 모란(Richard Moran)의 다음 저술의 내용을 인용했다. *Executioner's Current: Thomas Edison, George Westinghouse, and the Invention of the Electric Chair* (New York: Vintage Books, 2002), 45.

073 James C. Williams, *Energy and the Making of Modern California* (Akron, OH: University of Akron Press, 1997), 170.

074 3,000촉광이라는 말은, 실제로 3,000개의 촛불이 모두 동일한 지점에서 방출되었을 때 3,000개의 촛불이 발생시키는 빛의 세기를 표현하는 부정확한 말이다. 비록 우리가 흔하게 쓰는 전구(100와트 전구)의 밝기를 촉광으로 변환하는 것은, 아주 거친 추산을 위해서도 그리 좋은 방법은 아니지만, 60와트의 전구는 대략 100개의 촛불과 같은 빛을 발한다. 그렇다면 아크등의 밝기가 3,000촉광에 달한다는 말은 이 등불이 1,800와트 전구와 비슷한 크기의 빛을 내놓는다는 뜻이다. Jon Henley, "Life Before Artificial Light," Guardian, October 31, 2009, http://www.theguardian.com/lifeandstyle/2009/oct/31/life-before-artificial-light. YY Williams(1997), 172.

075 에디슨은 전구 52개를《뉴욕타임스》의 편집실에 설치하고, 월 스트리트에 자리한 J. P. 모건(J. P. Morgan)의 집무실에도 전구를 106개 설치했다. Munson(2005), 18.

076 다음 두 문헌을 활용했다. Michelle Legro, "The Age of Edison: Radical Invention and the Illuminated World," *Brain Pickings*, February 28, 2013, http://www.brainpickings.org/2013/02/28/the-age-ofedison/. Ernest Freeberg, *The Age of Edison: Electric Light and the Invention of Modern America* (New York: Penguin, 2013).

077 소리 연구자 머리 샤퍼(R. Murray Schafer)는 미국과 캐나다의 학생들이 이완된 상태에서 깊은 명상에 잠기게 한 다음, 그들의 마음에서 자연스럽게 떠오르는 음을 허밍으로 불러달라고 요구했다. 가장 흔한 음은 '시'였다. 그런데 독일과 다른 유럽 학생들의 경우 '솔#'이었다. 미국과 캐나다에서 전기 시스템은 초당 60차례 방향이 바뀌는 교류로 운용된다. 이는 음계로 말하면 '시'로 공명하는 주파수다. 반면 유럽의 경우, 전류는 50차례 방향이 바뀌며, 이는 솔#에 대응한다. 사람들은 일생에 걸쳐 벽, 조명용 비품, 가전제품으로부터 아주 작은 노이즈에 노출되며, 이 때문에 우리는 우리가 사용하는 전기와 같은 음으로 허밍을 부르게 된다. R. Murray Schafer, *The Tuning of the World* (Toronto: McClelland and Stewart, 1977), 99.

078 "Subtle Analogies Found at the Core of Edison's Genius," *New York Times*, March 12, 1985, http://www.osti.gov/includes/opennet/includes/Understanding%20the%20Atom/World%20Within%20Worlds%20The%.

079 흥미롭게도, 전기의 이러한 성질은 그리드를 규제하고 관련 법령을 입법하려는 비

전문가들을 여전히 혼란에 빠뜨린다. 우리는 분명 더 짧고, 더 곧은 길을 따라 이동하는 것이 합리적이라고 생각한다. 하지만 전기가 즉각적으로 어떠한 선호도 없이 통과할 수 있는 모든 경로를 통과한다는 사실은 인간으로서는 매우 이해하기 어려운 일이다. 5장에서 확인하겠지만, 이는 2003년 블랙아웃을 악화시키는 실질적인 문제가 되었다.

080 Steve Wirt, "The Series Circuit," *Oswego City School District Regents Exam Prep Center*, 1998, http://www.regentsprep.org/Regents/physics/phys03/bsercir/default. htm.

081 병렬회로에서는 저항이 상승할수록(가령 당신이 벽에 설치된 하나의 콘센트에 5구 멀티탭을 꽂고, 그 멀티탭 콘센트에 코드를 모두 꽂았다면) 실제 전류도 증가한다. 이는 큰불로 이어질 수 있다! 이것이 바로, 당신이 8시간짜리 화재 안전 교실에 출석했을 때, 강사가 한 콘센트에 너무 많은 코드를 꽂아서는 안 된다고 강조하는 이유다.

082 기술적으로는 물론, 멘로파크 연구실에 설치된 것이 에디슨이 설계한 첫 번째 그리드다. 그러나 공공이 쓸 수 있는 것으로는 펄 스트리트의 그리드 분명 최초였다.

083 가게나 술집에서 볼 수 있는 고풍스러운 '에디슨' 백열등은 이보다 더 밝다. 백열전구의 밝기는 광량에 대한 그 시기의 건축 규칙으로 인해 1940년대까지 15와트로 유지되었다. 이 시기에는 형광등이 널리 사용되었다. Carol Willis, *Form Follows Finance: Skyscrapers and Skylines in New York and Chicago* (Princeton, NJ: Princeton Architectural Press, 1995).

084 펄 스트리트 그리드는 로어맨해튼의 아주 작은 지역(월 스트리트, 《뉴욕타임스》 본사, 에디슨의 주요 투자자였던 J. P. 모건의 집무실, 에디슨의 변호사가 있는 지역)에 조명을 제공하기 위해 설계된 것이다.

085 19세기가 끝날 무렵 뉴욕 전역에는 약 20만 필의 말이 살고 있었다. 이로 인해, 화강암 블록으로 포장되었던 모든 길은 두꺼운 말똥(말 1필이 배설하는 양만 해도 하루에 14킬로그램에 달한다)으로 뒤덮였고, 건물 사이의 골짜기에는 말똥의 악취 속에서 잡초 씨앗으로 파티를 벌이는 참새들로 가득했다. 물론 그다지 시적인 존재들이라고 할 수 없는 파리 또한 이 풍경의 중요한 일부였다.

086 "The Brush Electric Light" Scientific American 44 (14). April 2, 1881.

087 Hughes (1983).

088 Michael B. Schiffer, *Power Struggles: Scientific Authority and the Creation of Practical Electricity Before Edison* (Cambridge, MA: The MIT Press, 2008), 289.

089 Maggie Koerth-Baker, *Before the Lights Go Out: Conquering the Energy Crisis Before It Conquers Us* (Hoboken, NJ: John Wiley & Sons, 2012), 18. 전구는 최소한 20여 명의 인물에 의해 '발명'되었고, 에디슨이 1879년 '발명'했던 것은 이들을

개선해 상업화한 것이었다. Henley(2009).

090 흥미롭게도, 이는 미 동부 해안과 중서부 지방의 문제다. 이곳에 흐르는 강은 막대한 양의 물을 실어 나르지만 유로의 고도 차이는 거의 없다. 하지만 애플턴에 그리드가 설치된 당시 수력발전이 매우 흔하게 이뤄졌던 시에라네바다 지역의 경우, 유로로 흐르는 물이 거의 없었으나 고도 변화는 매우 컸다. 봄과 여름 동안 고산 지역의 만년설이 천천히 녹아내리는 현상과 더불어, 이 점은 놀라울 정도로 균일한 수량을 보장하는 데 기여했다. 그리고 이로 인해 균등한 전압으로 조명 시스템에 전력이 공급될 수 있었다. Williams(1997), 171.

091 Freeberg(2013), 155. 1910년, 전구의 가격은 약 17센트까지 떨어졌다.

092 바로 이러한 전압의 단위는 이탈리아의 박식가 알레산드로 볼타의 이름을 딴 것이다. 그는 최초의 전지를 만들었으며(볼타전지의 기원이다), 동시에 전기가 화학적으로 생성될 수 있다는 것을 입증하기도 했다. 나폴레옹(Napoleon Bonaparte)은 1801년에 그를 파리의 프랑스국립과학원으로 초청했으며, 볼타는 나폴레옹의 여러 배려에 매료되었다. 나폴레옹은 9년 뒤인 1810년에는 그를 백작에 봉하기도 하였으며, 파비아대학교의 교수 자리에서 은퇴하려는 볼타를 만류할 정도로 그에게 깊은 감화를 받았다. "명장이라면 응당 명예로운 전장에서 목숨을 바쳐야만 한다." 조용한 성격이었던 볼타는 유럽 전역에서 그에게 제안했던 여러 영예로운 자리와 초청을 거절한 채, 그의 바람대로 마침내 1819년 이탈리아에서 은퇴했다. John Munro, "Alessandro Volta," in *Pioneers of Electricity; or, Short Lives of the Great Electricians* (London: William Clowes and Sons, Ltd., 1890), 89–102.

093 Eric J. Lerner, "What's Wrong with the Electric Grid?" *Industrial Physicist* 9, no. 5 (November 2003).

094 롱아일랜드섬에는 다음과 같은 유머가 있다. '이곳의 모든 것은 뉴욕주의 나머지 지역보다 느리게 굴러간다. 이는 결코 이 섬의 한가로운 분위기 때문이 아니라, 이 섬에 공급되는 전력의 품질이 뒤떨어지기 때문이다. 뉴욕시의 1초는, 롱아일랜드의 1.005초와 같다.'

095 Freeberg(2013).

096 오늘날, 토스터나 고데기 같은 미국의 가전제품들은 대개 110볼트로 구동된다. 반면 USB 포트로 충전되는 거의 모든 것은 5볼트를 받고, 현대화된 장거리 송전선로는 많은 경우 765킬로볼트(76만 5,000볼트)로 운전할 수 있다.

097 David E. Nye, *Electrifying America: Social Meanings of a New Technology*, 1880–1940 (Cambridge, MA: MIT Press, 1992), 3.

098 미국에서 냉난방 시스템이 사설 시스템인 것은, 이 두 상품에 대한 시장이 매우 점진적으로 구축되었기 때문이다. 소련의 경우, 냉난방 시스템은 큰 시차 없이 현대화되었고, 대학교 캠퍼스에서도 현대식 연구실 건물이 들어서면 그에 걸맞은 중앙

발전소가 건설되었다. 이념이나 중앙 집중화를 향한 사회적 편향보다는, 개발에 걸린 시간이 두 나라의 냉난방 시스템을 서로 다른 방식으로 형성한 핵심 요소였다.

099 《사이언티픽 아메리칸》의 기사 리스트를 거슬러 올라가면, 1881년 미국에서 설치된 아크등 가운데 3분의 2가 사설 그리드에 연계된 조명이었다는 기사를 확인할 수 있다.

100 Munson(2005), 44.

101 Forrest McDonald, *Insull: The Rise and Fall of a Billionaire Utility Tycoon* (Washington, D.C.: Beard Books, 2004), 30.

102 Antina Von Schnitzler, "Traveling Technologies: Infrastructure, Ethical Regimes, and the Materiality of Politics in South Africa," *Cultural Anthropology* 28, no. 4 (2013): 670–93.

103 Ronald Tobey, *Technology as Freedom: The New Deal and the Electrical Modernization of the American Home* (Berkeley and Los Angeles: University of California Press, 1997).

104 Tobey (1997).

105 Donald MacKenzie and Judy Wajcman, eds., "The Social Shaping of Technology: How the Refrigerator Got Its Hum" (Milton Keynes: Open University Press, 1987).

106 Fred E. H. Schroeder, "More 'Small Things Forgotten': Domestic Electrical Plugs and Receptacles, 1881–1931," *Technology and Culture* 27, no. 3 (1986): 525–43.

107 전기의 원자물리학으로 돌아가 보자. 원자 속에서 전자는 전하를 이용해 소통하기를 욕망한다. 하나의 전자는 한 단위의 음전하를 가지며, 상대가 무엇이든 양전하를 띠는 입자를 향해 나아간다. 양전하를 띤 입자는, 전자에게 전자가 끼어들 곳이 있다는 신호를 무심결에 보내는 입자다. 원자 전체는 중성이다. 중성인 원자는 전하를 가지고 있지 않으며, 발전기에 의해 전자가 분리되어야 양전하를 띤다.

108 오늘날 북미 그리드의 모든 전기는 대상 전력이며, 이는 매 초마다 균일하게 60헤르츠로 진동한다. 유럽의 경우 이 값은 50헤르츠다. 일본은 두 가지 모두 사용한다. 어떤 진동수를 결정할 것인지는 다음과 같은 두 가지 문제를 감안해 임의로 정한 것이다. 우선 진동수가 너무 낮을 경우, 형광등의 깜빡임이 눈에 보일 것이다. 문자 그대로 에너지가 가해졌다가 잠깐 멈추는 한 꾸러미의 과정을 눈으로 볼 수 있게 된다. 다시 말해, 전구에서 불이 점점 밝게 들어왔다가 다시 꺼지는 모습을 반복해서 볼 수 있게 된다. 반면 진동수가 너무 높을 경우에는, 모터에 걸리는 부하가 지나치게 커진다. 모터에 부담을 적게 주기 위해, 산업화된 국가들의 그리드는 대부분 조명에 적합한 진동수보다 낮은 진동수로 진동한다. 하지만 산업화가 진행 중인 대부분의 국가에서는 일반적으로, 자신들의 전기 인프라를 건설할 때 이 인프라로 활용할 전력 제품을 수입할 곳(대개 해당 국가를 식민화했던 나라다)

492

의 주파수에 따라 사용 주파수를 결정한다. 기업들은 각 시장의 전기 용량에 맞춰 전구, 토스터, 세탁기 같은 제품을 만들기 때문이다. 이러한 제품은 50헤르츠 또는 60헤르츠의 전기에, 110볼트나 220볼트의 전기를 받아 작동한다.

109 "Tesla Life and Legacy—War of the Currents," PBS, http://www.pbs.org/tesla/ll/ll_warcur.html.

110 Munson(2005, 32)에 따르면, 에디슨은 1887년에 121기의 직류 중앙 발전소를 팔았고, 그해 상업 활동을 처음 시작했다. 한편 에디슨의 핵심 경쟁자로 손꼽혔던 조지 웨스팅하우스가 판매한 교류 발전소의 수는 68기였다. 1888년, 에디슨은 총 4만 4,000개의 새 전구를 설치했던 반면, 웨스팅하우스는 1888년 10월에만 에디슨의 1년 설치량을 상회하는 전구(4만 8,000개)를 설치했다. 1889년, 즉 에디슨이 멘로 파크에 병렬회로를 설치해 전구를 설치한 지 정확히 10년이 지난 해에, 웨스팅하우스는 35만 개에 달하는 교류 전구를 구동할 수 있는 발전소를 운영했다.

111 Hughes(1983), 128.

112 Munson (2005), 43, and Schroeder (1986), 530–31.

113 Hughes (1983), 122. 전기화의 초기 과정에 대한 휴즈의 설명 가운데 아주 흥미로운 것은, 사람보다는 사물들이, 즉 사업 구조, 당시까지 누적된 투자, 소규모 기기, 사용 가능한 재료 등이 시스템 디자인과 인프라의 발전 경로를 결정했다는 점을 보였다는 데 있다.

114 Harold I. Sharlin, "The First Niagara Falls Power Project," *Business History Review* 35, no. 1 (1961): 59–74.

115 러브 커넬(Love Canal)이라는 웅덩이에 독극물이 스며든 사건은, 미국 역사상 최악의 환경 재난으로 꼽히는 사건이다. 이 사건은 미국의 전기화 초기에 있었던 실수에서 비롯된 일이다. 1890년대, '미스터 러브'라는 인물이 나이아가라 상류와 나이아가라 하류 사이에서 동력을 전송하고자 수로를 팠던 것이 이야기의 시작이다. 물론 이 시점은 전기로 동력을 전송하는 것이 새로우면서도 최선의 방법임이 밝혀져 있었고, 따라서 수로는 그다지 필요하지 않았다. 1920년대에는, 이렇게 절반만 완성된 채 방치된 수로는 지역에서 산업 폐기물을 버리는 하치장으로 쓰였다. 미국을 거대한 산업국가로 만든 여러 기업들은 많은 경우 나이아가라 부근에 자리 잡고 있었는데, 이는 이 지역에서는 방대한 양의 전기를 쉽게 얻을 수 있는 데다 폐기물 역시 가까운 러브 커넬에 버리면 되었기 때문이다. 1950년대, 이 지역에서는 재개발이 이뤄진다. 러브 커넬은 흙으로 메워졌고, 이 위에 주택단지와 학교가 건설되어 어린아이들이 태어나고 자라는 장소가 된다. 처음에는 모든 것이 괜찮아 보였다. 그러나 1970년대 중반, 커넬 위에 폭우가 내렸고, 2만 2,000톤에 달하는 막대한 화학 쓰레기가 땅속에서 새어 나와 그 위에 건설된 집의 정원과 지하에 스며들었다. 유독 물질은 아주 치명적이었다. 무엇이든 먹고 만지는 어린아

이들의 손과 얼굴에는 화학물질로 인한 상처가 나타났다. 더 많은 이야기는 4장을 보라. Eckardt C. Beck, "The Love Canal Tragedy," *United States Environmental Protection Agency Journal*, January 1979, http://www2.epa.gov/aboutepa/love-canal-tragedy.

116 Sharlin(1961), 72.

117 "Harnessing Niagara Falls: The Adams Power Station—The Most Famous of Early Hydroelectric Power Stations," *Edison Tech Center: The Miracle of Electricity and Engineering*, 2013, www.edisontechcenter.org/niagara.htm (5/2015).

118 "The History of the Aluminium Industry," *Aluminium Leader*, accessed November 27, 2015, http://www.aluminiumleader.com/history/industry_history/.

119 Schroeder (1986), 530-531.

120 다음 출처에서. "Niagara Falls Schoellkopf Power Station Disaster, Thursday, June 7th, 1956: A History," *Niagara Frontier*, accessed November 10, 2015, http://www.niagarafrontier.com/schoellkopf.html.

3장

121 Richard F. Hirsh, *Power Loss: The Origins of Deregulation and Restructuring in the American Electric Utility System* (Cambridge, MA: The MIT Press, 1999), 12.

122 Michael Klepper and Robert Gunther, *The Wealthy 100: From Benjamin Franklin to Bill Gates: A Ranking of the Richest Americans, Past and Present* (New York: Citadel Press, 1996).

123 Hirsh(1999), 16.

124 Munson(2005), 45.

125 바로 이런 식으로 지주회사를 활용하는 기법은 엔론(Enron)의 핵심 도구로, 실제로는 파산 상태인 기업들도 이를 통해 투자를 끌어들였다.

126 19세기 후반의 가열된 기술 세계 속에서, 에디슨은 그의 첫 번째 아내가 사망한 1884년 이전까지 진정으로 혁신적인 다른 발명을 해내지 못했다(McDonald, 2004). "1884년, 토머스 에디슨의 삶은 아주 급격하게 바뀐다. 그의 전기 조명 시스템에 들어오는 자금은 말라버렸고, 따라서 그는 그가 입은 손실은 물론 그의 사업까지 모두 정리해 버리려고 마음먹게 된다. 그리고 바로 그해에 마리가 에디슨과 그의 세 아이(6세, 8세, 11세)를 남겨두고 죽었다. 그는 실질적인 직업은 물론 앞으로 무엇을 해야 하는지에 대한 단서조차 손에 쥐고 있지 않았다.

심지어 에디슨은 마리의 장례를 치르기 위해 당장 500달러를 빌려야 하는 처지에 있었다. 다음 출처에서. "Thomas Edison's First Wife May Have Died of a Morphine Overdose," *Rutgers Today*, November 15, 2011, http://news.rutgers.edu/research-news/thomas-edison%E2%80%99s-first-wife-may-havedied-morphine-overdose/20111115#.VfcmIKI_hUx.

127 배터리 역시 이 사실을 바꾸는 데는 도움이 되지 않는다. 배터리가 할 수 있는 것은, 극히 제한적인 시간 동안에 시스템의 운영에 필요한 '인프라'의 규모를 줄이는 일뿐이다. 내가 지금 타이핑하고 있는 컴퓨터는 매 3시간마다 코드를 꽂아야 하는 것도 모자라 매일 12시간씩 콘센트를 꽂고 있어야 한다. 반면 당신이 읽고 있는 '전자책'은 한 달에 한 번 정도만 코드를 꽂으면 된다. 물론, 현 시점 사용할 수 있는 최고의 전기 차량 역시, 운전을 마치면 곧바로 코드를 꽂아둬야 한다.

128 Maury Klein, *The Power Makers: Steam, Electricity, and the Men Who Invented Modern America* (New York: Bloomsbury, 2010), 403.

129 Mcdonald (2004), 56.

130 Klein (2010), 401.

131 Central-station electric service; its commercial development and economic significance as set forth in the public addresses (1897–1914) of Samuel Insull," (Chicago: Privately Printed, 1915), 128. Available at http://archive.org/stream/centralstationel00insurich/centralstationel00insurich_djvu.txt.

132 Klein (2010), 404.

133 Munson (2005), 46.

134 Munson (2005), 46.

135 이렇게 요율을 낮춰서, 인설은 24시간 부하 평탄화를 위해 다양한 가전제품을 대중들이 사용할 수 있도록 만들었다. 인설의 열정적인 활동으로, 적지 않은 사람들에게 현대적인 가정에서는 냉장고, 냉동고, 온수기를 원할 때면 언제든 사용할 수 있어야 한다는 입장이 퍼졌다.

136 Munson (2005), 48.

137 Klein (2010), 404.

138 클라인의 말을 직접 들어보자. "인설은 이렇게 말했다. '만일 당신의 그리드에 걸리는 최대 부하가 매우 높다면, 그리고 평균 전력 소비량은 매우 낮다면, 당신은 막대한 양의 이자 비용을 치르는 수밖에 없다. 평균 전력 소비량을 최대 부하량과 근접시키면 근접시킬수록, 당신은 가장 경제적인 조건에서 전력을 생산할 수 있을 것이고, 당신의 전력을 더 저렴하게 판매할 수 있게 된다.' 인설이 이런 통찰에 단번에 도달했던 것은 결코 아니다. 하지만 그의 경험은, 그가 천착했던 하나의 과업에 대한 확신을 점점 더 강화시켰다. 다시 말해, 생산량을 늘려 평균 비용을 줄

이고, 고객의 수와 전력 소비량을 증대시키며, 결국 하루 중 부하량을 평탄화할 수 있는 전력 용도 믹스를 찾아내는 과업이 바로 그것이다. 그리고 이렇게 소비자의 수를 늘리는 방법의 핵심에는, 낮은 전력 요율이 있었다." Klein (2010), 405.

139 Munson (2005), 47. 인설의 실제 발언은 다음과 같다. "193가구가 살고 있는 시카고의 한 주거지역 블록을 예로 들어보자. 이 블록에서 우리 전기를 쓰는 수용가는 189가구다. 여기서 고객당 전등의 수는 10, 11개다. 또한 이 블록의 연간 전력 소비량은 3만 3,000킬로와트시다. 만일 고객들의 순간 소비량 최대 수치가 68.5킬로와트라면, 설비 이용률은 5.5%에 지나지 않는다. 만일 당신이 보유한 모든 발전소의 이용률이 5.5%에 지나지 않는다면, 당신 손에 있던 발전소가 법원의 재산 관리인 수중으로 떨어지는 것은 시간문제일 뿐이다. 하지만 만일 당신이 하루 중 여러 시간대에 걸쳐 다양한 소비자를 끌어들여 부하량을 크게 끌어올린다면, 설비 이용률은 2배 이상 끌어올릴 수 있고, 최대 전력량은 20킬로와트 수준으로 떨어뜨릴 수 있다."

140 Munson (2005), 53.

141 1896년부터 1916년까지 미국의 20년을 진보적 시대라고 부른다. 당시 미국은 19세기 경제성장을 토대로 중산층이 확대되었으며, 언론의 사회 고발이 증가하고, 각종 문제 해결의 수단으로서 기술의 역할에 대한 기대와 신뢰가 커지고 있었다. 이를 배경으로 부패 척결, 정부 개혁, 노동조합 결성, 여성참정권 등의 쟁점이 제기되었다. 헌법 개정을 포함한 제도의 변화와 더불어, 교육 시스템의 변화를 포함한 사회의 급속한 변화가 이뤄졌다. 이러한 변화와 개혁의 흐름은 금주법으로 이어졌지만, 실패로 끝나기도 했다. ― 옮긴이

142 조직폭력배들의 영토가 정부에 의해 보장되고 있다고 가정해 보자. 이들의 변두리 지역에서 일어나는 협상은 아마도 유혈이 낭자하지 않고 이뤄질 것이다. 다음을 보라. *The Wire*, season 3. between three and five: Klein (2010), 402.

143 카르노 정리는, 이상기체를 일의 매개 물질로 활용하는 열기관 모형인 '카르노기관'으로 잘 이해할 수 있다. 카르노기관은 (1) 등온 압축 (2) 단열 압축 (3) 등온 팽창 (4) 단열 팽창의 주기를 거쳐 기관의 외부에 일을 하는데, 이 과정에서 수행하는 일의 양은 기관 내부의 기체와 외부의 기체 사이의 온도 차의 비율에 의해 결정된다. 이때 일의 양은 외부의 온도가 낮고 내부의 온도가 높을수록 커지며, 기관을 구성하는 물질의 내열 한계로 인한 온도의 상한선이 있으며 이상기체라고 하더라도 온도의 하한선이 있어서 이 온도 차이는 무한히 커질 수 없다. 현실의 물질은 모두 우주배경복사(약 3켈빈) 등으로 인해 절대온도 0도 이상의 온도를 가지므로, 이들을 활용한 실제 기관 역시 카르노기관보다 효율이 낮다. ― 옮긴이

144 '베츠 한계(Betz limit)'라고 불리는 법칙에 의해, 풍력 터빈으로 달성할 수 있는 효율의 이론적 한계점은 59% 수준이다. 실제 터빈이 기록하는 최대의 효율성은 이

값의 70~80%, 즉 풍력 터빈이 받아들이는 에너지의 41~47% 수준이다. 이 값은 열기관에서 얻을 수 있는 값보다 조금 높다. 하지만 이 값들 사이의 실질적인 차이는, 효율성보다는 이들 기기에서 전기로 변환되는 에너지의 원천이다. 석탄과 비교했을 때, 바람은 연료비가 들지 않을 뿐만 아니라 공해 물질의 배출량도 적다.

145 Hirsh (1999), 46.

146 "What Is the Efficiency of Different Types of Power Plants?" U.S. Energy Information Administration, accessed September 1, 2014, http://www.eia.gov/tools/faqs/faq.cfm?id=107&t=3.

147 7장에서는 오늘날의 전력 체계를 결정지은 요소들을 더 비판적으로 다룰 것이다. 왜 연료(목재, 석탄, 가스 등)를 전력으로 바꿔야 하는가? 왜 이렇게 만든 전기를 원거리로 송전해야 하는가(송전에는 송전 손실이 발생한다)? 같은 연료로 더욱더 많은 양의 열을, 전기 시설 없이도 얻을 수 있는데, 왜 전기로 난방을 해야 하는가?

148 열역학 제2법칙은 사디 카르노(Sadi Carnot)의 저술 『불의 동력에 대한 고찰 *Reflections on the Motive Power of Fire*』에 발표된 것이다. 그는 프랑스 육군의 공병이자 물리학자로서, 36세에 콜레라로 사망했다. 콜레라가 옮을 것을 우려한 사람들에 의해, 카르노의 원고들은 그의 시신과 함께 불태워졌다. 앞서 말한 책이 현재 남아 있는 카르노의 유일한 저술이다.

149 조너선 쿠메이(Jonathan Koomey)가 지적했듯, 그 구조가 얼마나 정교한지와 무관하게 예측 모델이 내놓은 결과는 실제로 미래에 발생한 것과 괴리가 있었다. 개인 교신, December 12, 2010. 다음도 함께 참고. http://www.koomey.com/.

150 "기술 발전에 대한 기업 관리자들의 관점은, 기계적 완전성과 관련된 믿음에 큰 영향을 받았다. 엔지니어로서 훈련받은 경험을 가진 관리자들은, 문제를 실제로 해결하는 것을 중시하는 지적 배경에서 성장했다. 이러한 배경은 이들이 새로운 기술을 전력 생산과 송배전 시스템에 적용하는 데 상당히 긍정적인 영향을 끼쳤다. 하지만 동시에, 이러한 배경은 다음과 같은 과신으로 나타나기도 했다. '실패는 단지 비정상적인 일일 뿐이다. 그리고 이는, 엔지니어에 의해 상황이 더욱 완벽하게 통제될 경우 사라질 수 있을 것이다.' 달리 말해, 문제가 있어도 이는 문제 해결형 접근으로 수정될 수 있으며, 영속적인 진보가 가능하리라는 것이었다." Hirsh (1989), 125.

151 대니얼 바버(Daniel Barber)는 이렇게 논증한다. 원유 생산지와 소비지의 차이는 미국에서 늦어도 1940년대 후반 이후로는 중요한 문제로 간주되었으며, 20세기 중반에 (자급자족 형태의) 태양광 구조물을 가진 집이 그 결과로 나타났다. 그럼에도 이 쟁점은 1973년까지는 미국에 큰 영향을 미치지 못했다. Daniel A. Barber, "The Post-Oil Architectural Imaginary in the 1950s," public lecture, "Lines and Nodes: Media, Infrastructure, and Aesthetics," at New York University's Media,

Culture, and Communication symposium, 2014.

152 돌봄은 페미니즘 윤리학에서 윤리의 기초로 주목하는 개념으로서, 어떤 대상이 배려가 필요한지 해당 대상의 시각에서 세밀하게 살펴보고 그에 알맞은 도움을 주는 것을 말한다. 의무나 이익을 윤리의 기초로 보는 전통적인 윤리학과는 달리, 상대의 필요를 윤리의 기초로 강조한다는 점에서 주목받고 있다. ─ 옮긴이

153 경제학 바깥의 일상에서 쓰이는 '공공재'의 용법은 경제학자들이 사용하는 '공공재'의 용법과 차이가 있다. 경제학에서 공공재는 비배제성, 즉 공급자가 상품에 대한 접근을 막을 수 없다는 특징을 가질 뿐만 아니라 비경합성, 즉 소비자의 상품 소비가 다른 소비자의 소비를 방해하지 않는 특징을 가진다. 중앙 발전소에 의존하는 그리드에서 공급되는 전력과 망 산업은 이상적인 공공재에 비해 경합성을 강하게 가진다. 다른 소비자의 소비에 의해 망 사용자 전체의 소비가 영향을 받을 수 있기 때문이다. 이러한 서비스는 '클럽재'로 분류된다. 일상에서 망 산업에 대해 '공공'이라는 말을 붙이는 이유는, 경제학보다는 망이 정부의 제도적 지원을 받아 성립되고 유지될 수 있다는 점에서 찾아야 한다. ─ 옮긴이

154 "U.S. Electric Utility Industry Statistics (2015–2016 Annual Directory & Statistical Report)," *American Public Power Association*, accessed October 26, 2015, http://www.publicpower.org/files/PDFs/USElectricUtilityIndustryStatistics.pdf. 미국공공전력협회는 이 정보를 미 에너지부가 구성한 EIA-861 및 861S, 2013에서 얻은 것이다.

155 "About Us," City of Rancho Cucamonga, accessed September 1, 2014, http://www.cityofrc.us/cityhall/engineering/rcmu/aboutus.asp.

156 2002년, 캘리포니아주 의회에서는 캘리포니아의 어떠한 커뮤니티라도 자신들이 쓸 전기를 관리할 수 있는 권한을 가지게 만드는 주 법안 117호가 입법되었다. "An act to amend Sections 218.3, 366, 394, and 394.25 of, and to add Sections 331.1, 366.2, and 381.1 to, the Public Utilities Code, relating to public utilities," http://www.leginfo.ca.gov/pub/01-02/bill/asm/ab_0101-0150/ab_117_bill_20020924_chaptered.pdf.

157 원서는 2015년에 출간되었지만 2021년 기준으로도 기본적인 틀의 변화는 없었으며, 많은 전문가들은 앞으로도 그리드 기반 전기의 요금 부과 방식에는 큰 변화가 없을 것이라고 예측한다. ─ 옮긴이

158 "Samuel Insull Is Victim of Heart Attack in Paris," *Berkeley Daily Gazette*, July 16, 1938.

159 바로 이로 인해, 버지니아라이트앤드파워(Virginia Light and Power) 사에서 나온 어떤 보고서는 자신들이 운영하는 유틸리티를 "건설 회사"로 지시하기도 했다.

160 원전을 짓는 데 이처럼 값비싼 비용이 들어갔던 이유는, 발전소를 짓는 일은 기성 품처럼 이미 만들어진 부분들을 짜 맞추는 작업이라기보다는 각고의 노력을 필요로 하는 일종의 기예에 더 가까웠기 때문이다. 이에 따라 설비를 구성하는 마지막 순간마다 조정이 필요해, 설비를 처음 발주했을 때 예측할 수 없을 정도로 작업이 지연될 수 있었다. 이런 특징은 과거에 전력 산업이 갖췄던 대량 생산의 모델과는 어긋나는 것이었다.

161 "Statement of Former U.S. President Carter at Energy Security Hearing Before U.S. Senate Foreign Relations Committee," *Carter Center*, May 12, 2009, http://www.cartercenter.org/news/editorials_speeches/BostonGlobe-energy-security- hearings.html.

162 카터는 미국이 화석연료에 더욱 의존하게 만드는 데도 상당한 역할을 했다. 석탄을 더 많이 사용하도록, 그리고 미국 내 원유를 더 많이 채굴하도록 유도했기 때문이다. 그가 풀고자 했던 문제는 에너지 안보였고, 그는 이 문제를 매우 전통적인 방식대로 풀고자 했던 사람이었다. Williams(1997), 325.

163 이 과정은 불가역적인 것이었다. 버크민스터 풀러(Buckminster Fuller)의 유명한 발언으로 이를 확인할 수 있다. "모든 기술은, 그 질량과 부피 면에서 최대의 규모를 기록하고 나면 이어서 기능을 유지한 채 그 규모를 줄이는 방향으로 나아가게 마련이다. 그리고 이처럼 경제성을 위한 기예가 한번 시작되고 나면, 같은 과정이 계속해서 반복되어 기술의 구현체는 더욱더 작아지게 된다. *Critical Path*(1981).

164 Hirsh(1999), 82.

165 가장 표준적인 "장려율" 구조는 더 많은 전기를 쓰는 경우 더 낮은 요율을 부과하는 방식이었다. 가령 1973년 콘애드(ConEd, 뉴욕시의 유틸리티)는 "가장 먼저 사용한 50킬로와트시의 전력에 대해서는 킬로와트시당 4.4센트를 부과하지만, 그 다음에 사용한 60킬로와트시에 대해서는 3.9센트, 그다음에 소비한 120킬로와트시에 대해서는 3.4센트, 그리고 그다음에 소비한 240킬로와트시에 대해서는 2.8센트를 부과했다." Richard F. Hirsh, "The Public Utility Regulatory Policies Act," *Powering the Past: A Look Back*, accessed October 1, 2014, http://americanhistory.si.edu/powering/past/history4.htm. (참고로, 2007년 미국의 가정은 대체로 하루에 40킬로와트시를 소비하며, 따라서 한 달, 즉 전기 요금의 납부 주기 동안 쓰는 전기의 양은 대략 1,200킬로와트시에 달한다. 그리고 이 가운데 나중에 사용한 1,000킬로와트시에 대한 지불하는 단가는 처음 사용한 50킬로와트시에 대해 지불

하는 단가의 절반 정도에 불과하다.) 하루에 40킬로와트시라는 수치의 출처는 다음과 같다. "Average Daily Electricity Usage," *Pennywise Meanderings*, October 2, 2007, http://pinchthatpenny.savingadvice.com/2007/10/02/average-daily-electricity-usage_30740/.

166 필스트리트발전소를 비롯해, 여러 초창기 발전소들은 자신들이 배출한 폐열을 다시 지역 난방에 활용하는 시스템을 갖추고 있었다. 증기 배출관은 공기 중으로 뻗어 있지 않았고 오히려 땅속을 지나 주변 시가지로 뻗어나갔으며, 가정과 사무실에 설치된 라디에이터에 연결되어 수요자가 원할 때는 언제든 열을 공급하도록 설계되어 있었다. 그런데 교류를 통한 장거리 송전이 가능해지자, 발전소의 규모는 더욱 거대해지고 그 위치 또한 도심에서 멀어지게 되었다. 또한 그에 따라 전기 생산에서 나오는 폐열을 활용하는 시스템도 점차 사라졌다. 이렇게 건설된 발전소 주변에는 아무도 살고 있지 않아, 폐열을 대기 중에 방출하는 것이 가장 나은 대책이었기 때문이다.

167 인설의 시대 이후, 제조업 공장들은 점차 자신들이 사용할 전기를 스스로 만들기보다는 구매하는 것을 택하게 되었고, 동시에 발전소에서 생산된 열 역시 다시 사용하기보다는 대기 중으로 버리는 방향을 택하게 되었다. 열병합발전 공장에서 만든 증기는, 먼저 전기를 만드는 데 쓰인 다음 해당 공장에서 열을 필요로 하는 공정으로 투입된다.

168 Hirsh(1999), 81. 허시에 따르면, 1908년에 미국에서 발전되었던 전력의 60%는 비유틸리티에 의해 생산되었으나, 이 가운데 일부만이 열병합발전에 의해 생산되었다. 1977년, 비유틸리티에 의한 발전량은 3%를 살짝 넘는 수준이었으며, 이 가운데 대부분이 열병합발전이었다.

169 "Combined Heat and Power: Frequently Asked Questions," United States Environmental Protection Agency, www.epa.gov/chp/documents/faq.pdf.

170 Hirsh(1999), 83.

171 Williams(1997), 328~340.

172 Hirsh(1999), 125.

173 Hirsh(1999), 125.

174 이 사례는 Hirsh(1999), 126에서 가져온 것이다.

175 Randall Swisher and Kevin Porter, "Renewable Policy Lessons from the U.S.: The Need for Consistent and Stable Policies," in *Renewable Energy Policy and Politics: A Handbook for Decision-Making*, edited by Karl Mallon (New York: Earthscan, 2006), 188. 스위셔는 미국풍력협회(American Wind Energy Association, AWEA)의 의장직을 1989년부터 2009년까지 20년에 걸쳐 역임한 인물이다. 포터는 국립재생에너지연구소의 선임 연구원 자리에 있던 인물이다.

176 Swisher and Porter (2006), 186.

177 Hirsh(2014).

178 Paul Gipe, *Wind Energy Comes of Age* (Hoboken, NJ: John Wiley & Sons, 1995), 31.

179 "오크크릭에너지 시스템에서 일어난 사태는 이 시기의 투자가 얼마나 열광적으로 이뤄졌는지를 보여주는 좋은 사례다. 테하차피 인근의 풍력 개발 사업자인 오크크 릭은, 50만 달러에 달하는 수표를 잘못 발행했음에도 1980년대 초반에 아주 빠르게 돈을 벌어들인 것으로 기록되었다. 10여 년이 지나 파산 절차가 진행되는 동안, 감사가 이 수표의 발행 사실을 발견하였을 때도 여전히 이 수표는 유효한 상태였 다." Gipe(1995), 31.

180 캐시먼은 이 문제를 지적하고 있는 것이다. 터빈에서 일어난 문제는, 블레이드의 무게와 유연성 면에서 생긴 문제다. 다시 말해, 길고 유연한 블레이드는 바람에서 전기를 수확하는 데 그리 좋은 수단이 아니다. 캐시먼의 발언을 더 상세히 들어보 자. "히피가 건설한 것일지라도, 모든 풍력 터빈은 가동 중이었습니다. 히피들은 항공공학에서 학사, 석사 학위를 취득했던 사람들이었고, 그 지식에 기반해 터빈 을 만들었으니 말이죠. 당시는 베트남전쟁 중반기였고, 이들에게 직장을 줄 수 있 는 회사는 시코르스키헬리콥터(Sikorski Helicopter), 아니면 베트남으로 날아갈 다른 병기를 만드는 사업체들뿐이었죠. 물론 히피들이 그런 것을 원했을 리가 없 고요." "그래서 이들은 엔지니어로 활동할 수 있었던 기회를 버리고 멀리 황야로 떠납니다. 그리고 이곳에서 이들은 바람을 보게 되고, 이런 생각을 하게 됩니다. '바람이라면 자신 있지. 일단 작은 풍차부터 만들어보겠어.' 이들은 얼마 지나지 않 아 이 나라의 구석구석에 자그마한 풍력 터빈을 지었습니다. 터빈의 가동을 보고, 이들은 이렇게 생각했습니다. '좋아. 친구들을 위해, 또 전기를 주변 마을에 판매하 기 위해 터빈을 지어보자.' 이런 과정이 계속해서 이어져 지금 보는 풍력 농장까지 이어진 것이죠." 타이론 캐시먼과 2011년 4월 진행한 인터뷰의 내용이다.

181 이 수치는 다음 자료에서 얻은 것이다. "U.S. Wind Energy State Facts," (2015). See also Wieser (2015). "Electric Power Monthly: Table 1.17A. Net Generation from Wind," U.S. Energy Information Administration, August 28, 2015, www.eia.gov/ electricity/monthly/epm_table_grapher.cfm?t=epmt_1_17_a. 평균적인 미국 가정 은 한 달에 대략 1,000킬로와트시가량의 전력을 소비하므로, 텍사스의 경우 풍력 발전소의 발전량은 360만 가구의 전력 소비량과, 캘리포니아의 경우 130만 가구 의 발전량과 동등하다.

182 Zachary Shahan, "Renewable Energy = 13.4 percent of U.S. Electricity Generation in 2014 (Exclusive)," *CleanTechnica*, March 10, 2015, http://cleantechnica. com/2015/03/10/renewable-energy-13-4-of-us-electricity-generation-in-2014-

exclusive/. 다음 자료도 함께 참조하라. "2014 Renewable Energy Data Book" (National Renewable Energy Laboratory of the U.S. Department of Energy, December 2015), http://www.nrel.gov/docs/fy16osti/64720.pdf.

183 Roy L. Hales, "Solar & WIND = 53 percent of New U.S. Electricity Capacity in 2014," *CleanTechnica*, February 3, 2015, http://cleantechnica.com/2015/02/03/solar-wind-53-new-us-electricity-capacity-2014/.

184 Dave Levitan, "DOE: U.S. Could Easily Incorporate 80 Percent Renewables in 2050," June 19, 2012, http://spectrum.ieee.org/energywise/energy/renewables/doeus-could-easily-incorporate-80-percent-renewables-in-2050.

185 Hirsh (1999), 131. 허시는 다음 자료를 인용했다. Janice Hamrin's "The Competitive Cost Advantages of Cogeneration" (1987).

186 Hirsh(1989).

187 "유틸리티들의 합의"라는 말은 허시의 *Power Loss*(1999)에서 따온 것이다.

188 이는 로스앤젤레스에서 개인적인 대화를 나눌 때 프레드 피켈이 한 말이다. 그는 이어서 다음과 같은 이야기도 내놓았다. "마치 지금 유류 산업이 그렇듯, 이런 결정이 전력 시장에서 어떻게 더 많은 상업적 이득을 얻을 수 있는지 알아내려는 사람들에 의해 이뤄졌다면, 그리고 누군가는 기꺼이 악역을 담당했더라면, 시장의 규칙은 바뀌었을 겁니다. 물론 전력 산업에서 그런 일은 벌어지지 않았고, 또 앞으로도 아마 벌어지지 않을 것 같습니다."

189 Bill Keller, "Enron for Dummies," *New York Times*, January 26, 2002, http://www.nytimes.com/2002/01/26/opinion/enron-for-dummies.html.

190 엔론이 벌어들인 이익금 일부는 에너지 거래로 인한 것이지만, 이익금 대부분은 아주 복잡한 금융 도구(대부분 파생 상품)를 통한 자금 수취, 돈세탁, 자회사를 활용한 부채 은폐, 법률상의 허점을 만드는 정부 관료들에게 주는 뇌물과 같이, 법률을 직접적으로 위반하는 수단으로 얻은 것이다. 비록 기업 내부 인사, 특히 최고 회계 관리자(CFO)였던 앤디 패스토(Andy Fastow)에게는 접근이 허용된 정보이기는 했지만, 이 회사의 공개, 은닉 자산 관리는 바로 이러한 불법 수단들과 깊은 이해관계를 가졌다. 엔론은 이런 기법을 처음으로 구사한 기업이었으나, 가장 잘 구사한 기업은 아니었다.

191 Gov. Davis, State of the State Address, January 8, 2001. 다음 저술에서 인용했다. Sweeney(2002), 278.

192 Debbie Van Tassel, "Being a Watchdog of FirstEnergy Corp.," *Nieman Reports*, Summer 2004: "The Energy Beat: Complex and Compelling" (June 14, 2004), http://niemanreports.org/articles/being-a-watchdog-of-firstenergy-corp/.

193 Van Tassel(2004).

194 Paul L. Joskow and John E. Parsons, "The Future of Nuclear Power After Fukushima" (MIT Center for Energy and Environmental Policy Research, February 2012).

195 특히 뉴저지주의 오이스터크릭 원전, 뉴욕주의 나인마일포인트 원전 1호기, (곧 확인할 수 있는) 캘리포니아주의 샌오노프레 원전을 보라.

196 데이비스베세는 1978년, 버몬트양키는 1972년부터 가동되었다. 샌오노프레 원전 1호기는 1968년에 송전계통과 연계되었으며, 2호기와 3호기(유명한 디아블로캐 니언 원자로와 함께 건설된 것이다)는 1980년대 중반에 계통에 연계되었다. 마지 막 두 원전은 2015년 기준으로 미국에서 가장 나중에 가동된 원자로들이다.

197 샌오노프레 원전(로스앤젤레스와 샌디에이고 사이의, 산으로 가득한 해안 지대 에 위치한 원자력 단지로, 3기의 원전이 있다) 2호기와 3호기는 2012년에 가동 이 중단되었다. 새로 설치한 증기 발생기의 배관에서 3,000건이 넘는 결함이 발 견되었기 때문이다. 1년 반 동안 이 문제를 해결하기 위한 아주 많은 시도가 있었 고, 캘리포니아주는 폐로하는 것이 오히려 더 낫다는 결론을 내리게 되었다(1호 기는 1992년 폐로되었다. 이 원자로는 샌오노프레의 세 노 가운데 가장 유명했는 데, 이 원자로가 처음 건설된 1977년 당시에 노심이 우연히도 설계보다 더 높게 설치되었기 때문이다). 샌오노프레 원전과 디아블로캐니언 원전에서 일했던 데 이비드 프리먼(David Freeman, 캘리포니아전력공사의 전 사장)의 이야기를 들어 보자. "원자로는 재앙이 다가오기를 기다리고 있었습니다. 낡고, 신뢰성이 떨어지 는 원자로가 지진이 일어날 수 있는 태평양 해안 지역의 단층 지대 주변에, 그리 고 수백만 명에 달하는 캘리포니아 주민들이 거주하고 있는 지대에 있었기 때문 입니다." (quoted in Eric Wesoff, "PG&E Study: Diablo Canyon Nuclear Plant Is Earthquake-Safe Despite Newly Detected Faults," Greentech Media, September 15, 2014, http://www.greentechmedia.com/articles/read/PGE-Diablo-Canyon-Nuclear-Plant-is-Earthquake-Safe-Despite-Newly-Detected).

이는 분명한 사실이다. 하지만 샌오노프레를 폐로하는 것은 남부 캘리포니아에 공 급된 전력 용량 가운데 20%를 상실하는 것이기도 했다. 캘리포니아주의 마지막 원전인 디아블로캐니언의 원자로를 폐로하면(이 원전은 참으로 불행하게도 샌앤 드레이어스 단층의 바로 위에 있었다), 캘리포니아주는 발전 용량의 7%를 더 상실하고 만다. 이는 220만 가구가 사용하는 전력량과 같은 규모다.

198 "U.S. Electric Utility Industry Statistics (2015–2016 Annual Directory & Statistical Report)," (2015).

199 "The Changing Structure of the Electric Power Industry 2000: An Update" (Washington, DC: Energy Information Administration, Office of Coal, Nuclear, Electric and Alternate Fuels, U.S. Department of Energy, October 2000).

200 Van Tassel (2004).

201 다음을 보라. "Frequently Asked Questions (FAQs): Tree Trimming and Vegetation Management Landowners," *Federal Energy Regulation Commission*, 2015년 5월 1일 마지막 접속. http://www.ferc.gov/resources/faqs/tree-veget.asp.

202 P&G는 트라우너 산불 사건에 대한 판결이 나오기 이전 시점에도 이미 최소한 15건의 산불 사건에 대해 책임이 있다고 추정되었으며, 이 가운데 4건에 대한 책임은 명백했다. 이 값은 다음 저술에 근거한다. Tom Nadeau, *Showdown at the Bouzy Rouge: People v. PG&E* (Grass Valley, CA: Comstock Bonanza Press, 1998), 14. 이 책은, PG&E가 이들의 부작위로 인한 화재의 책임이 있는지 네바다주의 주민들이 입증하려는 시도를 잘 정리해 담은, 아주 뛰어난 책이다. PG&E는 해당 마을에 사는 사람들보다 더 많은 수의 직원들을 거느리고 있었고, 또한 이들이 이 재판의 변론에 쏟아부은 돈은 네바다 주민들이 투입한 금액의 40배에 달했다. 그러나 재판에서 승소한 것은 주민들이었다.

203 같은 기준에서, 설비를 갉아 먹는 다람쥐는 두 번째로 중요한 원인이다. 7장도 함께 참조.

204 John P. Coyne, "Boom Signaled Power-Line Arc in Walton Hills," *The Plain Dealer*, August 24, 2003, http://www.ohiocitizen.org/campaigns/electric/2003/arc.htm.

205 진공 속을 이동하는 전하는 빛의 속력으로 이동한다. 한편 길들여진 전기는 전선의 저항 때문에 이보다 조금 더 느리게 이동한다. 그럼에도 이 속력은 다른 것들이 따라잡기 어려운 것이다.

206 인체는 상당히 훌륭한 도체다. 이 때문에 우리는 전기 시스템을 부도체, 가령 공기, 고무, 유리, 도자기를 활용해 만든다. 송전선 보선원들이 무하에게 더 이상 접근하지 말라고 경고했던 이유는, 전력선에서 아크가 발생할 때 전기는 나무 한 그루, 키 큰 소년 1명, 또는 미국 서부의 들판에 방목된 소 한 마리와 같은 단 하나의 점을 향해, 그리고 그럭저럭 괜찮은 도체인 땅을 향해 내리꽂힐 수 있기 때문이다 (실제로 미국에서만 매년 수백 마리의 소가 벼락을 맞아 죽는다).

207 Reproduced with permission from "What's wrong with the electric grid?" Eric J. Lerner. Published online with Physics Today on August 14, 2014. Copyright 2014, American Institute of Physics.

208 Lerner(2003), 8.

209 부시 행정부 시기 국방장관을 역임한 인물인 도널드 럼스펠드(Donald Rumsfeld) 의 말이다.

210 비행기의 경우, 누구나 이런 관점이 옳다고 인정할 수 있을 것이다. 2001년 이전, 어느 누구도 괴한들이 비행기를 점거하고 이를 폭탄으로 쓸 것이라고는 생각하지 않았다. 알카에다의 이러한 선택은, 조직 재난을 설명하는 또 다른 모델을 통해서 도 조명할 수 있다. 이른바 '검은 백조' 모델에 따르면, 사람들이 상상하지 못하던 무언가가 존재하고 바로 이것이 우리를 놀라게 하며 우리가 그 이전에 갖춰놓았던 시스템을 파괴할 수 있다. 과거 세계의 문화 환경 속에는 스위스 치즈 모델을 항공 안전에 활용하는 모델이 포함되어 있지 않았으나 지금은 그렇다. 그리고 그 결과, 우리는 기나긴 보안 수색 대기열을 마주하게 되었고, 더불어 2개의 전적으로 새로 운 연방 정부 기관(TSA와 국토안보부)을 가지게 되었다.

211 이 모든 것은 과실 행위다. 누군가가 부지불식간에 첫 번째 고장을 일으킨 나뭇가 지를 내버려 뒀다는 사실, 바로 그 점이 문제였다. 그래서 정부의 수사 팀이 블랙 아웃을 조사하기 위해 무하의 집 근처를 조사했을 때, 이 팀은 깨끗하게 잘려 한 데 쌓인 지 얼마 되지 않은 나무 더미(퍼스트에너지 직원들이 블랙아웃이 일어난 이후 상황을 정리하기 위해 했던 일들의 흔적)를 발견할 수 있었다. 하지만 이 나 무 더미는 제대로 쌓여 있지도 않았고 그 높이도 제대로 측정되지 않았기 때문에, 13미터가 넘는 나무들이 계속 웃자란 채 방치되었다. 전선은 이 정도 키의 나무 바로 위를 지나간다. 책임이 있는 모든 사람 가운데 어느 누구에게 책임을 물어야 하는지가 그리 분명하지 않다고 해도, 수사 팀은 자신들의 자료, 즉 "Final Report on the August 14, 2003 Blackout in the United States and Canada: Causes and Recommendations" (U.S.-Canada Power System Outage Task Force, April 2004, p. 60)에서 이렇게 밝혔다. "사고 장소에서 이뤄진 나무 가지치기 작업의 상당 부분 은" 사실 "송전선로에 접촉하지 않을 만큼 정확한 높이로 행해졌다고 보기도 어려 우며, 규제 기준의 높이는 최소한의 수치에 불과해 실제로 접촉 사고가 발생할 수 있는 높이보다 약 1미터 정도만 높은 상태였다".

달리 말해, 이 나뭇가지들은 일정한 목적을 위해 사용되었다. 이 나무들이 없었다 면, 퍼스트에너지 측이 나무의 가지치기 작업을 지나치게 미루는 과실을 범했다는 사실을 입증할 수 없었을 것이다. 해당 증거는 재판에서 활용되기 위해 조정되어 야 했다. 어떠한 과실도 인정하지 않기 위해, 퍼스트에너지의 대변인으로 일했던 랄프 디니콜라(Ralph DiNicola)는 이렇게 반론했다. "만일 우리 회사가 뭔가 놓친 게 있다면, 그것은 장작을 얻기 위해 숲을 방문할 사람이 없을 것이라고 가정했다 는 점 정도일 겁니다." 아마도 그가 옳을지도 모른다. 누군가가 자신의 나무 난로 에 집어넣을 땔감을 10여 미터 높이의 나무 꼭대기에서 잘라내고, 이를 운반하는 손수레에서 내려놓은 것일지도 모른다. 하지만 그는 왜 나무의 나머지 부분에서는 땔감을 채취하지 않았을까? 창고에 쌓아 저장한 다음 따뜻한 온기로 바꿔놓을 수 있는 나머지 13미터를 베는 것이 아마도 그 나무꾼에게는 더 이득이었을 텐데 말이다. 비록 이처럼 블랙아웃이 시작된 지점에서 얻은 증거가 별다른 악의도 없는 과실에서부터 사태가 시작되었다는 점을 보여준다는 점에서 놀라웠으나, 이렇게 불충분한 가지치기가 일으킬 수 있는 해악이 전체 전력망의 붕괴를 낳아 블랙아웃이 찾아왔을 때에나 분명하게 드러났다는 점 또한 놀라운 일이다. 다음을 보라. See Peter Krouse, Teresa Dixon Murray, and John Funk, "Top of tree in blackout investigation is missing remnants found under FirstEnergy line," *Plain Dealer*, November 22, 2003: C1.

212 당시 그리드가 날씨 때문에 붕괴한 것은 아니었다. 바람이 심하지도 않았던 데다, 강우도 없었다. 기온은 블랙아웃이 일어난 지역 전반에 걸쳐 섭씨 30도가 넘는 수준이기는 했으나, 단선된 선들 가운데 어느 것도 용량을 넘겨 운용되고 있지는 않았다. 다시 말해, 이 선들이 수용 가능한 용량 이상의 전력을 수송하는 상태는 아니었다. 당시 미 동부 전역에서는 에어컨들이 전자를 빨아들이고 시원한 공기를 내보내고 있었고, 이런 작업에 필요한 전기 수요로 인해 전력망이 상당한 부하를 받고 있었던 것은 사실이지만, 단지 그것만으로 블랙아웃이 일어났다고 말하기에는 무리가 있다.

213 Lerner(2003), 10.

214 Jee Taffe, 개인 교신, 2011년 5월 10일.

215 소비자의 관점에서, 전자는 돼지 뱃살이나 금속괴와는 상당한 차이가 있다. 이로 인해 벌어지는 문제는 6장에서 논의한다.

216 이는 100와트의 전기를 소비하는 전등을 25개 정도 밝힐 수 있는 전력을 한 집에서 사용한다는 가정에 바탕한 것이다. 이 역시 다음에서 가져온 사례다. Lerner(2003).

217 "Electricity 101: Frequently Asked Questions," *Office of Electricity Delivery & Energy Reliability*, accessed September 23, 2015, http://energy.gov/oe/informationcenter/educational-resources/electricity-101#ppl1.

218 Hertzog(2013).

219 동일한 사태에 대해 조금 다른 시각도 있다. 블랙아웃이 전적으로 그리드에 무효전력이 부족해서 발생했다고 설명하는 시각이 그것이다. 다음을 보라. Jane Bennett, *Vibrant Matter: A Political Ecology of Things* (Durham, NC: Duke University Press, 2010): 24–28.

220 Robert Peltier, "How to Make VARs—and a Buck," *Power Magazine*, June 15, 2007, http://www.powermag.com/how-to-make-varsand-a-buck/?pagenum=1.

6장

221 Charlie Wells, "Houston Woman Thelma Taormina Pulls Gun on Electric Company Worker for Trying to Install 'Smart Meter,'" *New York Daily News*, July 19, 2012, http://www.nydailynews.com/news/national/houston-woman-thelma-taormina-pulls-gun-electriccompany-worker-install-smart-meter-article-1.1118051.

222 "Researchers Claim Smart Meters Can Reveal TV Viewing Habits," Metering.com, September 21, 2011, http://www.metering.com/researchers-claim-smart-meters-canreveal-tv-viewing-habits/. 워싱턴대 연구진에 의해 수행된 연구는 다음을 보라. Antonio Regalado, "Rage Against the Smart Meter," *MIT Technology Review*, April 26, 2012, http://www.technologyreview.com/news/427497/rage-against-the-smart-meter/. 독일어를 읽을 수 있다면 다음 자료도 도움이 될 것이다. Prof. Dr.-Ing U. Greveler, Dr. B. Justus, and D. Löhr, "Hintergrund und Experimentelle Ergebnisse Zum Thema 'Smart Meter und Datenschutz'" (Fachhochschule Münster University of Applied Sciences, September 20, 2011), https://web.archive.org/web/20121117073419/http://www.its.fhmuenster.de/greveler/pubs/smartmeter_sep11_v06.pdf.

223 유도 전력량계는 자력계에 의한 회전력 발생 원리를 이용하는 것으로, 전력 사용량 증가나 감소에 따른 회전 원판의 동작 속도 변화로 전력량을 측정한다. 우리나라에서는 전력량계 기술 기준(산업통상자원부 고시 제2020-230호)에 따라 교류 유도형 전력량계, 교류 전자식 전력량계, 직류 전자식 전력량계의 3종을 사용하고 있다. ─옮긴이

224 유틸리티의 입장에서, 이 말은 다음과 같다. "개발 과정에서든 실무에서든, 스마트 미터의 정확성이 과거의 기계식 미터기 기술보다 더 향상되었는지 확인해야만 한다. 사용 기술이나 설계 방식과 무관하게, 모든 종류의 미터기는 미터기의 정확성에 대한 국가 표준, 즉 ANSI C12 등을 만족해야 하며, 설치되기 전에 운영이 필요하다." "Smart Meters and Smart Meter Systems: A Metering Industry Perspective" (Edison Electric Institute, Association of Edison Illuminating Companies, Utilities Telecom Council, March 2011), http://www.eei.org/issuesandpolicy/grid-enhancements/documents/smartmeters.pdf. 그럼에도 정말 많은 사람들은 새 미터기를 설치하자 이전보다 더 많은 전기료를 물게 되었다고 말한다. Tom Zeller Jr., "'Smart' Electric Meters Draw Complaints of Inaccuracy," New York Times, November 12, 2010, http://www.nytimes.com/2010/11/13/business/13meter.html. 다음 기사도 참조하라. Katherine Tweed, "Are Traditional Electricity Meters Accurate?" *Greentech Media*, March 30, 2010, http://www.greentechmedia.com/

articles/read/are-traditional-elecricity-meters-accurate.

225 will rise again anytime soon: "Energy and Technology: Let There Be Light," *Economist*, January 17, 2015, 11.

226 "Frequently Asked Questions: How Many Smart Meters Are Installed in the United States, and Who Has Them?" U.S. Energy Information Administration, accessed November 1, 2014, http://www.eia.gov/tools/faqs/faq.cfm?id=108&t=3.

227 Martin LaMonica, "GreenBiz 101: What Do You Need to Know About Demand Response?" *GreenBiz*, April 29, 2014, http://www.greenbiz.com/blog/2014/04/29/greenbiz-101-what-do-you-need-know-about-demandresponse.

228 통상적인 석탄화력발전소의 열효율은 38%다. 이는 발전소가 석탄에 담긴 화학적 에너지의 3분의 1을 조금 넘는 비율만 전기로 사용할 수 있게 변환한다는 뜻이다. 달리 말하자면, 이 발전소는 에너지원에 들어 있는 에너지의 62%를 그리드로 전송하는 데 실패한다. 전기가 일단 발전소를 떠나면, 송전과 배전 중에 추가 손실이 발생한다. 가느다란 금속 필라멘트가 가시광선을 복사할 때까지 뜨겁게 달궈져야 하는 백열등에 이 전기가 도달한다고 해보자. 이 전구에서는 빛이 되는 에너지보다 열이 되어 낭비되는 에너지가 더 많다. 백열등에서 나오는 가시광선에는, 이 빛을 만들기 위해 태운 석탄 에너지의 2%만이 담겨 있다. 해당 백열전구를 형광등으로 바꾼다고 해보자. 이렇게 하면, 빛을 만드는 데 들어간 에너지는 전체 에너지의 5%다. 물론 백열전구보다 훨씬 높지만, 에너지원에 담긴 에너지에 비교한다면 여전히 미미한 양이다. *The National Academies Press*, http://www.nap.edu/reports/energy/sources.html. 계산이 잘못되긴 했지만, 같은 주제를 다루고 있는 다음의 유쾌한 기사 또한 참고할 가치가 있다. Rob Rhinehart, "How I Gave Up Alternating Current," Mostly Harmless, August 3, 2015, http://robrhinehart.com/?p=1331&utm_source=Daily+Lab+email+list&utm_campaign=445526e8ef- dailylabemail3&utm_medium=email&utm_term=0_d68264fd5e-445526e8ef-364971681.

229 "대형 TV를 갖춘 펍의 숫자가 늘어나고 있음에도, 축구 팬 가운데 71%는 잉글랜드 리그의 결승전을 자신의 집이나 친구의 집에서 보고 있다는 조사 결과가 있다. 하프타임에, 그리고 종료 휘슬이 울린 직후에 맥주를 찾으러 냉장고 문을 열거나 차를 마시려고 주전자를 찾기 때문에 거대한 전력 수요 파동이 발생한다. 'TV 픽업'이라는 이름으로 잘 알려져 있는 이 현상은, 대중적 인기를 끄는 TV 프로그램이 방영되는 날에도 벌어지지만 축구 리그에서 큰 경기가 벌어지는 날에는 더더욱 큰 수요 파동을 불러온다. 잉글랜드 국가대표가 미국 대표 팀과 격돌했던 날의 경우, 하프타임에는 약 1,200메가와트, 종료 휘슬이 울린 직후에는 약 1,100메가와트에 달하는 전력 수요 증대가 있을 것으로 예상되었다. 이러한 예측은 과

거 기록에 기반한 것이다. 1990년 이탈리아 월드컵 준결승전에서 잉글랜드는 서독과 격돌했는데, 이 경기는 동점으로 종료되어 승부차기로 승부를 내야만 했다. 잉글랜드의 선축으로 이뤄진 이 승부차기에서 마지막 두 선수가 실축을 했고, 곧바로 잉글랜드의 전력 수요는 2,800메가와트나 치솟아 올랐다." "National Grid Anticipates Power Surges during World Cup," *Telegraph*, June 11, 2010, http://www.telegraph.co.uk/news/earth/energy/7819443/National-Grid-anticipates-power-surgesduring-World-Cup.html. 다음 기사도 참고. Mark Raby, "Tea Time in Britain Causes Predictable, Massive Surge in Electricity Demand," *Geek*, January 7, 2013, http://www.geek.com/news/tea-time-inbritain-causes-predictable-massive-surge-in-electricity-demand-1535023/.

230 피크 수요 조정에 대한 나쁜 소식이 하나 있다. 유틸리티가 스마트미터를 활용해 피크 수요에 부과했던 돈을 줄이는 방법을 찾아냈다고 해보자. 이렇게 피크 수요라는 현상이 사라지면, 모든 시간대에 유틸리티는 최저 단가만을 부과할 수 있을 것이다. 그렇다면 가장 비싼 시간대에 가장 비싼 전력을 판매해 과금하는 것이 유틸리티에게는 경제적으로 최선의 전략인 셈이다. Bill McKibben, "Power to the People," *New Yorker*, June 29, 2015, http://www.newyorker.com/magazine/2015/06/29/power-to-the-people. 다음 자료도 함께 확인하라. John Farrell, "Utilities Cry 'Fowl' Over Duck Chart And Distributed Solar Power," *CleanTechnica*, July 21, 2014, http://cleantechnica.com/2014/07/21/utilities-cry-fowl-over-duckchart-and-distributed-solar-powercrying-fowl-or-crying-wolf-open-season-on-the-utilitys-solarduck-chart/. 다음 자료도 유용하다. Katie Fehrenbacher, "This Startup Just Scored a Deal to Install a Massive Number of Tesla Grid Batteries," *Fortune*, June 4, 2015, http://fortune.com/2015/06/04/advancedmicrogrid-solutions/.

231 Gary L. Hunt, "The Bakersfield Effect Hits Santa Cruz," *Tech & Creative Labs*, August 29, 2010, http://www.tclabz.com/2010/08/29/the-bakersfield-effect-hits-santa-cruz/.

232 Jack Danahy, "Smart Grid Fallout: Lessons to Learn from PG&E's Smart Meter Lawsuit," *Smart Grid News*, November 13, 2009, http://www.smartgridnews.com/story/smart-gridfallout-lessons-learn-pge-s-smart-meter-lawsuit/2009-11-13. 개별 고객들의 불만 사항에 대해서는 다음을 보라. https://sites.google.com/site/nocelltowerinourneighborhood/home/wireless-smart-meterconcerns/smart-meter-consumers-anger-grows-over-higher-utility-bills.

233 digital smart meters: Jesse Wray-McCann, "Householders Shielding Homes from Smart Meter Radiation," *Herald Sun*, April 9, 2012, http://www.heraldsun.

com.au/ipad/householders-shieldinghomes-from-smart-meter-radiation/story-fn6bfm6w-1226321653862.

234 commissioners' residences: Anjeanette Damon, "Smart Meters Spawn Conspiracy Talk: They Know What You're Watching on TV!," *Las Vegas Sun*, March 8, 2012, http://m.lasvegassun.com/news/2012/mar/08/smart-meters-spawn-conspiracy-theories-they-knoww/.

235 "other ball-shaped organs": "Assessment of Radiofrequency Microwave Radiation Emissions from Smart Meters" (Santa Barbara, CA: Sage Associates, January 1, 2011), http://sagereports.com/smart-meter-rf/?page_id=196.

236 Margaret Taylor et al., "An Exploration of Innovation and Energy Efficiency in an Appliance Industry" (Ernest Orlando Lawrence Berkeley National Laboratory, March 29, 2012), http://eetd.lbl.gov/sites/all/files/an_exploration_of_innovation_and_energy_efficiency_in_an_appliance_industry_lbnl-5689e.pdf.

237 Jocelyn Durkay, "Net Metering: Policy Overview and State Legislative Updates," National Conference of State Legislatures, September 26, 2014, http://www.ncsl.org/research/energy/net-metering-policy-overview-and-state-legislativeupdates.aspx.3.

238 Jeffrey Sparshott, "More People Say Goodbye to Their Landlines," *Wall Street Journal*, September 5, 2013, http://www.wsj.com/articles/SB100014241278873238 93004579057402031104502.

239 Glenn Fleishman, "Stick a Fork in It: A Broadband over Powerline Post Mortem," *Ars Technica*, October 23, 2008, http://arstechnica.com/uncategorized/2008/10/stick-a-fork-in-it-abroadband-over-powerline-post-mortem/. "가정용 또는 상업용으로 쓰일 만큼 전압을 하향시키는 변전 과정에 의해, 데이터 신호는 BPL로 작동하는 고압, 중간 압력 송전망으로부터 차단되어 있다. 스마트미터를 설치하기 위해서는 이러한 변전소를 우회해 고압 송전망으로부터 수용가 방향으로 뻗어 있는 가정용 배전망을 통해 데이터를 송수신할 수 있도록 해야 한다. 몇몇 기업들은 이러한 목표를 이루기 위해 기둥에 와이파이를 설치했다. 또 다른 기업들은 상대적으로 비싼 유선 우회 선로를 설치했다. 하지만 이런 방법들은 매우 노동 집약적이다. 이는 마치 전선이나 전화선이 아니라 별개의 광섬유를 활용해 집으로 데이터를 끌어들이는 것과 같다."

240 Mark Jaffe, "Xcel's SmartGridCity Plan Fails to Connect with Boulder," *The Denver Post*, October 28, 2012, http://www.denverpost.com/ci_21871552/xcels-smartgridcity-planfails-connect-boulder.

241 "Give me a blinking break": April Nowicki, "Boulder's Smart Grid Leaves Citizens in the Dark," *Greentech Media*, March 18, 2013, http://www.greentechmedia.com/

articles/read/Boulders-SmartGrid- Leaves-Citizens-in-the-Dark.

242 " 'Stupid Customer' pilot": Jesse Berst, "SmartGridCity Meltdown: How Bad Is It?" *Smart Grid News*, August 8, 2010, http://www.smartgridnews.com/story/smartgridcity-meltdown-how-bad-it/2010-08-03.

243 positions on the matter: Randy Houson, business technology executive for Xcel Energy, public speech, Washington, D.C., September 22, 2009.

244 페어팩스(Stephen Fairfax)는 이 온라인 코멘트를 버스트의 다음 에세이에 대해 남겼다. Jesse Berst, "SmartGridCity Meltdown: How Bad Is It?" (2010).

245 스마트그리드시티의 사업 장소로 볼더가 선정되었다는 공표보다 하루 전에, 볼더의 의원들은 분명 이 프로젝트가 대체 무슨 의미가 있는지 파악하고 있지 못했다. 그럼에도 스마트그리드가 선택되기 전에 유틸리티를 시영 기업으로 만드는 논의가 계속되었고, 적어도 1명 이상의 볼더 거주자가 자신들의 선택이 잘못되지 않았다고 믿을 만한 이유가 있다고 생각했다. 그럼에도 그리드 시영화야말로 실제로 이 도시가 취한 선택이었다. 밴더미어(Steve VanderMeer)의 말을 들어보자. "볼더는 여러 해 동안 엑셀과 불편한 관계에 놓였고, 이 기간에 그리드의 시영화를 지속적으로 검토해 왔다. … 우연히 나는 스마트그리드 사업이 발표되는 바로 그 주에 볼더시 고위 관료와 식사를 같이 할 일이 있었다. 그런데 시 당국은 사업이 공표되기 바로 전날까지도 아무런 입장도 가지지 않은 상태였다. 사전 계획은커녕, 엑셀과 협업조차 없었다. 나는 나와 식사를 나눈 관료에게 엑셀 측의 발표가 무엇 때문에 이뤄질 것 같은지 물어봤고, 그는 스마트그리드시티 사업이 엑셀이 유틸리티 변경에 대한 추가적인 논의를 단념시키고자 볼더시에 던진 일종의 유인책처럼 보인다고 의문을 표했다. 전력망 계약의 갱신 중단 사태에 비춰볼 때, 정말 이것이 엑셀의 동기라면 이 동기는 실현되지 않았다고 말해야 할 것이다." (Berst 2010)

246 Mark Jaffe, "PUC Reduces Amount Xcel Can Charge for SmartGrid Project," *Denver Post*, January 5, 2011.

247 Lewis Milford, "The End of the Electric Utilities? The Industry Thinks So Too," *The Huffington Post*, September 25, 2013, http://www.huffingtonpost.com/lewis-milford/electricutilities-future_b_3660311.html.

248 Michael Kanellos, "Another Way to Look at the Utility Death Spiral," *Forbes*, September 29, 2014, http://www.forbes.com/sites/michaelkanellos/2014/09/29/another-way-tolook-at-the-utility-death-spiral/. Nicholas Brown, "Will Renewable Energy Cause a Utility 'Death Spiral'? No Need for That," *CleanTechnica*, June 24, 2014, http://cleantechnica.com/2014/06/24/will-renewable-energy-cause-utility-death-spiral/. Martin LaMonica, "Efficiency Group Says 'Utility Death Spiral' Talk Is Overblown," *Greentech Media*, June 13, 2014, https://www.greentechmedia.

com/articles/read/utility-death-spiral-talk-overblownsays-efficiency-group. Zachary Shahan, "Warren Buffett: Utility Death Spiral Is Bull S*&^,"*CleanTechnica*, March 25, 2014, http://cleantechnica.com/2014/03/25/warren-buffett-utility-deathspiral-bs/.

249 산타클라라컨트리교도소("녹색 감옥")와 캘리포니아대학교 샌디에이고캠퍼스는 시설 규모의 고립된 마이크로그리드의 두 가지 사례다.

250 "Vision vs. Reality," *Denver Post*, 2014년 12월 1일 마지막 접근, http://www.denverpost.com/portlet/article/html/imageDisplay.jsp?contentItemRelationshipId=4738191.

251 Berst(2010).

252 그러나 이러한 선택은 가능하지 않다. 특히 브라질에서 발전한, 식물에서 나온 항공연료는 이론적으로는 지속 가능한 기술이지만 재생 가능 에너지라고 보기 어렵다. 당연하게도, 항공기를 석탄으로 운용할 수는 없다.

253 Paul Starr, "The Great Telecom Implosion," *American Prospect*, September 8, 2002, https://www.princeton.edu/~starr/articles/articles02/Starr-TelecomImplosion-9-02.htm.

254 Fleishman(2008).

255 Andrea Thompson and Climate Central, "2015 May Just Be Hottest Year on Record," *Scientific American*, August 20, 2015, http://www.scientificamerican.com/article/2015-may-just-behottest-year-on-record/.

256 "1970년, 새 집 가운데 3분의 2는 여전히 중앙 냉방 장치 없이 집을 시원하게 유지할 수 있었다. 하지만 40년이 지난 오늘날, 새 집 가운데 90%가 중앙 냉방 장치를 표준으로 삼고 있다. 여름이 그리 무덥지 않은 지역에서도 이는 그리 다르지 않았다." Janda(2011), 18.

257 Fleishman(2008).

258 Massoud Amin, "System-of-Systems Approach," in *Intelligent Monitory, Control, and Security of Critical Infrastructure Systems*, edited by Elias Kyriakides and Marios Polycarpou (New York: Springer, 2015), 337.

259 "is currently [2008] at 10 to 15 percent.": Amin (2015), 337.

260 Chris King, "How Smart Meters Help Fight Power Outages," *Gigaom*, July 5, 2012, https://gigaom.com/2012/07/05/how-smart-meters-help-fight-power-outages/. 다음 문헌도 함께 참조하라. "Energy Wise Rewards: Frequently Asked Questions," Pepco, 2015년 9월 24일 마지막 확인, https://energywiserewards.pepco.com/md/faq/index.php.

261 "Memorandum: General Information on Utility Bankruptcy" (Montana Public

Service Commission, July 9, 2003), http://psc.mt.gov/consumers/energy/pdf/BroganUtilityBankruptcy.pdf.

262 이후 모건 스탠리(Morgan Stanley)와 시티그룹(Citigroup)은 발전 부분을 포함하는 전력 자산과 관련해 주요 주주가 되었다. Lerner(2003), 12.

263 "Explaining Oncor Electricity," *Bounce Energy*, accessed November 13, 2015, https://www.bounceenergy.com/articles/texas-electricity/oncor-electricity.

7장

264 "The Energy Cloud," *Navigant Research*, June 3, 2014, www.navigantresearch.com/webinar/the-energy-cloud-1.

265 나토 공군은 베오그라드 공습 작전에서 특별히 전력망에 '블랙아웃'이 일어나도록 표적을 골라 폭탄을 투하했다. 항공기를 떠난 폭탄은 몇 개의 송전선을 무력화했고, 이로 인해 소비자에게 가는 전력 공급은 부족해졌으며, 몇몇 지점에서 시작된 블랙아웃은 작전의 처음 구상을 따라 세르비아 그리드 전체로 번져나갔다.

266 Jeff Halverson, "Superstorm Sandy: Unraveling the Mystery of a Meteorological Oddity," *Washington Post*, October 29, 2013, https://www.washingtonpost.com/blogs/capital-weather-gang/wp/2013/10/29/superstorm-sandyunraveling-the-mystery-of-a-meteorological-oddity/.

267 미국 북동부 메갈로폴리스 지역은 미국의 육지 면적 가운데 2%만을 차지하지만 미국 인구 가운데 17%가 살고 있다. John Rennie Short, *Liquid City: Megalopolis and the Contemporary Northeast* (New York: Routledge, 2007), 23.

268 "영향권에 든 지역의 가정 가운데 3분의 2가량이 전력 공급을 상실했다고 보고했다. 이렇게 전력을 상실한 가정 가운데 40% 정도가 일주일 또는 그 이상의 정전을 경험했다. 폭풍의 영향이 가장 혹독했던 지역의 44%는 난방을 할 수 없었고, 이 가운데 거의 절반인 49%가 1주일 이상 난방 없이 지내야 했다. 13%의 가정은 심지어 수도 공급조차 끊겼고, 이 가운데 36%의 가정에는 1주일 이상 수도 공급이 되지 않았다. … 또한 피해 가구 중 절반은 연료에 접근하는 데 어려움을 겪었다고 토로했다." Trevor Tompson et al., "Resilience in the Wake of Superstorm Sandy" (Associated Press–NORC Center for Public Affairs Research, June 2013), 3.

269 "Economic Benefits of Increasing Grid Resilience to Weather Outages" (2013).

270 Ted Koppel, *Lights Out: A Cyberattack, A Nation Unprepared, Surviving the Aftermath* (New York: Crown Publishing, 2015).

271 Lovins and Lovins(1982), 1.

272 Lovins and Lovins(1982), 1.

273 Thomas Gaist, "The Detroit Blackout," *World Socialist*, December 4, 2014, http://www.wsws.org/en/articles/2014/12/04/pers-d04.html.

274 Lovins and Lovins(1982), 184.

275 수많은 학자들이, 심지어 몇몇 블로그를 운영하는 이들이, 회복력 개념을 활용해 위기 속에서 전력 시스템(이는 개인들의 심리학도 그 요소로 포함한다)을 유지하는 과업에 대해 검토하고 있다. 전력 시스템이 파괴되고 나서도 회복하는 것이 목표이므로, 우리는 다음과 같은 두 가지를 물어야 한다. 위기 상황에서 안전하게 관리할 수 없는 요소들에 우리 삶이 얼마나 의존하고 있는가? 그리고 불가피한 재난 때문에 그리드를 사용할 수 없게 되었을 때, 대체 어떻게 그리드를 건설하고 계획해야 하는가? 특히 다음을 보라. Sandy Zelmer and Lance Gunderson, "Why Resilience May Not Always Be a Good Thing: Lessons in Ecosystem Restoration from Glen Canyon and the Everglades," *Nebraska Law Review* 87, no. 4: 2008.

276 "In the Aftermath of Superstorm Sandy: Message from President Stanley," Stony Brook University, accessed December 1, 2014, http://www.stonybrook.edu/sb/sandy/.

277 Asmus (2012)

278 이 인용은 다음 글에서 가져온 것이다. Peter Asmus, Alexander Lauderbaugh, and Mackinnon Lawrence, "Executive Summary: Market Data: Microgrids" (Navigant Research, 2013), http://www.navigantresearch.com/wp-assets/uploads/2013/03/MD-MICRO-13-Executive-Summary.pdf, 2. 다음 자료도 함께 검토할 수 있다. Silvio Marcacci, "Over 400 Microgrid Projects Underway En Route to $40 Billion Market," *CleanTechnica*, April 3, 2013, http://cleantechnica.com/2013/04/03/over-400-microgrid-projects-underway-en-route-to-40-billion-market/.

279 "About Microgrids," Microgrids at Berkeley Lab, U.S. Department of Energy, accessed September 28, 2015, https://building-microgrid.lbl.gov//about-microgrids.

280 "Energy and Technology: Let There Be Light" (2015), 11.

281 Pew Trusts, "Military Clean Energy Innovation: Pew," 2011, https://www.youtube.com/watch?v=HiOvfdYsQEE.

282 Peter Byck, *Carbon Nation*, 2010.

283 Jenkins (2011)

284 Phillip Jenkins, "Lightweight, Flexible Photovoltaics for Mobile Solar Power," Ninth International Energy Conversion Conference, San Diego, CA, July 31–August 3, 2011.

285 Motyka(2009), 83.

286 Adams III et al. (2010), 45. 이런 배터리를 '1차 전지'라고 부른다. 이들은 충전할 수 없고, 쓰고 나면 버려야 한다. 이 기사는 2010년에 집필된 것이며, 2009년에 쓰인 기사를 인용하고 있다. 이 기사는 2007년에 다시 간행된 보고서를 인용하고 있으므로, 이제 1개 여단이 72시간 동안 작전을 수행했을 때 소모되는 1차 전지의 양은 7톤에 비해 줄어들었을 수 있다.

287 Carbon Nation (2010).

288 LaCommare and Eto (2005), 다음 문헌에서 재인용. "Economic Benefits of Increasing Grid Resilience to Weather Outages" (August 2013), 18.8.

289 "작전 중인 제대는 핵심적인 지휘 통제를 지원하기 위해서만 전력을 사용하지 않는다. 이들은 정보, 감시, 정찰에 활용하는 데도 전력을 사용한다." Adams III et al. (2010), 43–44.

290 "New Jersey Becomes Latest State to Invest in Microgrids," *GreenBiz*, (September 6, 2013), http://www.greenbiz.com/blog/2013/09/06/new-jersey-becomeslatest-state-invest-microgrids.

291 네비건트리서치의 수석 분석관 피터 애스머스(Peter Asmus)의 말을 들어보자. "미 국방부는 모든 형태의 화석연료에 깊이 의존하는 마이크로그리드 기술을 통해 에너지 안보를 증진하는 데 깊은 관심을 보이고 있습니다. 또한 국방부는 현재 미국에서 사용되는 전기 전송 모델을 재검증했으며, 전기 공급을 보장하는 그리드의 역량을 강화하는 최선의 방법이 마이크로그리드 기술을 보유하고 이를 통제하는 데 있다는 결론을 내렸습니다." "Microgrids for Military Bases to Surpass $377 Million in Annual Market Value by 2018," *Navigant Research*, May 10, 2013, http://www.navigantresearch.com/newsroom/microgridsfor-military-bases-to-surpass-377-million-in-annual-market-value-by-2018.

292 Marcacci (2013)

293 William M. Solis, "Defense Management: DoD Needs to Increase Attention on Fuel Demand Management at Forward-Deployed Locations" (United States Government Accountability Office, February 2009), http://www.gao.gov/new.items/d09300.pdf. "텐트에 발포제를 부착함으로써 우리는 지휘부에 따라다니는 냉방기를 50톤짜리에서 8톤짜리로 줄일 수 있었고, 이로써 전력 소비량도 크게 줄일 수 있었다. 우리는 대략 10개월 만에 장비를 마련하는 데 들어간 자금을 회수했다. 덕분에 우리는 실제로 병사들의 생명을 살릴 수 있었는데, 절약한 돈으로 이들의 주둔지를 개선하고 병력들이 수송 작전 중 적 게릴라의 표적이 되는 상황도 줄일 수 있었기 때문이다."

294 Adams III et al. (2010), 43–49.

295 Jenkins (2011). 이는 1차 세계대전 이전에 함선의 석탄 보일러에서 나오는 검은 연기 때문에 생긴 문제와 비슷하다. 적들은 이 연기만 보고도 수평선 너머에 적함이 출현했는지 알 수 있었다. 함선의 엔진 기술은 바로 이런 문제에서 벗어나는 방향으로 변화했다. 이와 마찬가지로, 야전에서의 요구 사항은 태양광 패널이 네모나지도, 반사가 심하지도, 까만색이지도 않으면 좋다는 데 있었다. 다시 말해, 태양광 패널이 전술적으로 적합하려면 위장 기능이 있어야 한다는 것이다. 오늘날의 전장에서는 위장 기능이 적외선 영역에서도 달성되어야 한다. 야간 투시경과 같은 장비를 활용하면 열, 즉 적외선만 복사하는 물체까지 쉽게 식별할 수 있다.

296 Adams III et al. (2010), 46.

297 스트로 부부의 남쪽 이웃인 욕스울(Yoxulls) 부부는 이미 18년 전에 자신의 집에 그리드를 부설했는데, 이는 새로운 송전탑이 그들의 집 앞까지 부설되는 데 들어가는 비용 2만 달러를 이들이 지불하고자 하지 않았기 때문이었다.

298 Adams III (2010) 등은 이렇게 말한다. 재생에너지를 그리드에 연계하지 않고 운영하는 것이 "유류를 공급하는 재래식 시스템과 비교했을 때 가지는 태생적인 이점은, 이 방법이 수요 저감을 가능하게 한다는 데 있다. 이들은 원격지에 연료를 수송해야 할 필요를 줄이거나 아예 없애버릴 수도 있고, 인력과 자금을 아끼는 데 도움이 되며, 가장 중요하게는 서로 의사소통이 불가능한 영역 너머로 호송 작전을 벌여야 하는 위험을 줄일 수 있다. 게다가 태양광과 풍력 기술은 태생적으로 아주 중요한 보안상의 이점을 가지는데, 이러한 장비들은 조용한 데다 발생시키는 열 신호도 제한적이다". 44~45쪽.

299 THEPS는, 최근 록히드마틴(Lockheed Martin) 사와의 협업을 통해 통합 스마트 BEAR 전력 시스템을 개발한 알링턴 기반 스카이빌트(SkyBuilt)에 의해 제조된 시스템의 이름이다('BEAR'는 기초 그리드의 이름이다). 이 시스템의 이름과 사양에는 그동안 변화가 있었지만, 이 시스템의 기본 원리 수준에서는 적어도 10년 동안 변화가 없었다. 다음 훌륭한 기사를 확인하라. "Frontline Commanders Requesting Renewable Power Options," *Defense Industry Daily*, January 24, 2012, http://www.defenseindustrydaily.com/commanders-in-iraq-urgently-requestrenewable-power-options-02548/.

300 바이오 연료 발전소의 크기는 "500명의 병력이 하루에 내놓는 폐기물을 처리할 수 있으며, 이를 통해 60킬로와트의 전기를 생산할 수 있을 정도다". Adams III et al. (2010), 46.

301 Adams III et al. (2010), 46. 그리고 Solis (2009). 다음 세 문헌도 참조하라. Franklin H. Holcomb, "Waste-to-Energy Projects at Army Installations" (U.S. Army Corps of Engineers, January 13, 2011), http://energy.gov/sites/prod/files/2014/03/f11/waste_holcomb.pdf, "U.S. Military Waste to Energy & Fuel Gasification Prototype V2.0,"

December 7, 2012, http://www.waste-management-world.com/articles/2012/12/
u-s-military-waste-to-energy-fuelgasification-prototype-v2-0.html, and Don
Kennedy, "Garbage to Fuel: Trash-to-Fuel Generator, Battle-Tested in Iraq, Shows
Long-Term Potential," *Army AL&T Magazine*, April–June 2013, 138–141.

302 Carbon Nation (2010).

303 Timothy Mitchell, *Carbon Democracy: Political Power in the Age of Oil* (Brooklyn,
NY: Verso Books, 2011).

304 다음 지도에서 와이오밍 일대의 천연가스 매장 현황을 확인할 수 있다. https://
wsgs.maps.arcgis.com/apps/webappviewer/index.html?id=3f7ab99343c34bd3ac5ae6
ac8c04d95a/. — 옮긴이

305 Rebecca Smith, "PG&E Silicon Valley Substation Is Breached Again," *Wall Street
Journal*, August 28, 2014, http://www.wsj.com/articles/pg-es-metcalfsubstation-
target-of-construction-equipment-theft-1409243813.

306 "Electric Disturbance Events (OE-417)," *Office of Electricity Delivery & Energy
Reliability*, accessed September 30, 2015, http://www.oe.netl.doe.gov/oe417.aspx.
합산은 직접 했다.

307 Jon Mooallem, "Squirrel Power!" *New York Times*, August 31, 2013, http://www.
nytimes.com/2013/09/01/opinion/sunday/squirrel-power.html?_r=0. 기사는 이렇
게 이어진다. "다람쥐는 버지니아의 지방 공항, 테네시의 보훈 병원, 몬태나의 대
학, 사우스캐롤라이나의 제재소에 공급되는 전력도 끊어버렸다. 제재소에 공급
되는 전력이 끊어진 지 5일 뒤, 다람쥐는 같은 주의 반대편 끝에 위치한 록힐에서
7,200명에게 공급되는 전력을 끊어버렸다. 록힐 시장은 시민들에게 다람쥐로 인
한 정전 사태는 "매우 드문" 일이며, 그리드는 "여전히 신뢰할 만한 시스템"임을 장
담했다. 그런데 다시 9일 뒤에, 사우스캐롤라이나의 섬머빌에서 다람쥐가 회로를
갉아 먹어 3,800명에게 공급되는 전기가 끊어졌다."
"오리건주 포틀랜드에서 다람쥐로 인해 일어난 정전. 7월 1일, 9,200명. 7월 23일,
3,140명. 7월 26일, 7,600명. (세 번째 사건을 브리핑하면서, 유틸리티의 대변인은
이렇게 말했다. "무언가 누락된 기록처럼 보이는군요.") 켄터키에서는 대략 1만 명
의 사람들이 며칠 간격으로 일어난 POCBS(power outages caused by squirrels, 다
람쥐 유발 정전)로 인해 전력을 공급받지 못했다. 버지니아의 린츠버그 주민들은
6월의 두 목요일에 연속해서 대규모의 POCBS로 고통받았다. 린스버그의 시내는
암흑에 빠졌다. 마치 가스등을 들고 한밤중에 공동묘지를 헤매던 빅토리아 시대의
탐험가들처럼, 린스버그 미대에서는 벽화에 스마트폰 스크린에서 나온 불빛을 흔
들어 위치를 표시하는 사람들까지 나타났다."
"6월 9일, 다람쥐들은 미시간주 캘러머주에 사는 2,000명의 주민들에게서 불빛을

빼앗았고, 1주일 뒤에 캘러머주 외곽에 사는 921명에게서도 빼앗았다. 한 지역 정치인은 자신의 딸을 동반하고 반쯤 타버린 변압기 앞에 나타났다. 죄수를 면회하러 온 듯한 모습이었다. 또 다른 증인들의 보고는 이랬다. "현장은 아주 깨끗했습니다. 현장은 마치 CSI에서 볼 수 있는 것 같은 모습이었습니다." 그는 재가 되어버린 동물의 사진을 페이스북에 업로드했다.

308 Mooallem (2013).

309 《계간 공진화*CoEvolution Quarterly*》는 1974~1985년에 걸쳐 발행되었으며, 그 부록으로 발간된 「홀 어스 카탈로그(The Whole Earth Catalog)」(반문화의 황금기를 지탱해 준 간행물이다)는 1970년대 후반 포크스를 태양광발전에 가장 부적합한 곳으로 꼽는 경진 대회를 열었다.

8장

310 "A Big Bet on Small," Economist Technology Quarterly, December 6, 2014, 7.

311 1973년, 핵융합이 이뤄진 지 30년이 지난 시점으로 돌아가 보면, 또 다른 성배 탐사가 이뤄지고 있었으나, 아직 축전지에 대한 탐구는 이뤄지지 않았다. 핵융합과는 달리, 닉슨 시대에 이뤄지던 이 혁신의 목표는 아무래도 오늘날의 시각으로는 이해하기 어려운 것이었는데, 이미 우리에게는 혁신적이기보다는 진부한 방법처럼 보이기 때문이다. 서던캘리포니아에디슨의 문헌에 따르면, 1970년대에 희망 대상이었던 에너지 기술은 "열을 전기로" 곧바로 전환하면서, "회전축, 터빈, 그리고 다른 여러 회전 부위를" 제거한 기기였다.

이 조건들이 갖춰진 상태에서, 태양광 패널과 연료전지, 즉 당시에도 존재했지만 불완전했던 이 기술들은, 낙관주의자들의 성배 찾기 경연에서 가장 우세한 지위를 차지하게 되었다. 두 방법은 카르노의 정리를 무시할 수 있는 최고의 방법처럼 보였다. 열기관의 효율 한계는 1960년대 후반과 1970년대 초반에 걸쳐 기존 전력 산업을 괴롭혔으며, 따라서 터빈을 가동시키는 증기를 만드는 데 쓰일 전력을 연료를 태우지 않고도 만들 수만 있다면, 어떤 방법이든 그것은 금은보화로 가득한 성배와도 같은 가치를 가지고 있는 것처럼 보였다. 당시 태양광 전지나 연료전지는 사용하기 어려울 정도로 비싸고, 그 성능도 보장하기 어려워 보였다. 하지만 돈과 창조력, 그리고 사람들의 희망이 쌓이자, 이것들의 성능도 조금씩 전진했다. 오늘날, 50만 가구가 넘는 미국의 가정에는 그 지붕에 조상 격의 모델들보다 많은 면에서 개선된 태양광 패널이 설치되어 있다.

2014년의 상황도 더 상세히 적어둬야겠다. 증기를 만들지 않고도 전기를 만들어내는 기계는 일종의 시장 규칙이 되었다. 미국에서 그해에 건설된 모든 발전기 가운데 96.1%는 천연가스, 풍력, 태양광발전기였다(53.3%가 풍력과 태양광, 42.8%가 천연가스). 연료전지는 여전히 많은 사람들의 열광적인 관심을 받는 기술이고, 무언가 획기적인 방법이 개발되었다는 보도에 언급되는 기술이지만, "증기 없는 발전"을 향한 레이스에서 다른 기술에 비해 한참 뒤처진 기술인 것은 사실이다. 하지만 그렇다고 해서, 연료전지가 가망 없는 기술은 아니다. 최근의 연료전지 시장에서 격렬한 경쟁에 참여하고 있는 기업인 블룸박스(Bloom Box)의 창업자이자 사업 주도자인 K. R 스리더(K. R. Sridhar)는 상황을 이렇게 정리하고 있다. "우리는 어려운 문제를 풀기를 원하지도, 쉬운 답을 찾으려는 것도 아닙니다. 어떤 아이디어를 처음으로 가동시키는 자그마한 기기를 원하는 것도 아닙니다. 우리는 우리가 이런 작업이 필요한 시기에 접어들었다는 것을 이미 알고 있고, 또한 성배가 어딘가에 있다는 것도 이미 알고 있습니다. 그렇지만 우리가 성배를 찾지 못하더라도, 우리는 크게 괘념치 않을 겁니다." K.R. Sridhar, "Boombox Energy Phenomenon." 유튜브에 업로드된 인터뷰에서.

312 변동성 발전원을 다른 형태의 변동성 발전원과 평형을 맞추는 작업은 재난에 가까운 것일 수 있다. 일사량과 풍량은 태양의 움직임에 따라 변덕을 부릴 수 있고, 지표면 기온의 변화에 의해 발생하는 지상풍도 지표면에서 날림 먼지를 만들어내기에 일조량을 줄인다. F. M. Mulder, "Implications of Diurnal and Seasonal Variations in Renewable Energy Generation for Large Scale Energy Storage," *Journal of Renewable and Sustainable Energy* 6, no. 3 (2014): 033105.

313 클레이 스트레인저는 에이머리 로빈스의 동료다. 로빈스는 전력 저장소가 어떻게 에너지 시스템이 언제나 작동하도록 만들 수 있는지 설명하기 위해 이 구절을 자주 인용했다. 모두가 에이머리 로빈스에게 동의하지는 않지만, 적어도 이는 감안하지 않을 수 없는 개념으로 보인다. 특히 다음을 참조. Amory Lovins, "There Are Cheaper Ways to Keep the Lights on than Vast Electrical Storage," *Financial Times*, April, 13 2016. 인용문은 다음 링크에서 확인할 수 있다. http://www.ft.com/intl/cms/s/0/a437955e-0098-11e6-99cb-83242733f755.html#axzz48YT31YG7.

314 이 통계는 2012년 1월 로널드레이건국제공항에 걸린 광고에서 확인한 값이다. 이 광고는 석탄친구들이라는 로비 단체가 의뢰한 것이다. Friends of Coal, http://www.friendsofcoal.org/.

315 "World's Biggest Battery Switched on in Alaska," *Telegraph*, August 27, 2003, http://www.telegraph.co.uk/technology/3312118/Worlds-biggestbattery-switched-on-in-Alaska.html.

316 "덕분에, 에너지 저장 시스템(Energy Storage Systems, ESS)을 기존 그리드에 통합할 경우, 특정한 토폴로지를 설계할 필요가 있을 것이며 각각의 사례마다 이를 뭉

제할 필요가 있을 것이다. 이는 유틸리티가 하나의 ESS를 설치할 때 마다 매번 각각의 시스템에 대해 값비싼 설계를 수행하고 오류를 제거하는 작업을 벌여야 한다는 뜻이다. Alaa Mohd et al., "Challenges in Integrating Distributed Energy Storage Systems into Future Smart Grid," in *IEEE International Symposium on Industrial Electronics* (IEEE, 2008), 1627–32.

317 2013년 값이다. DOE Global Energy Storage Database에서, 최종 접속일 2015년 1월 15일. http://www.energystorageexchange.org.

318 미 전역의 양수 발전소 용량 1만 8,341메가와트 가운데 콜로라도주에 336메가와트, 오클라호마주에 260메가와트가 있다. "Licensed Pumped Storage Projects," *Federal Energy Regulation Commission*, April 1, 2015, http://www.ferc.gov/industries/hydropower/geninfo/licensing/pump-storage/licensed-projects.pdf.

319 'CAES'란 압축공기 에너지 저장소를 뜻한다. 이러한 시설은 세계에 오직 2개뿐이다. 하나는 앨라배마주 매킨토시에 위치해 있고, 하나는 독일에 위치한다. 유타, 오하이오, 아이다호에도 이 지형들과 유사한 지질구조가 있는데, 많은 이들은 이 지질구조가 효과적인 에너지 저장고로 미래의 그리드에서 아주 중요한 역할을 할 것으로 기대하고 있다.

320 앨라배마의 경우, 이러한 역할을 가스 내연 터빈이 담당한다.

321 흐름 전지와 통상적인 전지는 전기가 어떻게 출입하는지와 관련해 비슷한 면이 있다. 전해질은 전극을 둘러싸고 있는 것이 아니라 전극 바깥의 통에 담겨 있다. 펌프에 의해 전해질이 순환하면, 전해질 속의 수소이온이 피막을 통과하며 전하가 발생한다. 전기가 고갈되면 이 전해액을 교환해 충전하면 되는데, 이는 식당에서 커피를 리필하는 것만큼이나 쉽다. 이 배터리에서 얻을 수 있는 전자흐름은 그 자체로는 전자 기기를 구동할 만큼 충분하지 않으며, 음이온의 재료로 가장 유용한 것은 백금(비싸다)이나 바나듐(희토류로서 중국, 러시아, 남아공에서만 산출되어 정치적 위험이 따른다)이다. 긴 수명의 잠재력으로 인해(1만 사이클 또는 20년) 이 배터리는 여전히 유망한 것으로 취급된다. 해당 정보는 다음 문서에서 얻었다. "BU-210b: How Does the Flow Battery Work?" Battery University, http://batteryuniversity.com/learn/article/bu_210b_flow_battery.

322 앨라배마는 대략 20%의 전력을 태양력으로 공급할 수 있는 잠재력을 가지고 있다. 하지만 이것을 장점이라고 할 수는 없다. 앨라배마의 유틸리티가 전기를 다시 배전하기 위해 가정에서 발전한 전기를 구매하지 않는 4개 주 가운데 하나이기 때문이다. 이 주의 2009년도 믹스는 다음과 같다. 석탄 70.53%, 원자력 17.99%, 가스와 유류 9.55%, 수력 1.93%. Larry Clark, "Alabama Power, a Southern Company," at Grid Boot Camp, September 21, 2009.

323 Gillies (2015c).

324 Akhil Gupta, "An Anthropology of Electricity from the Global South," *Cultural Anthropology* 30, no. 4 (2015): 555–68.

325 146) Roxanne Palmer, "Solar Power Growing Pains: How Will Hawaii and Germany Cope with the Boom in Alternative Energy?" *International Business Times*, December 23, 2013, http://www.ibtimes.com/solar-power-growing-pains-how-will-hawaii-germany-cope-boomalternative-energy-1518702.

326 Christian Roselund, "Arizona, Hawaii Lead the U.S. in Per-Capita Solar," *PV Magazine*, September 1, 2014, http://www.pvmagazine.com/news/details/beitrag/arizona--hawaii-lead-the-us-in-per-capita-solar_100016279/.

327 "Top 10 States for Residential Solar—Fall 2014," *Solar Reviews*, accessed December 14, 2015, http://www.solarreviews.com/solar-power/top-states-for-solar-fall-2014-facts/.

328 푸에르토리코 역시 마찬가지다. 석유 발전소는 섬 나라, 섬 주, 섬 준주에서 널리 사용되는 발전 방식이다.

329 "U.S. Solar Market Trends 2013" (2014), 21.

330 앨라배마, 오클라호마, 아칸소, 아이다호는 2015년 태양광발전 순위에서 가장 낮은 순위에 들었다(뉴욕, 매사추세츠, 코네티컷, 오리건이 선두였다). 이 리스트는 태양광발전소의 설치 용량에 따른 것이 아니며(캘리포니아, 애리조나는 이 점수에서 10등 안에도 들지 못했다), 각 주와 유틸리티가 태양광을 쉽게 수용하고 크든 작든 태양광을 건설하기에 편하게 하는지, 그리고 이를 그리드에 연계하기는 얼마나 쉬운지를 평가해 규제 환경을 체크하기 위한 것이다. "2015 United States Solar Power Ratings" http://www.solarpowerrocks.com/2015-solar-power-state-rankings/.

331 "U.S. Solar Market Trends 2013" (IREC: Interstate Renewable Energy Council, July 2014), 15.

332 "Q2 2015 Solar Market Insight Fact Sheet," *Solar Energy Industries Association*, December 17, 2014, http://www.seia.org/sites/default/files/Q2%202015%20SMI%20Fact%20Sheet.pdf.

333 David Giles, "Blackout Insurance: Solar City Rooftops," *City Limits*, July 2, 2007, http://citylimits.org/2007/07/02/blackout-insurance-solar-city-rooftops/.

334 "현재 애리조나는 2만 명이 넘는 가정용 태양광 고객들이 있으며, 이들 가운데 약 85%는 리스로 장비를 확보해 활용하고 있다." Ian Clover, "Arizona to Impose New Tax on Solar Lease Customers," *PV Magazine*, May 7, 2014, http://www.pvmagazine.com/news/details/beitrag/arizona-to-impose-new-tax-on-solar-lease-customers-_100015000/.
"2007년, 태양광을 설치한 곳 가운데 오직 10%의 캘리포니아 가정만이 태양광 패널을 리스해 사용했다. 2012년이 되자 이 비율은 75%를 넘었으며, 매우 큰 증가 추세를 보인다." Zachary Shahan, "Solar Leasing Explosion In California (Chart)," *CleanTechnica*, December 9, 2013, http://cleantechnica.com/2013/12/09/solar-leasing-explosion-california-chart/. 솔라시티(SolarCity)라는 한 회사가 애리조나에 설치된 태양광의 약 32.5%, 캘리포니아에서는 17.2%를 차지한다. Andrew Krulewitz, "The Numbers Behind SolarCity's Success," *Greentech Media*, March 18, 2013, http://www.greentechmedia.com/articles/read/The-Numbers-Behind-SolarCitys-Success.

335 Lacey(2014).

336 Hertzog(2013).

337 Hertzog (2013).

338 "All Change," *Economist*, January 17, 2015, 9.

339 모든 유럽 국가는 이 문제에 대해 각기 다른 입장을 가지고 있다. 프랑스의 경우, 전적으로 원자력에 의존하고 있다. 이는 왜 프랑스가 독일과, 즉 후쿠시마 이후 원자력을 버린 채 재생에너지 믹스로 나아가는 국가와 믹스를 함께 운영하고 있다고 이야기되는지를 설명한다.

340 Stephen Lacey, "This Is What the Utility Death Spiral Looks Like," *Greentech Media*, March 4, 2014, http://www.greentechmedia.com/articles/read/this-iswhat-the-utility-death-spiral-looks-like.

341 Lacey(2014).

342 에디슨일렉트릭인스티튜트에서 나온 토머스 쿤에 따르면, 2010년 미국에서는 가장 커다란 발전소들도 그 잠재력 가운데 10~15%만 가동되었다. 2009년 9월 23일 워싱턴 D.C.에서 이뤄진 발표에서.

343 양측의 시각을 모두 살펴보기 위해서는 다음 두 글을 모두 살펴보아야 한다. Barbara Hollingsworth, "Report: Danger of Government-Created Solar Bubble Bursting When Subsidies Expire in 2016," *CNS News*, August 13, 2015, http://www.cnsnews.com/news/article/barbara-hollingsworth/report-dangergovernment-created-solar-bubble-bursting-when. Jeff McMahon, "Solar's Future: Boom, Bust, Boom," *Forbes*, November 4, 2015, http://www.forbes.com/sites/jeffmcmahon/2015/11/04/solarsfuture-boom-bust-boom/.

344 Richard F. Hirsh and Benjamin K. Sovacool, "Wind Turbines and Invisible Technology: Unarticulated Reasons for Local Opposition to Wind Energy," *Technology and Culture* 54, no. 4 (2013): 705–34.

345 빠르게 성장하는 도시 10군데 정도 가운데 9군데가 AC를 사용하는 지역이다 (이 가운데 5개가 텍사스에 위치한다). "In Photos: The Fastest-Growing Cities In

The U.S.," *Forbes*, accessed November 16, 2015, http://www.forbes.com/pictures/edgl45emig/no-1-raleigh-ncmetropolitan-statistical-area/.

346 이 원소는 이름만 희귀한 것이 아니다. 이들은 관세, 국경 장벽, 예측할 수 없이 변화하는 환율 면에서도 희귀하다. Tim Maughan, "The Dystopian Lake Filled by the World's Tech Lust," *BBC Future*, April 2, 2015, http://www.bbc.com/future/story/20150402-the-worst-place-on-earth.

347 Sebastian Anthony, "At Long Last, New Lithium Battery Tech Actually Arrives on the Market (and Might Already Be in Your Smartphone)," *ExtremeTech*, January 10, 2014, http://www.extremetech.com/extreme/174477-at-long-last-new-lithium-batterytech-actually-arrives-on-the-market-and-might-already-be-in-your-smartphone. 다음 웹 문서도 충분히 참고할 만하다. "Battery Statistics," Battery University, accessed November 15, 2015, http://batteryuniversity.com/learn/article/battery_statistics.

348 "About DLSC," *Drake Landing Solar Community*, accessed November 15, 2015, http://www.dlsc.ca/about.htm.

349 설명하기는 어렵지만, 배터리를 만들기는 아주 쉽다. 탄산수 1병이 있다면(어떤 브랜드든 좋다) 전해질로 충분하다. 플라스틱 컵이든, 스티로폼이든, 종이컵이든, 과정 전체를 둘러싼 절연체 용기가 있다면, 그것이 곧 배터리의 포장재다. 해당 컵보다 더 긴 구리 선이 있다면 전극으로 그만이다. 탄산수를 따라낸 다음, 구리 선과 비슷한 크기로 캔을 잘라내고, 구리 선과 캔 조각을 하나의 컵에 서로 닿지 않도록 꽂아둔다. 이렇게 하면 전지가 만들어진 것이다. 당신이 전극(구리 선, 알루미늄 선)을 도선과 연결하면, 대략 4분의 3볼트의 전압으로 전기가 흐르게 될 것이다. 당신은 이 도선에 4분의 3 정도의 전구를 연결해 불을 켤 수 있다. 이 설명은 다음 문서를 참고해 작성되었다. "How to Make a Homemade Battery," *wikiHow*, 마지막 확인, December 17, 2015, www.wikihow.com/Make-a-Homemade-Battery.

350 저자의 일부 불분명한 표현을 2019년도 노벨화학상을 탄 표준적인 리튬 이온 전지의 구조에 맞춰 수정했다. ─옮긴이

351 "Why Lithium Batteries Keep Catching Fire," *Economist*, January 27, 2014, http://www.economist.com/blogs/economist-explains/2014/01/economist-explains-19.

352 Jake Richardson, "Tesla Powerwall Offered To Vermont Utility Customers … $0 Down," *CleanTechnica*, December 9, 2015, https://cleantechnica.com/2015/12/09/tesla-powerwall-offered-to-vermont-utility-customers-forfree/.

353 크기를 줄이거나 이동 가능하게 만들 수는 있어도, 연료 전지는 비싼 데다 계속해서 연료에 노출되어 있어야 한다는 한계가 있다(가령 이들은 천연가스 파이프라인에 연결되어야 한다).

354 태양광과 같은 분산형 전원은 그리드에 미치는 부하의 형태를 바꿔놓는다. 일반적으로 전력 수요는 오후에 높았으나, 이 시간대에 대규모 태양광으로 생산되는 전력이 공급되면서 오히려 전력 수요는 태양광 공급이 감소하고 사람들이 집으로 돌아가 활동을 시작하는 늦은 오후나 저녁에 더 늘어난다. 그래프로 그려보면 이는 마치 오리처럼 보인다.

355 Zack Kanter, "Autonomous Cars Will Destroy Millions of Jobs and Reshape U.S. Economy by 2025," *Quartz*, May 14, 2015, http://www.nextgov.com/emergingtech/2015/05/autonomous-cars-will-destroy-millions-jobs-and-reshape-us-economy-2025/112762/.

356 Karl Marx, Critique of the Gotha Program (Rockville, MD: Wildside Press, 2008 [1875]).

357 Ryan Koronowski, "Why the U.S. Military Is Pursuing Energy Efficiency, Renewables and Net-Zero Energy Initiatives," *ThinkProgress*, April 4, 2013, http://thinkprogress.org/climate/2013/04/04/1749741/why-the-us-military-is-pursuing-energyefficiency-renewables-and-net-zero-energy-initiatives/.

358 Economist (January 17, 2015), 10.

359 Justin Gillis, "A Tricky Transition from Fossil Fuel: Denmark Aims for 100 Percent Renewable Energy," *New York Times*, November 10, 2014, http://www.nytimes.com/2014/11/11/science/earth/denmark-aims-for-100-percent-renewableenergy.html.

360 Gillis 2014.

361 노르웨이에서 전기차나 하이브리드 자동차의 인기가 높은 것은 효율이 상당히 높을 뿐만 아니라 많은 보조금과 사용 편익이 갖춰져 있기 때문이다(다인승 차로를 활용할 수 있고, 페리를 무료로 이용할 수 있다). Steve Hanley, "Electric Car Sales Surge in Norway during 2015," January 21, 2016, http://gas2.org/2016/01/21/electric-car-sales-surge-in-norway-during-2015/.

362 우리나라의 경우 2015년 말 전기자동차는 5,712대로 전체 등록 차량(2,099만 대)의 0.03%에 불과했다. 2020년 말, 이 수치는 0.55%로 상승했다. 다만, 당국은 현재 플러그인 하이브리드 차량의 대수를 하이브리드 차량과 구별해 발표하지 않고 있으므로, 그리드에 연계 가능한 배터리를 지닌 '플러그인' 차량의 비중은 이보다 더 클 수 있다. ─옮긴이

363 "Electric Vehicles and the Grid," *Navigant Research*, February 10, 2015, https://www.navigantresearch.com/webinar/electric-vehicles-and-the-grid.

364 공군은 V2G 계획을 메릴랜드주 앤드루 기지, 그리고 뉴저지주 맥과이어 기지에 적용할 계획을 가지고 있다. 이 서비스는 중고 배터리를 기지의 에너지 저장고

로 사용하는 것과 같은 부가 능력도 갖추고 있다. "Air Force Tests First All-Electric Vehicle Fleet in California," *U.S. Department of Energy*, December 17, 2014, http://apps1.eere.energy.gov/news/news_detail.cfm/news_id=21787.

365 Michael d'Estries, "Operation Sustainability: U.S. Military Sets Ambitious Environmental Goals—Ecomagination," *Ecomagination*, January 30, 2012, http://www.ecomagination.com/operation-sustainability-us-military-sets-ambitious-environmentalgoals.

366 "AF Tests First All-Electric Vehicle Fleet in California," *U.S. Air Force*, November 14, 2014, http://www.af.mil/News/ArticleDisplay/tabid/223/Article/554343/aftests-first-all-electric-vehicle-fleet-in-california.aspx.

367 "How Much Energy Is Consumed in Residential and Commercial Buildings in the United States?" U.S. Energy Information Administration, accessed November 15, 2015.

368 Amelia Taylor-Hochberg, "Zoom In, Zoom Out: Hashim Sarkis, Dean of MIT's School of Architecture + Planning, on Archinect Sessions One-to-One #5," *Archinect*, accessed December 12, 2015, http://archinect.com/news/article/142833231/zoom-inzoom-out-hashim-sarkis-dean-of-mit-s-school-of-architecture-planning-on-archinect-sessions-oneto-one-5.

9장

369 'enkidu'라는 닉네임의 블로거는 '찌듦'이라는 말이 "마약 없는 미국" 파트너십이 출범하기 전의 '중독'에 대한 정의, 즉 "영혼을 파괴하는" 무언가를 다루는 모든 용례를 포괄하는 언어적 대안이라고 말했다. "Seeky," *everything2*, March 30, 2001, http://everything2.com/title/seeky.

370 소설가 닐 스티븐슨(Neal Stephenson)의 설명을 들어보자. "당신의 집 지붕에 구멍이 나 있어서 무언가가 새어 들어온다고 해보자. 이 지붕으로는 언제나 무언가가 새어 들어올 수 있다(비가 오지 않더라도 마찬가지다). 하지만 이곳에서 실제로 물이 새는 것은, 비가 오는 순간뿐이다. 마찬가지로, 모르핀에 찌들었다는 말은 당신이 언제나 모르핀을 투약하기를 원하는 경향을 가지게 되었다는 뜻이며, 이 경향이 모르핀을 실제로 보고 있을 때에만 발동된다는 것은 아니다. Neal Stephenson, Cryptonomicon (New York: Avon Books, 1999), 373–74.

371 그 결과가 널리 공표된 2015년 6월의 경진 대회에서, 에어버스(Airbus)는 1,400만

유로(약 2,200만 달러)를 들여 도버해협을 한 방향으로 1번 횡단하는 전기 비행기를 만들려고 한다고 발표했다. David Szondy, "Electric Aircraft Makes First English Channel Crossing," *Gizmag*, July 12, 2015, http://www.gizmag.com/first-electric-aircraft-cross-english-channel-airbus-cri-cri/38410/.

372 *The Invisible Computer: Why Good Products Can Fail, the Personal Computer Is So Complex, and Information Appliances Are the Solution* (Cambridge, MA: MIT Press, 1999), viii–ix.

373 Mitchell (2011). 다음 책도 참고. Daniel Yergin, *The Prize: The Epic Quest for Oil, Money & Power* (New York: Simon and Schuster, 2011).

374 Fox-Penner (2014), xiii.

375 아주 유명한 사건으로, 보통의 이집트인들과 튀니지인들은 페이스북과 트위터를 사용한 덕분에 자신들의 관점을 조율해 2011년에 아랍의 봄을 일으킬 수 있었다.

376 Chris Kahn and Eric Tucker, "Easy Fix Eludes Power Outage Problems in U.S.," Yahoo! *Finance*, July 4, 2012, http://finance.yahoo.com/news/easy-fix-eludes-power-outageproblems-us-220940392.html.

377 David Rotman, "Praying for an Energy Miracle," *MIT Technology Review*, February 22, 2011, http://www.technologyreview.com/featuredstory/422836/praying-for-anenergy-miracle/.

378 Hirsh and Sovacool (2013).

379 그렇지만 전력 요금 고지서를 받아 보는 대부분의 사람들 가운데 아주 적은 수만이(대략 10%) 5% 정도의 추가 요금을 "녹색" 전기에 내겠다고 밝혔을 뿐이다. Michael Valocchi, IBM. Public presentation, September 22, 2009.

380 그는 계속해서 설명을 이어갔다. "아마도 당신은, 당신이 얻은 에너지가 엑셀을 통해 들어온다는 점을 알고 있을 것이다. 이곳이 바로 문제가 벌어지는 지점이다. 2014년, 노던스테이트파워(Northern States Power)로부터 전기를 공급받은 소비자들은 석탄(38.5%), 원자력(29.2%), 천연가스(7.7%), 풍력(13.8%), 수력(7.7%), 바이오매스(3.0%) 그리고 기타(0.1%)로 이뤄진 전력 믹스를 공급받았다고 보면 된다." 페이스북 게시물에서, 2015년 10월.

381 물질적인 요소가 덜 드러나는 전원을 좀 더 편안하게 여기는 경향으로 인해, 액화천연가스는 강력한 항의를 받는다(천연가스는 기체 상태로 보관하기 어렵다).

382 Roland Risser, "The Proof Is in the Pudding: How Refrigerator Standards Have Saved Consumers $Billions," *Energy.gov*, July 11, 2011, http://www.energy.gov/articles/proof-pudding-how-refrigerator-standards-have-saved-consumers-billions.

383 에너지 스타 가전제품은 상대적으로 비싼 가격이라는 대가를 치러야 하지만, 이 제품의 수명이 유지되는 동안 지불해야 하는 돈은 절약하게 해준다. 또한 이 제품

들은 미국의 전력 소비량이 전반적으로 감소하도록 만든 핵심 요인이다. 개인, 가정 그리고 가전제품은 과거에 이들이 사용했던 전기보다 더 적은 양을 소비한다. 제조 공장, 데이터 센터, 대규모 고압 교류 송전 시스템의 전력 소비량도 줄어들었다. 1970년대 이래 전기를 사용하는 모든 것이 다시, 그것도 여러 차례에 걸쳐 다시 설계되었기 때문이다.

384 중·장년에 접어든 이들은 지금까지도 자동차와 집을 구매하며, 자신의 자동차와 집이 더 많은 동력과 전기를 가지는 것을 선택하려고 한다. 하지만 오늘날의 20대들은, 과거의 거의 모든 미국인들이 공유했던 물질주의로부터 초연한 것처럼 보인다. 이들은 더 많은 것을 사용하기는 하지만, 구매하는 것은 점점 줄어든다. 이것이 이 세대에게 집과 차처럼 거액이 필요한 상품을 구매하는 데 충분한 구매력이 없기 때문만은 아니다. 이들에게는 자신을 영구적인 빚이나 부동 자산에 묶어놓는 데 돈을 쓰고 싶은 마음이 없다. 부모 세대가 안전하다고 느끼는 대상(주택 소유권, 자동차 소유권, 냉장고 소유권)을, 이들은 정당화할 수 없는 위험이라고 느낀다.

385 이케아는 이미 냉장고 없는 부엌의 견본을 가지고 있다. 벽에 광섬유를 심어 조명을 해결하는 아이디어는 전구가 몹시 이상하고 비싼 것이라고 생각하는 19세의 미대생과 대화하며 얻었다.

386 "NIST Framework and Roadmap for Smart Grid Interoperability Standards, Release 2.0" (National Institute of Standards and Technology, U.S. Department of Commerce, February 2012), http://www.nist.gov/smartgrid/upload/NIST_Framework_Release_2-0_corr.pdf, 79, 84, 87.

대부분의 미국인들이 받아들이는 표준 가운데 하나는 사이버 안보 영역에서 충분히 구현되어야만 하는 것처럼 보인다. 그리드의 컴퓨터화가 진행될수록, 이 시스템은 해커에게 점점 더 취약해진다. 오늘날 그리드에 가장 위협적인 것은 다람쥐와 나뭇가지다. 하지만 우리의 그리드가 일종의 생각하는 기계로 점차 변모해 간다면 다람쥐와 나뭇가지가 가장 위협적인 대상으로 남지는 않을 것이다. 다음 문헌을 참고. Koppel(2015). 2001년, 중국의 한 학생은 웨스턴인터커넥션 전체가 단 3개의 변전소만 파괴되더라도 기능을 상실할 것이라는 보고서를 썼다. 하지만 이것이 단지 해커가 자신들이 원할 경우 우리의 그리드를 파괴할 수 있다는 뜻만 담고 있는 주장은 아니다. 2012년, 《데일리 메일 *Daily Mail*》과의 인터뷰에서 해커 집단 어나니머스는 "미국의 그리드 전체를 폐쇄할" 능력을 가지고 있기 때문에 자신들이 고소를 당했다고 밝혔다. "맞는 말입니다. 확실히 우리는 전력 그리드 전체를 파괴할 수 있어요. 우리의 해킹 작전이 성공하고 나면, 우리가 사용하는 장비가 완벽하게 쓸모없어지는 상황이 벌어지게 될 겁니다." 다음 문헌도 참고. William Pentland, "Push Back: Utility Coalition Fights Federal Cyber Security Standards," *FierceEnergy*, September 24, 2015, http://www.fierceenergy.com/story/push-backutility-coalition-fights-federal-cyber-security-standards/2015-09-24.

387 Senate Bill 350, Clean Energy and Pollution Reduction Act of 2015.

388 "U.S. Solar Market Trends 2013" (2014), 7, 15.

389 IREC의 "미국 태양광 마켓 트렌드 2013"에 따르면, 이 수치는 대규모 태양광이 계통에 연계되는 2015~2020년까지 더욱더 빠르게 늘어날 것이다. 캘리포니아밸리 솔라랜치(California Valley Solar Ranch)라는 전력 회사의 상황을 살펴보자. 2013년, 이들은 250메가와트의 발전 용량을 보유하고 있었다. 그러나 2014년에만 해도 이들의 프로젝트 가운데 모하비사막에 있는 이반파 태양광발전 시스템(총 용량은 392메가와트), 어벤고아 모하비 태양광 프로젝트(280메가와트) 그리고 제네시스 에너지 태양광 프로젝트(280메가와트)가 계통에 연계되었다. 2015년이 되자, 로저먼드의 솔라 스타(579메가와트), 샌루이스오비스포 컨트리의 토파즈 태양광 농장(550메가와트), 모하비사막의 데저트 선라이트 태양광 농장(550메가와트)이 가동되기 시작했다.

390 Julia Pyper, "The Solar Industry Stands Divided Over California's 50 Percent Renewable Energy Target," *Greentech Media*, July 17, 2015, http://www. greentechmedia.com/articles/read/the-solar-industry-stands-divided-over-californiasfuture-renewable-energy. 다음 두 문헌도 함께 검토하라. Beth Gardiner, "California Leads a Quiet Revolution," *New York Times*, October 5, 2015, http:// www.nytimes.com/2015/10/06/business/energyenvironment/california-leads-a-quiet-revolution.html. Chris Megerian and Javier Panzar, "Gov. Brown Signs Climate Change Bill to Spur Renewable Energy, Efficiency Standards," *Los Angeles Times*, October 7, 2015, http://www.latimes.com/politics/la-pol-sac-jerry-brown-climate-changerenewable-energy-20151007-story.html.

391 Amory Lovins, "The Negawatt Revolution" in *Across the Board* XXVII vol. 9, September 1990, 21–22.

392 다음 문헌에서. Katherine Tweed, "U.S. Electricity Demand Flat Since 2007," *IEEE Spectrum*, February 6, 2015, http://spectrum.ieee.org/energywise/energy/environment/us-electricitydemand-flat-since-2007 and *Quadrennial Energy Review* 2015, DOE from a presentation at the Woodrow Wilson Center in D.C. on May 7, 2015. 그러나 다음을 지적해도 좋겠다. "그러나 우리가 트위터를 사용하는 습관을 유지한다면, 그리드에는 1주일에 2,500메가와트시에 달하는 전력 수요가 추가로 걸릴 것이다. 당연하게도, 이는 트위터가 없던 시절에는 필요하지 않았던 것이다." Massoud Amin, "Living in the Dark: Why the U.S. Needs to Upgrade the Grid," *Forbes*, July 11, 2012, http://www.forbes.com/sites/ciocentral/2012/07/11/living-in-the-dark-why-the-u-sneeds-to-upgrade-the-grid/.

393 "Nebia Shower—Better Experience, 70 Percent Less Water" (2015).

394 Chris Mooney, "The Electricity Innovation so Controversial That It's Now before the Supreme Court," *Washington Post*, October 20, 2015, https://www.washingtonpost.com/news/energy-environment/wp/2015/10/20/the-electricityinnovation-so-controversial-that-its-now-before-the-supreme-court/.

395 "최근의 몇몇 경향은, 가상 발전소가 환경에 상당한 기여를 하고 있다는 점을 보여 준다. 가상 발전소는 스마트미터나 다른 그리드 기술들을 더 광범위하게 침투시킬 것이며, 가변성 재생 발전원을 성장시킬 것이고, 다양한 부가 서비스 영역에서 시장을 창출할 것이다. 하지만 가상 발전소를 상업적으로 활용하기 위해서는 여전히 적지 않은 문제를 해결해야 한다. 스마트그리드에 기반한 실시간 과금과 소비자의 반응은 역동성이 높은 만큼이나 안정성이 떨어진다. 이 시장의 최종 목표는 가상 발전소를 구성하는 여러 조각들을 혼합형 자산으로 만드는 데 있다. 다시 말해, 분산형 전원과 수요 반응을 한데 묶어 그리드의 자원들이 더 큰 시너지를 일으키도록 만드는 데 있다. "Virtual Power Plants" (Navigant Research, 2014), https://www.navigantresearch.com/research/virtual-power-plants.

396 그동안 미국인들이 이상한 데 꽂혀 미래를 얼마나 잘못 예측해 왔는지를 다룬 《애틀랜틱*Atlantic*》에 수록된 에세이가 있다. 예컨대, 한때 어떻게 일하게 될지 주목하기보다는 일하러 가는 데 초점을 맞춘 예측이 성행했다. 1950년대, 우리는 사무실에 제트 비행기를 타고 갈 것이라고 믿었다. 하지만 그렇게 도착한 사무실에 여성이 있는지는 고려 사항이 아니었다. Rose Eveleth, "Why Aren't There More Women Futurists?" *Atlantic*, July 31, 2015, http://www.theatlantic.com/technology/archive/2015/07/futurism-sexism-men/400097/.

397 Brett Feldman, "All's Quiet on the DR Front, but a Storm Is Brewing," *Navigant Research Blog*, October 7, 2015, http://www.navigantresearch.com/blog/allsquiet-on-the-dr-front-but-a-storm-is-brewing. 다음 또한 참조. Katherine Hamilton, "SPEER Releases Report on Benefits of Demand Response," *Advanced Energy Management Alliance*, October 29, 2015, http://aem-alliance.org/speer-releases-report-on-benefits-of-demand-response/.

398 Mooney(2015). 그는 다음과 같이 진술한다. "특히, 대법원에 사건이 올라오기 전에 제기되었던 반대 의견은 이런 식이었다. '보상 체계를 이렇게 구성하는 것은, FERC가 소매 전력 시장을 규제하겠다는 뜻이나 마찬가지다. 이렇게 규제된 시장은 당신과 나 모두에게 익숙한 것인데, 이는 우리가 전기를 전력 공급자에게 얻기 때문이다.' 그런데 FERC는 이를 통제하지 않는다. 그 대신 우리가 살고 있는 주의 유틸리티가 시장을 운용한다. 상황을 복잡하게 만드는 것은, 실제로 수요 반응에 참여하는 기업들과 도매시장(도매의 경우 FERC의 통제를 받는다)에서 전력 입찰

에 참여하는 기업들이 소매시장에서 전기를 구매하려는 고객, 즉 바로 당신과 나와 동일한 입장의 고객으로 바뀌는 상황이다(그 규모는 훨씬 더 크겠지만). 이로 인해 수요 반응은 도매시장과 소매시장의 구분을 흐리게 만든다. 그리고 이에 따라, 대법원 판결 이전에 이 쟁점은 연방주의를 둘러싼 논쟁의 장이 되었다. 다시 말해, 연방 기구인 FERC가 주의 경계를 넘어 전기를 유통하고 규제할 수 있는지에 대한 논쟁의 장이 되었다."

399 "Selling It by the Negawatt," *Economist*, December 2, 2014, http://www.economist.com/news/business-and-finance/21635404-demand-response-industryconsolidating-selling-electricity-negawatt.

400 2016년 12월, 미 대법원의 전원 합의체(9인)는 찬성 6, 반대 2, 기권 1로 DR로 절약한 전력에 대해서도 소비한 전력과 동등한 가격을 물어줘야 한다는 결론을 내렸다. https://www.supremecourt.gov/opinions/15pdf/14-840-%20new_o75q.pdf. — 옮긴이

401 Donald Richie, *A Tractate on Japanese Aesthetics* (Berkeley, CA: Stone Bridge Press, 2007).

402 긴쓰기(金継ぎ) 또는 긴쓰쿠로이(金繕い)는 깨진 다기를 금가루 섞은 옻으로 수리해 다시 하나의 다기로 만들어내는 기법을 뜻한다. 옻에 반드시 금가루를 섞을 필요는 없다. — 옮긴이

403 야코브 폰 윅스퀼(Jakob von Uexkull)은 서식지에 직접적으로 묶여 있는 식물과, 주변 환경(생활 세계)을 점유하는 동물을 구분했다. 아마도 윅스퀼의 사례 가운데 가장 유명한 것은 진드기일 것이다. 진드기는 제한적인 요소로 구성된 환경에서 산다. 진드기는 나뭇가지나 줄기의 끄트머리로 올라간 다음, 피를 빨아 먹기 위해 주변을 지나가는 동물에게 뛰어든다. 진드기는 눈을 가지고 있지 않지만, 피부 감각을 통해 어디가 뒤인지를 알려주는 햇빛을 지각하면서 나무 꼭대기로 올라간다. 이들의 후각은 단 하나의 냄새, 즉 모든 동물의 지방 조직에서 분비되는 뷰티르산만을 감지할 수 있다. "나뭇가지 아래로 따뜻한 물체를 감지하면, 진드기는 그 먹이를 향해 몸을 던진다. 무사히 착륙한 진드기는 털을 헤쳐 나아간 다음, 피부에 도착해 여기에 구멍을 내고 피를 빨기 시작한다. 진드기의 지각은, 다음과 같이 여러 의미를 가진 요소들로 구성되어 있다. 햇빛, 뷰티르산의 냄새, 포유동물의 온기를 느낄 수 있는 촉각, 털과 부드러운 피부 그리고 피 맛. 이러한 주변 환경은, 그 바깥에 다른 것이 존재하지 않는다는 점에서 일종의 닫힌 세계를 이루고 있다. 비록 모든 동물이 동일한 우주 속에 살고 있다는 점을 부정할 수는 없지만, 이들은 모두 서로 다른, 주관적으로 결정되는 환경 속에 살고 있다.(58~59)" 로널드 보그는 윅스퀼의 논의와 함께, 들뢰즈와 가타리(Deleuze and Guattari)가 "동물 음악"에 대해 다룬 『천 개의 고원*A Thousand Plateaus*』의 한 장을 언급한다. 그리고 여기

서 보그는 "윅스퀼의 1940년 연구인 『의미의 이론 *Bedeutungslehre*』"을 인용하면서 진드기 이야기를 다시 꺼내고 있다. Ronald Bogue, *Deleuze on Music, Painting and the Arts* (New York: Routledge, 2003).

404 Nathaniel Philbrick, *In the Heart of the Sea: The Tragedy of the Whaleship Essex* (New York: Penguin Books, 2001).

그리드

기후 위기 시대, 제2의 전기 인프라 혁명이 온다

초판 1쇄 찍은날	2021년 6월 14일
초판 7쇄 펴낸날	2024년 11월 15일
지은이	그레천 바크
옮긴이	김선교·전현우·최준영
펴낸이	한성봉
편집	최창문·이종석·오시경·권지연·이동현·김선형
콘텐츠제작	안상준
디자인	최세정
마케팅	박신용·오주형·박민지·이예지
경영지원	국지연·송인경
펴낸곳	도서출판 동아시아
등록	1998년 3월 5일 제1998-000243호
주소	서울시 중구 필동로8길 73 [예장동 1-42] 동아시아빌딩
페이스북	www.facebook.com/dongasiabooks
전자우편	dongasiabook@naver.com
블로그	blog.naver.com/dongasiabook
인스타그램	www.instargram.com/dongasiabook
전화	02) 757-9724, 5
팩스	02) 757-9726
ISBN	978-89-6262-375-8 03320

※ 잘못된 책은 구입하신 서점에서 바꿔드립니다.

만든 사람들

편집	이종석
크로스교열	안상준
디자인	박진영